Martin Schuster
Psychologie der bildenden Kunst

Martin Schuster

Psychologie der bildenden Kunst

Eine Einführung

Roland Asanger Verlag Heidelberg 1990

Der Autor:
Martin Schuster, Dr. phil., Dipl.-Psych., Jahrgang 1946, ist Akad. Rat an der Universität Köln.

CIP-Titelaufnahme der Deutschen Bibliothek

Schuster, Martin:
Psychologie der bildenden Kunst : eine Einführung / Martin Schuster. – Heidelberg : Asanger, 1990
ISBN 3-89334-154-4

Umschlaggestaltung: Doris Bambach / Ingrid Decher
Umschlagabbildung: Doris Bambach
Printed in Germany
ISBN 3-89334-154-4

Inhalt

Vorwort

Hier lege ich ein in mehreren "Durchgängen" bearbeitetes und gereiftes Buch vor. Viele Kommentare, viele Diskussionen, die Erfahrungen von Kongressen und Kontroversen haben zu dem jetzigen Stand des Buches, einer grundsätzlichen Überarbeitung und Aktualisierung seines Vorläufers "Das ästhetische Motiv, eine Einführung in die Psychologie der bildenden Kunst" geführt. Eine eher "objektive" Ästhetik wurde in dieser Weiterentwicklung zu einer Ästhetik, die eine Interaktion von Personfaktoren und Reizmerkmalen vorsieht. Ich danke allen, die zu diesem Stand der Arbeit beigetragen haben.

Welche Ziele verfolgen die einzelnen Kapitel dieses Buches? Im *Kap. 1* "Die Kunstpsychologie" wird die Fragestellung der Kunstpsychologie entwickelt. Der Kunstpsychologie geht es vor allem um den Umgang der Menschen mit ästhetischen Objekten und nicht so sehr um normative Aspekte von "Kunst". Tatsächlich eignet sich der unklar definierte Begriff "Kunst" nur bedingt zur Abgrenzung eines Untersuchungsgebietes für die Kunstpsychologie. In diesem Kapitel wird dargestellt, wie sich Kunstgeschichte und Kunstpsychologie um den gleichen Gegenstand bemühen und sich bei einer Gesamterklärung methodisch und inhaltlich immer ergänzen müssen, weil das Kunstwerk psychologisch "unterdeterminiert" ist. Außerdem werden unter Bezug auf Wundt, Fechner, Lipps, Volkelt, Lange und Freud einige Gedanken aus Ästhetiken vorgestellt, die für die Kunstpsychologie wichtig wurden.

Bildnerische Gestaltungen können den Zweck haben, durch ihre "Schönheit" zu erfreuen, sie können aber auch als "Phantasiebefriedigung" oder magisch wirken. Insofern ist auch die Kunst nicht vollständig durch die Analyse des "Schönen" aufgeklärt. Dennoch ist das Kunstschaffen vieler Epochen der Kunstgeschichte auf die "schöne" Gestaltung abgestellt, und die Kunstpsychologie muß sich mit der Analyse von Schönheit befassen. Im *Kap. 2* "Die Bedeutung des Ästhetischen" wird in diesem Zusammenhang begründet, warum das Streben nach Schönheit den Rang eines "Motivs" erhalten kann. Am Beispiel der Gesichtsschönheit wird gezeigt, daß dieses "ästhetische Motiv" den Menschen irrational handeln läßt. Schönheit ist "belohnend". So wie sich Menschen durch ihre Denkfähigkeit definieren, so können sie sich auch durch ihre ästhetischen Bedürfnisse und Gestaltungsmöglichkeiten definieren.

Ästhetisches Verhalten und Erleben läßt sich nicht mit einfachen Reiz-Rekaktions-Modellen beschreiben. Situative und in der Person liegende Bedingungen treten zwischen Reiz und ästhetische Reaktion. Darüber hinaus gelten für verschiedene Gegenstandsbereiche unterschiedliche Reaktionsregeln. Weil die "Gesichtsschönheit" bereits im Kap. 2 als Beispiel für die Bedeutung von "Schönheit" gewählt wurde, wird im *Kap. 3* "Die ästhetische Reaktion" u.a. die Frage aufgegriffen, wie sich schöne und häßliche Gesichter unterscheiden. Dabei wird deutlich, daß viele Regeln der Gesichtsschönheit nur für diesen spezifischen Gegenstandsbereich gelten können. Außerdem: Ein Wechsel der Bevorzugung in Moden, Stilen oder in der Individualentwicklung wird oft als Argument gegen eine "objektive" Ästhetik angeführt. Daher wird hier den Ursachen solchen Wechsels nachgegangen, wobei es auch für den Wechsel Regeln geben kann: Zum Beispiel wechseln die Attribute einer Gestaltung, die im Zentrum der Aufmerksamkeit von Zeitgenossen stehen, oder in der Konkurrenz der Zeitgenossen werden einige Merkmale der Mode extremisiert, bis sie unpraktisch werden usf. Bei der Behandlung des Wechsels kommen auch Kräfte zur Sprache, die Veränderungen im Wege stehen und dazu führen, daß bestimmte Formen (z.B. Trachten) über Jahrhunderte beibehalten werden.

Im *Kap. 4* "Bedeutungskommunikation" wird dargestellt, wie durch visuelle Stimuli Bedeutungen kommuniziert werden können. Neben der Abbildung kommt dabei der Bildmetapher eine besondere Rolle zu. Der psychoanalytische Begriff des Symbols wird als Spezialfall der Metapher aufgefaßt. Bedeutungen können aber auch durch Assoziation zum visuellen Stimulus hinzutreten. Assoziationen sind stimmungsabhängig, individuell, aber auch kulturell bedingt und erklären Unterschiedlichkeit und Gleichheit in ästhetischen Urteilen. Es soll gezeigt werden, wie die Bedeutungsverarbeitung in die Bewertung von visuellen Reizen eingreift und was die visuelle Bedeutungskommunikation von einer verbalen Bedeutungskommunikation unterscheidet.

In der Psychologie herrscht kein geschlossener Kanon des Fachwissens. Vielmehr gibt es Schulen und Lehrmeinungen, die das gleiche Phänomen unterschiedlich erklären. Ja, unter dem speziellen Gesichtspunkt einer Theorie kommen nur bestimmte Phänomene zur Sprache. Bei der Darstellung der Ansätze der Psychologie zur Erklärung der Kunstwirkung im *Kap. 5* "Theorien der Kunstwirkung" ist daher eine Gliederung nach Schulen naheliegend:

- Eine Schule ist die Psychoanalyse, deren verschiedene Zweige wiederum zu sehr unterschiedlichen Thesen gelangen. Gerade in der psychoanalytischen Forschung ist ein reichhaltiges Schrifttum zur bildenden Kunst und zur Literatur entstanden, weil die Entstehung der Kunstwerke als Beleg der Theorie herangezogen werden konnte. Wegen der großen Bedeutung und der Initialstellung der psychoanalytischen Beiträge sollen diese zuerst (im Abschnitt 5.1) berichtet werden.
- Zum gleichen Zeitpunkt begann auch die experimentelle Psychologie, sich mit den ästhetischen Gefühlen zu beschäftigen. Im Abschnitt 5.2 sollen solche Experimente zusammengefaßt werden, die aus der Wahrnehmungspsychologie, z.B. aus der Gestaltpsychologie, entstanden sind.
- Viele Experimente zur Wirkung von Kunstwerken oder auch nur visuellen Gestaltungen bedienen sich in der einen oder anderen Form des Konzeptes der Information, der Ordnung oder der Komplexität. Die rege Forschungstätigkeit der letzten Jahrzehnte zu diesem Fragenkreis soll in Abschnitt 5.3 berichtet werden.

- Die Konzepte der Ethologie, der vergleichenden Verhaltensforschung, sind dagegen erst in den letzten Jahrzehnten entstanden und finden eine zögernde Rezeption in der Kunstwissenschaft. Daher sind die im Abschnitt 5.4 vorgetragenen Thesen besonders spekulativ und bedürfen noch einer zusätzlichen Absicherung.

Im *Kap. 6* "Experimentelle Ästhetik" werden nicht nur experimentelle, sondern generell empirisch-statistische Studien zur ästhetischen Reaktion berichtet. Die Studien werden nach Einflußvariablen, Inhaltsbereichen, Meßmethoden und methodischen Schwierigkeiten aufgefächert. Dem Zusammenhang zwischen Persönlichkeitsmerkmalen und ästhetischer Reaktion sowie der Frage nach einer möglichen ästhetischen Begabung ist jeweils ein eigener Abschnitt gewidmet, und es wird über Versuche berichtet, die Stil-Merkmale aus den Reaktionen von Versuchspersonen zu erschließen. Als Schlußfolgerung aus den Ergebnissen und methodischen Schwierigkeiten kann die Forderung abgeleitet werden, stärker als bisher die individuelle Reaktion gegenüber einem ästhetischen Stimulus in ihrer historischen Bedingtheit zu untersuchen.

In *Kap. 7* "Bildnerische Kreativität" sind Ergebnisse der Psychologie dargestellt, die Bedeutung für die bildnerische Kreativität haben. Es werden Fragen nach den Quellen der bildnerischen Kreativität und nach den Vorgängen des bildhaften Denkens verfolgt. In diesem Zusammenhang werden z.B. Ergebnisse zur Spezialisierung der Gehirnhälften relevant. Solche Studien, aber auch Ergebnisse von Introspektionen bildhafter Denkprozesse werden zusammenfassend referiert. Weiterhin wird untersucht, unter welchen Bedingungen sich kreative Leistungen entwickeln können und welche Motive die kreative Leistung antreiben können:

- Die Nähe von Genie und Irrsinn, die gelegentlich postuliert wird, wird im Abschnitt 7.3 zur Persönlichkeitsstruktur der Kreativen, aber auch im Abschnitt 7.4 über die Kunst der Geisteskranken diskutiert.
- Auch in der Zeichnung von Kindern findet man Originalität und kreative Gestaltung. Die Determinanten der Kinderzeichnung werden entfaltet und die Frage, warum sie originell und ästhetisch angenehm wirken, findet eine Antwort (Abschnitt 7.5).
- Das Wort "kreativ" hat doppelte Bedeutung: Neuschöpfung und aktive Gestaltung. Insofern gehören auch kreative Hobbys zu einer Betrachtung der künstlerischen Kreativität oder auch die mehr oder weniger unterdrückte Kreativität der Kritzeleien auf Schulbanktischen oder Toilettenwänden, die Graffiti (Abschnitt 7.6 und Abschnitt 7.7).

Die Determinanten der Kunstwirkung werden dort besonders klar zum Ausdruck kommen, wo Personen sich entscheiden, ein bestimmtes Werk zu erwerben. Im *Kap. 8* "Kunstbesitz" wird den Kaufmotiven und den Motiven für eine Exposition eines Bildes an der Wohnzimmerwand nachgegangen. Dabei wird deutlich, welche Art von Gestaltung nach Maßgabe der Rezipienten tatsächlich die Bezeichnung "zeitgenössische Kunst" verdient. Die Wandschmuckforschung läßt sowohl soziologische als auch psychologische Methoden zu und stellt insofern den Anschluß zur Kunstsoziologie her. Beim Kunstsammeln wird die Kunst oder das Sammelobjekt zu einem Lebensthema eines Menschen. Dabei werden neue Motive des Kunst- bzw. Objektbesitzes deutlich, wie z.B. das Streben nach Einzigartigkeit, die Spannung bei der Suche nach Sammelgegenständen oder das Bedürfnis zu klassifizieren. Schließlich wird auch thematisiert, wie der Handel auf die Kunstproduktion und -rezeption wirkt und wie die Menschen sich im Umgang mit dem öffentlichen Kunstbesitz in Museen verhalten.

Kap. 9 wird der "zeitgenössischen Kunst" gewidmet, weil sie, verdrängt von den Möglichkeiten der Fotografie und der Werbung und z.T. auch der Computergrafik, neue Wege der Wirkungsmöglichkeiten visueller Kommunikation entwickelt. Insofern gewinnt das "Kunstverhalten", das bei der psychologischen Betrachtung im Vordergrund steht, neue Richtungen. Einige Beispiele zeitgenössischer Kunstproduktion - besonders aus der BRD - werden aufgegriffen und auf ihre Wirkungsmechanismen hin analysiert. Abschließend wird die (ablehnende) Rezeption der zeitgenössischen Kunst registriert.

Im *Kap. 10* "Psychologische Ästhetik" wird zuerst untersucht, ob die ästhetischen Emotionen von anderen Emotionen zu unterscheiden sind. Es folgen Überlegungen, ob das ästhetische Urteil aufgrund "objektiver" Reizmerkmale oder "subjektiver" Determinanten zustandekommt, die in ein "interaktives" Konzept des ästhetischen Empfindens münden. Subjektive Zustände und objektive Reizmerkmale wirken im ästhetischen Urteil zusammen. Die ästhetische Empfindung stellt sich z.B. ein, wenn die Wahrnehmung des Betrachters durch die "Einfachheit" des Reizes besonders mühelos verläuft und er gleichzeitig mehrere Reize aufnehmen kann. Eine solche Wahrnehmungserleichterung kann auf verschiedenen Stufen der Reiz- und Bedeutungsverarbeitung stattfinden. In einem synoptischen Ansatz können hier Ergebnisse der Informationsästhetik, der experimentellen Ästhetik und auch der Psychoanalyse integriert werden. Neben den Determinanten der "Schönheit" wird dann die Rolle der Spannung, z.B. durch "geheimnisvolle" Reizarrangements, auch für die Wirkung der bildenden Kunst untersucht und der Stellenwert von Kitsch diskutiert. Nach der Darstellung der historischen Ästhetik (im Kap. 2) wird nun der Fortschritt der empirischen Ästhetik deutlich. Eine Weiterentwicklung der psychologischen Methodik durch Einbeziehung der vergleichenden Methode könnte auch in der Psychologie der Kunst fruchtbar wirken.

Im *Kap. 11* "Schlußbetrachtungen" hebe ich zuguterletzt einige Gedanken dieses Buches hervor, die mir besonders wichtig sind.

Schließlich noch einige allgemeine Anmerkungen zu diesem Buch: Nach einem Überblick über Arbeiten zur Psychologie der bildenden Kunst entwickle ich eine Theorie der Ästhetik, die der vielfältigen Determination der Empfindung des Schönen nachgeht. Ein Hauptirrtum der vorliegenden Ästhetiken scheint mir die Idee zu sein, Gesichtsschönheit und Landschaftsschönheit oder die Schönheit eines Bildes müßten irgendwie gleich determiniert sein. Eine analoge Überlegung bezüglich der Ausdehnung von Gegenständen - eine ebenso generelle Eigenschaft wie "Schönheit" oder "Häßlichkeit" - erschiene absurd. Die Höhe von Kathedralen ist eher vom historischen Fortschritt der Architektur und der Investition abhängig, die Größe eines Menschen von genetischen Anlagen. Die Höhe einer Kaffeekanne wird durch die durchschnittliche Menge getrunkenen Kaffees begrenzt. Bei verschiedenen Gegenstandsklassen ist die Ausdehnung bzw. Höhe unterschiedlich determiniert. Insofern kann ich verschiedene Ästhetiken als Spezialfall eines bestimmten Gegenstandsbereiches nun wiederum widerspruchsfrei zu einem Gesamtsystem zusammenfassen.

Ebenso ist unter dem Begriff Kunst ganz Verschiedenes gemeint. Eine afrikanische Maske oder ein Renaissance-Gemälde sind in unterschiedlichen funktionalen Zusammenhängen eingebettet und mit unterschiedlichen psychologischen Ansätzen aufzufassen. Auch hier wäre ein einziges Prinzip der Erklärung das Fundament des Irrtums.

Die psychologische Betrachtung schließlich ist ein möglicher Aspekt des Gegenstandes. Die historische Analyse ist ein anderer möglicher und aufschlußreicher Weg. Eine soziologische Analyse findet wieder ihre und andere Fragen gegenüber der Kunst und dem Schönen. Andererseits wäre es wünschenswert, wenn die Kunstwissenschaft die prinzipielle Berechtigung, das Verständnis der Kunst aus dem Verständnis des Menschen heraus zu betreiben, ohne Berührungsängste akzeptieren könnte.

1 Die Kunstpsychologie

1.1 Zum Stand der Kunstpsychologie

Während um die Jahrhundertwende Kunstpsychologie zu den wichtigen Themen psychologischer Abhandlungen gehörte, sucht man heute in den Lehrbüchern des Faches vergeblich nach Stichworten wie "Schönheit", "ästhetisches Empfinden" oder "Kunst". Das geringe Interesse an der Behandlung ästhetischer Reaktionen hat einige Gründe: Jedermann weiß, daß ästhetische Vorlieben sehr individuell sind. So wird der Forscher kaum erwarten dürfen, generelle Regeln ästhetischer Bevorzugung zu finden. Zudem wenden sich die Forscher heute Fragen zu, die einen Fortschritt bei der Bewältigung der aktuellen Probleme versprechen. So zeichnen die Lehrbücher das Bild von einem Menschen, der lernt, denkt und prosoziales Verhalten erwirbt, aber nie genießt. Ein Wesen von einer fremden Zivilisation, das anhand dieser Lehrbücher Bericht zu erstatten hätte (vgl. Lefrançois 1976, Kongor der Androneaner), könnte wenig über Feinschmeckerrestaurants, Urlaubsreisen, Kunstmuseen, Sammelhobbys oder Körperschönheit berichten.

Dennoch gibt es eine kleine Anzahl von Forschern, die sich mit dem marginalen Problem der ästhetischen Reaktion befassen, die verschiedene Sammelreferate und Monographien zum Thema "Psychologie der Kunst" verfaßt haben. Eben wegen der geringen Zahl von entsprechenden Publikationen kann hier als Service für den interessierten Leser eine Liste gegeben werden: Müller-Freienfels (1923), Woodworth (1938), Pratt (1961), Arnheim (1966), Wygotsky (1968), Child (1972), Kreitler & Kreitler (1972), Pickford (1972), Götz & Götz (1972), Raab (1976), Schuster & Beisl (1978), Rump (1981), O'Hare (1982), Winner (1982), Sprinkart (1982), Höge (1984), Schuster (1985), Schurian (1986), Kobbert (1986). Die Standpunkte dieser Arbeiten sind recht kontrovers, und je nach theoretischem Schwerpunkt unterscheiden sich die referierten Themen stark.

Es hat sich eingebürgert, unter dem Titel "Kunstpsychologie" nur die Werke der bildenden Künste, nicht aber musikalische oder literarische Kompositionen zum Thema der Abhandlung zu machen. Daher ist der Titel "Kunstpsychologie" mißverständlich. Gemeint ist die Psychologie der bildenden Künste. Nun sind die Kategorien der Kunstwissenschaft, wie z.B. "bildende Kunst", keine psychologischen Kategorien und eignen sich nicht unbedingt, ein Untersuchungsfeld abzugrenzen, das für eine psychologische Analyse geeignet ist. Bei einem solchen Untersuchungsfeld würde man erwarten, daß in seinen Grenzen soweit als möglich die gleichen psychologischen Prinzipien Anwendung finden können. Möchte man für die kunstwissenschaftliche Kategorie "Bildende Künste" eine psychologische Kategorie angeben, wäre es angemessener, von Kunstwerken zu sprechen, die hauptsächlich über die visuellen Informationskanäle des Menschen wahrgenommen werden.

1.2 Die psychologische Fragestellung bei der Untersuchung bildnerischer Gestaltung

Die psychologische Betrachtung ästhetischer Probleme spannt einen anderen Bogen von Fragestellungen, als sie bisher von der Kunstwissenschaft oder von der Kunstgeschichte bearbeitet werden.

Die Kunstwissenschaft befaßt sich mit den Merkmalen des Kunstwerkes, die aus der Geschichte der vergleichbaren Kunstwerke heraus erklärt werden können, und mit der Innovation im Vergleich zu vergangenen Kunstwerken. Dabei werden Werturteile über den künstlerischen Rang der Werke abgegeben. Die Kunstpsychologie untersucht dagegen die Prozesse, die im Menschen bei der Rezeption und bei der Kreation von Gestaltungen ablaufen, das Verhalten und Erleben der Menschen in bezug auf die Kunst. Dabei wird die Gestaltung selbst nicht bewertet, die Kunstpsychologie leistet also keinen Beitrag zur Definition von Kunst. Im Gegenteil: Es werden ohne Zäsur auch solche Gestaltungen in die Analyse einbezogen, die keine Kunst sind, wie triviale Darstellungen in Comic-Zeichnungen oder Kritzeleien auf Schulbänken.

Auch hier gibt es eine historische Dimension: Wie verändert sich das Erleben der Menschen verschiedener Epochen angesichts des gleichen Kunstwerkes? Diese Psychohistorie der Kunst liegt zwischen Kunstwissenschaft und Kunstpsychologie und ist - wie die Psychohistorie überhaupt - ein zwar vielversprechendes, aber noch unbearbeitetes Gebiet. Bei der Erforschung des Erlebens der Menschen bei der Schaffung und bei der Rezeption von Kunst ist die historische Bedingtheit der seelischen Prozesse selbst unübersehbar. Insofern gibt die Kunstpsychologie Anlaß, die Angemessenheit der experimentellen oder der vergleichenden Methode der empirischen Wissenschaft für den Gegenstandsbereich Mensch zu diskutieren.

An einigen Beispielen soll illustriert werden, welche Fragen die Kunstpsychologie stellt. Bei der Fokussierung des Umganges der Menschen mit der Kunst kommen Fragen nach der Determination von Kunstbesitz und Wandschmuck auf. Zum Beispiel kann man Kunstwerke besitzen - als Sammlung echter Kunst oder als Poster an der Wand der Studentenbude. Beide Verhaltensbereiche, das Sammeln und das Schmücken der Wand, sind bisher stiefmütterlich untersucht - oben wird auf relevante Ansätze verwiesen -, wären aber gerade im Zentrum "kunstpsychologischer" Untersuchungen anzusiedeln.

Die Psychologie des Freizeit-Verhaltens (Schmitz-Scherzer 1975) könnte von hier aus bereichert und ergänzt werden. Dabei interessiert natürlich weniger, wie gut die Bilder oder die Gestaltungen der Hobbymaler sind, sondern vielmehr, welche Themen gewählt werden und welche Funktionen das Hobby für den einzelnen hat. Wenngleich sicher individuelle Determinanten überwiegen, so wird man doch Gruppierungen der Funktionen vornehmen dürfen.

Mode und Industriedesign, Tapeten oder Teppichmuster, Architektur und die Kunst, die in öffentlichen Museen ausgestellt wird, sind natürlich gleichermaßen Gegenstand einer psychologischen Analyse. Die Präferenzwahl vieler Menschen läßt sich möglicherweise aus psychologischen Gesetzmäßigkeiten erklären, z.B. aus den Gesetzen der Wahrnehmung oder der menschlichen Informationsverarbeitung. Immer schon - z.B. in religiösen Darstellungen und heute massenhaft in der Werbung - wird und wurde Kunst (es sei denn, man schließt das durch Definition aus, vgl. oben) als Hilfsmittel zur Überzeugung, als Instrument der Propaganda, als Träger von Ideologien verwendet. Die Absicht ist bekannt und unbestritten. Die Fragestellung einer psychologischen Sichtweise ist: Wie wirkt eine solche Manipulation? Welche Effekte haben die Versuche, den Glanz des Himmels und die Schrecken der Hölle im Kirchenschiff anzuschlagen oder aber den Kunden einer Bank die Vorteile des Kredits durch Werbung mit Tierfiguren näherzubringen? Wie verhalten sich die Menschen gegenüber den Beeinflussungsversuchen?

Kunst ist auch schon immer ein wichtiges Signal für Status gewesen. Das Schloß des Fürsten läßt die Macht und den Reichtum seines Besitzers erkennen, die teure China-Vase den Geschmack und die feine Bildung eines Gastgebers. Hier ist das eigentlich psychologische Problem: Wie gehen Menschen mit Kunst um?

Wenn auch kein Beitrag zur Definition des Begriffes Kunst geleistet werden kann, so werden doch auch immer wieder Kunstwerke behandelt. Daher sei eine kurze Anmerkung zum Kunstbegriff gestattet.

1.3 Das Universum der Kunstwerke

Malraux (1958) schildert ein "imaginäres Museum", dessen Besucher wir alle sind, und meint damit den durch Fotografien und Reproduktionen bekannten Kunstschatz der Jahrtausende. Dem imaginären Museum gehören die Pyramiden an, die griechischen Tempel, primitive Volkskunst und auch tachistische Bilder. Alle diese Objekte sind Gegenstände der Kunstgeschichte.

Ob alle diese Objekte unter unseren heutigen Kunstbegriff fallen, ist fraglich. So hat die "primitive" Kunst dem Ziel gedient, Geister abzuschrecken (s.o.) und mächtige Helfer zu beschwören. Hier ist ein Gedankenexperiment von Grassi (1980, S.99) besonders treffend: "Hätte man zu ihren Urhebern von schöpferischer Tätigkeit, subjektiver Phantasie und von ihnen als

'Künstlerpersönlichkeit' gesprochen, sie hätten es nicht verstanden oder eben als unsachlich empfunden, wie ein moderner Physiker das tun würde, äußerten wir vor ihm unsere Bewunderung für die Schönheit einer Apparatur, die er zu einem bestimmten Zweck aufgebaut hat, und erklärten ihn deshalb für einen Künstler." Grassi hebt hier auf sakrale Künstler ab, die die Heilige Schrift nach einem Kanon von Formvorschriften erklären wollten. Ebenso unverständig wie ein Physiker hätten wahrscheinlich die ägyptischen Bildhauer des Alten Reiches unseren Kunstbegriff zur Kenntnis nehmen müssen, ging es ihnen doch hauptsächlich darum, mit einem festgelegten Repertoire von Mustern über die unvergänglichen Wahrheiten des Lebens nach dem Tode oder über den Ruhm der Pharaonen zu berichten, eben ohne von der bekannten Typographie abzuweichen. Betrachtet man die ägyptischen Bildwerke unter dem Blickwinkel eines heutigen Kunstbegriffes (wie etwa im Führer des ägyptischen Museums von Kairo, Donadoni 1978), so kann man die Geschichte einer starren Ikonographie schreiben, die sich dann später zum Kunstwerk auflockert. Das wäre aber zumindest teilweise dasselbe, als betrachte man unsere Buchstaben als Kunst, die über wenigstens ein Jahrtausend ohne wesentliche Entwicklung blieb.

Unsere Kunstauffassung unterscheidet sich auch wesentlich von der griechischen "Kunstauffassung". In einer kenntnisreichen Analyse zeigt Gombrich (1977), daß der Fortschritt der griechischen Kunst in den Augen der Zeitgenossen als Fortschritt der naturalistischen Darstellung bemessen wurde. Die Kunstgeschichte, wie etwa Vasari (1568) sie von Zeitgenossen der Renaissance aufgezeichnet hat, ist eine Geschichte der Erfindungen zur besseren Abbildung der Realität.

Spätestens seit Erfindung der Fotografie ist uns dieser Begriff vom Fortschritt der Kunst verlorengegangen. Natürlich gibt es weiterhin eine Geschichte der Fortschritte in der illusionistischen Abbildung, die über den Stummfilm zum Tonfilm, zum Farbtonfilm und dann zum 3D-Tonfilm fortschreiten müßte. Dieser Fortschritt wird aber nicht mehr als Fortschritt der Kunst gefeiert.

Der Impressionismus ist der letzte Fortschritt der Kunst im Bereich der naturalistischen Abbildung. Die Impressionisten geben die Welt so wieder, wie man sie wirklich sieht, wenn man die Mechanismen der automatischen Objekterkennung unterläuft. Hier mag ein Grund für die relativ schnelle Anerkennung dieser Kunstrichtung liegen. Ein Beispiel dafür ist Manets Bild "Rennen in Longchamp (Abb. 1.1), das realistisch die schnellen Bewegungen der Pferdebeine zeigt.

Unseren Künstlern stellen sich neue Probleme, die zu ihrer Lösung einen anderen Fortschritt erfordern (vgl. Kap. 9 über "zeitgenössische Kunst"). Kunst bedeutet also in verschiedenen Epochen der Kunstgeschichte Unterschiedliches. Die psychologische Analyse wird also kaum das Wirkungsprinzip der Kunst ergeben. Dazu kommt, daß auch in einer Zeit nicht klar zu definieren ist, welche Gegenstände eindeutig Kunstwerke sind und welche nicht. Diese Bewertung kann sich auch jeweils in nachfolgenden Epochen noch verändern.

Abb. 1.1: E. Manet: Rennen in Longchamp, um 1875 (National Galery of Art, Washington)

Insgesamt scheint für den Begriff der Kunst das zu gelten, was als Regel in der Mathematik für einen "fuzzy set" gilt. Es ist für einige Elemente der Menge klar, daß sie dazugehören (im Fall der Kunst etwa Rembrandt, Dürer usf.), für andere Elemente ist unsicher, ob sie in den Begriff einzuordnen sind (im Fall der Kunst etwa Computerkunst, Kinderzeichnungen oder gestaltete Industrieobjekte), während für einige Elemente die Zuordnung zum Begriff Kunst auszuschließen ist (etwa physikalische Geräte). Es handelt sich also um einen Begriff, dessen Grenzen unsicher sind. Natürlich sind die verschiedensten Versuche gemacht worden, den Begriff Kunst mit theoretischen Bestimmungen genauer abzugrenzen; hier lassen sich Schulen unterscheiden. Aus dem Blickwinkel der Psychologie allerdings spielt, mehr als eine theoretische Bestimmung, die tatsächliche Verwendungsbreite des Begriffes eine Rolle.

Natürlich liegt der psychologische Aspekt weniger in der Untersuchung des Kunstwerkes selbst, sondern eher in den Prozessen, die zu seiner Entstehung geführt haben und die an seiner Wirkung beteiligt sind, also in Prozessen, die sich im Menschen abspielen. Das Kunstwerk ist insofern immer nur die "geronnene Spur" (Lersch) solcher Prozesse.

1.4 Die Beiträge von Kunstgeschichte und Psychologie zur Erklärung der Kunstwirkung

Kunst tritt uns als geschichtliches Phänomen gegenüber, und eine historische Analyse der Kunstwerke zeigt oft überraschend genau, wie z.B. eine Säulenform in die andere übergeht. Die Kapitelle stehen in einer geordneten Entwicklungsreihe von der ägyptischen Papyrusform bis zur römischen korinthischen Form. Man kann die Muster der Orientteppiche von griechischen Formen ableiten. So stellt sich die Entwicklung der Kunst als eine Aufeinanderfolge von Kopien, aber auch von Entwicklungen und Erfindungen dar. Entsprechend sind wir Formulierungen gewöhnt wie: Ohne den Künstler xy wäre der Künstler yz nicht denkbar. Kunst wird dann aus der historischen Überlieferung erklärt.

Nun wäre die in der Kunstgeschichte nachgezeichnete Entwicklung nicht zustandegekommen, wenn nicht immer wieder Menschen ihr Bedürfnis nach den Werken der Künstler in Form von Kaufentscheidungen und in Form von Aufträgen dokumentiert hätten. Eine Kunst, die in diesem Sinne nicht die Zustimmung - wenigstens einer Gruppe - der Zeitgenossen fand, ist uns nur im seltenen Ausnahmefall bekannt (z.B. die Bilder van Goghs - aber auch diese wären sicher bald weggeworfen worden, wenn der Publikumsgeschmack sich nicht entsprechend verändert hätte). Die "Abstimmung" vieler Menschen über ein Kunstwerk muß auch durch die Gesetzmäßigkeiten der menschlichen Informationsverarbeitung bedingt sein und ist also mit den unhistorischen Mitteln der Psychologie zu untersuchen.

Die dargestellte Unterscheidung zwischen historischer und psychologischer Analyse läßt sich auch auf einen anderen Begriff bringen. Die Wechselfälle der Geschichte bedingen ein Angebot von Darstellungen von Formen und Inhalten. Die Anlässe solcher Formen lassen sich historisch z.B. im Einfluß einer fremden Kultur verfolgen. Warum allerdings eine bestimmte Form auf breite Zustimmung traf, warum sie also beibehalten wird, muß auch mit den Mitteln der psychologischen Analyse geklärt werden.

Das einmalige Vorkommen eines Ereignisses kann andere Ursachen haben als seine Wiederholung. Das Frotteehandtuch wurde wegen eines Webfehlers zum ersten Mal produziert. Dann erst entdeckte man die Brauchbarkeit des weichen Tuches als Handtuch. Sicher ist der Satz nicht falsch: Weil eine Maschine einen Fehler machte, gibt es heute ein Frotteehandtuch. Der Verweis auf den historischen Anlaß klärt das Phänomen des Gebrauches nicht völlig auf.

Die Ursachen für einzelne Ereignisse sind vermutlich nicht psychologisch aufzuklären. Die Menge der Einflüsse und inhaltlichen Beziehungen eines Menschen zu seiner Umwelt sind von der Psychologie nicht zu erfassen. Nur die häufige Verhaltensweise verweist auf psychologische Gesetze allgemeinerer Art.

Aus der unhistorischen, psychologischen Sicht allerdings muß zugestanden werden, daß das Kunstwerk psychologisch unterdeterminiert ist, d.h., daß die Wirkung einer Darstellung durch sehr verschiedene Materialisationen zu erreichen ist. Die Aufklärung der konkreten Form des Einzelkunstwerkes bedarf neben der psychologischen Analyse dann auch der historischen Analyse. Unser ästhetisches Empfinden wird durch Realisationen sehr verschiedener Kulturkreise befriedigt: So sind es eher die Gemeinsamkeiten dieser Realisationen, die den Gesetzen der Psyche folgen. Die Unterschiede belegen unübersehbar die Macht der historischen Determination. So müssen für die Aufklärung des Gegenstandsbereiches Kunsthistoriker und Psychologen zusammenarbeiten. Es wird dabei wahrscheinlich immer umstritten bleiben, in welchem Maße psychologische oder historische Ursachen dominieren.

Die historische Dimension der Kunstwirkung wird dadurch unterstrichen, daß die gleiche Form in unterschiedlichen Regionen oder zu unterschiedlichen Zeitpunkten eine völlig unterschiedliche Bedeutung und dann auch Wirkung haben kann. Boas (1927) illustriert diese Tatsache mit vielen Beispielen. Das indianische Bild (Abb. 1.2) kann einen Berg, aber an anderer Stelle auch ein Zelt darstellen. Die Beziehung zwischen Form und Inhalt ist nicht eindeutig, sondern kulturell vermittelt. Sicher ist eher der Wechsel der Bedeutungen der Form (vgl. Gombrich 1979, S. 223: "What is sure in any case is that the meaning attributed to design changes from period to period and area to area.")

Abb. 1.2: Transformationen eines indianischen Motivs aus Boas (1927)

An drei Beispielen soll nun in der Kunst das Zusammenwirken historischer und psychologischer Determination aufgezeigt werden. Die Vernachlässigung jeweils einer dieser Komponenten führt zu einem unvollständigen Verständnis des Phänomenbereiches.

Beispiel 1:

Hier werden die Gefahren einer nur "psychologischen" Sichtweise deutlich: Auf der Dokumenta in Kassel 1977 war eines der Exponate ein 1 km tiefes Loch, in das ein Messingkern versenkt war. Für den Betrachter war nur die Metallklappe sichtbar, die das Loch verschließt. Für den Amateurpsychologen legt sich sofort eine Interpretation in psychoanalytischen Termini nahe. Das Loch könnte - in der Mutter Erde - eine Symbolisierung des weiblichen Elementes und der Messingkern könnte ein Riesenphallus sein (wir wollen nicht ausschließen, daß mit einer solchen Interpretation etwas über die Ursachen der Wirkung dieses Kunstwerkes erfaßt ist). Der Künstler allerdings könnte mit einer solchen Interpretation wenig anfangen: In der modernen Kunst gab und gibt es Bestrebungen, der Kommerzialisierung durch Kunstwerke vorzubeugen, die nicht in Museen ausgestellt werden können. Das Kunstwerk kann einsam in der Wüste existieren oder ebenso unsichtbar sein wie das Loch De Marias. Die Problemlösung des Künstlers bezieht sich also auf diese Aufgabe und wird nur daraus verständlich.

Folgt man einer Analyse des bekannten Kunstkritikers Hughes (1979), so hat die Determination des Kunstwerkes noch einen interessanten Nebenaspekt. Die Kosten für das Kunstwerk beliefen sich auf 600.000 DM, die von einer reichen texanischen Familie gestiftet wurden. In den USA können Kunstmäzene auf diese Weise Steuern sparen. Die texanische Familie verdiente ihr Geld unter anderem mit der Herstellung von Ölbohreinrichtungen, die bei der Erstellung des von der Steuer finanzierten Loches Verwendung fanden. Die Verbindung zwischen dem Künstler De Maria und dem Mäzen läuft über einen Manager, der in der BRD und den USA die Werke dieses Künstlers vertritt und gleichzeitig Vorsitzender einer Organisation zur Förderung der Künste ist, die von der erwähnten Familie unterstützt wird. Nach dieser Interpretation handelt es sich also um ein raffiniert in die Wege geleitetes Geschäftsunternehmen, dessen Hintergrund der Künstler zumindest geahnt haben dürfte.

Das Beispiel zeigt mehreres. Die alleinige psychologische Interpretation verfehlt die Absicht des Künstlers, wie auch eine "kunsthistorische" Interpretation die Absicht des Künstlers verfehlen kann. In unserem Fall handelt es sich eher um eine "kommerzielle" Motivation, die das Entstehen des Kunstwerkes determinierte.

Beispiel 2:

Hier wird deutlich, wie die kunsthistorische Interpretation mehr Gewicht hat als eine psychologische. Während in den pompejischen Villen an den Wänden figürliche Darstellungen verwirklicht waren, sind heutige Tapetenmuster meist flächenhaft und vermitteln keine räumliche Illusion. Hier könnte der Psychologe den Wunsch des modernen Menschen nach Bildwechsel auf einem neutralen Hintergrund bemühen. So könnte die vorherrschende Tapetengestaltung als Folge einer konstanten Käuferselektion gedeutet werden. Tatsächlich stellten Kunstwissenschaftler die Überlegung an, daß dreidimensionale Objekte, die auf der Tapete zweidimensional dargestellt würden, nur aus einem Blickwinkel perspektivisch richtig wären. Von vielen Betrachterstandpunkten aus würde die Darstellung fehlerhaft wirken. Aus dieser Einsicht heraus entstand die verbindliche Regel, das Wanddekor aus zweidimensionalen Mustern zu gestalten (Gombrich 1979).

Die ex post gefundene psychologische Interpretation wäre unangemessen. Sicher gibt es viele Beispiele, wie psychologische Interpretationen an der Historie eines Phänomens vorbeigehen. Ein gewisses Mißtrauen von Kunsthistorikern gegenüber den Erklärungsversuchen der "Kunstpsychologen" ist sicher in der mangelnden Berücksichtigung historischer Gegebenheiten zu suchen (vgl. Lützeler 1975).

Beispiel 3:

Hier werden die Gefahren einer historischen Erklärung ohne Berücksichtigung der psychologischen Determinanten deutlich. Die Renaissance der römischen und griechischen Kunst ist nur im Ablauf der Geschichte zu verstehen. Die als barbarisch angesehene Kunst der Goten wurde von der italienischen Bevölkerung im Zuge eines neuen Nationalbewußtseins abgelehnt. Man besann sich auf die ruhmreiche Vergangenheit und baute wieder in deren Stil. So weit - wenn auch stark verkürzt - die historische Erklärung. In diesem einzelnen historischen Anlaß kann allerdings nicht der hinreichende Grund dafür gesehen werden, daß auch alle anderen europäischen Länder Renaissancen der römischen und griechischen Kunst erlebten und selbst in der Neuzeit solche Renaissancen nicht unüblich sind (vgl. z.B. Hochhausbauten in New York). Der Grund, der den Siegesmarsch der Renaissance in Italien bewirkte, kann nicht für die "gotischen" Länder gültig sein. Viel weniger kann er für die heutige Bewunderung verantwortlich sein, die die erhaltenen griechischen Monumente auslösen und die sich in vielfältigen Nachschöpfungen (z.B. an amerikanischen Einfamilienhäusern) ausdrückt. In der Art der griechischen und der z.T. ähnlichen ägyptischen Bauweise muß etwas sein, das auf die Menschen der verschiedenen Jahrhunderte wirkt.

Lipps (1900) wählt die griechische Säule als Beispiel, wenn er seine Empathie-Theorie des ästhetischen Empfindens vorstellt. Er behauptet, daß die geschwungene Säulenkontur es erlaubt, sich in die Säule hineinzuversetzen (wie es bei den Karyatiden auf der Akropolis bildhaft ausgeführt ist) und Kraft und Gegenkraft zu verspüren. Die griechische Architektur - so könnte eine psychologische Erklärung nun lauten - macht die Statik eines Gebäudes sichtbar und verstehbar. Die Gebäude werden faßlich. Hinzu kommt natürlich die intellektuelle Verehrung der griechischen Kultur, die Assoziationen in uns anklingen läßt, die die höheren ästhetischen Gefühle erst ermöglichen.

1.5 Die historische Nahtstelle von philosophischer Ästhetik und Kunstpsychologie

Ästhetik und "kunstpsychologische Fragen" gehören, wenngleich sie auch heute nicht viel Aufmerksamkeit finden (s.o.), zu den Problemen, die das Denken der Menschen über Jahrtausende beschäftigt haben. In den Schriften der Philosophen nehmen Fragen der Ästhetik einen breiten Raum ein (z.B. Kant, Hegel, Schopenhauer). Hier soll dargestellt werden, an welcher Stelle die empirische Psychologie (Fechner, Wundt) das Feld der Ästhetik von den um die Wende zum 20. Jahrhundert bekannten Ästhetikern (Lange, Lipps, Volkelt) übernommen hat, um später zu prüfen, welche Fortschritte die Psychologie der Kunst und die experimentelle Ästhetik bis heute verzeichnen kann.

Eine historische Betrachtung liefern Drue (1983) und v. Allesch (1987). Beide werden allerdings ihrem Titel nicht voll gerecht: Eine "Ästhetik des Kaiserreichs" entwickelt die ästhetischen Gedanken "zu Zeiten" des Kaiserreiches, und Allesch versäumt es in seiner Abhandlung über die "Geschichte der psychologischen Ästhetik" festzulegen, was psychologische Ästhetik ist. Dies soll hier nachgeholt werden. Ästhetik ist immer dann und insofern "psychologisch", als sie den Grund für das Wohlgefallen aus den Prozessen des erlebenden Subjektes und z.B. nicht aus den Merkmalen eines Werkes erklärt. Sollten "objektive" Merkmale eines Werkes sich als Determinanten des Wohlgefallens erweisen, so bleibt es immer noch die Aufgabe der Psychologie aufzuklären, warum diese Merkmale ihre Wirkung erzielen können.

Gustav Theodor Fechner

Fechner, der den Psychologen mehr durch seine Experimente zur Psychophysik im Gedächtnis blieb, leistete in seiner Vorschule der Ästhetik (1876) einen ersten empirischen Beitrag zur Kunstpsychologie. Fechner kann als der Begründer einer empirisch-experimentellen Ästhetik angesehen werden. Er wollte die Bedingungen des Wohlgefallens nicht aus einem philosophischen System ableiten (Ästhetik von oben), sondern bestimmen, welche Reizelemente beim Betrachter zu lustvollen Erlebnissen führen. Er verwirklichte diese Absicht zuerst an verschiedenen Rechtecken, um zu prüfen, ob der goldene Schnitt (vgl. oben) tatsächlich die angenehmste Proportion eines Rechteckes ist. Aus seinen Experimenten und aus (Selbst-)Beobachtungen kam Fechner zu einigen Prinzipien des ästhetischen Wohlgefallens, deren wichtigste hier wiedergegeben sind:

- Das Prinzip der ästhetischen Schwelle: Der ästhetische Reiz muß eine gewisse Mindestintensität besitzen, um im Betrachter Gefühle des Wohlgefallens auszulösen.
- Das Prinzip der ästhetischen Hilfe oder Steigerung: Das Wohlgefallen muß aus verschiedenen Quellen, durch direkte Faktoren, wie z.B. Farbreize, und indirekte Faktoren, wie z.B. positive Assoziationen, gespeist werden, um sein mögliches Maximum zu erreichen.
- Das Prinzip der einheitlichen Verknüpfung des Mannigfaltigen: Im Betrachter soll durch die Vielfalt keine Langeweile aufkommen, andererseits vermittelt der Zusammenhang des Gleichen eine Orientierung.
- Das Prinzip der Widerspruchslosigkeit: Erwartung und Wahrnehmung, aber auch Unterelemente des ästhetischen Reizes sollen widerspruchsfrei zusammengehen.
- Das Prinzip der ästhetischen Assoziation: Die Wirkung eines Reizes hängt nicht nur von den Sinnesdaten ab, sondern auch von den hinzutretenden Assoziationen. Zum Beispiel ist die Orange nicht nur wegen der Farbe angenehm anzuschauen, sondern auch weil der Gedanke an das hochgeschätzte Italien hinzutritt.

Wilhelm Wundt

Wundt versuchte, auf der Basis der philosophischen Ästhetik eine Psychologie der Kunst aufzubauen. Der einfachste Fall der Schönheit sind nach Wundt die geometrischen Schönheiten, "... welche ebenfalls den Vorteil bieten, daß sie willkürlich erzeugt werden können und eine Zurückführung auf mathematische Verhältnisse in Aussicht stellen" (1880, S. 181). Ob sich diese Aussicht verwirklicht hat, wird im Kapitel über die informationsästhetischen Versuche zu diskutieren sein.

Hinter dem Postulat der ästhetischen Wirkung der Symmetrie mag bei Wundt auch der Gedanke einer leichten Erfassung des Regelmäßigen stehen. Bezüglich der Wahrnehmung wird dieser Gedanke expliziert: Wundt führt aus, daß die Augenbewegung in einem leicht gekrümmten Bogen verläuft: "Wir dürfen hieraus schließen, daß die schwach gekrümmte Bogenlinie die Linie der ungezwungensten Bewegung für das Auge ist." ... "Wir empfinden architektonisch Mißfallen, wenn unser Auge nur geraden Linien folgen muß" (S. 184). Wundt bezieht sich hier auf Hogarths Ästhetik. Er erkennt aber, daß die von uns empfundene Schönheit der menschlichen Gestalt "nicht bloß aus der Regelmäßigkeit ihrer Form hervorgeht". Dann greift er aber doch auf das Prinzip der Einheit in der Mannigfaltigkeit zurück, wenn er die Körperschönheit auf die Symmetrie durch Wiederholung homologer Teile zurückführt.

Steht eine Abbildung nicht nur der einfachen Wahrnehmung, sondern auch einer stimmigen Interpretation entgegen, empfinden wir nach Wundt ebenfalls Mißfallen.

Zum Erscheinungsjahr des zitierten Textes existiert bereits Fechners Unterscheidung zwischen assoziativen und formalen Faktoren des ästhetischen Empfindens. Wundt greift diese Unterscheidung auf und erklärt, daß auch die Regeln des elementaren ästhetischen Empfindens keine genaue Vorhersage menschlicher Reaktionen ermöglicht: "Da nun aber die Gedanken, welche der einzelne ästhetische Gegenstand in uns wachruft, nicht nur von ihm, sondern auch von der augenblicklichen wie von der dauernden Disposition unseres Bewußtseins abhängen, so begreift sich einerseits die Unbestimmtheit der ästhetischen Ideen, andererseits ihre Abhängigkeit von dem anschauenden Subjekt" (S. 189).

Wenn die formalen Faktoren des ästhetischen Empfindens und das Anklingen der großen Ideen der Menschheit zusammenkommen, entstehen entsprechend Wundts Theorie die höheren ästhetischen Gefühle: "Die Wirksamkeit höherer ästhetischer Gefühle beruht überall auf der Erweckung sittlicher und religiöser Ideen" (S. 191).

Wundt glaubt, die Entwicklungsgeschichte der Kunst spiegele die Entwicklungsgeschichte der Menschheit (vgl. Drüe 1980). Dabei war Wundt der Meinung, die elementare Analyse der seelischen Prozesse könne experimentell geleistet werden, aber die weiterführende Bearbeitung sei nur mit Hilfe der vergleichenden Völkerpsychologie möglich.

Die Psychologie der Kunst wird von Wundt gegen die Kunstgeschichte und die Kunstwissenschaft abgegrenzt: "Sie hat zunächst nicht zu fragen, was den Menschen auf einer bestimmten Stufe seiner Kulturentwicklung gefällt oder gar in welchem Grade seine Kunsterzeugnisse den Ansprüchen unseres heutigen Geschmackes nahekommen, ... sondern vor allem, welches überhaupt die Motive sind, aus denen diese Erzeugnisse hervorgehen und welches die Zwecke, denen sie dienen" (1919, S.10/11). Dabei erkennt Wundt, daß die Kunstentwicklung im Laufe der Kulturgeschichte von sehr verschiedenen Motiven getragen wird. Er spricht von der Heterogenität der Motive. Eine neue Idee tritt an die alte Überlieferung heran und assimiliert diese.

In allen Kulturen glaubt Wundt, folgende fünf Stufen der psychologischen Motivierung von Kunst - heute würde man sagen: bildnerischer Gestaltung - zu erkennen:

1. Die Augenblickskunst: Sie bezieht ihre Wurzeln aus dem Wunsch zur Mitteilung. Es kann sich z.B. um eine flüchtig in den Sand gezeichnete Form handeln. Diese Stufe zeichnet sich durch eine gänzliche Abwesenheit künstlerischer Zwecke aus.
2. Die Erinnerungskunst: Sie erwächst aus dem menschlichen Bedürfnis, an wichtige Ereignisse, aber auch an Stammesgenossen zu erinnern. Sie wird aber noch nicht als Naturnachahmung, sondern aus der Erinnerung heraus produziert.

3. Die Zierkunst: Sie entsteht teils aus dem Streben nach Schmuck, teils aus der Verarbeitung des bestehenden Formenschatzes. Man begegnet ihr in Form von Ausschmückungen von Gefäßen, aber auch in der Form des Körperschmuckes.
4. Die Nachahmungskunst: Sie entsteht aus der nachahmenden Vergleichung mit der Natur. Statuen weisen nicht mehr typische, sondern individuelle Züge auf.
5. Die Idealkunst: Im Kunstwerk wird eine subjektive Idee des Künstlers verwirklicht, die in ihrem Charakter im Gegenstande vollkommener zur Geltung kommt als in der Natur selbst.

Das Prinzip der Entwicklung der Kultur bzw. der Kunst schildert Wundt am Beispiel einer Epoche der Malerei. Es wird deutlich, wie neue Ideen die alten Vorgaben assimilieren und so neue Kunstformen entstehen: Weil die Künstler der Renaissance die Figuren der religiösen Entwicklung lebensvoll wiedergeben wollten, gaben sie den Szenen eine Landschaft. Der Landschaftshintergrund führte nach Wundt dazu, daß eine Befolgung perspektivischer Gesetze erstrebt wurde, die nun ihrerseits wieder auf die Personen des Vordergrundes angewandt wurden. Bei der nun möglichen stimmungsvolleren Darstellung mußte sich auch der Landschaftshintergrund der angestrebten Stimmung anpassen. Dieser stimmungsvolle Landschaftshintergrund konnte nun in der Landschaftsmalerei zum selbständigen "Genre" der Malerei werden.

Die Blickrichtung, die Wundt vorschlägt, um die Kunstpsychologie zu begründen, ist auch heute noch das mögliche Programm einer Kunstpsychologie. Die Erklärung des Wandels der Kunstformen und der Bevorzugungen weist über die Möglichkeiten der Experimentalpsychologie hinaus und fordert eine historisch vergleichende Psychologie.

Theodor Lipps

Ebenfalls um die Jahrhundertwende erklärt der Philosoph Lipps (z.B. 1897) die Wirkung der Kunstwerke durch die Einfühlung (Der Begriff der Einfühlung findet sich im gleichen Sinne allerdings schon bei Herder; vgl. Höge 1984).

Bei der Betrachtung von Objekten bildet der Mensch nach Lipps Analogien zu eigenen Körperhaltungen und Muskelanspannungen und kommt so zu einem "Ausdruck", zu einer Stimmung des wahrgenommenen Objektes. In diesen Resten einer animistischen Auffassung der unbelebten Natur liegt also der Grund, warum das eine Kunstwerk auf uns eine heroische, das andere eine deprimierende Wirkung ausübt. Das große Kunstwerk erlaubt eine Einfühlung in eine "große" Emotion, die einen positiven Beitrag zum Menschsein liefert.

Lipps gewinnt seine Erkenntnisse aus der Selbstbeobachtung und steht weit entfernt von einer empirisch arbeitenden Psychologie. Dennoch ist seine

Theorie auch heute noch eine wichtige Grundlage für jede Ästhetik (vgl. auch ausführlichere Darstellungen im Abschnitt 5.2 über Beiträge der Wahrnehmungspsychologie).

Johannes Volkelt

Volkelt (1917) sieht als eine der psychologischen Wurzeln des ästhetischen Empfindens ebenfalls die Einfühlung. Er bezeichnet sie als "gefühlserfülltes Anschauen". Volkelt gebührt aber darüber hinaus das Verdienst, daß er die ästhetische Empfindung nicht mit nur einem Prinzip erklären will. Er glaubt, das Kunstwerk müsse die erhabenen menschlichen Gefühle aufrufen und das Typische, also nicht das Spezielle oder Individuelle, zeigen. Das Kunstwerk unterscheidet sich weiterhin durch das zurückgenommene Wirklichkeitsgefühl; weil es das menschliche Handeln nicht aufrufe, steigere es die Funktion des Einigens und Gliederns. Dieses letzte Prinzip der Kunstwirkung bezieht Volkelt auf das aristotelische Prinzip der "Einheit in der Mannigfaltigkeit".

Konrad Lange

Mehr innerhalb des Faches der Ästhetik als aus einer "psychologischen" Perspektive kommt Lange (1901) zu sehr pointierten Aussagen über die Determination des Kunstschönen, die sich stark von den bis hier gegebenen Erklärungen des ästhetischen Empfindens unterscheiden: "Das Schöne an einem Bilde ist eben die Gesamtheit aller Züge, durch die es den Beschauer in Illusion versetzt" (S. 353). Entsprechend versteht Lange die Entwicklung der Kunst als eine Entwicklung zu immer stärkerer Illusionskraft. Die Höhepunkte der künstlerischen Gestaltung sieht er dort, wo die naturalistische Wiedergabe ihren Höhepunkt erreicht hat.

Wenn uns nach der Etablierung der Fotografie eine solche Stellungnahme für das Kunstschöne auch unzutreffend scheinen mag, so wird doch die Wirkung der Illusion und der geheimnisvollen Effekte an verschiedenen Stellen der folgenden Abhandlung eine Rolle spielen.

Sigmund Freud

Natürlich müßte Freud als "Kunstpsychologe" der Jahrhundertwende hier ausführlich gewürdigt werden. Er fügte der Interpretationsmöglichkeit der Kunstpsychologie die gesamte Syntaktik der Bild-Traumsprache hinzu, er wies auf Symbolisierungen und andere Einflüsse unbewußter Gestaltungstendenzen hin und lieferte schließlich viele noch heute beispielhafte Kunstanalysen. Wir können hier aber auf Abschnitt 5.1 "Die psychoanalytische Kunstinterpretation" verweisen, in dem auch Freuds Arbeiten ausführlich gewürdigt sind.

Eine Gemeinsamkeit der heutigen Ästhetik mit der Ästhetik der Jahrhundertwende wird bereits hier deutlich. Es kann nicht von einer einheitlichen und allgemein anerkannten ästhetischen Theorie gesprochen werden. Manche Thesen, wie etwa Langes ästhetische Theorie sind klar auf die Kunst der Jahrhundertwende bezogen und können heute in der postulierten Form keine Gültigkeit mehr beanspruchen. Aber mehr noch als für das große Kunstwerk muß für eine angemessene ästhetische Theorie eine zeitübergreifende Gültigkeit gefordert werden.

Es bleibt zu beobachten, ob die experimentelle Ästhetik, also eine "Ästhetik von unten", Fechners Befürchtung eines Sich-Verlierens in der unwesentlichen Einzelheit sich bewahrheitet hat.

Wandlungen des "Kunstbegriffes" lassen den heutigen Referenten staunen, wie naiv die Begründer psychologischer Ästhetiken einerseits "den liberalen akademischen Genießer" voraussetzen, andererseits das Kunstwerk des akademischen Museums als verbindlich auffassen (z.B. aufgezeigt von Drüe 1985). Daraus sollten wir lernen, eine psychologische Ästhetik nicht zu eng an das aktuelle Kunstwerk zu koppeln.

2 Die Bedeutung des Ästhetischen

2.1 Die Kunst und das Schöne

Das Streben nach "Schönheit" in der Umgebung der Menschen ist die Ursache des allgegenwärtigen Schmuckes von Objekten und menschlichen Körpern, aber auch der Gestaltung überhaupt. Ein Ziel des bildnerischen Schaffens ist es, Schönheit herzustellen.

Bei den Höhlenzeichnungen der prähistorischen Kultur geht es aber an erster Stelle darum, eine "Bedeutung", die im alltäglichen Leben besonders wichtig ist, gegenwärtig werden zu lassen. Die Anwesenheit der Tiere, die zum Nahrungserwerb notwendig sind, wird in der Darstellung stellvertretend verwirklicht. Wie der Hungrige Phantasien von Nahrungsmitteln produziert, so wird der Urmensch Phantasien der lebenswichtigen Tiere produziert haben. Neben dem Motiv, Schönheit herzustellen, gibt es bei der bildnerischen Gestaltung auch das Motiv, "Ersatz" zu schaffen. Kinder reiten auf dem Besen, der in ihrer Phantasie zum Pferd (Steckenpferd) wird. Die Phantasiebefriedigung des Bedürfnisses (vgl. Gombrich 1963) mag dem Motiv vorauslaufen, die Umwelt "schön" zu gestalten.

Ebenso vorgeordnet ist der Versuch, sich die "magische" Wirkung der Form zunutze zu machen. Der böse Blick wird durch den Spiegel oder durch abweisende Wächterfiguren erwidert. Die Annahme der Medizinmänner ist einfach und vermenschlichend: Eine Gestaltung, die einen feindlichen Menschen erschrecken könnte, wird auch übersinnliche Mächte abweisen.

In der christianisierten Welt formen zwei Finger ein Kreuz, wenn Unheil abgewendet werden soll (Morris u.a. 1979). Ein anderes Beispiel aus unserer Umwelt sind die Geisterabweiser an den gotischen Kathedralen. Entsprechend unterscheidet Wittkower (1979) zwischen ästhetischer und magischer Funktion des Kunstwerkes.

Die zeitgenössische Kunst sucht eher die Emotionen der Menschen zu aktivieren und Einsichten zu vermitteln, als durch die Verwirklichung von Schönheit angenehme Gefühle zu erzeugen. In unserer Umgebung wird Schönheit durch die Werbung und durch Industrieprodukte hergestellt (vgl. Kap. 9).

2.2 Das ästhetische Motiv

Abhängig von dem theoretischen Ausgangspunkt der Autoren wird der Begriff "Motiv" in der Psychologie recht unterschiedlich definiert (Keller, 1981) gibt einen entsprechenden Überblick). Bergius (1960, S. 492) prägte die folgende Formulierung: "Unter Motivation versteht man sowohl die ursprünglichen Kraftquellen für jede Tätigkeit des Organismus als auch die Steuerung der Aktivität auf bestimmte Ziele hin." Wie kann man feststellen, was ein Antrieb bzw. "Motiv" menschlichen Verhaltens ist?

Man könnte die Häufigkeit aller Verhaltensweisen auflisten und je nach Häufigkeit auf starke oder schwache Motive schließen. So käme man etwa zu einem Motiv "abzuwaschen", einem Motiv "Auto zu fahren", einem Motiv "vor roten Ampeln zu stehen" oder einem Motiv "zu arbeiten". Einige dieser Verhaltensweisen zeigt jeder Mensch nur deshalb, weil sie notwendig sind, um etwas anderes zu erreichen. Freud war in dieser Hinsicht sehr restriktiv. Er nahm an, das Ziel menschlichen Verhaltens sei sexueller Natur und alle anderen Verhaltensweisen seien letztlich Mittel, dieses Ziel zu erreichen. Die Motivationstheorie Thomaes (1968) ist plausibler, da er ein breites Spektrum von "Daseinsthemen" zuläßt und von diesen Themen die Mittel-Verhaltensweisen, die "Daseinstechniken" trennt. Es muß aber eine Methode gefunden werden, um die Mittel und die Ziele des Verhaltens zu unterscheiden.

Im vorliegenden Zusammenhang müssen wir Themen und Techniken nicht empirisch ermitteln. Die relevanten Tatsachen sind ausreichend bekannt. Sie bedürfen nur der richtigen Rahmenfrage. Was unternehmen Menschen, die mit der Mittelbeschaffung keine Sorge haben, wie extrem reiche oder mächtige Menschen? Was unternehmen Menschen in ihrer Freizeit, die ja nicht der Mittelsicherung dient? (vgl. Schuster und Beisl 1978). In der Freizeit gehen viele Menschen in Konzerte oder Museen oder genießen ein gutes Essen. Im Urlaub reisen wir zu Orten, die als besonders schön gelten. Extrem reiche und mächtige Menschen haben uns eine Vielzahl von Palästen oder Gartenanlagen hinterlassen, die erkennen lassen, welche Rolle ästhetische Motive in ihrem Leben spielten. In aller Regel dient der Besuch von Feinschmeckerrestaurants oder von Konzerten keinem dahinterliegenden Zweck. Im Gegenteil, andere Mittel werden eingesetzt, um diesen letzten Zweck, den ästhetischen Genuß, zu erreichen.

Nachdem diese bekannten Tatsachen noch einmal ins Gedächtnis gerufen wurden, ist deutlich, daß dem ästhetischen Empfinden und Verhalten der Rang eines Motives zukommen kann.

Nun soll nicht einer Motivliste (etwa von McDougall 1932) ein weiteres Motiv hinzugefügt werden. Die Geschichte der Motivationspsychologie hat gezeigt, daß die Vielfalt der Motivationen menschlichen Handelns zu immer neuen Listen von "Motiven" führen würde.

Das hierarchische Motivsystem von Maslow (1977) scheint geeignet, die Wechselwirkung von Umweltbedingung und dominantem Motiv zu beschreiben. Abb. 2.1 zeigt die bekannte Pyramide der Bedürfnisse. Wenn die Motive

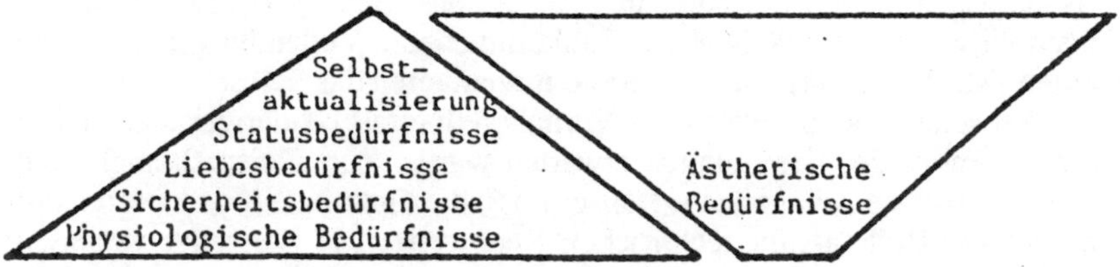

Abb. 2.1: Die Motivpyramide nach Maslow (1977) und die ästhetischen Motivationen

einer unteren Stufe überwiegend befriedigt sind, beginnt sich das Motivsystem der nächsthöheren Stufe zu entwickeln. Für ästhetische Motivationen wäre in der obersten Kategorie "Selbstentfaltung" Platz: Hier ist offensichtlich kreatives Gestalten und ästhetisches Genießen mitgemeint. Ganz unzweifelhaft vermögen die ästhetischen Motive auch mit dem Streben nach Status oder Sicherheit eine Verbindung einzugehen. Der Kunstsammler, der sich eine Kapitalanlage durch den Besitz seiner Sammelobjekte erhofft, strebt mittels ästhetischer Objekte nach Sicherheit oder möchte seinen überlegenen Status signalisieren. Schließlich sind ästhetische Motive auch bei sexuellen Handlungen bedeutungsvoll, wären also auch auf der untersten Stufe der Pyramide bei den physiologischen Bedürfnissen einzuordnen. Anscheinend lassen sich die ästhetischen Motive allen Stufen der Maslow-Pyramide zuordnen.

Unter extrem deprivierten Bedingungen wird die verfügbare Zeit hauptsächlich zur Befriedigung der primären physiologischen Bedürfnisse eingesetzt, kulturelle und ästhetische Handlungen lassen sich zwar finden (z.B. Knochenschnitzereien), nehmen aber nur einen geringen Teil der Gesamtaktivität in Anspruch. Extreme Bedingungen waren wohl in den Konzentrationslagern gegeben. Aber auch hier gab es "ästhetische" Aktivitäten, die den Menschen halfen, an ihren Lebensbedingungen nicht zugrundezugehen.

In Überflußgesellschaften - wie heute im europäischen und amerikanischen Lebensraum - spielen ästhetische Verhaltensweisen eine wichtige Rolle. Das Interesse der Bevölkerung an Kunstausstellungen, am Wohnungsschmuck, an schöner Architektur hat mit der Befriedigung vorgeordneter Bedürfnisse zugenommen.

Ästhetische Motive scheinen also im Gegensinn zur Maslow-Pyramide zu wachsen. Sie finden sich zwar auf jeder Stufe der Pyramide, aber auf den unteren Stufen nehmen sie relativ geringen Raum ein; auf der obersten Stufe dagegen treten sie in den Vordergrund. Wir können also neben der Maslow-Pyramide eine umgekehrte Pyramide ästhetischer Motivationen (seien sie optischer, geschmacklicher oder akustischer Art) anordnen.

Nach Maslow sind die Augenblicke, die das Leben lebenswert machen, Augenblicke, in denen Schönheit, Vollkommenheit, Vollendung u.a. erfahren werden (Maslow 1984). Diese Werte transzendieren das Selbst.

Ästhetische Motive steuern das Verhalten überraschenderweise auch dort, wo man "rationale" Erwägungen erwarten würde. Zum Beispiel spielt beim Kauf von Autos, Radiogeräten, Häusern usf. die Gefälligkeit des Designs oft eine größere Rolle als die technischen Kennwerte. Die Hersteller verändern z.B. die Farbpalette ihres Angebotes auch dann, wenn keine technischen Veränderungen vorgenommen wurden, aber das ästhetische Interesse der Kundschaft zu erlahmen droht.

Es wäre sehr verwunderlich, wenn eine Reaktionsklasse wie ästhetisches Empfinden und Verhalten vom Hauptstrom der empirischen Psychologie vollkommen vernachlässigt würde. Tatsächlich wird das Wort "Schönheit" zwar vermieden, dennoch liegen unter dem Stichwort "physical attractiveness" eine Menge von Experimenten und Forschungsergebnissen vor, die es im folgenden erlauben, die Bedeutung von Schönheit im menschlichen Leben einzuschätzen.

Beispiele für die Bedeutung der ästhetischen Motive ließen sich über teure Schönheitsfarmen bis zu Glanzputzmitteln fortsetzen. Hier sollen nun die Konsequenzen der Gesichtsschönheit untersucht werden (zu den Determinanten der Gesichtsschönheit vgl. Kap. 3). Diese ist ein Beispiel für die Wirksamkeit ästhetischer Motive, die jeden Menschen und nahezu jedes Verhalten betreffen. Wenn hier die Bedeutung ästhetischer Motivationen nachgewiesen werden kann, so ist sicher, daß diese Motive in der psychologischen Wissenschaft zu unrecht eine marginale Existenz führen.

2.3 Gesichtsschönheit als Tauschwert

Die Attraktivität eines Gesichtes wird in den folgenden Untersuchungen durch ein "Mehrheitsurteil" festgestellt. Viele Beurteiler werden gebeten, anhand von Fotografien die Attraktivität einer Person einzuschätzen. Es wird ein mittlerer Wert gebildet, der dann als Meßwert für die Schönheit einer Person in den Untersuchungen Verwendung findet. In den vorwiegend amerikanischen Untersuchungen wird das Wort "beauty" (Schönheit) möglicherweise deshalb vermieden, weil man sich der Problematik dieser Operationalisierung bewußt ist. Bevor wir diese Untersuchungen darstellen, ist zu klären, ob Gesichtsschönheit berechtigt als objektive Größe aufgefaßt werden darf oder ob individuelle Bevorzugungsreaktionen überwiegen.

Beurteilerkonsens über Gesichtsschönheit

Aus der alltäglichen Erfahrung kennt jeder Mensch Übereinstimmmungen, aber auch Unterschiede bei der Beurteilung der Schönheit eines Menschen. So werden manche Filmschauspielerinnen (etwa Brigitte Bardot, Gina Lollobrigida) oder Politiker von einer großen Mehrheit der Betrachter als "schön" empfunden. Bei anderen Personen sind die Meinungen geteilt (z.B. in jüngster Zeit bei Boris Becker).

Einige Autoren betonen nahezu beschwörend, man könne keinen verbindlichen Standard für Gesichtsschönheit aufstellen (z.B. Morris. 1978). Die empirischen Ergebnisse verweisen aber - sei dies nun innerhalb einer Kultur gelernt oder anders determiniert - auf eine beachtliche Konsistenz in der Beurteilung der Gesichtsschönheit. Eine Zeitung veröffentlichte 12 Schwarzweißfotografien von weiblichen Personen, die von den (englischen) Lesern nach ihrer Schönheit in eine Rangreihenfolge gebracht werden sollten. Dabei gab es überraschend wenige Unterschiede in den Einschätzungen. Die gleichen Fotos wurden in einer Replikationsstudie in Amerika verwendet, und wieder ergab sich die bereits von Iliffe (1960) gefundene Konsistenz. Darüber hinaus stimmten die Beurteiler beider Gruppen in der Rangfolge der Gesichter überein (Udry 1965). Die Schönheit einer Person wird im Verlaufe der Kindheit und Jugend relativ gleichbleibend eingeschätzt (Sussman u.a. 1983), und die kindliche Einschätzung der Attraktivität stimmt sehr früh mit der Einschätzung der Erwachsenen überein (Dion 1973). Allerdings sind die Korrelationen der Gesichtschönheit "en face" und im Profil nur mäßig (Pittenger und Douglas 1983). Weitere Studien könnten diese Werte für eine Person mitteln. Wenn auch Cook und McHenry (1978) in einer zusammenfassenden Darstellung die Gewöhnung für die Beurteilung der Attraktivität betonen, so bieten die oben geschilderten Untersuchungen doch eine tragfeste Grundlage, die Konsequenzen und später Determinanten (vgl. Kap. 3) der Gesichtsschönheit zu untersuchen.

Gesichtsschönheit und Partnerwahl

Es wird nicht überraschen, wenn die Gesichtsschönheit bei der Partnerwahl und der sexuellen Attraktivität von zentraler Bedeutung ist. Dies wird durch eine Vielzahl von Studien bestätigt. Allerdings wird angenommen, nach einer Zeit des Kennenlernens seien Charaktermerkmale für die Attraktivität eines Partners immer wichtiger. Überraschenderweise findet Mathes (1975), daß auch nach 5 Gruppentreffen die Schönheit der einzige Prädiktor für die heterosexuelle Attraktivität blieb (ebenso schon Walster 1966 mit einer verhaltensbezogenen Messung). Personen, die sich selbst als wenig attraktiv beurteilen, berichten über Schwierigkeiten in der Kommunikation mit dem anderen Geschlecht (Mitchell und Orr 1976). Männer, die eine attraktive Frau haben, werden in verschiedenen Persönlichkeitsmaßen günstiger eingeschätzt als Männer mit einer weniger attraktiven Partnerin (Sigall und Landy 1973, Hartnett und Elder 1973, Meiners und Sheposh 1977). Möglicherweise spielt die Attraktivität des Partners für die Verabredung zu einem Treffen (date) für Männer eine größere Rolle als für Frauen: Männern war die Attraktivität, Frauen aber eher der Status des Mannes wichtig (Allen 1976). Entsprechend findet sich bei Frauen, aber nicht bei Männern eine positive Korrelation zwischen der Attraktivität und der Häufigkeit von Verabredungen mit dem anderen Geschlecht (Krebs und Adinolfi 1975). Dennoch hat auch die Attraktivität des Mannes in der heterosexuellen Interaktion Gewicht. Sowohl attraktive Frauen als auch attraktive Männer erhalten in der Kommunikation mit dem anderen Geschlecht mehr Belohnungen.

Gesichtsschönheit und Hilfeleistung

Untersuchungen zu Hilfeleistungen besitzen eine unmittelbare Verhaltensrelevanz: Man ließ z.B. in einer Telefonzelle ein Zeugnis mit dem Foto des Kandidaten liegen und stellte fest, ob attraktive Kandidaten ihr Zeugnis häufiger zurück erhielten (die Adresse des Kandidaten stand auf dem Zeugnis). Tatsächlich wurde das Zeugnis attraktiven Personen häufiger zugeschickt (Benson u.a. 1976). Attraktive weibliche Personen erhalten auch in anderen Situationen , z.B. bei simulierten Autopannen usf. mehr Hilfe (Mims u.a. 1975, Wilson 1978, West und Brown 1975). Studentinnen mit einem körperlichen Stigma (z.B. einem Buckel) gewannen weniger Freiwillige für ein Interview als Studentinnen mit normaler Körperentwicklung.

Gesichtsschönheit und Leistungsbeurteilung

Entgegen der allgemeinen Erwartung beeinflußt die Gesichtsschönheit die Einschätzung einer Vortragsleistung oder die Chancen bei einem Vorstellungsgespräch (Landy und Sigall 1974, Dipboye u.a. 1975). Sogar die durch Noten festgestellte Schulleistung steht in einem Zusammenhang mit der eingeschätzten Attraktivität der Schüler (Lerner und Lerner 1977, Salvia u.a. 1977).

Persönlichkeitsentwicklung und Attraktivität

Die gesamte Persönlichkeitsentwicklung scheint von der äußeren Erscheinung mitbeeinflußt. Bereits im Alter von 5 Jahren lassen sich Unterschiede im Sozialverhalten attraktiver und weniger attraktiver Kinder finden (Langlois und Downs 1979). Die weniger attraktiven 5jährigen verhielten sich aggressiver. Bei 9- und 14-jährigen Kindern hängt der soziale Status nach einer 14-tägigen Interaktion mit der von Gleichaltrigen eingeschätzten Schönheit zusammen. Kleck u.a. (1974) vermuten, in diesem Alter könnten bereits stabile Verhaltensunterschiede zwischen mehr und weniger attraktiven Kindern bestehen. Amelang (1981) berichtet, die selbst eingeschätzte Aggressivität korreliere bei weiblichen Studenten (r= .40), aber nicht bei männlichen mit der Attraktivität. Dies weist darauf hin, daß der Einfluß auf die Persönlichkeitsentwicklung geschlechtsspezifisch sein kann. In einer Telefoninteraktion waren attraktive Studenten geschickter, obwohl die Variable "physical attractiveness" hier keinen direkten Einfluß auf die Interaktion zu nehmen vermag (Goldman und Lewis 1977, nicht bestätigt von Bull 1981). Attraktive Personen waren geschickter in der Kontrolle nonverbaler Signale (Larrance und Zuckerman 1981).

Es wird weiter verständlich, wie eine geringe Attraktivität zu Beeinträchtigungen der Persönlichkeitsentwicklung führt, wenn man erfährt, daß weniger attraktive Personen von Therapeuten eher für krank gehalten und als Beschuldigte in einem simulierten Gerichtsfall leichter für schuldig befunden werden (Jones u.a. 1978, Efran 1974, Wilson und Donnerstein 1977). Allerdings ist nicht sicher, ob die gleichen Ergebnisse auch im Ernstfall vor Gericht gefunden würden.

Wenn bisher die Forschungsergebnisse zum Einfluß der Attraktivität - selektiv - zitiert wurden, so darf nicht übersehen werden, daß die genannten Verhaltensbereiche nicht ausschließlich durch die Attraktivität der Person determiniert sind und die Korrelationen zu Persönlichkeitsmerkmalen gering sind (Köhler 1984). In einigen Verhaltensbereichen, wie z.B. bei Wahlen, konnte ein Einfluß der Attraktivität nicht nachgewiesen werden (Bull 1981). Erstaunlich und erklärungsbedürftig ist allerdings, daß z.B. Leistung - entgegen unserem Gerechtigkeitsempfinden - auch von der Attraktivität abhängt.

Die beschriebene Bedeutung der Attraktivität wurde natürlich nicht nur in nüchternen wissenschaftlichen Untersuchungen zum Thema, sondern viele literarische Vorlagen oder Spielfilme zeigen, wie z.B. die schöne, aber charakterschwache Frau (oder Mann) einen Partner zugrunde richtet, der der Attraktivität keinen Widerstand zu leisten vermag (z.B. im Roman Sinhue der Ägypter).

2.4 Ästhetisches Erleben und das Selbstverständnis des Menschen

Die Geschichte kennt viele Versuche, das eigentlich "Menschliche" am Menschen zu definieren, um die herausragende Stellung des Menschen im Universum zu belegen. Nicht nur von seiten der Biologen, sondern auch schon im Buch Hiob wird dieser Versuch skeptisch betrachtet. Neben den Unterschieden des Menschen zum Rest der belebten Welt, die sattsam bekannt sind, wie etwa Sprache und Denkfähigkeit, soll hier auf einen anderen Unterschied aufmerksam gemacht werden: Menschen unterscheiden sich - wenigstens soweit wir heute Kenntnis davon haben - von Tieren durch die erwähnte starke ästhetische Motivation (obwohl diese den Primaten wenigstens im Ansatz zugestanden werden sollte, vgl. Rensch 1957).

Es wäre zu diskutieren, ob die ästhetischen Motive eine Folge der menschlichen Informationsverarbeitungsfähigkeiten sind (vgl. Kap. 10). Möglicherweise stammen ästhetische Motivationen und Denkfähigkeiten aus den gleichen Wurzeln.

Wie weit die ästhetischen Motivationen allerdings in Erklärungen und Begründungen für eigenes Verhalten zu finden sind, ist auch eine Frage des Bewußtseins der Zeit. Ob der Ski- und Segelurlaub mit der erwünschten körperlichen Ertüchtigung, mit der Schönheit der Bergwelt oder der des Meeres begründet wird, hängt davon ab, welche Begründung man in seiner kulturellen Umgebung lernt (vgl. Weiner 1972). In der japanischen Kultur wird das ästhetische Motiv stärker als in unserer zur Begründung von Verhalten herangezogen. Erstaunlicherweise sind den Menschen die ästhetischen Motive wenig bewußt. Der auf seine Fähigkeit des Abwägens so stolze Mensch handelt oft anders, als er es von sich glaubt. Diese Ausführungen sollen einen Beitrag dazu leisten, diese Motive im Sinne eines erweiterten Bewußtseins zu integrieren.

3 Die ästhetische Reaktion

3.1 Die ästhetische Reaktion als Ergebnis der Wechselwirkung vielfältiger Einflußgrößen

Die einfachste These einer behavioristisch orientierten Psychologie würde festgelegte Reizmerkmale postulieren, die eine ästhetische Reaktion auslösen. Aus der Alltagskenntnis der entsprechenden Reaktion müssen jedoch zunächst bei den Reizmerkmalen Differenzierungen eingeführt werden: Die Schönheit einer Landschaft besteht in anderen Attributen als etwa die Schönheit des menschlichen Körpers oder des Gesichtes. Aber nicht nur die Stimulusseite muß in Untergruppen aufgespalten werden, sondern natürlich auch die Reaktionsseite: Es gibt nicht ein "ästhetisches" Gefühl, sondern eine Vielfalt von Komponenten der ästhetischen Reaktion (vgl. Kap. 10).

Zusätzlich ist die Beziehung zwischen Reizen und ästhetischem Erleben bei verschiedenen Menschen unterschiedlich. Menschen haben einen unterschiedlichen Geschmack. Also sind Typen von Personen intermittierend in die Wirkungsbeziehung einzukalkulieren. Schließlich reagiert auch die gleiche Person nicht immer gleich auf einen ästhetischen Stimulus, sondern je nach Stimmung und Erfahrung unterschiedlich. Auch die jeweiligen Gedanken und Assoziationen beeinflussen das ästhetische Erleben. Innerhalb solcher Personzustände müßte man situative Einflüsse untersuchen. Das gleiche Kunstwerk wirkt im Wohnzimmer mit seinem assoziativen Umfeld anders als etwa im Schlafzimmer. Eine Madonna auf dem Autokühler oder als Altarbild wird sehr unterschiedlich und vermutlich sogar nach anderen Regeln wirken.

An dieser Stelle soll eine hypothetische Berechnung angestellt werden: Wenn jede der zu berücksichtigenden Variablen (Reizklassen, Reaktionsklassen, Personmerkmale, Personzustände) nur zehn Zustände einnehmen könnte, so käme man auf eine Zahl von 10 000 Beziehungen, die vermessenerweise auf 600 Seiten behandelt werden sollen. Was also tatsächlich ausgewählt und besprochen werden kann, muß immer eine Auswahl aus der großen qualitativen Komplexität des Gegenstandsbereiches sein und bezieht sich auf die wenigen bearbeiteten Gebiete auf der Landkarte des psychologischen Wissens über ästhetische Reaktionen.

Zu aller Komplexität kommt ein Wechsel in Stilen und Moden, dessen Ursachen man auf den Grund gehen muß, bevor man überhaupt eine Gesetzmäßigkeit ästhetischer Reaktionen annehmen darf. Jede Gesetzmäßigkeit muß in der Lage sein, den bekannten Wechsel zu erlauben, und kann sich nicht in der Aufzählung konstanter Determinanten der ästhetischen Reaktion erschöpfen.

Im folgenden sollen also zwei Probleme betrachtet werden: die Spezifität der Reizelemente der ästhetischen Reaktion am Beispiel der Gesichtswahrnehmung (Abschnitt 3.2) und die Probleme des Wechsels der ästhetischen Reaktion in der Lebensgeschichte und in der Geschichte der Kultur (Abschnitt 3.3).

3.2 Gesichtswahrnehmung und ästhetisches Erleben

Die Wahrnehmung von Gesichtern und von Gesichtsausdruck ist eine ganz "besondere" Sache. Viele Autoren (Lersch 1961, Arnheim 1966 usf.) heben die Unmittelbarkeit des Ausdrucksverstehens hervor. Wir müssen nicht lange überlegen, wie wir ein Gesicht beurteilen. Wir empfinden sogar Ausdruck bei Gegenständen. Es ist üblich zu sagen: "die Sonne lacht", der "Donner droht" oder "der Mond hat ein Gesicht".

Durch systematische Variation hat Brunswik (1956) "Einzelmerkmale", die zum Ausdrucksverstehen beitragen, isolieren können (vgl. Abb. 3.1). Gordon u.a. (1982) belegen die kulturübergreifende Gültigkeit des Ausdrucksurteils anhand der schematischen Gesichter von Brunswik. Im Prozeß des Verstehens und Wahrnehmens werden diese Einzelmerkmale aber nicht in dem Maße bewußt wie etwa Einzelmerkmale einer Antiquität bei der Echtheitsprüfung.

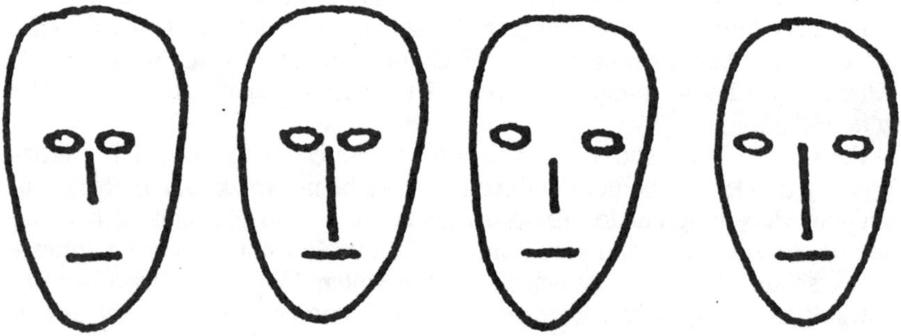

Abb. 3.1: Strichgesichter nach Brunswik und Reiter (1956)

Einige Künstler experimentieren mit der Tendenz des Betrachters zur physiognomischen Wahrnehmung. So etwa der Künstler Moore, dessen Formen animistische Interpretationen nahelegen, aber gleichzeitig so abstrakt sind, daß der Betrachter vermenschlichende und abstrakte formbezogene Wahrnehmung wechseln lassen kann (vgl. Abb. 3.2, im Abschnitt 5.3 die "Mehrebenentheorie der Kunst" von Franke 1980).

Abb. 3.2: Henry Moore: Liegende, 1938 (Tate Gallery)

Die Gesichtswahrnehmung findet in spezifischen Gehirnfeldern statt und unterscheidet sich von anderen Wahrnehmungsprozessen (Grüßer 1984). Wir verfügen über ein erstaunliches Gedächtnis für Gesichter: Im allgemeinen kann man erwarten, daß einmalig wahrgenommene Personen wiedererkannt werden. Obwohl wir aber zwischen Tausenden von Gesichtern unterscheiden können, fällt es schwer, das Typische eines Gesichtes in Worten zu beschreiben. Wenn wir überhaupt versuchen, es zu beschreiben, so eher in Metaphern oder in der Gesamtwirkung - etwa ein "grobes" oder "verkniffenes" Gesicht - weniger in einer Aufzählung der Einzelmerkmale. Bei einer Polizeifahndung greift man nicht auf verbale Beschreibungen, sondern auf die Konstruktion von Phantombildern zurück.

Stellt man Gesichter versuchsweise auf den Kopf, so ist die hohe Leistung im Wiedererkennen gestört. Normalerweise werden Gesichter also nicht anhand von Einzelmerkmalen erkannt oder erinnert, denn andere Objekte werden auch leicht erkannt, wenn sie auf dem Kopf stehen (Yin 1969). Es ist eine neurologische Störung bekannt, bei der nur das Erkennen von Gesichtern beeinträchtigt ist (Ellinwood 1969). Die Patienten erkennen Gesichter auch dann gleich "schlecht", wenn sie auf dem Kopf stehen, d.h. sie müssen sich in beiden Fällen an Einzelmerkmalen orientieren (Yin 1969). Dies alles zeigt, daß die Analyse und Speicherung eines Gesichtes nicht bewußt abläuft, also auch nicht verbal beschrieben werden kann, sondern erst in einer Integration als typischer "Ausdruck" bewußt wird.

Gombrich (1972) untersuchte in einer umfassenden Analyse die Möglichkeit, in einem Portrait oder in einer Karikatur "Ähnlichkeit" zu einem vorhandenen Gesicht herzustellen, und gelangt zu der Hypothese, "daß wir eine Wahrnehmungsinformation über unsere Mitmenschen nicht so sehr in visuellen, sondern in muskulären Termini codieren und interpretieren" (S. 36). Gombrich vermutet also, daß wir in einer Art innerer Probebewegung versuchen, das Gesicht herzustellen, das wir bei einem Partner wahrnehmen und so zu dem für das Gesicht typischen Ausdrucksempfinden gelangen. Kokoschka sagt von sich selbst, daß er beim Portraitmalen entsprechend vorgehe (nach Gombrich 1972). Jetzt wird verständlich, warum über den Vorgang der "Gesichtsanalyse" kaum verbale Information vorliegt.

Bei Affen konnte gezeigt werden, daß wichtige Anteile des Ausdrucksverstehens (z.B. Verstehen des "wütenden" Ausdrucks eines Artgenossen) nicht erlernt werden müssen, sondern in einem gewissen Alter als Reifungsprozeß entwickelt sind (vgl. Sackett 1966). Sozial bedeutsame Ausdrucksphänomene werden auch beim Menschen "instinktiv" verstanden. Gesichter vermitteln einen starken ersten Eindruck, der sich ganz offensichtlich auf ein Anspringen der Analysemechanismen für den Ausdruck begründet.

3.2.1 Mimik und Physiognomie

In der wissenschaftlichen Diskussion ist die Unterscheidung zwischen aktuellem Ausdruck, also der Mimik, und dem unveränderlichen Aufbau eines Gesichtes, also der Physiognomie, nützlich (Lersch 1961). Nur die Mimik gibt Aufschluß über die jeweilige Stimmung einer Person. Für den Menschen, der ein Gesicht auf einer Fotografie betrachtet, ist die Unterscheidung zwischen Mimik und Physiognomie allerdings nicht leicht. Jeder kennt die "untypische" Fotografie, in der eine ungewohnte Ausdrucksbewegung die bekannte Physiognomie entstellt. Die Unsicherheit, bei einer unbewegten Abbildung zwischen aktuellem Ausdruck und Physiognomie zu unterscheiden, führt zu den unterschiedlichsten Ausdrucksinterpretationen bei Kunstwerken. Ein Beispiel ist der Moses des Michelangelo, der die unterschiedlichsten Ausdrucksinterpretationen gefunden hat (Freud 1914, vgl. aber auch Laban 1891).

Die antiken Bildhauer und auch die ägyptischen Künstler verzichten völlig darauf, ihren Gesichtsdarstellungen einen aktuellen Gesichtsausdruck zu geben. Sie stellen das Gesicht überwiegend in der Ruhelage in entspannter

Form und mit geschlossenem Mund dar. Das mag mit dem Wissen darum zusammenhängen, daß das stehende Bild eine Unterscheidung zwischen Ausdruck und Statik des Gesichtes nicht erlaubt und man also über das Aussehen einer Person noch am besten orientiert ist, wenn man die Ruhelage des Gesichtes kennt. Entsprechend wird auch für Paßbilder die Ruhelage des Gesichtes verlangt. Man käme gar nicht auf die Idee, ein Paßbild zu wählen, das eine stark ausgeprägte Mimik aufweist.

Bei Personen, die wir flüchtig kennen, beeindruckt uns die Statik des Gesichtes möglicherweise als "Mimik" (z.B. wird ein vorgewölbter Mund nicht als Gesichtselement, sondern als Ausdrucksbewegung interpretiert). Der erste Eindruck von der typischen Stimmung eines Gesichtes verliert sich im Laufe der Bekanntschaft. Jetzt achtet man auf die echten mimischen Veränderungen.

Es gibt Menschen, die allein durch die Form ihres Gesichtes stets hochmütig oder stets traurig wirken. Ja, auch Tiere können durch die "Statik" ihres Gesichtes, wie z.B. das Kamel, "hochnäsig" wirken (Eibl-Eibesfeldt 1975).

3.2.2 Gesichtsschönheit und signalisierte Sozialstimmung

Wir finden Gesichter ohne langes Nachdenken schön oder häßlich (Die soziale Bedeutung dieser Bewertung ist im Kap. 2 dargestellt). Beim ersten Betrachten eines Gesichtes ohne weitere Kenntnis der Person kann man nicht zwischen aktueller Mimik und überdauernder Physiognomie unterscheiden. Auf der Grundlage einer Verwechslung von Physiognomie und Mimik könnte also eine Bewertung des Gesichtes zustandekommen.

Wir selbst können ein Gesicht machen, das einen angenehmen, ruhigen oder aversiven Zustand signalisiert (vgl. Lersch 1961). Wir sagen, wir sind sauer, und wir können gleichzeitig bei Kindern und auch bei Erwachsenen eine Mimik beobachten, die bei wenig schmackhafter Nahrung aufzieht. Von einer Frau kann man umgangssprachlich schon einmal sagen, sie sei "süß". Ist nun die "saure" Mimik häßlich und die "süße" Mimik schön?

Wenn man die Bilder von Vargas betrachtet, der sich die Aufgabe stellte, ideale weibliche Schönheit darzustellen, so findet man allgegenwärtig die bei Lersch beschriebene "süße" Mimik (vgl. Abb. 3.3). Bei den Strichgesichtern von Brunswik (1956) ergab sich, daß die Varianten für "gütig", "sympathisch" und "schön" übereinstimmten. Diese Ergebnisse lassen die Hypothese plausibel werden, das Gesicht sei schön, dessen dominanter Ausdruck eine positive Sozialstimmung zeigt. Die stärkste Evidenz für die genannte These stammt aus einer Untersuchung von Müser u.a. (1984). 15 weibliche "Zielpersonen" wurden mit einem glücklichen und einem traurigen Gesichtsausdruck fotografiert. Sie erschienen den Beurteilern (257 Studenten) weniger attraktiv, wenn sie einen traurigen Ausdruck hatten.

Darüber hinaus wurden von männlichen Versuchspersonen (Vpn) Portraits weiblicher Personen mit stark vergrößerter Pupille bevorzugt. Hess (1965,

1977) glaubt, die erweiterte Pupille signalisiere das Interesse am Partner. Die wahrgenommene "Zuwendung" wirkt sich also auf die Attraktivität aus. Dagegen beurteilen weibliche Vpn Bilder von weiblichen Personen mit stark vergrößerter Pupille ungünstiger (Hicks u.a. 1967). Immerhin scheint die Pupillenreaktion ausreichend valide zu sein, um die Annahme zu rechtfertigen, eine erweiterte Pupille bei Frauen sei nur für Männer ein angenehmer Reiz, während Frauen an diesem Merkmal eine eventuelle Konkurrentin erkennen. Gerade in dem Alter, in dem Säuglinge den Gesichtsausdruck erkennen können, nämlich mit 6 Monaten, blicken sie auch länger auf attraktive Gesichter (Langlois u.a. 1987).

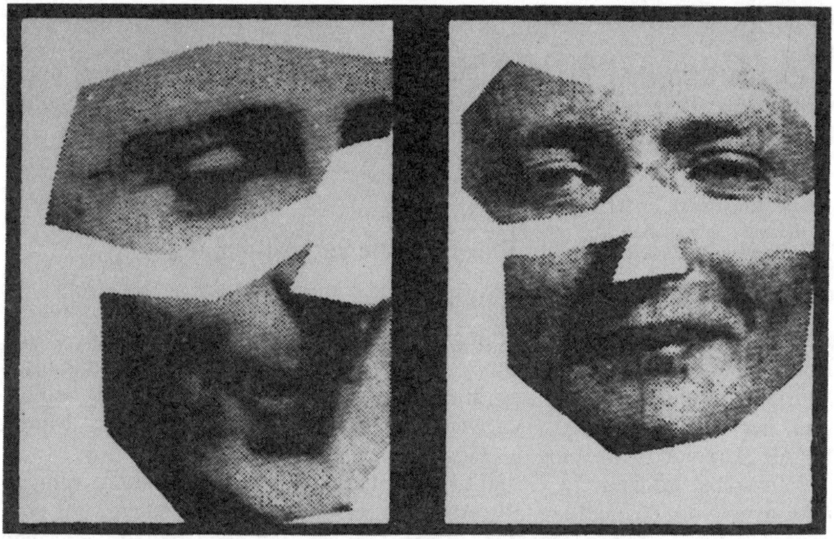

Abb. 3.3: Süß-Mimik nach Lersch (1961)

Wenn Schönheit mit der signalisierten Stimmung zusammenhängt, ist plausibel, warum dem "Schönen" ganz allgemein so positive Eigenschaften zugeschrieben werden. Experimentelle Analysen zeigen, daß solche Gesichtskomponenten für die Attraktivität einer Person bedeutsam werden, die sonst auch die Stimmung der Person anzeigen.

Mund und Augen (!) korrelieren am höchsten mit der Einschätzung der Gesichtsschönheit (Terry und Davis 1976). Mit der Methode der multidimensionalen Skalierung (vgl. Kap. 6 "Experimentelle Ästhetik") kann man feststellen, anhand welcher Merkmale Gesichter voneinander unterschieden werden und wie diese Merkmale mit der empfundenen Gesichtsschönheit zusammenhängen. Dies wurde von Milord (1978) anhand von Fotografien versucht. Die Attraktivität der Gesichter hing stark mit der affektiven Dimension zusammen, die durch Eigenschaften wie "warm", "fröhlich", "vertrauensvoll" gekennzeichnet war. Dagegen war Einzigartigkeit stark mit "häßlich", "unangenehm" verbunden. Diese Untersuchung verweist auf zwei Determinanten der Gesichtsschönheit. Die Übereinstimmung mit der "Gruppennorm", also die Lernerfahrung, und der freundliche Affekt scheinen wesentlich.

Innerhalb einer Menschengruppe und in einer historischen Periode lernt das Individuum durch die Beobachtung seiner Mitmenschen oder durch die in der Malerei vorgegebenen Darstellungsschemata die Hintergrundstruktur, das Normalgesicht, auf dessen Basis Ausdruck und Abweichung eingeschätzt werden. Die langen Nasen der Europäer erscheinen uns normal, während sie von den Chinesen mit Erstaunen aufgenommen wurden (vgl. Farbholzschnitte über die ersten Kolonisatoren). Wenn es uns so vorkommt, als sähen z.B. alle "Schwarzafrikaner" oder "Chinesen" gleich aus, so zeigt das ein wenig differenziertes Schema zur Wahrnehmung der Unterschiede innerhalb der verschiedenen ethnischen Gruppen.

In bereits historischen Versuchen von Galton schnitten "Durchschnittsportraits" besser ab als die verwendeten Einzelgesichter (nach Sprinkart 1982). Das Durchschnittsgesicht entspricht der gespeicherten Erwartung und Lernerfahrung. Andererseits signalisiert das Durchschnittsgesicht sehr wohl eine erwünschte soziale Stimmung. Es ist durch das Fehlen jeder Abweichung von der Norm, also jeder Anspannung einer bestimmten Art völlig entspannt. Enstpannung und Angstfreiheit sind nun aber sehr angenehme Elemente in der sozialen Kommunikation.

3.2.3 Gesichtsschönheit und "Kindchenschema"

Das typisch menschliche Gesicht ist durch ein Vortreten des Kinns und ein Zurücktreten des Kiefers sowie durch die vorgewölbte Stirn gekennzeichnet. Insofern erhält sich das menschliche Gesicht auch im Erwachsenenalter "Kindmerkmale". Eine Illustration der stammesgeschichtlichen Veränderungen des Kindchenschemas bei den verschiedenen Arten gibt die Abb. 3.4 (aus Lorenz 1967).

Wir finden solche Tiere besonders attraktiv, die - wenigstens einige - Merkmale des Kindchenschemas besitzen: den Bär, besonders den Panda-Bär, Katzen, Robben usf. Die Gesichter von Thailändern werden z.B. von uns als besonders schön empfunden. Die kleinen Nasen entsprechen eher einem "Kindchenschema" und scheinen so zum positiven ästhetischen Urteil beizutragen (die Chinesen nannnten die Europäer "Langnasen").

Cook und McHenry (1978) nennen dieses Phänomen "Bambi-Effekt". Es konnte von ihnen empirisch gezeigt werden, daß Individuen mit vorgewölbter Stirn und babyartigen Merkmalen von Männern und Frauen als schöner eingeschätzt wurden (vgl. auch Dermer und Thiel 1975).

Fordert man Versuchspersonen auf, häßliche Gesichter zu zeichnen, so vergrößern sie die Nase und die Ohren. Das nämliche finden wir in dem Bühnenstück "Cyrano von Bergerac" (Edmont Rostrand) oder in der Redewendung "eine lange Nase ziehen". Eine andere mit Gesichtsschönheit unvereinbare Kennzeichnung ist z.B. das Eigenschaftswort "grob". Es bezieht sich ebenfalls auf zu große Einzelelemente und eine fehlende Gliederung.

Abb. 3.4: Das Kindchen-Schema bei verschiedenen Arten nach Lorenz (1967)

3.2.4 Gesichtsschönheit und Symmetrie

Auch Regelmäßigkeit und Symmetrie können zur Schönheit eines Gesichtes beitragen. Eine unregelmäßige Zahnstellung mindert z.B. den "Schönheitswert" eines Gesichtes (Strassmeier 1983). Bilden Nase und Stirn, wie bei vielen griechischen Statuen, eine vertikale Linie, so wird dies zur Auslösung ästhetischer Empfindungen beitragen (vgl. Abb. 3.5).

Cook und McHenry (1978) fassen einige Aussagen zur optimalen Gesichtsproportion zusammen. Leonardo da Vinci gab Anweisungen, die allerdings aus heutiger Sicht (z.B. die Mona Lisa) nicht unbedingt zu besonders schönen Darstellungen führten. Die griechische Darstellung forderte, daß eine imaginäre Linie vom Haaransatz bis zum Kinn von den Augenbrauen am ersten Drittel und vom Mund am zweiten Drittel geschnitten werden sollte. Wie die Proportion nicht in der Lage ist, das Phänomen Gesichtsschönheit völlig aufzuklären, so führen auch die Listen von Einzelmerkmalen, wie sie z.B. von Brislin (1962) aufgestellt wurden (zitiert nach Cook und McHenry 1978), nur zu einer groben Einschätzung von Gesichtsschönheit.

Abb. 3.5: Apollon vom Westgiebel des Zeustempels in Olympia (um 460 v.Chr.)

Allerdings könnte eine völlige Symmetrie des Gesichtes auch starr und langweilig wirken. Die Verwendung von Schönheitspflastern begründet eine solche Vermutung.

3.2.5 Gesichtsschönheit, Gesundheit und Kosmetische Chirurgie

Auch die Wangendurchblutung, die Spannkraft der Haut und die Farbe von Augen und Zähnen können Determinanten der Gesichtsschönheit sein. Die Zähne von Schauspielern werden vor dem Auftritt weiß gefärbt, bzw. der Maskenbildner legt eine "gesunde" Gesichtsfarbe auf. Die begehrte "Bräunung" der Haut wird als "Statusmerkmal", aber auch als Gesundheit aufgefaßt.

Gesichtsentstellungen können für die soziale Funktionsfähigkeit und die psychische Gesundheit eines Menschen bedeutungsvoll sein (vgl. Falldarstellungen in McGregor 1974). Daher hilft die kosmetische Chirurgie schon seit Jahrzehnten mit Unterstützung der Krankenkassen. Dieses Feld ist insofern lehrreich, als dokumentiert ist, bei welchen Gesichtsmerkmalen ein chirurgischer Eingriff vom Patienten erbeten wird.

Ein typisches Beispiel ist die Hakennase (in der Folklore meist der Hexe zugeordnet). Ebenso können eine zu große oder auch schiefe Nase umgestaltet werden. Bei der Hakennasse wird die "mimische" Kommunikation relevant. Die mimische Bedeutung der Nase ist beim Menschen objektiv kaum gegeben. Wie angenehm der einströmende Geruch auch sein mag, ihr Eigenausdruck ändert sich kaum. Der Eindrucksmechanismus scheint allerdings anders anzusprechen: Die abgeknickte Nase sieht geradezu "böse" ablehnend aus. Als rudimentäre Bewegung ist es möglich, die Nasenspitze etwas anzuziehen, die Begleitempfindung wäre die des äußerst unangenehmen Geruches. In Kombination mit etwas schmalen (Eindruck: zusammengekniffenen) Lippen entsteht ein extrem ablehnender Ausdruck. Die Nasenform wird anscheinend als Mitbewegung empathisch ausdrucksmäßig verstanden.

Interessant ist, daß der Wunsch der Patienten, die Nase zu begradigen, keineswegs die möglichen Ausdrucksveränderungen mitkalkuliert. Abb. 3.6 zeigt eine entsprechende Retusche. Nun wirkt das Gesicht matt, entspannt,

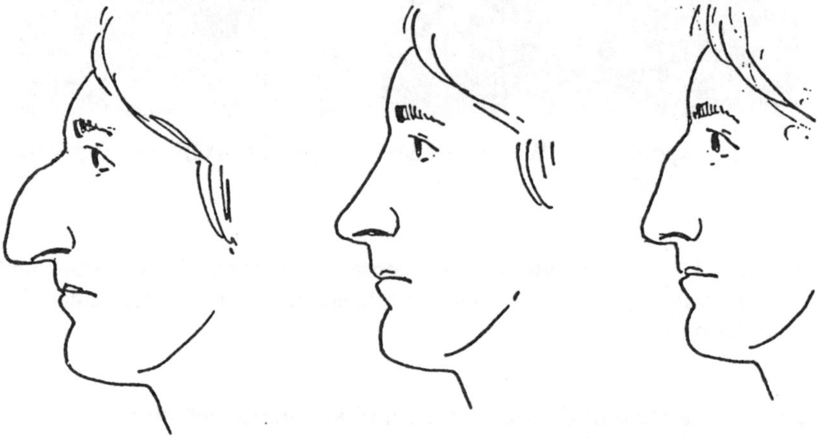

Abb. 3.6: Profile vor und nach einer kosmetischen Operation nach Baumgartner (1959): ursprüngliche Form, korrigierte Form nach den Wünschen des Patienten, "Kompromiß"-Korrektur (Strichzeichnung von Lota Ponitka)

langweilig. Der Kompromiß, der von Baumgartner (1959) vorgestellt wird, wurde von der Patientin glücklich aufgenommen. Die Abbildung belegt, wie ein Tausch der Nase den Gesamteindruck des Gesichtes in fast unberechenbarer Weise verändert. Alle diese Beobachtungen können nur so zusammengefaßt werden, daß die Analyse der Gesichtsmerkmale nicht bewußt abläuft und dem Bewußtsein nur das "Anmutungserlebnis" mitgeteilt wird. Hätte man nämlich Zugang zu dieser Anmutungsanalyse, könnte man viel genauer die Wirkung neuer Komponenten voraussehen.

Beeinträchtigungen der lateralen Symmetrie des Gesichtes sind häufige Indikationen für den chirurgischen Eingriff. Auch Veränderungen der Hautfarbe oder Geschwüre der Hautoberfläche, ja im besonderen Falle allein Hautfalten, können zum Anlaß für eine Korrektur werden. Leid und im Erfolgsfalle Begeisterung der Patienten sind Beleg für die enorme soziale Relevanz, die die "Attraktivität" des Gesichts hat.

3.2.6 Schlußfolgerungen

Zunächst ist klar, daß die geschilderten Determinanten der Gesichtsschönheit nicht gleichermaßen als Determinanten der Architekturschönheit oder der Schönheit von Landschaften gelten können. Eine Ästhetik muß jeweils die Besonderheiten des Gegenstandsbereiches mitberücksichtigen, wenn auch in vielen Gegenstandsbereichen allgemeinere Gesetze der Ästhetik Anwendung finden können (vgl. hier Regelmäßigkeit und Proportion, Familiarität und Gewöhnung).

Der eine Begriff "Schönheit" legt auch eine Verursachung nahe. Allerdings zeigt ein ganz einfaches Beispiel, wie eine Eigenschaftszuschreibung, die wie die Eigenschaft "Schönheit" für jeden Gegenstand relevant ist, bei unterschiedlichen Gegenstandsbereichen unterschiedlich determiniert ist. Untersuchen wir die "Länge" von Objekten: Von nahezu allen Objekten kann man Längen angeben, die zudem objektiv gemessen werden können. Was ist die Ursache für die Länge von Objekten? Diese Frage wirkt nun unsinnig. Die Frage dagegen "wie ist Schönheit determiniert?" führt nicht so evident zu der Antwort, daß diese Eigenschaft in jedem Gegenstandsbereich unterschiedlich determiniert ist. Die Längen von Kathedralen z.B. werden durch die architektonischen Kenntnisse der Zeitgenossen determiniert, die Länge von Personen durch die Erbeinflüsse der Eltern. So sind auch Gesichtsschönheit und die Schönheit von Kathedralen unterschiedlich determiniert. Nach diesem "Denkspiel" muß also eine Definition von Schönheit für die empirisch-ästhetische Untersuchung folgendermaßen gefaßt werden:

Solche Objekte, die man innerhalb der gleichen Klasse von Objekten mit dem größeren Vergnügen anschaut, sind die "schöneren". Diese Definition hebt auf die Relation ab: Später wird diskutiert, daß "Schönheit" ein Kontrasterlebnis ist, also nicht ohne weiteres "einem" einzelnen Reiz zugeschrieben werden kann (vgl. Kap. 10).

Wenn in einer psychologischen Ästhetik generell Lernerfahrungen eine Rolle spielen, so sind es doch für die Beurteilung der Gesichtsschönheit oder z.B. der Landschaftsschönheit völlig unterschiedliche Lernerfahrungen. Nach den hier vorgetragenen empirischen Studien und nach den bereits in Kap. 2 vorgetragenen Ergebnissen zur Beurteilerkonsistenz bei der Einschätzung von Gesichtsschönheit muß auch festgestellt werden, daß Gesichtsschönheit nicht nur individuell festgestellt werden kann (wie es etwa Morris 1978 glaubt).

Möglicherweise gibt es auch bei der Beurteilung von Gesichts- und Körperschönheit modische Bevorzugungswechsel, die jeweils eine von mehreren ästhetischen Determinanten des Gegenstandsbereiches in den Vordergrund heben: Zum Beispiel könnte hier der Wechsel der Bevorzugung eher schlanker oder eher rundlicher Körperformen genannt werden (Paris und Nanterre, 1985, stellen in der Population Untergruppen fest, die jeweils ein schlankes bzw. ein fülligeres Schönheitsideal aufweisen; vgl. aber zum Wechsel der Bevorzugung den folgenden Abschnitt 3.3).

Nicht jede historische Darstellung gibt aber ein unverfälschtes Schönheitsideal wieder: Wenn uns die Gesichter einiger mittelalterlicher Darstellungen oder auch beispielsweise die Gesichter in den Gemälden von Rubens nicht mehr in Begeisterung zu versetzen vermögen, muß man berücksichtigen, daß die Maler der verschiedenen Zeitepochen nach bestimmten Mustern malten, die ihren Einfluß auf die typische Gesichtsform nahmen. Das ovale Malschema läßt z.B. das Kinn zu weit (unschön) zurücktreten (vgl. Abb. 3.7).

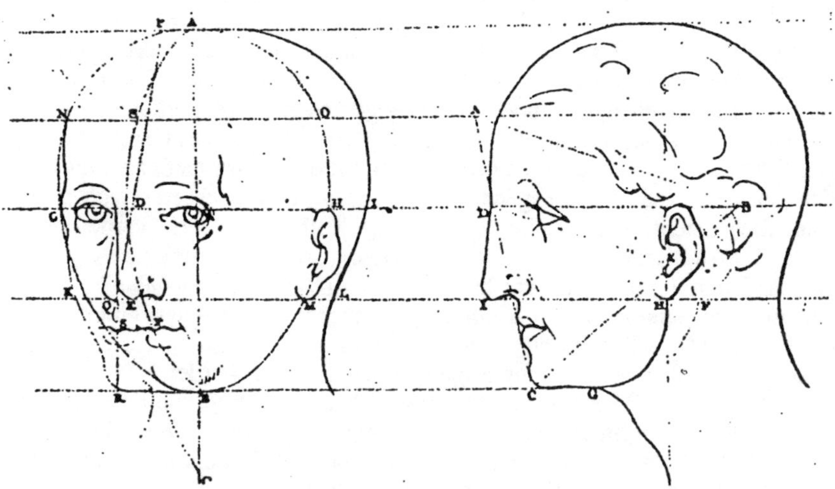

Abb. 3.7: Ovales Malschema (aus Preissler, 1734)

Die hier isolierten spezifischen Determinanten der Gesichtsschönheit, so selten sie in der psychologischen Literatur aufgegriffen werden, sind dennoch bereits Gegenstand der griechischen Texte zur Ästhetik. Xenophon läßt Sokrates erklären, wie die signalisierte Sozialstimmung für die Beurteilung der Schönheit einer Statue von Bedeutung ist: Xenophon (Memorabilien III, 10,5): "Also scheint doch auch das Erhabene und das Edle, das Niedrige und Unfreie, das Vernünftige und Kluge, das Freche und Unverständige durch das Gesicht und die Stellung des ruhig stehenden oder sich bewegenden Menschen hindurch! - Da sprichst Du die Wahrheit, entgegnete er. - Also ist auch dies nachzubilden ?- Aber gewiß, meinte er.- Sind nun, fuhr er fort, die Menschen angenehmer anzusehen, bei denen die schönen, guten, liebenswerten Eigenschaften durchleuchten oder jene mit häßlichen, niedrigen und hassenswerten Zügen? - Bei Gott, das ist ein großer Unterschied mein Sokrates" (nach Grassi 1980).

3.3 Der Wechsel als systematisches Merkmal ästhetischen Verhaltens

Bei der Diskussion der Einflußgrößen, die die ästhetische Reaktion bestimmen, könnte der Wechsel der Bevorzugung von Moden, Stilen oder Schönheitsidealen ein Argument gegen jede Form gesetzmäßiger Beziehung sein. Allerdings muß ein Wechsel nicht gegen eine Regel sprechen. Auch der Wechsel der Gezeiten oder der Wechsel der Jahreszeiten folgen allgemeinen Regeln, ja die Regeln begründen den Wechsel gesetzhaft. Möglicherweise folgt auch der Wechsel des Geschmacks bzw. der bevorzugten Gestaltung allgemeinen Gesetzen, die mit den Gesetzen der ästhetischen Reaktion vereinbar sind. Es gibt allgemeine Annahmen über die Ursachen von Konstanz und Veränderung in der gestalteten Umwelt.

Die Entwicklung von Kunstformen, von Dekorationsmustern und Designlösungen ist mit der Evolution der Arten verglichen worden (vgl. eine zusammenfassende Darstellung bei Steadman 1979). Die angeborene Gleichheit der Art kommt beim Artefakt der immer wieder kopierten Bauvorschrift gleich. Die spezielle, von den Umständen abhängige Abweichung (Phänotyp) kann den gemeinsamen Herstellungsplan (Genotyp) nicht verstecken. Bei der Herstellung von Teppichen, Münzen usf. ist die Überlieferung von Mustern und Formen die Regel. Der einzelne Künstler weiß nicht, warum ein Gegenstand gerade so gemacht werden sollte. Kommen neue Materialien auf, wie etwa das Eisen im Schiffsbau, resultieren Fehlkonstruktionen. Sie wurden nach Faustregeln erstellt, die dem neuen Material inadäquat waren.

Im Weitergabeprozeß kann es zufällige Abweichungen geben, die übernommen werden, weil sie unschädlich sind oder sogar den Nutzen oder die Schönheit des Objektes erhöhen. So kam es zu neuen Musikinstrumenten, z.B. der Harfe. Ein solcher Prozeß entspräche der "Mutation" in der Entwicklung der Arten. Die anschließende "Selektion" durch Käufer und Benutzer bestimmt das Überleben des mutierten Artefaktes.

Die Kopierfehler können durch psychologische Prozesse (z.B. Figur-Grundauflösung) bedingt sein und ihrerseits wiederum "gesetzmäßig" verlaufen. Dies läßt sich gut an der Entwicklungsreihe von Münzkopien beobachten (Evans 1875), wo Symmetrisierungen und anschließend neue Sinngebungen die Veränderung der antiken Vorbilder bewirkten.

Allerdings gibt es auch wichtige Unterschiede zur Evolution. Während die Arten sich wie auf den Ästen eines Baumes auseinanderentwickeln, kann das Kunstwerk auch eine Verschmelzung mit sehr frühen Formen der Entwicklungsreihe eingehen, die zufällig wiederentdeckt wurden (z.B. übernahm das "Art déco" die durch Ausgrabungen neu ins Bewußtsein der Menschen tretenden ägyptischen Formelemente, wie z.B. die Palmette). Weil die meisten der Kunststile und der vielen wechselnden Moden auch dem heutigen Betrachter gefallen können und auch die Gestaltungen ganz unterschiedlicher Kulturen, wie z.B. der indischen und chinesischen Kultur, ihren Reiz auf uns ausüben, kann angenommen werden, daß ein breites Spektrum von Reizen ästhetisch befriedigend sein kann, innerhalb dessen der Wechsel nach seinen Gesetzen vonstatten geht. Am Beispiel der Farbbevorzugung, der Mode und der wechselnden Stile soll diese These im folgenden geprüft werden.

Genau so muß geklärt werden, warum in einigen Bereichen Formen und also offensichtlich auch Bevorzugungsreaktionen so konstant bleiben. Es gibt auch Kräfte, die eine Beibehaltung von Traditionen bewirken. Trachten und Uniformen "dürfen" z.B. nicht verändert werden, weil sonst ihre Funktion des Ausdruckes einer Gruppenzusammengehörigkeit beeinträchtigt würde.

Es ist weiterhin gut bekannt, in welchem Maß die Mächtigen der Kultur gegen jede Innovation kämpfen (vgl. Beispiele bei Roh 1948). Die Bilder Vincent van Goghs wurden 1905 vom Amsterdamer Reichsmuseum nicht einmal als Leihgabe akzeptiert. Ein Berliner Museumsdirektor bezeichnete noch 1920 die Werke der Expressionisten als "dekadente, bald rohe, bald schwächliche, stets ausgetüftelte Tätigkeit".

Die Konstanz des Stiles über lange Perioden von Zeit wirft eher die Frage nach den Gründen der Einheitlichkeit als nach den Gründen des Wechsels auf. Neben einem gewissen Druck auf die Uniformität durch die Mächtigen der Kultur (s.o.) ist in diesem Zusammenhang auch die konservative Tendenz der Menschen zu thematisieren, einen einmal begangenen Weg beizubehalten.

3.3.1 Der Wechsel von Farben

Gerade für Farben ist es unmittelbar evident, daß Bevorzugungen nicht konstant bleiben, sondern es gilt die Redensart: "variatio delectat" (die Abwechslung erfreut). In der Mode werden saisonweise Farben gewählt, in denen die neuen Bekleidungsmodelle präsentiert werden. Die Autohersteller ändern auch ohne Modellwechsel systematisch die Farbpalette der Fahrzeuge. Die Gewöhnung an eine bestimmte Farbe scheint die Beliebtheit der Farbe zu beeinträchtigen.

Rensch (1958), der in verschiedenen Experimenten die Farbbevorzugungen von Affen untersuchte (operationalisiert durch die Häufigkeit der Aufnahme von Farbplättchen bestimmter Färbung), beobachtete bei seinen Versuchstieren etwa in einem Rhythmus von 3 Monaten Veränderungen der Farbbevorzugungen. Also scheint der menschliche Drang nach Farbveränderung stammesgeschichtliche Wurzeln zu haben. Eine entgegengesetzte Veränderung der Farbbevorzugung wird von dem Künstler Albers (1970) berichtet. Nach der intensiven Beschäftigung mit einer wenig geschätzten Farbe könne nun gerade diese Farbe bevorzugt werden. Hier denken wir auch an Studien von Zajonc (1968), der registrierte, wie mit der häufigen Darbietung eines Reizes, also mit der steigenden Vertrautheit, eine positivere Bewertung zustande kam.

Bei einigen Künstlern kennen wir einen Wechsel der bevorzugten Farbpalette. Im Falle von Picasso werden die Schaffensperioden nach dem Wechsel der bevorzugt verwendeten Farbe benannt (z.B. blaue Periode, rosa Periode).

Vor dem Hintergrund der wechselnden Farbbevorzugungen scheint die Frage nach der am höchsten geschätzen Farbe wenig sinnvoll. Rot und Blau werden als Farben genannt, die am häufigsten bevorzugt werden, allerdings zeigen sich starke individuelle und Gruppendifferenzen (Götz und Götz 1974a, 1974b, 1975, Eysenck 1941b, Epple 1957).

Möglicherweise verweisen gemittelte Farbbevorzugungen, wie Granger (1955a) meint, auf einen "biologischen Faktor der Farbbevorzugung". Wenn er aber die Bevorzugung an "objektiven" Reizeigenschaften festmacht (die kürzeren Wellenlängen Blau und Grün würden den längeren Wellenlängen Rot, Orange, und Gelb vorgezogen), so geht er auf die biologische Relevanz dieser Farben nicht ein; gerade Orange und andere grelle Farben, wie auch Gelb können Warnfarben giftiger Tiere sein, vgl. Abschnitt 5.4). Auf jeden Fall lassen solche gemittelten Bevorzugungsreihen natürlich viel Raum für individuellen und epochalen Wandel. Und sie können auch kaum als Stütze für eine objektive Determination ästhetischer Bevorzugung herangezogen werden, weil in dieser Isolation der Farben Bevorzugungsgründe zum Tragen kommen, nämlich möglicherweise biologische Bewertungen, die in anderen relevanten Situationen ästhetischen Urteilens keine Rolle spielen (vgl. aber auch zur Farbharmonie Abschnitt 5.2).

Wechsel in der Farbbevorzugung können in Bezug zur Lerngeschichte des Individuums gesetzt werden: Bei Kindern wurden Farbbevorzugungen experimentell durch einen Konditionierungsvorgang verändert. Den jungen Vpn wurden Süßigkeiten immer zusammen mit einer vorher nicht bevorzugten Farbe dargeboten. Diese Farbe gewann darauf im Laufe der Versuchsdurchgänge an Attraktivität (Staples und Walton 1933).

Der Einfluß der Lebensereignisse auf die Farbbevorzugung wird in einer von Klar (1976) berichteten Beobachtung besonders deutlich. In kritischen Situationen der psychosexuellen Entwicklung verändert sich die sonst stabile Farbbevorzugung der über einen Zeitraum von 8 Jahren beobachteten Vp.

Nach der Menarche gibt sie der Farbe Grau den ersten Platz einer Farbrangreihe. Klar interpretiert dies als Rot-Schock, der von der Erfahrung mit dem eigenen Blut ausgelöst wird. Möglicherweise bevorzugen weibliche Jugendliche im Alter von 13 bis 19 Jahren die Farbe Rot deshalb signifikant seltener als die gleichaltrigen männlichen Jugendlichen (Sinha u.a. 1970). Im Alter von 5 bis 10 Jahren bevorzugen Jungen und Mädchen noch eindeutig die Farbe Rot.

Es gibt darüber hinaus Beispiele dafür, wie die historische Situation auf die Wirkung einer Farbe Einfluß nehmen kann. Kreitler berichtet über eine in Jerusalem durchgeführte Studie, in der die Assoziationen zu bestimmten Farben erhoben wurden. Dabei wurde die Farbe Gelb sehr negativ eingestuft, weil sie an den Judenstern erinnerte. Eine Wiederholung der Befragung mit jüngeren Vpn erbrachte ein völlig anderes Ergebnis: Gelb wurde als Farbe der aufblühenden Wüste günstiger beurteilt (Kreitler und Elbinger 1961, nach Kreitler und Kreitler 1972).

Farbbevorzugungen machen epochale Wechsel mit, die besonders eindrucksvoll durch Rorschachs Interpretation von Farbantworten belegt werden kann. Rorschach fand die größte Häufigkeit von Farbantworten bei "Imbezillen", "Hyperaggressiven" oder "normalen verantwortungslosen" Individuen. Solche Beobachtungen blieben nicht ohne Einfluß auf Rorschachs Bewertung des Impressionismus (Sloane 1970). Diese Farbbewertung teilte auch van Gogh lange Zeit und mußte sie im Verlaufe seiner malerischen Entwicklung überwinden (Badt 1981).

Die Farbe Rot wird von Goethe folgendermaßen charakterisiert: "Das angenehme, heitere Gefühl, das uns das Rotgelbe noch gewährt, steigert sich bis zum unerträglich Gewaltsamen im hohen Gelbroten ... . Es ist kein Wunder, daß energische, gesunde, rohe Menschen sich besonders an dieser Farbe erfreuen. ... Die Erscheinung eines gelbroten Tuches beunruhigt und erzürnt die Tiere. Auch habe ich gebildete Menschen gekannt, denen es unerträglich fiel, wenn ihnen an einem sonst grauen Tage jemand im Scharlachrock begegnete" (Goethe 1808/1810, §§ 775, 776). Gleichzeitig gilt die Farbe Rot als Signal der Revolution. und eben dieses Rot wird an der Ampel als Warnsignal für "Halt" eingesetzt. Sicher gibt es hier auf einer sehr allgemeinen Ebene Gemeinsamkeiten. Möglicherweise werden wir in den kommunistisch regierten Ländern auch Assoziationen zwischenmenschlicher Solidarität mit der Farbe Rot finden.

An verschiedener Stelle, in unterschiedlichen "Inhaltsbereichen" kann die Farbe Rot eine völlig andere inhaltliche Wirkung erlangen. Das geschminkte Lippenrot (das ebenfalls häufig als Scharlachrot imponiert) wird als Signal interpersoneller Attraktion angesehen, auf keinen Fall aber als Warn- oder Haltsignal. Das Rot, das als dünner Strich vom Auge eines Menschen ausgeht, kann auch als Blut, als Indikator einer schweren Verletzung aufgenommen werden und erweckt im Betrachter Entsetzen. Vom ebenfalls signalroten Mohn, etwa auf dem Bild Monets (Les coquelicots 1873), geht die erfreuliche Wirkung der aufblühenden Natur und des lichtreichen Sonnenscheins aus. Noch mehr als die Assoziationen bzw. die gruppenspezifische

Lerngeschichte kann also der jeweilige Inhaltsbereich die Wirkung einer Farbe beeinflussen.

Die Wechsel der Farbbevorzugung verweisen auf subjektive Anteile am ästhetischen Urteil. Subjektive Assoziationen bzw. Erfahrungen mit einer Farbe bestimmen, ob die objektiv gleiche Farbe positiv oder negativ bewertet wird.

Wahrscheinlich lösen alle gesättigten Grundfarben Wohlgefallen aus, wie ja überhaupt die Farbigkeit "schön" ist. Welche Farbe jeweils bevorzugt wird, hängt dann stärker von subjektiven Faktoren ab. Bei Mittelwert bildungen über verschiedene Vpn, d.h. auch über die verschiedenen Assoziationen, tritt dann eine "objektive" Rangfolge der Farben zutage, die aber im Fall einer individuellen Person keine Gültigkeit besitzen muß.

Die Assoziationen werden natürlich von dem Bedeutungszusammenhang bestimmt, in dem eine Farbe auftritt. Daher ist die Wirkung der Farbe auch nicht von diesem Bedeutungszusammenhang zu lösen.

3.3.2 Der Wechsel von Moden

Die Mode wird häufig als Beleg für einen Wechsel der Bevorzugung zitiert. Hier sollen keine Definitionsversuche unternommen werden. Ganz allgemein handelt es sich bei der Mode um kurzfristige Schwankungen im Bereich des Bekleidungsverhaltens, aber auch zunehmend in anderen Konsumbereichen, wie etwa bei Kraftfahrzeugen oder z.B. bei Stereoanlagen.

Moden im Körperschmuck lassen sich nicht allein aus den Notwendigkeiten einer industriellen Produktion ableiten (König 1985 bezeichnet solche Versuche als Vulgärmarxismus), sondern finden sich bereits in nichtindustriellen Gesellschaften. Der Körperschmuck ist ein Phänomen, das uns in menschlichen Gesellschaften immer entgegentritt. Als Körperbemalung übernimmt er alle Funktionen, die auch die Kleidung in unserer Gesellschaft hat: Es gibt Schmuck, der im Dienste der Aggression steht. Es lassen sich Körperbemalungen erkennen, die religiösen Funktionen dienen, und schließlich soll auch die Körperbemalung die sexuelle und soziale Attraktivität erhöhen. Wie die Kleidung es kann, so kann auch die Körperbemalung Jugendlichkeit und Gesundheit vortäuschen (vgl. zur Körperbemalung Brain 1979).

Wie wichtig den Menschen die gewonnene Schönheit ist, lassen die Leiden erkennen, die z.B. bei der Abschnürung von Taille oder Bauch in Kauf genommen werden. Welches Vergnügen eine hübsche Kleidung dem Träger bringt, illustriert die historische Tatsache, daß Mönche, als ihre Kleidung noch der Mode folgte, Spiegel auf ihren Schuhen trugen, um sich darin betrachten zu können (v.Boehn 1976; im Kap. 1 wurde der "Tauschwert" von Schönheit behandelt, der solche Mühen bewirkt). Der Hinweis auf ein "Schmückbedürfnis" hilft aber nicht bei der Erklärung des Wechsels der Bekleidung in der Mode, obwohl in dem Bedürfnis, die eigene Attraktivität zu vermehren, bereits der Keim zum Wechsel liegt.

Das Streben nach Aufmerksamkeit und sexueller Attraktion

Die Variable "Neuigkeit" bzw. Überraschungswert spielt in der psychologischen Ästhetik eine große Rolle (vgl. z.B. Berlyne 1971). Gewohntes wird immer uninteressanter, bis wir es kaum noch wahrnehmen können (vgl. Habituierung z.B. bei Hull 1951). Will man auffallen, muß man sich diesem Grundphänomen der Aufmerksamkeit anpassen und die Form sowie Farbe der Kleidung, aber auch die jeweils hervorgehobenen Elemente des Körpers periodisch wechseln.

Besonders Altersgruppen, deren Lebensaufgabe die Partnersuche ist, vollziehen die Modeveränderungen mit oder initiieren sie sogar. Alte Leute behalten demgegenüber die Mode ihrer Jugend bei (Petrascheck-Heim 1966). Gerade bei der Mode ist zu überlegen, wie weit Sozialformen der Paarbindung in besonderem Maße Habituierungen an den jeweiligen Partner bedingen. Zur Aufrechterhaltung der sexuellen Attraktivität ist hier die Mode besonders nützlich.

Die Mode betont sexuelle Reize und stößt dabei immer wieder an die Grenzen der herrschenden Sexualmoral, weil sie nicht nur neue Bindungen stiftet, sondern auch bestehende gefährdet. Eine "Ambivalenz" gegenüber der Mode ist schicksalhaft durch die Doppelfunktion der Kleidung bedingt, den Körper einerseits schamhaft zu verhüllen bzw. auf der anderen Seite das andere Geschlecht anzuziehen (R. König 1985). Während sich die Eltern oft eher unauffällige Kleidung und eine geringe Betonung sexueller Merkmale wünschen, setzen die Jugendlichen ihre entgegengesetzten Interessen durch. Die Modegeschichte bietet reichhaltiges Beispielmaterial, wie sexuelle Tabus über den Haufen geworfen werden und gleichzeitig mit Verboten gegen Modetrends vorgegangen wird, die aber gegen die Macht der Mode wenig vermögen. Zum Beispiel verbot Papst Innocenz der IV., Hals und Busen unbedeckt zu lassen sowie durchsichtige Stoffe zu tragen.

Der historischen Kuriosität halber sei hier eine Bekleidungsordnung, die der Staat Illinois (um 1900) im Interesse der Sittlichkeit erließ, wiedergegeben:

1. "Es ist jeder Frau untersagt, Röcke und Unterröcke zu tragen, deren Saum, wenn die Trägerin aufrecht steht, mehr als 15 cm vom Boden entfernt ist.
2. Absolut verboten sind die unter dem Namen Peek-a-boo bekannten Taillen, die die Linien des weiblichen Körpers allzu sinnesfällig herausarbeiten.
3. Der Gebrauch des Korsetts ist nur in den Fällen gestattet, in denen das Tragen als eine unbedingte sanitäre Maßnahme anerkannt ist, worüber das beglaubigte Zeugnis eines Arztes beigebracht werden muß.
4. Verboten sind die allzu kurzen Ärmel und der Halsausschnitt, auch, wenn er sich in bescheidenen Grenzen hält.

5. Mit einer Geldstrafe von 25 Dollar werden alle Frauen bestraft, die bei gesellschaftlichen Veranstaltungen von ihrem Körper zwischen Kopf und Gürtel dem Auge des Beschauers zuviel preisgeben.
6. Die dreifache Strafe haben diejenigen Frauen zu gewärtigen, die sich am Strand und in Badeorten in ärgerniserregender Kleidung zeigen." (nach von Boehn 1976, Band 2, S. 313)

Je nach der vorherrschenden Sittenstrenge konzentriert sich die Mode auf unterschiedliche Partien des weiblichen Körpers. Oft stand der Fuß im Mittelpunkt der Aufmerksamkeit. In Spanien galt lange Zeit ein entwickelter Busen als unanständig. Sein Wachstum wurde bereits in frühester Kindheit verhindert. Dafür konzentrierte sich die Mode und die Aufmerksamkeit der Zeit auf ein tiefes Rückendekollete. Insofern ist die Mode Modell für einen Wechsel innerhalb der Spielbreite des biologisch/ästhetisch Möglichen. Der Wechsel verstößt nicht gegen Regeln der Bevorzugung, sondern findet innerhalb bevorzugbarer Merkmale statt.

Die Modegeschichte kennt auch Zeiten, in denen die Männer sexuelle Merkmale durch die Kleidung betonten: etwa die Schamkapsel im 16. Jahrhundert oder hautenge Hosen, die von den Schriftstellern der Epoche als un-

Abb. 3.8: Landsknechtsmode nach v.Boehn (1967)

sittlich beklagt wurden (z.B. von Gilles de Monstrelet). Männliche Bekleidung und auch Uniformen betonen aber stärker die Signale der Aggression, indem sie breite Schultern und hohe Helme einsetzen. Ein herausragendes Beispiel für Signale der Aggression ist die Landsknechtsmode (vgl. Abb. 3.8). Die gepufften Röcke und Hosen lassen den Körperumfang größer erscheinen.

Wenn R. König (1971) argumentiert, die "graue" Mode bzw. die Uniform der Männer sei ein Relikt aus der Zeit der puritanischen Gesinnung, so wäre dennoch gleichzeitig zu überlegen, ob die Signale der Aggression in die moderne Gesellschaft passen. Eventuell würde eine Männermode, die an alte Uniformtraditionen anknüpft, das aggressionsfreie Zusammenspiel der Gemeinschaft behindern. Die geringere Veränderung in der Männerbekleidung läßt sich als Verringerung der Konkurrenz interpretieren (Flügel 1930).

Status und Imitation (Trickle-down-Theorie)

Eine weitere Erklärung für den Modewechsel liefert die Statustheorie der Mode: Durch unterschiedliche Bekleidung grenzen sich gesellschaftliche Schichten ab. Die Bekleidung wird zum Merkmal für Status. Ist ein Statusmerkmal einmal identifiziert, wird es von den unteren Schichten nachgeahmt und die Mode breitet sich die gesellschaftliche Rangleiter hinab aus (Trickle-down-Theorie von Spencer, vgl. Flügel 1930). Damit lassen sich Konstanz und Wechsel von Bekleidungen erklären, und es gibt einige historische Beispiele, die diese Erklärung untermauern. So ist z.B. der Schwalbenschwanz des Frackes darauf zurückzuführen, daß die obere Klasse der Reiter des bequemeren Sitzens auf dem Pferd wegen den Mantel schlitzte; den gleichen Anlaß haben unsere blankgeputzten Schuhe, die sich eben nur die Herrenreiter erhalten konnten und an denen man den Herrn, der ein Pferd sein eigen nennt, erkennen kann.

Die Trickle-down-Theorie der Mode wird von R. König (1971, S. 98) kritisiert. Er weist nach, daß die Blütezeiten der Mode erst entstehen, wenn sich die eigentliche Ständeordnung auflöst. Die modische Konkurrenz spielt sich dagegen innerhalb der Statusgruppen, also zwischen den Höfen usf. ab. Dieses Argument belegt allerdings nach unserer Meinung nicht die mangelnde Erklärungskraft der Trickle-down-Theorie. Solange die Stände existieren, werden Nachahmungen bestraft und sind als eindeutiger Versuch der Hochstapelei erkennbar. Erst wenn die Einhaltung der Bekleidungsordnungen weniger sanktioniert wird, ist es möglich, die Kleidung der Statushöheren nachzuahmen.

Wenn sich in bestimmten Geschichtsepochen die Mode des spanischen Hofes ausbreiten konnte, so deswegen, weil die Weltmacht in Spanien konzentriert war. Insofern ist die Kleidung - fast im Sinne des konditionierten Reflexes - Signal der Macht. Über diese Signalfunktion können sich innerhalb einzelner Gruppen Konkurrenzen lagern, die ebenfalls für den Wechsel der Mode verantwortlich sind. Teure und schmuckvolle Kleidung kann zur

Metapher der Macht werden, so daß sich Gruppen in der Gestaltung dieser Metapher zu übertreffen trachten (zum Begriff der Metapher vgl. Kap. 4). Es kann auch ein Statusmerkmal sein, über die Ressourcen zu verfügen, jede Modeveränderung mitmachen zu können.

Extremisierung von Statusmerkmalen

Wenn ein Merkmal der Bekleidung den Status des Besitzers signalisiert, könnte man durch eine Vermehrung dieses Merkmals einen immer höheren Status vorweisen. In dieser Hinsicht kann sich also innerhalb einer Gruppe, die ein bestimmtes Merkmal als Statussymbol anerkennt, eine Konkurrenz entwickeln. Einzelne Merkmale der Mode, wie z.B. die Kröse oder die verwendeten Bänder, werden nach Größe oder Zahl ins Extrem gesteigert. Am Anfang des 16. Jahrhunderts wurden die Röcke so breit, daß die Damen der Gesellschaft z.T. die Türen der Schlösser nicht mehr durchschreiten konnten: Also mußte die Türbreite verändert werden. Vielfältige Bekleidungsvorschriften zielten schließlich darauf ab, die Bekleidung für verschiedene Statusgruppen festzulegen und die Eskalation der Modeanstrengungen zu verhindern.

Die quantitative Konkurrenz der Merkmale der Bekleidung führt zum qualitativen Wechsel, weil Merkmale vermehrt und vergrößert werden. Die Extremisierung kann aber auch zu einem Wechsel in der bevorzugten Bekleidung führen, weil das extremisierte Merkmal, wie z.B. die Kröse oder auch extrem lange Schuhspitzen, unpraktisch und einengend sind. So liegt in der Konkurrenz um die Ausprägung eines bestimmten Merkmales auch der Keim für eine Bevorzugung anderer Merkmale der Bekleidung.

Protestmoden und Abgrenzung

Gerade der Modewechsel der letzten Jahre paßt nicht allzu gut in eine unmodifizierte Statustheorie der Mode. Einige Moden entstanden in der Jugendkultur und machten dann - um in der verwendeten Sprachmetapher zu bleiben - ihren Weg nach oben in die Kultur der Erwachsenen. Die Jeanshose als amerikanische Arbeitskleidung ist heute selbst in den sozialistischen Staaten zur "Gesellschaftsuniform" geworden, nachdem sie geschmähtes Bekleidungsstück einer jugendlichen Minderheit war. Die zum Ausdruck gebrachte Jugendlichkeit könnte zwar als "Status" interpretiert werden, aber die an die Jeans-mode gekoppelte Ideologie von Freiheit, Ungebundenheit und Abenteurertum wäre so nicht befriedigend zu erklären. Vermutlich war die Determinante der Jeansmode der Wunsch der Jugendlichen, sich von der Kultur der Erwachsenen zu unterscheiden und gegen Normen und Bekleidungsstil der Erwachsenen zu protestieren. Dabei kann das Bewusstsein eines Modekonsumenten erstaunlich von den tatsächlichen Gegebenheiten abweichen: Unter der Vorstellung, "nonkonformistisch" zu sein, entwickelt sich eine erstaunliche Konformität, die positive Bewertungen von Mitgliedern der eigenen Gruppe sichert (Ostermeier 1967). Der Wechsel der Bekleidung kann nicht allein als Zyklus aus Nachahmung und Weiterentwicklung von Statusvorbildern verstanden werden, sondern als Abgrenzungswunsch gegen die herrschenden Gruppen.

Es läßt sich empirisch zeigen, daß die Art der Bekleidung heute eher von der Gruppe der Gleichaltrigen als von den Eltern beeinflußt wird (Kernan 1974). Tatsächlich spiegelt die abweichende Kleidung ein von der herrschenden Kultur abweichendes Meinungssystem wider (Unger und Raymond 1974). Personen mit langem Haar legen weniger Wert auf Konformität und sind unabhängiger als Personen mit kurzgeschnittenem Haar. Der Wechsel der Haarmode lässt die heutige Validität solcher Aussagen jedoch zweifelhaft erscheinen: Man beachte das Veröffentlichungsjahr der Untersuchungen: Larsen und White 1975, Rom 1974. Giffhorn (1979, S. 73) nimmt die Rolle der älteren Generation ein, wenn er zur Modebevorzugung Jugendlicher schreibt: "Manche Jugendliche verstehen unter Eigenständigkeit, daß man die ästhetischen Leitbilder anderer Gruppen nicht berücksichtigt und sehen dies als Ausdruck des erfolgreichen Kampfes gegen die Autorität an." Die Autoritäten nehmen das Kampfangebot oft an: Bereits 1525 fühlte sich die Universität Tübingen veranlaßt, ihren Studenten die zerschnittenen Hosen zu verbieten.

Entsprechend verhalten sich Sozialpartner gegenüber "Hippies" oder nonkonformistisch gekleideten Jugendlichen ablehnend: z.B. beim Zurückgeben eines in der Telefonzelle vergessenen Geldbeutels (Brickmann 1974), beim Mitnehmen von Trampern (Crassweiler u.a. 1972), beim Erbitten von Hilfe (Kleinke 1977) oder beim Unterschreiben einer Petition (Keasy und Tomlinson-Keasy 1973).

Der Wunsch nach Abgrenzung als Ursache für eine Veränderung in der Bekleidungsbevorzugung erklärt keinen zyklischen Wechsel, sondern eher die einmalige Abwendung einer Untergruppe von der herrschenden Mode. Diese Untergruppe könnte dann die "neue" Mode über das ganze Leben beibehalten. R. König (1971, S. 194f.) formuliert: "Aber ihre damalig wandelbare Einstellung hat sich von einem gewissen Augenblick zu einer Dauerhaltung, zu einer Gewohnheit verfestigt, sie sind nun in den Moden von gestern oder vorgestern stehengeblieben".

Die Protestmode kann zur allgemeinen Richtschnur der Mode werden, wenn sich die Produzenten durch die spontan entstehende Mode inspirieren lassen, oder aber auch, wenn die Mode aus anderen Gründen eine allgemeine Akzeptierung erlaubt, wie z.B. die Jeansmode, die aus dem im Nachkriegsdeutschland bewunderten Vorbildland Amerika kommt. Die Veränderung der Mode steht so im engen Kontakt zu Veränderungen des Zeitgeistes (vgl. auch Flügel 1930).

Schlußfolgerungen

Es wäre verfehlt, die Mode als komplexes soziales Phänomen mit einer Ursache völlig erklären zu wollen. R. König (1971) spricht mit Recht von einer Polyphonie der Motive. Der Wechsel der Mode ist allerdings sicherlich nicht allein Folge historischer Zufälligkeiten oder unberechenbarer Geschmacksänderungen des Publikums, sondern auch Folge psychologischer Gesetzmäßigkeiten, die in diesem Abschnitt dargestellt wurden. Mode kann auch nicht allein als Folge eines entsprechenden industriellen Druckes angesehen werden, weil auch primitive Völker schnelle Wechsel der bevorzugten Körperbemalung aufweisen. Auch römische und ägyptische Überlieferungen lassen die Existenz einer Mode des Schmuckes, der Kleidung und der Haartracht deutlich werden. Der hitzige Streit über Rocklängen, Längen der Schuhspitze, über den Umfang des Kragens usw. kann als Beleg dafür dienen, wie in der Mode immer einige wenige Attribute die besondere Aufmerksamkeit der Zeitgenossen finden. Die Vielfalt der Möglichkeiten wird in der fokalen Aufmerksamkeit der Zeit reduziert. Man kann die Mode als Wechsel der betonten Attribute innerhalb einer Vielfalt möglicher, aus ästhetischen Gründen oder aus Gründen der sexuellen Attraktivität verwendbarer Attribute sehen.

Neben den Ursachen für den Wechsel muß natürlich auch nach den Ursachen von langer Konstanz, wie sie z.B. in Trachten gefunden wird, gesucht werden. Lorenz (1973) vermutet z.B. eine Verehrung des Altehrwürdigen auf angeborener Basis. Andere Gründe sind die notwendige "Verständlichkeit" der durch die Kleidung ausgedrückten Kommunikation, wie es z.B. bei Orden, Ehrenzeichen und Rangabzeichen der Fall ist.

Aus dem ständigen "Experiment" Mode ergeben sich langfristige Änderungen. Besonders nützliche Merkmale der Kleidung werden als "Stil" beibehalten. Die Mode bereitet insofern die Innovation innerhalb der Kultur vor.

3.3.3 Der Wechsel von Stilen

Seit geraumer Zeit gehört der Begriff des Stiles zum Arbeitsmittel der Kunstgeschichte. Ihr gebührt in der Analyse des Stilwandels und auch bezüglich der Definition des Stilbegriffes der Vorrang. Stile sind längerfristig bestehende Konventionen in der Darstellung und der Bevorzugung. In manchen Fällen - etwa in der ägyptischen Kunst - kann ein Stil über Jahrhunderte bestehen, in anderen Fällen - zum Beispiel des Jugendstils - existiert er nur wenige Jahrzehnte. Anders als die Mode ist der Stil nicht gleichermaßen verbindlich. In jeder Zeit existieren verschiedene Stile nebeneinander. Einige Perioden sind gerade durch das vielfältige Stilangebot gekennzeichnet (Historismus).

Stile sind zunächst nicht ein Problem des Wechsels, sondern vielmehr ein Problem der Einheitlichkeit der Kunst einer Epoche. Sehen alle Künstler einer Zeit, die versuchen die Natur abzubilden, auf eine bestimmte Art und Weise? Gibt es eine Verabredung, bestimmten Darstellungskonventionen zu folgen? Die Lösung ist erarbeitet: Malraux (1957) stellt fest, daß Kunst keineswegs die Nachahmung der Natur, sondern die Nachahmung der Kunst ist und folglich im Rahmen der Darstellungsvorbilder bleibt.

Gombrich (1967) belegt den formenden Einfluß der Überlieferung der Kenntnisse anhand der Musterbücher und der Malschemata. Die wenigsten Kunstepochen malten die Natur ab, vielmehr studierten sie die Techniken, die die Kultur entwickelt hatte, um bestimmte Abbildungen zu leisten. Viele Kulturen wiesen Epochen auf, in denen der Darstellungsstil kaum geändert wurde, sondern der überlieferten Tradition treu blieb: so z.B. die Kunst der Kopten und die Ikonenmalerei.

Gombrich (1977) weist auf die Kräfte der Beharrung und auf den Anstoß zur Erneuerung hin: "Je mehr wir uns des psychologischen Zwanges bewußt werden, der den Menschen treibt zu wiederholen, was er gelernt hat, desto mehr werden wir jene außergewöhnlichen Gestalten bewundern lernen, die diesen Zwang durchbrachen und Neues schufen, auf dem andere weiterbauen konnten" (S. 41). Wie in den Wissenschaften (vgl. Kuhn 1981) wehrt sich auch in der Kunst die Mehrheit der Künstler und der Rezipienten gegen die Neuerung (z.B. zu Beginn der abstrakten Malerei, des Impressionismus).

Aus der Sozialpsychologie sind uns Faktoren bekannt, die eine Gewohnheit erhalten und die Mehrheit der Menschen auf eine von tausend möglichen Darstellungsformen festlegen (vgl. z.B. Sherif 1936, Asch 1969). Wenn einige Kunstrichtungen sich trotz des Spottes der Betrachter und Kritiker durchsetzen konnten, so weil die grundlegenden historischen Verhältnisse eine "Anomalie" im Sinne Kuhns (1981), eine Bereitschaft zur Veränderung mitbrachten. Van Gogh wäre ein vergessener Einzelfall geblieben, hätte sich die Geschichte nicht im Nachhinein seines Vorbildes bedient.

Einige Merkmale der Kultur, die nicht zum Gegenstand der Konkurrenz unter den Zeitgenossen werden, können höchst stabil bleiben. Die Brettspielfiguren, die im Grab des Tutenchamun gefunden wurden, sind den Spielfiguren heutiger Spiele täuschend ähnlich. Spielwürfel der Römer weichen in nichts von den heute bekannten Spielwürfeln ab. Unter den Tausenden von darstellerischen Möglichkeiten einer Kultur geraten immer nur einige in den Fokus der Aufmerksamkeit: Hier ist besonders an die Kleidung zu denken, die sich als Mode häufig verändert (s.o.). In der gotischen Kirche kann es die Feinheit des Maßwerks sein oder die Höhe der Türme. Das "fokale Merkmal" kann die Illusionskraft der Malerei sein oder die Eigenschaft - z.B. in Richtungen der modernen Kunst -, wie wenig das Werk geeignet ist, im Museum ausgestellt zu werden. Innerhalb einer Konkurrenz bei einigen Merkmalen der Kultur bleiben gleichzeitig viele andere Komponenten unbeachtet und unverändert und tradieren sich über die Jahrhunderte.

Tatsächlich wäre die Orientierung des Menschen innerhalb seiner Kultur unmöglich, würden sich alle Aspekte ständig verändern. Neuerungen, die durch technische Erfindungen möglich wurden, erhalten noch lange die äußere Form der traditionellen Lösung. Die ersten Eisenbahnen wurden wie Pferdekutschen bemalt. Unsere Beleuchtungskörper weisen immer noch die Formmerkmale von Kerzenständern oder Petroleumbehältern auf. Bücher tragen an ihrem Rücken Querrillen zur Heftung, die fertigungstechnisch nicht mehr nötig sind (vgl. Gombrich 1979). Viele Determinanten, die den Wechsel der Mode bedingen, sind auch für den Wechsel der Stile von Bedeutung. Ein Stil kann langweilig werden, oder die junge Generation sucht nach neuen Darstellungsmöglichkeiten (Finch 1974). Die individuelle Lebensdauer scheint eine wichtige Größe im Wechsel der Stile zu sein.

Die Konkurrenz bezüglich einiger Merkmale der Gestaltung kann diese Merkmale verändern, bis sie vom Publikum nicht mehr geschätzt werden. Bezüglich der Mode kann die Entwicklung der Kröse als entsprechendes Beispiel gelten.

Zufällige Abweichungen von den gelernten Malschemata oder von den verwendeten Vorbildern können zu einem allmählichen Wechsel führen, wie er auch in der Kunst weniger enwickelter Kulturen zu finden ist. Die Veränderungen des Stiles im Laufe der Kunstgeschichte ist in vielen Fällen aber das Ergebnis der Veränderung der historischen Bedingungen. Zum Beispiel kann die Notwendigkeit der industriellen Produktion den Zwang herstellen, einfache Formen zu generieren, die unseren heutigen Stil so stark beeinflussen (vgl. Selle 1978). Auch das veränderte politische Bewußtsein, wie es nach der Befreiung vom Joch der barbarischen Goten entstand, kann eine neue Kunstrichtung, die Renaissance hervorbringen.

Für einige Einzelfälle ist die Korrespondenz von Zeitgeist und Kunstrichtung untersucht. Das Barock z.B. entsteht nach Wölfflin (1888) aus einem neuen Lebensgefühl heraus. Die ausgewogenen, ruhenden Formen passen nach Wölfflin zum Zeitgeist der Renaissance und die unruhigen Formen zum Zeitgeist des Barock.

Oft sind es religiöse Dogmen, die nur bestimmte Entwicklungslinien zulassen (z.B. in der Ikonenmalerei und der islamischen Ornamentik). Dabei kann sich die Funktion der Kunst in verschiedenen Epochen verändern. Dient die Kunst einmal der Beschwörung der bösen Geister, steht sie an anderer Stelle im Dienst der Geschichtsschreibung oder der Erklärung der Heiligengeschichten. Auch diese Veränderungen der Funktion bewirken die Veränderungen der Darstellung, die in der Kunstgeschichte behandelt werden. In der Baukunst folgt der Stil der Entwicklungsgeschichte statischer Erkenntnisse. Der gotische Dom wird durch diese Entwicklung möglich.

Auch der Erkenntnisfortschritt in der Kunst macht Veränderungen erforderlich. Als Motor des Stilwandels kann das Erreichen eines Zieles der Künstler gesehen werden. Die perfekte Perspektive und Verkürzung in den Werken der Renaissance-Künstler macht es folgenden Künstlergenerationen unmöglich, an diesem Problem weiterzuarbeiten. Es entwickelt sich eine "Stiländerung".

Welche Schlußfolgerungen ergeben sich daraus? Wiederum läßt der Stilwandel Probleme für eine psychologische Ästhetik entstehen: In einer Epoche wird der geschwungene oder der mit Ornamenten überladene Gegenstand, in einer anderen der schlichte, funktionale bevorzugt. Wieder müssen wir darauf verweisen, daß die ästhetische Reaktion psychologisch unterdeterminiert ist und recht verschiedene Realisierungen unsere ästhetischen Bedürfnisse befriedigen können. Einen Teil des Wechsels wird man "psychologisch" erklären können, wesentliche Determinaten des Stilwechsels liegen aber auch in der historischen Situation. Bei manchen Moden und Stilen kann die Veränderung der Bevorzugung zyklisch sein: Nachdem der Jugenstil als kitschig abgelehnt wurde, erfreut er sich heute wieder großer Beliebtheit und verweist so auf das psychologische Phänomen der "Ermüdung".

Bereits hier soll darauf verwiesen werden, daß Gestaltungen nicht als "objektiver Reiz", sondern vor dem Hintergrund der subjektiven Wissensstruktur und der subjektiven Assoziationen wirken. Diese können sich im Laufe der Geschichte verändern, so daß Stilepochen uns als wenig schön vorkommen, die von den Zeitgenossen sehr geschätzt wurden. Das überladene Ornament kann man würdigen, wenn man weiß, es ist durch viel Handarbeit entstanden. Entsteht es durch den gleichen Stanzvorgang wie die glatte Fläche, hat es seinen Wert verloren.

Stil ist aber im wesentlichen nicht Wechsel, sondern Konstanz der Kunst in einer Region und einer Zeitepoche. Diese Konstanz kann leichter als die Richtung des Wechsels durch psychische Mechanismen, nämlich z.B. den Mechanismus der Beharrung im Tradierten, erklärt werden.

3.3.4 Veränderungen ästhetischer Bevorzugungen im Entwicklungsverlauf

Die Entwicklung und Veränderung ästhetischer Bevorzugungen mit dem Lebensalter kann nicht durch Kinderzeichnungen belegt werden. In der Regel ziehen Kinder die Zeichnungen von Erwachsenen ihren eigenen Zeichnungen vor (Booth 1974 am Beispiel des Draw-a-man Tests). Auch Kosslyn u.a. (1977) bestätigen, daß die perspektivisch korrekte Wiedergabe eines Würfels von Kindern aller Altersgruppen in der Regel den eigenen Wiedergabeversuchen, auch den eigenen Klappbildern, vorgezogen wird. Die Kinder äußerten sich häufig unzufrieden über die eigene Wiedergabe. Die Zeichnungen sind also nicht unbedingt das Resultat entsprechender Bevorzugungen.

Veränderungen der ästhetischen Bevorzugungen in der Individualentwicklung sind nicht nur ein Beleg des systematischen Wechsels ästhetischer Bevorzugung, sondern auch in anderem Zusammenhang von theoretischem Interesse. Folgende Fragen können dazu gestellt werden:

1. Wie vollzieht sich der Prozeß der Angleichung der individuellen Bevorzugung an kulturelle Normen?
2. Mit steigendem Alter nehmen die Kapazitäten der Informationsverarbeitung zu. Wie verändert sich die bevorzugte Komplexität eines Reizmusters (vgl. "Komplexität" in Abschnitt 5.3) mit dem Lebensalter?
3. Die geistige, emotionale und moralische Entwicklung des Kindes ist von verschiedenen Autoren beschrieben worden. Läßt sich die Entwicklung des ästhetischen Urteils den bereits bekannten Abschnitten der Entwicklung zuordnen?

4. Wie verändert sich die emotionale Reaktion auf Darstellungen im Laufe der Entwicklung?

Ohne Bezug auf die Ergebnisse der empirischen Psychologie ist es bereits möglich festzustellen, daß Kinder und Jugendliche in ihren ästhetischen Reaktionen von den ästhetischen Normen der Kultur in manchen Punkten abweichen. Spielzeuge und Illustrationen von Kinderbüchern sind traditionell bunter, Darstellungen in Kinder- oder Bilderbüchern sind ausschließlich gegenständlich, die Mehrzahl der Illustrationen und Zeichnungen ist detailreich und realistisch. Unter der Annnahme, daß die erwähnten Produkte auf die Zielgruppe Kinder hin abgestimmt sind, muß also vermutet werden, daß Kinder realistische und bunte Darstellungen bevorzugen. Machotka (1966) bestätigt die Erwartung, daß junge Kinder (im Grundschulalter) farbige, realistische Darstellungen, die harmonisch und klar aufgebaut sind, bevorzugen.

Danset-Leger berichtet 1975, daß 4- bis 6jährige Kinder gegenständliche Zeichnungen vorziehen. Die gleiche Autorin repliziert diese Ergebnisse für 6- bis 8jährige Kinder. Die realistische Darstellung gefällt mehr als eine in allen anderen Aspekten vergleichbare stilisierte Darstellung. Diese Bevorzugung zeigte sich für Jungen stärker als für Mädchen (Danset-Leger 1976).

Die Bevorzugung realistischer Bilder wird verständlich, wenn man berücksichtigt, wie die Kinder ihre Bevorzugungsurteile begründen. Kinder des Grundschulalters bewerten Bilder weniger nach Qualitätsmerkmalen der Darstellung als vielmehr danach, ob sie den Abbildungsinhalt mögen. Die Bevorzugung von Vorschulkindern für Tier- oder Menschenfiguren hing damit zusammen, welche Eigenschaften diese Figuren in der Literatur und in Märchen hatten (Gardner 1973, Ehrenzweig 1974). Das Bild hat für das Kind die Funktion, etwas Wirklichkeit werden zu lassen, was tatsächlich nicht existiert. Das gelingt um so besser, je realistischer die Darstellung ist. Die scharfe Ablehnung nicht naturalistischer Bilder wird weiter verständlich, wenn wir uns in die Situation des Kindes einfühlen, das aus den Schatten, Verdeckungen und Verkürzungen das konstante Objekt erkennen möchte. Kinder bevorzugen allgemein solche Reize, die den Prozeß der Wahrnehmung und Sinnentnahme leicht machen. Nach den Ergebnissen von Palffy (1976) bevorzugen jüngere Kinder (in der Stichprobe von Kindern im Alter von 3- 14 Jahren) gut erkennbare, für den Erwachsenen disharmonische Farbkontraste.

Hinter diesen Problemen tritt die Harmonie von Farben oder Formen zurück. Das muß aber nicht heißen, Kinder seien für "ästhetische" Unterschiede nicht empfänglich. Bei einfachem Reizmaterial ohne Abbildungsbedeutung können auch junge Kinder nach den ästhetischen Standards Erwachsener vorgehen. Man könnte nach Gardner (1973, S. 226) behaupten, daß die jüngeren Kinder eine bessere rhythmische Sensibilität haben, formal elegantere Bilder herstellen und den ästhetischen Eigenschaften gegenüber sensibler sind als die meisten Erwachsenen.

Wenn Gardner (1973, S. 243) schreibt: "Kinder neigen dazu, einfachere und gegenständliche Arbeiten zu bevorzugen, während die Experten komplexere und formal elegante Arbeiten wählen", so wird die implizite These verfolgt, daß das Expertenurteil das "Entwicklungsziel" des ästhetischen Verhaltens ist. Aber selbst nach einer ca. 100jährigen Geschichte abweichender Expertenurteile gibt es auch in der heutigen Zeit viele erwachsene Personen, die solche Darstellungen bevorzugen, die die abgebildete Sache möglichst getreulich wiedergeben. Gardner betrachtet die Entwicklung entschieden vom Endpunkt der "überlegenen" modernen Kunst aus. Je nach Kultur oder auch Schicht in unserer Kultur (vgl. Abschnitt 8.1 über "Wandschmuck") ist dieser Endpunkt aber recht zweifelhaft.

zu Frage 1: Angleichung an die Normen der Kultur

Bilder, deren Wahl im Sinne der Lerntheorie "belohnt" wurde, wurden von Kindern und Jugendlichen auch dann bevorzugt, wenn sie nach einem Expertenurteil als schlechtere Alternative anzusehen waren. Anfängliche Geschmacksurteile konnten durch Belohnungen verändert werden. Die Vpn bemerkten die Beeinflussung durch die Belohnung nicht (s.a. Abschnitt 3.3.1 über "Farben"). So könnten die kulturellen Bewertungsstandards im Laufe der Sozialisation gelernt werden. Harris u.a. (1975) zeigen, daß amerikanische und japanische Kinder zunächst ähnliche Geschmacksurteile abgeben, sich dann aber den Experten ihres Kulturkreises annähern.

zu Fage 2: Komplexität und ästhetische Bevorzugung im Entwicklungsverlauf

In der theoretischen Diskussion über ästhetische Bevorzugungen hat die Variable "Reizkomplexität" (Berlyne 1974) viel Aufmerksamkeit gefunden. Die Reizkomplexität, die von Kindern verarbeitet werden kann, sollte plausiblerweise geringer sein als die Reizkomplexität, die der erwachsene Betrachter aufnehmen kann: Kinder haben eine geringere Kapazität des "Arbeitsspeichers" bzw. des Kurzzeitgedächtnisses (Pascual-Leone 1976). 5- bis 6jährige Kinder bevorzugen tatsächlich die weniger komplexe Alternative von zwei Vielecken, während bei den älteren Kindern das Wohlgefallen mit der Komplexität der dargebotenen Vielecke stieg (Munsinger u.a. 1964, Aitken und Hutt 1974, Wohlwill 1975).

zu Frage 3: Stufen der Entwicklung und ästhetisches Urteil

Die verschiedenen Stufenlehren der Entwicklung des Denkens oder der Entwicklung des moralischen Urteils (Piaget 1946, Kohlberg 1974) haben einige Autoren angeregt, Stufen in der Entwicklung des ästhetischen Urteils zu suchen. Parsons (1976) glaubt, erst das Stadium der konkreten Operationen, in dem Kinder Abbildungskonventionen verstehen und anwenden können, erlaube die ästhetische Teilnahme. Die von Parsons vorgestellten Stufen verlaufen entlang der Dimension "Dezentrierung" von eigenen Assoziationen und vom Abbildungsinhalt:

Stufe 1: Das Kind schätzt den Abbildungsgegenstand oder auch nur subjektive Assoziationen, die sich durch den Abbildungsgegenstand ergeben.
Stufe 2: Das Kind erkennt einige Regeln für ein gelungenes Kunstwerk: z.B. ob es den Standards realistischer Darstellung genügt oder ob das gezeichnete Thema gut getroffen ist.
Stufe 3: Die Jugendlichen suchen danach, was der Künstler zu erreichen versucht. Die möglichen Bewertungsregeln sind vielfältiger und nicht mehr an den Abbildungsinhalt gebunden.
Stufe 4: Die ästhetischen Bewertungskriterien werden im Bild und nicht mehr allein in der eigenen Reaktion gesucht.

Eine andere Stufenfolge stammt von Gardner (1980), der im sogenannten Projekt "zero" umfangreiche Arbeiten zur ästhetischen Sensibilität und zur ästhetischen Reaktion von Kindern durchführt:

1. Die Kindheit (0-2 Jahre): In den ersten zwei Lebensjahren lernt das Kind, die Welt der Personen und Objekte wahrzunehmen und zu erkennen. Es bevorzugt Reize, die in einer gestuften Diskrepanz zu Reizen stehen, die es bereits kennt.
2. Das Erkennen von Symbolen (gemeint ist: Abbildungskonventionen, 2-7 Jahre): Die Bedeutung von einer großen Zahl von Symbolen kann vom Kind gelesen werden. Der Inhalt, die Bedeutung, ist die Basis für die Beurteilung der Präferenz. Ein Bild wird nach dem Darstellungsgegenstand benannt, z.B. als "ein Pferd" und nicht als Bild bezeichnet. Die Kinder bevorzugen die hellsten Farben. Metaphorische Aufgaben können nur bewältigt werden, wenn die Aufgabenstellung sehr einfach ist (Gardner 1974). Kinder im Alter von 4 und 5 Jahren können abstrakte Gestaltungen noch schätzen (Winner 1982).
3. Der Höhepunkt der Bevorzugung realistischer Abbildung (7-9 Jahre): In diesem Alter spielt die Meisterung von Regeln und Konventionen im Spiel und in der Schule eine große Rolle. Das Kind besteht streng auf den Regeln der realistischen Abbildung und schätzt eine Fotografie höher ein, als andere Abbildungen (Winner 1982). Abweichung von Standards der realistischen Abbildung werden als "ungeschickt" oder "dumm" bezeichnet. Mit einem gewissen Training sind Kinder dieses Alters aber sehr wohl in der Lage, Stile und Maler zu unterscheiden (Silvermann u.a. 1975). Von Jungen werden ästhetische Objekte und Kunstgegenstände gelegentlich als "unmännlich" betrachtet. So kann es zu einer Behinderung in der Entwicklung des ästhetischen Urteils kommen (Garfunkel 1980).
4. Die Phase der beginnenden ästhetischen Sensitivität (9-13 Jahre): Jetzt können die Kinder auch komplexere Geschichten verstehen. Sie können besser Phantasie und Realität unterscheiden und beginnen, die expressi-

ven Qualitäten eines Kunstwerkes zu schätzen. Sie besitzen die Fähigkeit, Parodien zu verstehen und selbst zu produzieren. Sie können stilistische Unterscheidungen treffen. Die Jugendlichen beginnen, in Mode und Sprache ihren eigenen Stil, ihre eigene Art des Ausdrucks zu entdecken (Gardner 1980).

5. Die Krise des ästhetischen Engagements (13-20 Jahre): In dieser Entwicklungsstufe ziehen sich viele Jugendliche völlig von der Kunst und von künstlerischer Betätigung zurück. Die Relativität des Geschmacks wird erkannt, und manche Jugendliche sehen keinen Standard, nach dem ästhetische Objekte bewertet werden könnten.

Entsprechend den Stufen der Moralentwicklung werden Urteile relativiert. Jugendliche können in aller Regel die expressiven Qualitäten eines Bildes, den Stil, die Absicht des Künstlers schätzen. Natürlich gibt es innerhalb der Stufen dieser Entwicklung erhebliche interindividuelle Unterschiede. Es müßte auch geprüft werden, wie weit solche Stufenfolgen für andere Kulturen Gültigkeit besitzen.

zu Frage 4: Emotionale Reaktion in der Entwicklung

Unter dem Stichwort "empathy" faßt Hoffmann (1977) die Entwicklung der emotionalen Reaktion auf aktuellen oder dargestellten Affekt zusammen. Bereits ein bis zwei Jahre alte Kinder weinen, wenn sie das Weinen eines anderen Kindes wahrnehmen. In diesem Alter können Kinder vermutlich zwischen dem eigenen und dem fremden Gefühlszustand kaum unterscheiden. Der Gesichtsausdruck von Kindern im Vorschulalter bis zum Alter von 10 Jahren entspricht der in einem Film gezeigten z.B. angenehmen oder schmerzhaften emotionalen Reaktion. Hoffmann vermutet, daß mit wachsender kognitiver Reife auch situative Reize oder die Kenntnis allgemeiner Lebensbedingungen die empathische Reaktion hervorzurufen vermögen. Auf jeden Fall wird deutlich, warum vom untrainierten Beobachter die Darstellung des positiven Affektes bevorzugt wird. Erst wenn das Mitleiden stärker kognitiv vermittelt ist, kann der Betrachter in der Szene, in der negative Gefühle ausgedrückt werden, dennoch den überdauernden Triumph der Gerechtigkeit oder das Erschauern vor dem unbegrenzten Einsatz der Menschen für ein Ziel würdigen.

Welche Schlußolgerungen lassen sich nun ziehen? Auch während der Individualentwicklung, die einerseits durch Lernerfahrungen, andererseits durch Reifungsphänomene determiniert ist, ergeben sich systematische Veränderungen des Präferenzurteils. Diese Veränderungen lassen sich wiederum mit den Mitteln der Psychologie untersuchen und verweisen auf den Einfluß der Lernerfahrung auf das ästhetische Erleben auch beim Erwachsenen. Individuelle Differenzen könnten durch unterschiedliche Fähigkeiten in der Verarbeitung von Komplexität entstehen. In der Entwicklung der Bevorzugung wird der Blick auf ein Phänomen des ästhetischen Urteils frei, das im Verlauf dieses Buches immer wieder eine Rolle spielen wird: Die Leichtigkeit der Auffassung eines Reizes beeinflußt das ästhetische Urteil. Da Kinder größere und andere Schwierigkeiten bei der Bedeutungsentnahme und Reizverarbeitung haben, bevorzugen sie andere Reize als Erwachsene. Wenn ein Farbkontrast auch disharmonisch ist, so ermöglicht der grelle Kontrast doch die leichte Unterscheidung der angrenzenden Flächen.

4 Bedeutungskommunikation

4.1 Die Merkmale bildhafter Bedeutungskommunikation

In einigen Werken der Kunstpsychologie (z.B. Arnheim 1966, 1978, Müller-Freienfels 1923, Kobbert 1986) wird hauptsächlich die Psychologie der Wahrnehmung behandelt. Die Wirkung des einen oder anderen Kunstwerkes kann tatsächlich nach einer Analyse der Wahrnehmungsprozesse besser verstanden werden (vgl. Abschnitt 5.2). Bilder von Escher, Dali, Magritte, Vasarely oder Riley entstanden als "Anwendungen" der Erkenntnisse der Gestaltpsychologie. Manche dieser Bilder wirken wie farbige Reproduktionen des Anschauungsmaterials aus Lehrbüchern der Wahrnehmungspsychologie.

Ästhetische Erlebnisse sind sicher auch ein Ergebnis des Wahrnehmungsprozesses. Sie stellen sich ohne längere bewußte Analyse und auch bei Reizen ein, die keine Bedeutungen vermitteln, wie z.B. bei farbigem Glas oder abstrakten Bildern. So kann es dazu kommen, daß man die Kunstpsychologie als Untergebiet der Wahrnehmungspsychologie auffaßt. Bei einer solchen Eingrenzung des Themas würde jedoch vergessen, daß die Kunstwirkung nicht zuletzt vom Inhalt eines visuellen Reizes beeinflußt wird. Die surrealistische Malerei wirkt dadurch, daß sie Traumdeutungen ins Bild setzt. Religiöse Bilder würden ohne Bezug auf die Überlieferungen der Bibel ihre Wirkung verlieren. Die Bilder, die in der Werbung angeboten werden, können nur über die angestrebte Bedeutungskommunikation verstanden werden.

Will man daher verstehen, wie die Kunstwerke wirken, muß man sich auch damit beschäftigen, auf welche Art und Weise sie Bedeutungen vermitteln und was die Bedeutung im Betrachter bewirkt. Hier soll also vor den einzelnen theoretischen Beiträgen eine Grundlage der visuellen (Bedeutungs)-Kommunikation gelegt werden.

Inhalte können verbal und bildhaft vermittelt werden. Aber auch der gelesene Roman läßt auf der "Bühne der Vorstellung" Bilder entstehen, die besonders durch eine "bildhafte" Sprache induziert werden. Insofern ist die Trennung bildhafte vs. sprachliche Kommunikation nicht identisch mit der Trennung einer bildhaften Darstellung und eines geschriebenen Textes.

Die bildhafte Bedeutungsvermittlung hat besondere Eigenschaften. Es ist bekannt, daß die Aufnahme der verbalen Botschaft mehr Zeit in Anspruch nimmt als die Aufnahme einer bildhaften Botschaft, wenn die gleiche Informationsmenge transportiert werden soll (z.B. Gombrich 1984, S. 146). Insofern ist klar, daß solche Kommunikatoren sich des bildhaften Formates bedienen werden, denen es um eine schnelle, leichte Aufnahme geht (z.B. Werbekommunikationen).

Unbezweifelbar kann die wirkliche Welt unsere Emotionen erregen. Bilder sind aber der wirklichen Welt ähnlicher als Worte (die nur Bilder auf der Bühne der Vorstellung induzieren können). Also können bildhafte Darstellungen die Emotionen der Menschen mehr als Worte beeinflussen. Die große Realitätsnähe der Kinofiguren läßt uns vergessen, daß wir ungefährdete Zuschauer sind.

Während in den zeitgenössischen Lehrbüchern die Emotion als kognitiver oder als somatischer Prozeß interpretiert wird, ist die Beteiligung der bildhaften Vorstellung (imagery) erst in jüngsten Veröffentlichungen wieder aufgegriffen worden (bereits Wundt thematisierte diese Frage). Lyman u.a. (1980) baten ihre Vpn, ihre Vorstellungen zu beschreiben, die sich einstellen, wenn sie sich an ein Ereignis mit starker und mit weniger starker emotionaler Beteiligung erinnern. Es überrascht nicht, daß die Berichte über die erlebten bildhaften Vorstellungen häufiger bei Erinnerungen mit emotionaler Beteiligung auftraten.

In der Gedächtnispsychologie ist auch das "Flashbulb"-Phänomen bekannt: Dieses Phänomen beschreibt den Sachverhalt, daß um Ereignisse mit emotionaler Beteiligung herum auch weitere Detailinformationen über große Zeiträume bildhaft erinnert werden (Brown und Kulik 1977).

Viele Theorien gehen davon aus, daß das ursprüngliche Denken der Tiere und eine Schicht des Denkens des Menschen bildhaft sind, wie z.B. die Psychoanalyse, in der die Informationsverarbeitung des Es als bildhaft bezeichnet wird, bzw. die vergleichende Verhaltensforschung in der Postulierung bildhafter Schlüsselreize. Entsprechend sind triebhafte Verhaltensweisen und die begleitenden Emotionen an Bilder, Vorstellungsbilder oder reale Bilder angekoppelt. Zum Beispiel gibt es im sexuellen Bereich ein umfangreiches, stimulierendes Bildangebot.

Der Ausdruck der Gefühle bei Mensch und Tier (Darwin) wird durch olfaktorische, akustische und visuelle Signale geleistet. Beim Augenwesen Mensch sind es hauptsächlich visuelle Signale, die Information über Status, Stimmung, Absichten und Funktion des Gegenübers liefern. So kommt es, daß "der Glaube fest in uns verwurzelt ist, daß jedes Objekt Zeichen sendet", die uns über es informieren (Goffmann 1979). So kommt es, daß die Signale der Umwelt, besonders die visuellen Signale, zum Symptom werden, zum Zeichen für bedeutungsvolle Strukturen und Zusammenhänge.

Bildhafte Kommunikationen haben aber auch Begrenzungen und stehen Schwierigkeiten gegenüber: Nur das Konkrete ist darstellbar, abstrakte Begriffe, wie Relationen, eine Zeitfolge oder etwa Sachverhalte wie "Wert" oder "Macht" sind nicht als "Bild" gegeben. Versuche, solche Bedeutungen dennoch im Bild auszudrücken, sind immer mehrdeutig, es sei denn die Bedeutung bestimmter Bildzeichen ist innerhalb einer Kultur konventionalisiert. Der Erfolg der bildhaften Kommunikation hängt dann davon ab, ob Sender und Empfänger über die gleichen Zeichenrepertoires verfügen: Entsprechend ist uns der Sinn vieler antiker Darstellungen dunkel, ja es kommt zu krassen Fehlinterpretationen. Terbroichs Darstellung "väterliche Segnung" zeigt in Wirklichkeit eine Bordellszene, in der gerade der Preis ausgehandelt wird.

Die erhobene Hand des "Vaters" als ein Merkmal der Segnung strukuriert die anderen Teile und gibt ihnen Bedeutung. Koch-Hillebrecht (1988) spricht von einer Zentrierung, die andere Bildmerkmale einer ersten Interpretationsthese unterordnet. Schuster und Woschek (1988) heben die "Empfängersteuerung" der Bild-Kommunikation hervor: Während in der verbal-begrifflichen Kommunikation die Bedeutung eindeutig vom Sender vorgegeben wird, leistet der Empfänger bei der Bildkommunikation aktive Arbeit beim Bedeutungsaufbau, und seine Wissenstrukturen und Erwartungen bestimmen letzlich, welche Bedeutung aus dem Bild entnommen wird.

4.2 Formen der visuellen Bedeutungsvermittlung

4.2.1 Ähnlichkeit

Die Antwort auf die Frage, wie visuelle Bedeutungen vermittelt werden, scheint zunächst evident. Die Darstellung ist der Realität ähnlich. Dabei sind Abbild und Objekt natürlich völlig verschieden, und das "Wie" der Ähnlichkeit ist nicht evident (Gombrich 1977). Ohne den Begriff der Ähnlichkeit philosophisch zu spalten, könnte Ähnlichkeit als Grad der Übereinstimmung der Netzhautbilder von Abbildung und Objekt definiert sein. Diese Übereinstimmung kann sich auch auf strukturelle Eigenschaften beziehen, wie z.B. Unstetigkeiten und Helligkeitsdifferenzen, aber auch auf Invarianten bei einer Bewegung eines Reizes. Wenn ein Reiz sehr "ähnlich" im Sinne der Projektion eines dreidimensionalen Gegenstandes auf eine zweidimensionale Fläche ist, wird die Bedeutung auch ohne Erfahrung mit Abbildungen erkannt. Hochberg und Brooks (1962) beobachteten dies an einem Kleinkind, in dessen Umgebung keine Abbildungen vorhanden waren.

Für die Bedeutungskommunikation ist Ähnlichkeit aber keineswegs notwendig. Viele Kulturen haben die "Augenzeugenperspektive" bzw. die Projektion des dreidimensionalen Gegenstandes auf die zweidimensionale Fläche nicht angestrebt. In der Tiefendarstellung der chinesischen Abbildung oder bei den Darstellungen afrikanischer Kulturen gibt es tradierte Formen, die nur durch einzelne Attribute und wenige strukturelle Übereinstimmungen ihre Bedeutungen klarmachen.

Die Informationswissenschaft liefert zwei nützliche Begriffe zum Verständnis der sogenannten "Bedeutungswahrnehmung": Zum einen geht die Wahrnehmung vom Reiz aus, sie ist reizgesteuert (auch "Bottom-up-Analyse", Lindsay und Norman 1981). Konturen und Raumlage eines Gegenstandes werden erkannt. Das schränkt das Feld möglicher Bedeutungen ein: Ein runder Gegenstand liegt auf dem Boden und glänzt. Jetzt setzt die konzeptuell (begrifflich) gesteuerte Analyse ein (auch "Top-down-Analyse"): Kann es sich um ein Geldstück handeln? Das wäre ein Gegenstand, eine Bedeutung, zu der die Ergebnisse der Reizanalyse passen. Bei näherer Betrachtung kann sich dann aber eine andere Interpretation als richtig erweisen, z.B. kann es sich um einen weggeworfenen Kronkorken handeln.

Die Wahrnehmung, das Erkennen des Gegenstandes, ist ein Vergleich sensorischer mit gespeicherter Information. Es kann passieren, daß die Information, die der Speicher anbietet, die Oberhand gewinnt. Dies wäre z.B. der Fall, wenn man im Baum ein Gespenst sieht. Ein bekannter "Psychiater-Witz" erzählt von einem Patienten, der bei der Darbietung von Kreis, Dreieck oder gerader Linie immer wieder angibt, er sehe eine nackte Frau. Hier spielt die konzeptuelle Steuerung die dominierende Rolle.

Normalerweise ergänzen sich reizgesteuerte und begrifflich gesteuerte Wahrnehmung zur "richtigen" Umwelterkenntnis. Unter besonderen Bedingungen kann es aber auch zu Fehlwahrnehmungen kommen (z.B. Aktualgenese, Sander 1929).

Mit der Unterscheidung zwischen reizgesteuerter und konzeptuell gesteuerter Wahrnehmung können wir dem Begriff der Ähnlichkeit näher kommen. Tatsächlich ist die Strichzeichnung dem Objekt gar nicht ähnlich. Sie hat jedoch mit einem Schema, welches das Gedächtnis über dieses Objekt zur Verfügung stellt, einen Teil gemeinsamer Eigenschaften. So kann die aus der Erwartung stammende Hypothese des Betrachters durch den Reizinput bestätigt werden. Da der menschliche Wahrnehmungsapparat die Umwelt nach Bedeutungen absucht, genügen oft schon sehr vage Übereinstimmungen in der Struktur des gespeicherten Konzeptes und der Reizinformation, um Gegenstände richtig wiederzuerkennen. So ist mancher Maler gar nicht darüber erfreut, daß das Publikum in seinen abstrakten Bildern dennoch etwas Gegenständliches wie Gesichter zu erkennen glaubt.

In der Psychologie macht man sich dieses Phänomen in einem Test zunutze: Im Rohrschach-Test muß der Proband angeben, was er in Klecksfiguren sieht. Da die Reize mehrdeutig sind, kann man Schlüsse über die Gedankenwelt des Probanden ziehen. Bei der Bedeutungsentnahme aus Bildern spielen also Lernprozesse über Abbildungskonventionen, andererseits aber auch die ständige Bereitschaft, die Umwelt und den sensorischen Input nach Bedeutungen abzusuchen, eine Rolle. Die Bedeutung wird in der mentalen Tätigkeit aktiv an das eingehende Reizmuster herangetragen, und wenn einige Relationen sowie Informationsstrukturen von gespeicherter Erwartung mit der Darstellung übereinstimmen, dann kommt es zum "Erkennen".

4.2.2 Die Metapher

Die Metapher kann - zumindest in gewissen Grenzen - die Einschränkungen der Bildkommunikation überwinden, sie kann auch "abstrakte" Sachverhalte ins Bild setzen. Dabei sollen verschiedene Formen der Metapher abgegrenzt und betrachtet werden: die Sprachmetapher, die visuelle Metapher und die gemischt begrifflich-sprachliche und visuelle Metapher. Diese Unterscheidungen sollen eine Grundlage für das Denken und Forschen über die Metapher im Bilde legen. Zum Beispiel erlauben sie zu verstehen, in welchem

Sinne das Wort "symbolisieren" normalerweise gebraucht wird und wie sich dieser Begriffsgebrauch vom psychonalytischen Symbolbegriff abhebt.

Die Sprachmetapher

Die Metapher ist bekannt als Sprachfigur vom Typ "ein x ist ein y", wobei x und y im denotativen Sinne des Sprachgebrauches nicht ersetzt werden können. Hier kann keine verbindliche Definition gegeben werden, die Metapher wird aber hier als Sprachbild, im Sinne des Aristoteles von dem Vergleich: "der Mensch ist wie ein Löwe" als direkte Zuschreibung: "der Mensch ist ein Löwe" abgetrennt. "Der Mensch ist ein Wolf" ist z.B. eine solche Metapher. Eine offensichtliche Eigenschaft des zweiten Begriffes wird auf den ersten Begriff übertragen (Ortony 1979). Der Mensch ist ein Raubtier (dies ist allerdings wiederum eine Metapher) würde dann weiter übersetzt zu: "Der Mensch ist gefährlich und angriffslustig". Die Assymmetrie der Rollen der beiden Terme (der erste Term ist das "Thema", der zweite der "Vermittler", beide werden auf dem "Grund" gemeinsamer Eigenschaften verglichen) der Metapher wird deutlich, wenn man die Substantive vertauscht, etwa in "der Wolf ist ein Mensch".

Wenn Metaphern sich auch als "Vergleich" der beiden zunächst inkompatiblen Begriffe beschreiben lassen (Adams 1971), so ist dies doch noch nicht völlig befriedigend. Die beiden Terme der Metapher müssen oft auf einem "höheren" Abstraktionsniveau verglichen werden, also nicht nach gemeinsamen Elementen und nicht ohne weitere "kognitive" Bearbeitung. Mitunter wird nicht verglichen, sondern eine Bedeutung auf einen unbekannten Term übertragen: "Die Marsmännchen sind Wölfe" spezifiziert die bis dahin unbekannten Außerirdischen. Es bleibt aus der Sicht eines Vergleiches auch unklar, warum die Metapher eine neue ungewöhnliche Sichtweise des ersten Terms erreichen kann. Tourangerau und Sternberg (1982) argumentieren für eine interaktionistische Sichtweise: Der erste Begriff der Metapher wird durch die Schablone des zweiten Begriffes in einer neuen Weise gesehen. Die beiden Konzepte der Metapher können völlig unähnlich sein, die Metapher wird dann von Vpn für "angemessen" gehalten, wenn sie jeweils eine ähnliche Struktur aufweisen (Tourangerau und Sternberg 1981).

Die Metapher "Mein Herz ist eine Schwalbe" kann nicht mit einem Vergleich aufgelöst werden, sondern erst die "Leichtigkeit" des Fluges der Schwalbe gibt dem Begriff Herz einen bis dahin nicht mitgedachten "Ton". Das Muster der "sozialen Interaktion" wird in Korrespondenz zum Muster des Hin-und Herfliegens gebracht. Sicher wird auch der emotionale Ton des zweiten Begriffes an den ersten Begriff angekoppelt, und so entsteht eine zwar nicht neue intellektuelle, aber neue emotionale Sicht des ersten Terms der Metapher. Schließlich stellt die Metapher immer die Möglichkeit eines bildhaften "Verschmelzens" der beiden Terme her: Die Metapher "Die Sterne sind Mandalasymbole des Himmels" macht in der Selbstbeobachtung deutlich, wie die Form des Sterns in die Vierteilung des Mandalasymbols bildhaft eingefügt wird.

Die korrekte Dekodierung der Metapher hängt davon ab, ob die richtige Bedeutungskomponente des Bedeutungsfeldes "Wolf" verwendet wird. Würde die Bedeutungskomponente "Tier mit liebevollem innerartlichem Sozialverhalten" verwendet, so geriete die Dekodierung nicht. Die Bedeutung vieler Metaphern ist allerdings konventionalisiert: "Homo homini lupus est" heißt die Redensart, "der Mensch ist dem Menschen ein Wolf", und man weiß, daß es hier um die Raubtierartigkeit des Wolfes geht, die auf menschliches Sozialverhalten übertragen wird. Auch die konventionalisierte Sprachmetapher ist dennoch nicht völlig "redundant", sondern zielt auf bildhafte Mechanismen der Informationsverarbeitung (Dilworth 1979). Der Satz "Der Mensch ist grausam" bleibt ohne "inneres Bild", während der Satz "Der Mensch ist ein Wolf" bildhafte Elemente des Wolfseins, etwa die Raubtierzähne aufruft und so die Emotionen stärker aktivieren kann.

Störungen der bildhaft-räumlichen Informationsverarbeitung, z.B. durch einen Gehirnschlag in der rechten Gehirnhälfte, können auch das Metaphernverständnis beeinträchtigen (Gardner u.a. 1983). Das Metaphernverständnis von gehirnverletzten Patienten läßt sich prüfen (vgl. Abb. 4.1): Die Patienten sollen angeben, welches Bild zu der Redensart "Ein schweres Herz macht wirklich einen Unterschied" paßt. Bei einer Verletzung der rechten Gehirn-

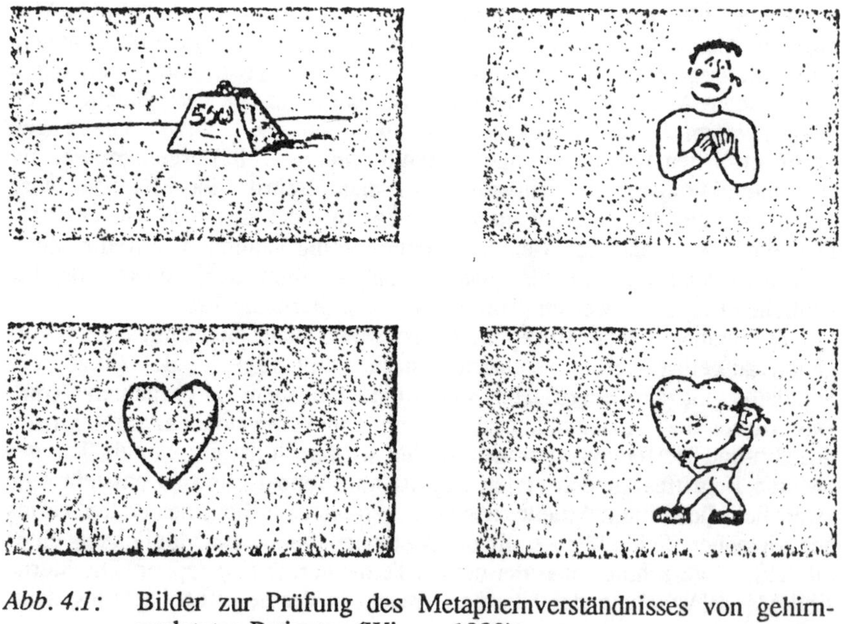

Abb. 4.1: Bilder zur Prüfung des Metaphernverständnisses von gehirnverletzten Patienten (Winner 1982)

hälfte wurden auch die Bilder auf der linken Seite der Abbildung gewählt (Winner 1982). Zu der Verschiedenartigkeit der Verarbeitung bildhafter und verbal- begrifflicher Information sei auf das Kap. 7 verwiesen. Selbst bei "konventionalisierter" Bedeutung fügt die Metapher der Sprache also etwas hinzu, nämlich die Möglichkeit eines bildhaften Verarbeitungsmodus. Ist die Metapher nicht konventionalisiert, etwa wie bei der hier als Beispiel geschaffenen Metapher "Der Mensch ist ein Karteikasten", ist die Dekodierung allerdings alles weniger als eindeutig: Es könnten die Eigenschaften des Karteikastens "ordentlich", "Alles hat sein Fach", oder auch das assoziative Umfeld "Da wird viel hineingesteckt, ohne daß es dort weiter verarbeitet wird" usf. als Kandidaten für eine Dekodierung herangezogen werden.

So wird verständlich, daß Kinder viele solcher Sprachmetaphern nicht dekodieren können, obwohl sie selbst in ihrer Sprache viele Metaphern verwenden, ja neue Metaphern schaffen. Auf die Frage, ob eine Person "süß" sein kann, antwortet ein 4-jähriger typischerweise mit der Antwort: "Nur wenn sie aus Schokolade ist" (vgl. Asch und Nerlove 1960, Cometa und Eson 1978).

Die Bedeutungsvielfalt bzw. die verschiedenen Bedeutungskomponeten vieler Worte werden erst im Laufe der Entwicklung aufgebaut. So können kleine Kinder wohl die Bedeutungskomponenten "geben" und "nehmen", die im Wort "verkaufen" enthalten sind, verstehen. Die Komponente des Vertrages und des Austausches von Geld ist ihnen aber noch nicht bewußt (Gentner 1978).

Das metaphorische Denken selbst aber scheint ein Grundprinzip menschlicher Informationsverarbeitung zu sein, das bereits bei dreijährigen Kindern eindeutig nachgewiesen werden kann, wie weiter unten am Beispiel der visuellen Metapher deutlich wird. Kinder profitieren allerdings davon, wenn die Sprachfigur "ein x ist ein y" in eine Ähnlichkeitsbeziehung umformuliert wird, also etwa: Der Mensch ist wie ein Wolf (Winner 1982: simile). Auch semantisch mögliche Beziehungssetzungen wie etwa "Der Strauß ist ein Vogel" verlangen eine "Dekomposition" der Terme in Eigenschaften, die passen und Eigenschaften die nicht passen. Aus dieser Sicht ist der Unterschied zwischen literalem und metaphorischem Sprachgebrauch nur graduell.

Arnheim (1966) glaubt, das Denken der Menschen sei im Grunde "anschaulich", und entsprechend liefert die Metapher diesem anschaulichen Denken den konkreten Stoff. Die Analogiebeziehung ist die "via regia" zur Aufnahme neuen Wissens und steht bei jeder mündlichen oder schriftlichen Wissensvermittlung an erster Stelle: Die Metapher ist eine Figur der Wort- und Bildsprache, die eine spezielle Analogiebeziehung herstellt. Entsprechend wird die Metapher von Bergson (1934, S. 32) als Erkenntnismittel gefeiert: Man solle sich nicht durch die angeblich unbildliche Sprache der Wissenschaft täuschen lassen. Hinter der abstrakten Sprache vestecke sich häufig eine unbewußte, räumliche Metapher. Auch Ortega y Gasset (1954) sieht die Metapher als Instrument geistiger Erkenntnis.

Auch für Erwachsene ist die ungewohnte Metapher nicht eindeutig. In einer Studie (Brög und Schuster 1977) gaben wir Versuchspersonen fiktive

Redensarten einer "vorgeblich" fremden Sprache vor, die ganz analog zur Dekodierung der Metapher die Entscheidung für relevante Bedeutungskomponenten erfordern. So würde z.B. die fiktive Redensart: "nicht den Beutel für das Geld kaufen wollen" sowohl als Freigebigkeit (das Geld hat keinen Schutz) als auch als Geiz (will nicht das Mindeste kaufen) interpretiert. Die Metapher fügt also der rein begrifflich-verbalen Sprache eine bildhafte Bedeutungsverarbeitung hinzu, ist aber etwa in Werken der Dichtkunst, bei der Neuschöpfung von Metaphern nie ganz eindeutig. Dies mag auch ein besonderer Reiz der Sprachfigur sein: Die Dekodierung des metaphernreichen Schriftstückes erhält eine individuelle Einzigartigkeit. Die Bedeutung bleibt immer bis zu einem gewissen Grad rätselhaft, so daß Spannung aufgebaut werden kann.

Die visuelle Metapher

Eine analoge Beziehungsherstellung gibt es in der visuellen Bedeutungskommu-nikation: die visuelle Metapher. Hier wurde auch der Begriff "Isomorphie" vorgeschlagen, der allerdings in der Gestaltpsychologie schon anderweitig besetzt ist (vgl. Smolucha und Smolucha 1984). Die visuelle Metapher besteht darin, daß ein Objekt x wie ein Objekt y aussieht. Ein Dolch sieht aus wie ein Stoßzahn (in der Krümmung der türkischen Klinge) und erhält nun einiges der Aggressivität und Kraftfülle des vergleichbaren Stoßzahnes. Die ersten Eisenbahnabteile sahen aus wie aneinandergeschraubte Kutschwagen und erklärten so ihre Funktion. An heutigen Wohnzimmerlampen finden sich noch Petroleumgefäße, die immer mehr zu Schmuck verkümmern, die aber auf dem Wege des metaphorischen Denkens die Funktion der Elektrolampe erklärten. Die visuelle Metapher etwa einer Frau, die wie eine Katze aussieht (Abb. 4.2), kann nicht-sichtbare Eigenschaften dennoch "ins Bild setzen", nämlich Geschmeidigkeit, aber auch "Unbeugsamkeit" gegenüber einem Herren.

In der Kunst fügt die visuelle Metapher ungewohnte Bedeutungen zusammen. Picasso war ein Meister solcher ungewöhnlicher Metaphern. Zum Beispiel setzte er in einer Skulptur einen Fahrradlenker an die Stelle eines Stiergehörnes oder ein Auto anstelle eines Schimpansengesichtes (Abb. 4.3). Die Wahrnehmung der Skulptur erfolgt, wie man sich leicht überzeugen kann, ohne daß die Analyseschritte bewußt würden, aber aus der Kenntnis des Wahrnehmungsvorganges können wir eine Abfolge der Bedeutungserkennung annehmen:

1. Die Figur wird im großen Umriß erfaßt als ein Tier, speziell ein Affe.
2. Das Konzept des Gesichtes, das jeder Mensch gespeichert hat, wird an die Stelle herangetragen, an der das Gesicht des Affen lokalisiert ist.
3. Dort wird das Auto entdeckt, wobei einige Teile sich auch als Nase, Augen und Mund interpretieren lassen. Sie stehen in der vom Gesichtskonzept vorgegebenen räumlichen Relation.

4. Das Auto wird weiterhin als Gesicht gesehen, wobei die expressive Qualität des Autos mit in die Bedeutungsverarbeitung eingeht: das metallische Material, die glatte Oberfläche. Die Gefühle, die der Betrachter gegenüber technischen Produkten hat, werden der Bedeutung des Gesichtes hinzugefügt.

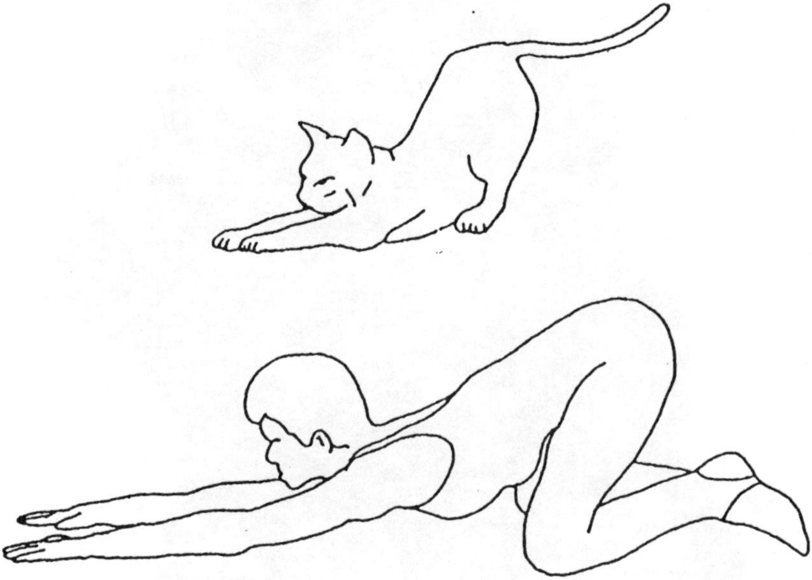

Abb. 4.2: Frau und Katze in gleicher Position (aus: Smolucha und Smolucha, 1985)

Bei der Betrachtung des Autos unter der Erwartung, ein Gesicht zu sehen, wird das visuelle Angebot "Auto" nach dem Schema "Gesicht" organisiert (Aldrich 1968). Die "als-ob" Wahrnehmung kommt bei der visuellen Metapher durch einen Vergleich der visuellen Attribute mit konzeptuell erwarteten Attributen zustande. Die zuerst dekodierte Bedeutung organisiert die Wahrnehmung der dann bewußt werdenden Bedeutung, so daß deren Reizelemente umdefiniert, umgesehen werden. So kann die tatsächliche Ähnlichkeit der in der Metapher verbundenen Bedeutungen sehr gering sein. Der Reiz des Kunstwerkes von Picasso liegt nicht zuletzt in dem Staunen darüber, wie leicht ein Gesicht durch ein Auto ersetzt werden kann, oder in den Wer-

Abb. 4.3: P. Picasso: Pavian mit Jungem, 1951 (Privatbesitz)

ken von Arcimboldo (Abb. 4.4), wie leicht die Elemente eines Gesichtes z.B. durch Früchte ersetzt werden können. Es stellt sich ein Staunen über die eigenen Denk- und Verarbeitungsprozesse und ein Staunen über den hohen "konzeptuellen" Anteil an der Wahrnehmung (Neisser 1974) ein. Der "interaktive" Charakter der Metapher wird in der visuellen Metapher überdeutlich: Daß Konzept "Stierkopf" stellt den Fahradlenker (wiederum Picasso, vgl. Abb. 4.3) in einen völlig neuen Kontext. Er ist im Moment der Wahrnehmung nicht mehr ein Fahrradlenker, sondern ein - ungewöhnliches - Stiergehörn.

Die visuelle Metapher muß nicht durch die Analogie der Form, sondern kann auch durch die Analogie der Farbe oder auch des gleichen Details verwirklicht werden. Die Werke Brueghels oder etwa von Hieronymus Bosch geben reiches Beispielmaterial für die Neuschöpfung visueller Metaphern.

Die "Wahrheitssuggestion" der visuellen Metapher mag noch über die Suggestion der Sprachmetapher hinausgehen. Viele Menschen wurden durch Johann Baptista Porta (De humana Physiognomica, 1601 ins deutsche übersetzt) überzeugt, daß ein Mensch, der wie ein Löwe oder Fuchs aussehe, auch die Eigenschaften des Löwen oder Fuchses besitze. Hier geht die Dekodierung wie bei der Sprachmetapher vonstatten: Die ersten "Eigenschaftsassoziationen" werden herangezogen, um die visuelle Metapher zu verstehen. Der Vampir, also ein Mensch, der aussieht wie ein Raubtier (Raubtierzähne und Raubtierjagdgewohnheiten), erregt unmittelbar Furcht.

Die visuelle Metapher ist die Grundlage der Kinderzeichnung. Die frühe Menschzeichnung und das Netzhautbild etwa, das ein Mensch erzeugt, sind sich ja nur in wenigen Einzelaspekten ähnlich. In den ersten Kinderzeichnungen ist es nur die Vertikalität, die durch einen langen Strich mit einem aufgesetzten Kopfkreis gezeigt werden soll (vgl. Meili-Dworetzki 1957). Das dreijährige Kind muß also zu solchem metaphorischen Denken fähig sein. Später differenzieren sich die Schemata der Kinderzeichnung, die im einzelnen als Metaphern aufgefaßt werden können: Jedes längliche Objekt wie Schlange oder Raupe oder Finger oder Bein wird durch einen Strich dargestellt, und alle Volumen, wie z.B. Bauch, Kopf, Tierrumpf usf. werden durch eine geschlossene Figur in der Form eines (angenäherten) Kreises dargestellt. Eine Schwierigkeit in der Entwicklung der Kinderzeichnung besteht darin, diese metaphorische Darstellung in eine visuelle Ähnlichkeit übergehen zu lassen. Luquet (1927) spricht vom Übergang des "intellektuellen Realismus" (das ist die Darstellung durch Schemata bzw. visuelle Metaphern, die in der einen oder anderen Hinsicht ähnlich sind) zum visuellen Realismus, der eine Ähnlichkeit zum Netzhautbild anstrebt.

Kinder können solche visuellen Metaphern auch in ihrer Umgebung entdekken und etwa so tun, als ob der Ball ein Apfel sei, und im Phantasiespiel in den Apfel beißen. Die Entwicklung von Kategorien der Dinge der Welt ist ja insgesamt ein Analog-Denken, das eben auch manchmal in die Irre läuft: Ist die Kuh dem Hund ausreichend analog, um "Hund" genannt zu werden? "Die Kuh ist ein Hund" mag uns als Metapher erscheinen, der versuchsweise geäußerte Satz ist aber notwendiger Zwischenschritt in jeder Form von Be-

Abb. 4.4: G. Arcimboldo: Der Sommer (aus: de Mandiargues, Das Wunder Arcimboldo, DuMont Buchverlag, Köln, 1978, S.20)

griffslernen, in dem die Komponenten, die die Zugehörigkeit zu einer Klasse definieren, erst gelernt werden müssen.

Weil die Metapher, die Gleichwie-Beziehung, eine so universale Figur menschlichen Denkens ist, kann jeder (erwachsene) Betrachter die Gleichwie-Beziehung sofort verstehen, obwohl die Ähnlichkeit zwischen den ersten Mensch oder Hauszeichnungen und tatsächlichen Menschen oder Häusern äußerst gering ist. Strichzeichnungen werden von Menschen dekodiert, die kaum Erfahrung mit Abbildungen haben. Auch sie können die Gleichwie-Beziehung aus den wenigen analogen Merkmalen erkennen (Deregowski 1980). Hochberg und Brooks (1962) belegen die Fähigkeit eines Säuglings, der keine Erfahrung mit Bildern hatte, aus Strichzeichnungen die richtigen Gleichwie-Bezüge zu analysieren.

Die visuelle Metapher durch Bedeutungsmischung

Die Kunst schafft neue Bedeutungen, indem bekannte Bedeutungskomponenten auf neue Weise gemischt und zusammengefügt werden. Auch in unserer als "rational" (Terminus: Aufklärung) bezeichneten Zeit existieren viele "Fabelwesen". Donald-Duck-Figuren (eine Mischung aus Ente und Mensch) oder geflügelte Weihnachtsengel oder gehörnte Teufel sind häufig abgebildet und selbstverständlicher Teil unserer Umwelt. In halbwissenschaftlichen Veröffentlichungen finden sich Berichte über Schneemenschen. Unsere Wohnzimmer weisen Möbel mit Löwenfüßen auf.

Die Allgegenwart solcher Bedeutungsmischungen soll zunächst durch das Werk des Künstlers Hieronymus Bosch illustriert werden. Auf den ersten Blick mögen die Gestalten der von Bosch gemalten Hölle als die Ausgeburten einer übersteigerten oder kranken Phantasie wirken. Es fehlt nicht an einer Interpretation, die in den drei Phasen des Schaffens von Bosch den Ausbruch und das Ausklingen einer Geisteskrankheit erkennen will (Lucas 1968). Abgesehen davon, daß "normale" und phantastische Elemente in einer Schaffensperiode zusammenfallen, können bei näherer Analyse der historischen Begleitumstände einige der Bilder als bewußte und gekonnte Bibelillustrationen verstanden werden (Fraenger 1975). Manche Darstellungen beziehen sich auch auf mittelalterliche Konventionen. So ist z.B. der in den Abbildungen der Hölle auftretende Dudelsack im ikonographischen Sinne das Zeichen der Narren. Das Motiv des Schlüssels (vgl. Abb. 4.5) bezieht sich auf die Textstelle Lukas 11.52: "Weh Euch, ihr Schriftgelehrten, denn ihr habt den Schlüssel der Erkenntnis weggenommen. Ihr kommet nicht hinein und wehret denen, die hinein wollen."

Wahrscheinlich hat Bosch einige Bilder für den sogenannten "Adamskult", eine freigeistige Sekte, angefertigt. Die verschiedenen Bedeutungsmischungen sind aber über die einfache Illustration von Bibeltexten oder verlorenen Texten der Sekte hinaus als Schöpfungen seiner Phantasie anzusehen. Sie läßt z.B. in der Form des Baumes gleichzeitig das Weltenei und die Figur eines toten Menschen zu einer Gesamtform verschmelzen. Bei einem Künstler mit einer derartig gewaltigen Kreativität können wir die Leistungen des bildhaften Denkens am Kunstwerk studieren, das der Untersuchung dauerhafter zur Verfügung steht als ein Traum. Attribute und Teile verschiedener Anschauungstatsachen sind in den Bildern ausgetauscht. Das Denken des Menschen ist nicht auf die vorhandenen Dinge begrenzt, sondern in der Lage, durch Trennen und Zusammenfügen neue Welten zu schaffen. Eine Analyse der Schnittstellen könnte "Einheiten" des bildhaften Denkens isolieren. Ein weiteres Beispiel sei das "Luftschiff", das die Möglichkeiten menschlichen Ideenreichtums in der Anschauungsform vorwegnimmt (vgl. Abb. 4.6).

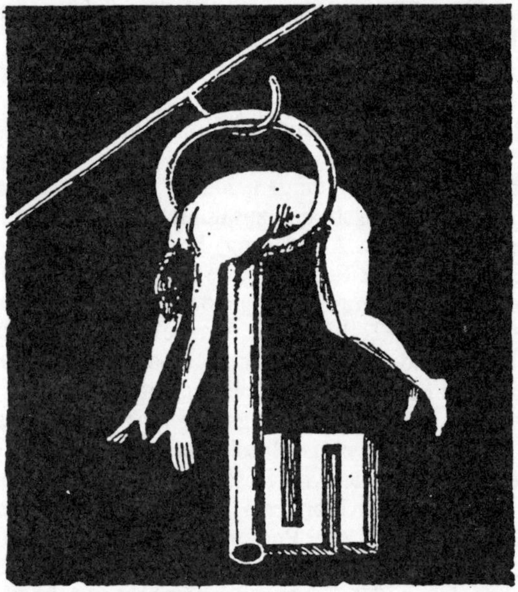

Abb. 4.5: Das Motiv des Schlüssels: Ausschnitte aus H. Boschs Tafelbild "Die Hölle" (Prado, Madrid: Das Tausendjährige Reich)

Mischwesen bei Amateuren

Auch in den Gestaltungen von Amateuren treten spontan Mischwesen auf. Unter den Titeln "Bilder der Angst", "Monstren des Geistes", und "Psychologie der Monster-Figuren" berichten McNiff und Oelmann (1975), Pietropinto (1975) und Oelmann (1974) über die Gestaltungen überwiegend psychiatrisch unauffälliger Stichproben zum Thema Angst, zum Thema Jabberwocky (nach den Versen aus "Alice im Wunderland" von Lewis Caroll) oder zur Instruktion, eine psychische Bedrohung darzustellen. Auch hier werden menschliche Merkmale mit Tierattributen kombiniert. Ein Kristallisationskern für solche Mischwesen ist meist die unmittelbar verständliche und ein-

Abb. 4.6: Das Motiv des Luftschiffs: Ausschnitt aus H. Boschs Tafelbild "Die Hölle" (Prado, Madrid: Das Tausendjährige Reich)

fühlbare menschliche Gestalt, um die herum sich die verschiedensten Verschmelzungen anordnen. Rennert und Mode (1969) vertreten die These, Mischwesen in den Gestaltungen von geisteskranken Kreativen entsprächen weniger dem Inhalt des Wahnes, sondern seien vielmehr die Folge einer allgemeinen Denkregression. Die Ängste werden materialisiert, und die so entstehenden Wesen sind dann mit den Mitteln des Menschen zu bekämpfen. Sie weisen darüber hinaus darauf hin, daß der Keim für die Mischwesen und Monstren der antiken Mythologie in der Beobachtung von seltenen Mißbildungen liegen könnte. Die Henker in Bosch's Bild "Das Tragen des Kreuzes" erweisen sich nicht als Frucht der Imagination, sondern als genaue Kopie des Äußeren der seltenen "Crouzonschen" Krankheit (Tschassovnikarov 1980; vgl. Abb. 4.7). Zusammengewachsene Beine legen die Assoziation zum vom Wassergott gezeugten Fischmenschen nahe. Vervielfachungen des Kopfes und Zwittergestalten könnten ihren Ursprung ebenfalls in der konkreten Anschauung besitzen.

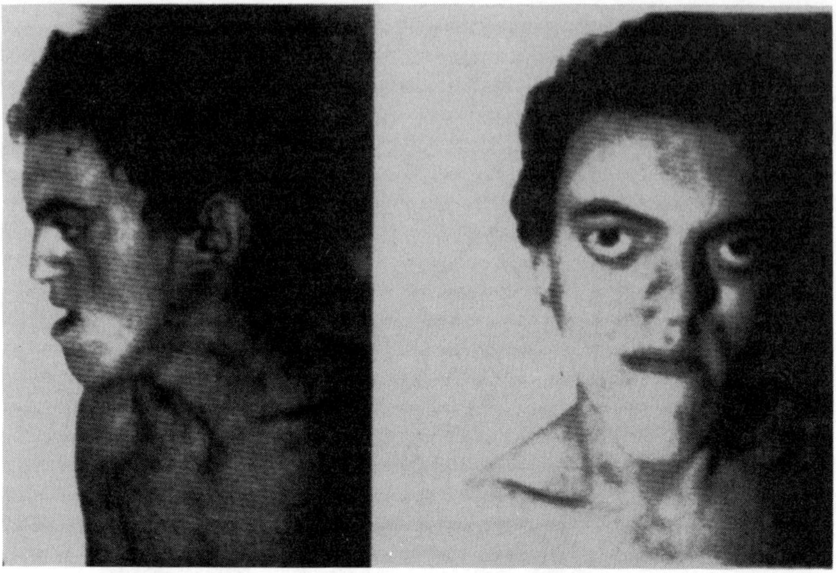

Abb. 4.7: Crouzonsche Krankheit (nach Tschassovnikarov und Markov, 1956)

Ich glaube allerdings, die Ursache für derartige Mischbildungen ist primär in den menschlichen Denkfunktionen zu suchen. Begriffe und Bilder sind aus Bedeutungskomponenten geformt, die beim Spracherwerb und beim Erfahrungserwerb zu Gruppen kombiniert werden müssen und in der Phantasie frei und ohne konkrete Anschauung zu neuen Mischformen zusammengefügt werden können (vgl. Feature-Modelle des Gedächtnisses, Wippich 1982). Zentauren, Drachen und geflügelte Löwen, die seit Menschengedenken abgebildet werden, sind vermutlich nicht aus der Erfahrung abgeleitet, sondern müssen als gedankliche Verschmelzung der Eigenschaften zweier Tierarten gesehen werden.

Die Decodierung der Bedeutung von Mischfiguren

So unerforscht wie die Bildung von Mischfiguren ist auch die Decodierung solcher Bilder durch den Betrachter. Man könnte versuchen, systematisch neue Mischfiguren vorzugeben und die Art und Generalität ihrer Wirkung zu erforschen. Am Beispiel des Zentauren, des Pferdemenschen, der in der antiken Mythologie eine festumschriebene Bedeutung hat, kann der Leser sich von den vielen Mischmöglichkeiten und den daraus ergebenden Bedeutungsfacettierungen überzeugen. Offensichtlich lassen die verschiedenen Mischungen von Mensch und Pferd unterschiedliche Bedeutungen im Betrachter anklingen, die in dem Wort "Pferdemensch" ohne Verbildlichung nicht mitschwingen (vgl. Schuster 1982, Abb. 4.8). Andererseits kann eventuell das Verständnis der Sprachmetapher erste Hinweise zum Decodieren der Bildmetapher geben. In allen Fällen werden die Eigenschaften genannt, die für das Schema Pferd und das Schema Mensch gemeinsam gültig sein können.

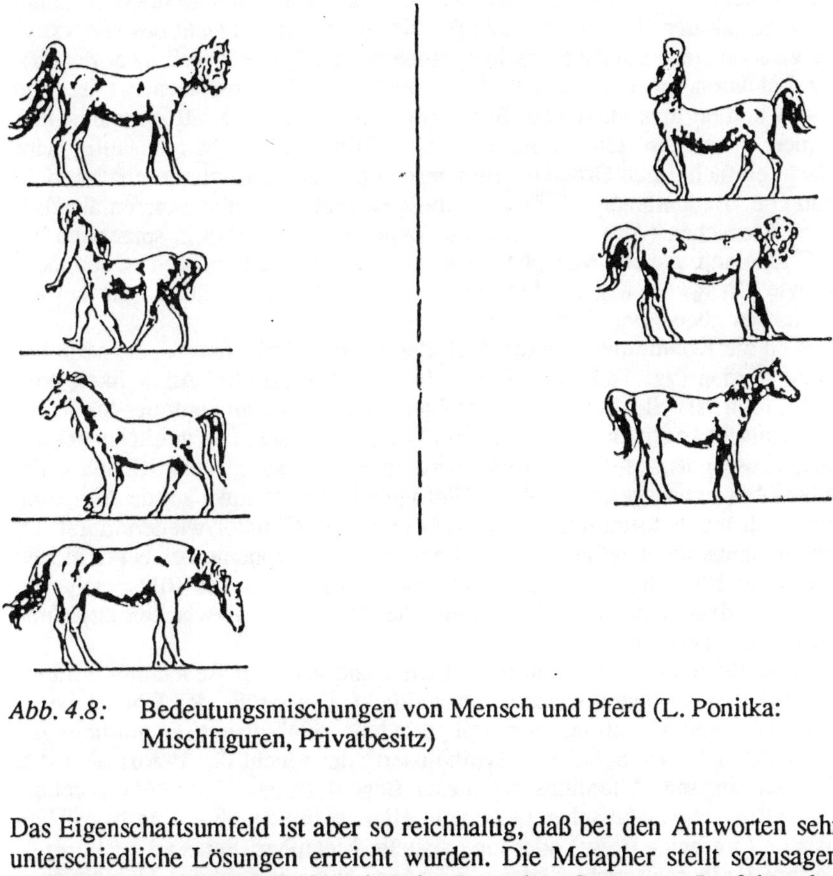

Abb. 4.8: Bedeutungsmischungen von Mensch und Pferd (L. Ponitka: Mischfiguren, Privatbesitz)

Das Eigenschaftsumfeld ist aber so reichhaltig, daß bei den Antworten sehr unterschiedliche Lösungen erreicht wurden. Die Metapher stellt sozusagen ein Rätsel. Als Rätsel induziert sie beim Betrachter Spannung. Im folgenden wird weiter zu behandeln sein, welche Rolle das "Rätselhafte" und die "Spannung" im Prozeß des ästhetischen Erlebnisses spielen.

Je nach persönlichen Erfahrungen und gebildetem "Begriffsumfeld" fällt die Lösung des Rätsels unterschiedlich aus, so daß die geschätzte Metapher einer anderen Person trivial erscheinen kann (Ortony 1979). Hier finden wir im Prozeß der Bedeutungsentnahme wiederum Gründe für die erhebliche Unterschiedlichkeit in der Wirkung von Kunstwerken auf verschiedene Personen.

Die begrifflich-visuelle Metapher

Für viele Sachverhalte kennt aber die Bildkommunikation keine visuellen Ähnlichkeiten, so daß keine "visuelle Metapher" zur Verfügung steht. Verneinung, zeitliche Abfolge oder eben abstrakte Begriffe lassen sich nicht durch visuelle Metaphern, die eine Ähnlichkeit in einem Aspekt herstellen, verwirklichen, weil der Ausgangsbegriff nicht visuell repräsentiert ist. Zum Beispiel läßt der Satz: "Die Macht des Königs Echnaton sieht aus wie xxxx" die visuelle Bedeutungsverarbeitung zunächst leer laufen, weil zwar der König Echnaton, aber nicht die Macht durch ein Bild repräsentiert ist. Die Macht könnte man an seinem Besitz ablesen, an seiner Kraft oder an seiner Armee: Alle diese Umsetzungen in eine Bildsprache gibt es. Häufig wird Macht einfach durch Größe ins Bild gesetzt (in der Kunstwissenschaft spricht man von "Bedeutungsgröße"). Der König ist größer als alle anderen abgebildeten Menschen (Abb. 4.9), und man kann jetzt die gemischt sprachlich-begriffliche und visuelle Metapher verstehen. Der König Echnaton ist so mächtig wie ein Riese, wie ein Mensch mit riesigen Körperkräften, wie ein Erwachsener gegenüber einem Kind.

Weil die Kommunikation durch Bilder manche Bedeutungen, die nicht benannt werden (vgl. Neumann 1980), durch "fotografische" Ähnlichkeit oder auch durch visuelle Ähnlichkeit abbilden kann, ist sie an zentraler Stelle auf die gemischt begrifflich-visuelle Metapher angewiesen. Der zeitliche Verlauf eines Geschehens auf dem Bilde wird in eine Analogie zur Richtung der Schreibbewegung gesetzt. Solche Bildfolgen beginnen links auf der Seite, um sich nach rechts fortzusetzen und dann eine "Zeile" tiefer wiederum auf der linken Blattseite anzufangen. Eine Bedeutungskomponente des begrifflichen Teiles der Metapher findet ein Bild, und so kann auch die Bildsprache abstrakte Bedeutungen oder nicht-räumliche Beziehungen zwischen einzelnen Elementen visualisieren.

Diese Beziehung zwischen begrifflicher und visueller Bedeutung wird oft durch das Wort "symbolisieren" ausgedrückt. Die Größe des Königs "symbolisiert" seine Macht, und der Heiligenschein symbolisiert die göttliche Erleuchtung usf. Der Schlüssel "symbolisiert" die Macht des Petrus über den Himmelseingang. Allerdings hat dieser Begriff andere Bedeutungsfacetten, etwa im psychoanalytischen Gebrauch: Hier ist ein Symbol eine begrifflich visuelle (Sterben - Reise) oder eine visuelle Metapher (Penis - Leuchtturm), die ihre Bedeutung nicht sogleich offenbart. Nur geringfügige Übereinstimmungen in wenigen Elementen erschweren das Dekodieren der Analogie, die im Symbol eher versteckt als aufgedeckt wird. Abb. 4.10 zeigt mehrfache Verwirklichungen von Sexualsymbolen in einer Zigarettenwerbung, etwa Phallus-Symbole in Zigarette und Segelmast, aber auch leicht verständliche Bildteile, etwa die Ausrichtung der Personen aufeinander. Das Symbol im Sinne der psychoanalytischen Traumdeutung kann also als Spezialfall der Metapher aufgefaßt werden.

Abb. 4.9: König Echnaton, Nofretete und eine Tochter beim Gottesdienst (Relieffragment einer Balustrade des Aton-Tempels in Achet Aton; Archäologisches Museum Kairo)

Abb. 4.10: Verwirklichung von Sexualsymbolen in einer Zigarettenwerbung

4.3 Die Metaphern des Wertes als begrifflich-visuelle Metaphern

Die grundlegendsten und auch unmittelbar verständlichen Metaphern für einen Wert sind Gold und Edelsteine. Die Farbe des Goldes mag mit dem Glanz des Sonnenlichtes verwandt sein, ebenso wie das Glitzern der Diamanten (vgl. zum "Glanz" Abschnitt 5.4), und so in direkter Verbindung zu allem Positiven, Lebensspendenden stehen. Von den ägyptischen Darstellungen, über griechische Götterfiguren bis hin zum goldenen Heiligenschein oder dem Goldhintergrund mittelalterlicher Madonnenbilder und Ikonen, von golddurchwirktem Brokat bis zum goldenen Zigarettenetui steht die Farbe Gold für materiellen und ideellen Wert. Zudem hat das Gold die Eigenschaft, nicht zu oxydieren, und kann mit Beständigkeit assoziiert werden.

Mächtige oder göttliche Figuren werden im Sprachbild ("eine große Persönlichkeit") und in der Darstellung relativ groß gestaltet. In Theben bewundert man den großen, mächtigen König Echnaton und Nofretete zusammen mit ihrer kleineren Tochter. Größe und moralischer Wert sind in der Gestaltung im allgemeinen mit Schönheit verbunden. Zweifelhafte moralische Eigenschaften werden durch weniger "schöne" oder "reine" Figuren verkörpert. Amerikanische Fernsehfilme liefern hier eine Reihe von Beispielen.

Während die genannten Metaphern sich den Sinnen aufdrängen, kann Wert auch durch weniger sinnfällige Metaphern ausgedrückt werden. Zum Beispiel sind Einfachheit und Klarheit auch Signale für den Wert. In der Geschichte der Kunst wurde die kunstvolle Gestaltung selbst zur Metapher für Wert; freie Flächen oder auch Möbel wurden reich ornamentiert. Diese Metapher verlor in dem Moment ihre Gültigkeit, in dem die Ornamentierung billig maschinell hergestellt werden konnte. In der zeitgenössischen Kunst - und das wird von Gombrich (1963) als Gefahr empfunden - kann jede Innovation ganz unabhängig von ihrer Qualität zur Metapher auf den Wert unserer Zeit, zur Metapher auf den Fortschritt werden.

In der letzten Zeit wurden alte Aktien und Geldscheine zu einem Sammelobjekt. Münzen fanden schon seit längerem ihre Liebhaber. Von Künstlern entworfen, geben sie ein Bild der historischen Umstände und lenken die Gedanken und Assoziationen auf die Vergangenheit. Dies mag einen großen Teil des Reizes alter Zahlungsmittel und alter Wertgutscheine ausmachen. In unserem Zusammenhang interessieren diese Objekte insofern, als auf ihnen wahrscheinlich Insignien des materiellen Wertes zu finden sind, z.B. die verschlungenen Linienfiligrane, die die Fälschungssicherheit herstellen, wie auch das Wasserzeichen. Auch die frühen Aktien weisen diese Filigranlinien und Wasserzeichen auf. Der selbst entworfene Gutschein für ein Geschenk, das nicht mehr rechtzeitig zu einer Gelegenheit herbeigeschafft werden konnte, trägt diese Linien. Exemplare solcher Gutscheine, die im Handel sind, greifen dieses Zeichen für Wert auf.

Die Darstellungen auf den zur Zeit gültigen deutschen Geldscheinen finden ihre Erklärung nicht in einer Sachnotwendigkeit von Banknoten (wie etwa Fälschungssicherheit). Sie sind zum überwiegenden Teil Metaphern für den materiellen Wert. Wenn im Bereich hoher ideeller Werte z.B. der materielle Wert des Goldes zur Metapher werden kann, so beobachten wir hier genau das entgegengesetzte Phänomen: Die ideellen Werte der Kunst werden zur Metapher für den materiellen Wert (natürlich auch die Metaphern materiellen Wertes: So sind einige gültige Geldstücke immer noch silbern, ohne tatsächlich einen Silbergehalt aufzuweisen). Der Zwanzig-Mark-Schein zeigt auf einer Seite eine Klarinette und eine Geige, Gegenstände, die an sich keineswegs extrem teuer sind, aber hier den ideellen Wert der Musik repräsentieren. Zehn- und Hundert-Mark-Scheine weisen Portraits von Holbein und Dürer auf. In einem Fall handelt es sich um einen reichen Kaufmann. Wesentlich scheint allerdings hier, daß es sich um die Arbeiten zweier sehr berühmter Künstler handelt, die auf den hohen Wert der Künste verweisen. Auf Münzen findet man auch Wissenschaftler (z.B. Max Planck). Dies ist ebenfalls ein Verweis auf den ideellen Wert menschlicher Erkenntnis, während der Adler auf Hundert-Mark-Scheinen als Emblem der Staatsmacht eine Metapher auf Werte des Rechtes und der Verfassung der Gemeinschaft bildet. Um die Skala der Werte zu vervollständigen, sei auf einen portugiesischen Geldschein verwiesen (50 Escudos, 1964), der die Heilige Isabel darstellt und den materiellen Wert durch die Metapher auf religiöse Werte ins Bild setzt.

Die unterschiedliche Fähigkeit der Hände ist sprichwörtlich. Ungeschicktes Verhalten kann z.B. "linkisch" genannt werden. Die rechte Seite ist der Ehrenplatz beim Gastmahl; links (vgl. Abendmahl von L. da Vinci) sitzt der Verräter. Diese Rechts-links Metaphorik kann für viele Kulturen, z.B. die afrikanische, chinesische, arabische, nachgewiesen werden (Needham 1973.) Die Kreuzigungsszene wird so dargestellt, daß der reuige Sünder rechts von Christus hängt. Betrügen heißt umgangssprachlich "linken". Diese metaphorische Unterscheidung kann bei der Interpretation besonders der christlichen - aber allgemein bei allegorischer - Darstellung hilfreich sein (vgl. zusammenfassend Ullmann 1974).

4.4 Synästhesien als grundlegende Metaphorik

Manche Menschen sehen bei bestimmten Zahlen, Tönen oder Vokalen gleichzeitig bestimmte Farben. Dies könnte auf eine angeborene Verschaltung der verschiedenen Sinnesgebiete zurückgeführt werden (Werner 1957). Die Synästhesien könnten allerdings auch eine sehr ursprüngliche Form der Metaphernbildung sein. Wenn Gardner (1974) zeigen konnte, daß bereits sehr junge Kinder eine "laute" und eine "leise" Farbe benennen können, so scheinen also die für diese Aufgabe benötigten semantischen Bedeutungskomponenten sehr früh aufgebaut zu sein. Die Dimension hell vs. dunkel unterscheidet gleichermaßen Töne wie Farben und Vokale. Die semantische Komponente "hell" mag zu den ersten Erfahrungen des Menschen gehören. Die Eindrücklichkeit der späteren Assoziation von Farbe und Vokal könnte also mit dem sehr frühen Zeitpunkt der Metaphernbildung über die Sinnesgebiete hinweg zusammenhängen. Auch Kreitler und Kreitler (1972) nehmen an, daß Synästhesien auf erlernten Ähnlichkeiten der Sinneserfahrungen beruhen, nämlich auf Ähnlichkeiten in den Dimensionen laut/leise, viel/wenig, nah/fern, hell/dunkel. Gewisse Unterschiede in den synästhetischen Erlebnissen verschiedener Personen belegen diese Auffassung. So kann eine Person die Zahlen in aufsteigender Reihenfolge als dunkler werdend erleben (1 weiß, 2 orange, 3 rot, 8 braun usw.), während eine andere Person die Vokale des Wortes "eins", aber auch des Wortes "sieben" als hell erlebt.

Die Möglichkeit der Synästhesien hat viele Maler angeregt, in Bildern musikalische Harmonien zu erzielen (z.B. O. Runge und P. Klee; Lingner 1979) oder auch musikalische Kompositionsgesetze zu verwirklichen (z.B. Feininger; Mies 1976).

4.5 Die symbolische Bedeutungsvermittlung

Nach einer ausführlichen Betrachtung der Metapher als Schlüssel zur inhaltlichen Bedeutung vieler bildnerischer Gestaltungen und der Klärung des umgangssprachlichen Begriffsgebrauchs des Wortes "symbolisieren" soll der Begriff des Symbols nun genauer betrachtet werden. Hier ist die Stelle (und nicht erst das Kapitel "Die psychoanalytische Kunstinterpretation"), an der die verschiedenen Bedeutungen dieses in der Kunstpsychologie häufig verwendeten Begriffes deutlich werden können. Im folgenden kann dann ein einheitlicher Sprachgebrauch erreicht werden.

Bei Dalis Erzengel Gabriel (Abb. 4.11) stehen wir vor einem Mischwesen. Der Menschenkörper ist mit Vogelflügeln verschmolzen. Die Entzifferung der Botschaft ist einfach und traditionell vorgeformt: Engel sind in der Lage zu fliegen. Lassen sich Schubladen und Schlüssellöcher am Körper genauso leicht interpretieren? Ihre Lage verrät ihre Funktion, aber die sexuelle Bedeutung ist keineswegs so offensichtlich. Das Schlüsselloch weist eine funktionelle Gemeinsamkeit mit einer Vagina auf, mit vielen anderen Objekten wäre aber die Anzahl gemeinsamer semantischer Attribute größer. Die Bedeutung ist sozusagen hinter der bildlichen Verwirklichung "versteckt". Ein Symbol, das die gemeinte Bedeutung vor dem Bewußtsein verbergen soll, muß diese Anforderung erfüllen.

Das Wort Symbol hat aber - wie kaum ein anderer wissenschaftlicher Begriff - eine große Zahl von sich ausschließenden Bedeutungen. Dabei kann die "babylonische" Sprachverwirrung nicht einfach gelöst werden, indem eine Bedeutung als richtig und die anderen als falsch gekennzeichnet werden. Von den Semiotikern werden z.B. Ziffern und Buchstaben als Symbol bezeichnet, während der Psychologe hier eher von "Zeichen" sprechen würde. In der Umgangssprache werden bildhafte Vereinfachungen, wie etwa Bilder an Toilettentüren oder für die Sportarten, oft als Symbol bezeichnet. Damit keine Verwechslungen entstehen, bezeichnen wir diese Abbildungsrelation hier als "Pictogramm". Auch wenn man eine Figur durch ein bestimmtes Attribut identifizieren kann, wie etwa den Heiligen durch ein Buch oder einen Schlüssel, sprechen wir hier nicht von Symbol, sondern eher von "kennzeichnendem Attribut".

Phantastische Mischfiguren, wie Faune oder fliegende Löwen "symbolisieren" in vielen Texten bestimmte Inhalte. Selbst in psychoanalytischen Texten findet man diese Verwendung des Wortes "Symbol". Tatsächlich handelt es sich um die weiter oben beschriebene Metapher, die ihre Bedeutung, wenn auch nicht eindeutig, so doch relativ leicht freigibt, ja deren Bedeutung z.T. durch kulturelle Konvention festgelegt ist. Allerdings ist nicht jede aus der Phantasie geborene Darstellung eine Metapher. Der fiktive, ins Bild gesetzte Sachverhalt eines Romans kann besser als "Illustration" bezeichnet werden, wie etwa die Darstellung eines Drachens, bei dem man eine Ähnlichkeit zur "Saurierform" vermuten kann. Wird schließlich etwas so ins

Bild gesetzt, daß wir eine "Ähnlichkeit" (s.o.) erkennen können, so sprechen wir von einer "Abbildung".

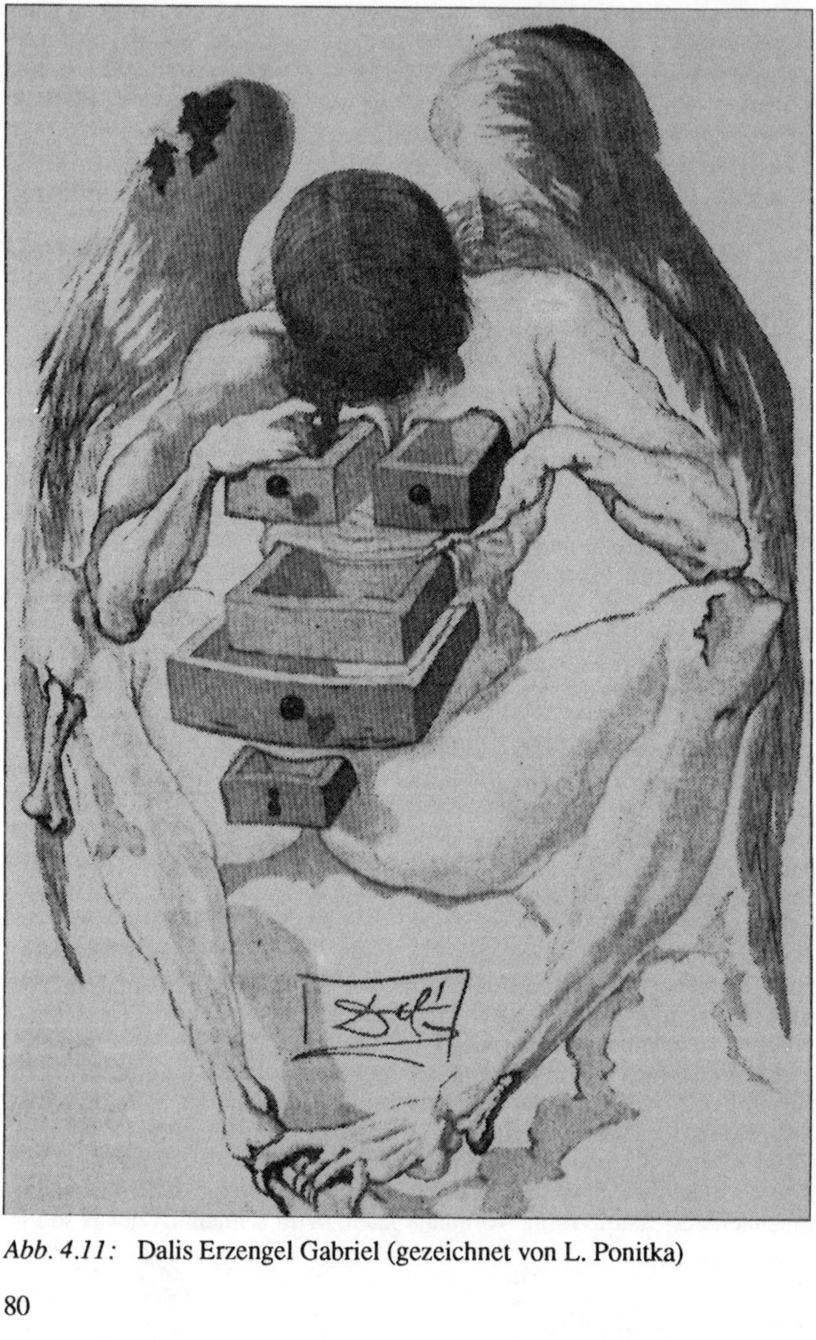

Abb. 4.11: Dalis Erzengel Gabriel (gezeichnet von L. Ponitka)

Hier sollen für die Bezeichnung "Symbol" also solche Sachverhalte reserviert werden, die im konservativen psychoanalytischen Sinne Symbole sind, obwohl diese Verwendung des Wortes sicher eine der selteneren Gebrauchsweisen ist: Aussagen, die das Wachbewußtsein nicht zuläßt, können "symbolisch" ausgedrückt werden. An die Stelle des darzustellenden Inhaltes tritt ein anderer Inhalt, der durch (wenige) inhaltliche, formmäßige, funktionale oder beliebige andere gemeinsame Attribute eine Gemeinsamkeit mit dem darzustellenden Inhalt aufweist. Der eigentlich darzustellende Inhalt wird im Symbol gerade so gut versteckt, daß er die bewußte Zensur unterlaufen kann. Die Bedeutung des Symboles ist also nicht offensichtlich, sondern muß erst aus dem Zusammenhang erschlossen werden. Jones (1972) gibt einige Merkmale der echten Symbolik an:

- Es wird unbewußtes Material dargestellt.
- Das Symbol hat eine relativ konstante Bedeutung (die sich nach Freud auch über den Raum einer Sprachgemeinschaft hinaus erstrecken kann).
- Es gibt eine linguistische oder bildliche Verbindung zwischen Symbol und symbolisiertem Gegenstand.
- Das Symbol hat eine entwicklungsgeschichtliche Grundlage, die das Individuum und die Rasse betrifft.
- Die Zahl der Vorstellungen, die symbolisiert werden können, ist erstaunlich klein im Vergleich zur unendlichen Zahl der Symbole.
- Die symbolisierten Inhalte beziehen sich meist auf das psychische Selbst, Mitglieder der engsten Familie oder auf die Phänomene von Geburt, Liebe und Tod.
- Sobald ein Symbol enthüllt ist, ist die bewußte Reaktion charakteristischerweise eine der Überraschung und des Unglaubens.

Arno Schmidts Analyse des Werkes von Karl May (1963) wird im Sinne klassischer Symbolik fündig. Hier soll der Autor mit einer kurzen Passage zu Wort kommen: "Eine Welt, aus Hintern erbaut!: Hintern als Felsenkessel; Hintern als Tälchen, (wo Rote ruhen auf Rasengrund, gleich bei der Hand, in voller Erwartung geht's weiter); Hintern als Höhlen und schlimme Klüfte; Riesenbäume lümmeln phallisch an liebreizenden Leibritzen (Entladungen manifestieren sich als bleiche Flämmchen); Hintern figurieren als musizierende Tale; und hoch über allem kreist nachtdiebisch die Scheibe eines Hinterns als Gestirn -: das Ausmaß, in dem hier solche Verwandlung betrieben wurde, übertrifft jeglichen anderen, aus der Literatur bekannten Fall" (S. 114).

Einen wiederum abweichenden und nicht ganz klar abgegrenzten Sprachgebrauch finden wir bei C.G. Jung vor. Stammesgeschichtliche Grunderfahrungen der Menschheit schlagen sich in Bildern nieder, die in Märchen oder in visuellen Gestaltungen der Kulturen in etwas unterschiedlicher Form, aber mit gleichem Bedeutungskern vorkommen. Diese Urbilder sind die Archetypen, die in Form von Symbolen verwirklicht sein können, so die Prägung eines Benzinkanisters als modernes Mandalasymbol (Abb. 4.12). An anderer

Stelle verwendet Jung den Begriff Symbol wie den der Metapher, wenn er z.B. vom "Fischsymbol" spricht. Der Fisch und die Inhalte des Unbewußten schwimmen "in der Tiefe" der See oder der Seele. In dieser Bedeutung ist das Symbol eher ein psychoaktives Bild, das Seelisches in Gang setzt.

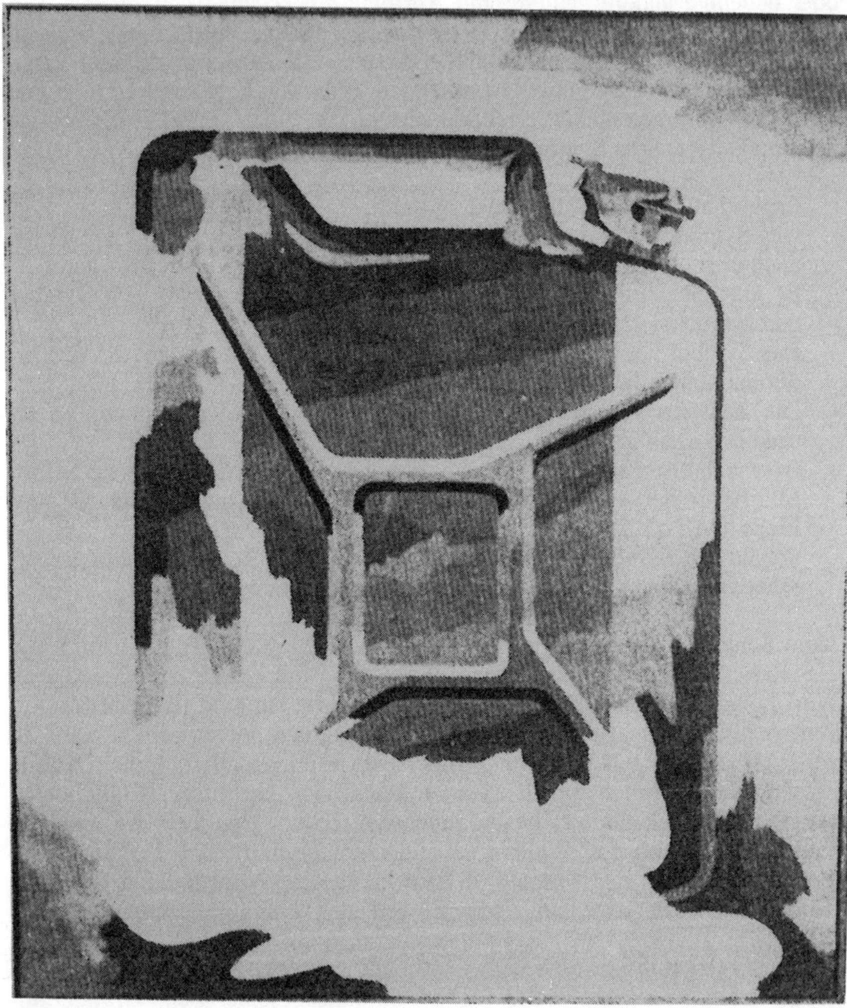

Abb. 4.12: Die Prägung des Benzinkanisters als modernes Mandalasymbol nach H. Zänder: Energie II, Acryl auf Leinwand, 1981 (Privatbesitz)

Bei der Diskussion der verschiedenen Abbildungsbeziehungen soll erwähnt werden, daß eine bildliche Darstellung nicht immer in dem Sinn "Kommunikation" sein muß, als sie einen "Sender" und einen "Empfänger" voraussetzt. Gombrich (1965) zeigt am Beispiel des Steckenpferdes, wie der Stock mit dem angedeuteten Pferdekopf für seinen Schöpfer die Funktion einer Phantasiebefriedigung erfüllt. Das Steckenpferd ist genau in dem Sinne eingesetzt, in dem Freud davon spricht, daß Religion, Wissenschaft und Kunst es etwas leichter machen, die Mühsal des Lebens zu ertragen. Hier ist der Terminus "visuelle Kommunikation" ungültig, es sei denn, man wollte im Terminus "Kommunikation" auch die Kommunikation innerhalb der Bedürfnisse und Instanzen einer Person ansprechen.

4.6 Bedeutungserleben durch Assoziationen

Durch die bisher besprochene Metapher werden verschiedene Bedeutungen ins Bewußtsein gerufen. Die Bedeutungen sind in der visuellen Metapher gleichzeitig vorhanden. Die Kombination von Bedeutungen kann die Bewertung, das ästhetische Empfinden gegenüber dem visuellen Stimulus beeinflussen. Bedeutungen können aber auch, ohne in einer Abbildung oder Darstellung direkt erkennbar zu sein, als "Assoziation" ins Bewußtsein treten. Zu einem bestimmten Feriendia stellt sich immer der Gedanke an das gute Essen oder den Ärger mit den Behörden ein. Diese Assoziationen bzw. Erinnerungen, können mit angenehmen oder unangenehmen Emotionen einhergehen. Sie beeinflussen die Reaktion auf das Bild. Fechner (1897, S. 20) beschreibt bereits in seiner Vorschule der Ästhetik die "assoziativen Faktoren", die die Reaktion auf ein Kunstwerk oder auch auf eine Naturansicht beeinflussen.

Da die "Wissensbasis" (vgl. etwa Kluwe 1979) der Menschen als Konsequenz des individuellen Lebensschicksals sehr unterschiedlich ist, sind die Assoziationen, die sich bei einem ästhetischen oder alltäglichen Objekt einstellen, bei verschiedenen Personen vermutlich ebenfalls unterschiedlich. Hier liegt einer der vielen Gründe für die geringe interindividuelle Übereinstimmung in der Beurteilung von Kunstwerken. Allerdings müssen Assoziationen nicht ausschließlich individuell sein, sondern können innerhalb einer Kultur und eines Sprachraumes bei verschiedenen Personen ähnlich sein. So liegen z.B. Studien über Assoziationen von Vpn zu sinnlosen Silben und Worten vor: Auf das Wort "rot" erhält man häufig Assoziationen anderer Farben oder eben die Assoziation des Oberbegriffes. Im Rohrschach-Test spricht man von üblichen Antworten und Assoziationen zu den bedeutungslosen Klecksfiguren, die häufig anzutreffen sind. So ist es sicher keine ungewöhnliche Assoziation, wenn man im Museum "Kunstwerke" erwartet und bereits in einer Stimmung der "Bewunderungsbereitschaft" das Gebäude betritt. Das Wort "Musentempel" faßt dieses assoziative Umfeld auf.

Besonders wichtig wird dabei auch das "Kunstkonzept" der Vpn: Valentine stellt 1962 in Befragungen fest, daß einige Vpn versuchen, ein Bild nach Kriterien der malerischen Fertigkeit zu beurteilen, während andere - der "subjektive" Typ - sich bei der Beurteilung des Bildes von Assoziationen beeinflussen lassen. In interessanten Versuchen von Höge (1984) zeigte sich darüber hinaus eine Stimmungsabhängigkeit der Assoziationen zu einem Bild. Vpn gehobener Stimmung lieferten mehr freudige Assoziationen. Deprimierten Vpn fielen zum gleichen Stimulus mehr traurige Assoziationen ein. Entsprechendes wurde auch für Ärger nachgewiesen (Konecni u.a. 1976).

Solche Assoziationen werden besonders wesentlich, wenn sie das Selbstbild eines Menschen betreffen. Der Mensch, der stolz auf seine Fähigkeit zu segeln ist, wird Seemotive schätzen. Der erstklassige Reiter wird Pferdebilder auch deshalb bevorzugen, weil sie angenehme Kognitionen über das eigene Selbst anregen. Sogar die von vielen Personen ästhetisch weniger bewunderten Sportpokale können so zum beliebten Wohnzimmerschmuck werden.

Sicher ist die Vernachlässigung der assoziativen Faktoren einer der Gründe, warum die experimentelle Ästhetik nur geringe Teile der Varianz von Bevorzugungsuntersuchungen aufklärt. Die Vp wird selten danach gefragt, was ihr zu einem bestimmten Bild einfällt (eine Ausnahme: Schurian 1986). Dennoch verweisen die Ergebnisse der experimentellen Ästhetik (vgl. oben) indirekt auf die Wirksamkeit der assoziativen Faktoren. So können Informationen über die Bedeutung des Malers oder über die Beurteilung eines Bildes durch andere Personen das Präferenzmaß beeinflussen (Crozier und Chapman 1981).

Manche Objekte oder Handlungen wecken Assoziationen zum Inhaltsbereich Status: Teure Autos oder Pelzmäntel sind das Zeichen von Reichtum und sozialer Macht. Die bewunderten Prestige-Fahrzeuge mögen unter ästhetischen Kriterien betrachtet bei einem naiven Betrachter an Schönheit des Entwurfs den preisgünstigeren Modellen nichts voraus haben. Die Assoziation des Wertes eines Fahrzeugs, die die Gruppe der potentiellen Autobenutzer kennt, wirkt sich aber auch auf die Einschätzung der Attraktivität eines Fahrzeugs aus.

Die Gedankenkette, die zu einer bestimmten Assoziation führt, ja die Assoziation selbst, muß die Schwelle der Bewußtheit nicht überschreiten. Es kann sich um eine gerade wahrnehmbare Änderung der Stimmung, um eine vage Erinnerung an ein Erlebnis handeln, so daß der subjektive Bericht der Assoziation nicht unbedingt zuverlässig sein muß. Dem psychologischen Untersucher werden nur bestimmte Assoziationen berichtet, sozial weniger wünschenswerte Assoziationen werden wahrscheinlich verschwiegen. So darf man nach dem heutigen Kenntnisstand der experimentellen Psychologie nicht hoffen, mit einer messenden Methodik Zugang zu den Assoziationen zu finden.

Um das Erleben zu beeinflussen, kann natürlich versucht werden, die Gedanken und Assoziationen, die sich zu einem bestimmten Objekt oder zu einer bestimmten Handlung einstellen, zu steuern. In der Werbung wird oft versucht, Assoziationen zwischen einem Produkt und einer entspannten Atmosphäre herzustellen. In der Kriegspropaganda werden Assoziationen von Unmenschlichkeit mit dem Feind verknüpft.

Ein gut bekanntes Phänomen der Beeinflussung der Assoziationen soll herausgehoben werden: Vor den Ruinen des Forum Romanum oder auf den Trümmerfeldern Ägyptens oder Zyperns stellt sich ein starkes Bedürfnis nach "Führung", nach Information ein. Für sich genommen, sind die Steine, die auf dem Forum Romanum vorzufinden sind, wenig beeindruckend. Wer gar keine Kenntnis der römischen Geschichte besitzt, wird dieses Trümmerfeld nicht mehr schätzen als beliebige Ruinen. Erst wenn man erfährt, wo Cäsar seine Reden hielt, wo er ermordet wurde, wo der Palast der berühmten Kaiser wie Nero und Claudius stand, stellen sich Assoziationen ein, die den Besuch auf dem antiken Trümmerfeld zum beeindruckenden Erlebnis werden lassen. Man muß sich die Ausdehnung des römischen Reiches, das von dieser Stelle aus regiert wurde, klarmachen, um den Schauer zu erleben, der sich einstellt, wenn die "Jahrtausende auf den Besucher blicken". Touristen, die keiner Reisegruppe angehören, lesen sich aus entsprechenden Führern Informationen zur Geschichte vor. Ohne die Information, ohne die entsprechenden Assoziationen kann das Erlebnis der historischen Ruinen kaum genossen werden.

Der Genuß einer schönen Landschaft verläuft anders. Man würde nicht selbstverständlich auf die Idee kommen, genau zu erläutern, welche Baumarten wachsen, welche Bergformationen festzustellen sind. Derartige Information könnte den Genuß bei der Betrachtung einer Landschaft stören. Möglicherweise sind bei der Empfindung von Natur- und Landschaftsschönheit assoziative Faktoren in geringerem Maße beteiligt.

Denkmäler und Bildwerke in der Öffentlichkeit lenken die Assoziationen des Publikums zumeist auf die Verdienste eines Staates oder einer Völkergemeinschaft. Die USA und die UdSSR feiern z.B. ihre Astronauten und erlauben ihren Bürgern so Assoziationen über die Größe und technologische Leistungsfähigkeit der eigenen Nation. In vielen Ländern erinnern Denkmäler an den erfolgreichen und heldenhaften Partisanenkrieg oder rufen die Erinnerung an Verbrechen der Vergangenheit wach. Dabei können die Assoziationen bei der Betrachtung die verschiedensten Empfindungen und Gefühle beeinflussen und hervorrufen, unter anderem auch die ästhetischen Empfindungen. Hier folgen weitere Beispiele für eine Beeinflussung des ästhetischen Erlebens durch assoziative Faktoren:

- Bei einem Bummel über einen Flohmarkt entdeckt man eine alte Uhr, einen alten Bierkrug oder einen Gegenstand des eigenen Sammelinteresses. Bei näherer Betrachtung entpuppt er sich als eine neue, industrielle Imitation. Während er vor dieser Entdeckung mit einer gewissen Bewunderung betrachtet wurde und man geneigt war, ihn als schön zu bezeichnen, verliert er nun jeden Reiz.

- Bilder, die sich als Fälschung herausstellen, erhalten plötzlich sehr negative Bewertungen, nachdem das Publikum sie einige Jahrzehnte voller Bewunderung betrachtete und die Experten lobende Worte fanden. Das Erschauern angesichts des Originals ist also im wesentlichen von Gedanken und nur indirekt von visuellen Merkmalen getragen.
- Gelegentlich findet ein Restaurantbesucher "schönen Blumenschmuck" vor. Bemerkt er aber, daß es sich um Plastikblumen handelt, so kann sich trotz des objektiv gleichen Reizes die Beurteilung "häßlich" einstellen. Roosen (1966) stellt solche Phänomene im Zusammenhang der Kunstinterpretation vor.

Auch die verbale Bezeichnung hat einen Einfluß auf die Bevorzugungsurteile. Gebäude, die man als "Kathedrale" bezeichnet, werden ästhetisch höher eingeschätzt als Gebäude, die die Bezeichnung "Kirche" tragen (Slatter und Slatter 1978). Wie der Titel auf die Bewertung eines Kunstwerkes wirkt, ist ein weiterer Beleg für die Wirkung von Assoziationen. Ein illustratives Beispiel finden wir in den Erinnerungen des Kunsthändlers Vollard (1936). Bei einer Ausstellung in seiner Galerie wurde ein Bild von Cezanne gezeigt, das einige nackte Frauen und einen Schäfer erkennen ließ. Der Titel auf dem Rahmen des Bildes stammte noch von einer anderen Ausstellung. Der Rahmen enthielt dort ein Bild mit dem Titel "Diana und Actaeon". Dennoch wurde das Bild von der Kunstkritik positiv aufgenommen, und ein Kritiker lobte die noble Haltung der Göttin.

Kurz darauf sollte Cezannes Bild "Die Versuchung des heiligen Antonius" zu einer Ausstellung gesandt werden. Da dieses Bild in der Zwischenzeit verkauft worden war, sandte der Händler das Bild, das vorher irrtümlich den Titel "Diana und Actaeon" getragen hatte. Als Versuchung des heiligen Antonius vorgestellt, fand das Bild Kritiker, die jetzt das perfide Lächeln der Töchter des Satans bewunderten. Ja, es wird sogar berichtet, daß ein Kunstsammler, der das Bild "Diana und Actaeon" zurückgewiesen hatte, jetzt das Bild "Die Versuchung des heiligen Antonius" erwarb, ohne die tatsächliche Übereinstimmung zu bemerken. Als Vollard Cezanne fragte, was denn nun das Thema dieses Bildes sei, soll dieser geantwortet haben: "Es hat kein Thema, ich habe nur versucht, einige Bewegungen in der Darstellung zu bewältigen".

Nun kann man sich vorstellen, welchen Einfluß die Erklärungen der Experten und Führer in Museen und Ausstellungen auf die Wahrnehmung der Exponate durch den Betrachter haben. Ebenso wird klar, daß eine Malerei, die ihr Sujet in einer literarischen Quelle oder in der griechischen Mythologie findet, wie dies häufig in der Malerei des 19. Jahrhunderts der Fall war, nicht allein von der bildnerischen Gestaltung her zu verstehen ist, sondern immer im Zusammenhang mit der literarischen oder mythologischen Grundlage analysiert werden muß.

5 Theorien der Kunstwirkung

5.1 Die psychoanalytische Kunstinterpretation

5.1.1 Biographische Werkanalysen

In der Psychoanalyse erwachte das Interesse an der Kunst aus mehreren Gründen sehr früh: Die Kunstgeschichte gab das Material ab, an dem die Wirksamkeit der psychoanalytischen Theorie erprobt werden konnte. Die Kunstwerke erlauben es, die Verbindung von Leben und Werk an "objektiven" Daten zu studieren. Während andere Schulen der Psychologie nur sekundäres Interesse an der Kunst haben, ist die Kunstinterpretation also ein Teil der analytischen Beweisführung, so daß die Kunstpsychologie hier auf umfangreiche Forschungsarbeiten zurückblicken kann. Die folgenden Ausführungen beschränken sich dabei auf die bildenden Künstler.

Die Analyse des Wechselspieles von historischen Einflüssen, Begabungen, Kindheitserfahrungen, Verdrängung und unbewußten Motivationen wurde von Freud begonnen (z.B. die Studien über Leonardo da Vinci oder über den Moses des Michelangelo 1910, 1914) und von vielen Forschern fortgesetzt: Eissler über Leonardo da Vinci (1961), Nagera über van Gogh (1973), Sterba und Sterba über Michelangelo (1978), Abraham über den Künstler Segantini (1911) und Kris (1952) über den vermutlich geisteskranken Künstler Messerschmidt, jüngst in einer Arbeit über eine Kinderzeichnung von Klee (Eckstaedt 1980) oder in einer Arbeit über den Künstler Hodler (Kraft 1982). Auch Picassos Leben und Werk wurde aus psychoanalytischer Sicht ausführlich gewürdigt (Gedo 1980, Hoffmann 1984). Obwohl Picassos Leben und Werk gut dokumentiert ist, dienen Thesen über Picasso einer Arbeit von Stolnitz (1984) zum Beleg der Willkürlichkeit von psychoanalytischer Interpretation und Lebensereignis. So wird Gedos Behauptung, das Bild "Guernica" stelle kein Bombardement, sondern ein Erdbeben dar, wie es Picasso in seiner Kindheit erlebt habe, angezweifelt. Nach Stolnitz gibt es keinen Beleg für die traumatische Wirkung dieses Ereignisses.

Solche biographischen Analysen sind natürlich immer auf ein umfangreiches und ausreichend zuverlässiges Material über den jeweiligen Künstler angewiesen. Das mag erklären, warum z.B. van Gogh, von dem ein umfangreicher Schriftwechsel mit dem Bruder Theo erhalten ist, so oft zum Gegenstand der Analyse wurde, zum anderen, warum das Spektrum der beschriebenen Künstler so eng ist. Dennoch läßt auch das biographische Material über van Gogh die unterschiedlichsten Krankheitsdiagnosen zu (vgl. Kraft 1986) oder auch die unterschiedlichsten Erklärungen, warum er sich ein Ohr abschnitt: z.B. um Gehörhalluzinationen zu beenden, oder um einen Brauch zu imitieren, dem besiegten Bullen ein Ohr abzuschneiden (McKinley Runyan 1982).

In vielen Beiträgen wird - wie es Kris (1977) treffend formuliert - allein die Tatsache der Berufswahl, warum also ein Mensch künstlerisch tätig wird, erklärt (z.B. Niederland 1976, Greenacre 1955, 1957, allgemeiner Müller-Braunschweig 1974 oder Lorenzer 1970), nicht aber die spezifische Qualität des Werkes.

Die Verwendung historischer Daten durch Freud, Jung oder spätere Forscher ist natürlich dem Risiko neuer historischer Entdeckungen ausgesetzt. Für sicher genommene Daten könnten sich als falsch erweisen. Die gesamte Erklärung wird dann falsifiziert und wirkt im Nachhinein konstruiert. So kann Lützeler (1978) mit Recht darauf verweisen, daß z.B. in Leonardos Zeit die uneheliche Geburt, wie es Freuds Analyse des Lebenslaufes von Leonardo voraussetzt, keine besondere Bedeutung hatte. Ebenso sei nach Lützeler der Hinweis auf den Geier als ägyptisches Symbol für die Mutter unzutreffend, weil die Übersetzung "Geier" sich für den entsprechenden Terminus als falsch erwiesen hat.

Die tiefenpsychologische Interpretation als Verifizierung der Theorie der Psychoanalyse muß Daten über den Künstler und über seine Werke in Beziehung setzen können. Geht man aber von der Gültigkeit des psychoanalytischen Systems aus, kann man künstlerische Gestaltungen ohne das biographische Wissen über den Künstler einer Deutung zuführen. Wyss (1950) interpretiert z.B. eine Bildserie von Max Ernst aus dem ersten der fünf Hefte "Une semaine de bonté, das den Titel trägt:"Premier cahier, Dimanche, Elément: la boue, Example: le lion de Belfort". Wyss verbindet bei der Interpretation Elemente aus Jungs und Freuds Theorie. Er erkennt in den Mischfiguren eine Inflation des Bewußtseins durch Inhalte des kollektiven Unbewußten. Der mächtige Löwenmensch wird zur Metapher des Über-Ich, weil er z.B. oft mit Orden ausgestattet sei. Leider wirkt die Interpretation recht willkürlich, wenn etwa der Adlerflügel zum Vertreter des väterlichen Elementes gemacht wird oder auch wenn von einem schmerzlich verzerrten Gesichtsausdruck gesprochen wird, wo der Betrachter eher einen neutral interessierten Ausdruck vorfindet. Eine Leiche unter dem Billardtisch wird als "bestraft" für ein leichtfertiges Leben dargestellt. Es ließe sich auch denken, daß die weibliche Psyche im Sarg das Bild des jungen Vaters entdeckt. Das würde auf jeden Fall besser zu gleichzeitig dargestellten Glocken passen.

Tatsächlich werden die Interpretationen der Kunstwerke gelegentlich zum projektiven Test, z.B. wenn Groddeck (1964, S. 275) über das Rembrandt Bild "Anatomie des Dr. Tulp" schreibt: "Die Geschlechtsteile (des Toten) sind durch ein kreuzweise gelegtes Tuch verhüllt: Der beschämende Zustand des Unvermögens ist dem Blick entzogen." Dem intelligenten Analytiker gelingt es natürlich, aus jeder Konstellation eine schlüssige Interpretation zu erstellen, die aber oft nicht ausreichend durch Daten des Lebens oder auch nur des Werkes gestützt ist.

5.1.2 Künstlerische Kreativität

Bemerkungen zum kreativen Prozeß sind an vielen Stellen von Freuds Werk zu finden. Freud unterscheidet nicht zwischen Bild, Skulptur, Dichtung oder Theaterstück. Es geht ihm bei der Aufklärung der Kunstwirkung und der Kreativität um das "Seelendrama", das der Künstler als Resultat eigener Kindheitserfahrungen auf der Bühne der Vorstellung ins Bild setzen konnte. Um zu den unbewußten Prozessen vordringen zu können, muß der Künstler über eine "gewisse Lockerheit" der Verdrängungen verfügen. Dem Künstler können also zeitweilig im Dienste des kreativen Prozesses verdrängte Inhalte bewußt werden. Holtzmann u.a. (1971) beobachten entsprechend bei Künstlern und Ingenieuren mehr "regressive", "sex-anatomische" und "pathognomische" Assoziationen auf seine Klecksbilder.

Der Mechanismus der Dichtung oder die Erarbeitung eines Bildentwurfes vollzieht sich in der künstlerischen Phantasie nach den in der Traumdeutung dargestellten Prozessen von Verdrängung, Verdichtung oder Ersetzung durch das Gegenteil (vgl. einige Beispiele im Kap. 7). Im Gegensatz zum Neurotiker und Tagträumer muß der Künstler fähig sein, die im eigenen Unbewußten erfahrenen Strukturen von individuellen Elementen zu bereinigen, um eine Kommunikation mit dem Betrachter zu erreichen.

Eissler (1961) vermutet, das Genie müsse über ein besonders starkes Ich verfügen, das sich die Lockerung der Verdrängung zunutze machen kann. Auf jeden Fall kann keine Rede davon sein, der Künstler sei in besonderem Maße durch neurotische Züge gekennzeichnet (z.B. hervorgehoben von Wollheim 1975). Gerade die Beherrschung der formalen darstellerischen Mittel ist nur unter der Bedingung der Freiheit von neurotischen Zügen möglich (vgl. auch Dieckmann 1979). Gedo (1973) denkt als Ursache für herausragende künstlerische Leistungen an eine durch spezielle Kindheitserlebnisse bedingte übermäßige Stärkung des Ich, die es dann ermöglicht, Primärprozesse konfliktfrei in den Dienst des Ich zu stellen (ebenso Bergmann 1973).

Der Primärprozeß

Ehrenzweig (1974) und im Anschluß Leuner (1976) erkennen im unbewußten Primärprozeß die Instanz, die den kreativen Vorgang trägt. Der Primärvorgang unterliegt nicht den Begrenzungen des logischen Denkens, wie z.B. der Gestaltwahrnehmung, sondern sei in der Lage, unklare Lösungswege vorauszuschauen. Ehrenzweig zitiert als Beleg eine Arbeit von Fisher und Paul (1959), die nach einer unterschwelligen Darbietung des Rubinschen Bechers die Vpn baten zu zeichnen, was ihnen einfiele. Oft stellten sie zwei gegeneinandergestellte Objekte oder Profile dar. Die Interpretation Ehrenzweigs gibt dem Phänomen die folgende Bedeutung: "Damit ist bewiesen, daß unbewußtes Sehen imstande ist, Reihenstrukturen zu prüfen und mehr Information zu sammeln als ein bewußtes Erforschen, das hundertmal länger dauert" (Ehrenzweig 1974, S. 43). Den Phasen der psychosexuellen

Entwicklung (orale, anale, Latenz-, genitale Phase) ordnet Ehrenzweig verschiedene Motive und verschiedene Anteile von destruktiven und konstruktiven Kräften zu.

Viele einzelne Hinweise - wie etwa der Hinweis auf das "ozeanische" Motiv oder der Hinweis auf die begrenzungsaufhebende Funktion der Wandbemalung - sind in Ehrenzweigs Werk bedenkenswert. Das Modell vom Primärprozeß als kreativem Agens scheint mir jedoch das Gegenteil der psychoanalytischen Bestrebungen zu erreichen. Unter der Sammelrubrik "kreatives Potential des Primärprozeßes" wird etwas versteckt, was unter anderen Konzeptualisierungen einer Aufklärung hätte zugeführt werden können.

Sublimierung und Objektersatz

Das kreative Tun kann auf unterschiedliche Weise energetisiert werden. Das Gestalten in Ton (als Ausdruck des Wunsches, mit den eigenen Exkrementen zu spielen) kann eine Teilbefriedigung oder stellvertretende oder Phantasiebefriedigung verdrängter Strebungen sein. Das künstlerische Schaffen kann durch Sublimierung direkt von der Triebenergie getragen sein, wenn es in der Erziehung gelingt, die sexuelle Triebenergie in nützliche, von der Gesellschaft akzeptierte Bahnen umzuleiten. Van Gogh wird von Nagera (1973) als Beispiel für eine Sublimierung sexueller Energie herangezogen. Nagera berichtet von van Gogh, dieser habe an Malerfreunde Empfehlungen gegeben, wie oft man, ohne Schaden für die künstlerische Leistung, geschlechtlichen Kontakt haben könne. Freud vermutet, L. da Vinci habe die aggressive Energie in der aggressiven Bearbeitung des Steines sublimiert.

Insgesamt ist der Vorgang der Sublimierung in seiner Wirkungsweise wenig präzise beschrieben. Wie weit die Sublimierung tatsächlich die Energie sexueller oder aggressiver Triebe verbraucht, wird in der Literatur nicht aufgezeigt. Rank und Sachs (1913) vermuten die Sublimierung eines "looking instinct". Pickford (1970) weist mit Recht darauf hin, daß das Ausmaß der Sublimierung kein Gradmesser künstlerischer Qualität werden kann. Es könnte sein, daß die Kompensation narzißtischer Kränkungen und die Sublimierung Bedeutungsüberschneidungen haben. Triebenergien, die wegen der empfundenen Minderwertigkeit nicht zum Austrag kommen können, energetisieren die Herstellung "schöner" Gestaltungen.

Künstlerische Kreativität wird auch als das Bestreben aufgefaßt, verlorene Libidoobjekte wiederherzustellen. Stokes (1959) glaubt, die Wiederherstellung der weiblichen Brust, als ersten Libidoobjekts, sei die Wurzel der Kreativität. Nach Greenacre entgeht der Künstler einem Verlust von Libidoobjekten, wenn er sie in der Phantasie wiederherstellt. Ein Beispiel mag der Künstler Hodler sein, der seine Geliebte kurz vor deren Tod immer wieder zeichnete (vgl. Kraft 1982). Allerdings verweist Hodler selbst auf die kunsthistorische Innovation, die sein Sujet erreicht.

Symptombildung und Symptombekämpfung

Auf der anderen Seite wird das Werk aus der Pathogenese des Künstlers erklärt. Das Werk ist eine Kompromißbildung zwischen Bewußtsein und unbewußten Strebungen. So wird das Kunstwerk selbst zum "Symptom". Leuner (1979) versucht z.B., Cézannes Werk mit der These zu deuten, der Verlust des Vaters und die Ablehnung des Malers durch seinen berühmten Freund Zolà hätten die Symptombildung "Abkehr vom Lebendigen", "Hinwendung zum "Anorganischen, Symmetrischen" bewirkt. Dieses Symptom ermögliche dem Künstler, mit seinen seelischen Problemen fertig zu werden. In solchen Fällen würde eine Therapie die Quellen des künstlerischen Schaffens versiegen lassen.

In einer sehr kenntnisreichen Sammelrezension versucht Gedo (1973), für die psychoanalytische Konzeption neue Entwicklungslinien vorzugeben. Sie stellt die These auf, die Pathographien der Künstler gingen an der wesentlichen Tatsache vorbei, daß das Genie auch konfliktfrei schaffen könnte und in den Konflikten der Kindheit nur nebensächliche Faktoren für spätere kreative Prozesse zu erblicken seien.

Bei der Darstellung der Kunst der Geisteskranken wird gelegentlich von Selbstheilungsversuchen gesprochen. Es wird nicht expliziert, wie diese Selbstheilung funktionieren soll. Man ist geneigt zu vermuten, daß die Darstellung von Illusionen und Wahnideen eine "magische" Bewältigung darstellt. In der metaphorischen Sichtbarmachung wird die Angst besser beherrschbar.

Darüber hinaus kann die Anerkennung des Publikums dem Künstler helfen, seinen Wahn zu akzeptieren (Rank 1918). Der Beifall trägt also zur Heilung des Künstlers bei. Genau diesen Vorgang kann Reiter (1980) im Leben des Künstlers Kirchner nachweisen. Als Kirchner in der Nazi-Zeit zum entarteten Künstler erklärt wird, verschärfen sich auch seine seelischen Probleme.

Kompensation

Schließlich besteht die Möglichkeit der kompensatorischen Motivation. Das kreative Tun erlaubt es dem Individuum, das Empfinden der eigenen Minderwertigkeit zu überwinden. Diese kann sich auf den eigenen Körper oder auch ganz allgemein auf die tief empfundene kindliche Minderwertigkeit beziehen. Insofern erinnert die These an das System Adlers, in dem die Kompensation der kindlichen Minderwertigkeit zum zentralen Antrieb menschlichen Handelns wird. Battegay (1977, S. 148) beschreibt eine Kompensation für die narzißtische Kränkung: "Die Religion wurde zu einer allgemeinen Kompensation der narzißtischen Wunde, die alle Menschen verspüren, jener der Todesgewißheit." Wissenschaft und Kunst reihen sich hier zwanglos ein. Auch sie können als menschliche Leistung eine Grundlage für "Grandiositätsgefühle" abgeben, die der Mensch zur Aufrechterhaltung seiner Selbstliebe benötigt.

Niederland (1976) berichtet von schweren Kindheitstraumata im Leben bekannter Künstler, die im Gefühl der Hilflosigkeit, Krankheit und Häßlichkeit kulminieren. Die schöpferische Tätigkeit kann als Versuch aufgefaßt werden, ein neues, "schönes", "gesundes" Selbst herzustellen. Er kann eine beachtliche Reihe von bekannten Künstlern mit körperlichen Entstellungen aufzählen: Pope, Mendelssohn, Byron, Scott, Lautrec (der die Pferde zeichnete, die er als Kind nicht reiten konnte (Loeb 1959)), Watteau, Chopin, Keats, Stevenson, O'Neill, Proust, Crane, Orwell, Kierkegaard waren körperlich entstellt oder krank. Thomas Mann berichtet über eine in der Kindheit empfundene Körperschwäche. Die Maler Rousseau und David wiesen Gesichtsentstellungen auf. Der Maler Goya verlor früh das Gehör und die Zuneigung der geliebten Frau.

Die Art des frühen Objektverlustes oder der traumatischen Kränkung des Narzißmus kann die Art der Lebensführung beeinflussen. Stanley sucht sein ganzes Leben lang in Expeditionen "symbolisch" nach dem früh verlorenen Vater. Bezieht sich die Minderwertigkeit auf das Aussehen, so scheint es psycho-logisch, daß sie durch ästhetische Aktivität repariert werden soll. Alfred Adler, der auch Augenarzt war, berichtet über eine Studie an Künstlern, unter denen ein besonders hoher Prozentsatz von Personen mit Augenschäden gewesen sein soll (Organminderwertigkeit, allerdings nicht bestätigt von Pickford 1969).

Natürlich ist nicht vorherzusagen, wie die Kompensation verlaufen wird, sondern sie ist erst aus der einzigartigen Kombination von psychischer Determinierung und individuellen Lebensereignissen zu verstehen. Wer eine Minderwertigkeit des Beines erlebt, könnte ästhetische Statuen schaffen, aber auch Athlet werden. Auf jeden Fall wird eine besonders große Leistung dann erreicht werden, wenn der Wille zum Erfolg tief in der Persönlichkeit verankert ist. Niederland (1978, S. 352) faßt seine These mit den Worten zusammen: "Die Stärkung seines (des Künstlers) oft zerbrechlichen Selbst wird auf dreierlei Weise bewirkt: Das künstlerische Produkt gibt ihm Sicherheit, daß er fähig ist, etwas Neues zu erschaffen (a) und erfüllt so den unbewußten Wunsch des männlichen Künstlers, schwanger zu werden und zu gebären (b). Durch seine Identifizierung mit dem Produkt wird ihm bestätigt, daß er fähig ist, sich selbst neu zu erschaffen, und zwar in einer vollkommenen, nicht mehr unvollständigen oder mangelhaften Form (c)."

Eine Theorie, die die "schönen" Künste in die Nachbarschaft des Minderwertigen oder der Neurose rückt, muß natürlich mit Widerspruch rechnen, weil sie so wenig mit der geübten Verehrung der Genies übereinstimmt (vgl. Kris und Kurtz 1977).

5.1.3 Die Kunstrezeption

Im stellvertretenden Miterleben kann Kunst ganz im aristotelischen Sinne Katharsis sein, allerdings muß es dem Künstler gelingen, die Ereignisse des Seelendramas in einer überpersönlichen Weise auszudrücken (vgl. Rank 1918, der von einer psychotherapeutischen Wirkung des Kunstgenusses spricht). Insgesamt basieren die psychoanalytischen Theorien der Kunstwirkung auf einem Vorgang der Einfühlung. Die Lösung des psychodynamischen Dramas - sei sie offen, symbolisch oder metaphorisch - hat auch für den Betrachter einen Wert. Es kann eine affektive Erleichterung eintreten, wie es der Fall ist, wenn die Verdrängung aggressiver Tendenzen beim Witz gelockert wird. Während "Schönheit" in der wahrnehmungspsychologischen Ästhetik eine Erleichterung bei der vorgeordneten Analyse des Reizes ist, begleiten unter dem Blickwinkel der Psychoanalyse ästhetische Empfindungen die gleichzeitige Triebregression und Befriedigung der Über-Ich-Forderungen.

Die "schöne", ästhetische Gestaltung ist der "Zuckerguß", der gegen die Kontrolle von Ich und Über-Ich die vorübergehende Regression zuläßt, die eine Tagtraumbefriedigung persönlicher Wünsche erlaubt (ein gewisses Maß an Abstraktion kann die gleiche Funktion erfüllen, Waelder 1965). Die Modellierung des nackten menschlichen Körpers aus weißem Marmor ohne lebensechte Färbung ist so sehr als Kunstform anerkannt, daß die Über- Ich-Zensur auch in sehr sittenstrengen Zeiten zurückgenommen wurde. Die ersten erotischen Postkarten knüpften an diese Tradition bezeichnenderweise an und boten den weiblichen Körper in weißer Umhüllung dar (Jones und Oulette 1977).

Auch Gombrich (1973) sieht eine "Balance" zwischen dem ästhetischen Vergnügen und der regressiven Freude. Insofern scheint das ästhetische Vergnügen mit den Zielen des Über-Ich verbunden zu sein. Abstraktion oder Geometrisierung unterlaufen durch die Verfremdung die Kontrolle des Über-Ich. Die Regression in den Tagtraum und in die Phantasie ist bei der Kunstbetrachtung so befriedigend, weil es sich nicht um eine eigene Phantasieproduktion handelt und insofern keine Schuldgefühle entstehen müssen. Zumeist erklärt die analytische Interpretation nicht die ästhetische Wirkung des Kunstwerkes, sondern die Art der emotionalen Reaktion des Betrachters.

Kris (1977) legt eine Analyse der Wirkung der Karikatur vor. Er führt aus, wie die Karikatur, die aggressiv gemeinte Entstellung des menschlichen Gesichtes dem Betrachter ein Stück Regression zum Es hin erlaubt. Weil die Aggression einen Moment nicht mehr unterdrückt werden muß, wird im Lachen psychische Energie frei. Kann aber die Karikatur oder der Witz den Rezipienten nicht verführen, aggressive (oder sexuelle) Triebwünsche einen Moment lang ohne Unterdrückung zu erleben, kommt es zum gegenteiligen Effekt. Die mißlungene Karikatur ist unangenehm, der zu offene sexuelle Witz kann (je nach gesellschaftlicher Konvention) Peinlichkeit aufkommen lassen.

Die Formulierungen K. Clarks, der 1980 eine Geschichte der Darstellung weiblicher Schönheit vorlegt, können als erheiternde Demonstration der psychoanalytischen These angeführt werden. Die offensichtlich sexuell anregende Darstellung findet nicht mehr den Beifall des Kunstkritikers. Über Veronese schreibt er, daß seine Frauendarstellungen "gesunde" Frauen zeigen, die niemals schlechte Gedanken haben (S. 92). Er wird offensichtlich von der aufs Herz gelegten Hand zu einer solchen Äußerung hingerissen. Veroneses Darstellungen seien so unschuldig, daß sie einer unkorrumpierten Gesellschaft immer wieder Vergnügen bereiten würden (S. 21). Über Velasquez meint er: "Das Modell und die Pose hätten normalerweise ein Gefühl sexueller Erregung hervorgerufen, aber die Rockeby Venus erzeugt keine anderen Emotionen außer Bewunderung für die Geschicklichkeit und Wahrhaftigkeit der Zeichnung." Über Goyas "Maja Desnuda" schreibt er " ... es ist einer der seltenen Fälle, in denen ein großer Künstler den sexuellen Instinkt berücksichtigt; aber dennoch ist sie so kalt ("cool") gemalt, daß sie kein Gefühl der Begierde hervorruft" (S. 24/25). Ingres dagegen gibt nach Clark den stärksten Tribut an die "besessen machende Kraft" weiblicher Schönheit.

Im Kunstgenuß muß aber nicht immer eine Regression zu unbewußten Trieben erreicht werden. In Freuds Studie über den Moses des Michelangelo ist es gerade der Sieg des Ich, der Selbstkontrolle, der im Betrachter das Gefühl der Erhabenheit induziert. Wenn Kris (1977, S. 161) schreibt, "die Gegenüberstellung von Komischem und Erhabenem ist ein alter Topos der Ästhetik", so mag damit angedeutet sein, daß das Gefühl des Erhabenen eher ein Sieg des Ich oder Über-Ich in der Konkurrenz der seelischen Instanzen sein kann.

Wie man die Möglichkeiten der komplexen analytischen Theorie zur Interpretation von Präferenzen ausschöpft, zeigt Machotka (1979) am Beispiel der Bevorzugung von weiblicher und männlicher Nacktheit. Die psychoanalytische Theorie kann im Kunstgenuß Erregung oder Abfuhr, Katharsis sehen. Zum Beispiel kann eine aggressive Darstellung die Aggression erregen, aber auch gleichzeitig Schuld entstehen lassen, so daß letzlich eine stärkere Hemmung der aggressiven Tendenzen entsteht. Machotka sucht solche Vpn aus, die Nacktheit schätzen oder auch stark ablehnen. Er bschränkt also seine Untersuchung auf Personen, die intensive Kunsterlebnisse berichten. So gelangt er in seiner Studie aus dem Bereich unverbindlicher ästhetischer Urteile hinaus. Vpn mit starkem Über-Ich bevorzugen eher eine Darstellung, bei der die Nacktheit verdeckt ist und die kein starkes Gefühl ausdrückt. Die Bevorzugung von Nacktheit dagegen kann Besorgnis über den eigenen Körper ausdrücken. Bevorzugung der sentimentalen Darstellung von Nacktheit kann den Wunsch nach engem Kontakt zum anderen Geschlecht ausdrücken. Die Vpn-Gruppe, die die elterlichen Forderungen voll internalisiert, bevorzugt schüchterne Nacktheit, während Personen, die früh gegen die elterlichen Normen protestiert haben, Nacktheit mit der Darstellung von provozierenden Posen bevorzugen.

Die Abwehr des Rezipienten gegen triebaktivierende Phantasien kann durch Symboldarstellungen umgangen werden. Besonders Phallussymbole oder Symbole für die weiblichen Geschlechtsmerkmale gehören zur sofort aufrufbaren Interpretationsmöglichkeit von Darstellungen (Eine Zusammenstellung aus gegenwärtigen Kunstkritiken gibt Eckhart Neumann 1980, aus Textbüchern der Kunstkritik Wilhelmi 1980. In Kap. 4 wurde der Symbolbegriff bereits behandelt, daher werden hier nur einige Anmerkungen ergänzt). Freud war klar, daß ein Symbol nicht für alle Zeiten gleichermaßen gültig ist. So überrascht es nicht, wenn Neumann (1980) nachweisen kann, daß die Lanze nicht nur als männliches Symbol, sondern auch als Richtungspfeil und als Zeichen der Macht vorkommen kann. Die bei Freud als Beispiel für männliche und weibliche Symbole genannten Objekte können in verschiedenen Sprachen ganz unterschiedlich weibliche oder männliche Wortstämme besitzen (Mosak 1955, Minturn 1965).

5.1.4 Die Reaktion auf die psychoanalytische Kunstinterpretation

Weil die Psychoanalyse sich mit vielen Künstlern befaßte und lange Jahrzehnte die Kunstpsychologie war, sind viele Ihrer Begriffe in die Kunstwissenschaft eingegangen.

Bei der Interpretation von Kunstwerken steht die Symboldeutung schnell zur Verfügung. Jedoch ist Jones und Oulette (1977) zuzustimmen, wenn sie schreiben (S. 10): "In der heutigen Epoche ... fällt es leicht, in fast allem die Sexualsymbolik zu sehen, wiewohl sich glücklicherweise die erste Erregung gelegt hat und man wieder einen Bleistift in die Hand nehmen kann, ohne daran denken zu müssen, daß er ein kleiner Penis sei." Kost (1974) beobachtet in seinen Interviews von Künstlern und Kunststudenten überrascht, in welchem Maße sich seine Interviewpartner des psychoanalytischen Vokabulars bedienen, während sie die Ungültigkeit der analytischen Thesen belegen wollen.

Diese Ablehnung der psychoanalytischen Beiträge zur Kunst läßt sich wieder psychoanalytisch interpretieren. Die Analyse führt die Leistung des Künstlers auf pathologische Strukturen aus der Kindheit oder aber auf neurotische Fixierungen im späteren Leben des Künstlers zurück und kann insofern als Beleidigung der bewunderten Künstler und als Beleidigung der Selbstliebe des bewundernden Publikums aufgefaßt werden.

Wie die Aufdeckung der Verdrängung einen Widerstand hervorruft, so hat auch der Beitrag der Psychoanalyse zur Kunstwissenschaft erheblichen Widerstand auf den Plan gerufen. In der Kunstkritik gibt es ungezählte Versuche, die Pathognomie des Genies abzuweisen. Zum Beispiel Presler (1981, S. 36): "Wenn Künstler die Welt gestalten ..., dann sind sie gesunde Menschen". Um ganz sicher zu gehen, erklärt er die Kategorien "gesund" und "krank" wenige Zeilen vorher für irrelevant: Die Unterscheidung von "krank" und "gesund", "Krankheit" und "Gesundheit" sei nicht hilfreich und auch nicht sinnvoll.

Die beschriebene narzißtische "Kruste" gegen eine analytische Kunstinterpretation ist generell ein Problem der Kunstwissenschaft. Immer ist die historische Einordnung, die Aufdeckung von Quellen und Vorlagen eine Minderung des Genies. Allerdings scheint der Hinweis angebracht, daß Freud trotz einer gelegentlichen Pathognomie des Künstlers die großen Maler und Dichter für die Pioniere der Psychoanalyse hielt, die die Gesetze des menschlichen Handelns differenziert und doch allgemeingültig erfassen und darüber hinaus die Fähigkeit besitzen müssen, den Stoff in eine ästhetische Form zu bringen (z.B. werden in den Vorlesungen Werke der Dichtkunst als Beleg für die psychoanalytische Theorie gewählt). Durch den Verweis auf Widerstände gegen die analytische Kunstinterpretation soll einer Immunisierung dieser Beiträge gegen jede Kritik nicht das Wort geredet werden.

5.1.5 Die Rückwirkung der Psychoanalyse auf die Kunst

Eine psychoanalytische Kunstinterpretation alter Meister kann berechtigt davon ausgehen, daß der Künstler Symbole oder tiefenpsychologisch auffällige Doppelbedeutungen nicht aus der analytischen Theorie gewonnen hat. Bald nach den ersten Veröffentlichungen Freuds hat jedoch ein Teil der Künstler die psychoanalytische Theorie bewußt eingesetzt. Dies gilt vor allem für die Surrealisten, die angetreten waren, die inneren Bilder und die Visionen der Geisteskrankheiten sichtbar zu machen (Breton 1967). Wenn auch Freuds Werke erst um 1920 in die französische Sprache übersetzt wurden, so gab es doch früh zusammenfassende Berichte, die das französische Publikum und die Gruppe der Surrealisten mit einigen Grundbegriffen der Psychologie des Unbewußten bekannt machten. Von Max Ernst weiß man, daß er die Traumdeutung kannte und sogar Kontakt mit Jung aufnahm. Allerdings verhalf die Psychoanalyse eher zu erzählerischem Kolorit und zu symbolischen Attributen, als daß eine wissenschaftliche Anwendung entstand (Spector 1973).

Glaubt man dem Bericht Bretons (1967), so schildert der Künstler Chirico Halluzinationen von den Begegnungen mit den Geistern Napoleons und Cavours. Von Brauner schreibt Breton (in seiner üblicherweise etwas barocken Ausdrucksweise), daß er sich einige Jahre im Herzen der "gefährlichen Gegend" aufhalten konnte, mitten im Hoheitsgebiet der Halluzinationen. Von Paalen berichtet Breton, er habe sich dort bis zur Todesangst aufgehalten.

Eine Liste der Sexualsymbole, die die Surrealisten verwendeten, gibt Spektor (1973, S. 166): "Offensichtlich nimmt Sexuelles in den bildlichen Darstellungen einen breiten Raum ein, wir finden phallische Krawatten (Breton), Nasen (Dali), Knochen (Tanguy), fetischistisches Haar (Fini, Toyen, Labisse, Oppenheim), die Sexualität der Vögel (Max Ernst), Brüste als Zwangsvorstellungen (Delvaux, Belmer) und infantile Sexualität (Dali, Balthus)."

Einige Surrealisten (Dali, Ernst) erkannten, daß das individuelle Traummaterial und individuelle bildhafte Erlebnisse für den Betrachter zum Bilderrätsel werden und wandten sich in ihren Gestaltungen Mythen und Legenden zu oder versuchten, selbst Mythen zu schaffen. Aus der Literatur wurden Themen von De Sade oder aus dem Schöpfer-Pygmalion-Mythos übernommen (Chadwick 1975a, 1975b). Die surrealistische Bewegung ließ große Filmkunstwerke entstehen, z.B. die Filme von Buñuel, die eine deutliche Beeinflussung durch die psychoanalytische Bildsprache zeigen. Auch die Filme von Hitchcock erhalten die Spannung des Zuschauers durch die Inszenierung der Triebdynamik (Bliersbach 1980). Beliebtes Sujet auch sehr anspruchsloser Unterhaltungsfilme wurde das Kindheitstrauma, das die Ursache für späteres Versagen des Helden wird.

Andere Künstler (u.a. Pollock) wollen das Unbewußte mittels Automatismen, also im Zeichnen ohne bewußte Kontrolle zutage bringen. Aus der Sicht der Psychoanalyse kommt es beim Einsatz der "Automatischen Malweise" jedoch eher zu Regressionen, zu kindlichen Zuständen.

Wenn die Psychoanalyse und die expressionistische Bewegung sich wieder auseinanderentwickelt haben, so bedeutet dies nicht, daß sich der Einfluß der Psychoanalyse auf den Surrealismus beschränke. Die Möglichkeit der Symbolisierung gehört nun zum möglichen Repertoire der Darstellung, ohne daß diese darauf reduziert werden müßte. Braque, Magritte und Chagall wehrten sich gegen eine Symbolinterpretation nicht nur, weil sie eine Entzauberung ihrer Bilder befürchteten, sondern auch, weil die Symbolinterpretation schon zur Konvention der Kunstkritik erstarrt ist (vgl. Dieckmann 1981, Wilhelmi 1980).

Bei aller Kritik der psychoanalytischen Beiträge zur Kunstwissenschaft ist zu würdigen, daß die Psychoanalyse in ihrer Methodik und durch ihr Theoriesystem dem Einzelfall des Kunstwerkes oder des kreativen Künstlers wie kein anderer Zweig der Psychologie gerecht wird. In ihren Fachzeitschriften ist kein Einschlafen des Interesses an der Kunst zu verzeichnen; im Gegenteil: Immer wieder geben psychoanalytische Autoren Anstöße, die Erklärung der Kunstwirkung voranzutreiben.

Die bekannten Argumente gegen die psychoanalytische Theorie sollen hier nicht wiederholt werden. Speziell zu ihrem Beitrag zur Kunst gibt es einige Kritik: Spektor (1973) glaubt, die Psychoanalyse könne nicht zwischen einem großen und einem geringen Kunstwerk unterscheiden. Dieser Vorwurf wirkt aber in einer Zeit befremdlich, in der Umbewertungen von Kunstrichtungen und Kunstwerken an der Tagesordnung sind. Vermutlich konnte sich der psychoanalytische Beitrag in der Ästhetik behaupten, weil er in diesem Punkte nicht Stellung bezieht.

Es ist eher zu beklagen, daß es in der Psychoanalyse keine historischen oder kulturvergleichenden Studien gibt. Im antiken Peru oder auch im heutigen Indien sind Darstellungen sexueller Handlungen nach dem Anschein der archäologischen Überlieferung keineswegs tabu oder mußten "symbolisiert" werden (Kauffmann-Diog 1979). Auch in der heutigen Zeit gibt es keine so extreme Unterdrückung sexueller Wünsche wie in Freuds sittenstrengem viktorianischen Zeitalter. Die Traumsymbolik unserer Zeit müßte neu katalogisiert werden um zu erkennen, welche Bedürfnisse heute unterdrückt sind, welche Triebschicksale das Individuum in seiner Kindheit mitmacht. Eine Geschichte der Symbolik würde zum Verständnis der Kunstgeschichte wesentlich beitragen und eine gewisse Erstarrung der psychoanalytischen Theorie überwinden helfen.

In der Kunstgeschichte gibt es die hier geforderte umfangreiche Tradition der Erforschung der Bedeutung z.B. von Emblemen und Zeichen oder der Herleitung von Bildmetaphern. Von Filippo Picinelli im Jahre 1653 bis zur Arbeit des Aby-Warburg-Institutes und den Beiträgen von Panofsky läßt sich der Versuch verfolgen, Bildinhalte zu erklären. Allerdings wird die Bezeichnung "Symbol" hier in der Regel nicht im psychoanalytischen Sinne verwendet.

Will man die psychoanalytische Theorie der Regression zum Es und der Nutzung des Primärprozesses nicht nur auf die Karikatur anwenden, so ergibt sich ein Problem: Nicht nur aggressive und sexuelle Strebungen und Gefühle entstehen angesichts des Kunstwerkes, sondern auch Bewunderung, Trauer, Sehnsucht oder freudige Erwartung usf. stellen sich ein. Sind solche Gefühle auch verdrängt und können in einer Art Regression frei werden?

Auf den ersten Blick mag diese Frage wirken, als münde sie in die sattsam bekannte Kritik gegenüber der Psychoanalyse ein, sie wolle das gesamte Verhalten auf sexuelle und aggressive Strebungen reduzieren. Tasächlich wendet sich die Richtung des Zweifels gegen eine andere Annahme. Sollte es doch möglich sein, daß auch positive, keiner Zensur des Gewissens unterliegende Gefühle verdrängt werden? Ist es nicht so, daß die Contenance, die "coole" Art, die funktionierende Psyche auch überschwängliche Begeisterung überflüssig, kindlich und unkontrolliert erscheinen läßt? Möglicherweise geht die Kontrolle der Gefühle weiter als es im Sinne der klassischen Psychoanalyse postuliert wird. Zur Wahrung des narzißtischen Selbst könnte auch eine Kontrolle über Gefühle wie Bewunderung und Ehrfurcht gehören, die das Ich demütigen würden.

Wie gelingt es dem Kunstwerk, die Kontrolle über Gefühle, die das stolze Ich verletzen würden, zu überwinden? Der verletzte Stolz gegenüber dem bewunderten anderen wird z.B. geschont, indem der Künstler in die Welt des Göttlichen oder Wahnsinnigen gerückt wird, wo ein Vergleich mit dem Selbst nicht stattfinden muß (vgl. Kris und Kurtz 1977). Die Bastionen des Ich werden so nicht völlig überrannt, sondern es bleibt die vielbeschriebene "ästhetische Distanz" bestehen.

5.1.6 Die analytische Psychologie von C.G. Jung

Innerhalb der Psychoanalyse muß der "Arztpriester" C.G. Jung besonders erwähnt werden. In seinen umfangreichen Schriften nimmt Jung zwar nur in einem Aufsatz über Picasso (1932) direkt zum Thema Kunst Stellung, dennoch ist das gesamte Werk in stärkerem Maße als Freuds Werk eine Kulturpsychologie, die sich ständig auch mit künstlerischen Darstellungen der unterschiedlichen Kulturen beschäftigt.

Dabei berücksichtigt Jung umfangreiches Material aus Mythen und Sagen. Er nimmt nämlich - im Gegensatz zu Freud - an, daß kollektive Erfahrungen der Menschheitsgeschichte in einem psychischen System, dem kollektiven Unbewußten, niedergelegt sind, das sich in Träumen, aber auch im mythologischen Material manifestiert. Die "präexistenten" Inhalte dieses kollektiven Systems nennt Jung "Archetypen". Die Methode des Nachweises der Archetypen zeigt, wie sehr Jungs Psychologie von einer Einbeziehung des kulturellen Materials lebt.

Jung (1936/1978 S. 63ff) gibt ein Beispiel, wie kollektive Urbilder identifiziert werden können: Ein Patient fordert Jung auf, die Sonne zu betrachten: "Sehen Sie doch den Sonnenpenis - wenn ich meinen Kopf hin und herbewege, so bewegt er sich ebenfalls - und das ist der Ursprung des Windes." Später findet Jung einen Text über den Mithraskult, der eigentümliche Analogien aufweist. " ... der Weg der sichtbaren Götter wird durch die Sonne erscheinen, den Gott, meinen Vater; in ähnlicher Weise wird sichtbar sein auch die sogenannte Röhre, der Ursprung des diensttuenden Windes. Den wirst Du von der Sonnenscheibe wie eine herabhängende Röhre sehen ... ."

Das Beispiel zeigt auch die Schwächen der Methode. Natürlich glauben wir Jung, daß der Patient einen solchen Text über den Mithraskult niemals zur Kenntnis genommen hat, aber die auf den ersten Blick so überraschende Übereinstimmung zwischen der Phantasie und dem mythologischen Text wird bei näherer Betrachtung doch weitgehend zur Interpretationsfrage. Sind Penis und Röhren unbedingt gleichzusetzen ? Man wird bei einer umfassenden Kenntnis der ungezählten mythologischen Texte immer eine Stelle finden, die zu Traum und Krankheitsphantasien in einer scheinbar deutlichen, überraschenden Beziehung steht.

Die Mythologie, die kulturelle Schöpfung bildet also die "Gegenprobe" zum archetypischen Material des Traumes. Das Traummaterial oder das Material der Phantasien erlauben einen Zugang zum archetypischen Gehalt der kulturellen Schöpfungen. Insofern ist Jungs analytische Psychologie mehr als jedes andere System der Psychologie eine Kunstpsychologie oder eine Kulturpsychologie.

Als Kristallisationskerne der Menscheitsphantasien isoliert Jung Archetypen (s.u.). Jung glaubt, daß der bedeutende Künstler für die archetypische Konstellation einer Gemeinschaft eine erhöhte Empfänglichkeit besitzt.

Nun ist es nicht eben einfach, aus Jungs Werk eine "Liste" der Archetypen, ihrer Symbole und entsprechender Kunstwerke herauszuziehen. Die Anerkennung dafür, die verstreuten Hinweise gesammelt und in ein entsprechendes System gebracht zu haben, gebührt Jolande Jakobi (1957). In dem Buch "Komplex, Archetyp, Symbol" hat die Autorin manches, was in Jungs Werk nur als Hinweis, nur skizzenhaft angedeutet ist, prägnanter werden lassen und eine systematische Darstellung erst ermöglicht.

Ein Bild aus dem kollektiven Unbewußten, das auch eine vielfältige Verwirklichung in der bildenden Kunst findet, ist das Mandalasymbol. Es steht in Verbindung zum Archetyp der Wandlung.

Mandala bedeutet in Sanskrit "Kreis". Das kreisförmige Symbol findet sich z.B. in den Kultzeichnungen des tibetanischen Buddhismus. Es handelt sich um Zeichnungen, die bei der Kontemplation, bei der - religiösen - Versenkung eine Rolle spielen. Meditierende konzentrieren sich auf das Mandala, das (Jung 1955, 1978, S. 412) "die Meditation und die Konzentration unterstützen" soll.

Das kreisförmige Mandalasymbol ist meist im Innern differenziert durch eine Vierteilung, vier Grade oder vier Tore, die weiter außen liegenden Sphären sind von den inneren Sphären abgeteilt. Im Inneren findet sich das göttliche Element. Die Mandalafigur ist in der Kunst des Ostens gut bekannt. Die Wendung der europäischen Jugend zur kontemplativen östlichen Philosophie, deren Pioniere Schopenhauer und Jung sind, hat zu einer weiten Verbreitung dieser östlichen Kunstform auch in Europa geführt. Aus seiner Kraft, die Aufmerksamkeit nach innen zu lenken, wird die Funktion des Mandalasymbols als Archetyp, als Element der kollektiven unbewußten Psyche deutlich. Es steht für den Blick nach innen und die sich dabei vollziehende Wandlung, die Selbstwerdung, die Individuation und das Entstehen von seelischer Ordnung. Hierbei spielt im Mandala oder auch der bewegten Swastika die Vereinigung der Gegensätze, des Oben und des Unten, der unterdrückten und der dominanten seelischen Funktionen eine Rolle. In der Vereinigung dieser Gegensätze, in der Aufhellung und Anerkennung der unterdrückten Funktionen kommt es zur seelischen Entwicklung des Erwachsenenalters.

Jung interpretiert das Auftreten solcher Symbole in den Phantasieproduktionen seiner Patienten als Zeichen seelischer Entwicklung, als Fortschritt im Prozeß der Individuation. Abb. 5.1 gibt ein Mandalasymbol wieder, das von einem Patienten Jungs gezeichnet wurde. Jung legt - ganz im Sinne seines methodischen Ansatzes - Wert auf die Feststellung, die Träumerin habe vorher keine Kenntnis des östlichen Symbols gehabt. Die Patientin selbst versuchte, das Mandalasymbol als Strickmuster zu identifizieren. Auch die beginnende seelische Wandlung, die durch das Auftreten des Mandalasymbols bereits angezeigt wird, ist der Patientin zunächst nicht bewußt.

Nachdem das Symbol, hier das Mandalasymbol, spontan im Traum auftaucht, besteht die Therapie darin, die Zeichnung mit dem aus der Mythologie bekannten Material anzureichern (Amplifikation) und die Patientin zu ermutigen, das Motiv aufzugreifen und weiterzuentwickeln, d.h. das Traummotiv in die aktive Phantasieproduktion, in die sogenannte "aktive Imagination" zu übernehmen.

In den Texten Jungs erfolgt die Deutung einer Gestaltung recht individuell auf dem Hintergrund der Geschichte des Individuums und der Vergleichbarkeit der Gestaltungen mit kulturellem Material. Allgemeine "Deutungsrichtlinien" lassen sich vermutlich nicht gewinnen. Zum Beispiel wirkt es verkürzt, wenn Kellogg u.a. (1977), nachdem ihre weiblichen Vpn Mandalas malen, die oft orange, rot und gelb enthalten, die Frage aufwerfen, ob der Animus (die Repräsentation männlicher Wesensmerkmale in der Frau) nicht die Verhaltenskontrolle übernommen habe und die Entwicklung femininen Verhaltens verhindere. Im Kontrast sei hier auf eine Interpretation Jungs verwiesen, der zum Auftreten der roten Farbe anmerkt (1978, Bd 9/1, S. 349) "(die) ... rote Schicht, welche die Affektivität bedeutet".

Abb. 5.1: Mandala: Zeichnung nach Jung (1933,1978, Bild 4) mit sexueller Symbolik (gezeichnet von L. Ponitka)

Die Verbindung der psychischen Phänomene mit den Überlieferungen der kulturellen Tradition lassen leicht den Eindruck eines vagen und spekulativen Theoriegebäudes entstehen. Gerade aber für das Mandalasymbol lassen sich Beobachtungen mit exakteren Methoden heranziehen, um die Wirksamkeit dieses visuellen Reizes zu erklären.

Die Meditation kann als allgemeine Ruhigstellung des verbalen Bewußtseins verstanden werden. Während der Meditation treten im EEG verstärkt Alpha-Wellen auf. Wie Rosenboom (1976) ausführt, sind okulomotorische Bewegungen ein Antagonist für Alpha-Wellen. Das Mandalasymbol ist nun ein Bild, das den Blick auf die Mitte hin zentriert und so das Auftreten von Alpha-Wellen begünstigt. Meist wird die Alpha-Rhythmusphase als ruhig und angenehm erlebt und entspricht so der Idee des Ausgleiches innerhalb der seelischen Kräfte des Menschen.

Rossi (1977) versucht die Jungschen Konzepte auf die Hemisphärentrennung zu übertragen und sieht im Mandalasymbol einen Reiz, der die Tätigkeit der Gehirnhälften eint.

Archetypen zur Erklärung der Kunstwirkung

1. *Der Schatten*: Jung (1932) hat einen Aufsatz zu Picassos Werk geschrieben, in dem er die abstrakte Darstellung als Fahrt ins Unbewußte, die blaue Farbe als Farbe der Nacht und der Unterwelt interpretiert, aus der der Künstler mit einer neu gewonnenen Gesamtschau moralisch bestialisch geistiger Menschheit hervorgehen kann, aus der für den Künstler aber auch die Krankheit entstehen kann. Die kulturpessimistischen Schriften der analytischen Psychologie in bezug auf die Gegenwart und die Zukunft stimmen in den Kanon der These ein, daß die Moderne aus der Herrschaft des Schattens, des Dunklen in der unbewußten menschlichen Seele bestimmt ist. In der modernen Kunst werde unter dem Einfluß des Schattens, des Chaotischen ein "Stück Satan" erlöst.

Dieckmann (1979) unternimmt den Versuch, anhand der gegenwärtigen Kunst Aussagen über den Zustand der Kollektivpsyche zu treffen. Dort stellt er einen Zug zum Dämonischen hin fest. In Bildern von Chagall bis Pollok werde das Dämonisch-Unbewußte betont. Bei der gegenwärtigen Überbetonung der Vernunft (ausgehend schon von der Zeit der Aufklärung) macht sich kompensatorisch die wenig entwickelte und aus dem Seelenleben ausgeschlossene Seite des Gefühls als negativer Schatten geltend. Auch in der Darstellung der Frau sei die negative Seite des Archetyps der Magna Mater (z.B. in der "Salome"-Darstellung) zu erkennen.

2. *Animus-Anima:* Dieckmann (1977) interpretiert einige Märchen aus 1001 Nacht als Reise des Subjekts in das Unbewußte, speziell in das kollektiv Unbewußte, wo nach der ersten Begegnung mit dem Schatten eine Auseinandersetzung mit der Anima erfolgen kann, dem im Mann existierenden Bild des Weiblichen. Die Anima tritt im Märchen vom Fischer als verführerische Gestalt auf, der der Mann in tiefer Hörigkeit verfallen kann. Die

Anima als Projektionsvorlage kann Eigenschaften der Hure, des Widersachers, der mütterlichen Figur usf. annehmen. Die im Märchen stattfindende Integration der Archetypen in das Bewußtsein (wenn es sich auch um eine lange und gefährliche Reise handelt) führt zur Individuation, zur Vollendung der Person des Königs oder des Helden des Märchens. Gauguins Werk sieht Dieckmann (1981) als Auseinandersetzung mit dem Archetyp der Anima aber auch mit dem Retterarchetypus. Die Mutter wird als "Muttergeliebte" dargestellt.

Dettmering (1978) legt eine Analyse von Kubricks Film "2001 - Odyssee im Weltraum" vor. Er fragt, ob es bei der im Film dargestellten Reise in die unwirklichen Weiten des Alls in einer hermetisch abgeschlossenen Kapsel nicht (S. 1158) "vielmehr um den Versuch (ging), eine frühere subjektive vor-objektale Raumqualität zu erforschen" ... .Der Raum wird als Uterus, der Computer als Mutter, die folgende Handlung als Auflehnung der Söhne gegen die rachsüchtige (Computer-)Mutter interpretiert. Der Film ist also Psychodrama der frühen Kindheit, das metaphorisch ins Bild gesetzt wird. Dettmering läßt allerdings offen, ob der Regisseur absichtlich die psychoanalytische Dramatik aufgebaut habe oder ob es sich um eine Gestaltung handele, deren Wirkung zwar auf diesem Prinzip basiere, die aber eben aus einer zeitweiligen Lockerung der unbewußten Tendenzen des Autors/Regisseurs entstanden sei.

Neumann (1954) sieht das Werk des Leonardo da Vinci durch den Einfluß des Mutter-Archetyps also als kollektiv unbewußt determiniert. Die Bilder "Mona Lisa" und "Die heilige Anna Selbdritt" seien Ausformungen des Mutterarchetyps in seiner Doppelnatur. Es werde der Gegensatz zwischen Elementar- und Wandlungscharakter des Weiblichen sichtbar, konkret die Dichotomie zwischen mütterlichem und geistigem Element des Mutter-Archetyps.

3. *Individuation:* Im Zusammenhang mit dem Archetyp der Individuation wird das Religionssymbol Fisch zum Symbol des Kontaktes mit dem individuellen und dem kollektiven Unbewußten. Abb. 5.2 zeigt das Fischsymbol in einer modernen Verwirklichung von Nomura. Hier ist der Fisch, der in der Tiefe des Meeres lebt, tot, wenn er ans Tageslicht gezerrt wird. Die Symbolsysteme der Alchemisten gruppieren sich ebenfalls um das Thema Individuation und zeigen sich so als Resultat der archetypisch gespeisten Wandlungsthematik.

Die Begegnung mit dem Archetyp

Die Reaktion auf eine Begegnung mit dem Archetyp ist doppelpolig, d.h. durch ungeheure Faszination und auch durch Schrecken gekennzeichnet.

Jung erwähnt in diesem Zusammenhang einen Mönch, der in dieser Lage so Schreckliches erlebte, daß sich sein Aussehen veränderte. Derartige Beobachtungen illustrieren die große Angst bei der Begegnung mit Archetypen wie dem Schatten oder dem Animus. Beim persönlichen Schatten als persönlichem "Bösen" bzw. Minderwertigem wird das Böse in der eigenen Seele sichtbar, aber es ist nach Jung eine erschütternde Erfahrung, dem absolut Bösen (des Archetyps) ins Auge zu blicken. Die Bewußtwerdung des Archetyps kann mit Psychosen oder der Besessenheit bezahlt werden. Nach Jung ist das entwicklungsgeschichtlich spät entwickelte Bewußtsein ständig durch Invasionen des Unbewußten gefährdet. Jung (1939, S. 304) spricht davon, daß die Archetypen unwillkommene Eindringlinge sind, die die Atmosphäre mit einem Gefühl der unheimlichen Vorahnungen durchtränken. Durch Riten und Kulte werden Dämme gegen diese Gefahr errichtet. Jung ist auch ein bedeutender Religionspsychologe, der viele Initiationsriten, wie z.B. die Taufe, die Beschneidung, die Wandlung in der Messe als Symbole des Archetyps der Wiedergeburt interpretierte (Jacobi 1971).

Abb. 5.2: S. Nomura: Fischsymbol, Öl auf Leinwand, 1979 (Privatbesitz)

Der Archetyp zieht das Verhalten des Individuums in seinen Sog. Es tritt im Verhalten eine Zwanghaftigkeit auf, die sich gegen Vernunft und Willen durchsetzt. Als Beispiel erwähnt Jung das Dritte Reich. Dort ergriff von einem ganzen Volk Besitz, was man vorher nur bei wenigen Psychosen erleben konnte.

In den Symbolen der Religion und der Kultur gibt es allerdings die Möglichkeit, die Wirkung des Archetyps im positiven Sinn zu verarbeiten, soweit diese Symbole noch mit Leben erfüllt sind und in einer pseudorationalen Zeit nicht zu leblosen Hülsen geworden sind. Der Archetyp wird erst autonom, wenn er zu wenig in das individuelle Leben eingeschlossen ist.

Die Begegnung mit dem Archetyp kann auch positiv, richtungsweisend sein. Sie kann am Scheideweg des Lebens den richtigen Hinweis geben. Die positiven Einflüsse des Unbewußten kennzeichnet Jacobi (1971, S. 86) in dem Satz: "Denn der Bereich des Unbewußten ist nicht bloß ein Todesschlund ... er ist zugleich das Schatzhaus der nährenden und schöpferischen Kräfte, die allem Lebendigen innewohnen."

Derartige Erfahrungen machen Therapeuten, die mit der Jungschen Methode arbeiten: Ihre Klienten entwickeln eine neue Kreativität. Patienten entwickeln Freude an der kreativen Gestaltung und professionalisieren ihre Maltätigkeit (Kreinheder 1973, Henderson 1973, Dreifuss 1978). Die Freisetzung der Kreativität garantiert natürlich noch nicht die künstlerische Leistung.

Möglicherweise trägt ein sehr früher Traum Jungs (v. Franz 1975) zur Aufklärung der Polarität zwischen "größtem Schrecken" und "höchster Verehrung", die die Archetypen kennzeichnet, bei. Das Kind träumte, im elterlichen Garten ein Loch zu sehen. Stufen führten in einen Gang, der mit einem Bogen endete. Das Kind schob im Traum einen Vorhang beiseite und blickte in eine rechteckige Kammer, in der ein roter Teppich zu einer ein wenig erhöhten Plattform führte. Auf der Plattform befand sich ein baumstumpfartiges Gebilde, das aber aus Fleisch war und ein einziges Auge trug. Das Auge, wie auch der Raum über dem Auge waren schwach erleuchtet. In diesem Moment des Traumes hört Jung die Stimme seiner Mutter: "Ja, guck ihn dir an, das ist der Menschenfresser." Jung berichtete, er habe vorher von verschiedenen Menschen gehört, der Herr habe sie zu sich genommen. Darüber hinaus hatte er ein Kindergebet so verstanden, daß der Herr ein Menschenfresser sei. Jung glaubt, daß dieser Traum sozusagen eine Initiation für seinen Lebensweg, der ihn in die dunklen Gebiete des Unbewußten führte, gewesen sei. Auf jeden Fall ist in diesem Traum die Ambivalenz zwischen größter Bewunderung und größtem Entsetzen enthalten.

Die analytische Psychologie Jungs und die Kunstinterpretation

Die Kunstkritik hat sich des Archetyp-Begriffes bemächtigt und ihn seiner Wucht beraubt. Er erhält häufig die Bedeutung des natürlich Geheimnisvollen, wie z.B. bei Hoffmann (1959, S. 28) über eine Statue von Moore: "Ebenfalls in die mythische Sphäre des Berges und des höhlenartigen Unterschlupfes gehören die Liegenden, Paraphrase auf den Archetypus der Erdgöttin, in deren trächtiger Leibhaftigkeit alle Vegetation zusammengefaßt ist."

Die Anwendung auf konkrete Kunstwerke wirkt gelegentlich recht beliebig. Zum Beispiel interpretiert Mc Cully (1976) prähistorische Höhlenzeichnungen als Ergebnis des Animus-Anima-Archetyps. Die im Matriarchat der Frühzeit unterdrückten Männer suchen in der Darstellung des Männlichen und des Weiblichen ihre Identität (Wer weiß, wie man nach Jahrtausenden eine europäische Illustrierte interpretieren wird?). Hier werden doch eher gegenwärtige Probleme auf eine schlecht dokumentierte Vergangenheit projiziert. Das nämliche Gefühl stellt sich ein, wenn Baumann (1935) die Pyramiden als Mandalasymbol interpretiert. Auch hier ist die Informationslücke groß genug für vielerlei.

Im Sinne Jungs wurde der Begriff des Archetyps nur sehr selten von der Kunstpsychologie aufgenommen: Hervorzuheben ist eine Arbeit von Teunissen und Hinz (1974), die mit Hilfe des archetypischen Erlebens zu erklären suchen, wie es seinerzeit zu dem Angriff auf die Pieta im Petersdom kam. Der 33jährige Übeltäter zerstörte den linken Arm der Madonna, zielte dann auf Nase und Augen und rief aus: "Ich bin Jesus Christ." Ein Jahrzehnt vorher hatte sich ein ähnlicher Vorfall mit nahezu den gleichen Begleiterscheinungen abgespielt. Hat hier der Archetyp des Animus die Übermacht gewonnen und gegen den negativen Aspekt der Magna Mater, gegen die völlige Abhängigkeit von der nährenden Mutter agiert? Konnte der Attentäter an der Pietà auch die dunkle Seite des Archetyps wahrnehmen? Auf jeden Fall kann gerade die Analyse solcher Fälle irrationalen Verhaltens - das uns ja ständig umgibt - verstehen helfen, welche Kräfte in uns wirken. Statt dessen spricht man von Kunstvandalismus und begnügt sich mit einem Ablehnen und Nichtverstehen.

Es gibt eine Fülle moderner Mythen, die eine Anwendung der Jungschen Theorie möglich erscheinen lassen. Filme wie "Rocky-Horror-Picture-Show" oder auf einem einfacheren Niveau "Saturday night fever" mit John Travolta bieten eine moderne Form der Nachtmeerfahrt. Das Thema ist in der Odyssee oder in der Sage vom goldenen Vlies angelegt. Im Verlauf der Handlung muß der jugendliche Held sich der Gefahr der Unterwelt - seiner eigenen unbewußten Strebungen - aussetzen, um in der Wiedergeburt, wie eben der Wiedergeburt des Jonas aus dem Walfisch, ein Stück Bewußtheit erobert zu haben. Ausführliche Analysen der Märchen bezüglich ihres archetypischen Gehaltes, bezüglich der Symbole, wie sie mit dem unfaßlichen Archetyp umgehen, liegen vor (z.B. Dieckmann 1966). Auch das Interesse an der Religionssymbolik der christlichen Religion und der östlichen Religion hat sich in vielen Veröffentlichungen niedergeschlagen (z.B. Wood 1975).

Visionäre Bildwerke, wie z.B. die Bilder der Hildegard von Bingen (Clausberg 1980), weisen gelegentlich nur wenige Berührungspunkte mit den Traditionen der Zeit auf. Eine Gestalt, welche den allmächtigen Gott ins Bild setzt, hat sechs (!) Flügel und ist mit Fischschuppen bedeckt. Anstelle des Kopfes erscheint ein weißes Licht (!) und die Gestalt hat Löwenfüsse (!). Wie die Bildwelten, die Grof (s.u.) bei seinen Patienten beobachtet, entstammen die Visionen der Hildegard von Bingen der Bilderwelt der Gnosis. In der Kosmologie wird in jüngster Zeit von seiten der Wissenschaft wieder ein Brückenschlag zu den mystischen Phänomenen versucht.

Bestätigung und Kritik von Jungs Kulturpsychologie

Als Bestätigung und weitere Ausarbeitung der Erkenntnisse Jungs können die Forschungen von Grof (1978, 1985), Grof und Halifax (1980) mit LSD-Therapien angesehen werden. Unter dem Einfluß von LSD werden Bereiche des Seelischen ins Bewußtsein gehoben, die den Jungschen Archetypen entsprechen. Zum Beispiel können die Erfahrungen von Höllenqualen direkt dem Archetyp des Schattens zugeordnet werden. Die Drogenerfahrungen entsprechen dem in Mythen niedergelegten "archetypischen" Material: "Es gibt Fälle, wo Personen von geringem Bildungsgrad detaillierte Erlebnisabfolgen aus der hinduistischen, buddhistischen und dschainistischen Mythologie beschreiben oder komplexe Szenenabfolgen aus dem wenig bekannten ägyptischen Totenbuch von Kämpfen der Besatzung der Sonnenbarke mit ihren Feinden in der Dunkelheit des Tuat erlebten" (Grof und Halifax 1980, S. 212).

Auf Grofs Forschungen läßt sich eine eigene Kunstpsychologie gründen. Die (vier) Stadien der Geburt bilden die Keime für verschiedene Themen:

1. Die ungestörte intrauterine Existenz im Mutterleib: gehört zu Themen wie: Schwimmen in einem See, (in LSD-Sitzungen) Visionen der Einheit mit dem Kosmos; Störungen: Ekel, Visionen von Dämonen verschiedener Kulturen; Kunsterleben: Tempel der Hindus und Griechen, Tadsch Mahal, Bilder von Fra Angelico, Werke von Michelangelo, Bachmusik (S. 297)
2. Der Druck auf den Fötus beginnt, die Gebärmutter ist aber noch geschlossen. Unter dem Eindruck dieser Matrix kommt es zu folgenden Halluzinationen: Kriegserlebnisse, illegale Verhöre, (in LSD-Sitzungen) gefährliche Spinnen und Schlagen, Visionen der Hölle, in einer Höhle gefangen sein, apokalyptische Visionen, Erlebnisse im Konzentrationslager usf. Die Stimmung ist wie im absurden Theater (S. 249).
3. Der Muttermund ist geöffnet, und das Kind ist auf dem Weg durch den Geburtskanal: Es werden aktive Angriffe, sexuelle Orgien, (in LSD-Sitzungen) Lust und Schmerz, vulkanische Ekstase, Mord und Blutopfer, Harems- und Karnevalsszenen, drohendes Ersticken, eine strafende grausame Gottheit erlebt. In Kunst und Kultur: Faschingstreiben, Nachtklubs, Feuerwerk, Autorennen, Fallschirmspringen, Opferrituale, Teufelanbetungsrituale
4. Austritt aus dem Geburtskanal:Hierzu gehören: Sättigung, Genuß, (in LSD-Sitzungen) gigantische Hallen, Naturszenen, Überwinden eines Hindernisses, Frühlingsbeginn, humanitäre und karitative Neigungen; in Kunst und Kultur die große Entdeckung: "Die mythenbildenden Aspekte

der Psyche lassen vor unseren Sinnen Gottheiten, Dämonen und Rituale von verschiedenen Kulturen wahrhaftig werden, mit denen wir uns noch nie zuvor befaßt haben" (S. 328).

Das "holothrope" Bewußtsein hat nach Grof ohne Vermittlung der Sinne Kontakt zu verschiedenen Aspekten der Realität. Patient und Therapeut sind in diesen Realitätsbereichen gemeinsam Suchende, der Künstler kann ein "Führer" in die Bildwelt des "holothropen" Bewußtseins sein.

Kokoschka nimmt in seinen Portraits spätere Schicksale der Portraitierten vorweg und kann hier als Beispiel für einen Künstler dienen, der Kontakt zu solchen geheimnisvollen Bildwelten hatte. Die zwar umfangreiche und ausführliche, auf der anderen Seite aber wenig strukturierte Darstellung Jungs erschwert die Vergleichbarkeit seiner Aussagen, ja läßt ihren Inhalt gelegentlich dunkel scheinen. Dennoch stellt die weit über den üblichen Gedankenhorizont hinausreichende Fragestellung Jungs eine notwendige Interpretationsdimension von Kunst zur Verfügung, wenn allerdings an der Verdeutlichung noch zu arbeiten ist.

Eine wichtige Kritik an Jungs Thesen ist, daß Formen, wie z.B. die Swastika, nicht eindeutig mit bestimmten Bedeutungen verknüpft sind. Wie Boas (1827) an Zeichnungen verschiedener Indianerstämme zeigen kann, schwanken die Bedeutungen eines graphischen "Symbols" von Berg bis Zelt (vgl. Abb. 1.2). Gombrich (1979) verweist darauf, daß die "bildvergleichende" Methode also nicht von klaren Bildbedeutungen ausgehen kann.

Darüber hinaus bleibt die von Jung vorgetragene Übereinstimmung von Bedeutungen verschiedener Symbole in verschiedenen Kulturkreisen oder im mythologischen Material eine Frage subjektiven Ermessens. Der fehlende Maßstab für die Zuverlässigkeit eines Vergleiches von Phantsiematerial und Mythos, von individueller Produktion und kultureller Tradition ist eine schwere Hypothek für nachfolgende Forscher geworden. Einige neigen dazu, alles und jedes als "Archetyp" zu bezeichnen, andere empfinden zuviel wissenschaftliche Skrupel, um sich von Jungs Gedanken überhaupt anregen zu lassen. Zum Beispiel läßt nämlich die Jungsche Theorie im kreativen Prozeß neben der "archetypischen" Interpretation auch Raum für göttliche oder dämonische Inspirationen und verläßt so die Grenzen wissenschaftlichen Argumentierens.

5.2 Wahrnehmungspsychologie und Kunstwirkung

Im folgenden geht es darum, solche wahrnehmungspsychologischen Erkenntnisse zu diskutieren, die für die Ästhetik und die Kunstpsychologie relevant sind. Dabei wird hier natürlich keine Einführung in die Psychologie der Wahrnehmung oder speziell der Bildwahrnehmung vorangestellt. Als Einführung in den gegenwärtigen Stand der Wahrnehmungspsychologie eignen sich Werke von Frisby (1979) oder Lindsay und Norman (1981). Die Bildwahrnehmung wird in Jones und Hagen (1980) zum Thema.

Der Prozeß der Wahrnehmung erweist sich als höchst komplexer Vorgang der Informationsverarbeitung. Es ist keinesfalls das Netzhautbild, das als "Wahrnehmung" bewußt wird. Die Informationen der Netzhautsensoren werden vielfältig verarbeitet. Zum Beispiel wird der Kontrast zwischen angrenzenden Flächen beim Sehen verschärft. Die einlaufende Information wird nach Mustern und Regelmäßigkeiten untersucht. Geringfügige Augenbewegungen ermöglichen es, ein scharfes Bild zu errechnen, obwohl das Netzhautbild unscharf und verzerrt ist.

Die Wahrnehmung kann also nicht mit einem passiven Prozeß, wie z.B. der Fotografie verglichen werden. Vielmehr ist die Wahrnehmung ein aktiver Prozeß, bei dem Aufmerksamkeitssteuerung und Hypothesenbildung und Prüfung eine wichtige Rolle spielen. Dabei ist hier (vgl. aber auch Kap. 10) für die vielen Stufen und Schritte des Wahrnehmungsvorgangs der jeweils besondere Einfluß auf das ästhetische Urteil zu prüfen. Weiterhin lassen Lernerfahrungen beim Wahrnehmen individuelle Unterschiede in der Rezeption von Kunstwerken erwarten und bieten die Erklärung für die Unterschiedlichkeit verschiedener naturalistischer Stile.

5.2.1 Wissen und Wahrnehmung

Aus der Tatsache, daß unsere Wahrnehmung kein fotografisches Abbild der Realität ist, sondern ein "Einklinken" eines gespeicherten Bildes bei einer ausreichenden Zahl von Hinweisen, ergeben sich für das "Verstehen" und "Lesen" von Abbildungen bedeutsame Konsequenzen (Neisser 1972).

Wir können aus diesen Tatsachen heraus verstehen, warum das gleiche Motiv in verschiedenen Stilen, in verschiedenen historischen Epochen und nach unterschiedlichen Malkonventionen gemalt werden kann und trotzdem von den Betrachtern als naturgetreue Wiedergabe empfunden wird. Eine gespeicherte Wahrnehmungserwartung kann eben durch verschiedene Stile der (realistischen) Darstellung zufriedengestellt werden. Manche Malkonventionen, wie etwa der gezackte Blitz (z.B. in Comic-Zeichnungen), stimmen wohl eher mit einer gespeicherten Wahrnehmungserwartung, als mit der naturalistischen Form überein (dies gilt besonders für die Darstellung schneller Bewegungsabläufe, die von der menschlichen Wahrnehmung nicht aufgelöst werden können).

Ganz ungewohnte Wortklänge sind gar nicht "wahrnehmbar". Im gewohnten Satz fallen sie nicht auf, es stand kein Begriff bereit, mit dem sich der Wortklang hätte synthetisieren lassen. Gelten derartige Wahrnehmungsbeschränkungen auch für neue, ganz unbekannte visuelle Reize? Einiges spricht dafür. Konrad Lorenz (1973) berichtet, wie zur Dekoration der neu erfundenen Eisenbahn als "dekoratives Element" die alte Kutschenform verwendet wird. Diese alte Form vermittelt visuell die Funktion des neuen Gegenstandes "Eisenbahn" als eine Art Kutsche. Die Erklärung des Gegenstandes durch die als Dekoration gewählte visuelle Metapher findet sich z.B. in der ägyptischen Kunst in der Verwendung der Palmette als Kapitell der Säule. In Europa behielten die elektrischen Lampen lange Petroleumgefäße oder "Kerzenhalter" und erklären ihre Funktion so noch immer durch die Metapher: Die elektrische Lampe ist so etwas wie eine Petroleumlampe oder eine Kerze.

Das allgegenwärtige Phänomen der Zurückführung neuer Formen auf altbekannte kann durch die Annahme einer begrenzten Zahl von gespeicherten Mustern erklärt werden. Wenn nun eine Begrenzung der Speicherung von Formen festzustellen ist, so muß untersucht werden, nach welchen Regeln Formen gespeichert werden, d.h. aus welchen (gespeicherten) Grundformen die wahrgenommenen Formen aufgebaut werden.

Bei der Aufgabe, die Umrisse der Staaten Europas zu zeichnen, staunen die Vpn, wie schlecht sie die oft wahrgenommenen Formen wiedergeben können. Nur Italien, dessen Umriß der Form eines Stiefels ähnelt, kann recht genau abgebildet werden. Beim "Stiefel" handelt es sich nicht allein um ein Kleidungsstück, sondern um eine Teilform des menschlichen Körpers. Grundlegend für die Wahrnehmung von Formen ist also anscheinend die Erfahrung von Gesichtern, Körperteilen und Körperstellungen. Trotz unserer industrialisierten Umwelt sind die Erfahrungen von Bäumen, Blättern, Blumen und Tieren immer noch der Ausgangspunkt für die Bildung des Formenrepertoires in der frühen Kindheit. Aus solchen Grundformen werden andere Formen im Prozeß der Entwicklung synthetisiert.

Wickert (1983) kann aus der Erfahrung des Malers und der wissenschaftlichen Sicht des Psychologen die Existenz des allgemeinen Schemas bzw. des "optischen Begriffes" in der konkreten Zeichnung besonders anschaulich schildern : "Der Zeichner hat eine Vorstellung von einem Gegenstand, ehe er mit dem Zeichnen beginnt. Man könnte sagen, er hat einen 'optischen Begriff'. Er weiß z.B., 'wie ein Baum geht'. Mit dieser Vorstellung zeichnet er das Besondere, das Einzelne. Ähnlich arbeitet ja auch das begriffliche Denken. Der Begriff drückt das Allgemeine aus und ist als solcher fertig, ehe das Spezielle begriffen und erfaßt werden soll. ... In einzigartiger Weise vermittelt die Zeichnung das Allgemeine mit dem Besonderen" (S. 40).

Bei der Malerausbildung der früheren Jahrhunderte fand eine Art "Wahrnehmungsschulung" statt. Die Maler sollten so visuelle Szenen besser speichern können. Diese Schulung - man kann das anhand von Musterbüchern verfolgen - bestand darin, Gegenstände der wirklichen Welt auf einfache geometrische Formschemata zurückzuführen. Dieses Vorgehen empfiehlt Hogarth auch als Hilfe, um sich an die Szenen zu erinnern, die man malen will. Diese Schemata führten zu typischen Abweichungen von der Realität. Etwa die Gesichter von Rubens oder seiner Zeitgenossen beruhen auf einem ovalen Gesichtsschema (das man auch in vielen Madonnendarstellungen erkennen kann), so daß das Kinn stark flieht. Die mittelalterliche Annahme, die Wirbelsäule verlaufe etwa in der Mitte des Halses, führte in den Abbildungen der Zeit zu typischen Fehlhaltungen.

In den Laboratorien der "künstlichen Intelligenz" versucht man, menschliche Wahrnehmungsleistungen zu simulieren. Dabei werden "Wahrnehmungsbegriffe" hypostasiert, die den Vorschlägen Hogarth's sehr nahe kommen (Marr 1982). Die menschliche Form wird durch Zylinder zusammengesetzt, wobei es für die Gesamtform und die Teilformen der Hand unterschiedliche "Rahmen" gibt, in denen die Invarianten der Form gespeichert sind (vgl. Abb. 5.3). Komplexe Formen werden aus einfachen Unterformen zusammengesetzt, wie beim semantischen Begriffslernen komplexe Bedeutungen aus einfachen Unterbedeutungen zusammengesetzt werden (Gentner 1978). Biedermann (1987) postuliert ein "Vokabular" aus wenigen, einfachen Formen, aus denen die sichtbare Vielfalt sythetisiert wird. Solche Formen sind möglicherweise "tiefenneutral", d.h. sie bleiben auch in einer zweidimensionalen Projektion erhalten. Daher kann ein dreidimensionales Objekt auch in einer zweidimensionalen Abbildung erkannt werden (Hochberg und Peterson 1989).

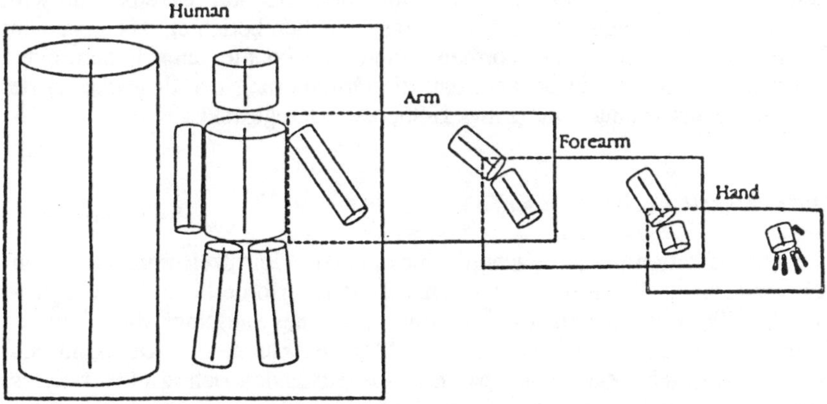

Abb. 5.3: Dekompensation einer menschlichen Figur in visuelle Begriffe nach Marr (1982)

An einem Beispiel soll verdeutlicht werden, daß die "visuellen Begriffe" nicht nur für die Speicherung von Formen, sondern auch beim aktuellen Sehen notwendig werden. Wird man mit Gesichtern einer anderen Rasse konfrontiert, so sieht zuerst jedes Individuum gleich aus. Fehlt eine intensive Erfahrung mit einer bestimmten Rasse oder auch Tierart, so sehen z.B. alle Afrikaner, aber auch Kühe, bzw. Schimpansen gleich aus. Um Individuen unterscheiden zu können, muß man bestimmte Stellen kennen, an denen Unterschiede auftreten können, und muß sich auf einen bestimmten Wert als mittlere Norm einstellen, sonst sehen z.B. alle Lippen extrem wulstig aus usf. Diese selektive Konzentration auf bestimmte Grundformen könnte als Wahrnehmungsschema auch Element der "visuellen Begriffe" sein. Wie die Begriffe der Sprache, so sind auch visuelle Begriffe durch Lernerfahrungen geformt.

5.2.2 Wahrnehmung im Kulturvergleich

Von Geburt an blinde Personen, die später z.B. durch eine Operation ihr Augenlicht wiedererlangen, müssen das Sehen erst lernen. Auch das Verhalten von Katzen, die unter eingeschränkter visueller Erfahrung aufwuchsen, verweist auf die Bedeutung des Lernens bei der Entwicklung der Wahrnehmung. Katzen, die in frühestem Alter nur vertikale Balken wahrnehmen konnten, versuchten später, den Kopf senkrecht zu stellen, wenn sie horizontale Balken sahen.

Die Einflüsse der Erfahrung auf die Wahrnehmung sind bereits seit einiger Zeit in der kulturvergleichenden Forschung dokumentiert. Bereits 1886 wird die Episode von einem afrikanischen Hausmädchen berichtet, das aus einem Stamm kam, der nur runde Formen kannte. Sie konnte kaum lernen, einen viereckigen Tisch so zu decken, daß die Orientierung der Bestecke an der Tischkante ausgerichtet war (Laws 1886, nach Deregowski 1973).

Die Fähigkeit, Bilder zu "lesen"

Zur Identifikation von einfachen Objekten aus Umrißzeichnungen ist anscheinend keine Erfahrung mit solchen Bildern erforderlich. Hochberg und Brooks (1962) versuchten, aus der Umgebung eines Säuglings alle bildhaften Repräsentationen zu entfernen. Mit 20 Monaten konnte das Kleinkind dennoch Umrißzeichnungen von vertrauten Gegenständen richtig identifizieren. Auch Vögel und Primaten sind in der Lage, Objekte auf Fotografien und einfache Linienzeichnungen zu identifizieren, selbst wenn sie vorher keinerlei Erfahrungen mit Abbildungen hatten (Cabe 1980).

Im Einzelfall werden jedoch auch Schwierigkeiten beim Entziffern von Umrißzeichnungen und Fotografien berichtet. Der Leser kann sich selbst davon überzeugen, welche Schwierigkeiten Kleinkinder haben, auf komplexeren Fotografien einzelne Objekte zu zeigen.

Schwierigkeiten im Umgang mit Umrißzeichnungen können unter anderem dadurch entstehen, daß in Linienzeichnungen je nach kultureller Konvention der Umriß, Helligkeitsmaxima oder Bewegung durch eine Linie ausgedrückt werden kann (vgl. Jones und Hagen 1980). So hat z.B. der Stamm der Abelam (Neuguinea) von den westlichen Konventionen abweichende Darstellungsmuster, z.B. Klappbilder gelernt (Klappbilder oder englisch "chain-type drawings" sind Darstellungen, die Seitenansichten und Frontansicht eines Objektes aneinanderreihen oder eben die Seiten eines Objektes in die Frontalebene ausklappen.). Der Stamm der Abelam hat Probleme, auf europäischen Zeichnungen Objekte zu erkennen.

Kennedy und Ross (1975) lebten einige Zeit mit den Songe Papuas zusammen, die praktisch keine eigene bildhafte Kunst besitzen. Vpn verschiedenen Alters wurden Strichzeichnungen mehr oder weniger vertrauter Objekte dargeboten. Es handelte sich um Szenen mit Tiefeninformation und um bewegte Gegenstände (Feuer, Wasser, Oberflächen). Insgesamt wurden die meisten der dargebotenen Objekte richtig erkannt. Schwierigkeiten gab es bei den bewegten Gegenständen, der Interpretation von Tiefe in den Darstellungen und bei ungewöhnlichen Objekten (z.B. Auto).

Spezielle Abbildungskonventionen, wie die Überlappung von Gegenständen, müssen vermutlich erst gelernt oder in einem Prozeß der Hypothesenprüfung individuell "entdeckt" werden (Deregowski 1976). Dieser Prozeß der Hypothesenprüfung scheint in der Kindheit flexibler zu sein (vgl. auch Liddcoat und Koza 1963). Die Abbildungskonventionen können sich in einer Gruppe, einer Gesellschaft oder einem Stamm auch auf inhaltliche Komponenten der Darstellung beziehen.

Bei der Gestaltung von Plakaten zeigte sich, daß Sterne zur Darstellung von Schmerz von afrikanischen Populationen nicht verstanden werden (Winter 1963). Das Entgegennehmen von Geld etwa wird in einer Stammesgruppe nur mit zwei Händen und nicht mit einer Hand durchgeführt.

Die wichtigen Merkmale können andere sein als in unserer Kultur. Fortes (1940) ließ Angehörige von Stämmen, die keinerlei Übung in der Abbildung von Gegenständen hatten, zeichnen. Es entstanden der Kinderzeichnung ähnliche Darstellungen, die besonderes Gewicht auf sexuelle Merkmale oder eben auch Vollständigkeit der wesentlichen Elemente legten, aber den Kopf bzw. das individuelle Gesicht von Personen weitgehend vernachlässigten. Dabei war die Orientierung der Figuren keineswegs aufrecht, wie es der westliche Betrachter gewöhnt wäre, der die Bildfläche immer aufrecht interpretiert, sondern die Figuren werden seitlich oder auch von oben betrachtet auf das Papier gezeichnet. Stammesangehörige legen nach der Interpretation von Deregowski (1978) ihre Abbildung in die horizontale Ebene des Zeichenpapiers, in der die Figuren in allen Richtungen, seitlich oder von oben liegen können.

Man darf bei Studien über die Fähigkeit, Bilder zu lesen, nicht außer acht lassen, daß die Vertrautheit mit dem abgebildeten Gegenstand und mit dem Darbietungsmaterial das Ergebnis beeinflußt. Die Szene in Abb. 5.4 (aus Deregowski 1973) wird vom europäischen Betrachter als Innenraum interpretiert, der ein Fenster besitzt. Eine Gruppe afrikanischer Vpn, die nicht in einer künstlich hergestellten "rechteckigen" Welt lebt, erkennt dagegen eine junge Frau, die einen Behälter auf dem Kopf trägt. Bei Aussagen zum "Lesen" von Bildern muß also zunächst geklärt sein, wie vertraut der abgebildete Gegenstand den Vpn ist. Aber auch die Zeichenunterlage kann zur Verwirrung führen. Bietet man ein Bild auf Papier dar, so kann es passieren, daß das Papier von den Vpn untersucht wird und sie nicht in der Lage sind, ihre Aufmerksamkeit auf ein darauf befindliches Bild zu richten. Bietet man das gleiche Bild auf einem "vertrauten" Grund (z.B. einer Lederhaut) an, wird es plötzlich erkannt (Deregowski u. a. 1973 b). Diese Ergebnisse haben erhebliche Konsequenzen für die cross-kulturelle Verwendung von Intelligenztests, in denen Zeichnungen der typischen Art westlicher Kulturen verwendet werden.

Abb. 5.4: Untersuchungsmaterial von Deregowski (1973)

Tiefenwahrnehmungen in Zeichnungen

In einer zweidimensionalen Abbildung Tiefe wahrzunehmen, so wie es Angehörige der westlichen Kulturen gewöhnt sind, scheint nicht selbstverständlich zu sein. Ein Test von Hudson (1960) enthält Formüberschneidungen und die unterschiedliche Größe von näheren und ferneren Objekten als Tiefenhinweisreize (vgl. Abb. 5.5). Viele Angehörige nicht westlicher Kulturen können solche Tiefenhinweisreize nicht verwerten (Deregowski 1968, Kilbride u. a.1968). Ganz offensichtlich ist es eine Frage der gesellschaftlichen Konvention, ob Tiefe beispielsweise durch ein Übereinander der Figuren oder durch eine Zentralperspektive dargestellt wird. Diese Konvention muß gelernt werden. Die Darstellungsmöglichkeiten von Tiefe sind auch keineswegs selbstverständlich, sondern wurden in der europäischen Kunstgeschichte erst verhältnismäßig spät entdeckt (u.a. durch den Maler Giotto). Die nachfolgende Malergeneration konnte die persepktivische Verkürzung zunächst nur recht unbeholfen handhaben.

Abb. 5.5: Testbild von Hudson (1960) mit verschiedenen Tiefenhinweisen

Um die Tiefenwahrnehmung aus einer zweidimensionalen Repräsentation zu studieren, kann man die Vpn auch instruieren, Figuren, die als flächig oder als Repräsentation einer dreidimensionalen Gegebenheit auffaßbar sind, mit Bambusstäben nachzulegen (Deregowski 1976). Dabei ist ein hoher Prozentsatz flächiger Interpretationen zu beobachten. Fordert man z.B. Bantus auf, ein dreidimensionales geometrisches Modell zu zeichnen, so erhält man wahrscheinlich Klappbilder (Deregowski 1969). Also können diese Afrikaner eine "westliche" Zentralperspektive nicht richtig deuten.

In Holzkamps Psychologie (1973) spielt die historische Determination der Wahrnehmung eine zentrale Rolle. Holzkamp geht so weit, die Gestaltgesetze der Wahrnehmungsorganisation anzuzweifeln, weil sie keinen Lerneinfluß vorsehen. Er hebt die Bedeutung der Arbeitsverhältnisse und der Herrschaftsverhältnisse für die Wahrnehmung hervor. Bevor solche Thesen allerdings nicht am einzelnen Beispiel demonstriert und die Ausführungen auf hohem Allgemeinheitsniveau geführt werden, verspricht die Anwendung der Thesen Holzkamps auf eine Kunstpsychologie wenig Gewinn. Wir schließen uns der Auffassung Rumps (1981) an, der in Holzkamps Beitrag nur einen unwesentlichen Ausschnitt der historischen Bedingtheit der Wahrnehmung behandelt findet und kein hinreichendes Argument gegen die von Lernerfahrungen unabhängige Existenz der Gestaltgesetze erkennen kann.

Aus der Abhängigkeit der Wahrnehmung von Lerneinflüssen ergeben sich allerdings einige Konsequenzen für eine Ästhetik und die Psychologie der Kunst (z.B. Abels 1982, Massironi 1983). Wenn das Wissen die Wahrnehmung beeinflußt, die uns so selbstverständlich bewußt wird, hängt die Wahrnehmung natürlich von individuellen Lernerfahrungen ab. So ist u. U. zu erklären, daß unterschiedliche Epochen offenbar unterschiedliche ästhetische Urteile haben, so kann die erhebliche Unterschiedlichkeit in den individuellen ästhetischen Urteilen erklärt werden (vgl. Deregowski u. a. 1973b). In der Geschichte der Kunstrezeption finden sich Beispiele, wie sich parallel zur Erfahrung mit einer Formsprache die Bewertung der Kunstrichtung verändert. Nach Phasen der Ablehnung passiert es häufig, daß Kunstrichtungen begeistert aufgenommen wurden, wie etwa heute Impressionismus, Expressionismus oder Kubismus.

Götz und Götz (1972) führen aggressive Gefühle gegenüber moderner Kunst unter anderem darauf zurück, daß dem Betrachter die angemessenen Wahrnehmungsschemata nicht zur Verfügung stehen. Der Künstler ist aus ihrer Sicht ein "Wahrnehmungsexperte", der durch jahrelange Übung eine größtmögliche Vielfalt von Wahrnehmungsschemata entwickelt hat und aus diesem Grunde als Gutachter bei der Gestaltung z.B. der architektonischen Umwelt beschäftigt werden sollte. Die Bildflut verführt den "normalen" Konsumenten zu einer oberflächlichen Auswertung visueller Information. Die Autoren fordern überdies, die genaue Wahrnehmung in der Kunstpädagogik stärker zu betonen und auszubilden.

5.2.3 Wahrnehmung und Lernprozesse

Wenn ein Maler ein Bild zu malen beginnt, muß er die Farben, die Winkel und Längen und die Relationen der einzelnen Teile zueinander sehen. Später wird er diese Informationen auf das Papier bringen. Solche Information liefert der "normale" Wahrnehmungsprozeß nicht, der auf dem beidäugigen Sehen, der Fokussierung eines Teiles des visuellen Feldes und auf der Information beruht, die durch die relative Bewegung zum Gegenstand aufgenommen wird (vgl. Gibson 1979). Dieser normale Wahrnehmungsprozeß liefert Figur-Grund-Gliederungen. Erst aus der Summe einzelner Blicke wird im Gedächtnis ein Gesamtbild zusammengesetzt. Die Entfernungen im visuellen Feld, über die eine korrekte Integration stattfindet, sind begrenzt. Das Chiaroskuro, die Hell-dunkel-Verteilung eines Bildes erlaubt es, ansteigende Helligkeiten vorzutäuschen, wenn auch die Hell-dunkel-Werte immer nur in begrenzten Feldern des Bildes ansteigen. Die einzelnen Felder werden intern nicht korrekt zu einem Gesamtgradienten der Helligkeit verrechnet (Hochberg und Peterson 1989). Wie wenig verschiedene Teile des Bildes integriert werden, führt uns ein Bild von M.C. Escher vor Augen (Abb. 5.6). Wir sehen als Folge der Erwartung, daß drei geschlossene Balken zu einem Grundbrett verlaufen und sehen nicht, daß die Zwischenräume zwischen den Balken mit Kreisen verbunden sind.

Schließlich ist das Ergebnis der Wahrnehmung ein Zusammentreffen von gespeicherter Vorstellung und Datenanalyse, so daß die Verhältnisse von Form und Farbe im eintreffenden Licht kaum bewußt werden. Die Wahrnehmung kann als ein Prozeß fortschreitender Abstraktion aufgefaßt werden (Pratt 1985), bei dem Informationen aus untergeordneten Analysestufen verloren gehen. Im speziellen Fall wird eben nur die Bedeutung bewußt (Dies ist der Freund xy), ohne daß selbst gravierende Änderungen an dessen Äußerem auffallen.

Abb. 5.6: M.C. Escher: "Devils fork"

Der Maler muß es also nun schaffen, Zugriff zu Informationen zu erlangen, die im Verlaufe der Wahrnehmung bedeutungsvoll sind, normalerweise aber nicht das Bewußtsein erreichen, und er muß es schaffen, die selektive Fokussierung der Figur-Grund-Gliederung auszuschalten, um eine Gesamtszene zu sehen. Dies ist eine Lernaufgabe, für die in der Malerausbildung Lösungen bereitgehalten werden. Solche Maßnahmen "stören" die normale Wahrnehmung: Er betrachtet die Szene mit einem Auge und ohne Bewegung, um ein flächiges Bild zu erzeugen. Ein Fenster, in dem ein Gitter aufgespannt ist, zerteilt das visuelle Feld in kleinste, bedeutungslose Einheiten, bei denen keine "Vorstellung" die Wahrnehmungserfahrung verfälscht. Eine erste Skizze ist so klein, daß sie mit einem "Blick" erfaßt werden kann, also keine Integration aus verschiedenen Blicken vorgenommen werden muß. Es werden dunkle Gläser verwendet oder die Augen teilweise geschlossen, um die Detailwahrnehmung zu behindern.

Einige Maler mit Beeinträchtigungen der Wahrnehmung mögen entsprechend profitiert haben, weil sie die "normale" Wahrnehmung leichter ausschalten konnten. Von Cézanne und Renoir ist bekannt, daß sie sich weigerten, Brillen zu tragen (Trevor-Roper 1970).

Mit anderen Hilfsmitteln, wie z.B. einem Senkblei oder einem Vergleichsmaßstab wie dem Pinsel am ausgestreckten Arm, versucht der Maler, die "wahren" Größenproportionen gegen den operierenden Mechanismus der Größenkonstanz zu sehen. Solche Maßnahmen, Zugang zu der Information zu erlangen, die im Verlauf der Wahrnehmung anfällt, sind sehr wohl kulturspezifisch und auch spezifisch für das Individuum, so daß individuelle Unterschiede in der Wahrnehmung der Welt entstehen können. Solche Unterschiede werden durch unterschiedliche Vorbilder, aber auch durch völlig individuelle Lernerfahrungen bedingt. Aus diesem Grund kann eben auch die ganz individuelle Sichtweise eines Künstlers entstehen (vgl. wiederum Pratt 1985).

5.2.4 Wahrnehmung und ästhetisches Empfinden

Jede Wahrnehmung ist so unmittelbar mit der Empfindung "schön", "angenehm" oder "unangenehm" verknüpft, daß es naheliegt, die Ursachen für dieses Urteil im Prozeß der Wahrnehmung selbst zu suchen. Häufig wird zur Begründung angeführt, die Vereinfachung der Wahrnehmungsprozesse rufe einen positiven Affekt hervor (z.B. in den Schriften von Wundt 1880, Külpe 1921, Birkhoff 1933). Auf die Vereinfachung des Wahrnehmungsvorganges und ihre emotionalen Begleiterscheinungen verweist Buddemeier (1982, S. 163) am Beispiel der Fotografie: "Die Fotografie erspart uns das Gefühl der Überforderung, weil die geschilderten Erleichterungen des Sehens zur Folge haben, daß wir das Foto mühelos und auf den ersten Blick erfassen. Wir erleben das als angenehm."

Wenn die Fotografie auch keine Tiefenhinweise gibt, die die Analyse der Umwelt erleichtern, so kann doch das Erfassen der gesamten Szene mit einem Blick und der "privilegierte Beobachterstandpunkt" als Erleichterung aufgefaßt werden. Warum aber kann eine "einfache" Wahrnehmung als angenehm empfunden werden? Zunächst ist sie weniger anstrengend. Eine einfache Wahrnehmung setzt aber auch Wahrnehmungskapazitäten frei und erweitert die Möglichkeiten der Auffassung. Ist also eine Szene nur "einfach", ist der Gewinn aus der Erweiterung der Auffassungskapazitäten nicht realisierbar. Nur wenn bei einfacher Wahrnehmung auch viele Wahrnehmungstatsachen angeboten sind, kann die Gesamtszene in größerer Klarheit im Bewußtsein entstehen (vgl. zur lateralen Symmetrie eine entsprechende These von Gombrich 1979).

Andererseits gibt es eine Fülle von Gegenbeispielen: so etwa die kompliziert verschlungenen Ornamente arabischer Kunst oder riesige Bilder mit komplizierten Szenen, die auch ästhetisch angenehm sein können. Daher muß also auch die extrem schwierige Wahrnehmung ästhetische Empfindungen wachrufen können (vgl. den oben diskutierten Effekt des Rätselhaften). Mehrfachorganisationen eines Stimulus scheinen Freude zu machen. Der Betrachter fühlt sich genarrt und erlebt den wahrgenommenen Effekt als rätselhaft. Das Prinzip der Einfachheit der Wahrnehmung kann also nicht das einzige Prinzip der Ästhetik sein.

Natürlich kann der Prozeß der Wahrnehmung die ästhetischen Empfindungen auch deshalb nicht völlig aufklären, weil für verschiedene Gegenstandsbereiche jeweils spezielle Determinanten der "Schönheit" (vgl. oben Gesichtsschönheit und unten Landschaftsschönheit) aufgewiesen wurden. Man könnte annehmen, der Wahrnehmungsprozeß wirke besonders deutlich auf die Bevorzugung, wenn das Reizobjekt selbst keine Bedeutung hat. Dies wäre bei abstrakten Gestaltungen der Fall. Allerdings entstehen zumeist auch bei der Betrachtung abstrakter Bilder Objekthypothesen (vgl. Gregory 1975). Die Zeichnung ohne Abbildungsintention ist ja auch immer "ein Bleistiftstrich" oder ein "Farbfleck" auf einem Papier. So entstehen auch bei der Wahrnehmung nicht-gegenständlicher Bilder Objekthypothesen, die eigene Faktoren der ästhetischen Wertschätzung aufrufen können. Ein Bleistiftstrich z.B. unterliegt eigenen Regeln des ästhetischen Empfindens. Der Betrachter könnte sich z.B. vorstellen, in welcher Stimmung er sich selbst befände, wenn er einen entsprechenden Strich zöge (vgl. die Einfühlungstheorie weiter unten in diesem Kap.).

Anhand der vorliegenden Kenntnisse und Ergebnisse zur Form- und Farbharmonie soll die These geprüft werden, ästhetisches Empfinden komme durch eine Erleichterung der Informationsverarbeitung und die gleichzeitige Freisetzung von Informationsverarbeitungskapazität zustande.

Der Goldene Schnitt

Dürer wird der Satz zugeschrieben "Ohn rechte Proportion kan ye kein Bild vollkommen seyn" (Hagenmeier 1977). Der Goldene Schnitt ist eine solche Proportion, die bereits aus vorgeschichtlicher Zeit überliefert ist und schon von den Griechen definiert und als wohlgefälligste Proportion postuliert wurde: Längen, die sich wie 0,62 zu 1 verhalten, stehen in der Proportion des Goldenen Schnittes. Allgemein ist die Proportion des Goldenen Schnittes durch folgende Gleichung definiert: die kleinere Länge a und die größere Länge b verhalten sich wie b zu (a + b). Das heißt: $a : b = b : (a + b)$.

Wenn also der Major (größere Länge) und der Minor (kleinere Länge) vorgegeben sind, kann durch fortlaufende Teilungen eine unendliche Reihe von Längen konstruiert werden, die zueinander in der Proportion des Goldenen Schnittes stehen. Die Längenverhältnisse in antiken Tempeln und Pyramiden folgen der Proportion des Goldenen Schnittes. Der Modulor von Corbusier, der nach den Maßen des menschlichen Körpers entwickelt wurde, basiert auf dieser Proportion. Wie Arnheim (1978) zeigt, ist auch die sixtinische Madonna von Rafael nach dem Maß des Goldenen Schnittes gemalt. Seurat und Juan Gris verwandten in ihren Kompositionen Verhältnisse des Goldenen Schnittes. Es ist allerdings nicht sicher, ob dies mit Absicht geschah (Fischler 1981). Bei der Wahl des Bildformates durch Renaissance-Maler und auch moderne Maler sieht Götz (1971) keine Bevorzugung der Proportion des Goldenen Schnittes.

Es sind einige Hypothesen zur ästhetischen Wirkung des Goldenen Schnittes vorgetragen worden: Solche Bevorzugungen könnten erlernt sein (Berlyne 1971), oder es handelt sich um biologische Grundgesetze (Trowbridge 1977). Borrissalievitch (1952) bringt den Goldenen Schnitt in Zusammenhang mit dem äußeren Rand des visuellen Feldes (nicht bestätigt durch Untersuchungen von Hintz und Nelson 1970). Berlyne (1971) sieht den ästhetischen Reiz des Goldenen Schnittes in der Möglichkeit, Einheit innerhalb der Vielfalt wahrzunehmen, während Boselie (1984) das Entdecken von Ordnungsrelationen für die Ursache der Bevorzugung dieser Proportion hält: Teilt man nämlich vom Major des Rechteckes den Minor ab, so ist das Rechteck über der Differenz genauso proportioniert, wie das Ausgangsrechteck (ob Menschen solche komplizierten Ordnungsrelationen bei der Wahrnehmung allerdings dekodieren, muß fraglich bleiben).

Welche empirischen Belege zur Bevorzugung der Proportion des Goldenen Schnittes lassen sich finden? Fechner (1865) legte seinen Studenten 10 verschiedene Rechtecke vor und fand eine Bevorzugung des Rechteckes, dessen Länge und Breite in der Proportion des Goldenen Schnitts standen (Replikation von Lalo nach Woodworth 1938). Sammelreferate von Zusne (1970) und Benjafield (1985) konstatieren eine Bevorzugung des Goldenen Schnittes, wenn auch einzelne Studien keine entsprechenden Resultate erbringen. Studenten unterteilten z.B. 10 cm lange Linien nicht in der erwarteten Proportion, wenn sie eine ästhetisch befriedigende Teilung herstellen sollten (Schiffmann und Bobko 1978). Boselie (1984) findet eine Bevorzugung des Goldenen Schnittes nur dann, wenn er Äquivalenzen zwischen Teilen eines Musters herzustellen erlaubt. Auch haptisch erwiesen sich Rechtecke des goldenen Schnittes bei Studenten mit verbundenen Augen als befriedigend, nicht aber bei blinden Versuchspersonen (Hintz und Nelson 1971). Die Autoren folgen daraus, daß sich diese Bevorzugung aus der visuellen Erfahrung ergibt. Insgesamt aber bestätigt sich die These von der Wohlgefälligkeit des Goldenen Schnittes, allerdings müssen zusätzliche Variablen berücksichtigt werden. Effekte der Reihenfolge, der Position des goldenen Schnittes in einer Reihenfolge und der unterschiedlichen Flächen der verschiedenen Rechtecke müssen berücksichtigt werden (Godkewitsch 1974,

Piehl 1976, Benjafield 1976, Piehl 1978). Es macht einen Unterschied, ob die Rechtecke vertikal oder horizontal dargeboten werden (Svenson 1977).

Alle Schwierigkeiten der experimentellen Ästhetik müssen bei den genannten Versuchen bedacht werden (vgl. Kap. 6). Höge (1984) registriert eine Übereinstimmung zwischen bevorzugter Proportion und Proportion des "Hintergrundpapieres". Insofern würde dann weniger das Rechteck selbst als eine Harmonie von zwei sich einschließenden Rechtecken beurteilt. Als Konsequenz müßten die Rechtecke auf einer runden Unterlage dargeboten werden.

Svenson (1977, auch schon Angier 1903) fordert seine Vpn auf, eine Strecke so zu unterteilen, daß das Ergebnis möglichst wohlgefällig aussehe und errechnet im Mittel einen Teilungswert von 1 : 1,58, was dem Teilungsverhältnis des Goldenen Schnittes ungefähr entspricht, sich aber auch der Proportion von 2 zu 3 annähert.

Eine vergleichende Darstellung der Ergebnisse von Fechner (1876), Lalo (1908) und Haines und Davies (1904) ergibt ein Präferenzmaximum bei der Proportion 0,66, also bei der Proportion 2 zu 3 und bei Quadraten und quadratnahen Rechtecken, also der noch einfacheren Proportion 1 zu 1. Die Bestätigungen für die Präferenz der Proportion des Goldenen Schnittes erfolgten mit einer Meßgenauigkeit, die als bevorzugte Proportion auch das Verhältnis von 1 zu Wurzel 2 oder von einem Drittel zu zwei Dritteln (auch von 5/8 oder 2/pi) bestätigt hätte.

Also ist nicht klar, ob die Bevorzugung des Goldenen Schnittes nicht einfach eine Bevorzugung des sehr grundlegenden (einfachen) Teilungsverhältnisses von 2 : 3 widerspiegelt (vgl. Ergebnisse von Külpe 1921). Tatsächlich kann in diesem Fall präziser argumentiert werden, wenn man die bekannten Verhältnisse von Empfindungsstärke und Reizstärke, wie sie in der Psychophysik erforscht wurden, kennt. Künnapas (1958) findet, daß eine Länge in vertikaler Lage um 7% länger erscheint als in horizontaler Lage. Nehmen wir nun an, die kleinere Länge im Rechteck des Goldenen Schnittes sei die vertikale Linie - was vermutlich die Regel ist - , so nähert sich die subjektiv wahrgenommene Proportion stark der Proportion 2 : 3 (nämlich 21 plus 7% ist gleich 22,5 und 22,5 zu 34 verhält sich ungefähr wie 2 mal 11 zu 3 mal 11). Also kann die Wirkung des Goldenen Schnittes vermutlich als Wirkung der einfachen Proportion 2 : 3 aufgefaßt werden. Auch die einfachen Proportionen 1 : 1 und 1 : 2 wurden in den berichteten Experimenten jeweils bevorzugt. Tatsächlich werden ja auch Rechtecke in der Nähe des Goldenen Schnittes in den berichteten Studien bevorzugt (z.B. Piehl 1978). Weil nicht nur die Proportion, sondern auch die Länge von Ellipsen in einer entsprechenden Beziehung zum Bevorzugungsurteil stehen, bezweifelt Plug (1980) die ästhetische oder psychologische Bedeutung solcher Gruppen-Präferenzurteile.

Das Quadrat ist die einfachste Form des Rechteckes. Weicht eine andere Form geringfügig von dieser einfachsten Form ab, so entsteht eine Spannung, der Betrachter möchte die Form in Richtung auf die "gute Gestalt" vereinfachen. Das Rechteck des Goldenen Schnittes kann unter diesem Aspekt als das spannungsfreieste Rechteck interpretiert werden, weil es am wenigsten zur Linie oder zum Quadrat hin tendiert (Sander 1931).

Wölfflin (1931, 1963) vergleicht die beiden Architekturepochen Barock und Renaissance unter der Fragestellung, in welchem Maß ihre Formelemente Spannung erzeugen. Er belegt überzeugend, daß die Formen der Renaissance jeweils als gute Gestalt beschrieben werden können, während in der barocken Architektur geringe Abweichungen von der guten, einfachen Gestalt einen Wechsel des Betrachterstandpunktes provozieren und so Spannung erzeugen. Wölfflin erklärt die Architekturformen mit dem umfassenden Begriff des Lebensgefühls. Während das Lebensgefühl der Renaissance ein ruhiges, statisches Verweilen vor der Schönheit des Bauwerkes nahelegt, besteht das barocke Lebensgefühl in der Bewegung selbst.

Symmetrie

Eines der universellen Merkmale menschlicher Gestaltungen ist die Symmetrie. In der Umgangssprache sind es die einfachen Fälle von Symmetrie, die den Wortgebrauch definieren. Symmetrische Muster weisen oft laterale und auch radiale Symmetrien auf, d.h. durch Klappung um eine Achse oder durch Drehung um einen Punkt kann ein symmetrisches Muster aufgebaut werden. In der Wissenschaft hat der Begriff "Symmetrie" allgemeinere Bedeutung erlangt. Die relative Gleichheit von Elementen kann auch durch kompliziertere und zusammengesetzte Transformationen erreicht werden, die sich mathematisch beschreiben und klassifizieren lassen (vgl. Shubnikov und Koptsik 1974). Wie aus dem Aufbau einfacher Grundformen eine extrem komplizierte Ordnung der Endform werden kann, läßt sich leicht beobachten, wenn man ein mehrfach gefaltetes Papier einschneidet und dann entfaltet. Eine solche Art von "Entfaltung" liegt sowohl dem Aufbau der Kristalle als auch dem Aufbau organischer Materie zugrunde. Die Theorie der Symmetrie kann, sofern die geometrische Grundstruktur der Moleküle oder Elemente bekannt ist, die möglichen Entfaltungsformen, die möglichen Formen höherer geometrischer Einheit vorhersagen.

Die Gesetze der Symmetrie erlauben eventuell eine - wenn auch vage - Parallele zu den Gesetzen musikalischer Harmonie. Ganz allgemein formuliert klingen solche Töne in Akkorden zusammen, die die größte Menge gemeinsamer Obertöne haben. In symmetrischen Mustern tritt der Fall auf, daß zwei oder mehrere Formen in der Gesamtform wieder aufgenommen werden, gemeinsam in einer Form höherer Ordnung aufgehen oder in Einzellängen in anderen Formgruppierungen wieder vorkommen. Die naheliegende Erklärung der Bevorzugung symmetrischer Gestaltungen liegt in der erreichten Vereinfachung der Wahrnehmung.

Gombrich (1979) weist auf einen Vorteil hin, den die laterale Symmetrie dem Betrachter gewährt: Da die zwei Hälften des visuellen Feldes gleich sind, also bei der Musteranalyse gleich behandelt werden, wird das Gesichtsfeld erweitert. Bei ungleichen Hälften sind die Analyseprozessoren bereits mit einer Hälfte voll ausgelastet. So kann bei symmetrischer Gestalt die gleiche Analyse der Figurdurchgliederung beider Wahrnehmungshälften dienen. Im Fall eines geometrischen Ornamentes trifft die Musteranalyse für eine bestimmte Stelle auch für andere Stellen zu und erweitert so die "Figur". Wir können uns die Tendenz des Menschen, in regelmäßigen Wohnungen und Städten zu leben, erklären: Der Gesichts- und Wahrnehmungshorizont wird durch die regelmäßige Anordnung vergrößert. Tapeten und Teppiche mit ihren regelmäßigen Mustern unterstützen das Bedürfnis des Menschen nach Orientierung in seiner Umwelt, ermöglichen aber auch, schnell unerwünschte Objekte (z.B. Tiere), die in ihrer Plazierung von der Anordnung abweichen, zu identifizieren (vgl. Biologie der Kunst).

Nach der Analyse der ersten und einfachsten geometrischen Gruppen kann die menschliche Informationsverarbeitung die Auflösung der Figur in geometrische Drehpunkte oder Ebenen nicht mehr unmittelbar vornehmen. Wir benötigen das Hilfsmittel der mathematischen Analyse. Diese Analyse steht aber dem naiven Betrachter ohne explizite Vorkenntnisse der Transformationsmathematik der symmetrischen Gruppen nicht zur Verfügung. Wenn Kristallstrukturen oder die nach den Regeln der Symmetrie gestalteten Bilder M.C. Eschers "wirken", so kann auf keinen Fall die folgende Feststellung Shubnikovs und Koptsiks (1974, S. 7) gelten: "The esthetic effects resulting from symmetry (or other law of composition) of an object on our opinion lies in the psychic process associated with the discovery of its laws". Schon für das Ammonshorn oder den Schneekristall ist die Gesetzmäßigkeit der Regelmäßigkeit nicht leicht zu erkennen.

Bei Formen komplexeren symmetrischen Aufbaus ist die Regelmäßigkeit selbst zwar noch deutlich erkennbar, einige Unterformen können an verschiedenen Stellen verfolgt werden, die Gesamtkonstruktion bleibt jedoch im Dunkeln. Frith (1978) stellt fest, daß die Vpn beim Vergleich symmetrischer Muster weniger die symmetrische Regel beurteilen als die Ähnlichkeit von Elementen und ihre Eingliederung in eine Struktur. Während bei einfachen geometrischen Figuren die Auflösung geometrischer Regelmäßigkeit im Vordergrund der Wertschätzung im Sinne der Wahrnehmungsvereinfachung steht, wird diese dann von einem Erkennen der Regelmäßigkeit an einzelnen Wiederholungen abgelöst, und bei komplexeren Formen tritt ein Gefühl von "übergeordneter", geheimnisvoller, da nicht offensichtlicher Ordnung hinzu. Es ist die Spannung des ungelösten Geheimnisses, das z.B. in den komplizierteren ornamentalen Mustern der Alhambra mitschwingt. Erst bei längerer Betrachtung kann ein tieferes Vorstoßen in die Regelmäßigkeiten der Figuration gelingen (vgl. Abb. 5.7). Ihre Schöpfer rücken in den Bereich übernatürlicher Fähigkeit, "besonderer künstlerischer Begabung", geheimnisvoller Intuition.

Da die Gesetze der Symmetrie nichts anderes als die Strukturgesetze des Aufbaus der Materie und somit auch der Organismen sind, kann natürlich diskutiert werden, ob eine Isomorphie zwischen den Symmetriegesetzen einer Abbildung und den Symmetriegesetzen des nervösen Substrates vorliegt. Allerdings sind wir weit davon entfernt, die Bestimmungsgrößen einer derartigen Isomorphie anzugeben. Auf eine solche Isomorphie hebt Arnheim (1979, S. 78) vermutlich in seiner Arbeit über Entropie und Kunst ab. "Im Falle des Kunstwerkes leitet sich der Wert und auch der Hauptreiz eines Strukturthemas von der Menschlichkeit ab, deren Ordnungstypen es anschaulich macht ... Was im letzten gefordert wird, ist, daß diese Ordnung eine echte, wahre und tiefe Lebensschau vermittle."

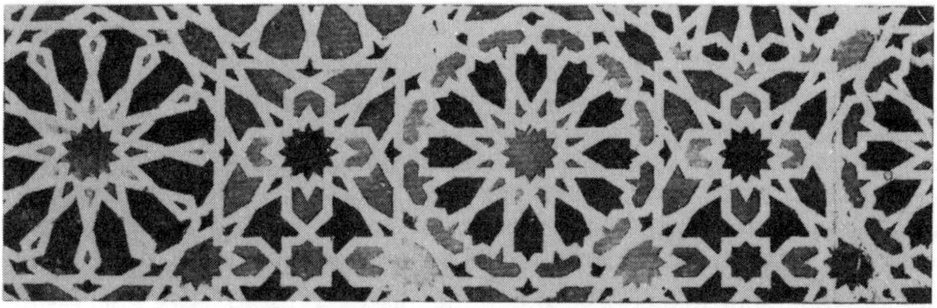

Abb. 5.7: Alhambra, Granada: Stuck und Fassadendekor im Saal der Gesandten

Bei der Diskussion von Symmetrien, Ordnungen und Strukturen hoher Komplexität ist das Thema "Wahrnehmung" bereits verlassen und die - natürlich nicht scharf gezogene - Grenze zum Denken, zum Problemlösen ist überschritten. Dieses Thema des denkenden Erfassens von Mustern wird unter dem Oberbegriff "Informationsästhetik" im Abschnitt 5.3 wieder aufgenommen.

Bei empirischen Untersuchungen des Zusammenhanges zwischen Symmetrie und Wohlgefallen fehlt eine klare Definition der "Symmetrie". Symmetrie kann als Anzahl der Achsen oder auch als Informationsmenge von Mustern operationalisiert werden (Attneave 1955). Beide Möglichkeiten müssen psychologisch nicht valide sein. Dennoch belegen alle Untersuchungen eine Symmetriepräferenz (Whissell 1979). Szilagy und Baird (1977) verwenden nur sehr einfache Klappsymmetrien, während Matsuda (1978) die Symmetrie eher mathematisch definiert. Er findet, daß radiale Symmetrien den vertikalen (menschliche Figur), den horizontalen sowie den diagonalen Symmetrien (in dieser Reihenfolge) vorgezogen werden.

Farbharmonie

Auch die Regeln der Farbharmonien verweisen auf die einfache Wahrnehmung. Nach den bekannten Farbsystemen von Ostwald (vgl. Jacobson 1948) und Munsell (1976) sind harmonische Farbenzusammenklänge durch eine Gemeinsamkeit in Farbton oder Helligkeit gekennzeichnet. Ostwald nimmt darüber hinaus an, daß alle komplementären Farben (die sich additiv zu Grau mischen) miteinander harmonieren. Die Helligkeiten bei Komplementärfarben können sich dabei gegenseitg aufwiegen (Munsell 1976). Danach paßt ein sehr helles Blau zu einem dunklen Rot usf. (ausführlich: Agoston 1979). Die Farbbevorzugungen folgen also zwei Regeln:

a) Gemeinsamkeiten von Farben (gleiche Helligkeit, gleiche Fremdfarbanteile, gleiche Sättigung) ergeben einen Zusammenklang.
b) Farben mit maximaler Unterscheidbarkeit lassen einen Zusammenklang erleben, z.B. die Komplementärfarben.

Umfangreiche Studien von Granger (1952, 1953, 1955 a,b,c,d) ergeben ein entsprechendes Bild. Farbkombinationen gefallen (unabhängig von speziellen Einzelfarben) mit steigendem Abstand des Farbtones der Farben, aber mit möglichst geringem Abstand von Helligkeit und Sättigung. Es wird eine Korrelation zwischen Präferenzurteil und Abstand des Farbtones von .95 (allerdings aus einer anderen Studie) angegeben. Bei einer derart hohen Korrelation erstaunt, daß auch die Beziehung (der noch verbleibenden) individuellen Unterschiede in der Farbbevorzugung mit dem Maitland Graves Design Test bei .60 liegen soll.

Die Präferenz für Farbkombinationen hängt darüberhinaus mit der Präferenz für die Einzelfarben zusammen. Granger (1952) führt ein engagiertes Plädoayer für eine objektive Ästhetik: Farbbevorzugungen und auch die Bevorzugungen von Farbkombinationen lassen sich aus objektiven Reizeigenschaften erklären. Eine seinen Ergebnissen entsprechende Formel erlaubt es, 70% der Varianz der Präferenzurteile bei Farbkombinationen korrekt vorherzusagen.

Whitfield und Slatter (1979) referieren die Farbtheorie der Mathematiker Moon und Spencer (1944), die von Birkhoffs Grundidee ausgehen, ästhetisches Wohlgefallen werde durch das Entdecken von Ordnung hergestellt. Nach ihrer Theorie wirken solche Farben harmonisch zusammen, die im Farbraum in einer einfachen geometrischen Beziehung stehen. Allerdings steht hier eine empirische Bestätigung aus.

Bei der Analyse des Kunstwerkes muß natürlich weniger geklärt werden, welche Farben gut zusammenpassen, als vielmehr wie einem erwünschten Inhalt eine angemessene Form gegeben werden kann (Arnheim 1978). Dennoch haben die Farbtheorien auch immer in die Kunst hineingewirkt. Turner verfertigte ein Bild nach Goethes Farbtheorie (Agoston 1979) und Seurat versuchte, die Helligkeit der additiven Farbmischung zu erreichen.

Vereinfachung und eine Erleichterung der Wahrnehmung können erreicht werden, indem überflüssige Bildinformation weggelassen wird. Eine der Einheiten, auf die die Analyse der Bildinformation hinstrebt, ist das "Objekt". Wird dieses leicht erkennbar dargeboten, so resultiert eine Verringerung des Wahrnehmungsaufwandes, im gegenteiligen Fall sprechen wir z.B. von "häßlichen" Schatten.

Möglicherweise ist die Geometrisierung von Objekten (Cézanne oder die Kubisten) eine Informationsreduktion, die der Musteranalyse bei der Wahrnehmung entgegenkommt. Aus dem gleichen Grund beeindrucken die Figuren von Schlemmer oder die stereotypen Geometrisierungen des Art Deco: Regelmäßige Bögen und Kuben erleichtern die Formauffassung. Ist die Informationsaufnahme von vitaler Bedeutung, wie z.B. im Straßenverkehr, können wir auch Geometrisierungen der Bildinstruktionen beobachten. Allerdings scheint der "naive" Betrachter mit den erleichternden Möglichkeiten von Abstrahierungen und Kubisierungen erst einige Erfahrung machen zu müssen, bis er davon profitieren kann.

Häufig reichen Konturen der darzustellenden Formen oder Gegenstände völlig zu ihrer Identifizierung aus. Reduziert man eine Fotografie auf die Helligkeitskonturen (vgl. Abb. 5.8), so geht zwar Information verloren, die Objekte sind aber weiterhin gut zu erkennen. Die Linie ist aber wohl mehr oder etwas anderes als die "Markierung" einer Helligkeitsunstetigkeit. Die Kontur umgibt das Objekt, das seine "Invarianz" auch bei einer Bewegung des Beobachters beibehält. Dazu Gombrich (1984, S. 279): "Die Dinge in unserer Umgebung sind tatsächlich von ihrem Hintergrund abgehoben, oder - genauer gesagt - sie heben sich ab, sobald wir uns bewegen. Die Kontur ist das Äquivalent dieser Erfahrungstatsache." Auch bei gleicher Helligkeit umgibt das Objekt eine Kontur, die sich erst im Moment der Bewegung verifiziert. Insofern ist die Kontur kein "Reiz", sondern bereits Ergebnis der Reizanalyse.

Möglicherweise ist die Kontur nicht einmal an visuelle Erfahrungen gebunden. Kennedy (1985) stellt Strichzeichnungen von Blinden vor (Der Strich hinterläßt eine Erhebung, so daß blinde Personen eine Rückmeldung über ihre Zeichnung bekommen können). Diese Strichzeichnungen von Schneemännern oder Tischen (vgl. Abb. 5.9) gleichen weitgehend den Zeichnungen sehender Personen. Die Kanten und haptischen Unstetigkeiten werden zur Vorlage für die Kontur. Die "Objektkontur" ergibt sich auch ohne visuelle Information aus der Analyse der haptischen Informationen und verweist auf ein Grundprinzip der menschlichen Organisation der Wirklichkeit. Es kann belegt werden, daß in der Kortex (der Katzen) im Wahrnehmungsvorgang Linien extrahiert werden (Hubel und Wiesl 1962). Die Reduktion auf Umrißlinien ist eine Maßnahme, die also im Verlauf des Wahrnehmungsprozesses ohnehin zustandegekommen wäre.

Abb. 5.8: Helligkeitskonturen (gezeichnet von B.P. Woschek)

Die Linienzeichnung ist für das menschliche Auge eine angemessene Wiedergabe der Welt. Viele Künstler unterstützen die Abhebung der Objekte durch schwarze Umrißlinien (z.B. Buffet), wie sie in der realen Szene natürlich nicht vorhanden sind (Kennedy 1979). Interessanterweise eignet sich die schwarze Linie auch zur Kennzeichnung von Unstetigkeiten, die durch erhöhte Helligkeiten gekennzeichnet sind, wie z.B. ein Nasenrücken, für Unstetigkeiten der Richtung, wie etwa die Gewandfalte, oder auch für Farbunstetigkeiten. Die Linie vermag weiterhin, nicht sichtbare Kraftverteilungen wiederzugeben. Aus der startenden Rakete kommt in der Zeichnung ein Linienbündel, oder eine Kraftlinie beschreibt den Verlauf einer Fontäne.

Wenn auch Unstetigkeiten von Kräften durch Linien dargestellt werden können, wird das visuelle Feld also auch auf seine Kraftverteilung hin analysiert? Fixationspunkte folgen nicht der Form einer Säule, sondern häufen sich an Punkten der Kraftübertragung (Buswell 1935). Auf jeden Fall verweist dies auf den von Gombrich (1979) hypostasierten "brake-spotter", einen Detektor für Unstetigkeiten in der wahrgenommenen Welt. Die Linie scheint das Ergebnis der Unstetigkeitsanalyse zu sein, sei es eine Unstetigkeit der Objektgrenze, der Helligkeit, der Kraftübertragung oder des Verlaufes.

Da die Umrißlinie oder einfach die schwarze Linie für jede Unstetigkeit der Farbe, der Form oder der Helligkeit stehen kann, ist es so einfach, mit Linien Vexierbilder (Bilder die mehrere Bedeutungen haben) herzustellen. Eine Linie, die als Grenze eines Blattes interpretiert wird, kann in einem anderen semantischen Zusammenhang unter dem Einfluß anderer Bedeutungserwartungen zur Markierung eines Glanzpunktes auf einer Stirn werden. Wenn man die Einsatzmöglichkeiten der Linie analysiert, ergeben sich Schritte der Reizverarbeitung: die Analyse der Unstetigkeiten von Helligkeiten und Richtungen, die Objektanalyse und die - mögliche - Analyse der Kraftverteilung.

Abb. 5.9: Strichzeichnungen von blinden Erwachsenen und Kindern nach Kennedy (1985, S. 33)

Eine andere Verwendungsmöglichkeit der Linie soll noch erwähnt werden: Gelegentlich findet man in Comics die Blickrichtung einer Person durch eine durchgezogene oder gestrichelte Linie angedeutet. Auch dies ist wohl wesentliches Ergebnis der Analyse von visuellen Daten. Glanzpunkte der Augen erleichtern die Detektion von Blickrichtungen, die offensichtlich außerordentlich präzise gelingt.

Die Bildwerke der Vergangenheit kommen dem Betrachter durch klare Objektkonturen entgegen. Heute verlangt man scharfe Fotografien, die einfach zu dekodieren sind. Auch die Informationsreduktion durch "klare" Konturen bzw. allgemeiner durch die Linie trägt zur ästhetischen Empfindung bei.

5.2.5 Das Verständnis von Kraftverteilung und Form durch Einfühlung

Das Konzept der Einfühlung wurde von Herder bereits erwähnt und von Vischer 1837 ausgearbeitet (nach Höge 1984). Lipps (1897) kann aber als Hauptvertreter der "Einfühlungstheorie" gelten.

Die Kraftwirkung erlaubt viele Beispiele, wie der Mensch sich in die unbelebte Umgebung "einfühlt": Der Betrachter identifiziert sich mit den Kräften, die in seiner Umgebung wirken. Zum Beispiel erlebt er den "stolzen" Gegendruck der Säule gegen die Last: "Zugleich wissen wir, wie uns bei der entsprechenden Art eigener Tätigkeit zu Muthe ist" (Lipps 1897, S. 34). Eine solche Form von Empathie haben wir in Kap. 3 zur Erklärung der empfundenen Gesichtsschönheit herangezogen.

Von Lipps werden darüber hinaus allgemeine Zeichen der Kraftwirkung hervorgehoben. Zum Beispiel wird der Wulst in der ionischen Säule als ein Nachgeben gegen die Kraftwirkung interpretiert. Es liegt nahe, daß der Betrachter sich in die gegen die Schwerkraft wirkenden Kräfte einfühlt (Die Vorstellung, der Betrachter könnte sich mit der Last identifizieren, die auf der Säule ruht, ist wohl eher komisch).

Die Kreisfläche kann man als ein Sich-Ausdehnen von einem Punkt verstehen. Wirkt eine Kraft nach oben, so erwarten wir ein Nachlassen dieser Kraft durch die Einwirkungen der Schwerkraft: "In diesem Fall ist das Gleichgewicht der entgegengesetzten Bewegungen nicht an Symmetrie, sondern an Asymmetrie gebunden" (Lipps 1897, S. 49).

Die Einfühlung kann sich auch - hier wieder auf verschiedenen Abstraktionsebenen - auf die Bewegung beziehen. Eine Linie kann das Gefühl auslösen, das man hätte, wenn man sie zöge oder auf höherem Abstraktionsniveau, wenn man sich mit dem gesamten Körper im entsprechenden Rhythmus bewegen würde. Das eigene Körpererleben wird zum Modell für den beobachteten Vorgang. Külpe (1921, S. 9) erklärt Lipps Theorie mit den Worten, daß "eine Tendenz zur Nachahmung gegenständlicher Erscheinung besteht".

Die Einfühlung - die man auch als "Animismus" bezeichnen könnte (Külpe 1921) - wird von Lipps in zwei Arten unterteilt: 1. Die "einfache Einfühlung", die dem Objekt die eingefühlten Eigenschaften zuschreibt. Ein Beispiel ist das Veilchen, das im Verborgenen blüht und die Eigenschaft der Bescheidenheit besitzt. 2. Die "sympathische" Einfühlung führt dazu, daß der Einfühlende selbst in die Stimmung gerät, in der er sich als "eins" mit der Darstellung erlebt. Das passiert, wenn er im Theater mittrauert oder den Moment erhabener Entscheidung miterlebt.

Die Tendenz der Einfühlung selbst ist auch in der empirischen Psychologie nachgewiesen. Vernon (1974) berichtet, daß sogar die Bewegung geometrischer Figuren, die auf einen Bildschirm projiziert werden, von den Vpn in Termini menschlicher Absichten beschrieben werden.

Lipps Ansatz, den auch Arnheim (1978) hervorhebt, ist allerdings nicht ausreichend empirisch gesichert und insofern auch nach fast einem Jahrhundert zwar immer noch in der Diskussion, aber auch immer noch spekulativ.

Einfühlung und ästhetisches Empfinden

Nach Lipps löst die Einfühlung selbst ästhetische Empfindungen aus, allerdings besonders dann, wenn das Kunstwerk einen "bedeutsamen Zug menschlichen Wesens" (S. 427) ausdrückt. Auch bei der Einfühlung wäre eine Erschwerung oder Erleichterung als Grundlage ästhetischen Empfindens denkbar: Das Empfinden für die Balance von Druck und Kraft wird oft durch die Architektur gefördert. Die griechischen Tempel sind sozusagen eine "bloßgelegte Statik". Vitruvius (14 v.Chr. / 1964) forderte, bei der Ornamentierung von Bauten die Statik zu "erklären".

Die frühgotischen Kirchen, die ein Fortschritt der Baustatik ermöglichte, vermitteln dem Betrachter das Gleichgewicht der Steinmassen im Strebewerk, das sichtbar unter der Decke verläuft. Bei der romanischen Kirche wird die Statik der seitlichen Stützmauer evident. Die römische Basilika zieht die Deckenbalken sichtbar in Kassetten unter dem Dach entlang. Eine Ausnahme ist das moderne Betonhochaus, welches seine tragenden Elemente versteckt. Das könnte ein Grund der weit verbreiteten Unzufriedenheit mit der modernen Architektur sein.

Wundt (1880) und explizit auch Hogarth (1753) sowie Lipps (1897) stellen die Behauptung auf, die gebogene Linie sei "schöner" als die Gerade. Zur Stützung seiner These verweist Hogarth auf die Form des weiblichen Körpers. Gombrich (1979) diskutiert, ob die Blickbewegung (die sakkadischen Augenbewegungen) eher einer gebogenen Form folgen können und diese somit leichter wahrzunehmen ist.

Aus dem Blickwinkel der Bewegungsempathie erscheint das Ziehen der gebogenen Linie leichter als die typische Willkürbewegung, die eine Gerade erfordert. Füllt man ein Papier - wie es machmal in der Kunsttherapie vorgeschlagen wird - der eigenen Stimmung entsprechend mit Linien, ergeben sich vielfältig geschwungene Linien, die für das Auge durchaus harmonisch wirken können.

Der ästhetische Wert der Balance verweist aber auch auf eine Bewertung der Umwelt vermittels der Einfühlung in das Gleichgewicht der Kräfte. Sind die Kräfte der Umgebung balanciert, ist das Einfühlungserlebnis angenehmer, und tatsächlich ist eine balancierte Umwelt "ungefährlicher". Sind die Kräfte der Umwelt offensichtlich nicht balanciert, so erwartet man eine Bewegung. Solch eine Bewegung kann höchst unerwünscht sein, z.B. bei einem schief hängenden Bild. Das zu erwartende Wackeln des Bildes würde seine Wahrnehmung erschweren. Möglicherweise wird aber bei der Bildbetrachtung die vertikale Linie benötigt, die die Orientierung gibt, die beim natürlichen Wahrnehmen durch die Schwerkraft immer mitgeliefert wird (vgl. Gombrich 1984).

An dieser Stelle erhält die laterale Symmetrie eine zusätzliche Bedeutung. Sie garantiert die Ausgewogenheit der Massen und reduziert so die "Spannung". Arnheim (1978) beschreibt das extrem symmetrische Bild mit der metaphorischen Bezeichnung "frostig". Das heißt, es besteht keine Bewegungserwartung. Aus dem gleichen Grund ist das völlig symmetrische Muster als Ornament eines Rahmens geeignet.

Die Wahrnehmung einzelner Formen als Empathievorgang

In einem kulturellen Umfeld, in dem in früher Kindheit gemalt und gezeichnet wird, verwundert es nicht, wenn bei der Wahrnehmung von Linien eine gedankliche "Mitbewegung" aufgerufen wird. Valentine (1962) unterscheidet Formen, die eine angenehme bzw. weniger angenehme Bewegungsempfindung hervorrufen. In einem Experiment von Poffenberger und Barrows (1924) stimmten die Vpn weitgehend darin überein, mit welcher einfachen Linie das Gefühl "Ruhe", "Glück" und "Trauer" verbunden war. Wenn man die Linien dieser Studie betrachtet, wird man an die von v. Holst (1969) an Fischen erforschten zentralen rhythmischen Prozesse erinnert. Man darf annehmen, daß auch die menschliche Motorik von solchen Prozessen gesteuert wird.

Das freudige Schwanzwedeln des Hundes kann als schnelle, ohne "Hemmungsprozesse" ablaufende Spontanrhythmik interpretiert werden. Die "traurige Linie" ist in der Amplitude "gehemmt". Hier ergeben sich Verbindungen zu den Phänomenen des Tanzes und der Musik. Es ist im Einzelfall aber nicht vorherzusagen, ob eine Linie die Mitempfindung einer Malbewegung mit der Hand oder die Gesamtbewegungsbereitschaft des Organismus auslöst. Die Linie könnte auch als Regieanweisung an die zentrale Körperrhythmik aufgefaßt werden. Dies erklärt, warum die Kurve, die beim einhändigen Zeichnen als sehr angenehm empfunden wird, visuell nicht gleichermaßen angenehm eingeschätzt wird (Valentine 1962).

Bei der Einfühlung kann der Mensch auf ganz unterschiedliche Weise zum Modell für eine wahrgenommene Form werden. Er kann sich vorstellen, er stünde selbst anstelle einer Säule, er kann sich aber auch vorstellen, er bewege seine Hand in der Linie der Säulenkontur. So können erhebliche individuelle Unterschiede im emotionalen Ton einer Form entstehen.

Die beschriebenen einfachen Experimente zur Empathie eignen sich sehr gut für Demonstrationen. Die Interpretation abstrakter Malerei in den Termini der kinästhetischen Empfindungen ist vermutlich geeignet, zu einer Würdigung der Effekte der nichtgegenständlichen Malerei hinzuführen.

5.2.6 Harmonie zwischen Bedeutung und visueller Interpretation

Valentine (1962, S.73) schildert eine Versuchsdurchführung, bei der das visuelle Interpretationsschema, das an einen Reiz herangetragen wird, sich verändert und die Gründe der Bevorzugung wechseln läßt. Die Vp empfand eine dünne Linie als ästhetisch neutral. Wurde die Linie dicker gezogen, fand die Vp sie angenehm, weil sie jetzt "kraftvoller" sei. Offensichtlich verstand die Vp die Linie durch eine Bewegungsempathie. Immer dickere Linien erlebte die Vp als immer weniger angenehm, ja plump. Sie empfand keine Notwendigkeit, die Linie noch stärker zu verbreitern, weil sie nicht angenehmer werden könne. Als Valentine aber dennoch fortfuhr, die Linie zu verbreitern, fand die Vp sie doch wieder angenehm, weil sie jetzt als Rechteck interpretiert werden konnte, für das dann andere "Regeln" des "Schön-Seins" galten. Offensichtlich dienen beim Betrachten von Formen nicht nur Körperbewegungen und Körperhaltungen, sondern auch gut bekannte Formen der Umgebung als Grundlage ihrer Auffassung.

Mit den Anregungen von Arnheim (1974, 1979) und der Grundlage der Empathie-Theorie läßt sich ein neues Prinzip der Ästhetik formulieren, das wiederum der Leichtigkeit der Wahrnehmungsprozesse eine wichtige Rolle zuweist, diese einfachste Lösung aber auf einer höheren "Analyseebene" sucht. Dieses Prinzip könnte als "Übereinstimmung von Form und Wahrnehmungsbegriff" formuliert werden.

Im griechischen Tempel stehen die Akanthusblätter des korinthischen Kapitells in guter Übereinstimmung zur aufstrebenden Säule. Der geformte Ausguß am Krug ist weniger für den Verlauf des Wasserstrahls notwendig, als vielmehr als Metapher auf den ausfließenden Strahl, also als Metapher auf die Gesamtbedeutung des Gefäßes im Miteinander von Enthalten und Ausgießen zu verstehen. Die jeweilige Auflösung eines Reizes in (visuelle) Bedeutungskomponenten wird wieder individuellen Einflüssen unterliegen.

Wenn "Schönheit" als wahrgenommene Stimmigkeit zwischen Gesamtbedeutungen und Unterbedeutungen verstanden wird, dann rücken auch Gegenstände wie Formelsätze, Schachpositionen, Rechenprogramme und philosophische Systeme in den Bereich ästhetischer Objekte. (Es soll hier allerdings nicht behauptet werden, eine solche Schönheit zeichne auch immer das richtige philosophische System, den besten Schachzug aus.)

Arnheim (1980) widmet dem Thema "Dynamik in der Architektur" eine Monographie. Arnheims Beobachtungen lassen sich leicht in das hier diskutierte Konzept des Wahrnehmungsvorganges integrieren: Bei der Beschreibung von Architekturobjekten spricht man von engen, dichten Zwischenräumen und von weiten Distanzen. Die "Dichte" des Zwischenraumes ist ein Begriff, der auf wirkende Kräfte Bezug nimmt. Die Metapher des Dicht-Stehens im Sinne der Empathie-Theorie fordert ein imaginäres Wesen, das die Architekturkuben zusammenschöbe. Die Tatsache des Zusammenstehens wird also als ein Zusammengeschobensein interpretiert. Am Beispiel einer Betriebshierarchie, die durch eine Raummetapher anschaulich wird, demonstriert Arnheim, wie sich das empathische Denken von "animistischen" Metaphern löst und zu abstrakteren Möglichkeiten fortschreitet. Die Unterabteilungen sind radial um eine zentrale Leitstelle angeordnet. So kommt - nach Arnheim - das Meisterwerk der Architektur den Auffassungsmöglichkeiten des Menschen entgegen.

5.2.7 Die Aufklärung der Kunstwirkung durch die Gestaltpsychologie

Wenn auch von seiten der Gestaltpsychologie umfangreiche Publikationen zum Thema Kunst vorliegen, so ist doch eine umfassende Aufklärung der Kunstwirkung durch die Gestaltpsychologie (soweit sich ihre Vertreter nicht die Empathie-Theorie zu eigen machen) nicht erfolgt. Dies drückt Pickford (1972, S. 16) mit folgenden Worten aus: "Wir müssen daher insgesamt feststellen, daß zwar die Gestaltprinzipien in der Kunst ständig gegenwärtig sind, daß sie aber keine Prinzipien für eine ästhetische Bewertung oder für die expressiven Qualitäten von Form und Design zur Verfügung stellen."

Dies soll am Beispiel verdeutlicht werden. Das Gesetz von Figur und Grund ermöglicht bei angemessener Vertauschung der Texturen, die man normalerweise für die Figur oder den Hintergrund erwartet, ungewöhnliche Effekte. Die Wirksamkeit der Darstellung (vgl. Abb. 5.10) liegt nicht im Gesetz von Figur und Grund, sondern in der Überlistung der Wahrnehmungsmechanismen des Betrachters, die dieser als geheimnisvollen Effekt erlebt.

Untersucht man das Werk Arnheims auf Aussagen über die künstlerische Qualität und ästhetische Wirkung, so finden sich weniger Verweise auf Gestaltgesetze als vielmehr Hinweise auf die Stimmigkeit von Bedeutungskomponenten (vgl. oben). Beardsley und Arnheim (1981) beschränken sich in der Erklärung der künstlerischen Wirkung auf solche Prinzipien wie Balance und größtmögliche Einfachheit bei gegebener künstlerischer Aufgabe.

Hier nun eine Sammlung von Zitaten zur Qualität eines Kunstwerkes aus dem Werk Arnheims "Kunst und Sehen" (1978), dessen Titel die bewertende Bezeichnung Kunst ja bereits impliziert:"Ja man geht wohl nicht zu weit mit der Behauptung, daß jedes erfolgreiche Kunstwerk - und sei es auch noch so stilisiert und weit entfernt von mechanischer Richtigkeit - die ganze natürliche Eigenart des dargestellten Objektes vermittelt" (S. 138). Über ein Gemälde von El Greco: "Die Gesamtsymmetrie des Werkes läßt die Gegensätze der zwiespältigen menschlichen Haltung in der größeren Harmonie aufgehen,

Abb. 5.10: R. Magritte: Die große Familie, 1947

der Harmonie von Gott und Mensch, von der Herrschaft im Himmel und dem Gehorsam auf Erden" (S. 363). Über das Bild von Cézanne "Madame Cézanne auf einem gelben Stuhl": "Mehrdeutigkeit verwirrt die künstlerische Aussage, da sie den Betrachter zwischen zwei und mehr Aussagen schwanken läßt, die sich nicht zu einem Ganzen zusammenfügen" (S. 43). Allgemein: "Zu der Weisheit, ohne die es keine wahre Kultur gibt, gehört auch eine ständige Aufgeschlossenheit für die symbolische Bedeutung, die sich in einem konkreten Vorrang ausdrückt, ein Gespür für die Allgemeingültigkeit des Besonderen. Erst das gibt den Dingen des Alltags die Bedeutung und Würde und bereitet den Boden für die Kunst" (S. 458).

Arnheims Erläuterungen werden klarer und sind leichter nachzuvollziehen, wenn die Reizgrundlage auf ihre Angepaßtheit an die Erfordernisse der menschlichen Informationsverarbeitung untersucht werden kann. So bringt er (1980) das Argument, der Reiz werde als "angenehm" empfunden, der trotz großer Ausdehnung den begrenzten Fähigkeiten der menschlichen Wahrnehmung durch vielfältige Figur-Grund-Gliederungen entgegenkomme (vgl. Abb. 5.11).

Sprinkart (1982) sieht die Grundlage von Arnheims Kunstbewertung in der "wahrnehmungsadäquaten Erfassung geistiger Themen". Insofern wäre Arnheims Bewertungsgrundlage eher eine Kunsttheorie von oben als eine empirisch-psychologisch fundierte Ästhetik. Am Beispiel von Nolde und Kallmorgen exemplifiziert Reuter (1984) die Kunsttheorie der Gestaltpsychologie.

Wie bei der kurzen Darstellung einiger Gestaltprinzipien, formuliert von Sander (1932), Wertheimer (1927), und Metzger (1953), im folgenden zu erkennen ist, erklären die Gestaltgesetze als Organisationsprinzipien des Wahrnehmungs-prozesses, wie eine bestimmte Darstellung aufgenommen und verstanden wird, wie es zu illusionistischen Effekten kommt oder auf welchem Wege der Künstler in seinem Werk Harmonie und Spannung verwirklicht. Sie helfen uns zu verstehen, wie es zu bestimmten Effekten kommt, aber weniger, warum eine Gestaltung als Kunstwerk bezeichnet wird.

Das Prinzip von Figur und Grund

Das grundlegende "Gesetz" der Wahrnehmungsgliederung ist das Gesetz von Figur und Grund (vgl. z.B. Vernon 1974). Der Mensch ist nicht in der Lage, das gesamte visuelle Feld scharf wahrzunehmen. Aus der Menge der visuellen Eindrücke wird ein Objekt, eine Szene als Figur herausgehoben. Dieses Objekt wird scharf und detailliert wahrgenommen, der Rest des visuellen Feldes wird nicht weiter analysiert und tritt als "Hintergrund" (Grund) zurück. In der Sprache der kognitiven Psychologie würde man von einem visuellen Kurzzeitspeicher sprechen können, der immer nur eine begrenzte Anzahl von Linien, Ecken und Schnittpunkten in Beziehung zueinander setzen kann.

Abb. 5.11: Kirchenfassade (Chartre) mit Gliederungsangeboten

Das Prinzip von Figur und Grund erlaubt zu verstehen, warum eine Darstellung mehrere Bedeutungen haben kann. Als Scherzartikel werden Bilder gehandelt, die zwei Bedeutungen ergeben, z.B. Hase und Ente, Freuds Portrait und eine nackte Frau, eine alte und eine junge Frau. Manchmal wird in Zeitschriften ein Suchbild veröffentlicht, in dem in Blättern ein Tier gesucht werden muß etc. Die Kunst hat sich dieser Möglichkeiten durchaus angenommen. Es gibt Landschaftsbilder, die auch gleichzeitig ein Portrait darstellen. Dali malte ein Bild (disappearing buste of Voltaire), das zwei inhaltliche Deutungen, einmal ein Portrait, zum anderen eine Szene mit mehreren Figuren ermöglicht (vgl. hierzu Schuster und Beisl 1978).

Alle diese Darstellungen "funktionieren" vor dem Hintergrund des Prinzips von Figur und Grund. Legt man eine Bedeutung in das Muster von Flekken oder Linien, aus dem die Abbildung besteht, so wird ein Element zum Auge, das bei der anderen Gesamtinterpretation als Kopf einer Person gesehen werden kann. Die Teile des Bildes erhalten ihre Bedeutung in Relation zur Gesamtinterpretation. In den geschilderten Bildern sind eben zwei oder auch mehrere verschiedene Gesamtinterpretationen möglich. Bei diesen "Vexierbildern" wird deutlich, daß die Analyse eines Bildes nicht nur reizgesteuert ist, also allein vom Bild ausgeht, sondern an das Muster der Reize auch Konzepte, Begriffe herangetragen werden (vgl. Neisser 1979, Konzeptuelle Steuerung), die - je nach Übereinstimmung mit den Reizen - zu einer stimmigen Interpretation beitragen.

In der Natur kommt es so gut wie nie vor, daß ein visueller Reiz mehrere Deutungen zuläßt. Unter Umständen bewegt uns die Angst, einen Baum als "Gespenst" zu verkennen. Manchmal wird ein Objekt in der Ferne falsch interpretiert. Jeder wird eine solche Falschinterpretation schon einmal erlebt haben, bei der es ganz plötzlich zum Umkippen der Wahrnehmung kommt. Beim Umkippen kann man dann bemerken, wie die Annahmen über zusammenhängende Linien, Druck und Last des Objektes wechseln, wenn die interne Konstruktion des Objektes im Raum verworfen wird (vgl. Sander 1928, Aktualgenese).

Konstanzphänomene und optische Täuschungen

Im Rahmen der Gestaltpsychologie wird eine Gruppe von Phänomenen beschrieben, die eine konstante "Wahrnehmung" eines Objektes sichern, auch wenn das Netzhautbild durch Entfernung, Beleuchtung oder Betrachtungswinkel erhebliche Verzerrungen aufweist. Diese Konstanzphänomene werden einerseits zum Verständnis der Möglichkeiten in Abbildungen wichtig. Zum anderen können sie erklären, wie optische Täuschungen, Illusionen und rätselhafte Effekte erzielt werden.

Das Netzhautbild mag verzerrt sein und die Objekte mögen sich gegenseitig verdecken, dennoch ist eine klare Gruppierung von Objekten zu erkennen. Dies wird durch eine ungeheuer komplexe Informationsverarbeitung erreicht. Wie sie funktioniert, ist bis heute unerforscht, aber einige Phänomene lassen deutlich werden, daß beim Sehen etwas ganz anderes passiert als beim Fotografieren.

In nebligem Wetter geknipste Urlaubsbilder enttäuschen oft durch mangelnden Kontrast. Das Auge hatte den Kontrast der Szene erhöht. Kunstlichtbilder oder auch Bilder im Sonnenlicht weisen oft deutlich schwarze Schatten auf, der man sich beim Fotografieren nicht bewußt wurde. Diese

Schatten, deren Form nach Beleuchtung wechselt, gehören nicht zum Objekt und werden in der Wahrnehmung "unterdrückt", weggerechnet.

Enttäuscht stellt man fest, daß ein Schiff am Horizont auf der Fotografie kaum zu erkennen ist, während es doch im Vorüberfahren so riesig schien. Anscheinend wird die Größe von entfernten Objekten bei der Wahrnehmung intern korrigiert. Auch Fotografien aus großer Nähe wirken unnatürlich verzerrt, wie z.B. die ausgestreckte Hand des Kindes in der Nähe der Linse des Fotoapparates. Alle diese Fälle, in denen etwas anderes als die fotografische Abbildung bewußt wird, werden in der Gestaltpsychologie auf einen internen Verrechnungsmechanismus zurückgeführt, der eine konstante Wahrnehmung eines Objektes gewährleistet (Objektkonstanz). Berühmt sind Abbildungen von zusammenlaufenden Linien, in denen gleichlange Balken liegen.

Das Zusammenlaufen der Linien wird als Tiefe interpretiert, der Betrachter errechnet aus der Information des Zusammenlaufens die "wahre" Größe der Balken und ist erstaunt, daß sie objektiv gleich lang sind (Ponzosche Täuschung). Die gleiche Erklärung finden die Täuschungen, die nach ihren Erfindern Müller-Lyer-Täuschung oder Sandersches Parallelogramm genannt werden. Eine zweidimensionale Zeichnung wird als Projektion eines dreidimensionalen Gegenstandes interpretiert. Die auf der Projektion gleich langen Linien wären in Wirklichkeit jedoch unterschiedlich.

Helligkeit und Farbunterschiede innerhalb eines Objektes werden unterdrückt, die zwischen den Objekten vorhandenen Kontraste hingegen verschärft. Projiziert man ein Dia mit weißen Häusern auf eine gelbe Leinwand (die also nur gelbes Licht reflektiert), so erscheinen sie immer noch weiß. Hering (nach Rohracher 1965) spricht von der "Erfahrungsfarbe".

Die Frage, die nun in unserem Zusammenhang zu stellen ist, kann nicht lauten, mit welchen Wahrnehmungsgesetzen eine bestimmte optische Täuschung oder ein bestimmtes Vexierbild zu erklären sei, sondern vielmehr, warum sich die Künstler im Laufe der Kunstgeschichte und auch heute so gern der Möglichkeit bedienen, den Betrachter durch Täuschungen oder doppeldeutige Darstellungen in Erstaunen zu versetzen.

Die Fähigkeit zur perspektivisch korrekten Wiedergabe wurde verwendet, um dem Betrachter die Illusion von Ornamenten und Figuren als Architekturelementen zu geben oder auch um die Illusion herauszustellen, eine Kirche öffne sich zum Himmel hin (Descargues 1977). Dabei wurde die "Perspektive" im 16. Jahrhundert als magische Kunstfertigkeit aufgefaßt, mit der die Wahrnehmung in die Irre geführt werden kann. Anscheinend war die Illusionskraft eines perspektivisch korrekten Gemäldes damals wesentlich stärker als heute in der Zeit des Buntfilms. Es war sehr wohl klar, daß der "Trug" der Perspektive mit der menschlichen Wahrnehmung zusammenhing: Im Palazzo del Te (Mantua, Sala dei Cavalli) wird ein mit perspektivischen Titanenfiguren und mythologischen Szenen ausgemalter Raum "Saal der Psyche" genannt (d'Otrange Mastai 1975). Gemalte architektonische Applikationen, die die Illusion echter architektonischer Elemente hervorrufen (wie es in Deutschland an einigen bayerischen Kirchen zu sehen ist), dürfen nicht als billigstes architektonisches Mittel aufgefaßt werden, sondern wurden der echten architektonischen Struktur zuweilen vorgezogen, weil das Publikum die Meisterschaft in der perspektivischen Abbildung bewunderte. In Deutschland ist in diesem Zusammenhang auch die Würzburger Residenz bekannt geworden. Insgesamt ist der illusionistischen Täuschung von Künstlern aller Zeiten große Aufmerksamkeit gewidmet worden. Wenn auch die entsprechenden griechischen und römischen Bilder nicht mehr erhalten sind, so sind doch die Anekdoten überliefert, die beschreiben, wie man ein bestimmtes Bild mit der Realität verwechseln konnte. Unter dem Stichwort "Trompe l'Oeil" existiert umfangreiche Literatur, die die Täuschung der Wahrnehmung beschreibt, wenn ein Bildwerk mit der Realität verwechselt wird (vgl. d'Otrange Mastai s.o.). Die Täuschung verweist den Betrachter auf eigene Anteile in der Wahrnehmung der objektiven Realität und vermittelt so ein philosophisches Erlebnis.

5.2.8 Die Anwendung von Gesetzen der Wahrnehmung in der Kunst

Schon lange vor dem Beginn der wissenschaftlichen Psychologie setzten Künstler ihre Kenntnisse über die menschliche Wahrnehmung ein. Hoogstraaten (1627 - 1678) schuf einen kleinen Kasten, in den man durch ein Loch blickt und die Illusion einer dreidimensionalen Szenerie erlebt, die allerdings eben nur aus dem Blickwinkel dieses Guckloches widerspruchsfrei wahrgenommen werden kann. Römische Mosaike zeigen Strukturen, die an Kippfiguren (speziell an den Necker-Würfel) erinnern. Der Maler Beardsley spielte mit der Organisation des Wahrnehmungsfeldes in Figur und Grund (Bild "The fat woman") schon, bevor das entsprechende Gesetz in der Gestaltpsychologie formuliert wurde. Nachdem einige der Regeln der menschlichen Wahrnehmung in den Lehrbüchern der Psychologie formuliert waren, fand sich auf seiten der Künstler eine Gruppe von "Anwendern". Am bekanntesten wurden die Werke der Op-Art. Auch M. C. Escher besaß Kenntnisse über die Wahrnehmungspsychologie (vgl. Teuber 1975). Frazer (1908) beschrieb eine optische Täuschung, die z.B. von Snearl (Bild "Falsche Täuschung") als Vorlage verwendet wurde, in der konzentrische Ringe als Spirale verkannt werden. Wie die Psychoanalyse erweist sich auch die Wahrnehmungspsychologie als Anregung und Grundlage für ein umfangreiches Kunstschaffen. Die Psychologie kann insofern als eine "Grundlagenwissenschaft" der Kunst betrachtet werden (vgl. auch Kap. 9).

Wenn hier im folgenden eine Liste der verwendeten Wahrnehmungsphänomene gegeben wird, so darf nicht verkannt werden, daß mit der Aufklärung der Gesetzmäßigkeit der menschlichen Wahrnehmung, die der Künstler verwendet, noch nicht geklärt ist, warum das Bild als "Kunst" (wenn auch nicht ohne Kritik), als in irgendeiner Form faszinierend und interessant erlebt wird.

Der Simultankontrast

Farben, die sich auf dem Farbkreis gegenüberliegen, also den größtmöglichen Kontrast besitzen, bilden keine stabile Kontur. Diesen Effekt verwendet u. a. Duchamp in seinen Bildern, die "pulsierend" wirken. Albers setzt den Simultankontrast ebenfalls ein, wenn er Farben in verschiedene Umfelder einbettet und zeigt, wie die Farbwirkung der zentralen Farbe durch die Hintergrundfarbe beeinflußt wird. Albers verwendet die Tatsache, daß eine Farbe ein Nachbild in der Komplementärfarbe erzeugt (Birren 1976). In der zeitgenössischen Kunst werden solche Effekte z.B. von M. Rothko eingesetzt.

Ambiguität der Tiefenwirkung

Der bekannte Necker-Würfel wird z.B. in einem Bild von Dieter Hacker verwendet. Albers schuf eine Zeichnung, die in bezug auf die Raumlage doppeldeutig ist (Albers: "Structural constellations"). In beiden Fällen erlaubt die Projektion einer dreidimensionalen Gestalt auf eine zweidimensionale Fläche mehr als eine Interpretation über die Raumlage der dreidimensionalen Figur (vgl. Abb. 5.12)

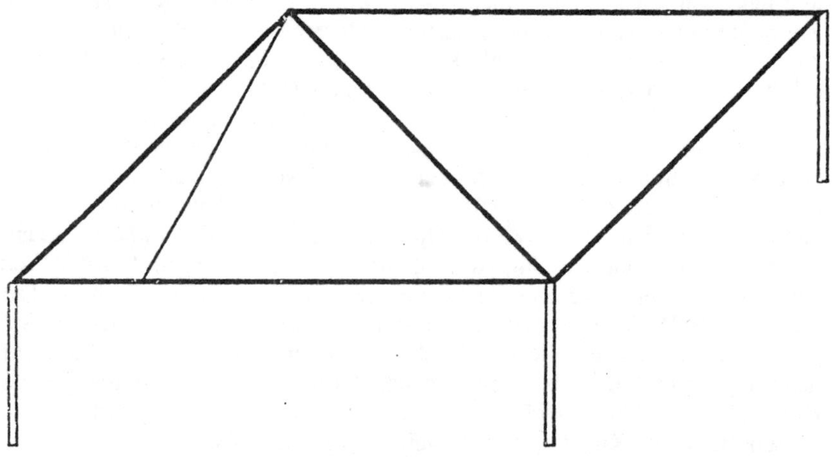

Abb. 5.12: Das Sandersche Parallelogramm als Tisch (gezeichnet von L. Ponitka)

Ambiguität von Figur und Linienführung

Beispiele für doppelte Darstellungsbedeutung durch den Wechsel von Figur und Hintergrund sind Legion. Dali, Magritte und Escher zählen zu den berühmtesten Künstlern, die diesen Effekt einsetzten.

In der Op-Art wird die Ambiguität der Figur als bevorzugtes Mittel eingesetzt, die Analyseprozesse der menschlichen Wahrnehmung ohne stabile Lösung zu belassen. Zum Beispiel in dem Bild "Straight curve" von Riley kann man entlang der Geraden oder entlang der geschwungenen Linien blicken oder die Figuren zu Dreiecken zusammenfassen. Verweilt man einige Zeit beim Betrachten des Bildes, so lösen sich die verschiedenen Möglichkeiten der Gruppierung ab, so daß man in dem völlig unbewegten Bild Veränderungen erlebt. Barret (1970, S. 46) schreibt in seinem Buch über die Op-Art: "Nach einer kurzen Betrachtungszeit kommt in das, was erst als banale, sich wiederholende Struktur erschien, Leben: Einheiten strukturieren und verweben sich schwach, Farben und Bereiche von Dunkelheit und Helligkeit tauchen auf und verschwinden wieder."

Verschiedene Werke des Kubismus oder der abstrakten Malerei können als Versuch gewertet werden, zwischen einer Objektinterpretation und einer abstrakten Interpretation Ambiguitäten entstehen zu lassen.

Auch dicht zusammengeführte Linien oder sich überlagernde Muster führen zu Schwierigkeiten, der einzelnen Linie zu folgen, es entstehen beim Betrachten "Moire-Linien". Es kommt zu wechselnden Neugruppierungen (z.B. Riley, "Parallele Linien").

Optische Täuschungen

Vielfach setzen die Werke der Op-Art bekannte optische Täuschungen ins Bild, sei es das Helmholtz-Quadrat, die Frazer-Spirale oder andere. Der Betrachter erlebt einen erstaunlichen, unerklärlichen Effekt. Dieser Effekt - das wird auch durch die sofortige Rezeption durch die Werbung belegt (Barret 1970) - erregt die Aufmerksamkeit des Betrachters. Er verweist - dieses Thema wird an verschiedenen Stellen dieser Monographie wieder aufgenommen - auf eines der wichtigsten Rätsel der menschlichen Existenz, auf die Wahrnehmung der Realität.

Barret (1970) schildert ausführlich die Kritik an der Op-Art. Diese sei nur eine Kopie von Abbildungen aus Psychologielehrbüchern. Die schnelle Möglichkeit der Entzauberung der Effekte der optischen Illusionen durch die wissenschaftliche Psychologie und die Rolle des Künstlers als Anwender vermindern die Bewunderung gegenüber dem Künstler. Zur Ehre der Op-Artisten muß allerdings erwähnt werden, daß sie ihre Effekte nicht nur aus der Literatur übernahmen, sondern wie die Wissenschaftler und Entdecker mit den Effekten experimentierten, so daß wiederum die Psychologie der Wahrnehmung von den Bildern profitierte.

5.3 Information, Komplexität und Präferenzreaktion

Birkhoff fand in den Schriften von Helmholtz und E.A. Poe die Anregung, Ordnung und das Entdecken von Ordnung in Zusammenhang zum Kunstgenuß zu bringen (nach Gunzenhäuser 1968). Seine bekannte ästhetische Formel setzt Ordnungselemente (O) und Komplexität (C) ins Verhältnis, um zu dem ästhetischen Maß (M) zu gelangen: $M = O / C$. Die ästhetische Theorie, die der Formel zugrunde liegt, ist einfach und wurde auch von anderen Autoren schon formuliert: Je geringer die Anstrengung beim Wahrnehmen eines Objektes ist, um so angenehmer ist es.

1933 überprüfte Birkhoff seine Theorie am Reizmaterial von Vielecken mit einer Studentengruppe. Die Komplexität der Vielecke war durch die Anzahl der Geraden definiert, auf denen die Seiten der Polygone lagen. Die Ordnung ist durch die Symmetrieelemente gegeben (vertikale Symmetrie, horizontale Symmetrie, Gleichgewicht, Rotationssymmetrie, parallele Seiten usf.). Auf diese Weise sind Komplexität und Ordnung also zunächst nur für Vielecke und nicht generell bestimmt. Generell glaubt Birkhoff aber, Ordnung und Komplexität für jeden Gegenstandsbereich auf wahrnehmungspsychologische Tatsachen zurückführen zu können (Gunzenhäuser 1968).

In seinen Versuchen glaubt Birkhoff, die Gültigkeit seiner ästhetischen Formel nachzuweisen. Allerdings ist der Gültigkeitsbereich der Formel sehr von der speziellen Definition von Ordnung und Komplexität bestimmt. Bei einer rein umgangssprachlichen Verwendung von "Ordnung" und "Komplexität" würde die Formel zu absurden Konsequenzen führen. Geht die Komplexität gegen Null (wie dies bei einer monochromen Fläche der Fall sein könnte), müßte der ästhetische Wert ins Unendliche anwachsen.

Eysenck kommt in seinen frühen ästhetischen Studien (1941d) zu einem anderen Zusammenhang zwischen Präferenzurteil, Komplexität und Ordnung. Sowohl ein Zuwachs an Ordnung (law of retention), als auch ein Zuwachs an Komplexität (law of fatigue) bewirke eine Erhöhung des ästhetischen Maßes. Nach Eysenck wäre also die Formel $M = O \times C$ angemessener. Auch diese Formel führt, verwendet man die Begriffe O und C nach dem üblichen Verständnis, zu unplausiblen Konsequenzen. Bei einer gegen Unendlich gehenden Komplexität und einer geringen Ordnung müßte das Wohlgefallen an einer Reizanordnung einen höchsten Wert gewinnen.

5.3.1 Informationsästhetik

Birkhoffs Formel und damit auch - relativ unreflektiert - Birkhoffs ästhetische Theorie werden von den Informationsästhetikern übernommen. Nachdem Max Bense (1960) in seinem Werk "Ästhetika" die Formel Birkhoffs aufgreift, entwickeln seine Schüler (z.B. Moles 1958, Gunzenhäuser 1962, Frank 1964, Alsleben 1962) eine neue Definition der Elemente Ordnung und Komplexität. Sie fassen diese im Sinne der mathematischen Informationstheorie nach Shannon und Weaver (1949) auf. Komplexität wird zur Informationsmenge, wie sie mit der Shannon-Formel

$$H = - n \sum_{i}^{r} p_i \cdot \mathrm{ld}\, p_i$$

bestimmt wird (wobei n die Anzahl der Zeichen einer Nachricht und r der Umfang des Zeichenrepertoires und p die Auftretenswahrscheinlichkeit des Zeichens i ist).

Ordnung wird als subjektiver Redundanzgewinn aufgefaßt. Die Zeichenmenge wird vom Betrachter nach Superzeichen abgesucht, die es erlauben, eine bestimmte Menge von Einzelzeichen zusammenzufassen. Findet der Betrachter solche Superzeichen, kann er die Informationsmenge einer Zeichenquelle reduzieren und hat einen subjektiven "Redundanzgewinn". Das ästhetische Maß M wird also jetzt durch folgende Formel bestimmt:

$$M = \frac{O}{C} \Rightarrow \frac{1 - \frac{H}{H}\ \max}{H}$$

Die neue Bestimmung der Elemente Ordnung und Komplexität ist allerdings nicht problemlos. Die mathematische Definition der Informationsmenge, die sich an den Bedürfnissen der Nachrichtenübertragung ausrichtete, nimmt eine Zeichenquelle an, die sukzessiv Zeichen eines bestimmten Repertoires mit meßbarer relativer Häufigkeit aussendet. Ob die Formwahrnehmung mit einem solchen Vorgang prinzipiell vergleichbar ist, bleibt fraglich (Götz und Götz 1972). Bei der Anwendung der oben genannten Formel geraten entsprechend solche Reize in den Blickpunkt, die als Zeichenquelle aufgefaßt werden können, z.B. Rastermuster mit einer begrenzten Zahl von Rasterfüllungen.

Analog zur Formel der statistischen Information bestimmt Frank (1964) die Informationsmenge eines Flächenmusters aus der Menge der möglichen Flächenelemente und ihrer relativen Wahrscheinlichkeit. Besonders klar ist diese Vorgehensweise der Informationsbestimmung eines Flächenmusters bei Raab (1976, S. 14) beschrieben: "Eine Konfiguration ist um so komplexer (d.h. informationsreicher), je größer die Anzahl unabhängig voneinander selegierter Elemente ist, die sie enthält, je mehr Werte die einzelnen Elemente annehmen können und je mehr sich die Häufigkeitsverteilung dieser Werte für die Gesamtkonfiguration einer Gleichverteilung annähert."

Der subjektive Redundanzgewinn kann als statistische Vorhersagbarkeit der Zeichenfolge bzw. der Rasterelemente bestimmt werden (Moles 1968). Sind die Flächenelemente zufällig angeordnet, so wird die Vorhersagbarkeit gering. Allerdings ist zu berücksichtigen, daß die Vorhersagbarkeit auch bei sehr komplizierten Ordnungen, die subjektiv vom Betrachter nicht aufgelöst werden können, gering ist. Einfache und komplizierte Ordnung als Quelle der Redundanzreduktion könnten unterschiedliche Folgen für die Präferenz von Flächenmustern haben.

Die Bedeutungsfacettierung des Begriffs "Ordnung"

"Ordnung" oder "Anordnung" ist ein Begriff bzw. eine Größe, die in einer physikalischen Theorie, dem zweiten Hauptsatz der Thermodynamik behandelt wird. Der zweite Hauptsatz der Thermodynamik besagt u.a., daß in einem abgeschlossenen System eine bestimmte Zustandsgröße des Systems, die sogenannte "Entropie", die Tendenz hat, bis zu einem Maximum zuzunehmen. Die Entropie kann als Maß für die "Unordnung" oder mangelnde Anordnung des Systems interpretiert werden. Im Zustand maximaler Entropie sind alle Energien in Wärme umgewandelt, und es bestehen keine Temperaturdifferenzen mehr. Ein Beispiel soll den Zusammenhang von Ordnung und Entropie demonstrieren. Wenn in einem Gasvolumen alle Gasmoleküle auf engstem Raum zusammengedrängt sind, so sind sie "geordnet". Durch die Eigenbewegung der Moleküle würden sich die einzelnen Teilchen bald im Raum verteilen, die Unordnung bzw. die Entropie würde zunehmen.

Dieser Satz der Thermodynamik führte zum Zeitpunkt seiner Entdeckung zu kulturpessimistischen Strömungen. Man sah die Menschheit durch den Wärmetod zum Untergang verurteilt (Arnheim 1979). Die Tasache, daß ein Unterproblem im Rahmen der Entropieabhandlung und die mathematische Informationstheorie eine sehr ähnliche Formel verwenden, hat Bense veranlaßt, die Kunst als negative Entropie (Negentropie) zu betrachten. Indem der Künstler Anordnung schaffe, wirke er der Entropie entgegen. Diese Verwendung des Begriffes Ordnung, als unwahrscheinliche Anordung, führt zu Verwechslungen mit der Ordnung des ästhetischen Maßes und zu vielfältigen Mißverständnissen (dargestellt auch bei Pfeiffer 1972).

Sicher wirkt die menschliche Tätigkeit ordnend und könnte (wenn auch in zu vernachlässigenden Energiebeträgen) als entropiemindernd betrachtet werden. Wie weit die Kunst in der Herstellung von sehr unwahrscheinlichen Anordnungen in den Energiehaushalt eingreifen kann, wird in den Schriften Benses nicht deutlich.

Hier soll die Auffassung vertreten werden, daß die Idee der Negentropie zwar in der Kunstgeschichte eine wichtige Rolle gespielt hat und der zeitgenössischen Kunst eine Kunsttheorie lieferte, aber in ihrer physikalischen Anwendung bedeutungslos ist.

Informationszuflußgeschwindigkeit und ästhetische Empfindungen

Bei der Betrachtung der menschlichen Informationsverarbeitung würde eine Ästhetik der "einfachen Wahrnehmung" ohne Bezug auf die Vorarbeiten Birkhoffs nahelegen, eine optimale Informationszuflußgeschwindigkeit, die den menschlichen Aufnahmekapazitäten angepaßt ist, würde positive Empfindungen auslösen (Voss 1980).

Frank (1959) glaubt, durch das Nachzählen von Glockenschlägen aus dem Gedächtnis belegen zu können, daß das Bewußtsein bzw. der Kurzzeitspeicher ca. 16 bit/sec. aufnehmen kann. Bit ist eine Maßeinheit der Information: Sie bezeichnet die Anzahl von Binärschritten, die benötigt wird, um ein Zeichen eines Zeichenrepertoires eindeutig identifizieren zu können. Im Bewußtsein können jeweils ca. 160 bit gleichzeitig repräsentiert sein.

Franke (1974, S. 125) formuliert explizit : "Das Prädikat der "Schönheit" kommt jenen Zeichenstrukturen zu, die die Optimierungsbedingungen der Wahrnehmung erfüllen." Es macht die Hypothese weiter plausibel, wie unangenehm es ist, mit dem Auto unter einem Reizüberangebot durch eine fremde Stadt zu fahren, oder wie unangenehm eine Reizdeprivation erlebt werden kann. Die These gilt auch für die Rezeption der seriellen Zeichenfolge in der Musik (vgl. Mix 1967, Lauter und Mix 1967). Bei visuellen Stimuli muß sich allerdings Kritik an der Frankschen Grundannahme erheben, weil die visuelle Informationsaufnahme aktiv gesteuert wird und eine Unter- oder Überforderung normalerweise vermieden wird (vgl. Norman 1969). Der Museumsbesucher z.B. kann die Geschwindigkeit, mit der er von einem Bild zum anderen fortschreitet, oder die Dauer der Bildbetrachtung selber wählen.

Frankes Mehrebenentheorie

Schon 1974 versucht Franke der Tatsache der subjektiven Aufmerksamkeitssteuerung durch die Forderung an das Kunstwerk gerecht zu werden, es müsse die Information in Blöcken anbieten, die jeweils den Möglichkeiten der bewußten Erfassung entsprechen. In späteren Veröffentlichungen greift Franke diese Aussage auf, wenn er von "Mehrebenentheorie" der Kunst spricht (1978, 1980). Nach dieser Theorie werden solche Kunstwerke geschätzt, die auf jeder Ebene der Betrachtung (Betrachtung des Farbmusters, der Textur, der Formen) eine optimale Informationsmenge anbieten. Zwischen den verschiedenen Ebenen sollen Äquivalenzbeziehungen bestehen.

Frankes Theorie kann erklären, wie die Bewertung von Kunstwerken sich im Laufe der Zeit ändert. Besonders auf der semantischen Ebene kann der Künstler in Allegorien und Metaphern auf Konventionen zurückgreifen, die der heutige Betrachter nicht mehr kennt, so daß eine Ebene der Betrachtung verlorengeht. Ein solcher Effekt mag sich angesichts der Bilder von Hogarth einstellen, deren Allegorik wir nicht mehr verstehen. Andererseits ergibt sich jetzt der Effekt des Rätselhaften. Gardner (1971) weist im gleichen Sinne auf den Wechsel der Aufmerksamkeit von der Figur zur Textur hin und behauptet, große Kunstwerke müßten neben der "Figur" eine reiche "Textur" aufweisen, also zwei Ebenen einer ästhetischen Betrachtung ermöglichen.

Informationsreduktion und ästhetische Empfindungen

Während bei der ästhetischen Formel (s.o.) Ordnung und Komplexität gemeinsam betrachtet werden, heben einige psychologisch orientierte Autoren das Stiften von Ordnung durch den Betrachter und die Entdeckung von Regelmäßigkeiten hervor. Auch Franke (s.o.) glaubt, das Entdecken von Ordnungsrelationen bereite - unabhängig von der insgesamt angebotenen Information - Freude. Die geistige Bewegung ist wie die Bewegung im Sport lustvoll.

Andere Autoren betonen das Spiel mit den Ordnungsmöglichkeiten innerhalb eines Reizarrangements (vgl. Dörner und Vehrs 1975). Reizmaterial, das Möglichkeiten des Ordnungstiftens offenläßt, biete die Möglichkeit des ästhetischen Vergnügens mehr als "objektiv" durchstrukturiertes Reizmaterial (Ertel 1973). Diese Grundannahme bedarf nach Meinung des Autors keiner experimentellen Belege. Es ist evident, daß die Orientierung des Menschen in seiner Welt grundlegend dadurch zustandekommt, daß er Regelmäßigkeiten und Kategorien sich gleich verhaltender Objekte entdeckt. Mit dem Aufbau der ersten Regelmäßigkeiten in der Kindheit geht die beginnende Kontrolle der Umwelt einher. Insofern ist das Entdecken von Regelmäßigkeiten belohnend (Nuttin 1973).

Das Entdecken von Regeln (die Bildung von Superzeichen) erleichtert den Umgang mit der Welt, und die Informationsverarbeitungskapazitäten werden erweitert. Dies würde zu der im Abschnitt über "Wahrnehmung" entwickelten These passen: Jede Reduktion des Aufwandes an Informationsverarbeitung, die es erlaubt, die Kapazität der menschlichen Informationsaufnahme zu erweitern, wird als lustvoll erlebt.

"Ästhetische Information"

In einigen Schriften (Moles 1958, Frank 1959) entsteht der Eindruck, als sei mit "Information" nicht der mathematische Informationsbegriff gemeint, sondern eine anders geartete "ästhetische Information". "Ästhetische Information" ist nach Alsleben (1973, S. 32) "der Rest an Neuigkeit, den eine Nachricht auch dann noch hat, wenn man ihren Sinn schon kennt". Die "ästhetische Information" wird gemessen, wenn man die Zeit erfaßt, die der Rezipient mit einer Botschaft verbringt, deren Sinn er schon kennt. Als weitere Beispiele für die "ästhetische Information" sind die Differenz zwischen der Partitur eines musikalischen Werkes und den unendlichen Möglichkeiten der konkreten Verwirklichung oder die Zeit beim Lesen eines bekannten Gedichtes, in der der Leser subjektive Organisationen der Information vornimmt, zu nennen.

Die Bestimmung der "ästhetischen Information" wird nur unscharf geleistet. Es scheint, als würde der Information des Verstehens eine Information des Genießens hinzugefügt. Die Aufklärung, die eine so abgehobene "ästhetische Information" liefert, scheint gering.

Neben der Informationsästhetik gibt es eine Beschäftigung mit ästhetischen Stimuli, die statistische Kennwerte eines Kunstwerkes erfaßt, um für einen Autor oder eine Stilepoche typische Verteilungscharakteristika zu erfassen und so Entscheidungshilfen zu geben, ob z.B. ein bestimmter Text von einem bestimmten Autor stammt (z.B. Fucks 1968). Brög (1968) untersucht, ob sich bei zwei Dürer-Holzschnitten das Zeichenrepertoire (operationalisiert durch verschiedene Schraffierungstypen des Holzschnittes) unterscheidet.

Ist die Anzahl der Zeichen gering genug und sind durch die Beschreibung des Zeichenvorrates auch alle Möglichkeiten der Superzeichenbildung erfaßt, so läßt sich ein Algorithmus erstellen, mit Hilfe dessen die Werke eines Künstlers von einem Computer generiert werden können.

5.3.2 Computerkunst

Nach Nake (1974) war Computerkunst in der BRD durch "historischen Zufall" vom Anfang ihrer Entwicklung in den frühen sechziger Jahren an eng mit Informationsästhetik verbunden. Daraus wurde des öfteren der Schluß gezogen, Informationsästhetik sei die Theorie der Computerkunst und Computerkunst die Praxis der Informationsästhetik. Das ist nach Nake aber falsch. Vielmehr scheint die Computerkunst eine Anwendung der pythagoräischen Proportionenlehre und ihrer Weiterentwicklungen zu sein (Garnich 1976). Denn geht man von Schachtelungen der geometrischen Grundformen auf der euklidischen Ebene aus, so ist damit ein Ausmaß von Symmetrie hergestellt, das die Anwendung der ästhetischen Formel von Birkhoff als Feigenblatt erscheinen läßt. Zudem ist die Definition von Komplexität und Ordnung dann sehr speziell geworden: "Als Komplexität wird die Anzahl aller Schnittpunkte pro Ring gerechnet, als Ordnung (O) die Anzahl aller Verknüpfungsgeraden in Schnittpunkten, in denen sich mehr als zwei Geraden schneiden" (Garnich 1976, S. 121). Betrachtet man die verschiedenen Schachtelungen dieser geometrischen Grundformen, so scheint ihre Wirkung eher aus ungewöhnlichen Figur-Grund-Gliederungen und aus der Möglichkeit, den Zeichnungen eine Tiefeninterpretation zu geben, zu bestehen.

Algayer und Vehrs (1981) generieren im Computer Rasterbilder mit unterschiedlicher "Superzeichendichte" und können so nach einem Rechenalgorithmus Bilder herstellen, die von Vpn systematisch als "schön" bzw. "weniger schön" eingeschätzt werden. Mit Computerprogrammen kann man die Bilder einiger bekannter Maler simulieren. Noll (1971) hat z.B. mit folgenden einfachen Heuristiken Mondrians Bild "Komposition mit Linien" (vgl. Abb. 5.13) von einem Computer herstellen lassen:

- Der Umriß ist ein an allen 4 Seiten beschnittener Kreis.
- In einem Gebiet am oberen Rand sind die horizontalen und vertikalen Balken kürzer.
- Ansonsten scheinen die Balken von zufälliger Länge und Breite zu sein.

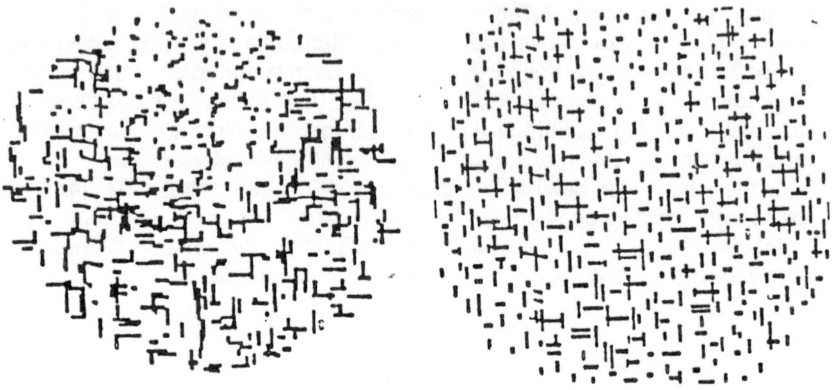

Abb. 5.13: Computersimulation eines Bildes von Mondrian nach Noll (1971)

Nur 28 von 100 Vpn identifizierten korrekt die Computerzeichnung. 60 % der Vpn schätzten den ästhetischen Wert der Computerzeichnung höher ein als den des Originals. In einer Replikation von Poriau (1977) wurde das Computerbild darüber hinaus als "interessanter, menschlicher, variationsreicher und weniger geplant" als das Original bezeichnet. Limbeck und Schneeberger (1979) berichten, daß ihre Schüler selbst erstellte Computerzeichnungen zu 70 % als "schön" oder "sehr schön" beurteilten. Eine solche Bewunderung kann durch assoziative Faktoren (Gedanken an fortschrittliche Computertechnik vs. Ablehnung der Technik in der Umwelt des Menschen), aber auch durch die hohe Regelmäßigkeit der produzierten Figuren entstehen. Die über die menschliche Kalkulationsfähigkeit hinausgehende Berechnungsstärke des "Intelligenzverstärkers" Computer wird als "geheimnisvolle" Organisationskraft erlebt. Schließlich ist darauf hinzuweisen, wie exakt und detailreich solche Zeichnungen oft sind. Von menschlicher Hand würden sie erhebliche Kunstfertigkeit verlangen, die durchaus zur Grundlage ästhetischer Empfindungen werden kann (vgl. im einzelnen dazu Kap. 6).

Nake (1974) hofft, die Computergrafik ebne den Weg, einige Auswüchse des Kunstmarktes zu beheben, weil ein Werk jetzt unabhängig vom Künstler in beliebig hoher Auflage hergestellt werden könne. So verliert der Begriff des "Originals" seine Bedeutung. Diese Hoffnung scheint sich nicht erfüllt zu haben. Zum einen werden solche Bilder auch in limitierter Auflage auf den Markt gebracht (z.B. IBM-Edition), zum anderen kann ein Programmierer die Bilder signieren. Zudem ist die Herstellung solcher Bilder natürlich abhängig von der menschlichen Kreativität. Im Dialog mit dem Programm werden die Varianten ausgesucht, die einem breiteren Publikum zugänglich gemacht werden. Bei der Produktion der Computerkunst muß also von einer Interaktion zwischen den Möglichkeiten der Maschine und dem ästhetischen Urteil des Produzenten gesprochen werden.

5.3.3 Berlynes Konzept der Komplexität

Berlynes Beitrag geht von einer Motivationstheorie aus (Berlyne 1960). Nach dieser Theorie versucht der Organismus, sich ein optimales Erregungsniveau zu verschaffen. Die Exploration von Reizen, das interessefreie Anschauen, ist ein Mittel, das Erregungsniveau zu steuern. Ungewöhnliche, unstimmige und komplexe Reize (collative Stimuluseigenschaften) erhöhen das Erregungsniveau, familiäre oder redundante, geordnete Reize reduzieren das Erregungsniveau. "Schöne", ästhetische Reize können darüber hinaus nach Berlyne das Erregungsniveau über längere Zeit auf einem optimalen Niveau halten. Da er seine Theorie - aus heutiger Sicht etwas willkürlich - aus den seinerzeit schon spekulativen Erkenntnissen der Neurophysiologie zusammensetzte, hat sie inzwischen an Plausibilität eingebüßt (vgl. eine ausführliche Würdigung und Kritik bei Sprinkart 1982 und Höge 1984).

Die Abb. 5.14 zeigt, wie die - erregungserhöhende - Komplexität in Berlynes Untersuchungsmaterial intuitiv durch semantische Unstimmigkeiten oder durch die Anzahl unterschiedlicher Elemente verwirklicht ist. Wie weit Berlynes collative Reizeigenschaften von dem mathematischen Informationsmaß entfernt sind, läßt sich leicht erkennen: Es sind die Eigenschaften Farbkontraste, Objektgröße, Darstellung von Menschen, Neuheit, Inkonsistenz, Konflikt, Instabilität.

Dennoch geht Berlyne ebenfalls von Birkhoffs ästhetischem Maß aus. Er glaubt allerdings im Gegensatz zu Birkhoff (1974, S. 296), daß ein Maximum (des ästhetischen Belohnungswertes) eher bei einem mittleren Wert von M erreicht wird, was einem Optimum an Aktivierungswert entspricht. In späteren Berichten wird eingeräumt, die Beziehung zwischen Komplexität und Gefälligkeit könne auch mehrere Zwischenmaxima haben. Er ermutigt ausdrücklich zur Verwendung von informationstheoretischen Maßen.

Die Relation von aktivierenden und beruhigenden Stimuluseigenschaften bezieht Berlyne auf das Prinzip der "Einheit in der Mannigfaltigkeit" und stellt so den Anschluß zu den tradierten Prinzipien der Ästhetik her. Auch in dem Verweis auf das zweckfreie Schauen sucht Berlyne die Verbindung zur klassischen Ästhetik.

In seinem Buchbeitrag "Neue experimentelle Ästhetik" versucht Berlyne (1974), mit Hilfe der Methode der multidimensionalen Skalierung nachzuweisen, daß bezüglich der Reaktion des Rezipienten die Kunstwerke verschiedener Stilepochen in einem Variablenraum "hedonischer Ton", "Komplexität" und "Interesse" (arousal) angeordnet werden können. Dies sollen also die Dimensionen sein, bezüglich derer sich die Kunstwerke unterscheiden.

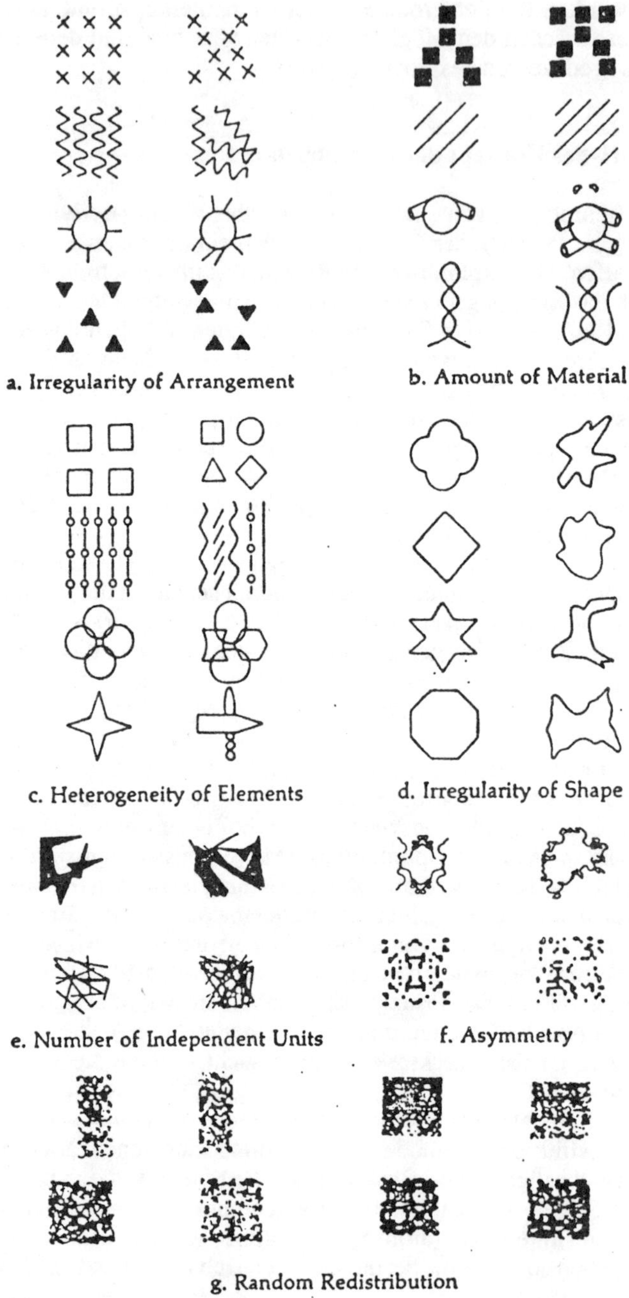

Abb. 5.14: Komplexitätsverwirklichung nach Berlyne (1974)

Berlyne und Ogilvie (1974) lassen Vpn ein bunt gemischtes Sample von Bildern auf einigen Ratingskalen einschätzen: 1. simple/complex, 2. clear/-unclear, 3. disorderly/orderly 4. unbalanced/balanced 5. displeasing/pleasing 6. ugly/beautiful 7. uninteresting/interesting 8. weak/powerful 9. no pleasure/extreme pleasure 10. no discomfort/extreme discomfort 11. relaxed/-tense 12. drowsy/alert. Allein bei einer semantischen Gruppierung käme man zu den genannten drei Grundfaktoren. So wundert nicht, daß sich dieses Ergebnis auch bei einer multiplen Skalierung einstellt (vgl. zur Methode das Kap. 6). Die aufgeklärten Varianzen sind so niedrig, daß die Autoren immer wieder betonen, es sei nur die Tauglichkeit der Methode, die demonstriert werden solle.

Berlyne (1974) will weiter durch kulturvergleichende Studien die Frage beantworten, ob seine Regeln des ästhetischen Empfindens über eine Kultur hinaus gültig sind: "Extension of research to subjects of differing cultural backgrounds is the only way to ascertain which findings might be valid for humanity generally" (S. 43).

Ähnlichkeits- und Präferenzurteile von kanadischen, indischen und ugandischen Vpn werden mit Hilfe der multidimensionalen Skalierung verglichen. Dabei decken die 10 zu vergleichenden Stimuli einen Bereich erheblicher Unterschiede ab. Die Tatsache, daß ein abstraktes Bild von Mondrian, ein Bild von Hundertwasser und ein pointilistisches Bild von Seurat sowie ein Bild von L. da Vinci in den Populationen einen vergleichbaren Unterscheidungsraum aufspannen, wird weniger die cross- kulturelle Ähnlichkeit, als vielmehr die offensichtlichen Unterschiede der Bilder widerspiegeln. Die matte Schlußfolgerung, daß die Methode der multidimensionalen Skalierung sich auch hier als geeignet erwiesen habe, kann angesichts der völligen Ergebnislosigkeit der Studie eher in ihr Gegenteil verkehrt werden: Ohne sorgfältige und theoretisch untermauerte Auswahl der zu vergleichenden Reizelemente führt die multidimensionale Skalierung zu nichts.

Soueif und Eysenck (1971) und Eysenck und Iwawaki (1971) verwenden in kulturvergleichenden Studien Polygone. Das spezielle und genau definierte Stimulusmaterial eliminiert zwar vielfältige Fehlerquellen, engt die Reaktion der Vpn aber auch wieder ein, so daß Kulturdifferenzen kaum zum Tragen kommen.

Eine Theorie von Apter (1982) macht den Zusammenhang zwischen Erregung und Lustgefühl einfühlbarer: Apter unterscheidet zwischen dem "telischen" und dem "paratelischen" Zustand. Im telischen Zustand ist der Mensch auf die Erreichung eines Zieles gerichtet und hohe Erregung ist unlustvoll. Im paratelischen Zustand ist die Aktivität selbst das Ziel, und hohe Erregung wird als lustvoll empfunden. So kann es passieren, daß sogar Ereignisse, die normalerweise als negativ empfunden werden, Lust bereiten können. Kunstwerke, die einerseits etwas repräsentieren, es andererseits aber nicht sind (Apter: "Synergies"), werden nur im paratelischen, nicht aber im telischen Zustand als lustvoll erlebt. Diese Theorie ist noch neu, verspricht aber eine neue und aussichtsreiche Differenzierung von Personzuständen, deren Außerachtlassung das im folgenden zu berichtende Chaos von experimentellen Resultaten verursacht haben könnte.

5.3.4 Experimentelle Überprüfung des Zusammenhangs von Komplexität, Ordnung und Wohlgefallen

Die hier zu berichtenden Studien sind sowohl durch Berlynes Konzept der aktivierenden Stimuli, als auch durch die Thesen der Informationsästhetiker angeregt worden. Die Möglichkeit, Ordnung und Komplexität als Redundanz und Information exakt definieren und variieren zu können, mag mit Ursache der großen Zahl von relevanten Studien sein. Die sehr verschiedenen Operationalisierungen der Komplexität (u.a. werden auch Schätzskalen verwendet), die unterschiedlichen Meßverfahren des Wohlgefallens und das sehr unterschiedliche Reizmaterial haben eine entsprechende Varianz der Ergebnisse zur Folge:

a) Das Wohlgefallen steigt mit der Ordnung (Eisenmann 1967).
b) Das Wohlgefallen steigt mit der Komplexität (Osborne und Farley mit abstrakten Bildern 1970, Breuer und Lindauer für Architektur 1976).
c) Das Wohlgefallen steigt mit wachsender Komplexität zu einem Maximum, um dann wieder abzufallen (Dorfmann 1965, Thomas 1966, Vitz 1966a,b, Nicki 1972, Raab 1972, Saklofske mit Zeichnungen von Menschen 1975a, mit Bildern von Klee, Mondrian, Kandinsky, Mirò und Léger, Wohlwill 1968b, Komplexitätssteigerung durch Hinzufügen von Bewegung Nelson 1976).
d) Es wird aber auch ein mehrgipfliger Zusammenhang berichtet (Munsinger und Kessen 1964, Looft 1971). Komplexitätsgrade, die geringfügig unter und solche die geringfügig über das bestehende Aktivationsniveau führen, werden geschätzt (Adaptationsniveau nach Helson 1964).

McWhinnie (1968) will solche Widersprüche durch das unterschiedlich komplexe Reizmaterial erklären. Eine tatsächlich eingipflige Funktion zwischen Wohlgefallen und Komplexität wird einmal auf dem ansteigenden, einmal auf dem abfallenden Schenkel erfaßt (auch Dörner und Vehrs 1975). Viele Studien bestätigen einen solchen eingipfligen Zusammenhang (vgl. Raab 1981).

Die Uneinheitlichkeit könnte auch dadurch zustandekommen, daß die global erfaßte Komplexität aufgespalten werden und/oder gleichzeitig die Variable Ordnung miterfaßt werden müßte. Hierzu finden sich folgende Ergebnisse und Einflußgrößen:

a) Bei gleicher Komplexität muß (so wird erst der Bezug zu Birkhoffs These möglich) die Ordnung (Redundanz) variiert werden (vgl. Raab 1976, Voss und Bugge 1977). Einmal wird die Symmetrie variiert (Day 1967), ein anderes Mal die Annäherung von Rasterpunkten an eine Gleichverteilung (Raab 1975, 1976). Bei der letzten Operationalisierung gefallen weniger redundante Muster besser, bei der Verwirklichung von Symmetrie gefallen redundantere Muster besser.

b) Frith und Nias (1974) weisen auf den Einfluß der Variablen Konturlänge hin.

c) Nicki (1972) diskutiert, ob eine längere Darbietungszeit die Verarbeitung von mehr Komplexität ermögliche.

d) Nicki und Moss (1975) versuchen, den Begriff Komplexität in zwei Unteraspekte aufzuspalten, eine perzeptuelle und eine kognitive Komplexität. Die erstere werde durch die traditionellen Komplexitätsmaße erfaßt, während die letztere semantische Assoziationen betrifft.

e) Die objektiv-informationstheoretisch gewonnene Komplexität eines Musters muß subjektiv nicht genau so repräsentiert sein. Heckhausen (1964) führt den Terminus der subjektiven Komplexität ein. Polygone, denen eine Spiegelung hinzugefügt wurde, werden als komplexer beurteilt, obwohl "objektiv" nur Redundanz zugeführt wurde (Day 1968).

f) Die Ausgangserregung der Vpn müßte berücksichtigt werden.

g) Die Maße des Wohlgefallens (Betrachtungszeit vs. Schätzurteil) können einen Einfluß auf die Funktion zwischen Wohlgefallen und Komplexität nehmen. Bei Polygonen wurden die einfachen als gefälliger, die komplexen als interessanter beurteilt (Kirkland 1974, Saklofske 1975b). Andere Studien berichten einen starken Zusammenhang zwischen Interessantheit und Wohlgefallen (Sargent-Pollock und Konecni 1977: r = .69).

Die widersprüchlichen Ergebnisse könnten auch auf Persönlichkeitsunterschiede oder unterschiedliche Vpn-Gruppen zurückzuführen sein. Hierzu folgende empirische Befunde:

a) Personen, die mit ästhetischen Objekten mehr Erfahrung haben, können mehr Komplexität verarbeiten (Aitken und Hutt 1974, Simon und Wohlwill 1968, Frances 1970, 1976, 1977, Krull 1977, Biaggio & Suplee 1983: Kunststudenten vs. Psychologiestudenten, bei den letzteren ging erhöhte Erregung mit negativem, hedonischem Ton einher). Die Komplexitätsbevorzugung im Entwicklungsverlauf könnte hier herangezogen werden (Chevrier und Delorme 1980, Danset-Leger 1976).

b) Eine Anzahl von Studien setzt die Komplexitätsbevorzugung in Beziehung zur Extraversion und Intraversion. Der Extravertierte müßte, folgt man Eysencks Typkonzept - durch stärkeren Reizhunger gekennzeichnet sein. Eysenck stellt Evidenz für seine These vor (1971, 1972, vgl. aber auch Kap. 6).

c) Konservative Vpn bevorzugen weniger Komplexität (Wilson u.a. 1973).

d) Bezüglich der Reaktion auf "neue", ungewöhnliche Reize sind Geschlechtsunterschiede berichtet worden (z.B. Greenberg und Weizmann 1971).

e) Es finden sich individuelle Unterschiede, ohne daß diese auf spezielle Persönlichkeitsmerkmale bezogen würden (Aitken 1974). Eye und Wiedl

(1977) versuchen, Vpn nach der typischen Form ihrer Präferenzreaktion auf Komplexität in Typen einzuteilen. Die "Kurzbeschreibung" der Typen ist hier wiedergegeben: (1) Generalisierte Ablehnung von Komplexität bei unterschiedlichen Abbildungstypen; (2) Variablen, komplexitäts- und inhaltsunspezifisches Wohlgefallen; (3) Wohlgefallen an Abweichungen vom Vertrauten, spezifische Ablehnung von Polygonen; (4) Ablehnung unterschiedlicher Aspekte hoher Komplexität, Wohlgefallen an geometrischer Regelmäßigkeit; (5) Wohlgefallen an Symmetrie und Einfachheit, Ablehnung von Irregularität und Unvertrautheit; (6) Vorliebe für offene Linien, Ablehnung geschlossener Konturen. Eye und Wiedl (1978) glauben, daß sich intelligente, kreative und eigenständige Vpn weniger gut einem dieser Typen zuordnen lassen.

Wie läßt sich die empirische Evidenz bewerten? Nach einem Überblick über die vorliegenden Ergebnisse könnte man auch zu der Meinung gelangen, daß Komplexität nicht allzu viel mit der Präferenzwahl zu tun hat. So gaben in einer Nachbefragung Vpn bei Polygonen an, Ruhe und Symmetrie als Beurteilungskriterium genommen zu haben (Aitken 1974).

Raab (1976) versucht, mögliche Figur-Grund-Gliederungen als Determinante des Wohlgefallens heranzuziehen (wenn man in den Zufallsfiguren also etwas erkennen kann) und findet keine Zusammenhänge zwischen Komplexität und Wohlgefälligkeitsurteilen. Auch nach Martindale (1984) ist die empirische Evidenz wenig schlüssig. Nicht die kollativen Variablen, sondern "ecologische Varibalen" wie der dargestellte Inhalt beeinflussen die Präferenzreaktion sowie Interesse und Erregung. Nach Heinrichs (1984, 1985) wirken sich Aggressive Inhalte auf die Erregung (arousal) und sexuelle bei den männlichen Vpn auf das Wohlgefallen aus).

Die Reaktion der Kunstwissenschaft auf die "neue" experimentelle Ästhetik ist keineswegs enthusiastisch. Wenn auch das Argument, es werde ein Durchschnittsgeschmack gemessen und zum Ideal erklärt, den Kunstpsychologen weniger träfe, so ist doch überdeutlich, daß mit Analysen der Verteilung von schwarzen und weißen Vierecken oder der Messung der Wohlgefälligkeit von Zufallspolygonen alle kunstwissenschaftlich interessanten Fragen unter den Tisch fallen und polemische Darstellungen in den Journalen der Ästhetik nicht verwundern dürfen (z.B. Pongratz 1979).

Auch in psychologischen Journalen macht sich eine kritische Einstellung breit. Bortz (1978) bezweifelt einen allgemeingültigen Zusammenhang zwischen Komplexität und Wohlgefallen. Götz und Götz schreiben bereits 1972 (S.52): "Man sagt, daß die Informationsästhetik als junge Wissenschaft noch am Anfang steht. Möglicherweise steht sie aber kurz vor ihrem wenig rühmlichen Ende, zumindest in ihrer von allzu wenig Empirie geprägten Form."

5.4 Vergleichende Verhaltensforschung und Kunstwirkung

Als Zweig der Biologie hat sich durch die Pionierarbeiten von Üxküll, Tinbergen, Lorenz u.a. die vergleichende Verhaltensforschung entwickelt, die nicht die morphologischen Merkmale der Arten, sondern deren Verhalten vergleicht. Dabei sind für die hier zur Debatte stehende Art "homo sapiens" aufschlußreiche Theorien und Ergebnisse entstanden, die man allerdings erst zu allerletzt auf "Kunst" beziehen würde. Dennoch soll genau das auf den folgenden Seiten mit einigem Enthusiasmus geschehen.

Menschliches Verhalten und als ein Teil davon die Kunsterzeugung bzw. die bildnerische Gestaltung ist historisch determiniert. Die Geschichte der Menschheit ist aber weit länger als die Geschichte der Kultur und der schriftlichen Überlieferungen. Sie geht sogar über die Zeit hinaus, in der es die ersten Menschen gab. Das ist evident an morphologischen Merkmalen des Menschen: Das in der Wirbelsäule gelegene, segmentierte Nervensystem des Menschen findet sich auch bei Fischen, genau so wie das paarig angelegte Linsenauge. Die Struktur des Körpers und - wie in letzter Zeit immer deutlicher entdeckt wird - auch die Struktur des Verhaltens wird von Generation zu Generation fortgepflanzt, genau kopiert und unabhängig von den Veränderungen der Kultur weitergegeben. Veränderungen entstehen durch Mutation und Selektion.

Die angeborenen Verhaltenssysteme sind in Reflexen und Instinkten angelegt. Der Mensch ist in seinem Verhalten - wie wir es subjektiv erleben - frei. Wir können entscheiden, ob wir heiraten oder nicht, welchen Beruf wir ergreifen wollen etc. Gleichzeitig machen wir natürlich auch - zunächst in weniger wichtigen Verhaltensbereichen - die Beobachtung der Unfreiheit. Den Patellarsehnenreflex löst der Arzt mit dem Reflexhammer aus, ob man es will oder nicht. Hunger oder Durst stellen sich ein, ob wir es wollen oder nicht. Wir müssen an unserem eigenen Verhalten lernen, daß wir uns in vielen Fällen frei entscheiden können, in anderen Verhaltensbereichen aber mehr das ausführende Organ von festgelegten Programmen sind.

Der Widerspruch zwischen der gleichzeitigen Freiheit und den Automatismen des Verhaltens läßt sich lösen, wenn man das Verhalten des Menschen einem Schichtenmodell zuordnet, wenn man also annimmt, daß im vererbten Potential gleichzeitig Reflexe, Instinkte und Willkürverhalten möglich sind. Diese drei Steuerungsmechanismen können das gleiche Verhalten kontrollieren. Wenn eine Fliege ins Auge fliegt, so ist die Reaktion des Menschen ein Reflex: Er schließt das Auge automatisch, ohne lange darüber nachgedacht zu haben. Im Flirt "plinkert" einer oder beide Partner (instinktiv) mit den Augen, ohne daß diese Augenbewegung bewußt gesteuert wäre. Wenn bei einem Scherz dagegen mit dem Auge gekniept wird, so handelt es sich um eine völlig freiwillige, willkürlich gesteuerte Bewegung. Alle drei Steuerungssysteme gibt es im Menschen gleichzeitig (vgl. auch Lersch und Rothacker oder Freud).

5.4.1 Die Wirkung von Schlüsselreizen auf Erleben und Verhalten

In den beiden Fällen, in denen das Verhalten instinktiv oder durch einen Reflex geregelt war, muß es dennoch von der Umwelt ausgelöst worden sein, und zwar im Fall der auf das Auge zufliegenden Fliege von einem optischen Reiz der Umwelt. Attrappenversuche zeigen, daß ein sich schnell vergrößernder Fleck auf einer Leinwand ebenfalls diesen Lidschlußreflex auslöst. Der Reflex hat einen eindeutigen, auslösenden Reiz, hier - sinnvollerweise - eine sich schnell vergrößernde Fläche im Gesichtsfeld.

Natürlich kann man einen solchen Effekt auch künstlich hervorrufen, um die Aufmerksamkeit der Betrachter zu fesseln. In der Werbung findet man Neonringe, die - konzentrisch nacheinander eingeschaltet - wie ein näherkommender Gegenstand wirken. Der Feuerwerkskörper, der plötzlich eine große Fläche des Nachthimmels kreisförmig anwachsend erleuchtet, wird als ein plötzlich näherkommendes Objekt erlebt. Der Reflex ist dadurch gekennzeichnet, daß ein auslösender Reiz immer auf die gleiche Weise mit einer den Reiz auslöschenden (Tinbergen 1942) Reaktion beantwortet wird.

Auch komplexere Verhaltensabläufe sind im tierischen Verhalten durch vererbte Programme gesteuert. Ein auslösender Reiz kann - je nach Bereitschaft (Stimmung) des Tieres - zu einer ganzen Kette von qualitativ verschiedenen Verhaltensweisen führen. Diese komplexere Möglichkeit des angeborenen Verhaltens nennt man "instinktives" Verhalten (vgl. Eibl- Eibesfeldt 1973, Lorenz 1978, Leyhausen 1968 und Wickler 1972). Den Reiz, der ein Instinktverhalten bedingt, nennt man "Schlüsselreiz", den Mechanismus, der als Detektor des Schlüsselreizes im Organismus existiert, "angeborenen auslösenden Mechanismus" (AAM). Auch Schlüsselreize werden für das "Augenwesen" Mensch überwiegend aus visuellen Komponenten bestehen.

Der erste auslösende Reiz für menschliches Instinktverhalten, der von Lorenz beschrieben wurde, ist denn auch ein hauptsächlich durch Formmerkmale bestimmter Reiz. Es handelt sich um das Kindchenschema: die visuellen Merkmale des Kleinkindes, die ein Brutpflegeverhalten auslösen. Doch der Schlüsselreiz für ein bestimmtes Verhalten führt nicht wie der auslösende Reiz eines Reflexes bedingungslos zu einem bestimmten Verhalten, sondern beeinflußt unter Umständen lediglich die Stimmung des tierischen oder menschlichen Organismus.

Um die Wirkung der Schlüsselreize zu verstehen, ist der Begriff der "doppelten Quantifizierung" (Lorenz 1968) hilfreich. Auf der einen Seite der "Quantifizierung" steht der Schlüsselreiz. Je mehr seiner Elemente verwirklicht sind, um so stärker ist seine Wirkung. Lorenz führt hier die sogenannte "Reizsummenregel" ein. Die künstliche Zusammenstellung entsprechender Reize kann den natürlichen Auslöser in seiner Wirkung sogar übertreffen (supranormaler Auslöser). Auf der anderen Seite steht die "aktionsspezifische Bereitschaft" (Lorenz 1978, "aktionsspezifisches Potential"), d.h. die Bereitschaft des Individuums, entsprechende Handlungen zu vollziehen. Je länger eine instinktive Verhaltensweise nicht durchgeführt werden konnte, um so stärker wächst die innere Bereitschaft. Es ist, als würde sich für jeden Instinkt eine Batterie aufladen. Im Extremfall kann die Instinkthandlung im Leerlauf, d.h. ohne auslösenden Schlüsselreiz ablaufen.

Eine Darstellung des Partnerschemas kann also den stark deprivierten Menschen (man denke an entsprechende pornographische Darstellungen) zum sexuellen Verhalten stimulieren. Im Regelfall ist die Darstellung für den Menschen zu künstlich, so daß es nicht zu den Instinkthandlungen kommt, die ohnehin in ein kompliziertes kulturelles Ritual eingebunden sind. Im allgemeinen kann man annehmen, daß der Schlüsselreiz die aktionsspezifische Bereitschaft aktuell werden läßt.

Je nach Stimmung kann die aggressive Darstellung die vorhandene aktionsspezifische Bereitschaft Angst und Flucht oder die Bereitschaft zur Aggression aktivieren. Hassenstein (1973) vermutet, daß es zum Abbau der Instinktspannung durch die Wahrnehmung der auslösenden Reize dann kommt, wenn die aktionsspezifische Bereitschaft für eine Handlung bereits vorliegt. Die hohe aggressive Bereitschaft kann "stellvertretend" durch Beobachten von aggressivem Verhalten abgebaut werden. Ist die Stimmung des Individuums minder aggressiv, so wird durch auslösende aggressive Reize und Handlungen die entsprechende Stimmung erst aufgebaut. Die Wirkung der auslösenden Reize hängt somit weitgehend von ihrer Stärke, aber auch von der Stimmung des beobachtenden Menschen ab. Schlüsselreize vermögen das Verhalten natürlich um so weniger zu beeinflussen, je mehr dieses in der Kultur in einen Ablauf von Konventionen eingebettet ist.

5.4.2 Schlüsselreize und ästhetische Empfindungen

Von den biologisch relevanten Ereignissen unserer Umwelt werden auch intensive ästhetische Empfindungen wachgerufen. Der Körper von Frauen und von Männern kann mehr oder weniger "schön" sein. Babys können "schön" sein, und auch die Nahrung kann uns als mehr oder weniger "schön" beeindrucken. Die Schönheit dieser Reize scheint in diesem Rahmen nichts mit dem Verarbeitungsaufwand bei der Reizaufnahme zu tun zu haben. Die Schönheit biologisch relevanter Reize hängt offensichtlich mit ihrer Angemessenheit, mit ihrer Nützlichkeit für menschliches Leben und Überleben zusammen.

Ein einfaches Beispiel ist hier das Urteil über Speisen. Eine süße Speise schmeckt gut; sie läßt sich nämlich leicht in Energie umsetzen. Der Geschmack ist ein Merkmal der "nützlichen" Speise (wenn auch die Entstehung von Karies im biologischen Geschmacksprogramm nicht vorgesehen ist). Bei der Beurteilung des Aussehens von Speisen scheint die "biologische Angemessenheit" eine Rolle zu spielen: Die weiße Speise (vermeintlich) ohne Verschmutzung und Ballaststoff bzw. die gelbbraune Färbung von Wurzeln und Nüssen werden bevorzugt (Lorenz 1978).

Bei der Körperschönheit wird noch deutlicher, wie Funktion und ästhetisches Empfinden zusammenhängen. Die Schönheit des weiblichen Körpers wird im allgemeinen um so höher eingeschätzt, je stärker die sekundären Geschlechtsmerkmale ausgeprägt sind, die ihrerseits mit der Funktion des Gebärens zusammenhängen. Die Taille-Becken-Proportion ist letztlich Signal für die Breite des Geburtskanals, also eine wesentliche Bedingung für die Arterhaltung. Rensch (1984) berichtet eine Bevorzugung der jugendlichen Körperformen bei der Darbietung von verschiedenen Körpersilhouetten.

Andererseits zeigt sich bei der Körperschönheit jedoch auch, daß die Verbindung von ästhetischer Bevorzugung und biologischer Nützlichkeit nicht für alle Reize gilt. Die Busenfülle, die - folgen wir einmal entsprechenden Journalen - in Darstellungen oft extremisiert wird und von vielen Betrachtern als schön empfunden wird, steht in keinem eindeutigen Zusammenhang zur biologischen Funktion. Eine sehr ausgeprägte Brust kann - ganz im Gegenteil - die Versorgung des Nachwuchses sogar gefährden. Dennoch scheint die Brust nun für das Schema und die Komposition des Schlüsselreizes besonders wesentlich zu sein, obwohl sie nicht direkt mit überlebenswichtigen Funktionen in Verbindung steht. Das ästhetische Empfinden scheint sich im Angesicht biologisch relevanter Ereignisse auf das Vorhandensein angemessener Schlüsselreize, weniger auf die biologische Funktion selbst zu beziehen.

Entscheidungen gegenüber biologisch relevanten Objekten, die aufgrund derartiger Präferenzempfindungen vorgenommen werden, sind aber meist Entscheidungen für das optimale Objekt. Hier könnte eine Grundlage für die unerschütterliche Annahme von Menschen sein, schöne Objekte seien auch gut und das Aussehen eines Produktes ließe Schlüsse auf die Qualität zu.

Was für den Bereich der Körperschönheit gilt, nämlich die Verknüpfung von Präferenzurteilen mit einer biologischen Bewertung der Situation, z.B. wenn weiße Zähne und rote Wangen und Lippen (also Merkmale der Gesundheit) zum Präferenzurteil führen, muß für das Auto-Design nicht stimmen. Dennoch verhält sich der Mensch auch gegenüber Objekten, die z.B. künstlich hergestellt sind, als gelte die Verbindung von Qualität und Aussehen. Das ästhetische Empfinden gegenüber Objekten biologischer Relevanz ist ein unbewußtes Bewerten einer Situation, die dem rationalen Denken nicht zugänglich ist und die das Verhalten einfacher Organismen steuert. Aber auch beim Menschen ist diese archaische Verhaltenssteuerung vorhanden und agiert gemeinsam mit der rationalen Steuerung, die wir gemeinhin als die einzige annehmen.

Allerdings können auch Objekte mit positiver biologischer Relevanz zu negativen Empfindungen führen, wenn sie in Darstellungen oder als Attrappen zu sehr extremisiert werden. Es kann sich das Urteil einstellen, die dargestellte Sache sei kitschig (vgl. Rump 1981). Als Beispiel kann auch die Geschmacksempfindung dienen. Die Süße ist eine angenehme Eigenschaft von Speisen, aber ein Zuviel an Süße wird wiederum abgelehnt.

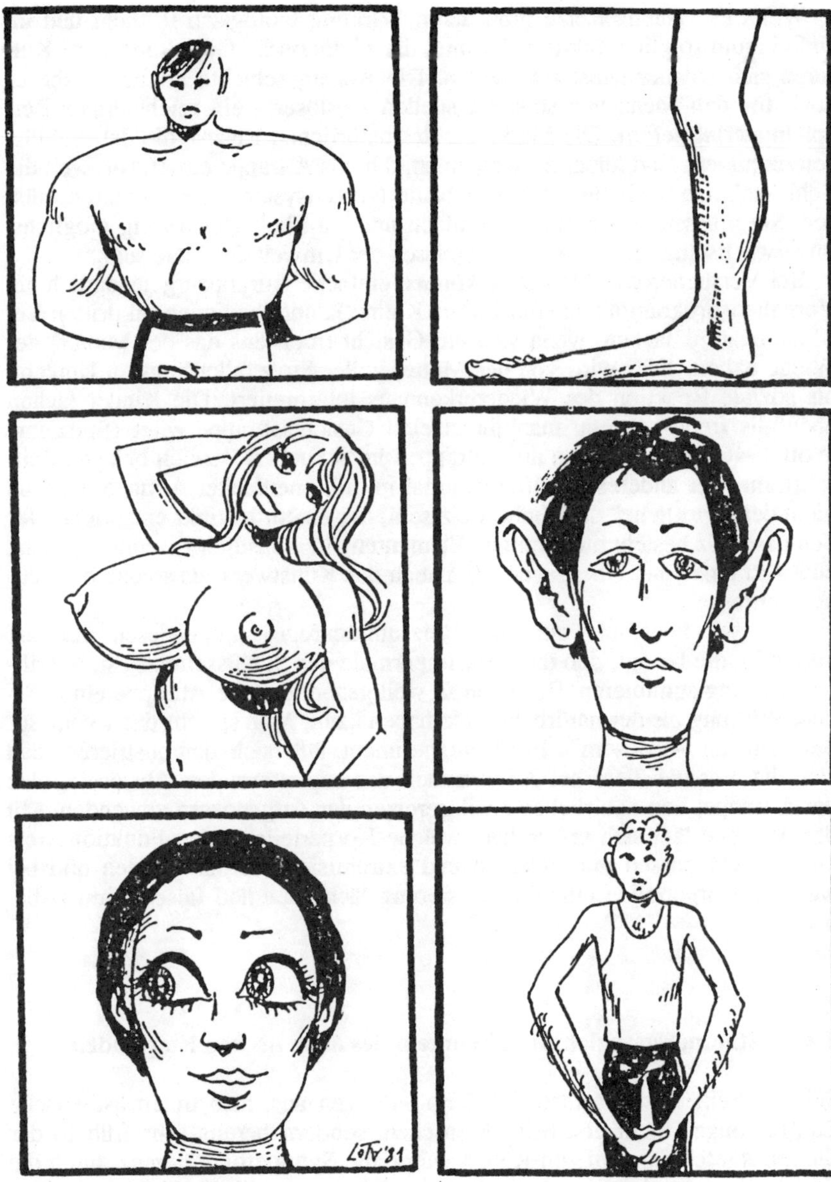

Abb. 5.15: Extremisierung von Körperteilen

Wenn es visuelle Reize gibt, deren Wirkung biologisch festliegt und im Individuum folglich anklingt, so muß die bildnerische Gestaltung aller Kulturen sich solcher Muster bedienen. Die Kunstgeschichte müßte - gäbe es auch für den Menschen solche visuellen Auslöser - ein reichhaltiges Beispielmaterial liefern. Die Merkmale des natürlichen Reizes, die den Schlüsselreiz bilden, sind leicht nachzuahmen, d.h. als Attrappe einsetzbar, weil die Schlüsselreize auch für einfach gebaute Nervensysteme funktionieren müssen. Sie müssen also möglichst einfach und natürlich gleichzeitig möglichst unverwechselbar mit anderen Ereignissen der Umwelt der Tiere sein.

Bei Versuchen mit Menschen können einfache Attrappen gelegentlich ein Verhaltensprogramm ablaufen lassen. Kleine Kinder beginnen im dritten Lebensmonat zu lachen, wenn sich ein Gesicht (meistens das der Mutter) der Wiege nähert. Dies wird von der Mutter voller Stolz, allerdings zu Unrecht, als soziale Reaktion des Wiedererkennens interpretiert. Die Kinder lachen ebenfalls freudig, wenn man ihnen eine Gesichtsattrappe zeigt (Spitz und Wolf 1946). Die Reaktion auf Attrappen im sexuellen Bereich belegen Zeitschriften oder anderes Schriftenmaterial in millionenfacher Auflage. Es muß nicht der "wirkliche" natürliche Reiz sein, der einem Instinkt entspricht. Der Schlüsselreiz besteht aus wenigen Elementen, die künstlich zusammengesetzt eine Attrappe sind. Übertragen kann auch das Kunstwerk als solche bezeichnet werden.

Hier sei nochmals auf die Reizsummenregel hingewiesen (Lorenz 1966/67), die besagt, daß die Einzelmerkmale des Schlüsselreizes sich in ihrer Wirkung summieren. Das kann so weit gehen, daß die Attrappe eine stärkere Wirkung als der natürliche Reiz haben kann. Man spricht dann von "supranormalen Auslösern". Im Tierexperiment läßt sich demonstrieren, daß sich die Versuchstiere bei Anwesenheit des supranormalen Auslösers, also der Attrappe, von natürlichen Auslösereizen der Artgenossen abwenden. Mit der Attrappe läßt sich erforschen, welche Körperteile in den Funktionskreis eines AAM passen und entsprechend extremisiert werden können und bei welchen Körperteilen eine Extremisierung lächerlich und falsch wirkt (Abb. 5.15).

5.4.3 Stammesgeschichtliche Wurzeln des ästhetischen Empfindens

Schlüsselreize lösen ästhetische Empfindungen aus, also treten ästhetische Empfindungen nicht erst beim Menschen, sondern bereits sehr früh in der Stammesgeschichte auf. Im Kap. 4 wurde die Symmetriepräferenz durch die Wahrnehmungserleichterung erklärt. Im folgenden soll die biologische Bedeutung von Symmetrie und ihre Konsequenzen auf die Präferenzreaktion untersucht werden.

Die belebte Natur kann - verkürzt - als System betrachtet werden, das identische Informationen vererbt und dadurch erhält. In Zeitspannen, in denen selbst Gebirge keine Spuren mehr hinterlassen, erhalten sich viele Arten unverändert. Wenn man davon ausgeht, daß bei der ungeheuer komplexen Informationsübertragung nicht beliebig verschwenderisch mit der Speichermöglichkeit umgegangen werden kann, so muß man in der belebten Natur im Gegensatz zur unbelebten Natur Wiederholungen, Regelmäßigkeiten und Symmetrien erwarten. Bei einfachen Lebewesen kann man die sparsame regelmäßige Bauweise besonders deutlich beobachten, so z.B. bei einzelligen Schalentieren, Schnecken, Seesternen, Seeigeln usf. Die regelmäßige symmetrische Form ist also geradezu Signal für die Existenz von Leben (vgl. Bateson 1970). Also könnte sich die ästhetische Wirkung der symmetrischen Form (besonders der Lateralsymmetrie) auch auf angeborene Eindrucksmechanismen stützen, die die Existenz von Leben bewerten.

Morrison (1978) glaubt, in der Natur könne keine perfekte Symmetrie entstehen, im makroskopischen Bereich werde immer eine "gebrochene" Symmetrie vorgefunden. Er stellt die These auf, daß der Mensch nicht auf die perfekte Symmetrie, sondern auf geringe Abweichungen von der perfekten Symmetrie am positivsten reagiert, weil er auf solche Abweichungen grundlegend programmiert sei.

Die Bilder der Elektronenmikroskope vermitteln eine Ahnung von dem unermeßlichen Maß komplexer Ordnung einer Welt, die sich im Makroskopischen oft verwirrend und ungeordnet darbietet. Über die Wirkung der Wahrnehmungserleichterung oder die Wirkung der Signalisierung von Leben hinaus ermöglicht diese komplexe Ordnung beim Betrachter eine Annäherung und Einsicht in die Grundprinzipien des Aufbaus der Materie. Das Empfinden beim Erleben solcher Ordnung können wir also auch als Erschauern vor der "rätselhaften" Ordnung und Konstruktion der Welt ansehen.

Die Bevorzugung regelmäßiger Formen läßt sich auch bei subhumanen Arten nachweisen. An einigen Tierarten lassen sich die stammesgeschichtlichen Wurzeln unseres ästhetischen Empfindens erforschen. Die Pionierleistung von Rensch (1957, 1958) ermöglicht Aussagen zu diesem Thema. Affen konnten als Spielzeug Würfel mit regelmäßig oder unregelmäßig gefärbten Mustern wählen. Bei einer großen Zahl an Wahldurchgängen erkannte man die signifikante Bevorzugung regelmäßiger Muster. Auch Vögel präferieren regelmäßige Muster (Ulmer 1976), während Fische häufiger ein unregelmäßiges Muster anschwammen. Rensch (1980) vermutet hier eine mangelhafte Ausstattung des Mittelhirns der Fische für die Musterkodierung und die Wahrnehmung von Redundanz.

Affen (Gorillas und Schimpansen) haben sogar eine kurze "Kunstgeschichte". Morris (1968), Smith (1973) und Rensch (1961, 1969, 1973) gaben ihren Affen das tiergemäße Malgerät (vgl. Abb. 5.16). Rensch (1980, S. 99) schreibt seine Beobachtungen nieder: "Wenn man aber einem Schimpansen nacheinander mit verschiedener Farbe getränkte Pinsel in die Hand gibt, so daß man später feststellen kann, in welcher Reihenfolge die einzelnen Striche und Strichbündel entstanden sind, so werden dabei doch oft Eigenheiten deutlich, die das Vorhandensein basaler ästhetischer Empfindungen möglich erscheinen lassen. Die späteren Striche werden dann nämlich meist nur noch in die freien Lücken gesetzt, so daß schließlich ein annähernd symmetrisches

Fächermuster entsteht." Möglicherweise haben bereits Affen eine Bevorzugung der lateralen Symmetrie. Es wird berichtet, daß ein von einem Affen gemaltes Bild vor einer Jury für moderne Kunst einen Preis bekam (Morris 1968).

Abb. 5.16: Affenzeichnung nach Morris (1968)

5.4.4 Die belebte und unbelebte Natur als Thema der Kunst

Wo im mikroskopischen Bereich, z.B. im Aufbau der Stoffe, oder im makroskopischen Bereich, z.B. bei Kristallen, Regelmäßigkeiten auftreten, üben sie auf den Menschen eine besondere Faszination aus. Der Künstler M. C. Escher studierte den Aufbau der Kristalle (vgl. Rush 1979). Entsprechende Naturobjekte finden seit langen Zeiten das Besitz- und Sammelinteresse.

So verwundert es nicht, daß das modulare Aufbauprinzip, das im mikroskopischen Bereich sowie im makroskopischen eine Bedingung der Regelmäßigkeit ist, auch für menschliche Gestaltungen Verwendung finden kann. Pearce (1978) fordert die Architekten auf, die Mikrostruktur der Materie als Vorbild für die architektonische Gestaltung zu wählen. Aus dreieckigen Grundmodulen aufgebaute Konstruktionen würden in ihrer möglichen

Variabilität und Stabilität über die heutigen Möglichkeiten hinausgehen. Einige Modelle von Bauwerken, die modular aufgebaut sind, werden vorgestellt (vgl. Abb. 5.17). Die Mikrostrukturen der Natur haben oft als "Vorbild" für die Kunst gedient. Die Bilder Poljakoffs erinnern stark an die Metallstruktur des Aluminiums. Lanners (1973, S. 21) stellt einem Bild von Pablo Palazuello eine mikroskopische Aufnahme der Kupferoxydation gegenüber.

In allen Epochen und Kulturen wird die belebte Natur zum Gegenstand der "Nachahmung" in der künstlerischen Gestaltung. Hier soll nicht die Theorie solcher Naturnachahmung diskutiert werden (In diesem Zusammenhang wurde z.B. von den griechischen Philosophen diskutiert, ob der Künstler die Schönheit der Natur nachahme oder sie vervollkommnen könne). Hier soll nur hervorgehoben werden, daß bei der naturalistischen Abbildung von lebenden Organismen Formprinzipien übernommen werden, die die Bedingung der menschlichen Präferenzreaktion sind.

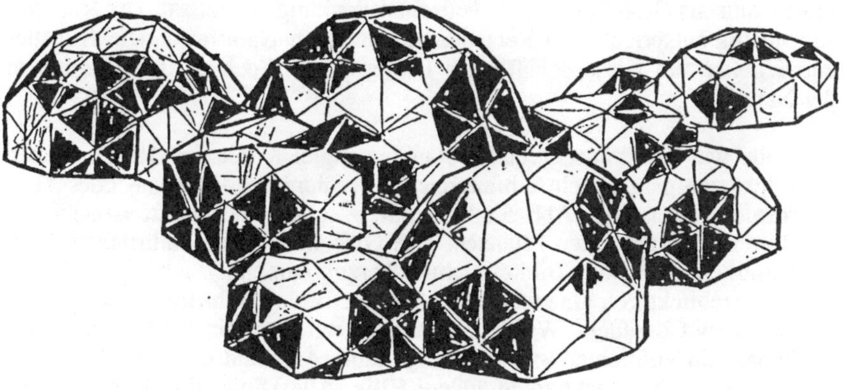

Abb. 5.17: Modulare Architektur als Naturnachahmung (nach Pierce 1972)

Die Proportion des Goldenen Schnittes läßt sich in vielen Variationen in der belebten Natur nachweisen (Neufert 1960). Die Proportion des Menschen läßt sich als vielfaches Teilungsverhältnis im Goldenen Schnitt darstellen. Fensom (1981) glaubt, die Proportion der Kinn-Augen-Linie und Kinn-Haaransatz-Linie entspreche dem Goldenen Schnitt und werde zum Schlüsselreiz für das Lachen des Kleinkindes gegenüber der Mutter. Der Architekt Le Corbusier wählte in seinem Modul-System ebenfalls die Maße des menschlichen Körpers und die Proportion des Goldenen Schnittes zum Grundschema für seine Arbeit. Angesichts solcher Tatsachen stellt sich die Frage, ob uns der Goldene Schnitt so wohlgefällig ist, weil wir ihn in der Naturbeobachtung vorfinden, oder ob es die berühmte und oft strapazierte Isomorphie zwischen belebter Natur und einem speziellen Teil der belebten Natur, nämlich dem menschlichen Gehirn, gibt?

Am Beispiel von drei Künstlern soll dargestellt werden, wie die Erforschung des Aufbaus der Natur, wie sie von L. da Vinci bereits betrieben wurde, zu Gestaltungen führt, die die Bezogenheit des Menschen auf die belebte Natur als Grundlage der ästhetischen Wirkung ausnutzen. Der Reiz des Jugendstils entspricht dem Reiz der beobachteten Naturform. Die Künstler entwickelten ein wissenschaftliches Interesse am Wachsen und Werden in der Natur.

1. Galle war Glaskünstler und Botaniker zugleich (Garner 1979). Seinen Entwürfen ging oft ein umfangreiches Studium der Pflanzen- oder Tierformen voraus (vgl. Abb. 5.18). Der Reiz seiner Glasobjekte ist auch der Reiz der dargestellten Pflanzen. Das Glas erlaubt den natürlichen Farbhelligkeiten, die kein Bild erreicht, näherzukommen.
2. Die Architekturen Gaudis sind an der Statik der Naturformen orientiert. Gaudi sagt darüber: "Wollen Sie wissen, wo ich mein Vorbild gefunden habe? Ein aufrechter Baum; er trägt seine Äste und diese die Blätter ... Dieser Baum braucht keine äußere Hilfe. Alle Dinge sind in sich selber ausbalanciert. Alle Dinge sind im Gleichgewicht" (Sterner 1979, S. 9). Nach diesen statischen Prinzipien ist dann auch die Kirche La Sagrada Familia in Barcelona konstruiert.
3. Noch tiefer in die Konstruktionsprinzipien der Natur will der Anthroposoph Rudolf Steiner in seinen architektonischen Entwürfen eindringen. Hier geht es nicht um die Nachahmung der äußeren Form, auch nicht um die Nachahmung der Statik, sondern um die Nachahmung der Wachstumsprinzipien. Wie sich bei der Blume ein Blütenblatt aus der gleichen zugrunde liegenden Blattform entwickelt, so soll sich an Steiners Bauwerken die Säule vom Boden aus organisch entfalten, wobei der ganze Bau Metamorphosen einer grundlegenden Einheit darstellt (Schuyt u.a. 1980).

Abb. 5.18: Galle-Vase, 2-farbig überfangen (Privatbesitz)

5.4.5 Mögliche Bereiche biologischer Verhaltensprogramme

"Angeborene" Reaktionsschemata sind nicht gegenüber dem gefährlichen Auto oder der Luftverschmutzung durch Kohlenmonoxyd zu erwarten, sondern gegenüber biologisch bedeutsamen Ereignissen der in einer natürlichen Umgebung lebenden stammesgeschichtlichen Vorfahren des Menschen. An dieser Stelle soll ein Katalog der Erfahrungen mit stammesgeschichtlicher Relevanz für das Überleben des Menschen aufgestellt werden, dessen Inhalt auf eine mögliche Bedeutung für die bildnerischen Gestaltungen des Menschen geprüft werden soll. Weil die Kulturethologie noch sehr jung ist und nur wenige Problemfelder eine ausführliche Bearbeitung gefunden haben, wird hier ein Weg beschritten, der von einem Bericht vorliegender Ergebnisse abweicht, aber erst ermöglicht, die Mosaiksteine des vorhandenen Wissens in einen Rahmen möglicher Themen einzuordnen.

1. Nahrungsaufnahme: Sind die Reaktionen auf Speisen (Gerüche von Speisen) "angeboren" gesteuert? Manches unter Feinschmeckern bekannte Gericht, etwa Austern, wird wegen seines Aussehens von vielen Menschen abgewiesen. Hier müssen wir natürlich nicht nur an zubereitete Speisen, sondern auch an Pflanzen, die als Nahrung dienen können, oder

an Fleisch denken. Die Ernährung (ebenso die Luftversorgung: Gerüche) bedingt das Überleben des Individuums.

2. Freßfeinde, Gefahren: Der Mensch muß sich vor Gefahren schützen. Gefahren können durch Tiere (Schlangen, Spinnen, Käfer, Raubtiere) oder auch durch große Höhen, gefährliche Spalten des Geländes oder Stürme und Unbilden des Wetters entstehen.
3. Fortpflanzung und Brutpflege: Die Erhaltung der Art wird durch Fortpflanzung und Brutpflege gesichert. Das Individuum muß auf seinen Geschlechtspartner reagieren, also bestimmte Partnerschemata besitzen und "Werbungsreaktionen" abrufen können. Der Mensch ist als Kind hilflos und muß von den erwachsenen Kumpanen geschützt werden, die auf ein entsprechendes Kindchenschema reagieren müssen, solange die Schutzbedürftigkeit existiert.
4. Sozialverhalten: Der Mensch überlebt nur in der Gruppe und muß eine Koordination des Gruppenverhaltens leisten können. Es muß ebenso Rangordnungen geben, die durch Aggressionsschemata und Imponierschemata innerhalb der Gruppe aufrechterhalten werden, wie solche Mechanismen, die Zusammenhalt und Freundlichkeit ausdrücken.
5. Beurteilung des Lebensraumes: Der Mensch lebt in einer Landschaft, die er auf ihren Wert zum Überleben hin beurteilen muß.
6. Reaktion auf Krankheit: Möglicherweise gibt es eine für das Überleben wichtige Minimalhygiene, die durch Abscheu, Ekel und Waschbedürfnis reguliert wird. Es wäre - biologisch - sinnvoll, Mitmenschen mit (sichtbaren) ansteckenden Krankheiten zu meiden. Hier sei daran erinnert, in welchem Umfang z.B. Menschen mit dem harmlosen Blutschwamm unter sozialer Stigmatisierung leiden.

Dieser kurze Katalog weist nicht auf nachgewiesene Felder angeborener Verhaltensprogramme hin, sondern zeigt auf, wo solche Programme beim Menschen erwartet werden können. Es könnten weitere Bereiche aufgeführt werden, so die Reaktion auf Wasser und Feuer.

Nach der hier vertretenen Meinung kann die Kunstpsychologie nicht nur die Ergebnisse der Verhaltensforschung bezüglich der AAMs des Menschen rezipieren und in ihrem Gegenstandsbereich nach Beispielen suchen. Sie vermag mit Hilfe ihrer Methoden aus ihrem Gegenstandsbereich Hypothesen darüber zu generieren, wo auslösende Reize liegen könnten. Die Reaktionen auf weniger auffällige Schlüsselreize wie z.B. Aspekte der Landschaft oder Grauhaarigkeit (Lorenz: Altersprachtkleid) lassen sich durch Quellenarbeit am Kulturgut belegen. Dies ist eine Methode, die auch Freud zur Untermauerung der Symboldeutungen vorschlug (vgl. hier z.B. Freud 1900, Jung 1936, Rank und Sachs 1913).

5.4.6 Schlüsselreize in bildnerischen Gestaltungen

Will man nun das "imaginäre Museum", das Universum der Kunstwerke und der bildnerischen Gestaltungen darauf abklopfen, wo Schlüsselreize verwirklicht sind, so sollten Kriterien entwickelt werden, die es erlauben, die Existenz von Schlüsselreizen zu belegen. Die Ethologen geben eine Reihe von Merkmalen visueller Reize an, die beim Menschen Instinktverhalten auslösen (z.B. Lorenz 1978, Eibl-Eibesfeldt 1973). Auf dieser Grundlage ist hier für die bildnerische Gestaltung eine Kriterienliste entwickelt, die aber darüber hinaus die spezifischen Möglichkeiten bildender Gestaltungen berücksichtigt.

1. Kulturübergreifende Existenz: Die entsprechenden Reize müßten sich in allen Kulturen aller Zeiten nachweisen lassen. Fehlen sie, so müßten Gründe für ihre Unterdrückung gefunden werden können.
2. Einsatz im relevanten Funktionskreis: Schlüsselreize müßten an der relevanten Stelle in Kunstwerken gefunden werden: Das weit aufgerissene Auge müßte also z.B. in der Kampfszene vorkommen, das halbgeschlossene Auge dagegen im friedlichen Kontext.
3. Extremisierung von Reizen: Aus der Forschung mit Tieren weiß man, daß Reizextremisierungen nicht als "falsch" abgewiesen werden, sondern stärker als der natürliche Reiz wirken. Bei den künstlerischen Verwirklichungen von Schlüsselreizen darf man also grobe Übertreibungen erwarten, die den Betrachter nicht stören. Es wäre interessant zu prüfen, wo Übertreibungen lächerlich wirken (z.B. Länge des Unterarmes, des Fußes) und wo sie nicht stören (Schulterbreite, Busengröße, Beinlänge, vgl. Abb. 5.15 im Abschnitt 5.4.2). Auch die Extremisierungen müßten sich in verschiedenen Kulturen und in verschiedenen historischen Epochen nachweisen lassen.
4. Verwirklichung in Strichzeichnungen und in Graffiti: Welche Gegenstände oder Gegenstandsbereiche findet man häufig als Strichzeichnungen? Die Antwort auf diese Frage könnte Hinweise geben, welcher Inhalt auch aus "Andeutungen" erkannt wird. Solche Inhalte eignen sich auch deshalb gut für Strichzeichnungen, weil sie einfach sein müssen, also auch von Amateuren leicht in Bänke und Toilettenwände zu ritzen sind.
5. Anspringen des Schemas auch bei Zufallsmustern: Wann wird in Zufallsmustern etwas Bedeutungsvolles gesehen? Hat ein AAM mit wenigen Elementen angesprochen?
6. Notwendige visuelle Elemente: Welche Teile dürfen bei Abbildungen auf keinen Fall fehlen, weil sie essentiell zu einem Schema gehören? So wirken Gesichtsdarstellungen entstellend, wenn die Augen unscharf sind.
7. Verwirklichung in "Warnzeichen" und Piktogrammen: Natürlich wird man Schlüsselreize in biologisch relevanten Bereichen suchen. Aber auch künstliche Reize, die schnell erkannt werden sollen, wie Warnzeichen und Piktogramme sollten Elemente von Schlüsselreizen aufweisen.

8. Anachronismen in der Darstellung: Welche Reizelemente treten in den zivilisierten Gesellschaften häufig in Erscheinung, obwohl sie in der aktuellen Umwelt nicht mehr existieren (z.B. Krokodile in der Phantasie der Kinder)? Für solche Reize bestehen Schemata, die nur durch das künstliche Informationsangebot abgerufen werden.
9. Verwirklichung in der Werbung: Weil sich Schlüsselreize so gut für die Werbung eignen, sollte die Werbegestaltung ein reiches Quellenmaterial zur Entdeckung von Schlüselreizen in visuellen Gestaltungen anbieten.

Einzelne "Treffer" beweisen noch nicht die Existenz eines angeborenen auslösenden Schemas. Eine Verdichtung von Hinweisen auf ein bestimmtes Reizelement könnte Mechanismen dieser Art jedoch vermuten lassen. Weiter könnte geklärt werden, ob analog zu nicht mehr benötigten Organen auch Rudimente nicht gebrauchter stammesgeschichtlicher Verhaltens- und Eindrucksarten nachzuweisen sind.

5.4.7 Biologisch relevante Reizelemente

Nachdem ein Rahmen abgesteckt ist, innerhalb dessen Schlüsselreize in künstlerischen/künstlichen Gestaltungen gesucht werden können, soll nun im einzelnen geprüft werden, wo die Existenz solcher Schlüsselreize zu vermuten ist. Das Schema, auf das der Instinkt reagiert, setzt sich meist aus mehreren Reizkomponenten zusammen (s.o. auch Reizsummenregel). Zunächst sollen drei einfache Reizelemente (Farbe und Farbigkeit, Glanz, Auge und Doppelrund) besprochen werden.

Farbe und Farbigkeit

Farben lassen sich bestimmten Umweltereignissen zuordnen. Korrespondieren die Farbbedeutungen in der künstlichen Verwirklichung mit der Farbbedeutung im natürlichen Umfeld? Die Aufzählung von Farberlebnissen in der Natur kann helfen, eine entsprechende These zu überprüfen:

- Weiß: Zähne, Augenweiß, Schnee, helles Licht, Glut, sprudelndes Wasser
- Grau: Dämmerung, Leichenfarbe
- Gelb: Eiter, Sonne, Feuer, Blumen, Fruchtsaft
- Rot: Blut, Schleimhäute, Wangenrot, Fleisch, Feuer, reife, süße Früchte (Kirschen, Äpfel)
- Grün: Pflanzen, Früchte
- Blau: Himmel, Wasser, entfernte Objekte, Augenblau Schwarz: Dunkelheit, Nacht
- Braun: Erde, Bäume, Augenbraun, Nüsse, Früchte, Wurzeln

Zur natürlichen Einbettung der Farben paßt die Beobachtung der durch die Farbdarbietung induzierten physiologischen Erregung. Die Darbietung von Rot führt bei den Vpn zu einer höheren Erregung als Blau oder Grün (Wilson 1966, Jacobs und Hustmeyer 1974). Bei solchen Erregungsmaßen scheinen persönliche Vorlieben jedoch auch eine Rolle zu spielen (Sobol und Day 1967).

Wenn Farben Bedeutungen erhalten, etwa warm oder kalt usf., so könnten sich diese sehr wohl aus der allgemeinen Erfahrung mit der jeweiligen Farbe ergeben. Ein Zitat von Albers (1970, S. 100) zeigt, daß wir mit unserer Vermutung nicht ganz falsch liegen: "Was warm und kalt betrifft, ist es im abendländischen Kulturkreis eine ausgemachte Sache, daß in der Regel Blau kalt erscheint und daß die benachbarte Gruppe Gelb-orange-rot warm aussieht." Die rote bis gelbe Gluthitze des Feuers steht hier der kühlen Farbe des Himmels, dem bläulichen Schimmer von Schnee oder aber auch der Kälte und Kühlung signalisierenden Farbe des Wassers entgegen.

So nimmt die grundlegende Erfahrung mit unserer Umwelt Einfluß auf die semantischen Assoziationen, die sich zu Farben einstellen. Die Farben können zur Metapher für bestimmte Inhalte werden. Weiß ist hell und besonders empfindlich gegen Flecken und eine Metapher der Reinheit, das Schwarze ist Metapher der Nacht, der menschlichen Handlungsunfähigkeit bis zur Depression. So erschließen sich Farbbedeutungen, die über die verschiedenen menschlichen Kulturen geteilt werden, die auf den gemeinsamen archaischen Grunderfahrungen mit der Natur beruhen (Wie weit solche Grunderfahrungen bereits in die angeborene Ausstattung des Menschen übernommen sind, sei dahingestellt.)

Die Bedeutung der jeweiligen Farbe ist natürlich auch durch kulturelle Überlieferungen bedingt. In Thailand ist die Trauerfarbe weiß. Dies kann einerseits heißen, daß in einer anderen Kultur andere Metaphern gefunden wurden, zum anderen kann dies aber auch auf eine andere Bedeutung des Todes verweisen. Die allgemeine oder wenigstens weitgehend allgemeine Metaphorik der Farben bleibt aber auf die wenigen Grundfarben beschränkt und kann schon nicht mehr einfach auf alle Zwischentöne oder etwa für Farbzusammenklänge angewendet werden. Je nach Inhaltsbereich kann eine Farbe etwas völlig anderes bedeuten, wenn auch im allgemeinen der Einsatz von Farben mit der geschilderten grundlegenden Metaphorik übereinstimmt: Die gelbe und rote Ampel, die gelbe und rote Karte des Schiedsrichters usf. Andererseits sind die "Schwarzen" in der politischen Verwendung des Wortes keineswegs traurig oder die "Braunen" erdverbunden. Möglicherweise steckt in der Bezeichnung der Roten noch ein Anklang an die Aggressivität der Revolution - entsprechend gern wird der Ausdruck vom politischen Gegner verwendet. Die "Grünen" liegen dann wieder voll in der Metaphorik des Wortes: Es geht um die Erhaltung der Natur.

Farbigkeit oder "Buntheit" als Wirkungsfaktor visueller Reize scheint dagegen eine allgemeine und grundlegende Bedeutung zu haben. Verstehen wir die Sprachmetapher "farblos" einmal wörtlich, etwa auch im Zusammenhang mit den Redensarten "Die Farbe weicht aus seinem Gesicht" oder "ein grauer

Tag", so ist Farbigkeit ein Signal für eine positive Stimmung bzw. für das Leben überhaupt. Im Gesicht erfüllt die Färbung eine soziale Funktion. Entfällt die Farbe, wird dies als unangenehm empfunden. "Leichenblaß" ist ein Wort, das den Zusammenhang zwischen Gesichtsfarbe und Leben überhaupt aufgreift.

Die Farbigkeit ist auch auf ganz allgemeiner Ebene Signal für die Bedingungen des menschlichen Lebens bzw. Überlebens. Die strahlende Farbe entfaltet sich nur im Sonnenlicht. Bei geringen Beleuchtungsstärken können Menschen, bedingt durch die Konstruktion des visuellen Apparates, keine Farbe wahrnehmen. Farbe ist vielfältig in der belebten Natur zum Signalreiz geworden. Die Farbigkeit der Blume ist ein Signal für die Biene, aber auch ein Signal für den auf die Natur angewiesenen Menschen, der diese Farbigkeit als "schön" erlebt und in seinen Wohnungen konserviert.

Goethe hebt diese Bedeutung der Farbe hervor (Farbenlehre 1810, § 759): "Die Menschen empfinden im allgemeinen eine große Freude an der Farbe. Das Auge bedarf ihrer, weil es des Lichtes bedarf. Man erinnere sich der Erquickung, wenn an einem trüben Tag die Sonne auf einen einzelnen Teil der Gegend scheint und die Farben daselbst sichtbar macht ..." An anderer Stelle wird deutlich, daß Farbe ganz allgemein für Emotion und zwischenmenschliche Sozialstimmung stehen kann. In diesem Sinn werden von Klopfer-Davidson (1967, S. 155) im Rohrschach-Test die Farbantworten gedeutet: "Es wird allgemein angenommen, daß es sich bei diesen Umweltreizen um die mitmenschlichen Beziehungen handelt und daß Farbantworten daher ein Indikator für das emotionale Verhalten im Sozialkontakt sind." Das "Erröten", also Sich-Färben des Gesichtes ist unmittelbares Anzeichen der Emotion, wie auch das Erblassen. Nach diesen Ausführungen versteht man die enge Verknüpfung von Farbe und Emotion, wie sie in vielen Werken der Kunstwirkung behauptet wird (Kreitler und Kreitler 1972, Arnheim 1978). Es lassen sich also drei für das ästhetische Empfinden relevante Funktionen der Farbigkeit feststellen:

- In ihrem gemeinsamen Auftreten mit dem Licht wird Farbe als etwas Erfreuliches empfunden.
- Die Farbe dient der Unterscheidung der Objekte.
- Die Farbe ist - im Sinne der vergleichenden Verhaltensforschung - eng mit der Wahrnehmung von Emotion verbunden.

Glanz

Ein Reizelement, welches in der Ästhetik wenig Aufmerksamkeit findet, ordnet sich möglicherweise in unseren Erklärungszusammenhang ein: der Glanz. Als Ausnahme muß auf Huxleys (1954) Aufsätze hingewiesen werden, in denen der Glanz als ästhetischer Reiz ausführlich thematisiert wird. Eine kurze Liste glänzender Dinge soll die Allgegenwart dieses Reizelementes im ästhetischen Alltag verdeutlichen (Gold, Silber, Diamant, Autolack, Lackleder, Glanzstahlspülen, glänzender Firniss, Hochglanz auf der Fotografie, Glanzbildchen, Spiegelglanz). Ja, der Glanz ist eine Metapher für den Wert einer Sache überhaupt: Als "glanzlos" bezeichnet man etwas, was sich durch nichts auszeichnet, während eine "glänzende" Leistung den Urheber ehrt (vgl. Kap. 4).

Was ist eigentlich Glanz? Im allgemeinen kann man sagen, eine Sache glänzte, wenn ihre Oberfläche spiegelt, ohne das Licht jedoch völlig wie ein Spiegel zu reflektieren, so daß die Eigenfarbe des Gegenstandes ebenfalls vermittelt wird.

Der warme Glanz des Goldes, der kalte des Silbers oder der bunte Glanz des Autos sind Beispiele. Beim Spiegeln entstehen erhebliche Helligkeitsunterschiede, so etwa wenn bei einer gebogenen Fläche ein Segment gerade die Lichtquelle in Richtung des Betrachters spiegelt. Man spricht in der Fotografie von Glanzlichtern, die im Bild durch weiße Punkte "aufgesetzt" werden (ohne sie fehlt dem Bild etwas Wesentliches).

Wo spielt Glanz für den Menschen im biologischen Zusammenhang eine Rolle? Das Auge glänzt, wenn etwas Besonderes geboten wird. Immer ist ein leichter Feuchtigkeitsfilm über dem Auge, der zur Lichtspiegelung führt. Gerade beim Motiv Auge spielen die Glanzpunkte in der Malerei eine so besondere Rolle. Der Experimentalpsychologe weiß, daß man an Reflexionen die Blickrichtung erkennen kann (Augenreflexkamera). An Glanzpunkten orientiert sich auch der Kommunikationspartner bezüglich der Blickrichtung. In der innerartlichen menschlichen Kommunikation spielt die Blickrichtung natürlich eine existentielle Rolle. Zunächst verweist der Glanz also auf die Bedeutung des Auges. Das Erkennen der Augen eines Freßfeindes kann das Leben eines Menschen retten.

Der Glanz ist noch auf andere Weise direkt mit dem "Menschschema" verbunden. Die haarlose menschliche Haut glänzt und wird auf angeborener Weise zur Grundlage des Erkennens anderer Menschen (Rensch 1984). Das glänzende, haarlose Leder (Nappaleder oder Schlangenleder) eignet sich entsprechend gut als Bekleidung. Die sichtbare, glänzende Oberfläche extremisiert dabei auch die Nacktheit und findet daher häufig Verwendung in der Kleidung im Dienste der Partnerattraktion. In verschiedenen Moden wurde die menschliche Behaarung sorgfältig verdeckt. Besonders von Frauen wird die "unweibliche" Körperbehaarung als störend empfunden und entfernt, während beim Mann Behaarung bis zu einem gewissen Grade zum Partnerschema der Frau gehört.

Die besondere Reaktion auf Glanz ist kein Privileg des Menschen. Von Vögeln, besonders der "diebischen" Elster weiß man, daß sie glänzende Gegenstände aufgreift. Papageien weichen vor dem Glanz des menschlichen Auges, aber auch vor dem Glanz des Kameraobjektivs aus. Glanz hat auch für andere Arten Bedeutung.

Das Phänomen Feuer hat Tiere und Menschen vermutlich schon zu Urzeiten zu Auseinandersetzungen gezwungen, lange bevor der Mensch es zu bändigen vermochte. Viele Tiere fürchten sich vor dem Feuer. Es vernichtet ihre Lebensräume. Auf den Menschen übt es eine eigenartige Faszination aus.

Der Anblick des Lagerfeuers, des Herd- oder Kaminfeuers gilt als "ästhetisch" reizvoll. Das Typische des Feuers ist nicht durch statische Bilder zu verwirklichen; im Kino sehen wir es schon natürlicher als auf der Fotografie. Allerdings fehlt auch dem Kinobild der hohe Lichtkontrast, der dem "Flakkern" eigen ist, und die vom Feuer ausgestrahlte Wärme. Nehmen wir, wie Gombrich (1979) vorschlägt, die Metaphern der Sprache wörtlich, so hat das Feuer einen Ableger in der Welt der künstlichen Gestaltung und der Ästhetik, der an Wichtigkeit der unmittelbaren Anziehung durch das flackernde Feuer nicht nachsteht: Bei Schmucksteinen spricht man von Feuer, wenn man ihren Glanz beschreibt. Damit meint man die starken Helligkeitswechsel, die der Stein erzeugen kann, wenn er im Licht gedreht wird. Die Farbe des einfassenden Goldes paßt nun hervorragend: Es ist der warme Farbton des Feuerglanzes, den das Gold besitzt.

Das Auge und das Doppelrund

Der Bedeutung des Augenmotivs hat der Kulturethologe Koenig (1975) eine umfangreiche Arbeit gewidmet. Da das Augenpaar bei allen Wirbeltieren verhältnismäßig gleich gestaltet ist, kann am Augenpaar ein Freßfeind, natürlich ein Artgenosse oder eventuell auch ein Beutetier besonders zuverlässig erkannt werden (vgl. Koenig 1975, S. 71). Auch wegen seiner einfachen Form, die aus konzentrischen Ringen besteht, eignet sich das Auge besonders als Schlüsselreiz für angeborene auslösende Mechanismen. Das aufgerissene Auge hat innerartliche Drohfunktionen (vgl. auch unten: innerartliche Aggression). Das halbgeschlossene Auge signalisiert die "Kraulstimmung". Dies ist in der bildnerischen Gestaltung an vielen Stellen verwirklicht.

Augenattrappen haben sich in der Evolution bei verschiedenen Tiergattungen entwickelt, bei Fischen, aber auch am "Hinterkopf" der indischen Kobra. Versuche an Menschen zeigen, daß Menschen auf die paarige Anordnung von konzentrischen Kreisen mit starker Pupillenerweiterung reagieren, nicht hingegen auf einen einzelnen konzentrischen Kreis, auf drei konzentrische Kreise oder auch auf zwei konzentrische Kreise, die nicht auf einer horizontalen Achse liegen (Coss 1968).

Auch "Pfauenaugen" oder Schmetterlingsaugen usf. sind als solche Augenattrappen anzusehen, die auf die Stammesgeschichte dieser visuellen Signale verweisen. Menschen sprechen auf die von der Natur entwickelten Attrappen an, ein Hinweis darauf, daß dieser Auslösemechanismus auch bei der Spezies Homo sapiens angelegt ist. Als Kriterien für Augenattrappen, die nach der Reizsummenregel zusammenwirken können, aber auch isoliert wirken, zählt Koenig (1975, S. 90) die "runde Irisfläche, den zentralen Pupillenfleck, Helldunkeleffekte, die Kugelgestalt, glänzende Oberflächen, Beweglichkeit, spitzovale Umrißlinien, Wimpernkranz, Brauenlinie, paarige Anordnung" auf. Oben wurde bereits die These erwähnt, daß sich um die auslösenden Mechanismen in der Mythologie Geschichten und Phantasievorstellungen ranken. Koenig geht im Unterschied zu anderen Ethologen ausführlich auf die kulturelle Einbettung des Phänomens ein. Der berühmte "böse Blick", den die Südländer kennen, der Blick des aufgerissenen Feindauges kann als eine solche Phantasie, die sich um den AAM bildet, verstanden werden.

Gegen ihn werden Amulette angefertigt, Augenattrappen oder Spiegel, die den Blick auf seinen Urheber zurückwerfen. Die Abwehrornamente gegen den bösen Blick, magische Abwehrzeichen überhaupt, "vermassen", treten in Überzahl auf und werden so zum Ornament auf Uniformen und an Gebäuden. So wie man gewohnte Umwege wiederholt benutzt, werden auch im Ornament nach der ursprünglichen Abwehrintention später kulturelle Gewohnheiten gebildet. Jedes Rankenwerk, jede sich wiederholende Ornamentik, ist zu befragen, inwieweit noch Augenmotive, wie etwa das Miribota-Motiv im persischen Teppich, auftreten.

Die Schwachen bedürfen des Schutzes vor dem bösen Blick: Frauen und junge Mädchen, in deren Trachten sich vielfach Spiegel finden lassen. angefeindete und beneidete Mächtige errichten Statuen, die dem eintretenden Fremden ins Gesicht blicken, Krieger schützen die Brust und den Rücken mit Abwehrdarstellungen, Abwehraugen. Die glänzende Krone der Mächtigen stellt Zentraldiamanten (oder große Blickabwehrspiegel bei den ägyptischen Pharaonen) in das Zentrum und bietet so Schutz. Ähnlich lassen sich der Bischofsstab und das militärische Hoheitszeichen (bei der britischen Luftwaffe, an der Kopfbedeckung der Bundeswehr und der Reichspolizei) interpretieren. Natürlich ist ein so wirkungsvolles Motiv nicht nur in der Vergangenheit verwendet worden. Das Beispielmaterial, das Koenig für eine Anwendung des Augenmotivs in der Werbung anführt, ist besonders reichhaltig. Solche Augendarstellungen garantieren der Werbung auf jeden Fall einen starken Aufmerksamkeitseffekt. Die moderne Kunst bedient sich des "herausgelösten" Auges häufig (vgl. Abb. 5.19).

Koenig diskutiert allerdings, ob die Vielfalt der Augendarstellung in unserer Umwelt für den modernen Menschen nicht geradezu das Erlebnis des Bedrohtseins herstellen kann. Als Episode schildert er, wie die Wächter seiner Sammlung von Amuletten und "Abwehrzauberobjekten" kündigten, weil sie das vielfältige Angeblicktwerden nicht ertragen konnten. Das Doppelrund der Augen ist - wie auch Koenig anmerkt - der schematischen Zeichnung der weiblichen Brust, die ebenfalls einem auslösenden Mechanismus angehört, dem Partnerschema zum Verwechseln ähnlich. Die Kugeligkeit, Rundheit des Busens wird auch in Darstellungen und Moden (BHs, Hochhalten der Arme beim Posieren) stark betont. Eine Erklärung wäre, daß die runde Form in den Wahrnehmungsanalysatoren einfach dekodiert wird, und zwei AAMs an die gleichen Musterextraktionsprozesse angeschlossen sind. Sobald Brust- und Augen-Elemente zusammengelegt werden, kommt auch ein recht "eindrucksvolles" Bild zustande (vgl. Abb. 5.20).

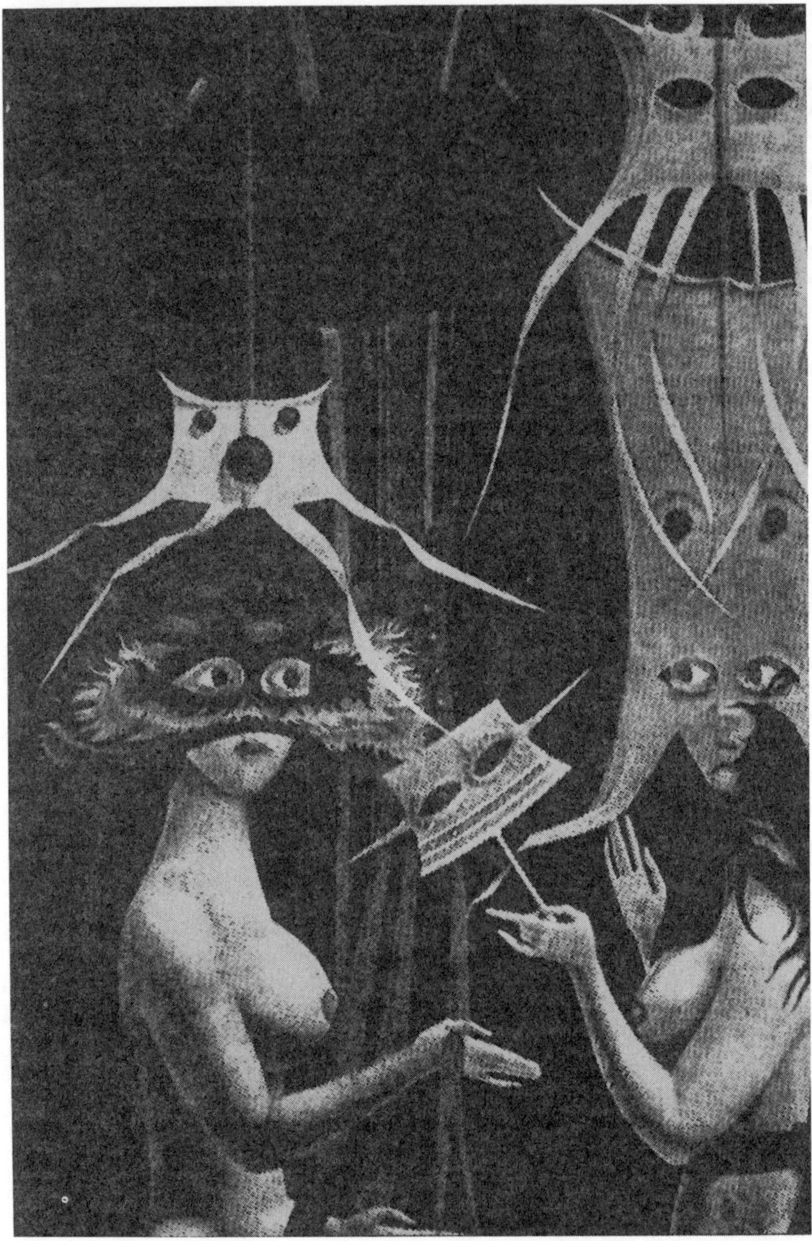

Abb. 5.19: W. Hutter: Die Masken (nach Koenig 1975)

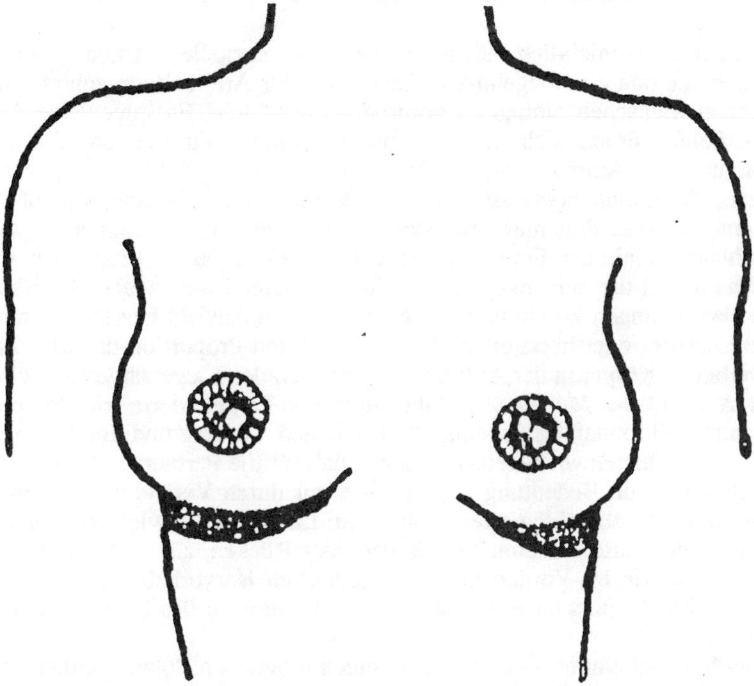

Abb. 5.20: Kombination von Brust- und Augenschema (Zeichnung von L. Ponitka)

5.4.8 Biologisch relevante Reizgruppierungen

Im folgenden sollen komplexe Reizgruppierungen betrachtet werden, die Auslöser menschlichen Instinktverhaltens sind. Diese "komplexen Reizgruppierungen" nennen wir in Übereinstimmung mit dem Sprachgebrauch der Ethologie "Schemata". Natürlich ist bei der Schilderung des Kind-Schemas oder des Partner-Schemas zu berücksichtigen, daß die menschliche Reaktion immer auch durch Lernen beeinflußt wird und das Schema natürlich nicht völlig determiniert, wie ein Verhalten abläuft. So ist z.B. die Hautfarbe im Partnerschema nicht festgelegt und folgt wechselnden Moden. In früheren Jahrhunderten war es gerade die helle Hautfarbe, die besonders geschätzt wurde. Heute gilt die helle Hautfarbe in Japan noch als erstrebenswert, während sich in Europa eine gewisse Tönung der Haut als Signal für Gesundheit, für die Möglichkeit der Freizeit und für den Status als Schönheitsideal durchsetzen konnte. Das Partnerschema bezieht sich auch nur auf einige Komponenten des Umweltobjektes und läßt daneben viel "Spielraum" für Lerneinflüsse.

Die stammesgeschichtlich höchst bedeutsame sexuelle Handlungsbereitschaft, die zu den grundlegendsten Funktionen der Arterhaltung gehört, muß auch beim Menschen biologisch vorprogrammiert sein. Entsprechende Animierbetriebe werden sich des Schemas bedienen. Wir müssen also nur Nachtclubs, die Aufmachung von Prostituierten oder solcher Personen betrachten, die besonders intensiv mit Partnerattraktion befaßt sind, um auf die Elemente dieses Schemas zu stoßen. Es sind die sekundären Geschlechtsmerkmale der Frau, wie Brust und Becken-Taillen-Proportion, der rote Mund und die schlanke Gestalt, die animierend und werbend wirken. Viele Darstellungen kombinieren in einer einzigen Ansicht Gesäßrundungen und Busenform oder übertreiben die Taille-Becken-Proportion dadurch, daß der weibliche Körper in der Auflage auf einer geraden Liege dargestellt wird.

Im Wechsel der Moden über Jahrzehnte und Jahrhunderte tritt das eine oder andere Merkmal des Schemas stärker in den Vordergrund. Im Abschnitt 3.3.2 "Mode" hatten wir bereits diskutiert, daß für die Partnerattraktion "eine Auffälligkeit" von Bedeutung ist, die eben nur durch Veränderung, Abweichung vom Hergebrachten erreicht wird. Im Laufe der Entwicklung kann es z.B. auch die sanfte Rundung von Bauch oder Rücken, z.B. durch tiefe Dekolletes sein, die im Vordergrund der modischen Hervorhebung steht. Jede Rundung des Körpers kann als Reiz zu den Elementen des Schemas hinzutreten.

Allerdings scheint es zwischen den beiden möglichen Polen "Schlankheit, Langgliedrigkeit und Rundlichkeit" der Körperform einen gewissen Antagonismus zu geben, der zu einem Wechsel der Bevorzugung führen kann. In einigen Kulturen, in den Bildern von Rubens oder auch andeutungsweise in den griechischen Statuen wird ein etwas "molligeres" Ideal vorgestellt als es heute für Mannequins bevorzugt wird. Wir leben in einer Zeit, in der es Mode ist, schlank zu sein. Als extremes Beispiel wäre die "Twiggy"-Mode zu nennen. Eine Sammlung des "Playboys" - dessen Verkaufserfolg davon abhängt, wie gut das Partnerschema der Konsumenten getroffen wird - zeigt einen gewissen epochalen Wandel, der innerhalb von 30 Jahren ablief. In den 50er Jahren war es durchaus üblich, etwas molligere Modelle abzubilden, in den 70er Jahren gab es das überhaupt nicht mehr. Rundheit und Rundlichkeit (bis zur Fettleibigkeit) der Körperform und Schlankheit und Zartgliedrigkeit sind antagonistische Elemente des Partnerschemas. Die schlanke, weniger muskulöse Fessel, wie auch "Rundheit" von Brust und Körper sind beide Merkmale der Frau. Eine Studie von Wiggins (1968) läßt wahrscheinlich erscheinen, daß es in einer Kultur Untergruppen von Männern gibt, die eine mehr füllige oder eine mehr schlanke Figur bevorzugen.

Morris (1970, 1982) diskutiert, wie weit die weibliche Brust in erster Linie als sexuelles Signal zu verstehen ist (das sich als innerartliche Mimikry auf die Gesäßrundung entwickelt hat) und bei der Aufzucht von Kindern eine untergeordnete Rolle spielt. Bezüglich der weiblichen Brust gibt es in der "Männerliteratur" Korrektive der natürlichen Form bzw. spezielle Formbevorzugungen. In extremisierenden Formdarstellungen ist die Brust von kugeliger Gestalt (vgl. z.B. auch die "Madonna mit Engeln" von Jean Fouquet), die durch Büstenhalter, ja die im einen oder anderen Fall durch Operationen hergestellt wird (Insofern kann man den BH natürlich als Anpassung an männliche Wünsche verstehen).

An anderer Stelle (Schuster und Beisl 1978) haben wir bereits eine Sammlung von Beispielen zusammengestellt, die die Generalität dieses Schemas für verschiedene Kulturen (Indien, China, ägyptische, griechische Darstellungen) und für verschiedene Zeitepochen aufzeigt.

Der weibliche Körper ist *das* Einzelmotiv der Kunst. Dabei werden die Merkmale des Partnerschemas verwirklicht, vermehrt und extremisiert. Einige Künstler erzeugen mit Experimenten und Variationen der natürlichen Form supranormale Auslöser. In Comic-Heften und in den Zeichnungen, die spontan entstehen, spielt es eine wichtige Rolle für die "anregende Wirkung", inwieweit die Elemente des Partnerschemas getroffen wurden.

Auch in der Produktwelt werden Merkmale des Partnerschemas verwirklicht. So ist z.B. die Cola-Flasche nach der weiblichen Körperform gestaltet (Murken-Altrogge 1977). Am Beispiel sollen Extremisierungen des Partnerschemas diskutiert werden:

Beispiel 1: Allen Jones, ein britischer Künstler der Moderne, malt superrealistische Frauenbilder, bei denen die Proportion von der "normalen" Form in Richtung auf einen supranormalen Auslöser abweicht. Diese Abweichungen sind vom Künstler natürlich gezielt vorgenommen (vgl. Livingstone 1979 in einer Monographie über den Künstler). Jones Arbeit ist theoretisch sicher von den Werken Freuds und Jungs sowie von der Philosophie von Nietzsche beeinflußt. Das Konzept des Fetisch ist in seinen Bildern bevorzugt verarbeitet. (Unter "Fetischismus" versteht man, daß die sexuelle Lust nicht vom Sexualpartner, sondern von Kleidungsstücken, einem Schlüpfer, einem Schuh oder einem Strumpf, im weiteren Sinne aber auch - anstelle der genitalen Lust - durch Kontakt mit bestimmten Körperteilen, der Brust, dem Fuß oder dem Haarschopf ausgelöst und befriedigt werden kann.) In den Darstellungen des weiblichen Beines verzichtet er niemals auf den hohen Schuh, der so geformt ist, als gehöre der Spann des Fußes noch zum Bein. So wird die Beinlänge extremisiert.

Der gesamte Körper der Frau ist gelegentlich von einer dunklen, glänzenden Haut überzogen, einzelne Körperteile sind oft in transparenten, hellen Farben wiedergegeben. Als Objekt kann auch eine glänzende Latexhaut (rot und schwarz) zum Bild hinzukommen. Die glänzende Haut extremisiert die "Haarlosigkeit" bzw. Nacktheit des weiblichen Körpers (s.o. und Rensch 1984). Morris vertritt die These, der Glanz der Hautoberfläche sei als sexuelles Signal, als Schweiß, welcher eine Erregung vermittelt, aufzufassen (1971). Wir haben weiter oben die Faszination des Glanzes als Reaktion auf das Auge gedeutet. Gerade in der Partnerbindung spielt der Blickkontakt ("tief in die Augen blicken") eine große Rolle. Das lange Anblicken kann als Zeichen von Sympathie gewertet werden. Insofern ist das Merkmal Augenglanz eventuell ein Element des Partnerschemas, das durch große glänzende Flächen gesteigert wird. Häufig löst Jones einzelne Teile des weiblichen Körpers heraus, z.B. den Fuß mit hohem Schuh (Bild: "Sheer magic bare me"). Zusammen mit der dominanten Farbe rot und mit Strapsen sieht man den weiblichen Beinansatz und den Venushügel. Solche Teilansichten und Teile zielen auf das Konzept des Fetischs ab. Der Erfolg der Bilder, der sicher mit der bunten Farbigkeit (Signal für Emotion) etwas zu tun hat, wird weiter damit zusammenhängen, daß sie das Partnerschema (des Mannes) ansprechen. Natürlich ist gerade die Übertreibung von Schlüsselreizen die künstlerische Aussage von Allen Jones. Die Steigerung der Rundung und Größe von Busen und Gesäß erklärt sich in diesem Zusammenhang.

Beispiel 2: Der Künstler Vargas zeichnete während des Zweiten Weltkrieges und in der folgenden Zeit Bilder für den "Playboy" und die Zeitschrift "Esquire". Er wurde von Soldaten und anderen Lesern für seine Werke begeistert gefeiert (vgl. die Biographie von Vargas und Austin 1978). Die Bilder betonen das Partnerschema, und gleichzeitig sind sie ein Versuch, die "ideale" weibliche Schönheit zu finden. Großer, rundlicher Busen und die ausgeprägte Differenz in der Taille-Becken-Proportion mit rundlichem Gesäß, die signalrot geschminkten Lippen und das blonde, lockige Haar gehören zum Standardrepertoire solcher Versuche. Auch bei Vargas fehlen der hohe Schuh und die Beinhaltung, die die Illusion eines überlang gestreckten Beines herstellt, nahezu in keinem Bild. Die Fingernägel sind extrem rot wiedergegeben. Wie in den Bildern von Jones und zahlreichen anderen Darstellungen des Partnerschemas haben Finger wie Beine eine betont zart-langgliedrige Formsprache. Als Accessoires werden den Mädchen gelegentlich große konzentrisch-runde Hüte zugeordnet. Gesäß und Busenrundungen werden häufig gemeinsam ins Bild gesetzt, so daß sich der Effekt der Rundung verdoppelt. Farbig dunkel irisierende Seidenstrümpfe sind wie auch seidige Morgenmäntel häufig, Körperhaare fehlen gänzlich. Vermutlich hat Vargas in seinem Werk Maßstäbe gesetzt, die von Comic- Zeichnern und bildenden Künstlern der "seriöseren" Kunstzweige nachgeahmt wurden. Zunächst fällt die hohe Übereinstimmung in einigen Punkten zu Jones und z.B. auch Wesselmann auf. Das Partnerschema wirkt im Sinne des supranormalen Auslösers (vgl. Abb. 5.21).

Beispiel 3: Viele kulturelle Verhaltensweisen sind völlig rätselhaft. Sie sind vorhanden, man ist es gewöhnt, daß sie da sind. Am ehesten ist man geneigt, den historischen Anlaß für ihre Ursache zu nehmen. Als Exkurs soll hier die Kulturethologie des hohen Schuhs thematisiert werden: Der hohe Schuh, speziell der hohe Absatz, findet sich vielfältig in der europäischen, aber auch in der indischen sowie anderen Kulturen. Im Verlauf der Moden war der hohe Schuh keineswegs Privileg der Frauen. Viele Fürstenportraits zeigen den Potentaten mit hohem Absatz, ein Bein und einen Arm imponierend abgestellt. Die naheliegendste Erklärung (Bild von Thigaud, 1701 Louis XIV, Paris, Louvre) des hohen Absatzes ist, er diene der Körpervergrößerung. Dies

Abb. 5.21: A. Vargas: Reklame-Zeichnung für Jantzens Sonnenöl (aus Austin und Vargas 1978)

ist nachgewiesenermaßen ein wesentliches Element des Imponiergehabes einer umfangreichen Anzahl von Spezies, unter anderem eben auch des Menschen. Hier ließen sich viele Uniformmoden anführen, z.B. die Schlitzmode der Landsknechte, die ihren Besitzer geradezu aufplusterte. Oft tragen jedoch auch Damen, die unter ihrer Größe leiden, hohe Schuhe. Sicher wollen sie sich nicht vergrößern, sondern finden sich aus anderem Grund in den hohen Schuhen attraktiver.

Rossi (1977) widmet der sexuellen Ausstrahlung des Fußes und des Schuhwerks eine Monographie, die umfangreiches Material zur Bedeutung des Fußes und seiner Veränderungen innerhalb der Kultur für das Partnerschema beiträgt. Bestimmte Schuhe werden als obszön verboten. Es gibt die Konvention, nicht den Fuß der Jungfrau Maria abzubilden. In einigen Zeiten und Kulturen gilt die Entblößung des weiblichen Fußes als unschicklich. Der hohe Schuh, das belegt Rossi mit Bildbeispielen, scheint besonders geeignet, die sexuelle Stimulierung zu erhöhen. Es scheint so, als würde der hohe Schuh aus Gründen der Partnerattraktion bevorzugt. Was aber nun macht ihn schön? Es gibt Hinweise, daß das schlank und spitz auslaufende Bein "schön" ist. Im Ballett bewundern wir die Schwerelosigkeit der auf den Zehenspitzen tanzenden Artisten. Die Darstellung der modischen Frau mit ausgestrecktem Fuß ist häufig. Dieser schlank gestreckte Fuß läßt sich über die Darstellungen der Jahrhunderte verfolgen. An dieser Stelle muß auch an die für Männer und Frauen gleichermaßen immer wieder in allen Kulturkreisen auftauchenden Moden und Trachten mit extremen Schuhspitzen erinnert werden (deren Länge gelegentlich durch Verordnung beschnitten wurde) sowie an den Lotus-Fuß der Asiatinnen (vgl. Rossi 1977). Morris (1982) gibt den Hinweis, daß das Wachsen der Beine gerade bei Einsetzen der sexuellen Reife bei Mädchen besonders auffallend ist, das "lange Bein" also zum Signal sexueller Reife wird. Gleichzeitig (s.o.) signalisiert das lange und schlanke Bein den Unterschied in der Muskelentwicklung zwischen Mann und Frau.

Eine weitere These bestünde darin, den nur mit geringer Fläche aufliegenden Fuß als Signal für einen leichten, zierlichen (weiblichen) Körperbau anzunehmen. Zartgliedrigkeit spielt auch in der Wertschätzung der Schönheit von Händen eine Rolle, man spricht von "Pianistenhänden". Dürers Darstellung der betenden Hände wählt einen leptosomen zartgliedrigen Fingertyp.

Das Partnerschema der Frau (der auslösende Reiz männlicher Formen)

Das Partnerschema der Frau vom Manne ist keineswegs so eindeutig zu erkennen (Knussmann 1965) wie das Partnerschema des Mannes von der Frau. Das könnte daran liegen, daß im - archaischen - biologischen Programm das Männchen "angelockt" wird, sich also eher im Mann die entsprechenden Schemata bilden (vgl. hierzu Dawkins 1978). Nimmt man eine derartige Partnerwahl an, ist es für die weiblichen Tiere/Menschen bedeutungsvoll, entsprechende Signale zu bilden, für die männlichen Tiere/Menschen dagegen kampfkräftig zu sein. So gibt es eine Vielzahl von entsprechenden Mythen z.B. Sagen vom Drachenkampf, dem trojanischen Krieg usf., in denen der Mann einen Kampf bestehen muß, um eine Frau zu erobern oder durch seine Heldentaten einer Frau (z.B. der Prinzessin) würdig zu werden. Aus der Sicht der Frau ist auch weniger vom schönen jungen Mann mit den wunderbaren Schultern, als vielmehr vom "Froschkönig" die Rede. Heute, ebenso wie in der Vergangenheit, findet weit häufiger der alte, häßliche, aber statushohe (reiche) Mann eine schöne, junge Frau als umgekehrt die reiche, häßliche, alte Frau einen schönen, jungen Mann.

Beobachten wir wiederum, welche Maßnahmen die Männer treffen, um Frauen zu gefallen, so scheint die Körpergröße eine Rolle zu spielen. Von Männern, die einen entsprechenden Mangel empfinden, werden hohe Schuhe getragen, die durch die Hose verdeckt sind. So hat eine Umfrage bei 14jährigen Mädchen, wie sie sich ihren zukünftigen Mann vorstellen, als einziges gemeinsames Ergebnis die Forderung nach einem "größeren" Partner ergeben (Knussmann 1965). Verschiedene Hutmoden (z.B. Zylinder) vergrößern den Körper. Aber auch die Schulterbreite wird durch Wattierungen vergrößert. Einige Moden simulierten durch Holzwaden ein muskulöses Bein. Körpergröße und eine kräftiger Körperbau scheinen also wesentliche Elemente des Partnerschemas zu sein.

Der Muskelmann ist aber eher das Idealbild des Mannes als das Idealbild der Frau. Matthews u.a. (1972) erfragten entsprechende Bevorzugungen weiblicher Personen. Die 30 Krankenschwestern und Raumpflegerinnen bevorzugen demnach athletische Männer, während Frauen mit höherem Bildungsniveau den athletischen Mann geradezu ablehnen. Neuere Ergebnisse des Hamburger Sexualforschungsinstitutes weisen jedoch auf epochale Veränderungen hin (Sigusch u.a. 1970). Die Mehrzahl der Frauen bevorzugte jedoch einen schlanken, dunklen, sensiblen Männertyp. Ganz sicher waren auch Boxer oder etwa ein Mister World nie Idole der weiblichen Jugend, eher der sensible Dichter oder Schlagersänger.

Kinsey (1970) vermutete, daß weibliche Personen nicht durch visuelle Signale, sondern durch Berührung sexuell erregt werden (entsprechend zeigen Werbekommunikationen, die sich an Frauen richten, häufig ein Modell, das sich selbst sanft berührt).

Die Sitte, Barthaare zu rasieren, die sich über die Kulturen erhält, verweist auf den oben schon angedeuteten Antgaonismus von "menschlicher" Haarlosigkeit und "männlicher" Behaarung, der zu Schwankungen in der bevorzugten Haarpracht führt. In einer Gesellschaft, die schon seit einigen Jahrhunderten von Männern gestaltet wird, werden deren Bedürfnisse und Wünsche deutlicher. Erst in den letzten Jahren treten Gestaltungen zu Tage, die für Frauen von Frauen entworfen werden. Wahrscheinlich ist das Partnerschema der Frau weniger durch visuelle Elemente konstituiert. Jones und Oulette (1977, S. 11) schreiben zu historischen Postkarten: "... und ein ernstliches Bedürfnis nach Karten zur Erregung von Frauen wäre sicherlich befriedigt worden". Das gleiche gilt allgemein für die Darstellungsgeschichte. Ein ernsthaftes Bedürfnis nach visueller Stimulation von Frauen, wie es etwa im

Bereich des Kindchenschemas vorhanden ist, hätte auch zu einem Angebot erotischer und sexueller Themen führen müssen.

In Ermangelung des Korsetts eines allzu engen Partnerschemas ist die Frau möglicherweise auch in der glücklichen Lage, den Partner stärker danach aussuchen zu können, ob er sympathisch ist, ob ihr sein Verhalten gefällt. Dagegen ist es ein beliebtes Thema amerikanischer Westernfilme, wie der Mann immer wieder nicht fassen kann, daß das schöne Mädchen eben nicht ideal, sondern z.B. hinterhältig und bösartig ist.

In unserem Zusammenhang untersuchen wir nur die visuellen Merkmale des Schemas. Möglicherweise spielen die Stimme und geruchliche Merkmale eine weitere Rolle (Morris 1982).

Dennoch ist der Athlet ein über Jahrhunderte und Epochen wiederzufindendes Thema künstlerischer Gestaltung. Auf den griechischen Vasen, in griechischen und römischen Statuen wird der Athlet, der Wettkampfsieger verherrlicht. Die asiatischen Farbholzdrucke zeigen die Kämpfer der üblichen Kampfspiele. Weil die Brustpanzerung mit durchmodellierten Muskeln (aus Leder oder sogar aus glänzenden Metallen) als Kriegsschmuck getragen wird, ist der Eindruck, den der athletische Körper macht, eher im Verhaltensbereich Aggression zu suchen. In den vielen Sportfotografien und -bildern, die heute durch die Presse gehen, kann man beobachten, daß der Athlet besonders in einigen Posen, nämlich mit gestreckter Hand, erhobener Hand, wie sie auch bei den griechischen Statuen gefunden werden, abgebildet wird. Es handelt sich oft um die Pose des Ausholens vor der Bewegung, also um eine Darstellung der Bewegungsintention. Die athletische Bewegung selbst ist vermutlich zu schnell, um noch im einzelnen vom menschlichen Wahrnehmungsapparat aufgelöst zu werden. Zudem ist das Gleichgewicht der Kräfte in der statischen Pose des Ausholens am ehesten gewährleistet. Die Bewegung selbst bietet verschiedene Zustände des Kräfteungleichgewichtes, die dann wiederum in einer stabilen Endpose (die sich wieder zur Abbildung eignet) einmünden. Es ist fraglich, inwieweit das "Ausholen", wie z.B. auch die erhobene Hand, als im stammesgeschichtlichen Sinne "ritualisiert" angesehen werden kann. Auf jeden Fall kündigt die Bewegung des Ausholens auch in der zwischenmenschlichen Auseinandersetzung die aggressive Tat an und wäre so als Signal gut geeignet.

Ganz analog zu den Wahlen der "Miß World" (so zweifelhaft diese im einzelnen sein mögen) gibt es einen Mister Universum, der nach der Muskel-Ausbildung bzw. nach athletischer Gestalt gewählt wird. Auf jeden Fall kann kein Zweifel darin bestehen, daß auch die athletische Gestalt ästhetische Gefühle erwecken kann. Diese Gefühle sind vermutlich nicht von formalen Faktoren der Wahrnehmungserleichterung getragen, sondern werden wegen der erheblichen "biologischen" Bedeutung von angeborenen Schemata getragen sein. Die Schönheit des Sports ist schon immer auch eine Schönheit des athletischen Körpers gewesen (Ästhetiken des Sports verweisen auf diese Tatsache, z.B. Lowe 1977, Whiting and Masterson 1974).

Das Kindchenschema

In einigen Science-fiction-Filmen (sehr berühmt: King Kong) schmilzt die Monsterfigur vor der weiblichen Schönheit dahin. Dabei wird der Geltungsbereich des Partnerschemas wahrscheinlich aber überschätzt: Das Schimpansenweibchen kommt dem Menschen umgekehrt nicht sehr begehrenswert vor. Das Partnerschema scheint artspezifisch zu sein.

Anders verhält es sich etwa bei dem Augensignal oder dem jetzt zu besprechenden Kindchenschema. Bei den Säugetieren, ja sogar bei den Vögeln, gibt es einige gemeinsame Signale, die das Jungtier kennzeichnen. Der Mensch, der lange Zeit hilflos die Kontingenzen seiner Umwelt erlernt und wichtige Funktionen erst entwickelt, muß dem Kleinkind Schutz gewähren. Diese Schutzreaktion wird vom Kindchenschema gesteuert. Abb. 3.4 im Abschnitt 3.2.3 zeigt die Merkmale des zuerst von Lorenz beschriebenen Kindchenschemas. Es ist durch die großen Augen, die runde, gewölbte Stirn, eine kleine Nase und tapsige rundliche Extremitäten gekennzeichnet. Die Reaktion auf entsprechende Abbildungen (Attrappen) ist: "süß", "niedlich".

Wenn das Kindchenschema Brutpflege-Instinkte, also Motive der Fürsorge wachruft, so muß sich das auch in der funktionalen Einbettung dieses Schemas in Kultur und Kunst zeigen. Tatsächlich werden Politiker oft von Kindern begrüßt, verfeindete Stämme schicken ihre Kinder beim Versöhnungsfest vor (Eibl-Eibesfeldt 1973). Das Puppenspiel gibt uns auch Aufschluß darüber, daß dieser auslösende Mechanismus nicht langsam heranreifen muß, sondern schon sehr früh vorliegt. Auch gegenüber Tieren wirkt sich der Eindrucksmechanismus des Kindchenschemas aus. Das gerade von vielen halbwüchsigen Mädchen so innig geliebte Pferd hat besonders große Augen und eine rundliche "Nase". Einzelne Elemente des Kindchenschemas vermögen Gefühle der "Niedlichkeit" und Ungefährlichkeit herzustellen. Der Spielzeugbär (in dieser Hinsicht besonders wirkungsvoll als Pandabär) eignet sich vorzüglich für solche Attrappenversuche. Springt der Eindrucksmechanismus beim wirklichen Bären an, so entstehen gelegentlich Unfälle in zoologischen Gärten.

In Zeichnungen und Reproduktionen, die auf Straßenmärkten an das nicht kunstkundige Publikum verkauft werden, sind diese Merkmale extrem ins Bild gesetzt, aber natürlich auch bei Comic-Figuren, z.B. im berühmten "Donald Duck" (vgl. Rump 1978, 1980). Die Plüschtiere weisen diese Merkmale auf, die Figur "Bambi" wie natürlich auch der "Mogli" im Walt- Disney-Zeichentrickfilm.

In der Kunst der Vergangenheit wurden Kinder - z.T. sehr unbeholfen - als kleine Erwachsene dargestellt. Die Putten in den barocken Kirchen zeigen bereits einige Elemente des Kindchenschemas. Später gelingt es in der Portraitkunst, die kindlichen Formmerkmale darzustellen. Rump (1981) gibt das Beispiel eines Portraits von G. Romney, das mit den Reizelementen des Kindchenschemas eine spielerische Extremisierung vornimmt. Ein solches Bild imponiert dem Betrachter nicht als "falsch", sondern als besonders niedlich.

In der Kirche treffen wir ebenfalls Kinddarstellungen an (das Jesuskind wird nach manchen Abbildungskonventionen jedoch entsprechend seiner Würde oft wie ein kleiner Erwachsener dargestellt). Auf jeden Fall soll in der Kirche eine Stimmung der Nächstenliebe und des sozialen Zusammenhaltes gefördert werden.

Der Filmheld E. T. ist aus der Form des menschlichen Embryos entwickelt und verfügt über ein wesentliches Signal prosozialer Interaktion, das Lächeln. So nimmt nicht wunder, daß er die Herzen der Menschen im Sturm eroberte (vgl. Zimmer 1985). Mit ein wenig Interpretationsakrobatik kann man das Kindchenschema in den verschiedensten Gegenständen unserer Kultur wiedererkennen. Der VW- Käfer (z.B. auch der Name: "Fiat Bambino") läßt sich so interpretieren, wie auch die Schuhmode mit sehr rundlichen Schuhkappen und evtl. der Muff als "Verkindlichung" der Extremitäten.

Die Interaktion zwischen Mutter und Kind scheint, neben kulturellen Einflüssen, einige angeborene Komponenten zu besitzen (vgl. Papousek u. Papousek 1976). Hier kann die Kunst das Material zur Verifizierung genereller Interaktionsmuster liefern, ein Material, das nicht nur einen Vergleich verschiedener Kulturen, sondern auch verschiedener historischer Epochen ermöglicht. Die These, daß Mütter ihre Kinder auf der linken Körperhälfte halten, weil dort der Herzschlag stärker zu hören ist und einen beruhigenden Einfluß auf das Kind ausübt, wird durch Darstellungen der christlichen, impressionistischen und nachimpressionistischen Kunst gestützt, in denen Kinder von Frauen häufiger links gehalten werden. Diese Position ließ sich bei den gezeichneten Männer- Kind-Paaren nicht beobachten (Finger 1975).

Innerartliche Aggression

Das Drohstarren: Eibl-Eibesfeldt (1973) beschreibt das intensive Fixieren des Sozialpartners im Vorfeld aggressiver Handlung als "Drohstarren". Mit Filmmaterial belegt er, wie dieses Drohstarren bereits zum Verhaltensinventar von Kleinkindern gehört. Studien (Sackett 1966), die zeigen, daß unter sozialem Erfahrungsentzug aufgezogene Affen die Drohmimik eines Artgenossen nach einer gewissen Reifezeit ohne vorherige Erfahrung verstehen, können als weiterer Beweis für die angeborenen Grundlagen des Drohstarrens gelten.

Dem Blick werden magische Fähigkeiten zugeschrieben, und in vielen Gesellschaften haben sich Abwehrzauber gegen den bösen Blick entwickelt. Entsprechend ist zu erwarten, daß der "fixierende" Blick auch in der innerartlichen Kommuniktion eine eher furchteinflößende Wirkung hat. Im Gespräch ist es, wie im Fahrstuhl, nicht üblich, dem Gegenüber in die Augen zu starren. Ein solches Starren kann zum direkten Wut- und Aggressionsauslöser werden.

Das Drohstarren in Gestaltung und Kunst: Die Anwendung dieser ethologischen Erkenntnisse kann wieder an Comic- Zeichnungen versucht werden, die sich, wenn sie mit wenigen Strichelementen ein Bild verwirklichen, auf das wesentliche beschränken müssen. In Comics finden wir die weit aufgerissenen Augen bei jeder Art von Horrorfiguren, die ja eben bedrohlich wirken sollen - bei Polizisten, die im Begriffe sind, einen Bürger niederzuknüppeln, bei Ritterkämpfen, in denen sich die Widersacher gegenübertreten und sich starr in die Augen blicken. Die Pupille liegt ganz frei, umgeben vom Augenweiß. In künstlerischen Verwirklichungen, wie chinesischen Wächterfiguren, bei japanischen Kämpfern, in Abwehrmasken, findet sich das weit geöffnete Auge. Das Drohstarren ist für die Umsetzung in eine Abbildung deshalb so geeignet, weil das statische Element, das andauernde Starren, das zu dieser Verhaltenskomponente gehört, auch in Realitas ein Merkmal der gezeichneten Figur ist. Solange der Betrachter den Blick erwidert, sieht er das weit geöffnete Auge der Figur auf dem Papier. Der Verweis auf die Kunst der Geisteskranken ist hier angebracht, da sie als Ausdruck existentieller Angst die Bilder mit einer Vielzahl weit aufgerissener Augen aufweist.

Rump (1981) interpretiert den auf den Betrachter gerichteten Blick eines Portraits von Romney als eine Art von Aggression durch den Ranghöheren. In der Werbung wird der direkte Blick auf den Bildbetrachter zumeist vermieden. Um den "stechenden Blick" zu vermeiden, ist es üblich, im Dienste der Partnerattraktion die Augenhöhle dunkel zu schminken (dunkler Lid- und Augenrand).

Imponieren durch Vergrößern des Körpers: Unsere tierischen Vorfahren können drohend den Körper vergrößern. Ein solcher Mechanismus ist rudimentär auch noch beim Menschen angelegt. Der Schauer, der in besonderen Momenten über den Rücken läuft, kann als eine Empfindung verstanden werden, die das Aufrichten der Nackenhaare begleitet. Bei Katzen oder Hunden ist zu beobachten, wie der Körperumriß durch ein solches Haaraufrichten vergrößert wird, um dem potentiellen Feind einen möglichst großen, kampfstarken Gegner anzuzeigen. Auch wenn dem Menschen das Haarkleid fehlt, scheint der recht grundlegende und zwischen den Arten gültige Eindrucksmechanismus noch zu bestehen. Aufgeplusterte Landsknechtsuniformen oder einfach die Schulter verbreiternde, wattierte Jacken sind derartige Attrappen, auf die der Mechanismus reagiert. Durch Helmbüsche oder Zylinder wird die Körpergröße künstlich verlängert. Epauletten erreichen genau diese Demonstration an der für die Körperkraft so wichtigen Schulter.

Körpervergrößerungen in Gestaltung und Kunst: Extremisierungen der Schulterbreite finden sich in Comic-Zeichnungen genau so wie auch bei ägyptischen oder römischen Statuen. Im allgemeinen kann man davon ausgehen, daß "Kriegsschmuck" oder die Uniform des Soldaten, soweit sie nicht praktischen Bedürfnissen entspricht, wie etwa die Tarnfarbe der Gefechtsuniform, die Signale der innerartlichen Aggression betont. Ob es sich um hohe Federbüsche, um Pickel auf dem Helm oder um den imponierend ausladenden militärischen Gruß handelt, immer ist die Bedrohung des Gegners das Ziel, und der entsprechende Eindrucksmechanismus selegiert die Designmöglichkeiten von Uniformen.

Rump (1980) interpretiert das Portrait des Grandville Gower von Romney (1770) als Beispiel für Imponiergehabe. Der Betrachter sieht aus einem unten gelegenen Standpunkt den Fürsten, der einen Arm abspreizt, was den Körperumriß vergrößert. Dieses Bild ist typisch für eine große Zahl von Herrscherportraits. Immer sitzt oder steht der Herrscher leicht erhoben oder reitet gar zu Pferde. Meist trägt er mächtige Gewänder oder ist aber in einer Pose, die den Körperumfang vergrößert, wie es die stammesgeschichtlich "verwandten" Affen allein durch Aufstellen der Haare erreichen.

Die Droh- und Imponierposen wird man eher in den Schlachtenbildern, die ja reichhaltig überliefert sind, suchen dürfen. Vermutlich ohne bewußte Kenntnis der entsprechenden Eindrucksmechanismen waren die Auftragskünstler natürlich bemüht, die Armee der eigenen Partei als stark und mächtig darzustellen, so daß die besprochenen Elemente in nahezu jeder dieser Abbildungen aufzufinden sind. In den Phantasien der Neuzeit spielen Wesen (z.B. auch Roboter) von fernen Sternen eine Rolle, die uns Menschen die Immobilien streitig machen wollen. Diese Wesen haben natürlich - in extremem Maße - das, was den Menschen beeindrucken würde: Aufgerissene Augen und riesige Schultern. Gefährliche Monster, wie z.B. Godzilla oder Super-Ameisen sind oft größer als die Menschen. Fremde Wesen hingegen würden diese Schöpfungen lediglich als Projektion menschlicher Auffassungsmechanismen interpretieren.

Imponieren durch Genitalpräsentieren: Bei Wickler (1970) und Rump (1981) wird das Imponiergehabe durch die Präsentation des Penis erwähnt. Beide Autoren nehmen an, daß rudimentäre Eindrucksmechanismen für ein "phallisches" Imponieren auch beim Menschen bestehen. Wickler zitiert griechische Grabsteine, die antiken Hermen, die einen erigierten Penis zeigen; Rump stellt das "Genitalpräsentieren" der Haltung eines männlichen Jugendlichen auf Reynolds Portrait "The parker children" gegenüber.

In diesem Zusammenhang wurde von Kulturethologen auf die Schamkapsel der Landsknechte im Mittelalter verwiesen, die Teil eines Kriegsschmucks war. Ebenso wird auf die den Penis verlängernde Hülse verwiesen, die von Stämmen in Neuguinea getragen wird. Rump (1981) geht soweit, den Gartenzaunpfählen eine Funktion des phallischen Imponierens zuzusprechen. Nun ist beim Menschen der Penis nicht auffallend gefärbt, wie etwa bei den Affen, die das Genitalpräsentieren zur Revierabwehr einsetzen. Es muß mit Skepsis abgewartet werden, ob sich weiter Evidenz dafür sammeln läßt, daß auch beim Menschen ein entsprechender Eindrucksmechanismus vorliegt. Eventuell kann hier die Sammlung historischer Daten über menschliches Verhalten helfen, so wie z.B. berichtet wird, bei der mittelalterlichen Kriegsführung sei eine Erektion des Penis nicht selten gewesen.

Imponieren von Gruppen: Große und prachtvolle "Prunkbauten" können als Imponierorgan der Gruppe aufgefaßt werden (Eibl-Eibesfeldt 1984). Durch ihren Stil hebt sich die Gruppe von anderen ab und präsentiert stolz ihre kulturellen Leistungen. Entsprechend werden in der UdSSR die architektonischen Leistungen der Zarenzeit leicht als Beweis für die Größe der russischen Nation aufgefaßt und weniger als Leistungen eines konkurrierenden Herrschaftssystems.

Zwischenartliche angstauslösende Merkmale: In Horrorfilmen und Fiction-Romanen gibt es Szenen, die das Publikum extrem beunruhigen. Es liegt nahe, im Auslösebereich "Angst" nach biologischen Grundlagen zu suchen. Zunächst sind natürlich Merkmale innerartlicher Aggression wie aufgerissene Augen, entblößte Zähne und "drohend" erhobene Gliedmaßen verwirklicht.

Gleichzeitig scheint der Mensch zu einigen Tieren eine besondere Beziehung zu haben. Die möglicherweise in der Tendenz angeborene Angst vor Schlangen z.B. läßt sich auch bei jungen Affen zeigen, die während ihres Lebens im Zoo niemals Gelegenheit hatten, mit Schlangen in Kontakt zu kommen. Besonders die Angst vor Schlangen wurde von Morris und Morris (1965) studiert. Affen zeigen Angst vor Schlangen, die als Plastikattrappe oder auch als Fotografie dargeboten werden, selbst wenn sie vorher niemals eine Schlange gesehen haben (McCulloch und Haslerud 1939). Sie können sich an den Stimulus Schlange dann gewöhnen, wenn sich das Tier als ungefährlich erweist. Beim Menschen ist die Schlangenangst erst im dritten Lebensjahr zu beobachten, wenn das Kleinkind sich fortbewegen kann (Prechtl 1949). Die Schlangenangst wächst in der Jugend und im frühen Erwachsenenalter und nimmt im höheren Lebensalter wieder etwas ab.

Welches sind die Schlüsselreize, also die reaktionsauslösenden visuellen Elemente der Schlangenangst? Coss (1968) nennt in diesem Zusammenhang die Zeichnung in Form einer Zick-zack-Linie auf dem Rücken des Tieres, die schlängelnde Bewegung sowie die Abhebung des dreieckigen Kopfes als Reizelemente. In Attrappen aus Gummi sind alle diese Merkmale verwirklicht. Das Gummitier kann sogar Bewegung imitieren. Die Zick-zack-Linie kann somit als eine Form des Ornaments betrachtet werden, die einer besonderen Reaktion des Betrachters gewiß ist. In vielen primitiven Kulturen findet sich auf der Töpferei die gezackte Linie, wobei ihre Wirkung durch Abrundung (Mäander) manchmal gemildert wird.

Skorpione und Spinnen erzeugen auch beim Städter Angst, der gar keine Kontaktchancen mit gefährlichen Exemplaren besitzt. Schimpansen ohne entsprechende Erfahrung zeigen Angst vor Spinnen. Das reaktionsauslösende Element könnte hier der zentrale Körper mit den radialen dünnen Beinen sein. Entsprechende erschreckende Attrappen werden ebenfalls in Scherzartikelläden angeboten.

Die Tatsache, daß das Schlangenmotiv in vergangener und in gegenwärtiger Kunst so häufig auftaucht, kann Hinweis auf die Psychoaktivität der Bildelemente sein. Aus diesem Blickwinkel erhält die gerade Linie, wie wir sie in unserer Umwelt bevorzugen, eine besondere Bedeutung: Sie ist nicht "schlangenartig" und vermittelt somit "Sicherheit". Die gerade Linie hat aber auch orientierungserleichternde Eigenschaften (s.o.).

Auch Elemente der Freßfeinde, der Eckzahn oder auch der vorstehende Giftzahn bei Schlangen, scheinen auf starke Eindrucksmechanismen beim Menschen zu treffen. Darüber hinaus sind auf jeden Fall auch visuelle

Merkmale der Krankheit zu erwähnen. Ansteckende und die Hautoberfläche verändernde Krankheiten erzeugen, wie auch die Leichenfahlheit, nicht ohne Grund Ekel oder Angst. Die Leiche wird bald von lebensbedrohenden Bakterien zersetzt. Die Krankheit, die die Hautoberfläche verändert, stigmatisiert den Träger (Man muß hier die Anstrengungen von Jugendlichen in der Phase der Partnersuche beachten, eine reine Haut zu erlangen, und die entsprechenden Angebote der Kosmetikindustrie würdigen). Es ist sicher, daß fremdartiges Aussehen abstoßend wirken kann (vgl. Hess 1977) und evtl. besonders Eiter oder andere Signale von Krankheit zwar von der Gemeinschaft ertragen werden können, aber im Individuum dennoch Ekelreaktionen hervorrufen. Personen mit großen, roten Hautflecken (Blutschwamm oder Leberflecken) wissen beredt von der sozialen Stigmatisierung zu berichten und suchen nicht selten die Hilfe der kosmetischen Chirurgen (s.o.).

Angstauslösende Reize in Gestaltung und Kunst: Der Vampirfilm lebt davon, daß der charmante Graf oder das schöne Mädchen plötzlich den Mund öffnet, um blutbefleckte Eck- oder Schlangenzähne zu entblößen. Angesichts solcher Zähne ist es für den hilflosen Menschen äußerst sinnvoll zu fliehen. Interessanterweise greift der Vampir sein Opfer in der Art des Raubtiers an, er versucht, in die Halsschlagader zu beißen. Die Leichenfarbe des Vampirs erhöht die abschreckende Wirkung (auch: Zombies). Andere Monsterfiguren haben scharfe Klauen und gefährliche Zahnreihen.

Horrorfilme wirken wohl deswegen so angsterregend auf den Betrachter, weil es im Zuschauerraum völlig dunkel ist, der Zuschauer bei steigender Angst orientierungslos bleibt. Natürlich können laute Geräusche erschrecken, weil sie mit der Bewegung großer Massen assoziiert sind. Zu den einfachen Auslösereizen von Angst und Schrecken werden sich im Film immer Metaphern und Assoziationen gesellen, die diese Wirkung weiter zu steigern vermögen.

Die Fratzengestalten der Wasserspeier und die Phantasiemonster der modernen Filmproduktion mit ihrer warzigen (kranken?) Haut sind hier zu erwähnen. Die riesigen Würmer in Dunes Film "Der Wüstenplanet" weisen solche Merkmale nicht auf und können den Betrachter daher auch nicht erschrecken. Zimmer (1985 S. 59):"Der Vorstellung des Monströsen (sind) enge Grenzen gesetzt. Auch der kühnste Phantast in seinem größten Schrekken muß ein unverbesserlicher Terrestrier bleiben."

Innerartliche Bindung

Der abgedeckte Blick: Analog zum starren Blick kann als Geste innerartlicher Bindung der Blick abgedeckt oder als Unterlegenheitsgeste auch verdeckt werden. Wer eine Hauskatze besitzt, kann sich überzeugen, wie das Tier den Blick mit den Lidern abdeckt, wenn sie in einer "Kraulstimmung" ist (vgl. Leyhausen 1978). Aber auch menschliches Schminkverhalten "simuliert" den dunklen, abgedeckten Blick durch einen blauen oder braunen Lid -"schatten".

Der abgedeckte Blick in Gestaltung und Kunst: Der abgedeckte Blick wurde in Abbildungen dieses Kapitels bereits mit Beispielen aus dem Comic "Emmanuelle" belegt. Übertragen wir den Gedanken auf Grunewald (Maria und Kind, Detail des Isenheimer Altars), so erscheint der Sprung weit, die Möglichkeit belegt aber die Generalität von Ausdrucks- und Eindrucksmechanismen (vgl. Abb. 5.2.2).

Der Blick der Maria und auch der Blick der Engel ist halb abgedeckt. Die musizierenden Engel befinden sich in einer friedvollen Stimmung. Die gleiche Beobachtung kann auch vielfach an Darstellungen von betenden Mönchen und Heiligen in der europäischen Kunstgeschichte wiederholt werden. Der Isenheimer Altar ist ein willkürliches Beispiel, das für viele andere stehen kann.

Der Augengruß: Weil die überlieferte Darstellung lange Zeit keine "Bewegung" festhalten konnte, ist ein wichtiger Mechanismus der Bindung, der Augengruß (Eibl-Eibesfeldt 1975), in der bildenden Kunst nur wenig dokumentiert. Eibl-Eibesfeldt beschreibt dieses Verhalten, das er in verschiedenen Kulturen beobachtete, als kurzes Öffnen und Niederschlagen der Augen bei gleichzeitigem kurzen Hochziehen der Brauen. Die Metapher beschreibt das Phänomen in der Wendung "mit leuchtenden, glänzenden Augen" nur unvollständig.

Der Augengruß in der Gestaltung und in der Kunst: Das Medium des Films kann diese auslösenden Reize leichter verwirklichen. Die Großaufnahme des Gesichtes gibt dem Zuschauer die relevante Information. Er kann unterscheiden, ob es sich um ein schnelles Öffnen der Augen mit anschließendem Lidschluß handelt oder um eine dauernde, weite, angstvolle oder drohende Augenöffnung. Die Information, die sich aus der Zeitfolge ergibt, kann auch in Comic-Zeichnungen verwirklicht werden. Hier ist auf die Werke von Moebius oder Crepax hinzuweisen, die in ihren Zeichnungen künstlerisches Neuland erschließen, indem sie, wie im wirklichen Wahrnehmungsprozeß, kurze Blicke in die sehr nah liegenden Augen eines Partners mit Blicken auf die Umgebung wechseln lassen und sie eben diese wesentlichen Abschnitte der Blick- und Augenbewegung beim freundlichen Gruß oder beim feindlichen Aufeinandertreffen in der richtigen Phasenfolge abbilden. Die Wirkung dieser Zeichnungen kann über die Wirkung eines Filmes sogar noch hinausgehen, weil der Betrachter im Film die Informationsaufnahme selbst selektiv steuert. In der Folge von Zeichnungen zwingt sich die Information auf (vgl. Abb. 5.22).

Das Kindchenschema im Dienste der Bindung: In Buschmanngesellschaften (Eibl-Eibesfeldt 1972) und auch in den Horden der Affen wird die soziale Bindung durch eine Stimmung der Brutpflege aufrechterhalten. Erwachsene können durch visuelle Signale, die dem Kindchenschema entstammen, soziale Fürsorge auslösen. So läßt sich der vorgeschobene Schmollmund als "ritualisierte" (vgl. oben, Abschnitt Ritualisierung) Nahrungsbitte verstehen, Die bittend, betend zusammengelegten Hände sind ebenfalls ein Signal, das auch in der Ko!-Buschmanngesellschaft bei bettelnden Kindern beobachtet werden konnte. Treffen Stämme in einer versöhnlichen Absicht aufeinander, so werden Kinder vorgeschickt. Kind-Merkmale eignen sich anscheinend allgemein dazu, aggressive Stimmungen zu vermindern. Wenn in einigen Stämmen die Vorwölbung der Lippen extremisiert ist, so ist dies sicher keine zufällige Sitte, sondern ein kosmetischer Eingriff, der auf den Eindrucksmechanismus des "Schmollmundes" abzielt.

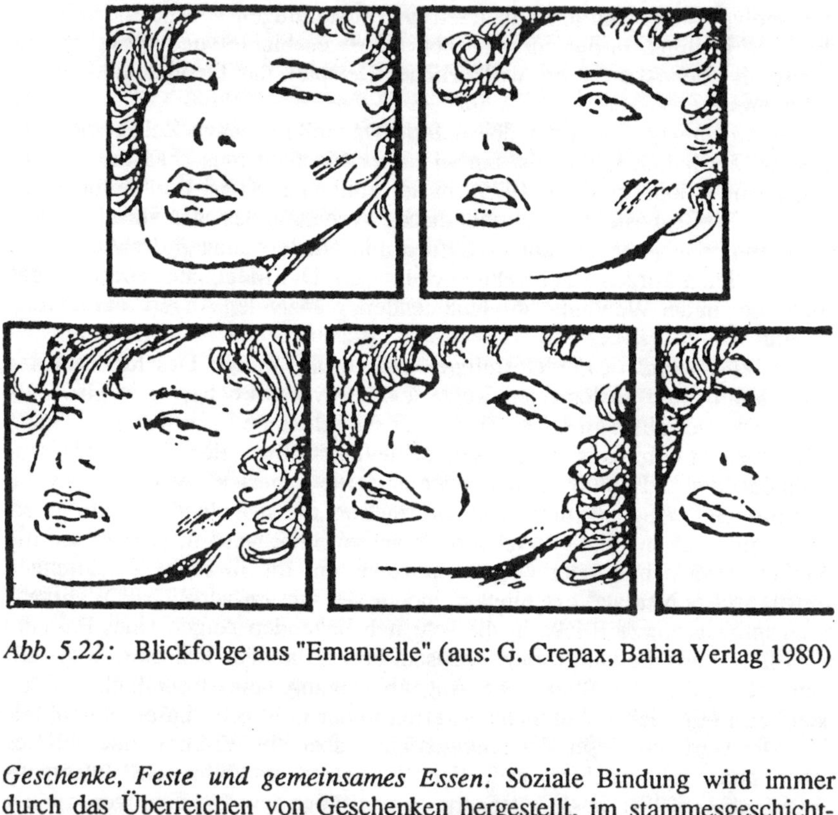

Abb. 5.22: Blickfolge aus "Emanuelle" (aus: G. Crepax, Bahia Verlag 1980)

Geschenke, Feste und gemeinsames Essen: Soziale Bindung wird immer durch das Überreichen von Geschenken hergestellt, im stammesgeschichtlichen Zusammenhang auch durch das Teilen von Nahrung. Friedensfeiern aller Stämme und auch die heutige Party sehen die gemeinsame Nahrungsaufnahme vor, die die sozialen Bindungen stärkt. Das Überreichen von Geschenken ist natürlich ein häufiges Thema der Kunst. Die Heiligen Drei Könige geben dem Jesushristkind ihre Gaben; Fürsten und Potentaten empfangen wertvolle Geschenke. Das "Abendmahl" (L. da Vinci) ist wohl das berühmteste Bild eines gemeinsamen Essens. Aber auch das "Frühstück im Freien" von Manet bedient sich der unmittelbar verständlichen Geste sozialen Zusammenhaltes.

Das Altersprachtkleid: Mit einer gewissen Toleranz lassen sich zwischen Jungs (1935) Archetypen und den angeborenen auslösenden Mechanismen Parallelen finden (die allerdings von Lorenz zurückgewiesen werden). Ein Beispiel sei angedeutet: Jung beschreibt den Archetyp des alten Weisen, der am Scheideweg steht, um dem Menschen einen Rat zu geben. In der Verhaltensforschung ist die Rede vom "Altersprachtkleid", dem Ergrauen der Haare in Tiersozietäten, in denen das Sammeln von Erfahrung eine Rolle spielt. Die grauen Haare führen zu einer Aggressionshemmung. Nun klingt dieses Wort "Aggressionshemmung" recht trocken und nüchtern. In der Erfahrung und im Zusammenleben der Menschen wird die Aggressionshemmung inhaltsvoller. Man spricht davon, daß das Alter zu ehren sei. Eine Redensart sagt: "In Würden ergraut." Richter setzten sich graue Perücken auf, um sich den Anschein der Altersweisheit zu geben. Der Archetyp bzw. der angeborene auslösende Mechanismus ist in die Kultur eingebaut und wird von Mythen und Riten umrankt. Die graue Perücke wird zum Vorbild vielfältiger Gestaltungen und vieler Kunstwerke. Hier sei allein auf Rembrandts "Dr. Tulip" verwiesen.

Körperkontakt: Wie viele verwandte Säugetiere hat auch der Mensch in friedvoller, freundschaftlicher Stimmung Körperkontakt, der nicht oder nicht allein erotisch gedeutet werden kann. Bilder, die solchen Körperkontakt zeigen, lassen eben diese freundschaftliche, friedvolle Stimmung erkennen. Dabei ist unausgesprochen klar, welche Art von Körperkontakt zwischen Männern bzw. Frauen schicklich ist. Hand, Oberarme und Schulter sind für die freundschaftliche, nicht primär sexuell gemeinte Berührung erlaubt. Ganz allgemein signalisiert Distanz (man vergleiche die Metapher, die mit dem gleichen Wort gebildet wird) eher Ablehnung, Nähe hingegen eher Freundschaft.

Körperkontakt in Gestaltung und Kunst: In vielen niedlichen romantischen Bildchen sieht man Kinder "Hand-in- Hand" in der friedlichen Natur spielen. Naturstilleben, in denen Frauengruppen in engem Körperkontakt stehen oder Kinder eng beieinander die Natur beobachten, geben allein durch die Anordnung der Figuren Information über die vorherrschende Stimmung. Wenn der Betrachter sich bei aufgerissenen Augen ängstigt und je nach eigener Stimmung und Einschätzung der Situation eher die Flucht oder eher den Angriff wählen würde, so wird eine Gruppe mit geringer Distanz der Figuren eine friedvolle Stimmung begünstigen. Es ist bestimmt kein Zufall, daß romantische Strömungen der Malerei, die sich zu Zeiten entfalten, in der die Menschheit ein neues Bewußtsein des Gefühlslebens entdeckt, besonders häufig solche Themen der Freundschaft zwischen Menschen durch Nähe und Umarmung aufgreifen.

Ernährung

Mit Sicherheit sind Speisebevorzugungen der Menschen stark von der individuellen Lerngeschichte mitbestimmt. Eskimos empfinden Käse als ekelerregend. Wir weigern uns, faule Eier als Delikatesse anzuerkennen.

Morris (1979) weist aber auch darauf hin, daß die menschliche Bevorzugung für gelbe und braune Speisen noch auf Relikte der Stammesgeschichte (nämlich Ernährung aus Wurzeln und Nüssen) zurückführbar sein könnte. Auffällig ist, wie viele Getränke eine gelbe bis braune Farbe aufweisen (Tee, Limonade, Bier, Wein, Kaffee, Most, viele Säfte, Cola, Pepsi, Lift). Dies gilt auch dann, wenn die Farbe willkürlich hergestellt ist. Wegen der Vorgängernahrung Butter werden möglicherweise viele Margarinesorten gelb gefärbt, vielleicht liegt hier im Speisebereich eine generelle Farbbevorzugung.

Lorenz (1978) vermutet angeborene auslösende Mechanismen für die menschliche Speisebevorzugung, die z.T. auf visuelle Reize reagieren. Die weiße Farbe signalisiert, daß die Speise einen geringen Anteil an unverdaulichen Fremdstoffen hat und wird so bevorzugt (Weißbrot, weißes Mehl, Baiser usf., weiße Sahne, weiße Milch). Darüber hinaus spielen die Festigkeitsmerkmale und Geschmacksmerkmale nach Lorenz eine Rolle, knusprige und süße (also energiereiche) Nahrungen werden bevorzugt. Der handelsübliche "Negerkuß" scheint einige Merkmale zu erfüllen, die man sonst von einer Attrappe für einen AAM verlangt: Er ist mit einer leicht knusprigen Schokoladenschicht (süß) überzogen und dann innen rein weiß. Die Kombination der Bedeutungen weiß mit "rein" gewinnt hier neben dem metaphorischen Zusammenhang noch einen biologischen Aspekt. Hinton (1973) schildert, daß sehr grelle Farben den Tieren einen Anpassungsvorteil verschaffen, die wenig schmackhaft oder giftig sind, weil sie dann wirkungsvoller gemieden werden. So sind das "Giftgrün" oder "Warnorange" zu verstehen, die in der menschlichen Umgebung ohne weiteres als Warnfarben verstanden werden.

Es gibt eine breite Tradition der Nahrungsmitteldarstellung in den "Stilleben". Eine verhaltensbiologische Analyse von Stilleben steht allerdings noch aus. Besonders, wenn die natürliche Form oder Farbe in systematischer Weise übertrieben oder abgewandelt wird, könnte die Hypothese geführt werden, daß "Eindruckmechanismen" getroffen wurden. Auf jeden Fall spielen bei Nahrungsmitteln und Getränken optische Reize eine große Rolle. Wir nähmen nicht so viele Getränke aus durchsichtigen Behältern zu uns, wenn nicht die optische Wahrnehmung die Attraktivität der Speisen mitbestimmte. Das gilt natürlich besonders für die roten und goldgelben Weine, deren "Farbe" in der Herstellerbeschreibung oft ausführlich gerühmt wird. So ist es gerade der rote Weinbecher, der mancher Wirtshausszene den besonderen Farbwert gibt.

Die rote Farbe ist auch die Farbe der reifen Frucht oder auch des frischen Fleisches und signalisiert ganz allgemein die "Eßbarkeit" einer Speise. Rote Fleisch- oder Fischanschnitte (Lachs) sind auf den entsprechenden Stilleben häufig abgebildet. Allerdings haben sich im Laufe der Zeit die Farben verändert und die appetitanregende Wirkung der Bilder ist fast völlig verlorengegegangen.

Untersuchungen über solche Eindrucksmechanismen sind nicht auf Analysen von Stilleben beschränkt, sondern könnten die Schaufensterauslagen, Verpackungen und Verpackungsabbildungen der angebotenen Nahrungsmittel miteinbeziehen. Solche Angebote sind oft - per Marktforschungsinstitut -

auf die Bedürfnisse der Verbraucher abgestimmt. Die Institute sind allerdings an Veröffentlichungen ihrer Ergebnisse wenig interessiert.

Auskunft könnten die Arrangeure von Feinschmeckerlokalen geben. Das Ernährungsverhalten der Menschen - speziell seine ästhetische Seite - ist ohnehin nur spärlich erforscht.

Landschaften

Von Tieren wird berichtet, sie besäßen einen bisher nicht erforschten "Detektor" für herannahende Unwetter oder könnten vor besonders strengen Wintern Vorsorge treffen. Auch beim Menschen könnten Informationsschemata für Wetterentwicklungen bzw. für entsprechende Umweltmerkmale vorhanden sein.

In der Literatur sind entsprechende Thesen bereits für "Landschaften" vorgetragen worden (Kaplan 1973, Lorenz 1973, Ulrich 1977). Merkmale einer "überlebensfördernden" Landschaft sind, ob sie Deckung bietet (Waldgruppen), wie sehr sie aber auch einen Ausblick auf Feinde oder Nahrungstiere erlaubt (Waldrand), ob sie eine Flucht ermöglicht oder nicht (enge Schlucht, Anhöhen ohne Bewaldung), ob sie Schutz vor dem Wetter bieten könnte, ob bergige Überhänge, ob spezielle Freßfeinde vorhanden sind (größere Höhlen usf.), ob sie eine ausreichende Ernährung sichert (Bachläufe, Seen, Pflanzenbewuchs, kleine Tiere).

Künstlich angelegte Landschaften in Parks, japanischen oder spanischen Gärten sind nicht selten, obwohl ihre Herstellung mit erheblichem Aufwand verbunden ist. Sie dienen ausschließlich ästhetischen Zwecken. Sie sind nicht aufgebaut, um die Menschen zu ernähren oder geeignet, sie zu verstecken, sondern sie sollen angenehme Gefühle erwecken. Bei aller Verschiedenheit von Parks weiß man sehr wohl, was unter einer parkartigen Landschaft zu verstehen ist. Man stellt sich eine aufgelockerte Bepflanzung vor, in der Baum- und Buschgruppen sich mit freien Flächen ablösen; ein Bach oder ein kleiner See dürfen nicht fehlen (im 500 qm Garten des kleinen Eigenheims wird häufig eine kleine Wasserstelle für Fische oder Vögel angelegt). Aussichtspunkte und natürlich kleine, schützende Pavillons werden besonders geschätzt. Die Parks, die den Menschen ein angenehmes Gefühl verschaffen, entsprechen also in vielen Punkten einer nach Gesichtspunkten des menschlichen Überlebens günstigen Umwelt. Wenn nun das Überleben innerhalb unserer Kultur nach völlig anderen Gesichtspunkten entschieden wird, so ist das Verlangen nach derartig gearteten Landschaften doch immerhin sehr stark. Fast jede Stadt hat einen Stadtgarten in dieser Art anzubieten.

Landschaftsmotive rangieren an erster Stelle der Themen des Wandschmuckes. Die heroischen oder romantischen Landschaften, die unsere Wohnzimmer zieren, entsprechen weitestgehend dem, was man unter Parklandschaft oder unter einer für menschliches Überleben nützlichen Landschaft verstehen müßte. Oft ist der weite Ausblick wesentlich stärker verwirklicht, als er etwa in einer Parklandschaft künstlich geschaffen werden kann. Man blickt auf Bachläufe und Seen. Kleine Häuser oder "gemütliche Bergnischen" bieten einen Schutz an. Sicher fahren die meisten Menschen am Sonntag nicht ins Grüne, weil sie sich bewegen wollen; dies kommt beim Spaziergang kaum zustande. Möglicherweise spielt hier dasselbe Motiv eine Rolle, das auch die Entscheidung für die Landschaft als Wandschmuck bewirkt.

Wenn auch nicht als Beweis, so doch als Hinweis der phylogenetischen Komponente dieser Bevorzugung mag die interkulturelle Gültigkeit der Landschaftsbevorzugung gelten. Nicht nur in der euorpäischen Tradition, sondern besonders im asiatischen Raum war die Landschaftsdarstellung eine hochgeachtete Kunst. Die auf Farbholzschnitten und Rollbildern dargestellten Landschaften erfüllen ebenfalls weitestgehend die gennanten Kriterien. Es sind fein gegliederte Landschaften mit weiten Ausblicken und glänzenden Wasserstellen.

5.4.9 Ritualisierung

In der Ethologie spricht man von "Ritualisierung", wenn Verhaltenselemente der Sequenz eines Instinktverhaltens isoliert als Signal verwendet werden. Ein Beispiel ist das Zähnefletschen des Hundes, das dem Gegner drohen soll. In unserem Zusammenhang ist zu untersuchen, wie weit aus den instinktiven Verhaltensprogrammen ausgekoppelte Elemente solchen Ritualcharakter haben, und welche Rolle dies in Darstellungen/Kunstwerken hat.

Koenig (1975) meint z.B., die erhobene Hand sei eine ritualisierte Drohgeste, die das Stein-/Speerschleudern ankündigt. Man muß nicht lange suchen, um die Bedeutung der erhobenen Hand im modernen kulturellen Umfeld aufzufinden - der Polizist hebt die Hand zum "Halt"-Signal. Es lassen sich viele Abbildungen finden, die den Moment zeigen, in dem die Bewegung begonnen wird (z.B. der berühmte griechische Diskuswerfer von Myron). Dieser Bewegungsmoment wirkt nicht unnatürlich aus einer Bewegung herausgenommen, sondern würdevoll. Es ist zu prüfen, ob zwei erhobene Hände friedliche Absichten signalisieren. Der Priester segnet die Gemeinde mit zwei erhobenen Händen. Wenn man das Friedenssymbol Taube untersucht, so fällt auf, daß die Flügel der Taube im Anflug auf ihr Nest wie zwei "segnende Hände oder Arme" ausgebreitet sind. Der Mechanismus, der eigentlich auf menschliches Ausdrucksverhalten eingestellt ist, scheint also auch bei einem inhaltlich wenig passenden Reiz, nämlich der unter Artgenossen recht aggressiven Taube einzurasten.

Gombrich (1984) untersucht die Beziehung "natürlicher Symptome" (das Ritual im Sinne der Ethologie) und konventioneller Symbole (das kulturelle Ritual). Das (kulturelle) Ritual des Schwörens leitet sich - wie Gombrich anhand von Kunstwerken nachweist - historisch aus dem Redegestus ab. Aus ethologischer Sicht handelt es sich um eine Geste, die weder einen Stoß noch einen Hieb ankündigt "Die Hand ist immobilisiert und kann weder greifen noch stoßen"(S. 65). Das Zeigen mit einem Finger hätte eine stärker auffordernde, befehlende, stoßende Bedeutung. Die spezielle Bedeutung einer Geste ist also historisch-kulturell determiniert (vgl. hier auch Morris 1979), aber der Bedeutungskern ist durch das ethologisch verstandene "Ritual" aufzuklären. Gombrich glaubt im Sinne seiner Kunsttheorie, die Gebärde werde vom Künstler aus dem kulturellen Ritual gewonnen und nur der große Künstler fülle seine Darstellungen von Gebärden mit dem "symptomatischen" Bedeutungskern.

5.4.10 Konstanz und Veränderung in der Kultur

Weil für das Überleben des Menschen, die Traditionsbildung, die Überlieferung von Gewohnheiten einen hohen Wert besitzt, vermutet Lorenz, daß die Tradition durch eine angeborene Hochachtung vor dem Althergebrachten gesichert wird. Ein Beispiel für derart "magisches Denken" sieht Lorenz in der Gestaltung der ersten Eisenbahnen, die in ihrer Form zunächst nur den Zwängen der Funktion unterworfen sein sollte. Dennoch wurde bei der ersten Eisenbahn die Unterteilung der Kutsche als Konstruktionsprinzip beibehalten und lange Zeit tradiert.

Es ist einsichtig, daß das "Altbewährte" nicht einfach verändert werden darf, besonders nicht, wenn nicht klar ist, welche Einzelheit, welcher Begleitumstand einer Gewohnheit wirksam ist. Am Beispiel wird dies besonders deutlich. Im Roman "Sinhue, der Ägypter" beschreibt Mika Waltari, wie das Operationswerkzeug in der Flamme geweiht wurde, um der Operation den Segen der Götter zu sichern. Die Möglichkeit der Sterilisierung war den Handelnden jedoch - so schildert es der Roman - nicht bewußt. Veränderungen der wirkungsvollen Prozedur könnten leicht, ohne daß der handelnde Mensch es weiß, zu einer Aufhebung der Wirksamkeit führen. So ist es höchst sinnvoll, bei bewährten Prozeduren jede Einzelheit genau zu beobachten und zu tradieren. Auf der Verhaltensweise der Traditonsachtung könnte sogar ein Selektionsdruck liegen. Auf jeden Fall können wir selbst in einer Welt, deren schnelle Veränderungen immer wieder beschrieben werden, oft Forderungen nach Erhaltung und Beachtung der Traditionen wahrnehmen. In anderen Kulturen erreichten die Gewohnheiten und Riten, die von den Ahnen übernommen wurden, den Rang des Gesetzes, dessen Übertretung mit dem Tod bestraft wird. Das Gefühl von Ehrfurcht und absoluter Wahrheit, das angesichts der alten Tradition vorhanden ist, scheint also eine Grundtendenz des Menschen zu sein und muß in das Kalkül gezogen werden, wenn wir die Reaktion auf Darstellung bzw. auf Kunst verstehen wollen. Unabhängig vom ästhetischen Wert einer Darstellung kann also das Alter zu Präferenzreaktionen führen (vgl. die Vorliebe für Antiquitäten sowie Riegls Unterscheidung von historischem Wert oder Alterswert).

Je länger eine bestimmte Sitte, Tracht oder Gewohnheit vorhanden ist, um so mehr wird sie "heilig". Es verstößt gegen die gute Sitte, sich anders zu verhalten. Die Bereitschaft der Jugend, ein Vorbild nachzuahmen, trägt zur Konstanz der Kultur bei. Dennoch beobachten wir ja auch Veränderung in den kulturellen Gestaltungen. Zwar scheinen einfache Kulturen dem Forscher, der ein oder zwei Jahre in ihnen verbringt, besonders konstant. Die archäologische Erfahrung belegt aber eindrucksvoll, daß es auch in einfachen Kulturen einen ständigen Wandel gibt, der unter anderem durch Kopierfehler oder gewollte kleinere Abweichungen bei der Replikation der Vorlagen der Kultur entsteht. So passiert es (vgl. Anderson 1979), daß die Schüler des gleichen Künstlers etwas unterschiedliche Produkte herstellen. Über die Generationen führt dies zu einer kontinuierlichen und natürlich richtungslosen Veränderung des Formenschatzes. Eine gewisse Toleranz gegenüber abweichenden Kreationen könnte auch einfach aus dem Wunsch entstehen, den Besitz zu unterscheiden. Durch kleine Abweichungen, z.B. in der Gestaltung von Tonware und Skulpturen, wird diese Unterscheidung erleichtert

Solche Ursachen geringer Veränderungen erklären aber den oft dramatischen kulturellen Wandel nicht ausreichend. Das Gefühl, das den Wunsch nach Veränderung begleitet, darf nicht minder kraftvoll sein, als die gefühlsmäßige Basis kultureller Konstanz. Lorenz (1973) spricht von dem Gefühl des "Lausbuben", der Freude an der Veränderung hat. Traditionell wird der Verfall der Sitten bei den Jugendlichen beklagt, die alles anders machen wollen. Der Generationenkonflikt wird zum möglicherweise biologisch fundierten Motor der Veränderung.

Auf jeden Fall wissen wir aus der Kunst unserer Epoche, daß auch die Veränderung, ist sie nur deutlich und radikal, ein begeistertes (Kunst-) Publikum finden kann. Für die weitere Abhandlung bleibt festzuhalten, daß Veränderung und Traditionsbildung, die gleichzeitig und in Wechselbeziehung die Kunst bestimmen, aus der Sicht der Ethologie unterschiedliche grundlegende Reaktionsweisen sind.

5.4.11 Experimentelle Ästhetik und vergleichende Verhaltensforschung

Wenn wir davon ausgehen, daß die in diesem Kapitel beschriebenen Reaktionstendenzen bei allen Menschen gefunden werden, müßten sich enge Verbindungen zur empirischen, kulturvergleichenden Forschung ergeben. Das ist aber keineswegs der Fall. Erst seitdem die Erkenntnisse der Verhaltensforschung vorliegen, hat sich ein fruchtbarer Zweig der kulturvergleichenden Forschung entwickelt, der generelle Phänomene im Umfeld der unterschiedlichen Gesellschaften untersucht (vgl. Eibl-Eibesfeldt 1973, Wickler 1972, König 1975). Der Mangel an entsprechenden Ergebnissen der emprisch-kulturvergleichenden Forschung soll zur Gelegenheit genommen werden, ein methodisches Argument von Leyhausen (1956) darzustellen: Die statistische Norm des Verhaltens (wie sie in psychologischen Untersuchungen meist erhoben wird) führt den Forscher möglicherweise in die Irre. Durch den kulturellen Zufall, durch die jeweilige Einbettung des untersuchten Verhaltens in verschiedene Zusammenhänge, wird die grundlegende Gemeinsamkeit verdeckt. Leyhausen führt dies für den ethologischen Zusammenhang aus: "Für den Untersucher, der den qualitativ-strukturellen Aufbau eines Verhaltenssystems erkunden will, ist daher jener Ablauf, der in nur ganz wenigen der beobachteten Fälle eintrat, sehr oft wichtiger als alle übrigen, weil eben der ideal 'vorprogrammierte' Ablauf nur bei besonders störungsfreien Bedingungen auftritt"(1979, S. 12).

Aus der Sicht der Ethologie ist der gut beschriebene Einzelfall der Grundbaustein für die weitere Erforschung eines bestimmten Verhaltens, wie Lorenz (1973) am Beispiel des Falles der Helen Keller schildert, die mit 19 Monaten nach einer Krankheit ertaubte und erblindete, aber dennoch trotz des gewaltigen Erfahrungsentzuges die Sprache mit großer Leichtigkeit erwarb. Der Einzelfall ist dann Hinweis auf die erfahrungsunabhängige Existenz der Sprachkompetenz.

Ein abschließender Hinweis soll die Verdienste der Kulturethologen nicht schmälern, aber Anregung zur Diskussion sein: In den Stellungnahmen der Ethologen zur Kunst vermißt man ein angemessenes Kunstverständnis. Kunst wird nur als das Schöne aufgefaßt, und die Entwicklungen der zeitgenössischen Kunstauffassung, die ja z.T. in der Inszenierung von Ritualen direkte Relevanz für eine Biologie der Kunst haben, werden nicht beachtet (als Beispiel müssen hier sicher die Werke von Rensch 1984 und Eibl-Eibesfeldt 1984 gelten).

6 Experimentelle Ästhetik

6.1 Das Experiment in der Ästhetik

Die Beiträge zu einer Psychologie der Kunst waren in den vorangegangenen Kapiteln um eine Theorie oder wenigstens um ein Fach der Psychologie gegliedert. Nun zentriert sich die Darstellung um eine Methode, nämlich um die Methode des Experimentes.

Das Experiment ist ein wissenschaftliches Prüfverfahren für eine Theorie. Aus der Theorie werden Hypothesen darüber abgeleitet, wie sich eine Variable verändert, wenn eine andere Einflußgröße willkürlich manipuliert wird. Im Experiment werden die Hypothesen geprüft. In den Naturwissenschaften hatte die Methode des Experimentes sich bewährt, als die Psychologie sie übernahm.

So eindeutig, wie die klare Benennung "Experimentelle Ästhetik" es erwarten ließe, ist der nun folgende Stoff allerdings nicht einzugrenzen. Viele der nun darzustellenden Vorgehensweisen und Ergebnisse sind gar keine Experimente, sondern eher Beobachtungen von Zusammenhängen, ohne daß eine willkürliche Manipulatin einer Variablen vorläge. Versucht man, all das, was unter der Überschrift "Experimentelle Ästhetik" firmiert, zu beschreiben, so scheint die Verwendung quantifizierend-statistischer Methoden und die empirische Grundeinstellung des Forschers bedeutungsvoller zu sein als etwa die willkürliche Manipulation einer Variablen, die ja die notwendige Bedingung des experimentellen Vorgehens ist.

Da die Hypothesen und der theoretische "Überbau" solcher empirisch-quantifizierender Studien z.T. aus Alltagsbeobachtungen stammen, aber auch aus den Lerntheorien oder der Sozialpsychologie sowie aus kunsttheoretischen Schriften gewonnen werden, bietet es sich nicht an, die Ergebnisse nach der Ausgangstheorie zu gliedern, sondern nach den Ergebnissen zusammenzufassen: Es wird über Ergebnisse zu bestimmten Einflußfaktoren auf das ästhetische Urteil berichtet, z.B. über Stimulusfaktoren oder Persönlichkeitsfaktoren. Wenn erkenntlich ist, daß für eine bestimmte Gruppe von ästhetischen Reizen besondere Regeln gelten, so wird diese unter dem Titel "Inhaltsbereiche" gesondert dargestellt.

Wenn jetzt also empirisch-quantifizierende Studien zum Thema der Ästhetik berichtet werden, unter denen sich auch Experimente im engeren Sinne befinden, so soll dies nicht bedeuten, daß an anderer Stelle berichtete Studien nicht empirisch-statistisch oder experimentell gewesen seien. Gerade viele der im Kapitel zur Anwendung von informationstheoretischen Überlegungen dargestellten Studien sind nach den üblichen Standards Experimente und trugen bei ihrer Veröffentlichung explizit den Titel "Neue experimentelle Ästhetik" (Berlyne 1974). Viele der im folgenden abgehandelten Untersuchungen, etwa die Ergebnisse zur "Prototypikalität" oder zur "Beleuchtungsstärke", hätten auch in anderen Kapiteln (etwa im Abschnitt 5.2 "Wahrnehmungspsychologie") behandelt werden können.

Die methodischen Ausführungen zum Experiment in der Ästhetik und zur empirischen Methode gelten selbstverständlich auch für die vielen anderen Studien, die unter dem Gliederungsgesichtspunkt einer bestimmten Theorie oder eines bestimmten Faches dargestellt wurden.

Weil die Methode der empirischen Psychologie, auch die Methode des Experimentes, grundlegend auf einer Messung von Variablen, also hier z.B. der ästhetischen Reaktion aufbaut, wird zunächst die Messung in der empirischen Ästhetik thematisiert.

6.2 Die Messung der ästhetischen Bevorzugung

Die quantitative Erfasung der ästhetischen Reaktion

An erster Stelle sind hier Ratingskalen zu nennen. Die Vp wird gebeten, ihr Urteil auf einer Skala durch Ankreuzen eines Wertes anzugeben. Die Skala könnte z.B. vom Wert 9 (sehr wohlgefällig) bis zum Wert 1 (überhaupt nicht wohlgefällig) reichen (vgl. zur Methodik der Ratingskalen auch Traxel 1974). An die Stelle der Einschätzung mit Hilfe einer Skala kann auch die Herstellung eines Vergleichsreizes treten (bekannt als "Cross-modality-matching", z.B. bei Reed u.a. 1980). So können auch Qualitäten wie "Interessantheit" oder "Komplexität" des dargebotenen Materials eingeschätzt werden. Solche Skalen sind häufig von Berlyne (vgl. z.B. 1974), aber auch in einer Vielzahl anderer Untersuchungen verwendet worden. Sie werden in der Regel rechnerisch so behandelt, als lieferten sie "intervallskalierte" Daten, d.h. mit den durch Rating-Skalen gewonnenen Daten werden nahezu alle mathematischen Operationen durchgeführt. Das Verfahren hat einen wesentlichen Nachteil. Die Vpn lernen das Stimulusmaterial erst im Verlauf des Experiments kennen, und die Beurteilungsbasis verändert sich während des Experiments, wenn z.B. immer schönere Bilder dargeboten werden. Man könnte zur Veranschaulichung der Schwierigkeit daran denken, daß man einen unerfahrenen Kunstbetrachter nur einmal durch ein Museum führt und ihn vor jedem Bild fragt, ob ihm dieses am besten gefalle.

Dieses Problem vermeidet die von Kelly (1955) angeregte Sortiertechnik, bei der das Stimulusmaterial zuerst nur in zwei Hälften unterteilt werden muß: die mehr oder die weniger bevorzugte Hälfte des Items. Im nächsten Schritt wird die bevorzugte Hälfte wieder geteilt und so fort, bis zum letzten Item. Bei der Teilung wird für die erhaltenen Items ein Punkt zugefügt, so daß man auf diese Weise zu einer ordinalen Skala der Bevorzugung kommt, die der Vp eine allmähliche Orientierung im Stimulusmaterial erlaubt.

Wenn die Anzahl der Stimuli nicht zu hoch ist, kann man einen Paarvergleich durchführen, bei dem die Vpn aufgefordert sind, von einem Paar Bilder oder ästhetischer Gegenstände das "schönere" Element auszuwählen. Nach den Verfahren von Torgerson (1958) lassen sich aus den Paarvergleichen Skalen konstruieren, deren Datenqualität die Qualität der Daten aus Ratingverfahren übersteigt. Mit dieser Methode kann man erkennen, ob die Urteile der Vp tatsächlich auf einer Dimension liegen oder ob es bei den Paarvergleichen zu "intransitiven" Bewertungen kommt, die nur durch die Existenz einer zuzüglichen, nicht erfaßten Stimulusdimension zu erklären sind.

Nicht-reaktive Messungen der ästhetischen Reaktion

Wenn die Vp weiß, daß sie an einem psychologischen Experiment teilnimmt und die "Schönheit" von Reizen beurteilen soll, können verfälschende Faktoren auftreten, z.B. weil die Vp einen kompetenten Eindruck machen möchte oder weil sie im Sinne des Experimentators reagiert. Es ist daher wesentlich, Meßmethoden zu entwickeln, die ohne das Wissen der Vp um die Teilnahme an einer Studie Verwendung finden können. Solche Messungen bezeichnet man als "nicht-reaktiv" (Webb u.a. 1966).

Bernard (1972) interviewte Käufer von Reproduktionen von Kunstwerken nach dem Kauf. Der Kauf war keine Reaktion auf eine experimentelle Instruktion, sondern geschah spontan im Lebensumfeld der Versuchsperson. Eine solche "Messung" erlaubt eine ökologisch valide Erhebung von Bevorzugungen und deren Determination.

In der experimentellen Ästhetik wurde als Maß für die Bevorzugung eines im Museum dargebotenen Bildes die Teppichabnutzung vor diesem Bild bekannt (Melton 1933). Gleichermaßen könnten Mitgliedslisten von Kunstvereinen, unbeteiligte Beobachtungen oder eine Auswertung von Presseberichten die Grundlage für eine solche Messung abgeben (Gillespie und Perry 1973).

Viele Körperreaktionen, wie der Hautwiderstand oder die Art der Gehirnaktivität, können im allemeinen von einer Vp nicht willkürlich kontrolliert werden und eignen sich für "nicht-reaktive Messungen": Bei "schönen" und "häßlichen" Farbreizen fanden Horova (1969) und DeJong u.a. (1975) einen Anstieg des Hautwiderstandes und mehr Aktivation als bei den häßlichen Farbreizen. Nur der Herzschlag stieg anders als der Rest der physiologischen Maße bei der Darbietung der "schönen" Farbreize an. Man könnte in diesem Ergebnis eine Bestätigung der Ansicht sehen (vgl. etwa Rohrschach), daß der Farbreiz die Emotion aktiviert.

Sargent-Pollock und Konecni (1977) nahmen neben verbalen Maßen bei der Darbietung von Werken des 20. Jahrhunderts und der Renaissance auch eine Messung des Hautwiderstandes vor. Der Hautwiderstand kann als allgemeiner Indikator von Erregung betrachtet werden. Es zeigte sich jedoch kein nennenswerter Zusammenhang des Hautwiderstandes beim Betrachten der Bilder mit Einschätzungen der Variablen Wohlgefallen, Interessantheit und mit dem eingeschätzten Wunsch, das dargebotene Bild zu besitzen. Mit der Gewöhnung an die experimentelle Anordnung nahm der Hautwiderstand mit der Anzahl der Durchgänge ab.

Hess (1965, 1977) entwickelte eine Apparatur, mit der die Pupillenöffnung gemessen werden kann, nachdem er feststellte, daß eine positive Reaktion gegenüber einem visuellen Objekt zu einer Erweiterung der Pupille und eine negative Reaktion zu einer Verengung der Pupille führte. Diese Reaktion unterliegt keiner willentlichen Kontrolle.

Dabei ist das technische Problem zu lösen, die Gesamthelligkeit bei Bildern und Filmen, die neben der emotionalen Reaktion die Pupillenöffnung steuert, konstant zu halten. Nach der Lösung dieses Problems wurde das Gerät bisher hauptsächlich zur Bewertung des Produktdesigns eingesetzt (Hess 1977). Eine Messung von Kunst als Stimulus von Machotka blieb unveröffentlicht. Hess trägt die Validität der von ihm entwickelten Messung engagiert vor, ja er geht so weit zu behaupten, daß die Validität der Pupillenmeßung über die Validität von Befragungen hinausgehe.

Bei Reizen, die keinen Tabus oder irgendeiner sozialen Norm unterliegen, korrelieren Pupillenöffnung und verbal geäußertes Wohlgefallen hoch. Bei Reizen, die in soziale Tabuzonen gehören, ließen sich jedoch interessante Beobachtungen machen. Während Männer einen nackten weiblichen Körper relativ "wohlgefällig" einordneten und auch eine starke Pupillenreaktion aufwiesen, reagierten Frauen auf einen nackten Männerkörper verbal neutral, obwohl ebenfalls eine starke Pupillenreaktion festzustellen war. Durch die Pupillenreaktion konnten homosexuelle Männer unterschieden werden. Janisse und Bradley (1980) bestätigen, daß die Pupillenreaktion als "Lügendetektor" funktioniert. Bei einigen Untersuchungen zu Verpackungen zeigte sich, daß die Pupillenreaktion zwischen Stimuli zu unterscheiden erlaubt, die aufgrund verbaler Urteile gleich bewertet wurden. In diesen Untersuchungen, die im Umfeld von Hess durchgeführt wurden, erwiesen sich die Pupillenreaktionen also als ein empfindlicheres Maß der Bevorzugung als etwa die verbale Reaktion. Hess weist an verschiedenen Stellen seiner Forschungsberichte darauf hin, daß z.B. Bilder von Unfällen sehr unterschiedliche Reaktionen hervorrufen können. Es gibt Personen, die solche Bilder offensichtlich gern sehen und solche, die diese Bilder emotional stark ablehnen. So kann man zwar auch nach den Ergebnissen dieser Meßmethode einige allgemeine Ergebnisse feststellen, z.B. daß geringe körperliche Mißbildungen oder ein Schielen immer eine negative Pupillenreaktion hervorrufen, aber doch fast alle Reize in einer Vp-Gruppe positive und gleichzeitig auch negative Resonanz finden.

Anhand dieser Methode kann ein Anliegen dieser Monographie vorgebracht werden: Die Hess'schen Ergebnisse sind nur nach einer Anpassung des Meßgerätes an Grundwerte *einer* Person darstellbar. Eine Mittelung würde die Unterschiede, die bei einer Person für verschiedene Stimuli gefunden würden, im Rauschen der interindividuellen Unterschiede verschwinden lassen. Hess (1977, S. 59): "Ich kann nicht genügend betonen, daß das Phänomen der Pupillenkontraktion nach Zusammenwerfen von Einzeldaten normalerweise nicht mehr erkenntlich ist." Neuere Versuche mit der Messung der Pupillengröße bestätigen die Validität der Meßung (z.B. Wagoner und Sullenberg 1978 am Beispiel von Humor).

Die Betrachtungszeit ist ein "nonverbales" und gegebenenfalls auch nichtreaktives Maß für das "Wohlgefallen". Die Wahlzeit für ein Reizarrangement kann bei selbsttätigem Weiterschalten der Darbietung durch die Vp beobachtet werden. Jetzt wird nicht zwischen zwei oder mehreren Reizen gewählt, sondern jeder Reiz kann unabhängig von den anderen lang oder kurz betrachtet werden. Dies spielt für die Auswertungsstatistik (Paarvergleich oder direkter Vergleich) und die Versuchsanordnung eine gewisse Rolle.

Wenn auch die Betrachtungszeit in keiner klaren Beziehungzum eingeschätzten Wohlgefallen steht, ja das Bild eines extrem häßlichen Gesichtes besonders lange betrachtet wird (Wilson 1973), so ist doch klar, daß die Betrachtungsbereitschaft etwas mit ästhetischer Befriedigung (vgl. Moles Ästhetische Information) zu tun haben muß. Der Sammler kann das eine Bild, das ihm besonders gefällt, über Stunden und immer wieder betrachten.

Nach einigen Jahren der Erforschung dieser Variablen zeigt sich empirisch kein eindeutiger Zusammenhang zwischen Wohlgefallen und Betrachtungszeit (Wohlgefallen als "pleasantness", Nunnally 1977). Tatsächlich scheinen die Anzahl der zu interpretierenden Objekte, der Überraschungswert sowie der kognitive Konflikt beim Betrachten eines Reizarrangements eine bessere Vorhersage auf die Betrachtungszeit oder die Betrachtungswahl zu ermöglichen. Die Betrachtungswahl kann durch eine Beobachtung der Kopfbewegung erfaßt werden. Sie kann auch durch einen Wechsel der Fixation, also durch die Augenbewegung festgelegt werden. Bei einer solchen Beobachtung kann die erstaunliche Objektivität von $r = .97$ erreicht werden (Lemond 1973).

Die bisher entwickelten Methoden, die Betrachtungszeit oder die Betrachtungswahl zu erfassen, sind interessant und vermutlich in der experimentellen Psychoästhetik weiter einsetzbar. Allerdings stellen Ergebnisse von Leckart u.a. (1970), die zeigen, daß die An- und Abwesenheit des Versuchsleiters die Betrachtungszeit beeinflussen, die Validität des Maßes in Frage.

Qualitative Erfassung der ästhetischen Reaktion

Die älteste und zugänglichste Methode zur Erfassung der Determinanten der ästhetischen Bevorzugung ist die Nachbefragung der Vpn. Allerdings ist die Psychologie nach Forschungen über Einstellungen und Vorurteile (vgl. Hess 1977) gegenüber den Stellungnahmen der Vpn nicht naiv, sondern weiß, daß diese Stellungnahmen den vielfältigsten Beeinflussungen unterliegen können, wenn die Vp überhaupt in der Lage ist, die in ihr stattfindenden Prozesse und Empfindungen angemessen zu beschreiben.

Dennoch verdanken wir den Befragungen der Vpn weitreichende Einsichten über Gründe der Bevorzugungswahl. Valentine (1962) unterscheidet vier

Bevorzugungsgründe bzw. Gruppen von Bevorzugungsgründen, die von den Vpn genannt werden:

1. Die handwerkliche Qualität der Arbeit, die korrekte Widergabe (objektiver Beurteilertyp);
2. der Inhalt des Bildes oder der Ausdruck, die Stimmung des Bildes, die es beim Betrachter induziert (subjektiver Beurteilertyp);
3. Beurteilungen nach der künstlerischen Aussage (Charaktertyp);
4. Beurteilungen, die auf Assoziationen beruhen: In solch eine Landschaft fahre ich immer in Urlaub, erinnert mich an meine Jugend (diesen Typ könnte man als "assoziativen Typ bezeichnen").

An anderer Stelle werden Assoziationen zu Kunstwerken ausgewertet (z.B. Schurian 1986).

6.3 Deskriptive Auswertungsmethoden

Von einer Darstellung der Kunstpsychologie würde man am wenigsten eine detaillierte Auseinandersetzung mit statistisch-mathematischen Methoden erwarten. Die im folgenden erwähnten Verfahren "Faktorenanalyse" und "Multidimensionale Skalierung" sind aber tatsächlich hochkomplizierte Rechenverfahren. Sie erlauben, aus einer Menge von Daten (Einschätzungen der Präferenz oder Ähnlichkeitsbeurteilungen durch die Vpn) die Grunddimensionen zu bestimmen, auf denen sich Reizobjekte unterscheiden. Letztlich leisten diese Verfahren also eine Deskription. Man könnte hoffen, diese Deskription ergebe "empirisch" die Dimensionen des Kunststiles, allerdings ist fraglich, ob die Vpn bei einer Beurteilung von Kunstwerken auf den gleichen, differenzierten Stand kommen können wie die Kunstexperten, auf deren Werke die Unterscheidung von Stilen zurückgeht. Eher wird man etwas darüber erfahren, nach welchen Dimensionen der "naive" Kunstbetrachter die Bilder des Stimuluspools unterscheidet. Trotz des deskriptiven Charakters der Analyse trägt ein Werk, das sich im wesentlichen auf die Verwendung solcher Verfahren bezieht, den Titel "Neue experimentelle Ästhetik" (Berlyne 1974).

Genau betrachtet, ist der Unterschied zwischen Beschreibung und Experiment in den statistischen Methoden allerdings nicht so deutlich, wie das Ergebnis "Grunddimensionen eines Reizmaterials" es erwarten läßt. Die Variation, die der Experimentator mit einer Variablen "unabhängig" vornimmt, wird durch die vorgefundene Variation und das vorgefundene Zusammengehen der Variation von verschiedenen Variablen ersetzt. So könnte man auch sagen, daß durch die vorgefundene Variation einer Variablen erkennbar wird, welche anderen Variablen in bezug auf eine "abhängige" Variable sich mitverändern.

Die Faktorenanalyse

Die großen Hoffnungen, die man in diese Verfahren setzte, mußten bald zurückgenommen werden (treffende Kritik von Dörner 1976), aber einige Zeit wurde mit Enthusiasmus daran gearbeitet, die Grunddimensionen der ästhetischen Reaktion mit der Faktorenanalyse zu erforschen.

Loveless (1968) korrelierte die Bevorzugungseinschätzungen für Bilder von Picasso und für einige ergänzende Bilder von Mondrian und van Gogh und kam zu einer 5-Faktoren-Lösung. Die grundlegenden Dimensionen der Bevorzugungen waren in dieser Studie: 1. strukturiert-realistische Bilder; 2. Primitivismus, analytischer Kubismus; 3. synthetischer Kubismus; 4. Surrealismus; 5. Expressionismus.

Die Bedeutung dieser Faktoren wird nicht weiter erläutert. In dieser Studie ist leicht die Schwierigkeit der Faktorenanalyse zu erkennen. Hätte man Bilder von Reynolds oder Ingres hinzugenommen, wäre vielleicht noch ein Faktor "historische Malerei" hinzugekommen. Hätte man ein Beuys-Objekt in das Stimulusmaterial aufgenommen, hätte sich ein Faktor dreidimensionaler Objekte ergeben. Wäre die Studie über dreidimensionale Objekte durchgeführt worden, hätte das Beuys-Objekt vielleicht einen Faktor Fett/Filz hinzugefügt. Die Ergebnisse der Faktorenanalyse hängen stark vom Stimulusmaterial und dessen Variabilität ab. Dies wurde aber nur selten diskutiert.

Pickford (1955, 1969), der großen Wert darauf legt, seine Daten anhand von Originalkunstwerken zu erheben, kommt bei einer van Gogh-Ausstellung zu den Faktoren: 1. Generalfaktor: emotionaler Ausdruck, Harmonie von Form und Farbe; 2. dynamischer Ausdruck vs. fotographische Genauigkeit. Das ist es also, was psychologisch gesehen die van Gogh-Bilder voneinander unterscheidet. Allerdings muß immer berücksichtigt werden, daß diese Analysen nur die psychologische Gliederung der Reaktion dieser speziellen Gruppe von Vpn erfaßt. Der van Gogh-Kenner kann beruhigt werden, daß eben van Gogh-Experten ganz andere Faktoren wie z.B. Schaffensperiode oder ähnliches produziert hätten. Pickford (1972) berichtet viele weitere derartige Analysen, deren Ergebnisse aber ebenso wenig aufschlußreich sind wie die obigen. O'Hare (1981) kommt nach einem umfassenden Überblick über die schwedischen faktorenanalytischen Studien zu dem Ergebnis, Wölfflins Unterscheidung zwischen einem malerischen und einem linearen Stil werde im Urteil der Vpn bestätigt. Das gleiche gilt für Faktorenanalysen von neun von Cézannes Bildern (Kunnapas und Norman 1970) und ebenso für eine Studie von Goude (1972).

Judgemental analysis (JAN)

Bottenberg und Cristal (1968) entwickelten ein Verfahren, das - wie die Faktorenanalyse - von der Interkorrelationsmatrix der Beurteilungen ausgeht, es aber darüber hinaus erlaubt, individuelle Beurteilungsstrategien zu unterscheiden. Dieses Verfahren nennen sie "judgemental analysis" (JAN). Holmes und Zedeck (1973) wandten das Verfahren auf ästhetische Stimuli an. Eine Gruppe von nicht näher beschriebenen Bildern sollte von Beurteilern auf ihre Schönheit hin eingeschätzt werden. Die Unterschiede der Bilder wurden aus einer Inhaltsanalyse vorher bestimmt. Es ergaben sich zwischen den Bildern die Unterscheidungs-/Deskriptionsvariablen: farbig - nicht farbig / realistisch - abstrakt / tief - flach / Inhalt bevorzugt - nicht bevorzugt / Vitalität vs. Monotonie / Farben bevorzugt - nicht bevorzugt / Kontraste hell - dunkel / balanciert - nicht balanciert / Linienführung bevorzugt - nicht bevorzugt / Textur grob - fein. Bei einer Erklärung von 50% der Varianz der Schönheitsbeurteilungen ergaben sich fünf Beurteilungsstrategien:

1. Bedeutung der Dimensionen: realistisch - abstrakt / tief - flach / Vitalität / Farbe / Balance
2. Bedeutung der Dimensionen: realistisch und abstrakt und Tiefe vs. flach in der entgegengesetzten Richtung
3. Bedeutung von Farbigkeit / Tiefe / Vitalität (in negativer Richtung)
4. Bedeutung von Tiefe und Linienführung
5. Bedeutung von Vitalität

Die Untersuchung hat ein wichtiges Ergebnis: Die Beurteilung von Bildern durch eine Gruppe von Vpn erlaubt keine mittlere Lösung, sondern ergibt eine Reihe von unterschiedlichen Beurteilungsstrategien. Da die Autoren jedoch nicht angaben, welche Bilder in die Untersuchung einbezogen wurden, ist das inhaltliche Ergebnis für die Ästhetik bedeutungslos. Bei einem anderen Sample von Bildern könnten sich völlig andere Beurteilungsstrategien herausschälen. Das gleiche gilt natürlich auch für eine andere Beurteilungsstichprobe.

Die "Repertory-Grid-Technik"

Während Faktorenanalyse und multidimensionale Skalierung (s.u.) die Dimensionen eines Objektraumes in der Perzeption von Versuchspersonen als Gruppenmittelwert ermitteln, ermöglicht die Repertory-Grid-Technik (von Kelly 1955) eine ideographische, individuelle Betrachtungsweise. Jede Vp muß bei Dreierpaaren des Stimulusmaterials angeben, welche Reize aus welchem Grund zusammengehören und welche Reize sich unterscheiden. So werden für jede Vp individuell die Dimensionen gewonnen, auf der sie das Stimulusmaterial unterscheidet. Im Anschluß daran schätzt die Vp auf diesen selbst gewonnenen Dimensionen das Reizmaterial ein. Nachdem alle Reize auf diesen Dimensionen eingeschätzt wurden, kann man die Dimensionen korrelieren, um festzustellen, ob mit Hilfe der Faktorenanalyse für eine individuelle Person grundlegende Variationsquellen für die Beurteilung der Bilder existieren.

O'Hare und Gordon prüfen, ob nach einer Information das persönliche Konstrukt der Vp von Kunstbildern geändert wurde. Sie finden - wie viele im folgenden berichtete Studien - erhebliche individuelle Unterschiede in der ästhetischen Reaktion der Vp. Es kann bestätigt werden, daß die Bedeutung einiger Merkmale der Kunstbilder sich nach einer entsprechenden Information über die Kunstgeschichte veränderte. Auch hier hängen die gefundenen Unterschiede zwischen den Bildern von der Art des Reizmaterials ab.

Die multidimensionale Skalierung (MDS)

Diese Datenerhebungsmethode erfolgt im Verfahren des paarweisen Vergleichs oder bei Ähnlichkeitsschätzungen in Vergleichstripeln. Die Rechenmethode liefert dann ein Dimensionsmodell. Die MDS ist immer dann angemessen, wenn sich die dargebotenen Reize auf mehr als einer Dimension unterscheiden, die in Beziehung auf eine abhängige Reaktion relevant sind. Wenn sich die Reize nämlich auf mehr als einer Dimension unterscheiden, treten bei der Beurteilung auf der abhängigen Dimension Intransitivitäten des Urteils auf, die es ermöglichen, festzustellen, wie viele Unterscheidungsdimensionen zu einer Aufklärung der abhängigen Urteile zwischen den Reizen angenommen werden müssen (vgl. Kühn 1976).

Die MDS ist in verschiedenen Untersuchungen im Bereich der experimentellen Ästhetik eingesetzt worden (Skager u.a. 1966, Silver u.a. 1966 für Formen und Zeichnungen; Helm und Tucker 1962 für Farben, Klein 1968). Bekannt wurde die Methode in diesem Zusammenhang durch Berlyne (1971), der mit dem Rechenprogramm "Indiscal" die Übereinstimmung des Raumes der Ähnlichkeitsurteile und des Raumes der Präferenzurteile glaubte zeigen zu können. Ein weiterentwickeltes Programm (Premap und Carroll 1972) wurde von O'Hare und Gordon (1977) am Stimulusmaterial von Landschaftsbildern verwendet. Sie finden - wie schon vorher Berlyne - in der realistischen Malweise die klarste Unterscheidungsmöglichkeit. An dieser Dimension machen sich Unterschiede in der Bevorzugung von kunsterfahrenen und nicht kunsterfahrenen Vpn fest. Vpn, die im Bereich der Kunst ausgebildet waren, bevorzugten stärker die abstrakten Bilder. Wiederum wird die Übereinstimmung von Präferenzraum und Ähnlichkeitsraum betont.

Die Anwendung der MDS in der Kunstpsychologie soll anhand einer Arbeit von O'Hare und Gordon (1977) näher vorgestellt werden. Sie wollten feststellen, auf welchen Dimensionen sich einige Landschaftsbilder unterscheiden. In die Untersuchung wurden Dias von den folgenden Bildern einbezogen: Canaletto: Eton College; L.Claude: Landscape; The marriage of Isaac and Rebecah; Constable: Flatford mill; Hunt: Our English coasts; Kokoschka: Polperro, Cornwall; Lowry: Hillside in Wales; Matisse: Tree near Trivaux Pond; Nash: Landscape from a dream; Rousseau: Der Wasserfall; de Stael: Studie bei La Ciotat; Turner: Petwork Park, Tillington Church in the distance; Vlaminck: Landschaft der Provence (Liste der Werke nach O'Hare und Gordon 1977).

Diese Bilder wurden den Vpn paarweise gezeigt (alle möglichen Paare wurden zusammengestellt), und sie wurden gebeten, die Ähnlichkeit einzuschätzen. Im Anschluß sollten die Vpn auf 12 Eigenschaftsskalen die Merkmale der Bilder beurteilen. Solche Skalen sind z.B.: balanciert - unbalanciert; erregend - langweilig; stark - schwach; schön - häßlich usf. (Die Eigenschaftsliste stimmt im wesentlichen mit der von Berlyne verwendeten Liste überein, vgl. unten). Die multidimensionale Skalierung ergibt drei Dimensionen:

1. Eine hedonische Dimension, die mit den Skalen schön - häßlich und gefällig - wenig gefällig zusammenhängt.
2. Eine zweite Dimension wird "klar vs. unbestimmt" benannt: Sie hängt mit den Einschätzungen für geordnet - ungeordnet und balanciert unbalanciert zusammen.
3. Eine dritte Dimension wird von den Autoren als Faktor der "Dynamik" interpretiert. Sie hängt mit entspannt - spannend, langweilig - aufregend zusammen.

Wurde eine zweite Gruppe von Schätzskalen verwendet, hing die erste Dimension mit einer Skala: "realistisch - unrealistisch" zusammen; die zweite Dimension mit einer Skala "klar unbestimmt" und die dritte mit einer Skala "symmetrisch - unsymmetrisch".

Die Autoren heben hervor, daß in ihrer Studie mit Reproduktionen von Kunstwerken die Eigenschaft "einfach vs. komplex" mit keiner der Dimensionen, auf denen die Vpn die Kunstwerke unterschieden, zusammenhing. Bei diesem Satz von Bildern erlaubt die Lokalisierung eines Bildes in dem Dimensionsraum der MDS eine recht gute Zuordnung zu seiner Entstehungsperiode. Die Autoren betonen, daß ihre Dimension mit Dimensionen aus faktorenanalytischen Studien und aus anderen MDS-Studien übereinstimmen.

Goude (1972) führt die MDS mit Psychologiestudenten und einer Gruppe von Kunststudenten (Experten) durch. Die Gruppe der Kunststudenten unterscheidet die vorgegebenen Kunstwerke verschiedener Kunstepochen nach anderen Dimensionen als die Psychologiestudenten. Dennoch stimmen die Unterscheidungsdimensionen insgesamt mit den von O'Hare und Gordon gefundenen Dimensionen überein: Kunststudenten und Psychologiestudenten unterscheiden Kunstwerke nach den Dimensionen: Motiv, lyrisch beruhigend (Naturdarstellungen), statisch-stilisierend und dramatisch. Bei Kunststudenten findet sich die Dimension "farbiger Glanz", während Psychologiestudenten eine weitere Dimension "Aktion" aufweisen.

Besonders die Dimension Klarheit und die dynamische Dimension aus der vorgenannten Untersuchung lassen sich auf diese Ergebnisse beziehen. Ein anderes Stimulusmaterial verwenden Oostendorp und Berlyne (1978b). Sie zeigen ihren Vpn Paare von Architekturfotographien (u.a. die Cheopspyramide, Notre Dame, die Kirche Sagrada Familia in Barcelona). Die Vpn ordneten den Gebäudefotographien vier Dimensionen zu: 1. moderne und japanische Gebäude, d.h. Gebäude mit ungewöhnlichen Formen und Farben, 2. Gebäude mit eckigen Formen und Türmen vs. runde Architekturen (Art Nouveau) und präkolumbanische Bauwerke, 3. die dritte Dimension umfaßt sehr dekorative Gebäude, 4. auf der vierten Dimension werden Gebäude der westlichen Welt (Rokoko, Renaissance) von Gebäuden der östlichen Hemisphäre getrennt.

Werden die experimentellen Stimuli von den Versuchspersonen auf den bekannten Skalen aus Berlynes Untersuchungen eingeschätzt, so ergeben sich die schon vorher gefundenen Dimensionen: hedonischer Wert, Ordnung und Spannung (vgl. auch O'Hare und Gordon 1977).

Oostendorp und Berlyne beziehen die Dimensionen, die sich bei einer Skalierung der Schätzskalen ergeben, auf die erste inhaltliche Gruppierung der als ähnlich empfundenen Architekturfotografien. So wird z.B. der Faktor "dekoratives Ornament" auf die Dimension "Ordnung und Spannung" bezogen.

Bereits in der frühen Untersuchung von Klein (1968) und Klein und Skager (1967) zeigte sich, daß unterschiedliche Gruppen von Hochschulprofessorennach unterschiedlichen ästhetischen Kriterien bewerten. Professoren von der "Rhode Island School of Design" legten Wert auf die "Spontaneität" der Zeichnungen. Professoren und Lehrer zweier Schulen aus New York legten Wert auf die "Gesamtorganisation", und eine Gruppe von Laien beurteilte die Zeichnungen nach dem Grad der Realitätsnähe und der genauen Zeichnung des Designs. Bereits diese Studie muß zweifelsfrei klären, daß die MDS an einer zufällig zusammengewürfelten Stichprobe keine sinnvollen Bewertungskriterien ergeben kann und die Bewertung von Zeichnungen gerade durch Experten erheblich durch deren eigene künstlerische Tätigkeit und Stellungnahme beeinflußt sein kann.

Läßt man sich von dem beeindruckenden Aufwand und der mathematischen Komplexität der Methode nicht beeinflussen, so bleibt doch nur eine Menge recht trivialer Ergebnisse übrig. Die Benennung und Identifizierung der Dimensionen ist weitgehend der subjektiven Interpretation anheimgestellt (vgl. Hahn 1980). Besonders in Berlynes Forschungen wird deutlich, daß die Beurteilung der Bilder durch die Experimentatoren bestimmt, wie die Ähnlichkeitsdimensionen nach der Verrechnung benannt werden. Die Methode wirft also bei naiver Verwendung nichts anderes aus, als durch die Hypothese von vornherein eingespeist wurde.

Résumée

Die berichteten Studien (Faktorenanalyse, JAN, MDS) geben wohl kein allzu treffendes Bild von der psychologischen Realität des Stiles. Die Ergebnisse der Skalierung hängen, wie auch empirisch demonstriert wurde, von der Fähigkeit der Vp ab, entsprechende Unterscheidungen zu treffen. Am ehesten scheinen die Analysen den Stilbegriff des naiven Kunstbetrachters widerzuspiegeln oder anders formuliert: Die deutlichsten und am leichtesten erfaßbaren Unterschiede zwischen den vorgegebenen Bildern oder Bauwerken werden registriert.

6.4 Einflüsse auf die Präferenzreaktion

Nun werden Experimente berichtet, bei denen verschiedene Variablen in Abhängigkeit zur Präferenzreaktion gesetzt wurden. Zu Beginn geht es um Arbeiten, die im allgemeinsten Sinn die Auswirkungen von "Assoziationen" auf die ästhetische Präferenz untersuchen.

a) Ästhetisches Urteil und Information über das Urteil von Bezugsgruppen

Welche Merkmale eines ästhetischen Gegenstands positiv zu bewerten sind, wird offensichtlich gelernt. Anders könnte es nicht zu der Variabilität von Gestaltungen und Bewertungen in verschiedenen Kulturen kommen.

Stalling und Tiller (1975) fanden, daß die vorhandene oder fehlende Übereinstimmung mit einem Experten das Urteil einer Vp deutlich verändert. Zu beurteilen waren die Bilder des Meier-Art-Tests (1942). Den Vpn wurde durch ein Aufleuchten einer Lampe das Feedback gegeben, mit einem Experten übereinzustimmen. Natürlich ist nicht ganz sicher, ob die Vpn bei einer solchen Versuchsanordnung tatsächlich ihre eigenen Präferenzen angeben oder ob sie motiviert sind, möglichst viele Übereinstimmungen mit den fiktiven Experten zu erzielen. In einer Untersuchung von Gordon und Gardner (1974) wird bezüglich der Frage der zusätzlichen Information der Anschluß an die Sozialpsychologie der Konformität und des Gruppendrucks hergestellt. Wenn Studenten die fiktive Information erhielten, ein Bild, das sie in einem vorhergehenden Durchgang am besten fanden, werde von anderen Studenten wenig geschätzt, ergaben sich starke Veränderungen der Bevorzugungswahl unabhängig von den erfaßten Persönlichkeitsdimensionen (Extraversion, Neurotizismus, Suggestibilität).

b) Ästhetische Bewertung in Abhängigkeit von Prestige-Informationen

Die Bilder berühmter Maler werden in der Regel günstiger beurteilt als Werke unbekannter Maler. Turner mußte dies einmal schmerzlich erleben, als ein Bild aus seiner Hand von der Kunstjury ohne Kenntnis des Urhebers sehr negativ beurteilt wurde (vgl. Gombrich 1977). Die willkürliche Zuordnung von bekannten Malernamen zu einem Werk beeinflußt die Beurteilung günstig (Farnsworth und Beaumont 1929, Farnsworth und Misumi 1929, Bernberg 1953, Valentine 1962). Bei steigender Sachkompetenz der Beurteiler nimmt der Einfluß der Prestige-Information allerdings ab (Child 1969).

Crozier und Chapman (1981), die zusammenfassend über die Untersuchungen zum Einfluß von Prestige-Information auf die Beurteilung von Bildern und Musikstücken berichteten, machten bezüglich der Gültigkeit der berichteten Effekte einige Einwände geltend:

- Die Höhe der Korrelation zwischen Beurteilung eines Bildes und Prestige des Urhebers ist eher gering.
- Der Zusammenhang verschwindet, wenn die Vpn instruiert werden, bei der Beurteilung eine "kritische Haltung" einzunehmen
- Das Reizmaterial, das in den Studien verwendet wurde, ist zu ähnlich, als daß sich Prestige-Unterschiede auf die Bewertung auswirken könnten.
- Die Vpn kennen die gezeigten Bilder nicht (sonst könnte keine experimentelle Manipulation durch das Prestige des Urhebers erfolgen), so daß die Prestige-Information der einzige Hinweis für die Beurteilung ist.
- Es müßte geprüft werden, wie weit der gesamte Wahrnehmungsvorgang unterschiedlich ist, wenn die Prestige-Information variiert.

c) Ästhetische Bewertungen und die Einschätzung des handwerklichen Könnens des Künstlers

In der experimentellen Ästhetik wurde die Variable "handwerkliches Geschick" wenig beachtet. Dennoch ergeben Versuche von Moffett (1975) einen hohen Zusammenhang zwischen dem Präferenzurteil und der eingeschätzten handwerklichen Fertigkeit bei der Beurteilung von Skulpturen. Die Stichprobe bestand aus Psychologiestudenten. Die Erwartung des Autors, daß Vpn mit hoher ästhetischer Sensitivität einen geringeren Zusammenhang in der Einschätzung von erforderter handwerklicher Fertigkeit und Präferenz (ästhetische Sensitivität gemessen mit dem Meier-Art-Test und operationalisiert durch die Häufigkeit des Museumsbesuches) erreichen, stellte sich nicht ein. Die mittlere Korrelation von .86 war für die Untergruppe der Vpn gleich hoch. Dieser Korrelationskoeffizient bedeutet, daß mehr als 50% der Varianz der Präferenzurteile durch die Einschätzung der handwerklichen Fertigkeit des Künstlers zustandekommen. Es muß erstaunen, wie wenig diese Variable in den meisten Studien der experimentellen Ästhetik berücksichtigt wird, obwohl bereits Valentine (1962) auf die Bedeutung der entsprechenden Kognition hinweist. Die Beurteilung der handwerklichen Geschicklichkeit wird davon abhängen, ob man bei der Bewertung mehr Wert auf "spontane" oder "überlegte" Gestaltung legt (Klein und Skager 1967).

d) Selbstaktualisierung

Swartz (1980) glaubt, eine selbst gewählte Maske, die bei der Kunstbetrachtung getragen werde, führe zu verstärkter Selbstaktualisierung und damit zu einer Veränderung der Reaktion auf einen ästhetischen Stimulus. Die Vpn konnten eine aus acht möglichen Masken wählen. Sie wurden durch einen Raum geführt, in dem Farbreproduktionen von Chagall, Gauguin, Mac-

Donald, Seurat u.a. hingen. Gleichzeitig waren im Raum auch große Spiegel angebracht, so daß die Vpn sich mit Maske wahrnehmen konnten. Sie mußten die Bilder auf Schätzskalen (die weitgehend mit dem semantischen Differential von Osgood 1967 übereinstimmten) beurteilen. Eine Kontrollgruppe beurteilte die Bider ohne sie vorher mit Maske betrachtet zu haben. Die Vpn, mit Maske beurteilten die Bilder als "weicher, komplexer, heller und süßer". Der Experimentator interpretiert dies als "gesteigerte ästhetische Bewußtheit". Bekanntlich beeinflußt die Konfrontation mit dem eigenen Spiegelbild auch ohne Maske das Verhalten. Es müßte noch geklärt werden, ob Selbstaktualisierung oder ein Verstecken unter der Maske oder auch eine Identifikation mit der durch die Maske suggerierten Rolle stattfindet.

e) Wahrgenommene Ähnlichkeit zwischen Bild und Selbst

Die Bildpräferenz hängt von der Übereinstimmung zwischen Eigenschaften ab, die ein Betrachter dem Bild und sich selber zuordnet. Diese Übereinstimmung ist bei den Eigenschaften des "idealen Selbst" größer als bei den Eigenschaften des "realen Selbst" (Blair und Marks 1983). Das heißt also, die Werte und Ideale einer Person beeinflussen die Präferenz. Wenn ein Bild diese Werte verwirklicht, ist die Präferenz höher. In eigenen Experimenten konnte ebenfalls die Bedeutung "selbstbezogene" Kognition (z.B. ähnliche Lebenserinnerungen, Stolz auf bestimmte Ereignisse) für die Präferenz nachgewiesen werden (Schuster 1983). Die im folgenden berichteten Studien lassen sich den theoretischen Grundlagen zuordnen, über die im Abschnitt 5.2 "Wahrnehmungspsychologie" berichtet wurde.

f) Reizgröße

Die Reizgröße war eine der ersten Variablen, die in der experimentellen Ästhetik Aufmerksamkeit fand: Maertens (1884) glaubte, der optimale Betrachtungsabstand und die Reizgröße stünden in einer linearen Beziehung. Tatsäch-lich nimmt der von einem Betrachter gewählte Blickwinkel mit der Stimulusgröße zu (Clarke u.a. 1984). Im gleichen Experiment ergab sich aber kein Zusammenhang zwischen Stimulusgröße und Präferenzeinschätzungen oder Einschätzungen der Interessantheit eines Bildes.

g) Reizbalance

Bei Studien, die den Zusammenhang zwischen Information und Wohlgefallen klären sollten (vgl. die Theorien, die sich des Konzepts der Information bedienen), stellte sich heraus, daß auch die Balance eines Musters auf grünen und roten Farbplättchen auf einem weißen Hintergrund in einem Zusammenhang zur Präferenz stand (Dörner 1970).

Da die Balance der Farben und Formen in vielen philosophischen Ästhetiken eine Rolle spielt, wurde sie in der experimentellen Ästhetik ebenfalls früh untersucht. Valentine (1962) faßt bereits eine Anzahl von Arbeiten zusammen, in denen Vpn Muster so ergänzten, daß die wohlgefälligste Anordnung auch als die Anordnung der mechanischen Balance beschrieben werden kann. In weiter oben berichteten (deskriptiven) Arbeiten zur Unterscheidung von Kunstwerken stand die Dimension "hedonischer Ton", also das Wohlgefallen im klaren Zusammenhang zur Balance der eingeschätzten Stimuli.

h) Wiederholte Darbietung und Familiarität

Manche Formen, wie etwa die berühmte Karosse der "Tin Lizzy" von Ford oder auch der "Käfer" von VW, scheinen bei wiederholter Darbietung nicht, wie es etwa aus der Theorie von Berlyne (1974) folgen würde, langweilig zu werden, sondern behalten ihre Attraktivität.

Zajonc (1968/1971) registrierte, wie seine Stimuli (türkische Adjektive, mit Tusche gezeichnete chinesische Buchstaben und Fotografien von Gesichtern) bei wiederholter Darbietung als angenehmer eingeschätzt wurden. Die Wiederholung eines visuellen Reizes erleichtert seine Aufnahme durch Übung. Allerdings können auch noch andere Gründe, etwa eine steigende "Vertrautheit", den Effekt von Reizwiederholungen bewirken.

Oskamp und Scalpone (1975) wiederholten die Studien von Zajonc, die den Zusammenhang von Darbietungshäufigkeiten und Präferenzschätzung betreffen. Schon geringere methodische Abweichungen machten eine Replikation der Ergebnisse unmöglich. Auf jeden Fall konnten sie nachweisen, daß der Unterschied zwischen Berlynes und Zajoncs Ergebnissen auf die Zusammenstellung des Stimulusmaterials zurückzuführen war. Wenn, wie in Berlynes Versuchen, das Stimulusmaterial komplexe und simple Elemente enthielt, ergab sich eine umgekehrt u-förmige Beziehung zwischen Wohlgefallen und Wiederholungsfrequenz der Darbietung. Möglicherweise muß aber auch ein subjektives Maß der "Familiarität" und nicht einfach die Anzahl der Wiederholungen eingesetzt werden (Sluckin u.a. 1982).

Eine Studie (Pheterson und Horai 1976), die Berlynes These stützen sollte, in der Vpn mit hohem und niedrigem Bedürfnis nach visueller Stimulation die gleichen Reize wiederholt dargeboten wurden, zeigte zwar einen Effekt der Wiederholungshäufigkeit auf die Einschätzung der Attraktivität der Reize, nicht aber eine Wechselwirkung zwischen dem Bedürfnis nach Stimulation ("sensation seeking") und dem Effekt der Wiederholung. Die Autoren erinnern an den Hinweis von Zajonc (in einem unveröffentlichten Manuskript):In diesen Experimenten habe die Art des Reizes, nämlich Fotografien und Gesichter, einen bedeutsamen Einfluß auf den Effekt der Wiederholung. Auf jeden Fall entspricht es der Alltagserfahrung, daß man Gesichter attraktiver findet, die man häufiger wahrgenommen hat. Zu den Gegenstandsbereichen, die bei steigender Familiarität höher bewertet werden, zählt sicher auch die Wohnumgebung. Das Heimweh nach der vertrauten Umgebung - ob dörfliche Idylle oder Großstadtmilieu - ist eine bekannte Erfahrung. Nach Pederson (1978) werden familiäre Umgebungen höher bewertet als weniger familiäre Umwelten.

i) Beleuchtung

Im Zusammenhang mit der Farbhelligkeit und mit dem "Glanz" des Feuers und der Augen war die Rede von der ästhetischen Bedeutung von Leuchtkraft und Helligkeit. In einer einzigen Studie (Endo 1979) wurde diese Variable experimentell variiert. Bilder wurden bei hellerer Beleuchtung als "schöner" eingeschätzt. Die Alltagserfahrung verweist darauf, daß Helligkeit und Leuchtkraft für das ästhetische Empfinden - natürlich auch für Aufmerksamkeitszuwendung - eine weit bedeutendere Rolle spielen als es ihrer Würdigung in der experimentellen Ästhetik entspricht. Vom Kirchenfenster bis zur Neonreklame oder bis zum Weihnachtsbaum bevorzugen die Menschen leuchtende bzw. helle Farbflächen.

j) Lateralität und Bevorzugungsreaktion

Sieht man ein Bild zuerst in der Originalversion und dann spiegelbildlich verkehrt, so entsteht der Eindruck, das Bild habe sich verändert: Es könnte in der spiegelbildlichen Version weniger gelungen sein oder eine andere Kraftverteilung nahelegen.

Die Bevorzugung der Originalversion oder des Spiegelbildes eines Kunstwerkes könnte mit einer "Blickbewegung" zusammenhängen, mit der der Mensch den visuellen Raum exploriert. Nach Gaffron (1950/1962) handelt es sich um eine von links unten "paraboloid" nach rechts oben ansteigende Kurve. Nimmt man an, diese Blickbewegungskurve sei eine Folge der Spezialisierung der Gehirnhälften, könnte die Händigkeit der Vpn, die Aufschluß über die Art der Trennung von verbalen und räumlich-visuellen Zentren im Gehirn gibt, ein Kriterium für die Auswahl der Vpn sein.

Sollte die Blickbewegungskurve eine Bevorzugung einer bestimmten Seitenanordnung eines Bildes beeinflussen können, so kann dieser Effekt nicht allzu stark sein. In einer Anzahl von Studien waren die Vpn nicht in der Lage, die vom Künstler gewählte Anordnung und eine spiegelbildliche Verkehrung systematisch auseinanderzuhalten. Wenn die Urteile der Vpn geringfügig über die Zufallsverteilung, die bei einem reinen Raten aufträte, hinausgehen, so kann es daran liegen, daß einige der Bilder bekannt waren bzw. in einigen Bildern Hinweise auf richtige Orientierung gegeben sind (z.B. Arbeiter, der meistens mit der rechten Hand arbeitet; Fahne, die meistens mit der rechten Hand hochgehalten wird) (Pronko u.a. 1965, Lindauer, 1969, Gordon und Gardner 1974, Blount u.a. 1975, Freimut und Wapner 1979).

Gordon (1981) kritisiert an diesen Studien die mangelnde Kontrolle von Betrachtungszeit und Bekanntheit der gezeigten Bilder. Jensen (1952) vergleicht die Anzahl von nach links oder nach rechts gerichteten Profilen in den Zeichnungen von norwegischen, amerikanischen und ägyptischen Studenten: In jeder Gruppe gab es nach links gerichtete Profile signifikant häufiger, so daß eine Bevorzugung einer Darstellungsrichtung für Profile nicht die Folge der in der Erziehung gelernten Schreibrichtung sein muß.

Das Ergebnis von Nelson und MacDonald (1971) können wir dagegen leicht auf eine durch die Schreiberziehung entwickelte Blickgewohnheit zurückführen. Die Vpn bevorzugten einen Bildtitel, der sich auf den linken Vordergrund bezog. Die gleiche Interpretation kann das Ergebnis von Bartley und Adair (1959) finden, daß der linke Vordergrund als näher erlebt wird.

Im Zusammenhang mit der Spezialisierung der Gehirnhälften sind Untersuchungen zu referieren, die überprüfen, ob die Händigkeit von Vpn eine Auswirkung auf die Bevorzugung von Bildern mit Darstellungsschwerpunkt auf der rechten oder auf der linken Seite haben. Levy (1976) weist solche Unterschiede nach. Swartz und Hewitt (1970) entwickeln aufgrund von Daten über Bevorzugungen von Originalreproduktionen oder spiegelbildlichen Reproduktionen ebenfalls die These, daß die Händigkeit der Vpn bei einzelnen Bildern einen Einfluß auf die Bevorzugungsmaße haben könne.

Es ist möglich, durch sorgfältig kontrollierte Studien zu demonstrieren, welche Aufgaben die Gehirnhälften bei der Verarbeitung von Bildinformationen übernehmen (vgl. Studien zu Aphasie und zeichnerischen Gestaltungen von Gardner und Winner 1980 im Abschnitt 7.3 "Kreativität"). Chemtop (1980) konnte demonstrieren, daß die Gehirnhälften - bietet man jeder Gehirnhälfte durch komplizierte Anordnungen nur eine Information dar - paradoxe, sich widersprechende Bevorzugungsreaktionen zeigen. Die (rechtshändigen) Vpn mußten jeweils die Bevorzugung eines von zwei Bildern angeben, die erst nur in den rechten und dann in den linken äußeren visuellen Feldern dargeboten wurden. Dabei bevorzugten sie unter der Darbiertungsbedingung für die rechte und linke Gehirnhälfte jeweils das Bild, das vorher nicht bevorzugt war. Dieses Ergebnis ist schwer zu interpretieren, weil die Gehirnhälften über das Corpus callosum verbunden sind und normalerweise keine unterschiedlichen Reaktionen (z.B. mit rechtem und linkem Arm) hervorrufen.

Exkurs: Die Mona Lisa: Das weltberühmte Bild von Leonardo da Vinci, die "Mona Lisa" (vgl. Abb. 6.1) ist häufig beschrieben worden. Oft wird der sibyllinische Ausdruck des Gesichtes hervorgehoben. Das Lächeln ist einerseits warm und freundlich, andererseits reserviert und schelmisch. Die Beschreibungen und Interpretationen schwanken zwischen diesen beiden Polen. Vor dem Hintergrund der Hirnhälftendominanz kann versucht werden, der Doppeldeutigkeit des Lächelns der Porträtierten theoretisch näherzukommen. Das Porträt lenkt den Blick natürlich automatisch auf den Vordergrund, eben auf das Gesicht der Mona Lisa. Dabei wird selten der Hintergrund ins Auge gefaßt, der eine merkwürdige Widersprüchlichkeit aufweist. Der Hintergrund ist im linken Bildbereich eher warm und rund gestaltet, während der Hintergrund rechts vom Gesicht der Mona Lisa schroffe Felsen und eine harte, unwirtliche Landschaft zeigt. Die Unterschiede sind so groß, daß man nicht er-

Abb. 6.1: Leonardo da Vinci: Mona Lisa (gezeichnet von L. Ponitka)

warten kann, es handle sich um einen natürlichen Übergang, der nur durch den Kopf verdeckt ist. So dürfen wir auch annehmen, der Maler habe diese Gestaltung mit Absicht vorgenommen.

Wenn man nun davon ausgeht, daß der Blick sich automatisch auf den Vordergrund, das Gesicht und dessen Mimik konzentriert, also auf die Mitte des Bildes richtet, dann ist es wahrscheinlich - besonders vor dem realen Bild -, daß rechte und linke Gehirnhälften unterschiedliche Informationen aufnehmen. Eine Gehirnhälfte nimmt eine liebliche Landschaft wahr, die andere Gehirnhälfte erhält Informationen über eine schroffe, unwirtliche Landschaft. Bezüglich der Stimmung des Bildes kommt es also nun zu einem Konflikt zwischen den beiden Gehirnhälften, dessen Ursache dem Betrachter nicht bewußt wird, weil er den Blick auf das lächelnde Gesicht richtet. Bei dieser Erklärung müssen wir allerdings zusätzlich annehmen (wie Ehrenzweig 1964), daß nicht nur Informationen aus dem Zentrum des Gesichtsfeldes kommen, auf das die Aufmerksamkeit gerichtet ist, sondern auch unterschwellige Information aus dem Rest des visuellen Feldes verarbeitet wird. Denkbar ist auch, daß beim Abtasten des Hintergrundes entsprechende Gedächtniseintragungen bei der Konstruktion des visuellen Feldes vorgenommen werden und das Bewußtsein über ein vollständigeres Bild verfügt als der jeweilige Moment der visuellen Wahrnehmung es erlangen würde (vgl. Abschnitt 5.2 "Wahrnehmungssychologie").

k) Prototypikalität und Präferenz

Im Vorgang der Kognition wird als begrifflich gesteuerter Prozeß ein "Prototyp" mit dem Reizinput verglichen. Eventuell besteht die Gedächtnisrepräsentation für nicht klar begrenzte Begriffe in einem prototypischen Beispiel (Rosch 1975, Rosch und Lloyd 1978). Das Ausmaß, in dem ein Reiz prototypisch ist, kann von Vpn reliabel eingeschätzt werden und beeinflußt viele Reaktionsmaße. Naive Malerei, Kinderzeichnungen und Comicstrips beziehen ihren ästhetischen Wert nach der hier an verschiedenen Stellen vorgetragenen Meinung aus der Übereinstimmung von Objekthypothese, d.h. gespeichertem Prototyp, und Reizinput. Aufbauend auf den neueren Thesen der Wahrnehmungspsychologie können Whitfield und Slatter (1979) bei einer Präferenzwahl von Möbeln (Stil: Georgian, Jugendstil und Moderne) zeigen, daß das Ausmaß, in dem ein Gegenstand für einen Stil "typisch" ist, eine wichtige Determinante der Präferenzwahl ist. Der Wortstamm der Beziehung "Kitsch" hebt auf das Zusammennageln von Möbelteilen verschiedenster Stilrichtungen ab. Das Resultat ist das Gegenteil eines stiltypischen Möbelstückes.

Martindale und Moore (1982) bestätigen den Effekt von Farben. Eine Aktivation des jeweiligen semantischen Knotens erhöht die Präferenz für prototypische und vermindert die Präferenz für nicht typische Items.

l) Gedächtnis für ästhetische Stimuli

Wenn der ästhetische Reiz sich auf den verschiedenen Stufen der Verarbeitung durch Einfachheit auszeichnet, müßte in der Gedächtnisleistung für "einfachere und weniger einfache Reizmuster" ein Unterschied bestehen. Zudem ist denkbar, daß angenehme Erlebnisse leichter eingespeichert werden als unangenehme. In einer Studie von Franken (1975) erweisen sich Figur-Grund-Durchgliederungen und Klarheit der Darstellung, nicht aber das eingeschätzte Wohlgefallen als bester Prädiktor für die Gedächtnisleistung. Farley u.a. finden dagegen (1979) Zusammenhänge zwischen der Erinnerung an Bilder, der eingeschätzten "Unterscheidbarkeit" ("distinctiveness") und der eingeschätzten ästhetischen Qualität.

6.5 Inhaltsbereiche der experimentellen Ästhetik

Verschiedene Inhaltsbereiche der experimentellen Ästhetik wurden in diesem Buch bereits an anderer Stelle behandelt und sollen hier nur durch den entsprechenden Verweis erwähnt werden: Mode: Kap. 3; Farbbevorzugungen: Kap. 3 und 5.4; Gesichtsschönheit: Kap 3, Bildtitel und verbale Bezeichnungen: Kap. 4; Rechtecke/Goldener Schnitt/Symmetrie: Kap. 5.2; Athletische Körper, Körperschönheit: Kap. 5.4; Wandschmuck: Kap. 8. Die folgenden Ausführungen konzentrieren sich auf "Architektur" und "Landschaften".

Architektur

Im Zuge eines wachsenden Bewußtseins darüber, wie die Wohnumwelt, die Landschaft und Architektur zum Wohlbefinden des Menschen beitragen bzw. an den Bedürfnissen der Menschen vorbeigeplant werden können, entstehen Erkenntnisse über Reaktionen auf die Architekturen und die Stadtlandschaften.

Gärling (1972) untersuchte, welche Merkmale einer Stadtlandschaft wahrgenommen werden und ließ in freien Berichten solche Merkmale niederschreiben. Er konnte die Eigenschaften zu den Inhaltsgruppen Variabilität, Offenheit der Räume, schattige Plätze zusammenfassen. Bevorzugungsurteile ließen sich zu einem großen Teil durch diese "Dimensionen" aufklären. Schellekens (1978) fand ebenfalls, daß die Attraktivität einer Straße von der Variabilität der Gebäude, der Höhe der Bäume und der Höhe der Häuser abhängt.

Wenn Straßen mit architektonischer Variabilität und Baumbestand am meisten geschätzt werden, so muß das allerdings nicht - wie die Autoren nahelegen - darin begründet sein, daß davon das größte Aktivationspotential ausgeht.

Wie bereits erwähnt, scheint für Landschaften/Stadtlandschaften die Vertrautheit - im wissenschaftlichen Terminus der Familiarität - für die Präferenz eine Rolle zu spielen (Pederson 1978, Oostendorp und Berlyne 1978 a,b).

Landschaften

In der experimentellen Ästhetik hat die Bewertung von Landschaften einige Aufmerksamkeit gefunden, wenn auch die Ergebnisse der Studien wenig vergleichbar sind. Zum Beispiel wird es sich sicher auch um einen Generationseffekt (Kohorteneffekt) handeln, wenn Daniel u.a. (1973) bei einer Stichprobe von Studenten fanden, daß die Landschaft am besten bewertet wurde, die am "wildesten" bzw. am wenigsten von menschlicher Hand beeinflußt war.

Mit großer methodischer Rigorosität werden Landschaftsmerkmale wie: Vegetation im Vordergrund oder Mittelgrund (Patsfall u.a. 1984), Abstand von den wesentlichen topographischen Merkmalen (Hull u.a. 1983), Landschaftsinhalt (z.B. Nebel, Wolken usf.: Patsfall u.a. 1984) bewertet. Die Ergebnisse sind nicht sehr eindrucksvoll, und die psychische Realität solcher "elementaristischer" Einzelvariablen ist zweifelhaft.

Kaplan (1975) führt in die Landschaftsbewertung eine in der experimentellen Ästhetik völlig neue Variable ein: "mystery". Sie steht für die zusätzliche Informationsmenge, die bei einer Veränderung des Standpunktes gewonnen werden könnte, z.B.: Verspricht die Ansicht neue, unerwartete Ausblicke, oder würde sich der Wald bei einer Veränderung des Standpunktes gleichförmig fortsetzen? Ulrich (1974) weist nach, daß die Variable "mystery" zusammen mit Variablen der Grundbeschaffenheit und der leichten Auffassungsmöglichkeiten einen großen Teil der Präferenzen für Landschaftsfotografien erklärt. In der Variablen "mystery" sind natürlich Konzepte wie "Tiefe" der dargestellten Szene enthalten. Insgesamt kommen die Autoren zu der Feststellung, daß parkartige Landschaften mit leicht begehbarem Grund bevorzugt werden.

Ulrich kann mit dem theoretisch eher spekulativen Modell recht erstaunliche Korrelationen zwischen den Variablen des Modells und den Bevorzugungswerten einer amerikanischen und einer schwedischen Stichprobe demonstrieren. Als Stimulusmaterial dienten von einer Straße aus fotografierte Landschaftsansichten. Die Möglichkeit der weiteren Exploration - also "mystery" - korrelierte mit den Präferenzwerten um .80, während Oberflächenbeschaffenheit und Tiefe um .50 mit der Präferenz korrelierten. Die Komplexität (definiert als Anzahl der unterschiedlichen auftauchenden Elemente) korrelierte dagegen mit den Präferenzmaßen nur um .20. Wenn diese Ergebnisse bezüglich eines Globalmaßes "Komplexität" berechtigtes Mißtrauen aufkommen lassen, kann das neue Modell keineswegs Anlaß zum Jubeln sein. Die Autoren hätten wenigstens soweit bei Lorenz oder Leyhausen recherchieren können, bis sie auf Ausführungen darüber gestoßen wären, daß parkähnliche Landschaften, die bei einem hohen Maß von Deckung einen guten Überblick bieten, vom steinzeitlichen Jäger damals und von demselben in uns heute bevorzugt werden. Die Bevorzugung, solcher parkähnlicher Landschaften darf also nicht zu bereitwillig als Bestätigung des Modells der Autoren herangezogen werden, das möglicherweise nur Kovariate der wirklich bedeutungsvollen Variablen benennt.

6.6 Persönlichkeit und ästhetisches Urteil

Wenn die genannten Variablen in den jeweiligen Inhaltsbereichen auch einen gewissen Anteil der Varianz der Präferenzurteile aufklären, so sind gleichzeitig auch erhebliche individuelle Unterschiede vorhanden. Ganz im Sinne der empirischen Psychologie wird versucht, diese Unterschiedlichkeit als Folge meßbarer Persönlichkeitsunterschiede zu sehen. Zunächst könnte eine Art ästhetischer Begabung Geschmacksunterschiede erklären.

Ästhetische Sensibilität

Die Einführung von Persönlichkeitsmerkmalen, also differentiellen Bedingungen in die experimentelle Ästhetik, war auch von der Annahme motiviert, es gebe einen richtigen "Geschmack". Wie man die Denkleistungen differentiell nach der Intelligenz der Personen unterscheidet, so wollte man das Ästhetische Urteil nach der ästhetischen Sensitivität unterscheiden. Es wird nicht verwundern, daß diese Experimente die gleiche historische Wurzel wie die "Begabungsforschung" haben und mit den gleichen korrelativen Methoden ausgewertet werden. Voraussetzung eines solchen Unterfangens ist natürlich die Existenz eines "richtigen" ästhetischen Urteils. Während heute an dieser Voraussetzung erhebliche Zweifel entstanden sein mögen, war man doch in den 20er bis 30er Jahren bereit, Tests zu konstruieren, die vom Probanden Bevorzugungswahlen verlangten. Diese Bevorzugungswahlen wurden mit dem Urteil von Experten verglichen, und ein Quotient der ästhetischen Fähigkeit konnte gewonnen werden (z.B. Meier-Art-Judgement-Test 1942, Graves-Design-Judgement-Test 1948, Lewerner-Test in Fundamental Abilities of Visual Art 1927, Barron und Welsh 1952: Welsh Art Scale, A.Clark 1984: Visual Concept Generalization Test (für Kinder), Bamossy u.a. 1985: Aesthetic Judgement Ability Test.)

Burt (1933) schließt aus der hohen Übereinstimmung der Experten bei der Beurteilung von Kunstpostkarten, es müsse einen generellen ästhetischen Faktor, also eine Eigenschaft "Geschmack" geben. Eysenck (1941b) bestätigt diesen Faktor, ergänzt ihn aber noch um einen speziellen K-Faktor, der die Bevorzugung klassischer versus moderne Kunst repräsentiert.

Hier soll der neue "Visual Aesthetic Sensitivity"-Test von Götz u.a. (1979) und Götz (1981) ausführlicher behandelt werden: Den Vpn werden in jeder

Aufgabe zwei Bilder vorgelegt. Es soll entschieden werden, welches der Bilder "... das harmonischere ist, welches der beiden Designs weniger Fehler enthält, welches der beiden Designs das bessere ist ... ." Die Testperson soll nicht angeben, welches Design ihr besser gefällt. Die Bilder stammen aus der Hand des bekannten Malers Prof. K.O. Götz, der zusammen mit Eysenck auch wissenschaftlich-experimentell an der Problematik der ästhetischen Sensitivität arbeitet (vgl. Abb. 6.2).

Abb. 6.2: Zwei Reize aus einem Test für ästhetische Sensitivität (nach Götz 1981)

Das "richtige" Urteil wird durch ein Expertenurteil gefunden (Götz u.a. 1979). Die ästhetische Sensitivität der Testpeson bestimmt sich aus der Übereinstimmung mit dem Expertenurteil. Ergebnisse von Iwawaki u.a. (1979) und Chan u.a. (1980) werden dahingehend interpretiert, daß kulturelle Differenzen zwischen der japanischen und der englischen Kultur "minimal" sind. Götz u.a. stellen keine Geschlechtsunterschiede, keine signifikante Korrelation mit der Intelligenz und keine sehr starke Veränderung mit dem Alter fest. Die Testreliabilität wird mit .70 (Jungen) und .32 (Mädchen) und die interne Reliabilität (split-half) mit .84 für Erwachsene angegeben. Ausführliche Normen für das Verfahren werden gerade erstellt. Eysenck (1981) greift nun auf die Ergebnisse dieses Tests und natürlich auf die Ergebnisse seiner früheren Studien zurück, wenn er ausführt, daß "Schönheit" objektiv beurteilbar ist und kulturelle Faktoren das Urteil nur geringfügig beeinflussen. Er fügt hinzu, daß die ästhetische Sensitivität möglicherweise genetisch determiniert ist.

Sicher ist der Sprung von der Frage nach dem harmonischeren Design zu der Aussage über die Determinanten der "Schönheit" des Designs zumindest gewagt. Dies gilt besonders, weil die Vpn nicht angeben sollen, welches der Designs ihnen besser gefällt, sondern welches weniger Fehler enthält. Die Instruktion, das "harmonischere" Design auszusuchen, ist semantisch nicht leicht zu verstehen und wird bei der Vp eventuell die Suche nach dem symmetrischeren oder auch nach dem in der Anordnung der Flächen ausbalancierteren Muster auslösen.

Prof. Götz beschreibt den Meßbereich seines Tests weit zurückhaltender als Tests zur Formunterscheidung. Er modifizierte 1981 die Instruktion so, daß das Wort "harmonisch" nicht mehr vorkommt, sondern beurteilt werden soll, "welches von zwei Motiven das ausgewogenere und gleichmäßigere in der Linienführung und in der Anordnung seiner Formelemente ist". Eysenck diskutiert alle anderen Determinanten des ästhetischen Urteils als "nicht ästhetisch" und engt so den Begriff "ästhetische Sensitivität" in einem Maß ein, das wohl als unzulässig erscheinen mag.

Das "richtige" ästhetische Urteil, wie es mit den älteren Testverfahren erfaßt wurde, weist Zusammenhänge mit verschiedenen Persönlichkeitsmerkmalen auf: Child (1962, 1965, 1984) konnte Beziehungen zwischen der Übereinstimmung mit dem Expertenurteil und mehr Toleranz für Komplexität, einem unabhängigen Urteil, der Regression im Dienste des Ich, der Beachtung auch unwesentlicher Details ("scanning"), u.a. aufweisen. Solche Zusammenhänge bestätigen Child und Iwao (1968) auch für eine Population von japanischen Sekundarschülern. Natürlich hängt das richtige ästhetische Urteil der Vpn mit der Erfahrung zusammen, die sie im Umgang mit Kunst haben. Auch die Aufgabe, zu beurteilen, ob Bilder vom selben Maler hergestellt sind, könnte als Test der ästhetischen Sensitivität aufgefaßt werden (Smets und Knops 1976). Die Autoren berichten, daß das Testverfahren zwischen einer Gruppe von Studenten, die einen Kunstkurs absolvierten, und solchen, die keinen Kunstkurs absolvierten, unterschied.

Auch Karson (1980) ermittelt einen negativen Zusammenhang zwischen der Variable Neurotizismus (hier mit dem 16 PF von Cattell gemessen, vgl. oben) und dem ästhetischen Urteil, das mit dem Meier-Art-Test erfaßt wurde. Die Autoren sehen sich in ihrer Meinung bestärkt, die Neurose gehe mit einer verminderten Realitätsprüfung einher.

Die Intelligenz steht dagegen in keiner klaren Beziehung zur Güte des ästhetischen Urteils. Eine Faktorenanalyse von Bottenberg (1972), in die Untertests des IST von Amthauer (1955), die Kunstnote des Abiturs, die Leistungen in den Tests für künstlerische Sensibilität eingehen sowie die Werte von Originalitäts- und Persönlichkeitsmeßverfahren, bietet das übliche chaotische Korrelationsmuster, das zur Benennung von drei Faktoren führt: 1. Fähigkeit und Bereitschaft zur Bildung komplex balancierter Wahrnehmungseinheiten, 2. globales bildnerisch-künstlerisches Engagement, 3. psychische Reife und Flexibilität vs. Gehemmtheit, Unsicherheit, Rigidität

In unterschiedlichen Operationalisierungen der ästhetischen Sensitivität (z.B. Kenntnis von Bildern) zeigten sich keine Geschlechtsunterschiede (Bernard 1970).

Zum Thema der ästhetischen Sensitivität werden kulturvergleichende Studien relevant, die bezüglich des ästhetischen Urteils nicht nur kulturelle Relativität, sondern eine kulturübergreifende Gültigkeit des ästhetischen Urteils zeigen (Child und Siroto 1966, Iwao und Child 1966). Allerdings wird in diesen Untersuchungen an japanischen, chinesischen und türkischen Stichproben nicht nach der subjektiven Bevorzugung gefragt, sondern es wird gefragt, ob ein Gegenstand innerhalb seiner Klasse als "gut gemacht" bzw. als "künstlerisch" zu gelten habe. Unabhängig von individuellen Assoziationen oder speziellen kulturellen Vorlieben gelten möglicherweise künstlerische Standards. Diese Standards sind vermutlich eher den Künstlern oder den Kunstexperten bewußt, so daß das Vorgehen der experimentellen Studie folgerichtig die Künstler des Bantu-Stammes der Ba Kwele, der Fidschi-Insulaner sowie einer japanischen Gruppe vergleicht. Es ist anzumerken, daß Anderson (1979) berichtet, der Stamm der Ba Kwele sei bereits einem jahrzehntelangen amerikanischen Einfluß ausgesetzt.

Das Stimulusmaterial ist hier gut eingegrenzt. Bildpaare vergleichbaren Malstils oder Inhalts, die nach dem Urteil westlicher Experten von unterschiedlicher Qualität sind, werden den Versuchspersonen vorgelegt. Unter der geschilderten Fragestellung stellt Child kulturübergreifende Ähnlichkeiten im Urteil fest. Allerdings sind die Zahlenwerte auch nicht allzu überzeugend, wenn bei den abstrakten Bildern 57,5% der Japaner das auch von Experten bevorzugte Bild für das bessere halten. Dieser Wert mag statistisch signifikant sein, liegt aber doch noch sehr in der Nähe der durch Zufall zu erwartenden 50% vs. 50% Unterscheidung.

Anwar und Child (1972) erweitern die Untersuchungen über cross-kulturelle Übereinstimmung im ästhetischen Urteil (ästhetische Sensitivität) um eine islamische Stichprobe aus Pakistan. Eine Gruppe von Kunststudenten, die im Gegensatz zu den anderen untesuchten Gruppen einen gewissen Kontakt mit westlicher Kunst hatte, zeigte auch eine Übereinstimmung mit der Beurteilung amerikanischer Experten (allerdings stimmt auch diese Gruppe nur bei 55 von 100 Items mit dem Urteil der amerikanischen Experten überein), während die anderen islamischen Gruppen unter 50% Übereinstimmung liegen. Am ehesten scheint noch der Schluß zulässig, daß bei steigender Unterschiedlichkeit der Kulturen und geringerer Erfahrung mit der Herstellung ästhetischer Gegenstände der jeweils anderen Kultur die Basis für ein gemeinsames Urteil abnimmt. Das wird besonders an islamischen Stichproben deutlich, die geringe Erfahrungen mit gegenständlichen Abbildungen haben.

In den genannten kulturellen Arbeiten wurden nur Bevorzugungsurteile erhoben, nicht aber deren Begründung. Analysiert man die Begründungen für ästhetische Bevorzugungen am künstlerischen Material, das in einer bestimmten Kultur bekannt ist, so treten doch recht unterschiedliche Bewertungskriterien für die Angemessenheit eines ästhetischen Reizes zutage, wie in der gut angelegten Studie von Thompson (1973) besonders deutlich wird.

Thompson fragte die eingeborene Yoruba-Bevölkerung anhand einiger Holzschnitzereien nach den Bevorzugungsurteilen und nach der Begründung für die Bevorzugung. Die Bewertung erfolgt am ehesten nach der technischen Virtuosität, der Symmetrie und der Regelmäßigkeit.

Ein wichtiges ästhetisches Prinzip war das der "Sichtbarkeit" aller wichtigen Teile und der Ornamente (vgl. Kinderzeichnungen). Natürlich spielte auch der Darstellungsinhalt eine große Rolle; so wurde die Darstellung einer jungen Frau (mit vollen, symmetrischen Brüsten) der Darstellung einer alten Frau vorgezogen. Natürlich sind die Urteile auch von Assoziationen beeinflußt, deren Grundlage uns fremd ist; z.B. soll der Mund der Holzstatue geschlossen sein, damit die Fliege, die Ursache alles Bösen, nicht hineinfliegen kann.

Kritik

Das "richtige" ästhetische Urteil hat sich im Verlauf der Jahrzehnte deutlich verändert. Das Expertenurteil heute ist nicht mit dem Expertenurteil vor 20 oder gar 50 Jahren zu vergleichen. Noch 1973 zeigte sich an einer indischen Stichprobe, daß Hobbykünstler im Meier-Art-Test besser abschnitten als eine nicht künstlerisch aktive Gruppe (Reddy 1973). Die Untersuchung von Moffett (1975) gibt erste Hinweise auf eine nicht mehr zeitgemäße Validität des Meier-Art-Tests, weil das Ausmaß der ästhetischen Erziehung nicht mehr mit der durch diesen Test erfaßten ästhetischen Sensitivität korreliert.

Es muß offen bleiben, ob eine Übereinstimmung mit dem Expertenurteil zur Zeit von Burts Untersuchungen mit ganz anderen, eventuell entgegengesetzten Persönlichkeitseigenschaften korreliert hätte als eine Übereinstimmung mit dem Expertenurteil heute. Die ästhetischen Werte waren in den 20er Jahren im Bewußtsein der Mehrzahl der Experten noch "heil" und eine Übereinstimmung mit deren Urteil hätte z.B. Konservativismus anzeigen können. Heute wie vor 20 Jahren ist schwer zu trennen, ob das "richtige" ästhetische Urteil eher durch eine Erziehung mit ästhetischen Materialien oder durch eine unabhängige Begabung zustandekommt.

Frances (1979) verweist auf eigene Versuche, die den "ästhetischen Faktor" bezweifeln lassen. Wenn die Experten nur die Werke unbekannter Meister beurteilen müssen, also nicht in einem Satz von Postkarten zwischen berühmten und weniger berühmten Meistern unterscheiden, verschwindet die hohe Übereinstimmung. Die Übereinstimmung stellt sich also weniger als eine Übereinstimmung des Geschmacks als vielmehr als Übereinstimmung in der Beurteilung von berühmten Malern dar.

Ästhetisches Urteil und Persönlichkeitseigenschaften

Unter der Überschrift "ästhetische Sensitivität" wurde über Versuche berichtet, eine ästhetische Begabung zu isolieren und in Beziehung zu verschiedenen Persönlichkeitsmerkmalen zu setzen. Andere Studien verzichten auf diese normative Orientierung und prüfen, ob Persönlichkeitseigenschaften von unterschiedlichen ästhetischen Bevorzugungen begleitet werden und ob sich Hypothesen über die Ursachen eines solchen Zusammenhanges bilden lassen.

Extraversion - Introversion: Obwohl diese Persönlichkeitsklassifizierung auf Jung (vgl. oben) zurückgeht und später von Burt in die experimentelle Psychologie übernommen wurde, ist es eigentlich Eysenck, der durch Fragebogen (EPI, MPI, MMQ) die Eigenschaftsbegriffe Extraversion - Introversion operationalisiert hat. Anmerkungen zur Reizsuche der Extravertierten und Reizabwehr der Introvertierten als theoretische Fundierung des Eysenckschen Typenkonzeptes, die letztlich auf die von Pawlow vertretene Einteilung der Eigenschaften des Nervensystems zurückgeht, scheinen für die Fragebogen wenig Konsequenz gehabt zu haben, die eher Geselligkeit und Aktivität erfassen. Eysenck stellte fest, daß Extravertierte moderne Bilder mit hellen Farben und Introvertierte ältere Gemälde mit gedämpften Farben bevorzugen (Eysenck 1941a, 1941b, 1971).

Nachuntersuchungen (z.B. Götz und Götz 1975) können diese klare Trennung nur bedingt bestätigen. Die Bevorzugung moderner, abstrakter Bilder durch extravertierte Personen scheint helle Darstellungen einzuschließen (Knapp 1964, Jamison 1972). Robinson (1975) findet bei introvertierten Studenten eine Bevorzugung der gedämpften, kühleren Farben.

Bartol und Martin (1974) und Götz und Götz (1975) diskutieren, wie weit die Hypothesen über die Erregungsprozesse bei Introvertierten und bei Extravertierten durch die Studien belegt werden, und kommen diesbezüglich zu Widersprüchen. Extravertierte bevorzugen auch solche Farben, die weniger erregend sind. Wilson (1966) bringt die Farben nach den evozierten Hautwiderstandsveränderungen in eine Erregungsreihenfolge: rot, orange, gelb, blau, violett. Andererseits ziehen Extravertierte, bei denen die "Hemmungsprozesse" überwiegen, komplexere Reize vor als Introvertierte. Wiedl (1977) kommt nach einer sehr umfassenden Studie der Zusammenhänge von Präferenzwahl, Komplexität des Stimulusmaterials und Persönlichkeitseigenschaften zu der Aussage, daß "... die klassischen Persönlichkeitsfaktoren Extraversion und Neurotizismus für den untersuchten Verhaltensbereich keine Relevanz besitzen" (S. 253). In Wiedls Untersuchungen bevorzugen - im Gegensatz zur theoretischen Annahme Eysencks - Introvertierte ein höheres Komplexitätsniveau.

Neurotizismus, Psychotizismus: Die von Eysenck (1959) vorgestellten Meßverfahren zur Extraversion und Introversion bieten gleichzeitig eine Skala für Neurotizismus an. Daher überrascht es nicht, daß Ergebnisse zum Zusammenhang von Neurotizismus und ästhetischen Präferenzen vorliegen. Mit dem Wort "Neurotizismus" ist für den Leser, der keine speziellen Kenntnisse in klinischer Psychologie hat, eine Diagnose gestellt, die in den Bereich seelischer Krankheit hinüberreicht. Die in den Fragebogen erfaßten seelischen Vorgänge lassen sich tatsächlich aber eher als "stark selbstkritische Einstellung" bis zum "Zugestehen gelegentlicher nervöser Symptome" charakterisieren. Es ist offen, ob Neurotizismus überhaupt eine einheitliche Eigenschaft ist. Eysenck (1942) sowie Eysenck und Eysenck (1976) finden bei Personen mit hohen Werten auf den Skalen Psychotizismus und Neurotizismus Abweichungen von der Mehrheit in den Präferenzurteilen.

Allerdings sind die Befunde keineswegs einheitlich. Andere Studien ergaben, daß Neurotizismus und die gleichzeitige Bevorzugung abstrakter Kunst mit ästhetischer Sensitivität verbunden ist (Knapp und Wulf 1963). Die Ergebnisse weiterer Studien muten befremdlich an: Rosenbluh u.a. (1972) registrierten, daß eine Bevorzugung romantischer Kunst mit höheren Werten von Neurotizismus (gemessen mit Eysencks MPI) zusammengehe. Personen mit hohen Neurotizismuswerten sollen die Farben grün und gelb bevorzugen (Rim und Pollatschek 1977).

Die hier berichteten Studien ergeben ein widersprüchliches, ja kurioses Bild. Um ansatzweise zu verstehen, wie es zu solchen Resultaten kommt, sollte man sich ins Gedächtnis rufen, daß sich die Bewertung abstrakter Kunst im Laufe der Zeit geändert hat. Es scheint nahezu unmöglich, Studien, die mehr als zwei Jahrzehnte auseinanderliegen, aufeinander zu beziehen. Vermutlich müßte man darüberhinaus bei Präferenzstudien, die die Variable Stil einbeziehen, untersuchen, welche Reize im individuellen Fall einer Versuchsperson einen bestimmten Stil kennzeichnen. Bei der Vielfalt des visuellen Angebots muß die Vp bei der Wahrnehmung des Stiles bzw. Bildes vermutlich eine Auswahl der verarbeiteten Merkmale vornehmen (O'Hare 1979, Hardiman und Zernich 1977).

Konservative Einstellung: Die konservative Einstellung einer Vp hat eine plausible Konsequenz für ästhetische Bevorzugungen. Konservative Personen schätzen moderne, also z.B. abstrakte Kunst weniger (Roubertoux u.a. 1971, Wilson u.a. 1973). Darüber hinaus bevorzugen die nach der "Selbstbeschreibung" konservativen Persönlichkeiten weniger komplexe Bilder. In einen ähnlichen Zusammenhang lassen sich Fragebögen zur Variationsmotivation und zur Toleranz gegenüber abweichenden Erfahrungen stellen (Feierstein 1967).

Temperamentsfragebogen, die wie das Guilford-Zimmermann-Verfahren eine Dimension "Konservativismus" nicht explizit aufweisen, führen entsprechend zu keinem Zusammenhang zwischen Temperamentsdimensionen und der Bevorzugung abstrakter Kunst, die ebenfalls mit einem Test erfaßt wird (Knapp und Green 1960).

Geschlechtsunterschiede

Munroe u.a. (1976) fassen den Stand ästhetischer Bevorzugungen der Geschlechter auf einfache Weise zusammen: Weibliche Personen bevorzugen "rundliche" und männliche Personen "winklige" Figuren (McElroy 1954, Jahoda 1956, Pickford 1979). Natürlich fehlt der Verweis auf die Symbolforschung nicht. Abgesehen von der Möglichkeit, daß jede zweite weibliche Person eine Ausnahme von dieser Regel sein wird, ist mit solchen allgemeinen Aussagen wenig gewonnen, weil sie möglicherweise für die Frauenstichproben der Eskimos, der leitenden Angestellten oder der Hausfrauen nicht gelten. Es steht in einer glaubhafteren Beziehung zur Geschlechtsrolle der Frau, wenn Frumkin (1963) behauptet, Frauen bevorzugten familiäre Bilder, und Bernard (1972) findet, daß bei einem Kauf von Bildreproduktionen (übrigens ein recht überzeugendes "nicht-reaktives Maß an Präferenz") Frauen stärker als Männer Impressionisten bevorzugen. Es wurde überhaupt kein Fall beobachtet, in dem eine Frau die Reproduktion eines abstrakten Bildes erwarb, während bei den Männern 10% der erworbenen Bilder abstrakt waren. Über die Interpretation der Autoren hinausgehend, könnte man das Kaufverhalten der Frauen als "konservativer" kennzeichnen.

Die Untersuchung von Bernard (1972) wirft auch ein interessantes Licht auf geschlechtsspezifische Aspekte der Bevorzugung von Bildinhalten beim Kauf von Reproduktionen. Jedes Geschlecht bevorzugt die Darstellung des eigenen Geschlechts. Dies ist eine Tatsache, deren Auswirkung in der Werbung beobachtet werden kann. Natürlich gilt eine Ausnahme. Die Abbildung von jungen Frauen wird von beiden Geschlechtern bevorzugt. In Zeitschriften für Männer wie Playboy, Penthouse, Esquire usf. sind entsprechend häufig Abbildungen von jungen, spärlich bekleideten Damen zu sehen (vgl. Abschnitt 5.4 "Vergleichende Verhaltensforschung").

Es ergab sich noch ein weiterer Unterschied in den bevorzugten Inhalten: Während Männer häufiger Seestücke und Landschaftsbilder wählten, zogen Frauen mehr Stadtansichten (von Venedig und Paris - die in einem speziellen semantischen Umfeld stehen) vor. In einer kompliziert durchgeführten und ausgewerteten Studie an unterschiedlichen, abstrakten Stimulusmaterialien findet Wiedl (1977) bei Männern eine starke Bevorzugung von strukturierter Komplexität, die er auf entsprechende unterschiedliche Begabungen im räumlichen Denken zurückführt (?). Genauso denkbar wäre, daß Männer, die stärker in Konstruktionsberufen tätig sind, abstrakte Darstellungen der genannten Art mit emotional positiveren Assoziationen verbinden können.

Bildung, sozialer Status und ästhetische Reaktion

Da die Bildung zum Definitionskriterium des sozialen Status gehört, scheint es unmöglich, die Einflüsse von Bildung und sozialem Status auf die ästhetische Reaktion zufriedenstellend zu trennen. Wenn sozialer Status und Bildung eine Differenzierung von Personengruppen hinsichtlich des ästhetischen Urteils erlauben, so bleibt jedoch offen, in welcher Weise die Einflußnahme geschieht:

a) Es ist möglich, daß in verschiedenen Statusgruppen bzw. Gruppen mit unterschiedlichem Bildungsniveau unterschiedliche Normen bezüglich der Bewertung von Kunst herrschen. Vpn-Gruppen aus der Unterschicht weisen häufiger eine konservative Einstellung auf und bevorzugen entsprechend ältere Kunstwerke (Frances 1976, Kirton 1978). Personen, die impressionistische Bilder schätzen, kommen aus Familien, die stärker an der Kultur und an der Kunst interessiert sind (Marcus u.a., 1972). Insgesamt scheint die Vorliebe für "moderne Kunst" (soweit man expressionistische Kunst noch so bezeichnen kann) eher das Merkmal der "gebildeten" und der Oberschichten zu sein.

b) Es ist wahrscheinlich, daß während der Schulbildung und in der Erziehung im Elternhaus der herrschende ästhetische Standard gelernt wird. Weniger Gebildete und Angehörige der Unterschichten haben weniger Gelegenheit zu solchen Lernerfahrungen. Child (1962) zeigte, daß Kunststudenten zu einer höheren Übereinstimmung mit einem "Expertenurteil" gelangen als andere Studenten. Child (1964) beobachtet, wie das Urteil von Vpn sich dem Expertenurteil annähert, wenn bei der fortlaufenden Darbietung von Kunstfotografien diese Expertenurteile begründet werden. Bezüglich der Replizierbarkeit solcher Ergebnisse ist jedoch immer zu berücksichtigen, daß eine andere Generation (Kohorteneffekt) sich zum Urteil der Experten deutlich unterschiedlich verhalten könnte. Child und Schwartz (1968) können die Übereinstimmung mit dem Expertenurteil nach dem Trainingsprogramm bis zu einem gewissen Grade verbessern. So stellt Pickford (1972) zusammenfassend fest, die Übereinstimmung mit dem Expertenurteil sei bildungsabhängig und ein genereller Faktor ästhetischer Sensitivität werde eher bei Stichproben gefunden, in denen Erfahrung mit Kunstwerken vorliege.

c) Unterschiedliche Kenntnisse bzw. mehr Erfahrung mit einem bestimmten Reizmaterial könnten auch zu einer unterschiedlichen Reizaufnahme und zu unterschiedlichen Bewertungen führen. Bernard (1970) entwickelte einen Test, mit dem man die Kenntnisse einer Person bezüglich ästhetischer Gegenstände erfassen kann. In Übereinstimmung mit Ergebnissen der modernen Gedächtnisforschung (vgl. etwa Baddeley 1978) ergaben sich je nach Vorkenntnis unterschiedliche Gedächtnismuster bei der Wiedergabe von Bildmaterial. Darüber hinaus bevorzugten Personen mit Kunstkenntnis originelle Bilder stärker (Bernard 1970).

Eine multidimensionale Skalierung von Urteilen über Bilder verschiedener Stilrichtungen ließ erkennen, daß der "erfahrene" Beurteiler die Eigenschaften der dargebotenen Bilder "Klarheit", "Komposition", "Oberfläche" und "Farbeindruck" stärker gewichtet (Cupchick und Heinrichs 1981).

Bei größerer Erfahrung mit ästhetischen Reizen kann mehr Information verarbeitet werden. Daher bevorzugen trainierte Beurteiler komplexere Reize (Child 1962, Smith und Dorfmann 1975). Crozier und Chapman (1981) gelangen nach einem Überblick über relevante Arbeiten zu der Meinung, Mittelstandsangehörige bevorzugten komplexere ästhetische Reize.

Bei unterschiedlicher Erfahrung mit Kunstgegenständen werden unterschiedliche Beurteilungsdimensionen relevant (O'Hare 1976). Kunststudenten legten mehr Wert als eine Kontrollgruppe auf "Klarheit der Darstellung" (z.B. klare Umrißlinien) und weniger Wert auf das Ausmaß an realistischer Wiedergabe.

Schließlich müßte problematisiert werden, wie sehr sich in den sozialen Gruppen und Bildungsgruppen die Förderung der Kreativität und der aktiven Produktion von Musik oder von bildnerischer Gestaltung auswirkt. Hier liegt allerdings kein empirisches Material vor. Natürlich müssen unterschiedliche Bevorzugungen der Sozialschichten keineswegs stabil bleiben. Der Geschmack der Statushohen wird nachgeahmt. Was einst die Kunst der Fürsten war, ist heute die Kunst im Arbeitszimmer (z.B. die Abbildung des röhrenden Hirsches). Weil Kunstgeschmack selbst zum Statusmerkmal werden kann, wird der Unterschied von Status-Gruppen eventuell gewollt. Auch dies kann der Motor für eine Veränderung des Geschmackes sein.

Die ästhetische Reaktion als Folge angeborener Dispositionen

Im Vergleich zu den Ursachen der individuellen Unterschiedlichkeit der Intelligenz sind die Ursachen der Unterschiedlichkeit der ästhetischen Urteile von geringerer politischer Relevanz. Untersuchungen der Frage, wie weit ästhetische Urteile durch die Umwelt oder als Folge vererbter Anlagen zustandekommen, sind entsprechend selten.

Dennoch belegen gelegentliche Vergleiche der Präferenzen von eineiigen und zweieiigen Zwillingen (Barron 1972, Homberg 1982) einen überraschend hohen Einfluß der genetischen Determinanten auf die ästhetischen Urteile. In der Studie Barrons mag dies, wie der Autor hervorhebt, mit der Bevorzugung von Komplexität zusammenhängen. In der Studie Hombergs, bei der zwei Modefotos und zwei Interieurs als "Reizmaterial" für die ästhetische Bevorzugung angeboten wurden, kann diese Grundlage allerdings nicht angeführt werden. Studien, die nicht speziell zur Überprüfung der ästhetischen Urteile von Zwillingen durchgeführt wurden, zeigen ebenfalls erstaunliche Übereinstimmungen bezüglich des bevorzugten Schmuckes, der bevorzugten Kleidung, ja in der ästhetischen Komponente der Partnerwahl eineiiger Zwillinge.

Weitere Persönlichkeitsdimensionen

Korrelationsstudien der ästhetischen Bevorzugungen mit Persönlichkeitsfragebogen (Guilford und Zimmermann "Temperament Survey" 1949, Kloss und Dreger 1975 oder mit dem 16 PF: Cattell u.a. 1970, Roubertoux 1970) erbringen oft nur geringe Korrelationen. Tobacyk u.a. (1981) berichten, solche Fotografien seien bevorzugt, die Eigenschaften (16 PF) der Vpn ausdrücken. Eine Bevorzugung von aggressiven Fotografien geht mit einem höheren Punktwert in "dominance" und "toughmindedness" einher usf.

Juhasz und Paxson (1978) vergleichen den "Ort der Kontrolle" (Rotter) mit der Bevorzugung surrealistischer vs. kubistischer Darstellungen, wobei die Unterscheidung zwischen kubistischen und surrealistischen Bildern auf der Dimension "geordnet - chaotisch" zu finden sein soll. Dwight u.a. (1976) wollen mit Hilfe von Farbbevorzugungen die "eheliche Anpassung" vorhersagen. Maitra u.a. (1967) versuchen, Delinquenten und Nicht-Delinquenten mit Hilfe der ästhetischen Bevorzugung zu unterscheiden.

Probanden, die viel Stimulation suchen ("sensation seeking, vgl. Zuckermann 1979), schätzen eine attraktive Person stärker als eine "Vergleichsgruppe (Pheterson und Horai 1976), die weniger Stimulation suchte. Stimulationssuchende Vpn schätzen eher (aktivierende) rote Farben und nicht blau (Nelson u.a. 1984) und ziehen ungewöhnliche und abstrakte Bilder vor (Tobacyk u.a. 1981).

Kritik

Wirken Persönlichkeitseigenschaften auf das ästhetische Urteil? Einige kritische Bemerkungen sind angebracht.

Bei dem heutigen Stand der Persönlichkeitsforschung kann nicht behauptet werden, die letzten weißen Flächen auf der Landkarte der Persönlichkeitseigenschaften seien erforscht. Eher trifft die Feststellung zu, daß die vorhandenen Meßinstrumente nur einige wenige der vielfältigen Unterschiede zwischen den Persönlichkeiten erfassen. Aber es bleibt fraglich, ob zusätzliche Eigenschaften oder auch verbesserte Meßmethoden zu deutlicheren Ergebnissen führen würden.

Innerhalb der Urteile einer Gruppe von Personen gibt es immer erhebliche individuelle Differenzen, auf die viele Autoren ausdrücklich hinweisen. Die Frage nach der Reaktion aller Extravertierten oder aller Introvertierten scheint immer noch zu unspezifisch. Eventuell müssen die Vpn darüber hinaus nach den Lernerfahrungen und Erlebnissen kategorisiert werden, die sie in ihrem individuellen Lebenslauf in bezug auf den ästhetischen Gegenstand hatten.

Die Ursachen unterschiedlicher Bevorzugung sind mit dem Nachweis von Persönlichkeitsdifferenzen natürlich noch nicht geleistet. Möglicherweise haben Vpn-Gruppen unterschiedliche Methoden der Reizverarbeitung oder der Aufmerksamkeitssteuerung. So könnten im Prozeß der Wahrnehmung Unterschiede entstehen. Möglicherweise gewichten die Vpn für die Beurteilung eines ästhetischen Reizes unterschiedliche Attribute gegensätzlich (dies zeigt Peel 1945).

Ob die Kategorisierung nach Persönlichkeitseigenschaften, die sich bei anderen Fragestellungen bewährt hat, auch für das ästhetische Urteil sinnvoll ist, bleibt fraglich. Es ist zu hoffen, daß statistische Methoden, wie sie z.B. O'Hare (1981) vorschlägt, bei denen Beurteilungsstrategien von Untergruppen der Stichprobe unterschieden werden, die "beschreibende Grundlage" für eine angemessenere Kategorisierung der Vpn in bezug auf das ästhetische Urteil erbringen können.

6.7 Probleme der experimentellen Ästhetik

Im Bereich der Ästhetik zeigen sich Probleme der experimentellen Psychologie besonders eindrucksvoll. Ästhetische Reaktionen hängen von zahlreichen Randbedingungen ab, die auch schon in klassischen Artikeln über die Versuchsplanung Beachtung finden (Campbell und Stanley 1972). Zunächst ist der Reihenfolgeneffekt zu nennen (Gregson 1968, Dornic und Kuric 1970). Bilder erhalten höhere Bewertungen, wenn sie zu Beginn oder am Ende einer Reihe dargeboten werden.

Darüber hinaus entstehen Kontrasteffekte. Lindauer und Dintruff (1975) zeigten ihren Vpn im Wechsel eine Reihe abstrakter Bilder und folgend ein konkretes Bild oder eine Reihe figurativer Darstellungen und folgend ein abstraktes Bild. In Kontrollbedingungen befanden sich diese letzten Bilder innerhalb einer Reihe gleichartiger Bilder. Nach der Serie abstrakter Bilder wurde das figürliche Bild besser bewertet als innerhalb einer Reihe. Dies kann nicht in Termini von "Neuigkeit", "erhöhter Komplexität" oder - umgangssprachlich - einfach als "Abwechslung" interpretiert werden, weil ein abstraktes Bild, das auf eine Reihe figurativer Darstellungen folgte, jetzt nicht ebenfalls besser, sondern schlechter bewertet wurde als dasselbe Bild innerhalb einer Reihe von abstrakten Bildern.

Zu vergleichbaren Ergebnissen gelangen Melamed und Moss (1975), die Fotografien von weiblichen Studenten auf ihre Attraktivität einschätzen ließen. Wurde der "Ziel"-Stimulus gleichzeitig mit dem Bild eines als attraktiv eingeschätzten Mädchens dargeboten, wurde er bezüglich der Attraktivität etwas niedriger eingeschätzt. Wurde er dagegen gleichzeitig mit einem weniger attraktiven Vergleichsreiz dargeboten, so wurde er etwas günstiger eingeschätzt. Wenn die Vpn allerdings annahmen, bei den beiden Bildern handele es sich um Freundinnen, so kehrte sich der Kontrasteffekt um: Die Attraktivität des weniger attraktiven Mädchens wurde nun höher eingeschätzt. Solche Kontrasteffekte wurden auch für die Einschätzung des andersgeschlechtlichen Partners nachgewiesen (Weaver u.a. 1984).

Es wurde bezweifelt, daß verschiedene Reproduktionsarten von Bildern, z.B. als Farb- oder Schwarzweißfotografien, zu den gleichen ästhetischen Reaktionen führen (Pratt 1961). Gärling (1972) vergleicht Präferenzurteile, die anhand von Farbfotografien, von Zeichnungen und von detailarmen Architekturzeichnungen abgegeben werden. Während die detailreichen Zeichungen und die Farbfotografien zu den gleichen Urteilen führten, wurden die detailarmen Zeichnungen weniger bevorzugt. Der Autor erklärt dies durch einen der ästhetischen Bewertung zugrunde liegenden Faktor "Variation". Eine Studie von Farley und Weinstock (1980) hat das Nebenergebnis, daß bezüglich der bevorzugten Komplexität bei einer Stichprobe von Kindern kein Zusammenhang zwischen der Beurteilung von Originalkunstwerken und der Beurteilung von Fotoreproduktionen bestand.

Dreher (1968) untersuchte, welchen Einfluß die Reproduktionsform auf Einschätzungen der Wohlgefälligkeit von Bildern hat. Es wurden drei Versuchsgruppen gebildet. Einer Versuchsgruppe wurden im Rahmen einer kleinen Ausstellung im ästhetischen Laboratorium Originalbilder gezeigt (es handelte sich um abstrakte Bilder desselben modernen Künstlers). Eine zweite Gruppe von Vpn betrachtete farbige Fotoreproduktionen, die in der gleichen Reihenfolge im gleichen Raum ausgestellt waren. Eine dritte Gruppe betrachtete ebenso dargebotene Schwarzweißreproduktionen. Insgesamt erhielten die Schwarzweißreproduktionen die ungünstigsten Einschätzungen. Die Autoren gelangen zu dem Schluß, die Validität von ästhetischen Urteilen bei verschiedenen Formen von Reproduktionen stehe in erheblichem Zweifel. Andererseits muß darauf hingewiesen werden, daß trotz individueller Unterschiede in den Einschätzungen jeweils dieselben beiden Bilder in allen Versuchsgruppen die ersten zwei Rangplätze einnehmen und auch bezüglich der letzten Rangplätze eine gewisse Übereinstimmung herrscht (eine Analyse, die von den Autoren erstaunlicherweise nicht durchgeführt wurde). So erwähnen die Autoren in ihrer Diskussion auch nicht, daß bei der geringen Unterschiedlichkeit des Stimulusmaterials (abstrakte Bilder des gleichen Malers) reliable Differenzierungen weniger wahrscheinlich sind als in Untersuchungen, die in den Stimuluspool eine größere Vielfalt von Kunstwerken einbeziehen.

Eine weitere experimentelle Schwierigkeit ist, die Unterschiedlichkeit des Stimulusmaterials zu bestimmen. Studien, die stark unterschiedliche Kunstepochen, Künstler und Themen der Kunstwerke einbeziehen, kommen in der Regel zu stabileren Ergebnissen der Bevorzugung oder auch zu Zusammenhängen mit Persönlichkeitsmerkmalen als Studien, deren Stimulusmaterial sehr homogen ist. Leider wird dieses Problem in der überwiegenden Zahl der Studien nicht einmal thematisiert, obwohl unterschiedliche Ergebnisse sehr wohl aus der unterschiedlichen Variabilität des Stimuluspools zu erklären waren. Dabei muß fraglich bleiben, ob Dimensionen der Unterschiedlichkeit, die Berlyne und Ogilvie (1974) mit der Methode der Faktorenanalyse und der multidimensionalen Skalierung unterscheiden, die Variabilität des Stimulusmaterials angemessen erfassen. Denn obwohl in diese Studien Kunstwerke der unterschiedlichsten Epochen eingegangen sind, können doch die gefundenen Unterschiede nur die augenscheinlichsten Reizmerkmale betonen und so zu einer "Trivialbestimmung" der Grunddimensionen der Unterscheidung von Kunstwerken führen.

Natürlich hängt die ästhetische Bevorzugung von Kunstangeboten - handelt es sich nun um Rastermuster oder um eine Auswahl von Kunstwerken der holländischen Landschaftsmaler - von der Persönlichkeit der Betrachter ab (vgl. Abschnitt 6.5). Im folgenden soll auf einige Variablen hingewiesen werden, die normalerweise nicht Gegenstand der Persönlichkeitsforschung sind, aber dennoch nachgewiesenermaßen Einfluß auf ein Ergebnis der experimentellen Ästhetik nehmen könnten.

Die Augenfarbe scheint die ästhetischen Wahlen zu moderieren, obwohl wir keinen plausiblen Grund dafür angeben können. Whissell (1979) berichtet, daß braunäugige Vpn symmetrische Figuren stärker bevorzugen als blauäugige Vpn, während bei unsymmetrischen Figuren kein Unterschied besteht.

Das Ausmaß der aktuellen Erregung scheint für die Verarbeitung von Komplexität nicht ohne Bedeutung zu sein. Leahy (1975) demonstriert an ca. 20 Monate alten Kleinkindern, daß unter irrelevanter Erregung komplexe Reizmuster weniger lange angeschaut werden. Twiford u.a. (1978) dagegen finden bei erwachsenen Vpn bei hoher Erregung eine monotone Funktion zwischen Reizbevorzugung und Komplexität, während bei den nicht erregten Vpn die Funktion zwischen Reizbevorzugung und Komplexität eine umgekehrte U-Form besitzt. Bereits diese beiden Untersuchungen lassen sich nur unter Schwierigkeiten gemeinsam vor dem Hintergrund einer der hier relevanten Theorien erklären (vgl. oben).

Die Zusammenfassung individueller Unterschiede in der ästhetischen Reaktion als persönlichkeitsbedingt legt nahe, daß die Messung und Erfassung relevanter Persönlichkeitseigenschaften durch Fragebogen oder Testverfahren eine Gruppierung der ästhetischen Reaktion ermöglicht. Tatsächlich wäre die Konzentration auf individuelle Differenzen zielführender. Bereits 1923 konnte Gordon in einer Studie zu Präferenzwahlen am Objekt "Teppichmuster" zeigen, daß zwischen den Einschätzungen der Versuchspersonen nur geringe Konsistenzen bestanden, ja die Experten bezüglich der Präferenz nicht übereinstimmten. Insofern ist jede Studie, die Urteile einer Gruppe von Vpn ermittelt, im Felde der Ästhetik von vornherein fragwürdig.

Sorgfältig angelegte Studien wie von Sandström (1977) verweisen auf individuelle Faktoren der Bevorzugung. Selbst wenn die untersuchte Stichprobe einigermaßen homogenisiert war (Personen einer Altersgruppe mit geringer Erfahrung mit Kunst), das Stimulusmaterial gut beschrieben war und auch systematisch variierte (Kunstbilder, deren kunsthistorische Bewertung berücksichtigt wurde, und einfache geometrische Figuren), schälen sich Untergruppen ästhetischer Reaktionen heraus. Diese Untersuchung bestätigt einige Aussagen, die wir aus der Zusammenschau der Ergebnisse der experimentellen Ästhetik gewinnen können.

Einige Ergebnisse: Die Präferenzurteile für einfache geometrische Figuren und für Kunstbilder folgen nicht den gleichen Regeln. Formale Faktoren, wie etwa die Einhaltung der Proportion des Goldenen Schnittes oder der Farbharmonie spielen bei den Kunstbildern für die Präferenz keine deutlich erkennbare Rolle. Dagegen ist das "Kunst-Konzept" des Betrachters bedeutungsvoll: Solche Bilder, die berühmt sind oder durch ihr erkennbares Alter zu den gesicherten Kunstwerken gehören, erhalten positive Bewertungen. Das Kunstkonzept kann einschließen, daß in der Darstellung alle Aspekte des Lebens wertvoll sind. In einem solchen Fall werden auch Darstellungen, die Tod und Gewalt zeigen, positiv bewertet. Das Kunstkonzept anderer Betrachter kann solche Themen oder auch Abweichungen von der naturalistischen Form ausschließen (in dieser Untersuchung am Beispiel eines Kirchner-Bildes geschildert). Faktoren wie die künstlerische Geschicklichkeit, die Rhythmik, die realistische Abbildung scheinen für die Bewertung bedeutungsvoll zu sein. Von zentraler Bedeutung ist auch der Darstellungsinhalt, selbst wenn er allein zur Aufklärung der Präferenzurteile nicht ausreicht. Es konnte am gleichen Bildmaterial gezeigt werden, daß Spezialisten mit einem anderen Kunstkonzept unterschiedliche Bevorzugungsmuster produzieren.

Im allgemeinen werden die Vpn in den psychoästhetischen Experimenten gefragt, welchen Reiz (von zwei Reizen oder allen Reizen) sie "schöner" finden, und natürlich erwartet der Experimentator eine Antwort. Eine wichtige Fehlerquelle liegt darin, daß das Wort "schön", wie z.B. auch das Wort "warm", metaphorisch verwendet werden kann. Man spricht von einer "warmen Stimmung" und meint natürlich nicht die Temperatur, und man spricht von einem "schönen" Glas Bier und meint natürlich nicht die Farbe oder die ausgewogene Form, sondern die durststillende Qualität des Bieres. Die metaphorischen Bedeutungen des Wortes "schön" reichen von "angemessen" bis "nützlich" und "gut"; ja in vielen Fällen unterscheidet sich der Sprachgebrauch von "gut" und "schön" nicht. Ein schönes Glas Bier ist das gleiche wie ein gutes Glas Bier. In anderen Versuchsanordnungen, z.B. beim semantischen Differential, wird von den Vpn ausdrücklich der metaphorische Gebrauch von Beschreibungen verlangt. So sollen alle möglichen Dinge als warm, kalt, schnell, langsam usf. beurteilt werden, die im Sinne des Wortes nicht warm und kalt sein können. In einer Aufgabe der experimentellen Ästhetik, in der die Vp Rastermuster, Schachpositionen oder Wellenlinien als "schön" oder "weniger schön" beurteilen soll, geht sie möglicherweise zum metaphorischen Gebrauch des Wortes über. Die Vp beurteilt dann, welcher der Reize nach den Kriterien dieser Reizklasse der bessere ist.

Ein Beispiel dafür ist eine Arbeit von Margulies (1977), der Experten die Schönheit von Schachpositionen beurteilen läßt und so zu neuen Regeln der Schönheit gelangt. Tatsächlich gelangt er eher zu Regeln, nach denen ein Schachzug als "gut" beurteilt wird. Der Autor schreibt selbst, daß der schönere Zug wahrscheinlich auch der bessere Zug ist. Experten scheinen den Zug für angemessener zu halten, der beim geringsten Einsatz der eigenen Kräfte die größtmögliche Wirkung erzielt. Ist ein solcher Zug ausgearbeitet, mag die Umstrukturierung der Situation starke Emotionen freisetzen. Es bleibt offen, wie weit die Aufgabe, den schönsten Zug zu beurteilen, nicht nur zu einer analogen Verwendung des Wortes "schön" führt. Fine (1978) veröffentlicht eine Reanalyse der Prinzipien von Margulies. Er glaubt, bei der Analyse schöner Schachzüge zu entdecken, daß der die Aggression verstekkende Zug als "schöner" beurteilt wurde. Evtl. wäre die angemessenere Formulierung "... bei dem eine wichtige Aggression überraschender ausgeführt würde". Allerdings ist es eben auch ein Merkmal eines guten Schachzuges, daß er für den Gegner nicht leicht zu erkennen ist.

Wenn tatsächlich durch Zufallspolygone oder Rastermuster ästhetische Empfindungen ausgelöst werden sollten, so doch nur in äußerst geringem Maß. Es ist fraglich, ob die sehr geringe Ausprägung der Empfindung für deren Erforschung günstig ist. Gelten bei einem intensiven ästhetischen Erleben, wie es gelegentlich gegenüber Kunstwerken oder gegenüber der Natur auftritt, qualitativ andere Verhaltensgesetze als in den unteren Ausprägungsgraden der Empfindung "schön"? Es ist denkbar, daß Variablen wie Komplexität oder Informationsmenge oder detailreiche Darstellung bei Begegnungen mit Kunstwerken, die ein starkes Erlebnis auslösen, überhaupt keine Rolle mehr spielen.

Tatsächlich ließe sich auch das starke ästhetische Erlebnis für die messende und experimentelle Ästhetik in Termini des Verhaltens definieren. Die Kaufentscheidung, die häufige Betrachtung eines Kunstwerkes, der mehrmalige Besuch eines Kinofilms oder auch der subjektive Bericht starker Beeindruckung könnten den Blick auf solche Objekt-Subjekt-Bezüge lenken, bei denen ästhetische Empfindungen spürbar sind und nicht nur metaphorisch geäußert werden. Besondere Personengruppen können solchen Erlebnissen stärker zugänglich sein. Es würde sich lohnen, nicht nur die ästhetische Sensitivität, die Übereinstimmung mit dem Expertenurteil festzustellen, sondern auch die Empfänglichkeit für ästhetisches Erleben überhaupt. So könnten neue Stichprobenhomogenisierungen geschaffen werden, die auch in der experimentellen Ästhetik zu eindeutigeren Ergebnissen führen würden. Vehrs (1980) diskutiert dieses Problem und will die starke "ästhetische" Empfindung bei Rastermustern herstellen, indem er nur solche Muster verwendet, die von den Vpn selbst entworfen und als "extrem" wohlgefällig beurteilt werden.

Die vielen "univariaten oder bivariaten Studien" provozieren ein generelles Problem der empirischen, psychologischen Forschung. Vpn verwenden die Schätzskalen (z.B. Attraktivität) nicht im Sinne einer "Intervallskala". Sie nutzen die Skala für die jeweils vorgefundene Varianz aus. Eine Größenskala von 1 bis 9 würde sowohl für Döschen als auch für Kathedralen immer über den gesamten Bereich ausgenutzt. Erst wenn im Pool der Döschen eine Kathedrale vorkäme, würden alle Döschen in der Größenbewertung an das untere Ende der Skala rutschen. So ergeben Studien, in denen wenige, vieleicht auch nicht relevante Variablen untersucht wurden, dennoch den Eindruck, die Varianz der Schätzurteile mit den Variablen weitgehend zu erklären, obwohl erst die Anwesenheit anderer Variablen zeigen würde, wie gering der Einfluß dieser ersten Variablen auf das kritische Merkmal ist. Es ist das Verdienst von Moore und Martindale (1983) zu zeigen, daß dann, wenn man etwa zu Variablen wie Komplexität auch die Variable "Prototypikalität von Farben" miterfaßt, das Ausmaß der Varianzerklärung der Komplexität bei Polygonen nur noch 1% betrug, während die Prototypikalität der Farben 79% der Bevorzugungsvarianz erklärte. Wenn also die relevanten Variablen nicht erfaßt sind, könnte fälschlicherweise der Eindruck einer "Erklärung" der Schätzurteile aufkommen.

Einige Autoren haben sich den Schwierigkeiten der experimentellen Ästhetik bereits zugewandt und fassen mehrere Studien kritisch zusammen. Hardimann und Zernich (1977) betonen den mangelnden theoretischen Bezug der Untersuchungen: Die Eigenschaften des Stimulusmaterials seien ungenügend kontrolliert. Nur selten werden Originalkunstwerke in die Untersuchung einbezogen; als abhängige Variable sei nur das Wohlgefallen untersucht worden ("like" und "dislike"). McWhinnie (1971, S. 420) schreibt optimistisch: "Yes ... psychology is relevant to aesthetics". Spätere Autoren urteilen zurückhaltender.

Lindauer fordert bereits 1973, angesichts der komplexen Natur der ästhetischen Reaktion die strengen Standards zu lockern, die im psychologischen Experiment an Meßverfahren und Möglichkeiten der Quantifizierung angelegt werden. Er schlägt vor, als Stimulusmaterial nur abstrakte Kunst zu verwenden, um Effekte der Bedeutung, die intervenierend zwischen Reiz und Reaktion treten, zu eliminieren. Der Vergleich der abstrakten Kunst mit der sinnlosen Silbe ist allerdings wenig hoffnungsweckend. Grundsätzliche Mechanismen des Lernens von sinnvollem Material konnten mit sinnlosen Silben nicht erforscht werden. Auf jeden Fall teile ich Lindauers Meinung, andere Variablen als Komplexität und Wohlgefallen seien zu untersuchen. Lindauer baut seine Forderungen auf die Ergebnisse einer Studie (1970) auf, die zeigte, daß die Zuordnung eines abstrakten Bildes zu einem Titel von Experten und Studenten in gleicher Weise vorgenommen wurde, während die emotionale Reaktion, das "Wohlgefallen", unsystematisch variierte. Lindauer hält es für sinnvoll, eine kognitive und eine emotionale Reaktion auf die ästhetischen Stimuli zu unterscheiden. Gordon und Gardner (1974) verwendeten als Stimulusmaterial veränderte Bilder und entdeckten so eine Möglichkeit, die Variation des Stimulusmaterials besser zu kontrollieren. Interessanterweise wurden die Originalversionen der Bilder kaum überzufällig durch die Vpn entdeckt oder bevorzugt.

6.8 Schlußfolgerungen

Bildung von Mittelwerten

Bei den meisten Untersuchungen zur Präferenz zeigen sich ausgeprägte individuelle Differenzen. Erlaubt man den Vpn nur eine Reaktion, so wird die qualitative Unterschiedlichkeit der Auffassung des ästhetischen Gegenstandes oft nicht deutlich. Befragt man Vpn jedoch über die Gründe ihrer Bevorzugungen, lassen sich kaum zwei Vpn miteinander vergleichen. Das hat Konsequenzen für die Anwendung der herkömmlichen Statistik. Bei qualitativ unterschiedlichen Daten ist es nicht sinnvoll, Mittelwerte zu berechnen (vgl. die verschiedenen Darstellungen dieses Problems durch Thomae 1968). So wäre die mittlere Körpergröße ein wenig sinnvoller Wert, wenn die Stichprobe zur Hälfte aus Europäern und zur Hälfte aus Pygmäen bestünde. Komplizierte mathematische Verfahren, wie etwa die Faktorenanalyse oder die multidimensionale Skalierung, berechnen bereits zu Beginn der Rechenoperation Mittelwerte und liefern entsprechend wenig aussagekräftige Resultate. Es ist zu fordern, daß man sich vor der Zusammenstellung einer Stichprobe von Daten der Homogenität dieser Daten in bezug zum Untersuchungsgegenstand versichert. Am geeignetsten erscheinen Untersuchungen des Einzelfalles, deren Ergebnisse dann nach Reaktionsklassen zusammengefaßt werden können. Innerhalb einer Reaktionsklasse scheint dann die Anwendung herkömmlicher statistischer Methoden zulässig.

Beispiel: In einer Untersuchung zur Bedeutung der Komplexität von Bildern für die Präferenz wird eine repräsentative Stichprobe untersucht. Die gezeigten Bilder sind immer "bedeutungslos". Die Untergruppe der Vpn mit geringerer Ausbildung schätzt solche Bilder generell nicht, sondern sucht nach Möglichkeiten, etwas zu erkennen. Wenn in der Gruppe von Versuchspersonen, die das Reizmuster als abstraktes Bild auffassen, ein idealer Zusammenhang zwischen Komplexität und Präferenz existierte, so würde die zweite Urteilsgruppe diesen Zusammenhang verdecken.

Möglichkeit: Vor der Beurteilung läßt man ähnliche Reize durch die angezielte Vpn-Gruppe beurteilen und fragt nach den Gründen für die Präferenz. Die Vp, die ihre Präferenz mit der Möglichkeit begründet, im Reizmaterial etwas zu erkennen, wird aus der Stichprobe ausgeschlossen. So wird sichergestellt, daß die Verarbeitung des dargebotenen Reizes qualitativ gleich ist und Unterschiede im Reizmaterial zu interpretierbaren Unterschieden der Reaktion führen können.

Theoretische Relevanz von psychologischen Experimenten

Die Methode des Experiments, die in der Physik den Rang hat, kausale Beziehungen aufzudecken, hat diese Möglichkeit im Rahmen der stati- stisch-psychologischen Auswertungsmethoden verloren. Wenn man eine Variable verändert und nur bei einem Teil der Vpn abhängige Veränderungen beobachtet - die insgesamt sehr wohl signifikant sein können -, so ist eine Theorie, die ganz allgemein für alle Menschen unter den gegebenen Bedingungen eine Variation der abhängigen Variablen vorsieht, nicht gestützt worden. Hierzu Popper (1976, S. 146 ff.): "Die Wahrscheinlichkeitsansätze sind nicht falsifizierbar und übrigens auch nicht verifizierbar." ... "Denn da die Wahrscheinlichkeitsaussagen nicht falsifizierbar sind, ist es möglich, jede beliebige Gesetzmäßigkeit durch 'Wahrscheinlichkeitsansätze' zu erklären." Die Beziehung der Wahrscheinlichkeitsaussage zu eindeutigen Allaussagen ist in der empirischen Psychologie wenig problematisiert. Wenn man überzufällige Veränderungen der abhängigen Variablen als Bestätigung von Arbeitshypothesen nimmt, bleiben die Theorien immer sehr allgemein, weil sie der Korrektur durch den interessanten und speziellen Einzelfall nicht ausgesetzt sind. Die gewonnenen Theorien sind oft falsch, wie sich leicht an der häufigen Nicht-Replizierbarkeit solcher Mittelwertunterschiede zeigt.

Homogenität von Variablen

Der experimentelle Ästhetiker und vermutlich auch weite Teile der experimentellen Psychologie müssen sich von der einfachen Annahme trennen, die erhobenen und willkürlich ausgesuchten Variablen wie "Aggressivität", "Wohlgefallen", "Introversion" usf. seien einheitliche Konstrukte. Vermutlich gibt es eine Aggressivität gegenüber Vorgesetzten, gegenüber Untergebenen, eine verbale und eine handlungsbezogene Aggressivität. Kombiniert man die genannten Möglichkeiten, ergeben sich schon vier Typen der Aggressivität, die man unterschiedlich messen müßte.

Das gleiche gilt für die Variable "Wohlgefallen" und "Schönheit": Da gibt es eine für Gesichter, eine für Landschaften, eine Beurteilungsbasis der Unterschichten, eine Beurteilungsbasis der Gebildeten, eine die durch Gedanken und eine die durch die Art des Wahrnehmungsvorganges determiniert ist. Wenn wir weiterhin dabei verweilen, ohne speziellere Definitionen zu messen, was Schönheit ist oder was Aggressivität fördert, wird wahrscheinlich weiterhin nichts herauskommen. In einer unveröffentlichten Arbeit (mit Hellwig) konnten wir zeigen, daß bei der Messung von Variablen wie "Neurotizismus" die Endpunktwerte keineswegs eine zufällige Zusammensetzung der Itemwerte sind, sondern sich die Variable aus unterschiedlichen Clustern von Fragen zusammensetzt. Das heißt, daß ein Punktwert von 18 bereits bei der Art der Messung, wie sie mit Persönlichkeitsfragebogen zustandekommt, nicht immer dasselbe bedeutet. Einmal kann der Wert überwiegend durch das Eingestehen psychosomatischer, einmal durch das Eingestehen psychischer Probleme entstehen.

Die Psychologie ist bisher der Gefahr nicht in ausreichendem Maße begegnet, die Begriffe der Umgangssprache, die Psychisches bezeichnen, unkritisch als psychologische Wirkungsgrößen aufzufassen. In der frühen Psychologie sind die aus der Umgangssprache übernommenen Bezeichnungen aus der Bedeutung der Verhaltensweisen für den Menschen entstanden und spiegeln keineswegs funktionelle Einheiten wider. Ein Ziel der Ästhetik muß es sein, das ästhetische Empfinden in die verschiedenen funktionellen Einheiten aufzuspalten. Nur im Bereich der Lernforschung ist dies unter dem Stichwort "Trait-Treatment-Interaction" (Cronbach 1975, Cronbach und Snow 1977, Flammer 1975) ausführlich diskutiert worden. Dabei ist aber wesentlich, daß in der Psychologie der "Trait" keineswegs eine einheitliche Angelegenheit ist. Dies zeigt sich besonders eindrücklich im Fall der Intelligenzforschung, die Einzeleigenschaften im Bereich von 1 bis 180 annimmt. Je genauer man eine "Eigenschaft", ein "Trait" analysiert, um so mehr verschwindet er vor dem Blick der Analyse. Vermutlich bringt auch die Eigenschaftsforschung nicht weiter. Um menschliches Verhalten zu erklären, wird man die Person-Umwelt-Bezüge in ihrer historischen Genese betrachten müssen (vgl. Jüttemann 1986).

Das Individuum als Forschungsgegenstand

Bereits in den ersten Studien der experimentellen Ästhetik beeindrucken die starken individuellen Unterschiede in der Beurteilung von Kunstreproduktionen. In einer Studie von Israeli (1928) wird Turners Bild "Hastings" von 11 % der Vpn als aufregend und von anderen 11 % als ruhig erlebt (vgl. Valentine 1962). Auch weitere Schwierigkeiten der experimentellen Ästhetik zeigten sich bald. So weiß man seit 1956, daß die gleichen Bilder in unterschiedlich angenehm (ästhetisch) eingerichteten Räumen entsprechend anders beurteilt werden (Maslow und Mintz 1956, zit. nach Valentine 1962).

Trotz aller Beteuerungen von Eysenck oder Child oder Berlyne, daß eine stabile ästhetische Beurteilung möglich ist und auch im Kulturvergleich verifiziert werden konnte (vgl. oben), werden doch Beiträge geliefert (Perkins 1979), die sich damit beschäftigen, wie es zu der geringen Übereinstimmung bei der Beurteilung ästhetischer Stimuli kommt. Es wäre denkbar, daß verschiedene Personen unterschiedliche Attribute in die Bewertung einbeziehen und eine Instruktion, die die Aufmerksamkeit aller Vpn auf die gleichen Attribute des Stimulusmaterials richtet, die Divergenz der Beurteilung vermindert. Dies wurde allerdings nicht nachgewiesen. Vpn unterscheiden sich in ihren Beurteilungen immer noch, wenn sie die gleichen Merkmale eines Kunstwerkes bewußt verarbeitet haben. Verschiedene Personen bewerten unterschiedliche Attribute und auch nach unterschiedlichen Wertsystemen.

Perkins versucht die Frage, ob es eine objektive Bewertung ästhetischer Stimuli gebe, zu lösen, indem er auf die Notwendigkeit der Kommunikation zwischen Individuen hinweist. Es liegt mehr in der Argumentationsführung dieser Darstellung, wenn wir aufgrund der gleichen Fakten auf die Notwendigkeit der individuellen Würdigung der ästhetischen Reaktion verweisen. Das Individuum muß aber bereit sein, seine Meinungen und Annahmen mit einem Psychologen zu teilen. Insofern eignet sich zur Erforschung der Seelenprozesse wahrscheinlich weniger das Experiment mit Fremden, sondern vielmehr das Gespräch mit Freunden, zu dem der Psychologe vom Individuum und Mitmenschen eingeladen wird (eine entsprechende Methodik beschreibt Edmonston 1983 in bezug auf die Entstehung eines Kunstwerkes.).

6.9 Alternativen zur experimentellen Erforschung der ästhetischen Reaktion

6.9.1 Die vergleichende Methode

Das Experiment ist nicht die einzige "empirische" Forschungsmethode. Auch die Kunstgeschichte, die Ethologie oder die Anthropologie sind empirische Wissenschaften. Sie verwenden die Methode des Vergleichs. Nun ist diese Methode in den Wissenschaften, die sie pflegen, sehr erfolgreich.

Die vergleichende Methode geht von einer genauen Beschreibung aller Phänomene des Untersuchungsbereiches aus, in der Biologie etwa von einer genauen Beschreibung der Anatomie aller Spezies. Im genauen Vergleich, z.B. der Ähnlichkeiten im Körperbau wie in der bahnbrechenden Forschung von Lorenz im Vergleich der Ähnlichkeiten des Verhaltens, lassen sich Abstammungsfolgen konstruieren. Man kann "homologe" Organe und "analoge" Organe abgrenzen, also Fälle, die den gleichen entwicklungsgeschichtlichen Ursprung haben, oder Fälle, die ohne den gleichen Ursprung gleiche Funktion erfüllen.

Für den hier in Frage stehenden Gegenstandsbereich gibt es schon eine vergleichende Erforschung, deren Ergebnisse so aussageträchtig sind, daß anerkannte Kunsthistoriker eine andere Methode der Erforschung - etwa der experimentellen Psychologie - für überflüssig halten (Lützeler 1978). Der Vergleich verschiedener Münzen oder etwa Säulenformen erlaubt genaueste Datierungen bzw. Rekonstruktionen der räumlichen Ausbreitung der Ideen, ja Aussagen über den Herstellungsprozeß. Wiederum muß der Vergleich auf einer möglichst genauen Beschreibung der untersuchten Phänomene aufbauen. Außerdem wird die entwicklungsgeschichtliche Dimension der untersuchten Gegenstände aufgeklärt. Aus der Kunst eines Lehrers kann man die Kunst des Schülers besser vorhersagen als etwa aus einer Persönlichkeitsmessung des Schülers (Sedlmayr 1958).

In beiden Wissenschaften, die als Beispiel dienten, eignet sich die vergleichende Methode, die Entwicklungsgeschichte eines Phänomenbereiches aufzuklären. Physikalische Gesetze haben keine Entwicklungsgeschichte und sind für die vergleichende Methode somit weniger geeignet. Menschliches Verhalten ist in hohem Maß historisch determiniert. Dies betrifft sowohl die individuelle Lebensgeschichte als auch die Geschichte der Kultur, so daß die vergleichende Methode auch hier Erfolg versprechen würde. Die Psychologie kennt ebenfalls eine vergleichende Forschung, nachdem bereits Wilhelm Wundt den Gewinn der experimentellen Forschung für die komplexeren Phänomene des menschlichen Seelenlebens gering einschätzte und sich der beschreibenden und vergleichenden Völkerpsychologie zuwandte.

Allerdings hat sich keine Tradition der vergleichenden Erforschung des Seelenlebens entwickelt, sondern die kulturvergleichende Forschung ist in den Dienst der Hypothesentestung getreten. Dies gilt z.B. für Deregowski, wenn er fordert, die kulturvergleichende Forschung solle klären, auf welche Art ein Prozeß in einer fremden Kultur von solchen Variablen beeinflußt wird, die in unserer Kultur nur in anderer Qualität oder in anderer Ausprägung anzutreffen sind. Die Motivation zu einer kulturvergleichenden Studie ist es oft, Theorien, die sich innerhalb der eigenen Kultur bestätigt haben - soweit das für psychologische Theorien möglich ist - auf eine breitere Gültigkeitsbasis zu stellen (z.B. die kulturvergleichende Forschung von Berlyne, vgl. Malpass 1977).

Tatsächlich steht die Schlußfolgerung über die Universalität einer bestimmten Theorie nach dem Vergleich mit menschlichem Verhalten in einer fremden Kultur auf recht wackeligen Füßen. Ein scherzhaftes Beispiel soll dies zeigen. Stellt man bei einem Känguruh fest, daß es hüpft, und zieht - vergleichend - einen Papagei hinzu, so könnte man zu der Meinung gelangen, daß alle Lebewesen sich hüpfend fortbewegen. Die vergleichende Methode gewinnt ihre Kraft erst, wenn zunächst benachbarte Fälle verglichen werden und durch die weitere Einbeziehung entfernterer Fälle Entwicklungslinien aufgestellt werden können. Auf der anderen Seite ist die Methodeneinheit von Beschreibung und Vergleich in der Psychologie auch erfolgreich eingesetzt worden. Freud und auch Jung entwickeln ihre Theorien aus dem Vergleich von Traummaterial, kultureller Überlieferung und Krankheitssymptomatik. Piaget vergleicht die Leistungen benachbarter Entwicklungsstufen und beschreibt die Leistungen, die bestimmten Entwicklungsstufen zugeordnet werden können. Gerade die Theorien, die in der heutigen Psychologie eine große Rolle spielen, sind nicht auf dem Wege des Experimentierens, sondern auf dem Wege des Beschreibens und Vergleichens entstanden.

Wie könnte ein solcher erfolgreicher Einsatz der vergleichenden Methode in der Psychologie der Kunst gestaltet werden? In der Kunstwissenschaft ist der Ausgangspunkt der vergleichenden Betrachtung das Kunstobjekt, dessen Beschreibung vorliegen muß. In der Psychologie ist der Ausgangspunkt der Betrachtung das Verhalten. Durch eine Beschreibung der Neurosen wird es möglich, deren historische Determination zu ergründen. Weil Neurosen auch in den Bereich der medizinischen Wissenschaften fallen, liegen entsprechende Beschreibungen vor. Das kunstrelevante Verhalten der Menschen ist zur Zeit so wenig inventarisiert, daß die Methode des Vergleiches noch gar nicht einsetzen kann. Zuerst müßte einmal beschrieben sein, wie die Menschen Kunst verwenden, womit verschiedene Personen ihre Wände schmükken oder welche Rolle ein Kunstwerk im Laufe des Lebens einnimmt. Dann könnte man - ausgehend von ähnlichen Phänomenen oder Subkulturen - einen Vergleich versuchen. Wie verhalten sich die verschiedenen Schichten einer Kultur und die Angehörigen derselben Kultur mit unterschiedlicher Religionszugehörigkeit gegenüber einem Kunstwerk? Mit einer solchen Methode könnte der Anteil der lebensgeschichtlichen und kulturgeschichtlichen Determination des Verhaltens gegenüber ästhetischen Objekten aufgeklärt werden.

Als Zwischenglied zwischen Geschichtswissenschaft und Psychologie entstünde eine Geschichte des Verhaltens. Die Ausgangsdaten für eine solche Geschichte müßten allerdings erst entstehen. In der Vergangenheit hat weniger das Alltagsverhalten des einzelnen den Stoff für die Historiker abgegeben, sondern vielmehr die Kriege oder Genealogien der Herrschenden. Man will der Nachwelt nur das Besondere, nicht das Alltägliche überliefern. Im historischen Vergleich würden aber gerade die Selbstverständlichkeiten des täglichen Lebens das Besondere sein, was eine neue Perspektive in bezug auf gegenwärtiges Alltagsverhalten freilegt.

6.9.2 Der Einbezug von "Experten" in die Forschung

Wahrscheinlich kann man Präferenz nicht ohne die Erfahrungen des einzelnen Menschen erklären. Allerdings ist es für den psychologischen Experimentator schwer, sich diesen Erfahrungen zu nähern. Das kann er in langen Explorationen versuchen, die jedoch allerlei Fehlerquellen enthalten. Auf jeden Fall würde es ein Vorgehen sein, das der klinischen Anamnese oder dem klinischen Interview ähnelt.

Ein anderer Weg, sich den Erfahrungen einer einzelnen Person zu nähern, wäre es, solche Personen mit in das Experiment bzw. psychologische Forschungsvorgehen einzubeziehen, die die jeweilige Person lange kennen, also "Experten" für die Person sind. Alle konkreten Gewohnheiten, Vorlieben, Stimmungen usf. sind diesen Personen in einem Maß bekannt, das ein Psychologe selbst in einer mehrstündigen Exploration nicht erlangen könnte. Diese "Experten" für eine Person sind die idealen Mitarbeiter des Psychologen, wenn es in einer Untersuchung darum geht, die konkrete, inhaltliche Umwelt eines Menschen mit ins Kalkül zu ziehen.

Wir vertreten die Meinung, daß das ästhetische Urteil bei einer kleinen Gruppe von Kunstkennern nach formalen Eigenschaften von Bildern abläuft, in der Mehrzahl der Fälle hingegen konkrete Personen-Umwelt-Bezüge, die sich in der individuellen Lebensgeschichte gebildet haben, eine Rolle spielen. Wir haben versucht, unter Mitarbeit von Partnern, Ehepartnern, langjährigen Freunden und langjährigen Kollegen diesen konkret lebensgeschichtlichen Determinanten von Präferenzwahlen auf die Spur zu kommen. Wie aber ist zu erfahren, ob die langjährige Freundschaft tatsächlich dazu geführt hat, daß ein Mensch Erfahrungen über den Partner gesammelt hat? Möglicherweise lebte die Beziehung von Projektionen, wie es bei Liebesbeziehungen oft der Fall ist. Wenn man sich der Hilfe von "Experten" für den einzelnen Mitmenschen bedient, so muß man sich versichern, daß der einzelne Mitmensch sich auch tatsächlich zum Experten und nicht zum neben seinem Partner herlebenden Individuum entwickelt hat. Es muß geklärt sein, daß Aussagen über den anderen keine Projektion eigener Präferenzen sein werden.

Ich will annehmen, daß die Beziehung dann zur Information über den Menschen geführt hat (und zwar zur Information, die in unserem Zusammenhang relevant ist), wenn der von uns hinzugezogene "Experte" in der Lage ist, die Präferenzwahlen eines Partners vorherzusagen und seine eigenen Präferenzen von denen des Partners abweichen.

Dabei ist klar, daß die Theorie des "Experten", die zu einer richtigen Vorhersage führt, natürlich nur für diese eine Person gilt, die z.B. besonders rigide sein könnte oder die besonders wenig von "Kunst" versteht usf. Auch ist zu berücksichtigen, daß die Theorie, die unsere "Experten" anbieten, in beliebig vielen Unterelementen falsch sein kann. Wenn die Theorie etwa lautet, die Vp bevorzuge Pferde, weil sie ein Hobbyreiter war, so könnte sich zeigen, daß diese Begründung falsch ist. Wir können also die Theorien der "Experten" nicht unkritisch übernehmen.

Im folgenden soll ein vorläufiges Ergebnis dieser Methode geschildert werden: In einem ersten Versuch haben wir im Rahmen eines Seminars Experten, d.h. Bekannte von Vpn, gebeten, am Beispiel eines Postkartensatzes Präferenzen vorherzusagen (Schuster 1983). Einigen von ihnen gelang dies sehr gut. Diese erfolgreichen "Experten" (Hilfsversuchsleiter) haben wir gefragt, warum sie nun gerade die spezielle Vorhersage der Präferenz machten. Aufgrund der mitgeteilten Vorhersagetheorie haben wir aus einem parallelisierten Satz von Bildern (gleiche Motive, Malweise usf.) ebenfalls eine Vorhersage der Präferenz der Vp versucht (ohne die Vp zu kennen). Dabei war unsere Vorhersage aufgrund der Theorie, die die "Experten" uns für diese Vp mitteilten, genauso gut wie die Vorhersagequote der "Experten" selbst (jeweils ca. 40 % Treffer). Es wurden folgende Gründe in der Reihenfolge ihrer Häufigkeit für eine Bevorzugungswahl genannt: 1. Das Bild erinnert an Lebensereignisse. 2. Das Motiv ist angenehm. 3. Die Maltechnik wird bevorzugt. 4. Die Stimmung des Bildes wird als angenehm empfunden. 5. Maler oder Bild sind bekannt, 6. Der Malstil entspricht dem eigenen Malstil. 7. Die Vieldeutigkeit des Bildes. Manche dieser Erklärungen von Präferenzreaktionen wurden auch experimentell untersucht, einige verweisen zudem auf neue Phänomene, die neue Anstöße zur Theoriebildung geben könnten. Besonders die Variable "selbstrelevante Kognitionen" müßte in der experimentellen Ästhetik stärker berücksichtigt werden.

Das vorgeschlagene Vorgehen würde auf jeden Fall zu einer Reihe von Beschreibungen der Gründe ästhetischer Präferenzen führen, die dann Ausgangsmaterial für theoretische Erklärungen werden könnten.

Die experimentelle Psychologie hat die Phase des Beschreibens und Sammelns von Phänomenen weitgehend übersprungen und beschäftigt sich damit, die Phänomene, die als Ergebnis des Experimentierens auftraten, durch Theorien zu erklären (z.B. Positionskurve beim Lernen). Der neue Weg der wissenschaftlichen Psychologie müßte neben Theorie und Experiment auch die Stufe der Phänomendemonstration bzw. der Phänomenbeschreibung kennen.

7 Bildnerische Kreativität

7.1 Kreativität und bildhaftes Denken

In der umgangssprachlichen Verwendung finden sich zwei Bedeutungskomponenten von "Kreativität". Zum einen heißt kreativ sein, neue, ungewöhnliche Lösungen schaffen, zum anderen bezeichnet das Wort "kreativ" einfach den Unterschied zwischen passiver Rezeption und aktiver Gestaltung (Schuster und Woschek 1986).

Kreativität - als Merkmal der Kunst - gehört zu den hochgeschätzten Leistungen der Kultur. Leuners (1981) Verweis auf die Überschreitung der Grenzen der herkömmlichen Denk- und Gestaltungsschemata als definierendes Merkmal der Kreativität zeigt allein durch seine Formulierung die hohe Wertschätzung, die der kreativen Lösung entgegengebracht wird. Die Forderung nach Neuheit und Originalität künstlerischer Produktion ist zwar heute selbstverständlich (Osborne 1979). Wenigstens für die Kunst gilt aber nicht immer die positive Bewertung der neuen Lösung. Die Kunst etwa zur Zeit der Renaissance bestand darin, die absolute Schönheit antiker Statuen erneut zu erreichen oder die Harmonie der Natur wiederzugeben. In der Kunstpsychologie ist die Bewertung der "Kreativität" also ein weiterer Beleg für den historischen Wandel des Gegenstandsbereiches.

Besonders die fortschrittsgläubige Gesellschaft des 19. und 20. Jahrhunderts konnte den Wert der Kreativität entdecken und sie zum Gegenstand wissenschaftlicher Erforschung machen. In Werbung und Mode sowie Produktgestaltung oder bei der Konstruktion von neuen Maschinen ist ein erheblicher Bedarf nach kreativen Lösungen und auch nach kreativen Menschen entstanden. Das darf aber nicht darüber hinwegtäuschen, daß wirklich neue Lösungen auch heute oft auf Ablehnung stoßen.

Wenn über Kreativität bei bildnerischen Gestaltungen gesprochen werden soll, so erhebt sich die Frage, ob Kreativität auf der Grundlage bildhaften Denkens oder bildhafter Vorstellungsverläufe entsteht. Wenn diese Frage mit Ja beantwortet wird, dann ist zu Beginn eines Kapitels über gestalterische Kreativität zu untersuchen, wie das bildhafte Denken abläuft, nach welchen Regeln sich im bildhaften Denken Bedeutungen ausdrücken und verknüpfen. Möglicherweise hat Kreativität nicht nur im bildnerischen Bereich, sondern ganz allgemein etwas mit bildhaften Denkprozessen zu tun.

Gut bekannt ist z.B. die Entdeckung des Benzolringes durch Kekule, zu der er im Zustand zwischen Wachen und Schlafen vor dem prasselnden Kamin angeregt wurde. Plötzlich ruft der Flug eines Funkens in ihm die Assoziation einer Schlange, die sich, zum Kreis gebogen, in den eigenen Schwanz beißt (vgl. das Symbol des Ouoroboros bei Jung), wach. Diese

Assoziation wiederum wird in einen Zusammenhang zu dem Problem gebracht, das Kekule beschäftigte, nämlich wie das Benzolmolekül aufgebaut sein könnte. Die Vorstellung legt eine Kreisform nahe, und Kekule hat die plötzliche Erkenntnis, die Struktur des Moleküls sei durch einen Ring von Kohle-atomen am besten beschreibbar. In diesem Beispiel ist der Tagtraum der Lösungshinweis (im Sinne eines Richtungshinweises von Maier 1930). In einem anderen Traum wird ebenfalls die Lösung eines Problems gefunden. Der Mathematiker Lambertin arbeitet an einer arithmetischen Aufgabe. In einem Traum findet er die vollständige geometrische (!) Lösung (Hadamard 1954). Das Denken im Traum bietet eine bildhafte Lösung an, die auf die Möglichkeit bildhafter Denkvorgänge verweist.

In mehreren Experimenten ist Kaufmann (1979) dem Zusammenhang zwischen der Kreativität von Vpn in der Lösung von Konstruktionsaufgaben und der Fähigkeit zu metaphorischem Denken nachgegangen. Wenn die Korrelationskoeffizienten auch nicht extrem hoch sind, so zeigen sich doch bei den verschiedensten Aufgaben substantielle Zusammenhänge zwischen Kreativität und Metaphernverständnis (die Metaphern wurden z.B. aus Werken der Dichtung entnommen). Allerdings könnte der gemeinsame Anteil im konstruktiven kreativen Problemlöseprozeß und der metaphorischen Fähigkeit auch die Intelligenz sein.

Die Tatsache, daß das kreative Denken dem Bewußtsein so wenig zugänglich ist (vgl. Wertheimer 1945, Bühler 1907), spricht aber auch dafür, daß räumliche und nicht-verbale Denkprozesse eine wesentliche Rolle spielen.

7.1.1 Interne visuelle Prozesse

Die Ergebnisse vieler Studien lassen eine eigenständige visuelle, analoge Art der Informationsverarbeitung beim Menschen wahrscheinlich werden. Diese Art der Informationsverarbeitung wird z.B. als "visuelle Vorstellung" (Steiner 1980) bezeichnet. Es stellte sich heraus, daß bildhafte Vorstellungen, die verlangen, zu lernende Items in einem Bild zu verbinden, sehr effektiv sind (Paivio 1969, vgl. auch Metzig und Schuster 1982). Die Vergessenskurve für bildhaftes Material verläuft anders als für verbales Material. Wenn der Lernende sich das bildhafte Lernmaterial nach der Lernphase noch einige Male ins Bewußtsein ruft (ohne daß er eine Rückmeldung erhält oder das Lernmaterial noch einmal wahrnehmen könnte), kommt es zu einer steigenden Gedächtnisleistung. Die Entdecker dieses Phänomens nennen es "Hypermnesie" (Erdelyi und Finkelstein 1976).

Beim Lösen von geometrischen Problemen werden anscheinend Vorstellungsbilder manipuliert. Shepard und Metzeler (1971) sowie Cooper und Shepard (1973) glauben, daß ihre Vpn eine Rotation von Vorstellungsbildern durchführen, wenn sie entscheiden sollen, ob zwei Figuren identisch sind, die mit unterschiedlichem Winkel gegeneinander verdreht dargeboten werden. Nach einer mentalen Rotation können die Vpn die Aufgabe lösen. Interessanterweise steigt die Entscheidungszeit bei dieser Aufgabe mit dem Drehungswinkel der dargebotenen Figuren zueinander. Es hat den Anschein, als würden die Vorstellungsbilder mit einer konstanten Winkelgeschwindigkeit zurückgedreht. Die Vpn geben bei einer anschließenden Befragung auch an, die Vorstellungsbilder rotieren zu lassen.

Kosslyn (1975) zeigt, wie mit Vorstellungsbildern der Vorgang des "Vergrößerns" vorgenommen wird, wenn eine Entscheidungsaufgabe das verlangt. Seine Vpn müssen z.B. entscheiden, ob eine Katze Krallen hat. Wenn die Katze in einem Vorstellungsbild vorkommt, in dem sie relativ klein ist, so sind die Entscheidungszeiten der Vpn relativ lang. Kosslyn interpretiert diesen Effekt mit der Annahme eines "zooming in", d.h. einer vorstellungsmäßigen Vergrößerung der relevanten Teile, damit dann die entsprechende Entscheidung getroffen werden kann.

Die Fähigkeiten von Individuen in verbalen und in räumlich-visuellen Aufgaben können unabhängig voneinander variieren. Eine Person, die in räumlichen Aufgaben sehr gut ist, kann in verbalen Aufgaben durchaus geringe Leistungen aufweisen (Jäger 1967, Pawlik 1968). Hier kann das typische Auftreten von Spezialbegabungen angeführt werden. Manche Mathematiker sind auch bekannte Musiker gewesen, beide Handlungen erfordern sukzessiv-hierarchisch geordnete Informationsverarbeitungen. Es ist auffallend, daß es wenige Maler-Dichter gibt, die in beiden Bereichen der Kunst gleichermaßen Hervorragendes leisteten, wenn sich auch viele Künstler in beiden Arten der kreativen Tätigkeit versuchten (z.B. H. Hesse).

Insgesamt belegen die berichteten empirischen Studien einen bildhaften Denkmodus, der eigenen, spezifischen Regeln folgt.

7.1.2 Hemisphärenspezialisierung

Das Gehirn ist, wie viele Organe des Menschen, paarig in zwei Hälften angeordnet. Bei der Geburt sind beide Hälften gleich und können alle Funktionen übernehmen. Im Laufe der ersten Lebensjahre spezialisieren sich die Hälften auf bestimmte Aufgaben. In aller Regel ist bei Rechtshändern das Sprachzentrum in der linken Gehirnhälfte. Bei entsprechenden Gehirnverletzungen geht die Sprachfähigkeit verloren. Relativ spät erst entdeckte man, daß die rechte Gehirnhälfte bei Rechtshändern normalerweise für bildhaft-räumliche Denkaufgaben zuständig ist.

Bezieht man die Leistungsschwerpunkte der Gehirnhälften auf die Anforderungen der Künste, so wird deutlich, daß die linke Gehirnhälfte eher die sukzessiv-hierarchisch strukturierten Aufgabentypen bearbeitet (wie z.B. in Dichtkunst und in Musik) und die rechte Gehirnhälfte die simultane Informationsverarbeitung, wie bei den visuellen Künsten, bewältigt. Der emotionale Ausdruck scheint auch bei musikalischen Aufgaben eher von der rechten Hälfte geleistet zu werden. Allerdings sind die beiden Gehirnhälften normalerweise über einen Nervenstrang, das "corpus callosum", verbunden. Alle Informationen sind gleichzeitig in beiden Gehirnhälften repräsentiert.

Im seltenen Fall gibt es Patienten, denen diese Verbindung fehlt. Bei solchen Patienten kann man besonders genau untersuchen, welche Leistungen die einzelnen Gehirnhälften erbringen. Levy u.a. (1972) untersuchten Versuchspersonen, deren Hemisphären durch eine Unfallverletzung getrennt waren, mit einem phantasiereichen experimentellen Design. Sie zeigten "chimerische" Figuren. Solche Figuren bestehen aus zwei Hälften mit unterschiedlicher Bedeutung. Die Figuren wurden so dargeboten, daß eine Hälfte der chimerischen Figur im äußeren rechten und die andere Hälfte im äußeren linken visuellen Feld aufgenommen wurde. So wurde die - widersprüchliche - visuelle Information den zwei unterschiedlichen Gehirnhälften zugeleitet, und man konnte entscheiden, welche Gehirnhälfte das unvollständige Bild ergänzt. Die Autoren belegen, daß z.B. bei Gesichtern und Zeichnungen die rechte Gehirnhälfte die halbe Zeichnung zu einem vollständigen Bild ergänzt, während die linke Gehirnhälfte für das Benennen von Details zuständig ist.

Riedl (1980) glaubt, Künstler hätten ihren Begabungsschwerpunkt eher im Bereich der bildhaften, der in der rechten Hemisphäre lokalisierbaren Fähigkeiten, während Wissenschaftler einen Begabungsschwerpunkt in dem Fähigkeitsbereich aufwiesen, der in der linken Hälfte lokalisiert wird. Die Autoren führen die Kommunikationsschwierigkeiten, die sich gelegentlich zwischen Künstlern und Wissenschaftlern beobachten lassen, auf die unterschiedliche Qualität der Denkverläufe zurück. Wir werden im folgenden darauf eingehen, daß es im Denken möglicherweise einen Antagonismus zwischen logisch-verbalen und andererseits bildhaften Denkprozessen gibt.

Einige Studien belegen, daß Linkshänder (also mit dominanter rechter, bildhafter Hemisphäre) bessere Leistungen in Architektur und Zeichenkursen aufweisen (Peterson und Lansky 1977) und verweisen auf einen Zusammenhang zwischen Gehirnhälftenspezialisierung und Leistung in bildhaften Aufgaben.

Die Phasen des kreativen Aktes lassen sich auf die Leistungen der Gehirnhälften beziehen. Katz (1978) sieht in der Umstrukturierung und der "plötzlichen Idee" eine Leistung der rechten, in der Elaboration und Kontrolle der Idee eine Leistung der linken Gehirnhälfte. Er regt ein Vorgehen zur Prüfung der These an, der kreative Prozeß sei den Denkvorgängen der rechten Gehirnhälfte zuzuordnen. Er möchte die Kreativität messen und bei Gruppen von Vpn die Hemisphären unterschiedlich aktivieren. Seine Thesen zur Stimulierung der rechten Gehirnhälfte durch Marihuana haben inzwischen allerdings keine Bestätigung gefunden (zusammenfassend Block und Wittenborn 1984).

Gowan (1978/79) stellt einen Vergleich zwischen Inkubationsphase und entspannten, speziell bildhaften Ideenproduktionen mit vielen Beispielen von Musikern und von Wissenschaftlern an. Wenn das verbale innere Selbstgespräch aufhört und eine - unterdrückte(?) - Form der bildhaften Gedanken sich entwickeln kann, entsteht die kreative Idee. Beispiele von Archimedes, Faraday, Agassiz, Hilprecht, Poincaré, Mendelejev, Kekule und von Loew, die auch hier z.T. bereits erwähnt wurden, werden als Beleg angeführt. Einstein soll von sich behauptet haben, daß seine spezifische Fähigkeit nicht im abstrakten Umgang mit mathematischen Symbolen, sondern darin gelegen habe, "sich Effekte, Konsequenzen und Möglichkeiten bildhaft vorzustellen".

Wenn in einem Kreativitätstest ungewöhnliche Gebrauchsmöglichkeiten von Gegenständen gefunden werden sollen, gibt es eine Korrelation von .60 zwischen einem nach links oben gerichteten Blick und der Testleistung. Dies stützt die These, daß die kreative Leistung in diesem Test von der rechten Hemisphäre gesteuert wird (Falcone und Loder 1984). Beim Erzeugen ungewöhnlicher Assoziationen, also bei einer verbalen Aufgabe, gab es diese Korrelation nicht.

Reynolds und Torrance (1978) greifen auf ein psychologisches Meßinstrument zurück, mit dem der bevorzugte Denkstil hemisphärenspezifisch bestimmt werden kann "(Your style of learning and thinking", Solat, Torrance u.a. 1977). Es handelt sich um einen Fragebogen, der für Gymnasiasten und für Studenten standardisiert ist. Typische Fragen sind z.B.:

a) Bevorzugen Sie beim Problemlösen Visualisierungen oder bildhafte Vorstellungen? (wenn ja, Denkstil der rechten Gehirnhälfte)
b) Bevorzugen Sie sprachliche Möglichkeiten und die Analyse eines Problems, um Lösungen zu finden? (Denkstil der linken Gehirnhälfte)
c) Haben Sie keine Bevorzugung für eine der beiden genannten Methoden? (wenn ja, wird dies als integrierte Gehirnhälftendominanz interpretiert)

Sie wollen klären, ob sich der bevorzugte Denkstil nach einem Kreativitätstraining kurzfristig verändert. Das Training, wie Brainstorming und bildhafte Vorstellungen, induziert "Denkstrategien", die eher der rechten Gehirnhälfte zuzuordnen sind. Es gelang, den bevorzugten Denkstil einer Person zu verändern. So können die Autoren einen Weg weisen, welche Maßnahme gegen die in der Literatur häufig beklagte Tatsache zu ergreifen wäre, die westliche Kultur bilde die verbalen Fähigkeiten zu stark aus.

7.1.3 Gehirnverletzungen und Funktionsausfälle

Aus den Funktionsausfällen bei speziellen und lokalisierbaren Gehirnverletzungen lassen sich interessante Schlüsse über die Funktionen ziehen, die bei der bildnerischen Gestaltung beteiligt sind. Gardner und Winner (1980) stellen Studien über Künstler und Laien zusammen, bei denen lokalisierbare Verletzungen der rechten oder der linken Gehirnhälfte beobachtet wurden. Bei Verletzungen der linken Hemisphäre - auch wenn das Sprachzentrum gestört ist - bleibt bei Künstlern die Fähigkeit zur bildnerischen Gestaltung erhalten und kann sich sogar noch verbessern. Ein französischer Künstler, der unter Gehirnverletzungen der linken Gehirnhälfte litt (Alajouanine 1848), klagte aber über eine erschwerte Orientierung im Leben. Es kann sich auch eine Stilveränderung ergeben. Die Bilder eines bulgarischen Malers wurden traumartiger und in klareren Farben ausgeführt (Zaimov u.a. 1969).

Beim künstlerischen Laien ist dagegen bei einer Störung der linken Gehirnhälfte die Wiedergabe von Details unzureichend, während bei Störungen der rechten Gehirnhälfte die Wiedergabe der Gesamtform nicht mehr gelingt. Gleichzeitig gelingt es nicht mehr, den Stil eines Gemäldes korrekt zuzuordnen (Gardner und Winner 1981). Coffmann (1980) interpretiert derartige Ergebnisse so, daß in der rechten Hälfte die Information über die Gesamtkontur verarbeitet wird, während die linke Gehirnhälfte Kontursegmente verarbeitet.

Eine Störung der rechten Hemisphäre kann zu schweren Beeinträchtigungen, aber auf jeden Fall zu gravierenden Veränderungen der zeichnerischen Fähigkeit führen. Zuerst wird der linke Bildraum nicht mehr bearbeitet (nach einigen Wochen gelingt dies allerdings wieder). Im Anschluß an die Verletzung wird die Zeichenleistung primitiver und direkter, und es ergibt sich eine fundamentale Änderung des Stiles (als Beispiele werden von Jung, 1974, Lovis Corinth und Anton Räderscheidt zitiert). Winner (1982) vermutet durch den Schlaganfall in der rechten Gehirnhälfte eine Veränderung der emotionalen Prozesse des Künstlers.

Es ist denkbar, daß beim Laien die Analyse und Speicherung von Details eine sequentielle Aufgabe ist, bei der die Details benannt werden, um abgespeichert werden zu können. So kommt es bei einer Verletzung der linken Hemisphäre zu einer Störung der Wiedergabe von Details. Das Repertoire an gespeicherten Formen ist beim Laien gering: Er muß Details in ein verbales Format umcodieren. Der Künstler hat durch ein längeres Training ein umfangreicheres Repertoire an gespeicherten Formen, weswegen eine Beeinträchtigung der linken, verbalen Gehirnhälfte beim Künstler nicht zu einer Verschlechterung der Darstellungsleistung führt.

7.1.4 Bildhafte versus verbale Denkprozesse

Oft wird die Meinung vertreten, die bildhaften Denkprozesse würden sich erst einstellen, wenn die verbalen Prozesse unterdrückt seien (z.B. Gowan 1978). So beschreibt der Begründer der Intelligenztests, Binet, die Schwierigkeiten seiner Töchter, gleichzeitig über bildhafte Vorstellungen zu sprechen und diese Vorstellungen zu erhalten. Der Mathematiker Hadamard (1954) formuliert einen "Antagonismus" zwischen verbalen und bildhaften Prozessen. Bildhafte Vorstellungen werden durch bewußte verbale Reflexion unterdrückt. Die Tatsache, daß bildhafte Prozesse eher bei "veränderten Bewußtseinszuständen" auftreten, macht diesen Gedanken plausibel.

Es ist denkbar, daß Retardierungen der begrifflichen Entwicklung die Möglichkeiten herstellen, Objekte mit "unverstelltem Blick" zu sehen. Selfe (1977) berichtet den Fall eines autistischen Mädchens (Nadja), das bereits im Alter von 6 Jahren erstaunlich realistische Bilder produzierte, aber in der sprachlichen Entwicklung weit zurücklag.

Erst wenn die dominante Form der Denkprozesse, das verbale Denken, durch ein Mantra mit einer irrelevanten Aufgabe besetzt ist, können in der Meditation die Erfahrungen einer inneren Bildwelt entstehen (Ornstein

1974). Schweigegebote bei Mönchen könnten dem gleichen Zweck dienen. Es kommt zu einer Wendung nach innen. Gelegentlich werden dann auch bildhafte religiöse Erlebnisse berichtet.

Viele Künstler versuchen, durch eine besondere Lebensführung und besonders spontane Handlungen ohne zu enges Korsett - verbaler - Planung, durch den Genuß von Drogen wie Alkohol, Meskalin oder LSD zu der bildhaften Schicht des Denkens vorzustoßen oder den Zugang zu bildhaften Denkprozessen zu erleichtern. Eine Arbeit berichtet über den oft gesteigerten Alkoholkonsum von bildenden Künstlern (Roe 1946).

Einige Formen der Psychotherapie, besonders die Psychoanalyse, versuchen mit dieser unterdrückten Form der Gedanken, mit Symbolen und bildhaften Vorstellungen zu arbeiten. Einzelne Autoren spekulieren bereits über die Nachbarschaft von bildhaften Vorstellungen, wie sie in der rechten Gehirnhälfte verarbeitet werden, und dem Unbewußten Freuds: "Sollte diese zweite bewußte Entität in der rechten Gehirnhälfte am Ende nichts anderes sein, als Freuds Unbewußtes?" (Restack 1979, S. 178). Dieser Vergleich liegt auch nahe, weil die rechte Gehirnhälfte eher auf den emotionalen Unterton einer Kommunikation reagiert. Je stärker ein Erlebnis von Emotionen begleitet ist, um so eher vermag es bei späteren Erinnerungen bildhafte Assoziationen zu wecken (Lyman u.a. 1980).

Die subjektiven bildhaften Erfahrungen lassen sich in ihrem Auftreten durch die "Stimulus-release-Hypothese" (Jackson 1932) beschreiben: Diese Hypothese kann durch ein Beispiel aus der Sinnesphysiologie illustriert werden. Während die Sonne scheint, können wir den Mond nicht erkennen, auch wenn er tatsächlich am Himmel steht. Im Vergleich zur Reizintensität der Sonnenstrahlen ist die Lichtintensität des Mondes zu gering, um die Wahrnehmungsschwelle zu überschreiten. Paßt sich das System nachts an die geringere Lichtintensität an, so können wir den Mond deutlich am Himmel erkennen.

Die Amplitude der internen bildhaften Prozesse ist relativ gering im Vergleich zur Amplitude der externen Stimulation, so daß die inneren Bilder während der gleichzeitigen Anwesenheit externer Stimulation nicht oder nur kaum wahrgenommen werden. Tritt die externe Stimulation jedoch zurück, wie etwa während des Schlafes, des autogenen Trainings (vgl. die Oberstufe bei Schultz, 1932, im katathymen Bilderleben; von Grünholz, 1971, zur "katathymen Kunst" erweitert) oder bei der Meditation, reicht die Reizstärke der bildhaften Vorgänge aus, um ins Bewußtsein zu treten. Durch Drogen (oder Hyperventilation: Grof 1985) kann allerdings die relative Reizstärke so verschoben werden, daß bildhafte Prozesse in Form von Illusionen auch während des Wachbewußtseins erlebbar sind.

Auf der anderen Seite des Erregungskontinuums, bei hoher Erregung, können die Funktionen der normalen Wahrnehmung auch zurücktreten; es kommt zu Halluzinationen und bei weiterer Erregungssteigerung zu rhythmischen Zuckungen und einer totalen Ausschaltung der Wahrnehmung (vgl. hier eine Theorie von Fischer 1974). Wahnhafte Verkennungen oder Illusionen im Verlauf einer Geisteskrankheit gehen eher mit erhöhter allgemeiner Erregung einher, wie vielleicht auch die seherischen Halluzinationen tibetanischer Bön-Po-Schamanen. Unter besonderen Bedingungen also können bildhafte Vorgänge in unser Bewußtsein eintreten und die normale, angepaßte Wahrnehmung unserer Umwelt überlagern oder gar ausschalten. Weil wir hier die Wurzeln einerseits kreativer Gestaltung, aber andererseits auch der inhaltlichen Verständnismöglichkeit von realistischen und auch phantastischen Darstellungen sehen, müssen wir prüfen, ob sich die bildhaften Vorgänge näher beschreiben lassen.

7.2 Subjektive bildhafte Erlebnisse

Bildhafte Vorstellungen, Träume und Tagträume sind dem Erleben der Menschen direkt zugänglich. Es gibt über solche Vorgänge eine Vielzahl von Berichten. An der Existenz derartiger Phänomene kann kein Zweifel bestehen. Auch wenn der Vorgang, den jeder von uns erlebt, nicht ausreichend exakt demonstrierbar, aufzeichnungsfähig usf. ist, so lassen sich auch aus den Berichten über die bildhaften Erfahrungen von Menschen weitere Schlüsse über das bildhafte Denken und über die kognitiven Grundlagen der Kreativität ziehen.

Viele Theorien (Lersch 1964, Rothacker 1947, Freud 1900) postulieren einen Aufbau des Seelischen, in dem mehrere Systeme gleichzeitig operieren. Solche Modelle der Persönlichkeit basieren u.a. auf Berichten über Vorstellungen und Gedankenprozesse, die nur der Selbstbeobachtung, der Introspektion zugänglich sind. Wenn im folgenden ausführlich auf solche Phänomene eingegangen wird, so geschieht dies in der Hoffnung, die Quelle der bildhaften Kreativität sowohl in ihren Inhalten als auch bezüglich der Grammatik bildhafter Denkprozesse aufzuklären.

7.2.1 Introspektive Traumanalyse

Freud (1900) sah neben dem System verbaler Gedanken im Traum ein bildhaftes System von Vorstellungen und Symbolisierungen, dessen Inhalte in verbale Gedanken übersetzt werden müssen, um verständlich zu werden. Wir befassen uns mit der Art der Übersetzung verbaler Gedanken in bildhafte Traumelemente. Diese Übersetzung wird es sein, die auch bei der Dechiffrierung von bildlichen Darstellungen abläuft. Die verkürzende Darstellung sei entschuldigt. Hier, wie immer bei solchen verkürzten Darbietungen, entsteht die Gefahr, Freuds Ideen als absurd abzulehnen, weil sie eben ohne die schlüssige und überzeugende Beweiskette nur im Ergebnis dargeboten werden.

Nach welchen Regeln arbeiten also die bildhaften Prozesse in Freuds Theorie, und wie können sie in die bewußte, verbale Form gebracht werden?

Nach Freud (1900, S. 280) ist der Trauminhalt gleichsam in einer Bilderschrift gegeben, deren Zeichen einzeln in die Sprache der Traumgedanken zu übertragen sind. "Übertragene" Bezeichnungen werden z.B. "wörtlich" ins Bild gesetzt.

a) Verdichtung: Freud beschreibt den Traum von einer botanischen Monographie. Botanisch ist der Knotenpunkt für die Gedanken an den Professor Gärtner, an dessen blühende Frau, an vergessene Blumen und Gedanken über die Lieblingsblumen von Freuds Ehefrau. Im gegebenen Beispiel geht es Freud um den Prozeß der "Verdichtung". Das Bild kann mit dem verbalen Inhalt auch über eine funktionale Gemeinsamkeit verbunden sein. Das Einkehrhaus verbildlicht im Traum die nährende Brust der Amme.

b) Verschiebung: Die Verbindung von Traumgedanke und Trauminhalt ist nach Freuds Darstellung jedoch recht willkürlich. Das zentrale Stück des Traumes muß zum zentralen Traumgedanken nur eine lockere assoziative Beziehung aufweisen. Der Traum ist gleichermaßen "verschoben". Natürlich sind die Beziehungen zwischen den Bildern und den Traumgedanken oft ausschließlich vor dem Hintergrund der Biographie des Träumers zu verstehen. Die botanische Monographie bezieht sich gleichzeitig auf eine Schrift Freuds über das Kokain und auf eine Kritik der Kollegen.

c) Metaphorik: Freud formuliert verschiedene Regeln, nach denen die Traumgedanken in ein Bild umgesetzt werden: Demnach gibt es z.B. eine Möglichkeit, im Traum logische Relationen darzustellen: "Er (der Traum) gibt logischen Zusammenhang wieder als Gleichzeitigkeit, er verfährt darin ähnlich wie der Maler, der alle Philosophen oder Dichter zum Bild einer Schule von Athen oder des Parnaß zusammenstellt, die niemals in einer Halle oder auf einem Berggipfel beisammen gewesen sind, wohl aber für die denkende Betrachtung eine Gemeinschaft bilden." (Hier verweist Freud in einer Fußnote auf die Fresken Raffaels im Vatikan; Freud 1900, S. 13) Kausale Beziehungen können u.a. durch die Verwandlung einer Sache in eine andere ins Bild gesetzt werden. Allgemein wird die Verursachung durch ein Nacheinander ins Bild gesetzt. Gegensatz und Widerspruch werden dagegen völlig vernachlässigt und in einem dargestellt. Assoziationsversuche lassen erkennen, daß das Gegenteil eine sehr enge Verknüpfung mit einem beliebigen Begriff eingeht. Im Traum wird bezüglich der Achse von Begriff und Gegenbegriff gleichzeitig und ohne Unterschied mal der eine oder der andere Pol dargestellt. Die Relation des "Gleichwie", die uns auch als Metapher beschäftigte, nimmt im Traum eine hervorragende Rolle ein. Hier soll noch einmal eine wichtige Stelle hervorgehoben werden: "Die Möglichkeit, Mischbildungen zu schaffen, steht obenan unter den Zügen, welche den Träumen so oft ein phantastisches Gepränge verleihen ... der psychische Vorgang ist offenbar der nämliche, wie wenn wir im Wachen einen Zentauren oder Drachen uns vorstellen oder nachbilden (S. 321) ... In einem von Ferenci mitgeteilten Traum ... kam ein Mischgebilde vor, das aus der Person eines Arztes und aus einem Pferde zusammengesetzt war ..." (S. 323).

Diese Analysen Freuds eröffnen einen eindrucksvollen Einblick in die Prozesse und Operatoren des bildhaften Denkens. Die Umsetzung des Gedankens in eine bildhafte Form ist gelegentlich im Moment des Einschlafens zu verfolgen. Systematisch wurde diese Möglichkeit von Silberer (1912) in "Symbolik des Erwachens und Schwellensymbolik überhaupt" erforscht. Das Wort "Symbol" ist hier analog zu Metapher gebraucht. Die Beispiele, die Silberer gibt, sind bildhafte Metaphern, die sich auf den Zustand des Übertretens in den Schlaf beziehen. Eine sehr typische Metapher, wie sie im Wachbewußtsein auch als Sprachbild Verwendung finden könnte, sei hier zitiert: "Beispiel Nr. 2, Bedingungen: Morgens beim Erwachen. In einer gewissen Schlaftiefe (Dämmerzustand) über einen vorherigen Traum nachdenkend, ihn gewissermaßen nach- und austräumend, fühle ich mich dem Wachbewußtsein näherkommen; ich will jedoch in dem Dämmerzustande noch verbleiben. (Traum-) Szene: Ich schreite mit einem Fuß über einen Bach, ziehe ihn aber wieder zurück, trachte herüben zu bleiben. Deutung: Das "Herüben" ist der Schlaf-, das Drüben der Wachzustand. Der Bach ist die "Schwelle" und entspricht dem Strom aus meinem oben mitgeteilten Gleichnis" (Silberer 1912, S. 40)

Die Ergebnisse der Traumdeutung und der Einschlaferlebnisse legen Möglichkeiten einer psychologisch begründeten Übersetzung bildhafter Vorstellung in verbale Gedanken nahe. Die Übersetzung ist allerdings nicht so eindeutig, wie es z.B. eine Übersetzung vom Deutschen ins Englische wäre. Im Abschnitt 4.3 über das Metaphernverständnis wurde auf die potentielle Mehrdeutigkeit der Metapher bereits anhand von Beispielen hingewiesen. Dennoch erlaubt die Traumdeutung einen hypothetischen Einblick in die Grammatik und die Bedeutungselemente der bildhaften Denkvorgänge. Die Dokumente über Drogenerlebnisse und Tagträume bestätigen die Erkenntnisse, die so gewonnen werden, und erweitern sie in bezug auf "universelle" Themen der bildhaften Phantasie.

7.2.2 Phantasien und Tagträume

Phantasien, Tagträume bis hinüber zu bewußten Gestaltungen von Themen lassen sich ebenfalls in der Bedeutung metaphorisch, symbolisch entschlüsseln. Die grundlegende Metaphorik und auch die Symbolik in dem folgenden, aus Katzenberger (1969, S. 68) entnommenen Beispiel illustriert die Phantasiegestalten des halb-bewußten Erlebens des Tagtraumes: "Der Kaplan predigt und verspricht sich mindestens bei jedem zweiten Wort, was mich ungemein auf die Palme brachte. Als ich über sein Stottern nachdachte, sah ich draußen einen Vogel um die Kirche kreisen, und ich wünschte mir in dem Augenblick, daß ich der Vogel wäre und malte mir dann aus, daß ich irgendwo ein Loch in dem Kirchengebäude suchen würde, auch daß ich auf den Priester lossteuern würde, um ihm bei jedem Versprechen eins auf den Kopf zu scheißen. Als ich mir das alles vorstellte, redete er gerade über Paulus, der den Herrn gebeten hatte, den Stachel aus seinem Fleisch zu nehmen ..." (usf.). So berichtet die weibliche Tagträumerin und fährt fort, wie sie sich vorstelle, der Pfarrer müsse als Strafe für sein Stottern in rotem Gewand über den Platz gehen. Die Farbe Rot habe sie kurz vorher im Zusammenhang mit Ehebruch in einem Buch beschrieben gefunden. Der sexuelle Charakter, der sich symbolisch darstellt, scheint mir ziemlich deutlich aber auch die Wirkung aktueller Erfahrungen (Rot) sowie die offensichtliche Metaphorik.

In einem umstrittenen Buch hat Friday (1978) die sexuellen Phantasien von Frauen gesammelt und ist in einen Bereich kollektiver Phantasie vorgestoßen, der mit dem rationalen Weltbild des Menschen unserer Zeit keineswegs übereinstimmt. Das Inhaltsverzeichnis über die Art dieser Phantasien liest sich wie ein Katalog von Archetypen: die Erdenmutter, Inzest, Vergewaltigung, Prostitution, Schmerz und Masochismus (Auswahl). Konkreter: "Ich wartete darauf, daß er seinen Samen pflanze, als sei ich ein großes warmes fruchtbares Loch in der Erde, nur für ihn da, zum Zweck, bepflanzt zu werden." ... "Meine Vergewaltiger sind immer sehr gut aussehende Männer - mit dunklem Haar, muskulös, mit allem bestens versehen - und brutal, weil sie sich einfach nehmen, was sie haben möchten, und zum Teufel mit meinen Wünschen ..."(Friday 1978,S. 135 ff.).

Es ist höchst erstaunlich, daß entsprechende Phantasien trotz der vorherrschenden Aufklärung, der vorherrschenden rationalen Gesinnung und der errungenen Emanzipation berichtet werden. Sie verweisen auf bildhafte Prozesse, die an die auslösenden Mechanismen, an die biologischen Abläufe in der innerartlichen Kommunikation angebunden sind. Gelegentlich beeindrucken Filme dadurch, daß sie solche archetypischen Sachverhalte, die im nüchtern organisierten Tageslauf des modernen Menschen in den Bereich der Phantasie verwiesen werden, ins Bild setzen: Filme, in denen der jugendliche Held nach dem Drachenkampf die Frau erobert; Filme, in denen der schönen Frau brutale Gewalt angetan wird. Ein besonders typisches Beispiel für ein Drama der ersten Art waren der J.-Travolta-Film "Saturday night fever" oder auch der Film "Westside Story", Anklänge an das zweite Motiv hatte der Film "Rosemaries Baby" (in einfacherer Verwirklichung viele Westernfilme). Insgesamt scheint es in den bildhaften Prozessen, die sich in Tagträumen, Phantasien, Träumen und in durch Drogen hergestellten Illusionen einstellen, einige Inhalte und Themen mit über die individuelle Existenz herausgreifender Gültigkeit zu geben.

In jüngster Zeit entwickelt sich eine Literatur, die Tagtrauminstruktionen gibt, um die eigene Seele zu erforschen oder auch, um zu geheimnisvollen Möglichkeiten transzendentalen Erlebens vorzustoßen. In solchen Anweisungen zu "Phantasiereisen" wird immer wieder auf die mögliche Freisetzung von Kreativität hingewiesen (z.B. Masters und Houston 1984).

Neben den bildhaften Vorgängen, die eine "Übersetzung" in eine verbale Form zulassen, scheinen Bilder oder Elemente in visuellen Erfahrungen zu existieren, die keiner Übersetzung bedürfen, sondern direkten Zugang zu Empfindungen und Handlungstendenzen besitzen. Diese Bildelemente könnten im Sinne der Verhaltensforscher "Schlüsselreiz" oder im Sinne Jungs "Archetyp" heißen. Die Benennung und die Art der Ergebnisse solcher Bildvorgänge werden davon beeinflußt sein, ob man Mythen und Phantasien untersucht oder ob im eher naturwissenschaftlichen Vorgehen Reizelemente variiert und abhängige Reaktionen untersucht werden. Hier wird die Meinung vertreten, daß um die Schlüsselreize menschlichen Verhaltens, die sich eher nüchtern beschreiben lassen, Sagen, Mythen und Phantasiefiguren herumranken, die das Ergebnis der kulturellen Selbstreflexion menschlichen Verhaltens sind.

7.2.3 Bildhafte Erfahrungen unter Drogeneinfluß

Als Vorläufer der gegenständlichen Halluzination werden vielfach bei Verwendung unterschiedlicher Substanzen, auch bei nur mechanischer Erregung des Sehorgans geometrische Muster beobachtet. Als einleitendes Beispiel sei eine Schilderung von Lewin über die Wirkungen des Peyotl- Kaktus wiedergegeben (zitiert nach Eichmeier und Höfer 1974, S. 8): "Da erscheinen nach einiger Zeit wie in unendlichem Spiel zartgeschlungene Farbenarabesken oder Figuren, bald von dunklen Schatten gedämpft, bald in flutender Helle, die sich formenden Gestalten lieblich und vielfältig, geometrische Figuren, farbig wechselnde Kugeln, Würfel, Dreiecke mit gelben Punkten, von denen silberne oder goldene Schnüre ausgehen, farbig glänzende Tapetenmuster, Teppiche, dunkles Spitzenfiligran auf blauem Grunde ...". Nehmen wir hier nur die Tatsache des Ablaufes geometrischer Muster ohne entsprechenden Reizeinfluß zur Kenntnis. Der Nachweis "endogener Bildmuster" wird von Eichmeier und Höfer (1974) auf wissenschaftlich exaktere Art geführt. Bei Gehirnreizungen mit Wechselströmen mit unterschiedlicher Form und Schwingungszahl (0-100 Hz) berichten die Vpn Lichterlebnisse, die sich 16 Formklassen zuordnen lassen: 1. Striche, 2. Bogen und Bogenketten, 3. Kreise und Kreisbogen, 4. Wellenlinien, 5. radialsymmetrische Muster, 6. Mehrfachmuster, 7. unspezifische Formen und Strahlen, 8. Gitter, 9. Punkt- und Vielfachmuster, 10. Unklassifizierte Formen, 11. Pole, 12. Zacken, 13. Vierecke, 14. Spiralen, 15. Dreiecke, 16. Wendeln und Serpentinen.

In Abb. 7.1 sind jeweils einige Beispiele für die Empfindungen der (aus unterschiedlichen Kulturkreisen stammenden) Personen gegeben. Nach den Arbeiten von Hubel und Wiesl (1962) über die Sehrinde bei Katzen, in der "superkomplexe" Zellen nachgewiesen wurden, die bei einer Bewegung einer Linie reagieren, bei anderen Konfigurationen jedoch nicht, liegt es nahe anzunehmen, daß die endogenen Bildmuster eine Art Katalog der unterschiedlichen superkomplexen Zellen darstellen. Einige einfache Linienkonfigurationen sind für die Analyse der Umwelt in bezug auf zusammengehörige und räumlich getrennte Konfigurationen besonders wesentlich (vgl. Waltz 1975), wie man bei Simulationsexperimenten feststellte. Das visuelle Feld wird aktiv nach solchen Konfigurationen abgesucht, um Entscheidungen über das Voreinander oder Nebeneinander von Gegenständen zu treffen. Am Rande sei angemerkt, daß z.B. der Buchstabe Y ebenfalls ein solches "signifikantes" Reizelement darstellt.

In der Tat kennen wir die zentraleren Analysemechanismen der Wahrnehmung noch so wenig, daß nicht auszuschließen ist, daß alle so abrufbaren

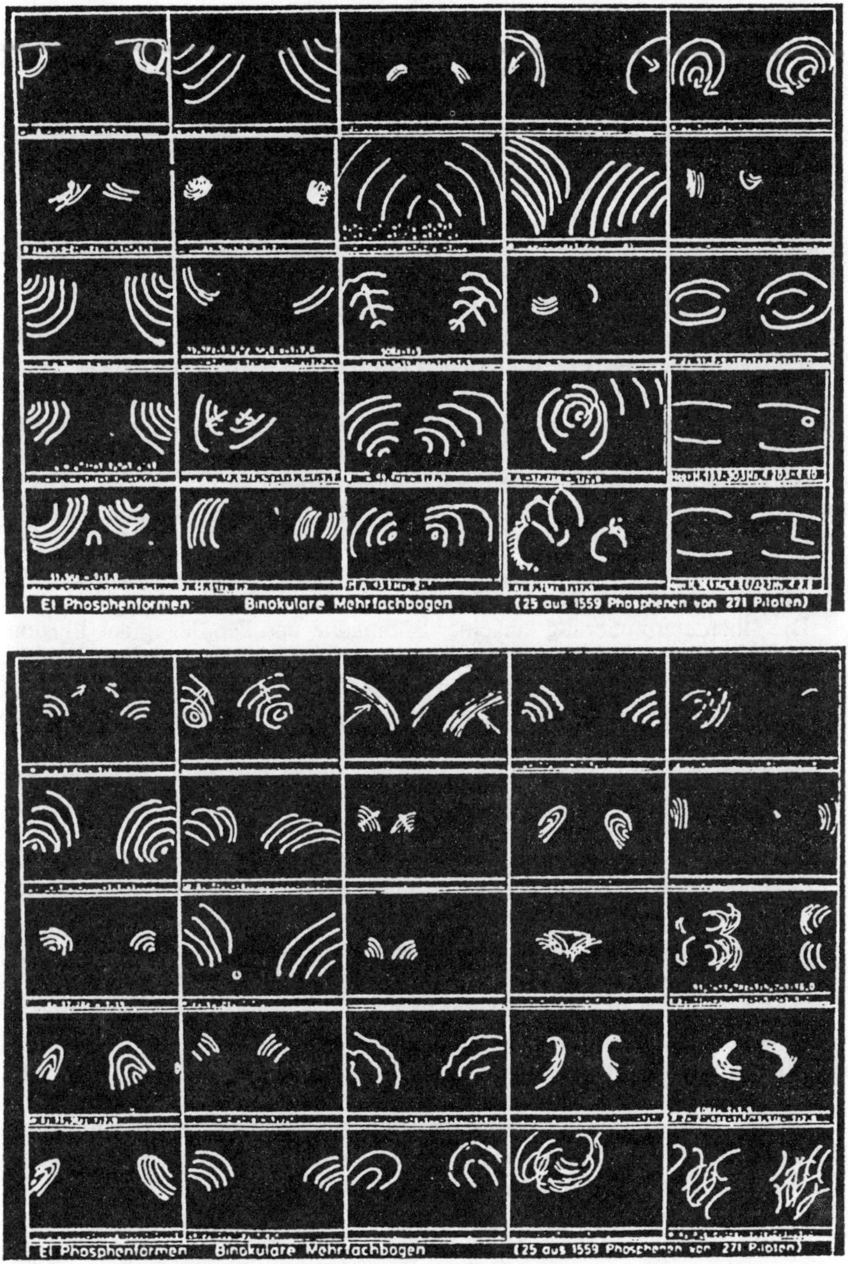

Abb. 7.1: Endogene Bildmuster bei elektrischer Gehirnreizung nach Eichmeier und Höfer (1974, S. 234)

Muster in der einen oder anderen Form Schlüsselinformationen zur Analyse des Wahrnehmungsfeldes liefern. Bei erhöhter Allgemeinerregung, im Wahn oder unter elektrischer Stimulation melden sich die Schablonen höherer Ordnung sozusagen im Leerlauf. Ganz im Sinne von Neisser (1974) scheinen diese "konzeptuellen" Anteile der Wahrnehmung aktiv an die visuellen Reize herangetragen zu werden. In schnellem Wechsel werden unterschiedliche Interpretationsmuster der Welt ausprobiert. Das ist möglicherweise die objektive Komponente der von Lewin beschriebenen Erfahrung des "unendlichen Spiels der Arabesken". Einen weniger starken Eindruck dieses Spiels kann sich der Leser ohne Drogeneinfluß oder veränderte Bewußtseinszustände verschaffen, indem er auf ein regelmäßiges Gitter oder auch auf einen regelmäßigen Mosaikfußboden blickt. Nach einiger Zeit wechseln die Gliederungsversuche, vertikale Hauptlinien werden von horizontalen Hauptlinien abgelöst, oder es bilden sich Quadrate oder Romben. Der Wechsel der Interpretationen erfolgt automatisch im Probierspiel der Analysatoren des visuellen Feldes.

Im klinischen Bereich fanden Forschungen von Grof (1978, 1980, 1985) große Beachtung. Seine Versuchspersonen nahmen unter ärztlich kontrollierten Bedingungen die Droge LSD ein. Die beschriebenen bildhaften Erlebnisse sind aus dem biographischen Material der Versuchspersonen gespeist und erinnern in vielem an Träume.

Die Überdeterminierung einzelner Bildinhalte und der Bezug der Illusion auf Material der frühen und frühesten Kindheit sowie auf die aktuelle Situation legt weiterhin eine "traumanaloge" Betrachtung der LSD-Erfahrungen nahe. An eine traumatische Kernerfahrung lagern sich ähnliche Erfahrungen an und bilden ein emotional stark geladenes Coex-System ("System of condensed experience"). Spätere Erfahrungen werden auf diese frühen Erfahrungsmuster abgebildet und so von der im vorhinein bestehenden Erfahrungsstruktur beeinflußt.

Die Coex-Systeme bauen auf den grundlegenden Erfahrungen der Phasen des Geburtsvorganges auf. In verschiedenen Quellen werden vorgeburtliche Erfahrungen, z.B. die ozeanische Einheit im Mutterleib, auf die Kunst bezogen. In der Architektur versucht der Mensch nach diesen Auffassungen eine Wiederherstellung dieser ersten Erfahrungen (Marc 1977, Ebel 1981). Wohnlandschaften und Polstergruppen bzw. das temperierte Schwimmbad im Wohnzimmer ließen sich in diese Interpretation, die natürlich höchst spekulativ ist, eingliedern.

Das folgende Beispiel gibt die Stufen eines solchen Coex-Systems wieder: "Während sie an den oberflächlichsten (!) Schichten des geschilderten COEX-Systems arbeitete, verwandelte sich bei mehreren Gelegenheiten das Gesicht des Therapeuten in das ihres Mannes. Sie fürchtete, daß er wie ihr Mann aggressive Gefühle gegen sie hege und ernsthaft in Versuchung sei, physische Gewalt gegen sie anzuwenden (...). Als sie die mit ihrer Postadoleszenz zusammenhängende Schicht wiedererlebte, verwandelte sich der Therapeut in ihrer Wahrnehmung nacheinander in verschiedene Freunde, die sie in jener Zeit gehabt hatte (...). In der Zeit, als die Kernerfahrung ihres

COEX-Systems in den Sitzungen allmählich aufgedeckt wurde, nahm der Therapeut die Merkmale ihres Stiefvaters an - seinen Gesichtsausdruck und seine riesigen, behaarten mit Pigmentflecken bedeckten Hände" (Grof 1978, S. 103).

Gleichzeitig berichtet Grof Erfahrungen, die als bildhafte Metaphorik interpretiert werden müssen: "Eine andere interessante Erscheinung in diesen Sitzungen war die wiederkehrende Vision eines Turmes in verschiedenen Stadien des Zerfalls. Nach Renatas Beschreibungen fungierten diese Visionen als Indikator oder Barometer des therapeutischen Fortschritts. Sie ... reflektierten auch die allmählichen Veränderungen im Abwehrsystem der Patientin und den Grad ihres Widerstandes, der Kernerfahrung ins Gesicht zu sehen" (S. 104).

Die Umsetzung folgt ebenfalls den Regeln bildhafter Darstellbarkeit. Zum Beispiel wird der abstrakte Sachverhalt der "Verdrängung" und "Einkapselung" durch das Bild eines unzugänglichen Turmes ausgedrückt. Die Gemeinsamkeit der Idee und des Turmbildes liegt in der funktionalen Vergleichbarkeit. Auch der Turm ist unzugänglich und widersetzt sich dem Versuch der Offenlegung.

Gleichzeitig erkennt man, daß eine einseitige symbolische Interpretation der inneren Bilder (etwa: Turm entspricht immer einem Phallussymbol) unangemessen ist. Die Pfeile, die den Turm angreifen, - auch ein mögliches Phallussymbol - sind Metaphern auf das Vorgehen der Therapie, während die Stelle, die mit Heftpflaster beklebt ist, das biographische Element eines Roten-Kreuz-Kastens aufnimmt.

Hier sind Phänomene der Welt der Träume und der Welt der Halluzinationen im LSD-Rausch zu erwähnen, die uns seltsam anmuten, aber so übereinstimmend berichtet werden, daß die Berichte nicht ignoriert werden dürfen. Grof beschreibt, daß ein großer Teil des im LSD-Rausch zutage kommenden Materials nicht der biographischen Erfahrung entstammt, sondern als Identifikation mit anderen Menschen, Tieren und anorganischen Stoffen, als archetypische Bilder, kollektive und rassische Erinnerung und als Erfahrungen einer früheren Inkarnation imponiert. Auch Hartmann (1974) erwähnt als Themen der untersuchten Künstler "Archetypen und hochentwickelte Symbole" wie Schlangen, Sagengestalten und Käfer von überdimensionaler Größe.

Die Skepsis, die wir den Theorien Jungs von den Archetypen, den in uns verankerten kollektiven Menschheitserinnerungen entgegenbringen, kann angesichts der berichteten Illusion zurückstehen, und es ist zu untersuchen, welche Rolle in der inneren Bildwelt präformierte, angelegte Bildinhalte spielen können. Hier ging es eher darum, das Feld der Phänomene abzustecken. Dies haben wir in einem beschreibenden Ansatz versucht. Es wäre auch ein mehr empirischer Ansatz möglich gewesen, wie er von Dittrich (1979) vorgetragen wird: Dittrich versucht, aus der Beschreibung abnormaler Bewußtseinsvorgänge unter Drogen oder aber auch im Halbschlaf zusammengehörige Erlebnisgruppen mit Hilfe der Methode der Faktorenanalyse zu extrahieren. Dabei wird allerdings schon bei den Beschreibungen, die die

Vpn als für sich zutreffend oder als für sich nicht zutreffend ankreuzen müssen, ein hohes Maß an Reduktion der möglichen Phänomene in Kauf genommen.

Die Bilderlebnisse unter Drogen im Traum und Tagtraum können zum Kristallisationspunkt, zum Ausgangspunkt für die künstlerische Phantasie werden, zu der allerdings Fähigkeit und Drang zur Gestaltung treten müssen:

- Die Huichiol-Indianer gaben ihre Drogenerfahrungen des Peyotl-Rausches direkt in ihren Teppichmustern wieder.
- Max Klinger berichtet, daß die Bilder, die er male, direkt beim Erwachen in "erstaunlicher Klarheit" vor ihm stünden.
- Die Surrealisten hatten das Programm, Traumerfahrungen im Bild wiederzugeben und so zur Erforschung dieser geheimnisvollen Welt beizutragen. Glaubt man Breton (1967), so haben auch einige Künstler Halluzinationen während einer Geisteskrankheit ins Bild gesetzt (z.B. Chirico).
- Die Kunst der Moderne wurde wesentlich durch die "art-brut", durch die Kunst der Geisteskranken angeregt, einige moderne Künstler verfügten über entsprechende Sammlungen (Picasso, Cezanne).
- Eine große Zahl von Künstlern verwandte Drogen, um die Kreativität zu steigern und zu den beschriebenen Bildwelten vorzustoßen, nachdem Huxley (1954) in seinem Aufsatz "Pforten der Wahrnehmung" über seine Erlebnisse berichtet hatte. Hier wären auch viele Dichter zu nennen.

Im Kunstschaffen geistig normaler und nicht von Drogen beeinflußter Künstler spielten von Zufallsgebilden ausgelöste Bildeindrücke eine wichtige Rolle (vgl. Kris 1977, S. 103).

Leonardo da Vinci empfiehlt, auf bröckelndes Mauerwerk zu schauen, um die Einbildungskraft zu schulen. Eine chinesische Malanweisung aus dem 11. Jahrhundert gibt die gleiche Anweisung (Gombrich 1977, S. 121). Das zufällige Reizmuster läßt die internen bildhaften Prozesse aktiv werden, der Künstler sieht, welche Form in einem Marmorblock liegt. Er läßt (die Psychoanalytiker würden sagen, er projiziert) bei minimaler Reizdetermination innere Prozesse anlaufen, die konzeptuell, aus dem im Gedächtnis niedergelegten Bildmaterial und vermittels der dem Denken möglichen bildhaften Verknüpfungsregeln gespeist werden.

7.3 Psychologische Kreativitätsforschung

Einige Ergebnisse der empirisch-experimentellen Kreativitätsforschung haben auch für die bildnerische Kreativität Bedeutung. Allerdings sind künstlerische Kreativität und das, was von psychologischen Tests als Kreativität gemessen wird, durchaus voneinander entfernt.

Während in der Frage nach den Vorgängen des Problemlösens immer nach Prozessen des Schlußfolgerns und nach schöpferischen Aspekten gleichzeitig gefragt ist (z.B. bei "synthetischen Problemen", Dörner 1976), unterscheidet die Eigenschaftsforschung (mit Guilford 1962) zwischen konvergentem Denken, bei dem eine von vornherein richtige Lösung eines Problems gefunden werden muß und divergentem Denken, das nach einer gegebenen Regel beliebig viele - richtige - Lösungen generiert. In den herkömmlichen Intelligenztests wird eher das konvergente Denken geprüft: Es geht darum, eine Aufgabe in einem festgelegten - richtigen - Sinn zu lösen. Das divergente Denken wird allgemein als Kreativität bezeichnet und mit gänzlich anderen Tests geprüft. Aufgaben eines solchen Tests könnten sein: aus einer gegebenen Buchstabenfolge möglichst viele Wörter bilden, möglichst viele Wörter mit einem Anfangsbuchstaben nennen, möglichst ungewöhnliche Verwendungen eines Ziegelsteines nennen, viele Dinge nennen, die rund und blau sind (Torrance 1974).

Die Eigenschaft Kreativität repräsentiert - wenigstens soweit sie eben durch solche Aufgaben gemessen wird - nur einen Teil dessen, was Wertheimer "produktives Denken" nennt. Die Relativitätstheorie ist nicht dadurch zustandegekommen, daß Einstein möglichst viele Theorien bildete, die Zeit und Raum verknüpfen, sondern durch eine bestimmte, qualitativ hervorragende Idee. In den Kreativitätstests geht es mehr um "Flüssigkeit" des Vorstellungsverlaufes als um schöpferische Höchstleistungen. Diese Einschränkung mag durch die Annahme eines Versuch- und Irrtumsprozesses beim Problemlösen bedingt sein. Wenn Problemlösen tatsächlich so abliefe, dann wäre die Person der beste Problemlöser, die einfach die meisten Ideen (Versuche) generiert. Viele Ideen jedoch sind die notwendige, aber nicht hinreichende Voraussetzung der schöpferischen Leistung.

7.3.1 Phasen des kreativen Prozesses

Bis zur endgültigen kreativen Lösung lassen sich einige Phasen oder Stufen des kreativen Denkens beobachten, die bereits Wallas (1926) beschrieben hat und die heute von vielen Autoren aufgegriffen werden:

1. In der "Vorbereitungsphase" werden alle Informationen, die das Problem betreffen, aufgenommen. Hier muß eine intensive Beschäftigung mit dem Problem stattfinden. Csikszentmihalyi und Getzels (1971) demonstrieren mit einer Stichprobe von Kunststudenten die Bedeutung der "Problemfor-

mulierungsphase" für die eingeschätzte Originalität der Zeichnung. Bei ausreichender Beschäftigung mit einem Problem scheinen die Gedanken auch dann weiter an diesem Problem zu arbeiten, wenn der Problemlöser sich bewußt anderen Aufgaben zuwendet.

2. In der Inkubationsphase ist der Kreative nicht direkt mit dem Problem beschäftigt. Andererseits ist z.B. der Künstler auch nicht voll auf die Gegenwart konzentriert (Hlavsa und Kobylka 1974). Guilford (1979) meint, in der Inkubationsphase werde der Problemlöser die Assoziationen, die "ganz oben im Kopf liegen", los und könne dann ungewöhnliche Lösungen finden.
3. Im "Aha"-Erlebnis (Bühler 1907) stellt sich plötzlich die Idee ein. Angespannte Konzentration und bewußte Beobachtung der Gedanken scheint der ungewöhnlichen Idee nicht zuträglich zu sein. Schiller schrieb an einen Freund, er möge die "Wachhunde seines Intellektes von den Toren des Geistes wegholen". Goethe, Nietzsche, Mozart, Shaw, Ghiselin nennen die kreative Idee einen fremden Gast (Landau 1974, S. 70). Ebenso schildert Poincaré das plötzliche Auftauchen der Idee (nach Hadamard 1954).
4. In der Phase der Kontrolle und Verifizierung muß der Einfall auf seine Originalität und Stimmigkeit hin überprüft werden. Dieser allgemeine Ablauf des kreativen Prozesses gilt gleichermaßen für künstlerische und wissenschaftliche Kreativität.

Auch in der bildnerischen Gestaltung muß oft ein Problem mit nahezu wissenschaftlich-experimentellen Methoden angegangen werden. Albers entwickelte eine Theorie der Farbharmonie; Klee oder Runge versuchten, die musikalische Harmonie in die Harmonie von Form oder Farbe zu überführen (Lingner 1979). Die Impressionisten versuchten, den optischen Eindruck der Szene unter Umgehung der unwillkürlichen Verarbeitungsmechanismen naturgetreu darzustellen. Es kann sein, daß das zu lösende Problem in den bildenden Künsten nicht immer explizit formuliert ist oder gar nicht formulierungsfähig ist. Oft ist jedoch auch die künstlerische Kreativität als Problemlösung zu beschreiben.

7.3.2 Kreativitätsfördernde Bedingungen

Erziehung

Offensichtlich kann eine permissive, durch wenig Verbote und durch Anregungen, eigene Erfahrungen zu sammeln, gekennzeichnete Umwelt bereits in Kindheit und früher Jugend die Bereitschaft zu kreativem Verhalten fördern und bewahren. Lowenfeld (1962) warnt vor Verboten und Kritik. McKinnon (1961) erkennt in den Biographien berühmter Architekten eine Erziehungsumwelt, in der die kindlichen Wünsche respektiert wurden und auch den

Ideen der Kinder Respekt entgegengebracht wurde. Torrance (1964) sieht als Voraussetzung für kreatives Lernen:

- Selbstinitiative, der Schüler soll selbst fragen und Antworten erfinden;
- Selbstlernen, Lernen auf eigene Initiative hin;
- sich selbst Ziele stecken, auch wenn die Ziele für die Altersgruppe nicht zu erreichen sind.
- Man soll dem Lernenden helfen, ein positives Selbstbewußtsein zu entwickeln.

Tatsächlich wurde bei kreativen Kindern beobachtet, daß sie "selbständiger" an Aufgaben in der Schulklasse herangehen und so besser mit den gestellten Anforderungen fertig werden. Bosse (1979) vermutet, diese Selbständigkeit führe später zum Konflikt mit Regeln und bedinge Anpassungsprobleme der kreativen Persönlichkeit.

Entsprechend zeichnet sich später die kreative Persönlichkeit durch Offenheit (abweichende Erfahrungen werden nicht sofort abgewertet, verdrängt) und Bevorzugung einer gewissen Unordnung (mehr Komplexität) aus (nach einer zusammenfassenden Darstellung von Landau 1974).

Ryan und Winston (1978) zeigen, daß auch durch Belohnungen (Lesen eines Cartoons) die Kreativität der Zeichnungen von Vorschulkindern gefördert werden kann. Von Limberg (1978) werden als Hindernisse der Kreativität genannt: Konformitätsdruck, Ordnung und Strafe, Zensuren, Erfolgsorientierung, Intoleranz gegenüber ungewöhnlichen Lösungen.

Die bis hier berichteten Ergebnisse betreffen die Kreativität, die mit entsprechenden Testverfahren gemessen wurden. Natürlich kann die Kreativität auch durch die herausragende Leistung auf dem Gebiet der Wissenschaft oder dem Gebiet der Kunst festgestellt werden. Eine solchermaßen erfaßte Kreativität hat im Zusammenhang der Psychologie der Kunst mehr Gewicht als etwa die im Kreativitätstest erfaßte Flüssigkeit des Ideenverlaufes.

Simonton (1978, 1984) untersuchte die historischen Umstände, die das Entstehen herausragender Leistungen begünstigen. Er kommt aufgrund seiner Studien zur Unterscheidung zwischen der Phase der Entwicklung der Kreativität der jungen "Genies" und der Phase der Erwachsenen-Produktivität. Während die letztere gegen Umwelteinflüsse recht stabil ist, spielt die Umwelt für die Entwicklung der Kreativität eine wichtige Rolle:

- Wenn eine ausreichende Zahl von hochkreativen Modellen zur Verfügung steht, wird die herausragende Leistung in der Geschichte begünstigt. (Über die Hälfte von Nobelpreisgewinnern waren Studenten oder Mitarbeiter von vorherigen Preisgewinnern, Zuckermann 1977.)
- Kulturelle Vielfalt scheint das Entstehen herausragender Leistungen zu begünstigen
- stabile politische Verhältnisse, die im heranwachsenden Kreativen eine "internale" Kontrollüberzeugung herstellen und nicht zu fatalistischem Gleichmut führen, begünstigen die kreative Leistung.

Ungewöhnliche Ideen entstehen eher in entspannten, spielerischen Situationen. Streßsituationen, die Angst erzeugen (vgl. Sarason u.a. 1970), z.B. Prüfungen oder Testsituationen, mindern die Kreativität. Diese Beziehung fällt auch in der Problemlösungsforschung auf. Dörner (1976) sieht die entspannte und gelöste Atmosphäre als Bedingung für den kreativen Einfall an.

Beispiele illustrieren - natürlich ohne wissenschaftliche Beweiskraft - die entspannte Situation. Von Kekule wird gesagt, daß er die kreisförmige Verbindungsstruktur des Benzolringes während eines Tagtraumes fand (s.o.). Archimedes hatte gerade als er ins Bad stieg die ungewöhnliche Idee, das Volumen einer Krone durch ihre Wasserverdrängung zu bestimmen, um das spezifische Gewicht errechnen zu können.

Eine - von Dörner (1976) - vorgeschlagene Theorie bietet einen Erklärungsvorschlag für den "unerwarteten Einfall". Unter der entspannten Bedingung werden auch solche Areale des "Wissens von der Welt" aktiviert, die unter der Bedingung des konzentrierten Problemlösens niemals mit der Problemstruktur in Verbindung gebracht worden wären. In dem Moment, in dem Archimedes ins Bad steigt, kann er sich selbst als "Körper" mit der Krone vergleichen; beide verdrängen Wasser.

Dazu mag kommen, daß erst nach dem Prozeß angestrengten Nachdenkens durch Vergessen oder Außerachtlassen von Einzelheiten ein Allgemeinheitsgrad der Sichtweise erreicht ist, der fruchtbare Assoziationen erlaubt. Aus psychoanalytischer Sicht kann die entspannte, nicht zielgerichtete Aktivität deshalb zu kreativen Gedanken führen, weil im - freien - Fluß der Assoziation eine Verbindung zu unbewußtem Material hergestellt wird.

Milner (1977) gibt einen Selbstbericht über die Erfahrungen, die sie nach enttäuschenden Malergebnissen machte, als sie "ihrer Hand die Freiheit ließ, zu tun, was sie wollte" (S. XVII). Interessanterweise entwickelten sich Bilder von in der Kindheit gespeicherten Vorlagen, aber auch neue, kreative, stimmungsvolle Bilder. Neben bedeutungslosen Kritzeleien entstanden Monster oder Versuche, etwas Geliebtes zu erhalten bzw. wiederherzustellen. Die Instruktion zu kreativerem Zeichnen wird auf dem Hintergrund von Ehrenzweigs These vorgetragen (1964).

Tiefere unbewußte Teile der Psyche können - nach dieser Auffassung - Gegensätzliches vereinen und haben die Kraft, kreative Symbole zu schaffen, die für den Maler von Bedeutung sind. Milner geht so weit anzunehmen, Phasen der "Geistesabwesenheit" seien für die Entwicklung von Kindern sowie für die psychische Gesundheit Erwachsener wesentlich, weil das Tagträumen das kreative Wachsein ermögliche und die Verbindung zu der Schicht schaffe, die "Ordnung im Chaos" herstellen kann. Allerdings bleibt bei dieser Art Theorie weitgehend im Dunkeln, wie der kreative Prozeß nun in Gang kommt.

Zur Förderung der künstlerischen Kreativität werden allerdings bereits seit einiger Zeit Meditationstechniken eingesetzt, die einerseits hohe Grade von Entspannung verwirklichen und auf der anderen Seite den internen - verbalen- Dialog zum Verstummen bringen. Gowan (1978) empfiehlt zur Kreativitätsförderung die Anwendung der transzendentalen Meditation (TM). Er verweist darauf, daß nach einer Verwendung der TM die Kreativität der Experimentalgruppe um das Doppelte erhöht werden konnte (Ferguson 1977). Eine empirische Kontrolle der Wirkung der TM wird von Travis (1979) vorgelegt. Die Versuchspersonen übten die TM über eine Periode von fünf Monaten täglich einige Minuten aus. Zur Kontrolle der Kreativität wurde der Torrance-Test (1962) verwendet. Während die Kreativität in den figuralen Untertests anstieg, blieb sie nach der Trainingsperiode in den verbalen Untertests konstant. Upadhya (1976) fand nach einer Übung im Dhyana-Yoga spontanere Bilder.

Meditationstechniken sind also besonders geeignet, die Kreativität im Kontext der bildnerischen Gestaltung zu fördern. In einer Therapie, die nicht nur die psychische Funktionsfähigkeit, sondern auch die Kreativität fördern soll, wird eine Technik des "chaos painting", des entspannten Malens unter Ausschaltung der verbalen Gedanken verwendet, die den Meditationstechniken oder Techniken des "relax painting" sehr ähnelt (Peavy 1979). Verschiedene Schulen oder Techniken der Meditation scheinen dabei im wesentlichen das Gleiche zu erreichen.

Intensive sensorische Stimulation

Taylor (1966) konnte bei seinen Vpn durch starke Stimulation in verschiedenen künstlerischen Aufgaben spontanere und kreativere Lösungen erzielen. Gleichzeitig wurden folgende Stimulationen eingesetzt: Musik mit starken Schlagzeugen, ein Tonoszillator, ein beleuchtetes weißes Spiralrad in einem ansonsten abgedunkelten Raum, rotierende Deckenlichter in den Primärfarben, stroboskopisches Licht und Objekte, die sich hart oder weich anfühlen, sowie Geruchs-, Geschmacks- und Bewegungsreize (Bodenvibrator).

1970 berichtet Taylor über eine ähnliche Studie mit einer Stichprobe "begabter Studenten", die die Aufgabe hatten, mit Farbstiften und Bleistift "Blumen in einer Vase" zu zeichnen. Die gleiche Aufgabe mußte zur Kontrolle der vorherigen Ergebnisse auch nach einer Zeit der Reizdeprivation durchgeführt werden (15 Min.). Die ästhetische Kreativität wurde von drei Kunstdozenten der gleichen Hochschule eingeschätzt. Die ästhetische Kreativität war nach einer sensorischen Stimulation signifikant größer. Berkowitz und Avril hingegen konnten (1969) bei einer Aufgabe, Skulpturen zu gestalten, keinen Effekt der veränderten sensorischen Umgebung beobachten.

Wenn leichte Bewegung die Phantasietätigkeit (gemessen mit einem projektiven Test) anregen kann, so ist dies wohl auch unter die Wirkung von Stimu-lation, evtl. von verstärkter Gehirndurchblutung zu subsumieren (Ewing u.a. 1982). Auch Jogging-Programme erhöhten die Test-Kreativität (allerdings mehr den verbalen Testteil: Gondola & Tuckmann 1985).

Wenn vermutlich auch die Wirkung von sensorischer Stimulation in vielfältige Interaktion mit Person und Aufgabenvariablen tritt, so ist doch an die

Gewohnheit vieler Künstler, eine Italien- oder Tunesien-Reise zu absolvieren, zu erinnern.

Gruppeneinflüsse

Ein Programm zur Förderung von Ideen in der Gruppe ist das sogenannte "Brainstorming" (Osborne 1957). Die Ideen der Teilnehmer einer Gruppe, die ein bestimmtes Problem lösen wollen, werden zunächst nicht bewertet, um keinen Leistungsdruck entstehen zu lassen. Alle Einfälle werden aufgeschrieben. Die Teilnehmer werden ausdrücklich ermutigt, auch Einfälle, die sie selber nicht hatten, weiter auszuarbeiten oder in irgendeiner Weise aufzunehmen. So wird der Bereich möglicher Ideen im Vergleich zum Ideenspektrum einzeln arbeitender Problemlöser erweitert. Die Effektivität des Brainstorming wurde jedoch durch verschiedene Untersuchungen in Zweifel gezogen, die belegen, daß die einzelne Person allein mehr und originellere Ideen herstellt als es eine Gruppe könnte (zusammenfassend Lamm und Trommsdorff 1973). Berücksichtigt man die Qualität der Ideen, so führt das Brainstorming nicht zu mehr Ideen höherer Qualität oder zu einer Verbesserung der durchschnittlichen Qualität der Ideen (Stein 1975).

Ein anderes Programm zur Förderung von Einfällen ist unter dem Namen "Synectics" bekannt (Gordon 1961). In einer ersten Phase versuchen die Mitglieder der Problemlösegruppe, die Aufgabe mit den herkömmlichen Mitteln zu lösen. Diese Phase hat eine doppelte Bedeutung: Die üblichen Assoziationen sind immer die ersten und werden sozusagen "abgearbeitet". Die Mitglieder der Gruppe erkennen, daß neue Lösungsschritte gefunden werden müssen. In einer folgenden Phase werden Analogien des Problems gebildet, z.B. sollen die Teilnehmer sich in einen beteiligten Gegenstand hineinversetzen usf. In einer Auswertungsphase wird geprüft, ob die Analogien neue Lösungsansätze nahelegen. Stein (1975, s.o.) hebt den Wert des metaphorischen Denkens im Rahmen dieses Kreativitätsförderungsprogrammes hervor. Für alle, die pädagogisch tätig sind, werden solche Programme eine Hilfe sein, kreatives Denken bei Schülern und Auszubildenden zu fördern. Allerdings müssen sie zunächst oft lernen, kreatives Verhalten zu erkennen und positiv zu bewerten (Torrance 1970).

Drogengebrauch

Wenn unter dem Einfluß von Drogen innere bildhafte Prozesse zugänglich werden, so ist zu prüfen, ob bei Künstlern unter Drogeneinfluß der kreative Prozeß in besonderem Maße gefördert wird und ob Künstler, die ihre Drogenerfahrungen bildhaft dokumentieren können, uns einen besonderen Einblick in die Art bildhafter Prozesse vermitteln können.

Bereits 1952 berichtet Matefi über entsprechende Erkundungsgänge ins Unbewußte, muß aber eine Diskrepanz zwischen dem im Drogenrausch angestrebten Bild und der erreichten Verwirklichung berichten. Bei hohen Drogengaben kommt es zu einem Zittern der Motorik und einem Gestaltzerfall der Darstellung. So sind auch die Berichte anderer Künstler, die z.B. von Hartmann (1974) und von Masters und Houston (1969) gebeten wurden, unter LSD zu zeichnen, nicht ausschließlich positiv.

Allerdings scheinen doch einige Künstler Drogen mit Erfolg zur Förderung der kreativen Prozesse eingesetzt zu haben. Man vermutet dies von Picasso. Mit Sicherheit weiß man es von A. Huxley und Ernst Jünger (Leuner 1981). Grünholz (1971) konnte zeigen, daß gelungene Vorstellungen von Architektur-Entwürfen unter Drogeneinfluß zustandekamen. Leuner (1981) regt an, die kreativitätsfördernde Wirkung von LSD und eventuell auch von bewußtseinsverändernden Trainingsverfahren (Entspannung und katathymes Bilderleben) den verschiedenen Phasen des kreativen Prozesses genauer zuzuordnen.

Die Droge führt zu einer Fokussierung auf die Innenwelt, zu alogischem und prärationalem Erleben. Es stellt sich ein Denkregreß ein, d. h. das Denken entspricht dem Denken auf einer früheren Entwicklungsstufe. Die wahrgenommene Welt wird animiert. Das Zeichenpapier wird als Haut wahrgenommen. Die Künstler gelangen in eine Phase des alogischen Malens, in der ihre Darstellungen den Bildern von Kindern, Naturvölkern oder den Bildnereien von Geisteskranken ähneln. Die Welt ist belebt und voller Augen. Hartmann (1974) zitiert den Maler H. Trökes: "Sehe jetzt lauter Augen ohne Köpfe. - Sind das nicht wahnsinnig viele Augen unten in der roten Fläche. Wahnsinnig viele Augen" (S. 137). Unter dem Einfluß der Droge kommt es zum Erleben fließender Ornamente und heller Farben, die intensive ästhetische Empfindungen auslösen.

Leuner (1981) vertritt die Meinung, daß die naturalistische Wiedergabe der Drogenerlebnisse trivial sei und eine Bearbeitung der Drogenerlebnisse einsetzen müsse. Der Vorteil der Droge liege darin, die Tätigkeit der freien Assoziation bewußtseinsnäher werden zu lassen. Ohne eine weitere Bearbeitung der so erschlossenen kreativen Möglichkeiten komme es nicht zu befriedigenden Produkten: "Nicht die Droge macht produktiv, sondern sie lokkert und löst produktive Möglichkeiten, nachdem sich die Vp adäquat vorbereitet hat" (Leuner 1981, S. 351).

Gerade in den bildenden Künsten scheint ein Einsatz von bewußtseinserweiternden Drogen zur Förderung der Kreativität Probleme mit sich zu bringen. Der Künstler muß zwischen dem seelischen Zustand der Assoziation, des Einfalles und dem Zustand, der eine kontrollierte, geschickte Ausführung ermöglicht, hin und her pendeln. Dies ist im Drogenrausch nur bedingt möglich. In unserem Zusammenhang kann aber festgestellt werden, daß vermittels der verschiedenen Drogen, etwa LSD oder Meskalin, ein Zugang zu den Prozessen bildhaften Denkens des Traumes hergestellt werden kann, die mit ihren Regeln und Abläufen das Ausgangsmaterial für bildhafte Kreationen bieten.

Individuelle Metaphern, die auch der Betrachter verstehen kann, werden geschaffen: Ackermann setzt Orange für sinnlich Bewegtes. Culmann verwendet im Bild die Sphäre über und unter der Erde für die bewußten und nicht bewußten Anteile des Selbst. Entsprechend diesem Gegensatz von überirdischer Sphäre und der Sphäre unter Wasser gilt die Metapher des Fischsymbols: der Fisch als Inhalt des Unbewußten (vgl. Jung 1951).

7.3.3 Motivationen der Kreativität

Kreativität und seelische Konflikte

Die im folgenden vorgetragenen Studien und Meinungen lassen sich unter der These zusammenfassen, daß immer dann Kreativität entstehe, wenn bei einem Menschen die üblichen Verhaltensweisen nicht zum Erfolg bzw. zu Belohnungen führen. Es ist plausibel, daß die Erfindung bzw. die Kreativität durch eine Unzufriedenheit mit den vorliegenden Bedingungen, also auch durch seelische Konflikte angestoßen wird. Hammer (1966, 1975) beobachtet bei kreativen Personen ein erhöhtes Maß innerer Spannung. Er glaubt, diese Spannung sei nicht die hinreichende, aber notwendige Bedingung für den kreativen Prozeß. Pickford (1978) beschreibt die Bilder eines Transsexuellen und erkennt als Quelle der Inspiration die tiefen emotionalen Probleme der angestrebten Geschlechtsumwandlung.

Erhöhte Anpassungsforderungen seitens der Umwelt, wie z.B. bei Linkshändern, können zur Ausbildung von Kreativität führen. Newland (1981) berichtet, daß Linkshänder in der figuralen Form des Torrance-Tests des kreativen Denkens (1974) in allen Subtests signifikant besser waren als Rechtshänder. Natürlich verweist dieses Ergebnis auch auf die unterschiedlichen Hemisphärenleistungen (s.o.).

Konflikte in kreativen Personen könnten daraus resultieren, daß der Kreative starke Sach-Objekt-Libido-Besetzungen hat und Freunde, Ehefrau und Familie entsprechend wenig beachtet. Dies wird zu problematischen Familienbeziehungen führen, wie es an einigen Beispielen von Weissmann (1969) belegt wird. Allerdings ist fraglich, in welchem Maß die Familienbeziehungen eben im Normalfall problematisch sind und der intrapsychische Konflikt eine so häufige Erscheinungsform menschlichen Daseins ist, daß die Beziehungen zwischen emotionalem Konflikt und kreativer Persönlichkeit Folge der Ubiquität solcher Konflikte ist.

Viele Künstler, die einen emotionalen Konflikt bei sich erleben, sträuben sich gegen die therapeutischen Heilungsversuche (Rosen 1975, Dreifuss 1978), weil sie ein Versiegen ihrer kreativen Potentiale fürchten. Solche Abwendungen von der kreativen Tätigkeit nach Therapien werden auch berichtet (Robbins 1969). Tatsächlich führen Therapien nicht bei allen Patienten zu einer Steigerung der kreativen Leistung (Rosen 1975). Andererseits kann es natürlich Störungen geben, die den kreativen Prozeß behindern oder ganz versiegen lassen.

Bei der Therapie mit Klienten, die vorher keine künstlerischen, kreativen Hobbys hatten, erwies sich die Jungsche Form der Psychoanalyse, die

Traum- und Bildmaterial mit mythologischen Elementen anreichert, als kreativitätsfreisetzend. Dreifuss (1978) konstatiert entsprechende Erfolge in der Freisetzung kreativen Potentials bei der Anwendung einer Jungschen Psychotherapie (vgl. Abschnitt 5.1.6).

Die Biographik der Künstler befaßt sich eingehend mit Krankheiten und körperlichen Fehlern der Berühmten. Ausgehend von Lombroso wurde immer wieder formuliert, der Irrsinn gehe mit dem Genialen zusammen. Lange-Eichbaum und Kurth (1979, neubearbeitet von Ritter 1986) fassen ein umfangreiches Schrifttum über das "Bionegative" bei Personen zusammen, denen wir geniale Leistungen verdanken. Ihre These ist, daß die meisten Genies Psychopathen, innerlich zwiespältige und spannungsvolle Personen waren oder/und durch Rauschmittel in Zustände von Ekstase und innerer Versunkenheit gerieten.

Allerdings glaubt Lange-Eichbaum nicht, daß die Psychose, die Geisteskrankheit, der Nährboden der genialen Leistung sein könne. Die lange Liste der Beispiele von Genies, deren Psychopathographie dokumentiert ist, wird hier mit dem Blick auf die bildenden Künste (im Ausschnitt) wiedergegeben: Beardsley, Blake, Blechen, Böcklin, W. Busch, Caravaggio, Benevenuto, Cézanne, Corinth, Cornelius, Courbet, Csontvary, Delacroix, Diefenbach, Dürer, Feuerbach, Gauguin, van Gogh, Goya, El Greco, Grünewald, Holbein, Kandinsky, Kubin, Leistikoff, Leonardo da Vinci, Lorrain, Manet, Messerschmidt, Michelangelo, Modigliani, Munch, Overbeck, Raffael, Rembrandt, Renoir, Rubens, Segantini, Thoma, Toulouse-Lautrec, Watteau.

Es muß daran erinnert werden, daß es sicher ein Merkmal des menschlichen Denkens ist, in Polen bzw. in Gegensatzpaaren zu denken (vgl. Heuss 1973), so daß die Nähe des Genies zum Gott und die Nähe des Genies zum Wahnsinn als sich ergänzendes Gegensatzpaar verstanden werden kann. Die Literatur über Genies weiß aber auch eine große Zahl von berühmten Personen mit großen Leistungen zu registrieren, die im psychiatrischen und psychopathologischen Sinne völlig unauffällig waren.

Daß die Künstlerbiographik auch die Form der Pathographik annimmt, läßt sich aus der ambivalenten Haltung der Umwelt gegenüber der großen Leistung verstehen. Der Ruhm und die Anerkennung, die einige Künstler genießen, sind dann besonders neidlos mitzuerleben, wenn man die Erklärung wählt, die besondere Leistung sei entweder göttlichen Ursprungs oder aber Konsequenz einer geistigen Verwirrung. Durch diese Erklärung brauchten die Zeitgenossen keine Vergleiche vorzunehmen, die das eigene Selbstwertgefühl verletzt haben würden.

Eine Krankheit (z.B. die Tuberkulose) könnte jedoch nicht nur unmenschliche Anstrengungen in kompensatorischer Hinsicht freisetzen, sondern geradezu die Bedingungen für die kreative Tätigkeit herstellen (vgl. Lemlein 1981). Die durch die Krankheit bewirkte körperliche Schwäche erlaubte dem Individuum keine andere als eine künstlerische (schriftstellerische oder literarische) Tätigkeit. Es werden die Namen der Maler Watteau, Rosetti, Bashkirtseff, Munch, Beardsley, Modigliani genannt. Natürlich ist möglich, daß die fiebrige Erkrankung die "Regression im Dienste des Ichs, den Zugang zu den bildhaften Denkprozessen fördert. Die Allgegenwärtigkeit von seelischer und körperlicher Krankheit im menschlichen Leben darf wiederum nicht vergessen werden.

Die Neurose oder seelische Störung führt nicht automatisch zur Kreativität, sondern setzt nur dann kreative Potentiale frei, wenn sie mit großer "Ichstärke" bearbeitet wird, der Kreative also eigentlich bereits eine positive Bewältigung (im Sinne des Coping) seiner Konflikte leistet. Möglicherweise gehören auf seiten des schöpferischen Menschen besondere Bedingungen dazu, sich in einer meist innovationsfeindlichen Welt durchzusetzen. Der Abschnitt 7.3.4 über die Persönlichkeit der Kreativen gibt hier weiteren Aufschluß.

Belohnungen für kreatives Verhalten

Man sollte aber nicht annehmen, Kreativität könne nur defizitär motiviert sein. Die Gesellschaft hält für das kreative Individuum, den bekannten Künstler, Wissenschaftler oder Politiker, eine Vielzahl von Belohnungen bereit. Einige Künstler haben ein hohes Einkommen und genießen das Ansehen ihrer Umwelt.

Das Streben nach Status und Belohnungen motiviert auch die Künstler (Maslow 1977). Hier sei nur an die Münchner Malerfürsten oder den sozialen Aufstieg der Renaissance-Maler erinnert. Es ist nicht ausschließlich der Bohemien, der die Belohnungen dieser Welt nicht schätzt, der die kreativen Potentiale entfaltet.

In einer Interview-Studie von McNiff (1977), an der 50 Künstler der unterschiedlichsten Bereiche der kreativen Tätigkeit teilnahmen, erwies sich das Streben nach sozialer Anerkennung (z.B. das Genießen von Applaus) als bedeutsames Motiv. Natürlich kann das Streben nach Applaus nicht den Anstoß zu künstlerischer Betätigung geben, weil erste Versuche nicht in der Öffentlichkeit stattfinden. Daneben wurden von allen Künstlern eine Reihe von weiteren Beweggründen, Zielen, Motiven genannt, die sie in der künstlerischen Tätigkeit zu erreichen streben:

- Freude an der Kompetenz und Meisterung der Materialien (als Beispiel werden Picasso und Matisse genannt, die vor ihrem Ruhm bemüht waren, in allen relevanten künstlerischen Techniken einen hohen Stand der Perfektion zu erreichen);
- die Freude, etwas Neues zu erforschen und zu erfinden;
- ästhetisches Vergnügen;
- anderen Menschen Gefühle mitzuteilen, auch die Kunst als Beitrag zur Veränderung der Gesellschaft einzusetzen;
- die Möglichkeit einer bestimmten Form von Unsterblichkeit;
- die Kunst als Möglichkeit der religiösen Transzendenz;
- emotionale Erleichterung und Katharsis sowie die Möglichkeit, mit eigenen Ängsten und abgelehnten Wünschen umzugehen. Nicht zuletzt diese

Möglichkeit wird die in den Interviews häufig gefundene Stellungnahme begründen, beim Schaffen von Kunst werde eine besonders hohe Stufe der Selbstaktualisierung (vgl. Goldstein, Rogers, Maslow) erreicht (auch gelegentlich als "peak experience" beschrieben).

7.3.4 Persönlichkeit und Kreativität

Im obigen Abschnitt über die Motivationen der Kreativität wurden bereits mögliche Persönlichkeitseigenschaften kreativer Personen angesprochen. Hier sollen die umfangreichen Forschungsarbeiten wieder besonders in Hinsicht auf die bildnerische Kreatität wiedergegeben werden.

Genetische Bedingungen und Kreativität

Je nach Zeitgeist ist versucht worden, genetische Bedingungen der künstlerischen Talente zu identifizieren. Kretschmer (1931) und Langner (1937) legen Studien über den Körperbautyp und die kulturellen Leistungen vor. In der Schule Eysencks versucht Bachtold (1980), eine genetische Disposition zur Introversion und gleichzeitig hohe Aktivität und Neurotizismus als ererbbare Bedingung der kreativen Persönlichkeit herauszustellen.

Kreativität und Geschlecht

Die These der genetischen Determinierung ist auch bezüglich der Geschlechtsdifferenzen vorgetragen worden. Auch wenn mehr Männer als Frauen kulturelle Höchstleistungen vollbracht haben, so muß doch berücksichtigt werden, daß die Rolle der Frau über die Jahrhunderte eine Teilnahme an den Problemlösungen zu den Aufgaben der Gesellschaft nicht erlaubte. Die Berufstätigkeit und die Notwendigkeit zum Broterwerb ist eine der wichtigsten Vorbedingungen, um einer Gruppe anzugehören, die die zu lösenden Fragen der Kultur überhaupt stellt. Es waren die Kapitäne und Ärzte, manchmal die Professoren, die wichtige Entdeckungen machten. Diese Entdeckungen machten sie in ihrer Eigenschaft als Kapitän und nicht in der heimischen Stube.

Eventuell mag es sein, daß Männer aggressiver für den Erfolg einer Idee kämpfen und daher letztlich mehr Erfolg haben. Dies wird aber auch als Folge der geschlechtsspezifischen Sozialisation zu verstehen sein.

In letzter Zeit erscheint einige Literatur über Frauen in den visuellen Künsten (Greer 1980, Hess und Baker 1973). Zum einen wird darauf hingewiesen, daß es auch eine Anzahl begabter Malerinnen gab. Für den bekannten Maler war aber auch in der Regel eine Ausbildung im Umfeld eines großen oder zumindest zeitgenössischen professionellen Malers notwendig.

Alle bekannten Malerinnen waren Freunde oder Töchter von Malern, so daß sie aus diesem Grund die entsprechende Kenntnisübermittlung genossen.

Die Frage von Nochlin (1973), warum es (bis vielleicht auf Toulouse-Lautrec) keine bekannten aristokratischen Künstler gebe, ob eventuell die Aristokraten weniger begabt seien als der Rest der Bevölkerung, ist provokativ und gleichzeitig erhellend. Auch Aristokraten der vergangenen Jahrhunderte hatten keine Gelegenheit, eine Berufsausbildung zu absolvieren und in Kontakt mit den oft statusniedrigeren Künstlern zu kommen.

Kreativität und Nonkonformismus

In vielen Aufsätzen und Büchern zum Thema Kreativität besteht Übereinstimmung darin, die kreative Persönlichkeit sei weniger konform und unabhängiger von den Normen und Forderungen der Umwelt als die weniger kreative Person (vgl. Krause 1977, Delhavi 1980). Die "abweichende" Persönlichkeitsstruktur erfolgreicher moderner Künstler läßt sich auch mit der messenden Methodik der Psychologie aufweisen.

Häufig wird darauf verwiesen, daß der Hochkreative "schrullig"-nonkonformistisch ist. Götz und Götz (1973) stellen fest, daß begabte Kunststudenten (gemessen mit einem Persönlichkeitsfragebogen) introvertierter und neurotischer sind als weniger begabte. Natürlich könnte dies auch die Folge einer stärkeren Selbstaktualisierung sein. Götz und Götz (1979 a, b) vergleichen die Persönlichkeitseigenschaften Extroversion, Neurotizismus, Psychotizismus, Offenheit (Lügenskala) von erfolgreichen und weniger erfolgreichen Künstlern (Der Erfolg eines Künstlers wird durch ein Expertenrating eingeschätzt). Dabei zeigt sich, daß erfolgreiche Künstler zwar auf der Dimension Neurotizismus nur geringfügig höhere Werte aufweisen, aber deutliche Unterschiede bezüglich der Dimension Psychotizismus haben. Die Eigenschaft Psychotizismus wird von Götz sinngemäß so beschrieben: Es handelt sich um Einzelgänger, die sich wenig um andere Menschen kümmern, die nicht angepaßt sind und oft Spannungen erzeugen. Sie sind eher grausam und sozial unsensitiv. Sie sind feindselig zu anderen, auch zu Personen, denen sie sehr nahestehen.

Es ist nun möglich, diese Persönlichkeiten auf zwei Weisen in Beziehung zum künstlerischen Erfolg, zur Bekanntheit als Künstler zu setzen. Zum einen ist möglich, daß der "psychotischere" Mensch die ungewöhnlicheren Assoziationen produziert und so eher als "genial" empfunden wird (Eysenck und Eysenck 1976). Zum anderen ist denkbar, daß die egozentrische Person ihre Karrierewünsche rücksichtsloser durchsetzt und so bei vergleichbarer Begabung eher zum erfolgreichen, bekannten Künstler wird. Dafür spricht, daß die sehr erfolgreichen Künstler nicht in allen Fällen originelle Beiträge zur Kunst leisteten.

Eventuell sind "psychotische" Eigenschaften weniger Bedingung der Kreativität als Bedingung der sozialen Durchsetzung gegen die Widerstände, die der kreativen Leistung entgegengesetzt werden. Bei 18 in Wissenschaft und

Kultur hochkreativen Frauen, deren "Erfolgsweg" sicherlich etwas anders determiniert ist, fanden sich Selbstbewußtsein und Nonkonformismus sowie das starke Bedürfnis, allein zu sein. Anstelle eines Mangels an Emotion wurde eine starke prosoziale Emotion und ein starkes prosoziales Engagement beobachtet (Bachtold 1980).

In dem Bereich der künstlerischen Gestaltung, in dem es um Erleben und Erlebensmöglichkeiten geht, muß der Künstler, der aus der Erfahrung des eigenen Lebens heraus schaffend tätig ist, bemüht sein, in seinem Leben besonders intensive Erfahrungen zu machen, besonders verschiedenartige Erfahrungen zu machen, so daß er von der üblichen Lebens- und Erlebensform abweicht.

Kreativität und Alter

Studien von Lehmann (1965, 1966) setzen die schöpferische Leistung in Beziehung zum Lebensalter (vgl. zur methodischen Kritik der Studie Lehr 1972). Die Kompositionen von Musikern von "zeitüberdauerndem" Wert scheinen im statistischen Schnitt eher im Alter von 30 bis 45 zu gelingen. Die Arbeiten Lehmanns (1942) besagen, daß die kreativste Periode von Malern und Grafikern zwischen dem 32. und 36. Lebensjahr liegt. Es wurde aber nicht geprüft, ob in den Zeiten der Kriege viele Künstler bereits sehr früh verstarben.

In der Altershäufigkeitskurve von "bedeutenden" oder weniger bedeutenden Bildern ließ sich kein Altersverlauf erkennen. Entsprechend vollbrachten Goya und Rembrandt, wenn auch in veränderter Weise, doch erhebliche kreative Leistungen im hohen Lebensalter (Niederland 1973). Niederland weist für diese beiden Künstler nach, wie einschneidende Objektverluste (Rembrandts erste Frau, Goyas Geliebte und der Verlust seiner Gesundheit), also biographische Daten, die Art der Arbeit von der üblichen Weise der Zeit entfernen. Goyas destruktive Zeichnungen, die für seine Epoche extrem ungewöhnlich sind, werden erst auf dem Hintergrund der Biographie, also auf dem Hintergrund des "besonderen", individuellen Alters möglich.

7.4 Kunst der Geisteskranken

Wenn man heute von einer "Kunst" der Geisteskranken spricht, so ist die hohe Wertschätzung des Attributes "Kunst" in bezug auf die Bildnereien von Geisteskranken nicht selbstverständlich. Über lange Jahrhunderte hätte sich eine solche Klassifizierung ausgeschlossen.

Lombroso führt 1887 die These über einen Zusammenhang von Genie und Irrsinn, die von Lange-Eichbaum ausgebaut wird. Vier Jahrzehnte später Zeit würdigt Prinzhorn (1922) die Bildnerei von Geisteskranken in seiner berühmten Präsentation. Wenn auch das Genie aus dem "Bionegativen" schöpft, liegt die Suche nach dem Genialen in der Produktion der Geisteskranken nahe.

Als gleichzeitig die Psychoanalyse auf die unbewußten Prozesse verwies und Künstler mit dem Vorhaben begannen, diese unbewußten Prozesse zu visualisieren, kam auch die Bildnerei der Geisteskranken ins Zentrum der Aufmerksamkeit der Kunstschaffenden. Dubuffet prägte für seine umfangreiche Sammlung von Zeichnungen und Malereien den Begriff "Art Brut". Von Picasso, Klee, Breton, Dali, Ernst (der den Katalog der Prinzhornsammlung als "Bibel" der Surrealisten bezeichnete) u.a. sind positive Stellungnahmen zur Kunst der Geisteskranken bekannt (vgl. Gorsen 1980). Die Möglichkeit der Begegnung mit den Geheimnissen des Seelenlebens mag auch für das breite Publikum einen bedeutsamen Kitzel in der Betrachtung der "Art Brut" hergestellt haben. Konnte man hier Zugang zu den seelisch "heißen" (Kris 1952), verborgenen Schichten des Unbewußten gewinnen? Von einigen fachkundigen Psychiatern (z.B. Bader und Navratil 1976) wird heute behauptet, die schizophrene Kunst helfe, die Mechanismen menschlicher Kreativität erkennen. Diffamierungsversuche der Nationalsozialisten, die moderne Kunst in Parallele zur geistigen Krankheit zu setzen, konnten auf die Dauer nicht erfolgreich sein (vgl. Hellpach 1911). Schulte-Naumburg (1928), der expressionistischen Bildern die Bilder von kranken Menschen gegenüberstellte, wurde besonders bekannt. Dies wurde von der Propaganda des Dritten Reiches aufgegriffen, um gegen die Moderne vorzugehen. Im Zusammenhang mit der Kunst hat jedoch geistige Krankheit nicht das assoziative Umfeld des Auszumerzenden, sondern ruft Assoziationen zu Begriffen wie Genialität und Kreativität wach.

In jüngster Zeit findet die Kunst der Geisteskranken eine breite Publizität in der Presse und in vielfältigen Ausstellungen der mittlerweise berühmten geisteskranken Künstler (z.B. Wölffli, Schröder-Sonnenstern, Lesage usf.). Zum heutigen Kunstbegriff gehört die Innovation, das Erschließen von Neuland. Die Bildnerei der Geisteskranken erfüllt in ihrer Fremdheit gerade diese Forderung der Moderne. Dagegen geht es nach Auffassung des Autors zu weit, in der Rezeption der Bildnerei der Geisteskranken die Diagnose der erkrankten sozialen Beziehungen zu sehen, wie Gorsen (1980, S. 57) im Anschluß an Theorien von Laing: "Statt der rettenden Flucht in die letzte individuelle Idylle, die es in Unschuld nicht mehr gibt, lehrt die psychotische

Kunst ihren unvoreingenommenen Beschauer, den überlegenen diagnostischen Blick gegen sich selber, die eigene ungesehene Verletzung zu kehren." Der kulturpessimistisch postulierte überindividuelle Krankheitsherd ist durch die Theorien der sozialen Genese der Geisteskrankheiten zu wenig valide untermauert.

Eher leuchtet Krafts (1986) Erklärungsversuch ein: Der Mensch lebt in der heutigen Zeit ein individuelles Leben ohne die Einschränkungen, aber auch ohne den Halt, den z.B. die Normen der Kirche oder des gesellschaftlichen Status gewähren. Die geisteskranken Künstler haben durch ihr Werk versucht, in ihrem seelischen Chaos eine Ordnung, eine Norm zu finden. So greift das Werk dieser Künstler ein wichtiges Lebensproblem der Zeitgenossen auf.

Die Beachtung der Bildnerei der Geisteskranken ist erst aus der folgenden Entwicklung der Malerei zu verstehen. Bader und Navratil (1976) schreiben oft, daß die Kunst der Geisteskranken die "kommende moderne Kunst ankündigte". Breton erklärt den geisteskranken Maler Filiger als Wegbereiter des Surrealismus. Es fällt allerdings leichter, die positive Aufnahme der Bildnereien der geistig Kranken als Folge der Entwicklung der modernen Kunst zu verstehen. Bei einer anderen Gegenwartskunst wäre es undenkbar, von der Kunst der Geisteskranken zu sprechen. Man würde sie, wie auch die Kinderkunst oder die Kunst der Primitiven, von anderen Kunstmaßstäben aus mit Geringschätzung betrachten. Insofern gibt die Aussage über die Kunst der Geisteskranken mehr darüber zu erkennen, wie sich die Kunst der Gegenwart definiert, als sie an Erkenntnissen über spezifische Mechanismen der Erkrankung und ihre Wirkung auf die zeichnerische Gestaltung erhellt. Tatsächlich beschäftigt uns die Kunst der Geisteskranken ja auch, weil der starke emotionale Eindruck, der von den Gestaltungen ausgeht, uns anrührt und wir gerade von der Kunst der Gegenwart erwarten, daß ihr dieses Anstoßen der Emotion gelingt. Die zu schnelle ästhetische Anerkennung des Kunstwerkes der Geisteskranken, kann nach Kraft (1986) allerdings auch ein Stück Abwehr der Erfahrungen des Leidens und des seelischen Chaos sein.

Ein gesteigerter Darstellungswunsch findet sich wohl hauptsächlich bei als schizophren diagnostizierten Patienten (vgl. z.B. Kraft 1980, der sich nur mit schizophrener Gestaltung beschäftigt). Im folgenden werden auch die seltenen Gestaltungen depressiver Patienten besprochen. Aber auch unter einem epileptischen Dämmerzustand sind Gestaltungen beobachtet worden (Navratil 1979 in Bader und Navratil 1979). In aller Regel sind künstlerische Gestaltungen der geistig Kranken, wie wir sie aus vielfältigen Veröffentlichungen kennen, von Amateuren hergestellt worden, die vor der Erkrankung nicht künstlerisch tätig waren. Es ist anhand dieser Produktionen schwer zu unterscheiden, welche Gestaltungsmerkmale als Folge mangelnder Zeichenfertigkeit und welche als Folge der Erkrankung anzusehen sind.

Die Besonderheit der Bildnereien der Geisteskranken kann natürlich, wie Kris (1952) ausführt, an Beispielen von Künstlern festgestellt werden, die vor der Erkrankung bereits als Künstler oder Illustratoren oder Kunsthandwerker tätig waren. Kris trägt einige Beispiele zusammen: den Fall des Malers Messerschmidt, Berichte über den Maler Josephson und Berichte über den Fall einer Märchenillustratorin.

In allen diesen Fällen ist ein Funktionsabbau zu beobachten: Die vor der Erkrankung meisterhaft gehandhabten bildnerischen Mittel werden nicht mehr mit der gleichen Souveränität eingesetzt. Einige Zeichnungen wirken starr und unbeholfen. Kris hebt besonders hervor, daß der menschliche Ausdruck, die Mimik des Gesichtes in den Darstellungen Anomalien aufweise. Kris (1977, S. 102) faßt seine These zusammen: "die Störung bei der Wiedergabe des Gesichtsausdruckes im bildnerischen Schaffen Schizophrener (ist) mit der Störung ihrer eigenen Ausdrucksbewegung verknüpft."

Bei dem Versuch, "Besonderheiten der Kunst Schizophrener" zu isolieren, sollte im Auge behalten werden, daß der aufmerksame Beobachter auch in den Gestaltungen der Geisteskranken einen historischen Wandel, epochale Einflüsse findet. So verweist Gorsen (1980) auf eine Bemerkung Spoerris, daß bei der Bildnerei der Geisteskranken die "soziale Situation" eine gewisse Rolle spiele.

Kraft (1986) gibt hierfür ein interessantes Beispiel. Als er als Assistent in der Nervenklinik Bonn begann, traf er dort einen Patienten an, der nur Kopffüßler zeichnete. Weil er gerade eine Studie über Kopffüssler verfaßte, bat er den Patienten um Abbildungen und interessierte sich für dessen Arbeit. Der Patient fühlte sich aber offensichtlich bedrängt und wechselte in seinen Gestaltungen zu dem Motiv "Kopfhänder". So ereignet sich auch die Kunst der Geisteskranken in einem speziellen sozialen und historischen Umfeld.

Wenn wir also in einer Momentaufnahme Unterschiede festmachen können, so ist in folgenden Analysen zu erarbeiten, inwieweit diese Unterschiede durch das kulturelle Umfeld zum Zeitpunkt der Erkrankung mitbedingt sind, wie ja überhaupt bei seelischen Erkrankungen das Phänomen der historischen Symptombedingtheit festzustellen ist (vgl. auch Navratil 1979). Die Künstler, die in Bader und Navratil (1976) als "kranke Künstler" vorgestellt werden (Hill, ebenfalls Josephson, Wain und Soutter) werden aufgrund anekdotischer Informationen zu den schizophrenen Künstlern gerechnet. Die Zuordnung erfolgt wohl hauptsächlich wegen der auffälligen Veränderung des Werkes. Bader stellt bei diesen Künstlern fest, daß sie während der Erkrankung die Arbeit mit Ölfarben vernachlässigen und den Zeichenstift bevorzugen. Während alle genannten Künstler von ihrer Ausbildung her realistische Darstellungen verwirklichen, führte die Erkrankung zur Produktion von Bildern, die sich nur z.T. als gegenständlich bezeichnen lassen, die aber an (so formuliert Bader oft) "Expressivität" gewinnen. Auffallend ist, daß sich bei allen erwähnten Künstlern sowohl Hinweise auf die oben schon erwähnte Leere der Physiognomie finden lassen als auch auf einen Hang zu Geometrisierungen und Kritzeleien. Bei der Geometrisierung ist zu fragen, ob hier die Freude an der rhythmischen Bewegung ihren Niederschlag findet oder ob es sich um den Ausdruck eines in Stereotypien verfangenen Denkens handelt. Schließlich könnte die klare geometrische Ordnung der Versuch sein, das innere Chaos abzuwehren. Die Tendenz zur Geometrisierung findet sich ebenfalls in den Werken der Maler, die vor der Erkrankung keine künstlerische Ausbildung hatten, so daß dieses Merkmal als typisch für die Bildnerei der Geisteskranken angesehen werden kann. Besonders die Bilder von Wölffli sind ein Beispiel, wie Muster in ungewohnter Weise über die Bildfläche wuchern können.

Die Bedeutungsvermittlung scheint sich krankheitsbedingt zu verändern. Die Symbolik der Bilder entspricht zum Teil der Symbolik, die in der Traumdeutung erforscht wurde. Zum Teil wird der Bedeutungsübergang durch Wortklangähnlichkeiten vermittelt, die dem Betrachter ohne eine zusätzliche Erklärung des Produzenten nicht zugänglich wären. Navratil (1974) spricht von Grundfunktionen der Kreativität, die im Kunstwerk des Geisteskranken nicht von der Bildnerei der Normalen zu unterscheiden sei. Möglicherweise gibt es aber in der starken Tendenz zu Perseverationen, in der Unfähigkeit zur Gestaltung von Ausdruck (mit Ausnahme extremer Physiognomie) und in der anderen Art der Bedeutungsverknüpfung erkennbare Unterschiede, die die Kunst der Geisteskranken markieren.

Wadlington und McWhinnie (1973) versuchen, ohne die theoretischen Vorannahmen einer psychologischen Schule eine Skala zu entwickeln, mit der Unterschiede in der zeichnerischen Gestaltung der verschiedenen psychiatrischen Krankheitsbilder und einer Gruppe von neurotischen Personen demonstriert werden. Einige Beispiele: Frage 8: Gibt es eine dominante Farbe in der Zeichnung? Frage 12: Gibt es eine dominante Farbintensität in der Zeichnung? Frage 16: Ist die Bewegung der Elemente in einem Gleichgewicht? Frage 1: Gibt es eine dominante Form in der Zeichnung?

Die Fragen betreffen nicht den Inhalt der Gestaltung. Gleichwohl zeigen sich Unterschiede in den Gestaltungen der verschiedenen klinischen Gruppen. Die schizophrene Erkrankung führt nach heutiger Kenntnis bei einem Teil (nach Kris 1952 ca. 2 %) der Patienten zu einem Aufleben des gestalterischen Schaffensdranges. Schizophrene Patienten haben erhöhte Werte bezüglich der Farbigkeit und der Bewegung der Darstellung. Für depressive Patienten ist die Farbigkeit und der Bezug der Elemente der Zeichnung zueinander reduziert.

Über zeichnerische Gestaltungen depressiver Patienten gibt es weniger Berichte, weil sich gerade die Depression durch eine stärkere psychomotorische Blockierung auszeichnet und z.B. Dax (1953) berichtet, 50.000 Zeichnungen von Patienten inspiziert zu haben, um 12 Beispiele für Zeichnungen depressiver Patienten zu finden.

Wadeson (1971) liefert eine Studie über die Gestaltungen depressiver Patienten in einer Kunsttherapie. Von jedem Patienten werden zwei Bilder verglichen, die er in tiefer Depression und unter relativer Freiheit von depressiven Symptomen gezeichnet hat. So kommen Variablen wie Zeichenfähigkeit, persönliche Bevorzugungen usf. weniger störend ins Spiel. Es zeigt sich, daß die Gestaltungen der Depressiven unter starkem Druck der Krankheit einen Eindruck von Leere hinterlassen. Es wird weniger Farbe verwendet, der Zeichenraum ist weniger ausgefüllt. Der dargestellte Affekt ist depressiver, oder es kommt weniger Affekt zum Ausdruck. Die Darstellung ist häufiger bedeutungslos. Diese Beobachtungen werden durch eine Fallstudie an einer manisch depressiven Patientin gestützt (Wadeson und Bunney 1970), die im Rhythmus von 48 Stunden von einer manischen zu einer depressiven Phase wechselte.

Die Beschreibung formaler Merkmale der Gestaltungen der Patienten kann allerdings nicht zu einer vollständigen Diagnose oder Prognose der Krankheit führen, sondern bedarf oft der einfühlenden Intuition, um auf die individuelle Situation des Patienten bezogen zu werden (Jakab 1970). Psychologen und untrainierte Beobachter vermuteten, daß die (nach ihren Maßstäben) qualitativ künstlerisch besseren Zeichnungen von Nichtpatienten und die weniger gut ausgestalteten Zeichnungen von Patienten stammten, obwohl dies keineswegs der Fall war (Cressen 1975).

Wie über die Ursachen der Geisteskrankheiten, so ist auch über die Ursachen der spezifischen Veränderungen der Gestaltungen von Geisteskrankheiten wenig exakte wissenschaftliche Erkenntnis vorhanden. Fischer (1969) stellt ein Erregungskontinuum vor. Auf diesem Kontinuum siedelt er künstlerische Tätigkeit und Schizophrenie auf einem Zustand erhöhter Erregung an. Dies würde belegen, warum unter dem eher fiebrigen Zustand der Tuberkulose viele kreative Gestaltungen entstanden sind (vgl. oben).

Arnheim (1977) dagegen argumentiert, daß die beobachtete Erregung nur Folge der kognitiven Veränderungen ist, die zu einer Aufhebung der Figur-Grund-Gliederungsmechanismen der Wahrnehmung führen: Der berühmte "Horror" Vacui, die Tendenz, jede Stelle des Blattes auszufüllen, wird von Arnheim als Ursache für diese grundlegende Veränderung der Informationsverarbeitung angeführt.

Die psychoanalytischen Autoren beschäftigen sich mehr mit der inhaltlichen Seite der Darstellung und sehen je nach theoretischer Schule eine Überschwemmung des Bewußtseins mit individuellen oder kollektiven Inhalten des Unbewußten (vgl. Bader und Navratil 1976, Kraft 1986). Kraft glaubt, der in seinen Normen und Routinen verunsicherte Mensch der Gegenwart gewinne durch die Kunst der Geisteskranken ein Beispiel für persönliche Lösungsstrategien bei innerer Verunsicherung.

In den Berichten der Psychiater wird immer wieder betont, daß die Gestaltungen als Selbstheilungsversuch zu verstehen seien. Zeichnungen werden als "nonverbale" Kommunikation über den eigenen Zustand in der Therapie mitverwendet. In der Gestaltungstherapie sollte der Therapeut nicht "Leistung" fordern, sondern, so Navratil (1976, S. 284), "vielmehr versuchen, seinen Patienten jenen Freiheitsraum der Ausdruckssuche zu geben, den die Kunst unseres Jahrhunderts erschlossen hat".

Künstler arbeiten in psychiatrischen Krankenhäusern mit Patienten zusammen und helfen, Kreativität freizusetzen. Dies kann im eigentlichen Sinn als Kunsttherapie bezeichnet werden (z.B. Neuenhausen 1983).

Wie ist nun die Literatur über die Kunst der Geisteskranken in bezug auf die Erforschung der Kreativität zu bewerten? Hier scheint eine Formulierung von Kraft (1982, S. 44) besonders treffend: "Inhaltlich stehen ihnen (den geisteskranken Künstlern) dann neue, ungewohnte Dimensionen offen, die sie in manchmal frischer, unkomplizierter und direkter Weise gestalten können" ...

"Selten jedoch nur erfährt ein Künstler eine Zunahme seiner kreativen künstlerischen Fähigkeiten; dies nur unter der Bedingung, daß ihm eine - wie auch immer geartete - Restitution seines Ichs gelingt."

Den psychoanalytischen Terminus "Ich" könnten wir hier theorieneutraler durch "bewußte Kontrolle" ersetzen. Insgesamt scheint die Befreiung von den "üblichen Konventionen", der Zugang zu bildhaften Phantasien und auch die Restmöglichkeit der Beherrschung der zeichnerischen Fertigkeiten die Kreativität der geisteskranken Künstler, besonders der schizophrenen Künstler auszumachen.

Auch in der Kinderzeichnung spielt das "Fehlen der Konventionen" eine Rolle für die kreative Gestaltung. Hier wird die ungewöhnliche, originelle Darstellung nicht durch einen Zerfall der bestehenden gelernten Schemata gewonnen, sondern indem immer mehr Schemata und Gestaltungsnormen einer Kultur gelernt werden, verliert sich die "frische Originalität" der bildnerischen Gestaltungen der Kinder.

7.5 Kinderzeichnung

Bei vielen Malwettbewerben, Schulausstellungen, Klassenzimmerverschönerungen kann man die Originalität und Schönheit der Kinderzeichnungen bewundern. Das Interesse an der Kinderzeichnung, das in der Entwicklungspsychologie sehr früh erwachte, konzentrierte sich auf die objektive Spur des kindlichen Weltverständnisses (vgl. Mühle 1955, Lowenfeld 1947, Luquet 1917). Das klassifizierende Interesse der Forscher führte zu einer Folge von Phasen der Kinderzeichnung, die dann zum Maß des Entwicklungsstandes wurden. Tatsächlich sind die Beziehungen zwischen Zeichentests (z.B. Goodenough "Draw a man test") und der Intelligenz hoch, so daß die diagnostische Wertschätzung der Kinderzeichnung auch noch heute ihre Gültigkeit hat. Auch hier soll im folgenden eine "Stufenfolge" der Entwicklung der Kinderzeichnung geschildert werden.

Solche Stufenfolgen setzen meist stillschweigend voraus, die Entwicklung der Kinderzeichnung laufe immer und überall in der gleichen Folge ab. Aber die Kinderzeichnung hat - wie die Kunst - auch eine Geschichte. Das Profil mit zwei Augen war vor einigen Jahrzehnten in Kinderzeichnungen noch üblich, heute findet man es in amerikanischen Stichproben fast gar nicht mehr. Wilson und Wilson (1984) interpretieren diese Beobachtung als Folge der vielfältigen Bildvorlagen in Comic-Heften und Werbebildern. Weiterhin sind Zeichnungen der Bezugsgruppe Vorbild für die Kinderzeichnung, und auch dort können sich epochale Veränderungen ergeben. So wird in einer ägyptischen Dorfstichprobe, die kein so elaboriertes Angebot an perfekten Bildern kennt, der rechteckige Torso zum Vorbild, das junge Kinder zeichnend zu erreichen suchen, während man ihn bei westlichen Kindern kaum findet (Wilson und Wilson 1984: Islamic torso).

Ein Vergleich japanischer und schweizer Kinder verweist ebenfalls auf die bedeutende Rolle der kulturellen Einbettung für die Entwicklung der Zeichnungen, die also keineswegs allein aus der universalen kognitiven Entwicklung des Individuums erklärt werden können (Meili-Dworetzki 1982).

Kinder verwirklichen in ihren Zeichnungen die Themen und Gedanken, die sie bewegen, viel inhaltsreicher, als sie dies verbal vermögen. So ist die Kinderzeichnung auch bald als diagnostisches Instrument für den emotionalen Zustand des jungen Individuums verwertet worden. Meist soll das Kind bestimmten Zeicheninstruktionen folgen, z.B. die eigene Familie in Tieren zu zeichnen (Brem-Gräser 1970).

7.5.1 Gegenstandswissen, Abbildungswissen und Ausführungspläne

Kinder zeichnen nicht, was sie sehen und vermutlich auch nicht, was sie wissen, sondern Gegenstandswissen, Abbildungswissen und Ausführungspläne stehen in einer komplexen Wechselwirkung (Schuster 1986). Kinder sind sich ihrer Kompromisse wohl bewußt: sie ziehen ihren eigenen Zeichnungen solche mit Überschneidungen durchaus vor, vermeiden aber selbst Überschneidungen, um möglichst eindeutig abzubilden (Golomb 1983).

Die Kinderzeichnung hat möglicherweise nicht einmal starke "visuelle" Bezüge etwa in dem Sinne, daß Kinder ein Gedächtnis-"Bild" wiedergeben. Auch blinde Kinder können mit einem Stift, der Erhebungen zurückläßt, Zeichnungen anfertigen, die sich kaum von den Zeichnungen sehender Kinder unterscheiden (Kennedy 1984, 1985; vgl. Abb. 5.9 in Abschnitt 5.2.4). Die Linie steht also für "multimodale" also tastbare oder sehbare Objektgrenzen und Kanten. Erst im Laufe der Entwicklung kommen Kriterien der "naturalistischen" Abbildung hinzu. Fortschritte in dieser Richtung sind dann sehr viel später in der frühen Jugend zu beobachten (Bradley 1986).

Das Gegenstandswissen

Wenn das Kind einen Gegenstand zum erstenmal zeichnen will, muß es seine Merkmale und Eigenschaften umsetzen. Eine Schlange läßt sich z.B. als Strich zeichnen, Hund und Katze können sich an den Ohren unterscheiden, haben aber gemeinsam vier Beine, einen Bauch, einen Kopf und einen Schwanz. Ist aber einmal ein Abbildungsmodus, eine Form der Verknüpfung des zur Verfügung stehenden Grundrepertoires an Formen gefunden, so steuert die Erinnerung an diese Problemlöseleistung die weiteren Abbildungsversuche (van Sommers 1984). So wird verständlich, daß auch Kinder, die wissen, daß Menschen einen Bauch haben, weiterhin Kopffüßler zeichnen (Meili-Dworetzki 1957).

Das Abbildungswissen wirkt seinerseits überraschenderweise auf das Gegenstandswissen zurück: Kinder die vor der Kopffüßlerphase bei der Aufzählung der menschlichen Körperteile einen Bauch genannt hatten, tun dies dann nicht mehr, verwenden also möglicherweise ihre eigene Zeichnung als retrieval cue.

Das Abbildungswissen

Für die Darstellungsobjekte entwickeln Kinder bald "Schemata", d.h. Grundformen, die wiederholt werden. Erst im Alter von ca. 7 Jahren spricht man von "schematischem" Alter, aber einfachere Schemata lassen sich wesentlich früher nachweisen. Zwischen 3 und 7 Jahren baut das Kind einen "Graphem-Satz" auf, aus dem sich andere Formen zusammensetzen (Olivier 1974; nachgewiesen in einer türkischen und deutschen Stichprobe: Krampen 1984; Van Sommers, 1984, zeigt einen Grundbausatz von Formen, die jeweils auch mit einem Strich verwirklicht werden).

Kellog (1969) vermutet, daß Zeichenschemata nicht nur aus dem Angebot der Umwelt, aus Zeichnungen älterer Geschwister usf. übernommen werden, sondern einige Formen für das Kind zunächst einfach ästhetisch befriedigend sind. Aus diesen Formen werden dann andere Schemata aufgebaut. So sei z.B. die Sonne mit Strahlen für das Kind ästhetisch befriedigend und bilde dann die Grundlage für das folgende Schema des menschlichen Körpers. Menschengestalten ohne Arme erschienen auf dem Hintergrund dieser Interpretation eher als Folge des frühen ästhetischen Empfindens, denn als die Folge eines Vergessens von Bildelementen.

In der Abbildung des Tieres ist oft noch deutlich das Menschschema zu erkennen (Abbildungsbeispiele gibt Goodnow 1977). Zunächst versucht das Kind, die neue Thematik mit den bekannten Schemata zu beherrschen. Später werden neue Abbildungsmöglichkeiten entdeckt und entwickelt und natürlich aus der Umwelt übernommen.

Weil neue Bilder auf das bereits entwickelte Formenrepertoire und Gestaltungsprinzipien zurückgreifen, haben Kinderzeichnungen bereits von 5-jährigen einen identifizierbaren Stil (Hartley u.a. 1982).

Der Ausführungsplan

Je nachdem in welcher Folge gezeichnet wird, mit welchem Teil begonnen wurde, ergeben sich Konsequenzen für die weitere Zeichnung. Frühe kleinere Fehler können später im Laufe der weiteren Ausführung der Zeichnung zu drastischen Konsequenzen führen.

Wie Goodnow (1977) zeigen kann, gibt es auch in der Zeichnung der Vorschulkinder eine typische Sequenz, einen Plan (vgl. Miller, Galanter und Pribram 1973), nach dem z.B. die Zeichnung der menschlichen Figur gestaltet wird. Die Elemente können paarig oder radial um das Ausgangsschema Kreis angeordnet werden. Je nach Plan wird ein Vergessen von Elementen wahrscheinlicher (wenn um den Torso herum radial Gliedmaßen hinzugefügt werden, muß das Kind bis 4 zählen und kann evtl. etwas vergessen, während beim paarigen Anfügen von Armen und Beinen nur jeweils zwei Elemente auszuführen sind) . Aus der Modifikation alter Schemata entwickeln sich die neuen Abbildungsmöglichkeiten.

Einige Phänomene der Kinderzeichnung lassen sich als Folge des Mal-"planes" verstehen. So kann Goodnow (s.o.) eine große Anzahl von Transparentbildern provozieren, wenn Vorschulkinder die Instruktion erhalten, eine Figur mit einem langen Rock zu zeichnen. Erst entsteht die menschliche Figur nach dem bekannten Schema und dann wird der Rock hinzugefügt. Insgesamt scheint das Schema am leichtesten durch Hinzufügung von Accessoires und einzelnen Attributen verändert werden zu können. Das Schema selbst wird vom Kind verhältnismäßig konservativ beibehalten.

Auch die Instruktion, einen Menschen zu zeichnen, der sich nach einem Ball bückt, führt nicht zur Aufgabe der starren Symmetrieachse des menschlichen Körpers. Die Aufgabe, Bewegung darzustellen, wird von den Kindern durch ein symmetrisches Auseinanderlegen der Füße gelöst.

Bei gleichem "Zeichenschema" kann sich der Ausführungsplan mit steigender Malerfahrung verbessern und effektiver werden. Ein Quadrat wird z.B. zunächst sequentiell gezeichnet, das heißt z.B. im Uhrzeigersinn eine Seite nach der anderen. Mit steigender Erfahrung mit dieser Malaufgabe werden z.B. erst die beiden vertikalen und dann die horizontalen Linien gezeichnet (Yamasaki 1985).

Zusammenfassend schreibt Goodnow (1977, S. 149): "Im allgemeinen kann man feststellen, daß Kinder Veränderungen am leichtesten vornehmen, wenn sie der Zeichnung ein Element hinzufügen können, ohne das allgemeine Prinzip verletzen zu müssen."

Das Verständnis der Kinderzeichnung als einer kognitiven Leistung, die sich aus verschiedenen Schemata aufbaut und neue Formen aus den alten Schemata konstruiert, steht in Übereinstimmung mit der Perspektive, die wir aus kunstpsychologischer Sicht von der Kunstgeschichte gewinnen, nämlich, daß die Schemata der Darstellung innerhalb einer Kultur übernommen werden und zur Darstellung der verschiedensten Objekte einen Stil ausmachen und gelegentliche Erfindungen, Erneuerungen einen Fortschritt in der Geschichte der Abbildung herstellen (vgl. Gombrich 1977).

7.5.2 Dreidimensionale Wirklichkeit und zweidimensionale Wiedergabe

Viele Merkmale von Kinderzeichnungen lassen sich aus dem Versuch der Kinder verstehen, in der zweidimensionalen Fläche Tiefe darzustellen bzw. die dreidimensionale Gegebenheit, die sie abbilden möchten, vollständig auf der zweidimensionalen Fläche wiederzugeben (vgl. Abb. 7.2). Die Lösungen, die die Kinder bei diesem Problem spontan finden, sind den Lösungen vergleichbar, die sich z.T. in weniger differenzierten Kulturen finden.

Gelegentlich beobachten wir Bilder, auf denen Gegenstände ohne gemeinsame Orientierung "liegen". Die räumliche Anordnung der Gegenstände wird durch ihre Position auf der Grundfläche ausgedrückt. Solche Abbildungskonventionen berichten Lowenfeld und Brittain (1970) ebenfalls aus Neuguinea. Eine Linie auf dem Zeichenblatt entspricht der Bewegung entlang einem Pfad. Das Zeichenblatt repräsentiert die Welt wie eine Landkarte. Zusammen mit einem "Hinlegen" der Darstellungsobjekte, bei der die gewohnte Frontansicht gezeigt werden kann, können wir die "Landkarten"-Repräsentation sehr häufig vorfinden.

Abb. 7.2: Wiedergabe von Tiefe in Kinderzeichnungen (Privatbesitz)

Einige Kinder zeichnen entsprechend die darzustellenden Inhalte in der Draufsicht. Dabei gelingt das Bild allerdings zu untypisch für die gewohnte Anschauung, um diese Form der Repräsentation der dreidimensionalen Welt häufig werden zu lassen.

Aus der kulturvergleichenden Forschung ist das Klappbild ("chain-type drawing") bekannt, das die Seitenansichten mit in die gleiche Ebene wie die Vorderansicht herausklappt. So sind alle wichtigen Ansichten des dreidimensionalen Objektes in der zweidimensionalen Fläche repräsentiert. Die Lage der Zeichenfläche entspricht nicht mehr der einer Landkarte, sondern bereits der Lage eines "Fensters". Dies wird von Kindern häufig durch eine Grundlinie deutlich gemacht, auf der Objekte stehen und eine Himmelslinie, die den Raum nach oben begrenzt. Auch wenn die Grundlinie z.B. als Berghang ansteigt, stehen die Gegenstände, z.B. Bäume, senkrecht auf der Grundlinie. Dies hat aber anscheinend nichts mit dem "lokalen", topologischen Raumverständnis zu tun, sondern mit einer Tendenz zur Symmetrie (vgl. zusammenfassend Cox 1987). Auf einem Bild können mehrere Grundlinien mit unterschiedlicher Lage gemeinsam existieren. Z.B. können die vier Bildränder vier unabhängige Grundlinien darstellen.

Die Grundlinie kann auch in der Mitte des Bildes liegen, und das Bild ist um die Achse der Grundlinie geklappt. Oberhalb einer Grundlinie orientieren sich die Darstellungsgegenstände zum oberen Bildrand, unterhalb der Darstellungslinie orientieren sich die Gegenstände zum unteren Bildrand. Auch dies ist eine Möglichkeit, mit der Grundlinie auch Tiefe im Bild zu repräsentieren.

Erst in der frühen Jugend entwickeln sich langsam die Möglichkeiten der Zentralperspektive. Die Fluchtlinien weisen allerdings sowohl bei der historischen Wiederentdeckung der Zentralperspektive im Mittelalter wie auch in den ersten Zeichnungen der Kinder noch keine gemeinsame Orientierung auf. Verkürzungen gelingen nur einigen Kindern. Das Bildangebot der Umgebung, das die Zentralperspektive reichhaltig anbietet, gibt den Kindern Vorbilder. In Kulturen mit anderen Abbildungskonventionen übernehmen Kinder das Schema der Grundlinie, die Tiefe wird durch ein Übereinanderstehen auf der Zeichenfläche ausgedrückt (Teile der asiatischen Kunst, auch zu beobachten in der Ikonenmalerei).

7.5.3 Die Kinderzeichnung als sichtbarer Gedächtnisinhalt

Können Kinderzeichnungen als "Double" innerer Vorstellungsbilder, als Offenlegung der Gedächtnisrepräsentationen interpretiert werden? Nicht ohne weiteres: Kinder lernen die Malschemata aus ihrer Umgebung. Es ist zudem klar, daß Kinder eine andere als die gewählte Darstellungsform bevorzugen würden, aber aus technischen Gründen nicht verwirklichen können.

Kosslyn u.a. (1977) untersuchen, ob Kinderzeichnungen als Daten über interne Repräsentationen Verwendung finden können. Dabei zeigen sie eindeutig, daß Kinder zwar korrekte perspektivische Wiedergaben am richtigsten finden, dann aber nicht in der Lage sind, eine korrekte Wiedergabe durchzuführen, sondern "Klappbilder" zeichnen. Die Kinder sind mit ihren Bildern entsprechend auch nicht zufrieden, sondern erklären, "es eben nicht besser zu können". Kosslyn u.a. werten dies als einen Hinweis darauf, daß das Wahrnehmungsbild nicht als Proposition über die Teile eines Gegenstandes und ihre Interrelation gespeichert wird, sondern daß in irgendeiner Form Spuren des Netzhautbildes vorhanden sein müssen.

Eine Arbeit von Philipps u.a. (1978) gelangt allerdings zu völlig anderen Schlüssen. In ihrer Untersuchung fanden sie heraus, daß siebenjährige Kinder bevorzugt Klappbilder zeichneten. Die Autoren versuchen auszuschließen, daß diese Vorliebe eine Folge der Zeichenfähigkeit ist, indem sie darauf hinweisen, daß dieselben Kinder kompliziertere, zweidimensionale Strichzeichnungen wesentlich korrekter wiedergeben konnten, so daß auch die dreidimensionale Repräsentation hätte abgezeichnet werden können.

Wenn uns diese Argumentation auch nicht völlig zu überzeugen vermag, so sprechen doch insgesamt einige Ergebnisse dafür, daß kognitive Repräsentationen sich von der in unserer Gesellschaft üblichen Zentralperspektive unterscheiden. Ein "Vorstellungsbild" kann weder einfach als ein "analoges Muster" nervöser Erregung verstanden werden noch als eine uninterpretiert wiedergegebene Helligkeitsmatrix (Wimmer und Perner 1979), sondern als bereits neu gruppierte Informationsrepräsentation, die jedoch einige Aspekte der Wirklichkeit, besonders ihre räumliche Anordnung in analoger Weise repräsentiert.

An anderer Stelle (Schuster 1982) wurde das Argument vorgetragen, daß die interne Repräsentation visueller Informationen im Format von Körperhaltungen bzw. Muskelbewegungen gespeichert ist, die ja beim Zeichnen zu keinem "Anschauungsbild" führen würden, das man wie eine Fotografie abzeichnen kann.

7.5.4 Phasen der Kinderzeichnung

Es ist üblich geworden, die Entwicklung der zeichnerischen Leistungen des Kindes durch Phasen zu kennzeichnen (z.B. bei Kellog 1969, Lowenfeld und Brittain 1970, Widlöcher 1974, Goodnow 1977). Natürlich kann die Entwicklung im Einzelfall anders verlaufen, besonders Jahresangaben können nicht als "Norm"-Wert für die Entwicklung eines Kindes verwendet werden.

Die Kritzelphase

Alle Autoren stimmen überein, daß das gestalterische Schaffen von einer Kritzelphase eingeleitet wird: Die ersten bildnerischen Spuren hinterläßt das Kind als Schmierspuren mit Brei und anderen geeigneten Materialien, wieweit auch hier schon "Gestaltung" stattfindet ist noch nicht untersucht (vgl. Richter 1985).

Bis zum Alter von drei Jahren kann man die zeichnerischen Gestaltungen als Kritzeleien bezeichnen. Das Kind findet Spaß daran, mit dem Stift eine Spur auf dem Papier zu hinterlassen. Man darf nicht annehmen, daß die Kritzeleien das visuelle Erleben des Kindes wiedergeben. Andererseits ist das Kritzeln auch nicht allein durch die Freude an der Bewegung zu erklären. Gibson (1979) beobachtete, daß Kinder aufhören, die Kritzelbewegung fortzuführen, wenn man den Bleistift durch einen Stift ersetzt, der keine Spuren hinterläßt. Motorische und visuelle Systeme operieren zunächst getrennt. Hinzu kommt, daß die Kontrolle des Kindes über die Feinmotorik nicht sehr hoch ist (Gardner und Wolf 1979).

Die Kritzelgestaltungen können nach ihrer Form (Grözinger 1970: Urknäuel, Urkreuz, Spirale, Kastenspirale, Zickzackspirale usf.) oder nach dem Entwicklungsfortschritt (Lowenfeld und Brittain: ungeordnetes Kritzeln, geordnetes Kritzeln, Benennung der Kritzeleien) klassifiziert werden. Gegen Ende der Kritzelphase im Alter von zwei bis drei Jahren werden die Kritzeleien benannt, ohne daß es dem Kind auf Formähnlichkeiten ankommt.

Entwicklungspsychologisch ist die Erforschung dieser Phase unter dem Gesichtspunkt der Entwicklung der Willkürmotorik und der "Funktionslust" bei sich wiederholenden Bewegungen interessant. Es ist vermutlich nicht berechtigt, von einem kreativen Vorgang oder einer ästhetischen Kommunikation zu sprechen. Brög (1980) vergleicht tachistische Kunst mit der Kritzelphase und stellt fest, beim Kleinkind und beim tachistischen Künstler sei das kreative Geschehen als intrapersonaler Prozeß zu verstehen. Die gestalterischen Leistungen des Kleinkindes in der Kritzelphase sind etwa den gestalterischen Leistungen einiger Primaten zu vergleichen (Morris 1968). Wenn in den Gestaltungen Balance und Raumausnutzung auffallen, so ist dies weniger dadurch der Fall, daß das Kind die Balance, sondern daß die Balance den nervösen Prozeß des Kleinkindes steuert (vgl. Winner 1982).

Die Zwei-Schema Phase

Längliche Gegenstände werden durch einen Strich und Volumen durch eine geschlossene Region abgebildet, deren Ränder keineswegs als visuelle Kontur aufgefaßt werden dürfen (Reith 1988). Das Kind versucht, Gegenstände abzubilden. Gibt man einen Menschenkörper vor, so können einige Elemente hinzugefügt werden. Die Kinder beginnen durch Kontakt mit Bildmaterial, speziell mit Kinderbüchern, die Abbildungsfunktion zu verstehen und versuchen, einfache Vorgaben zu kopieren.

Im weiteren Verlauf der Koordination von Motorik und visuellem System im Alter von drei bis fünf Jahren zeichnet das Kind die Objekte seiner häuslichen Umgebung und seines Interesses. Wie beim Kopffüßler, können wichtige Teile des Objektes fehlen. Insgesamt aber handelt es sich um eine Entwicklung, bei der das Typische der Objekte tastend erkannt wird. Die Kopffüßlerdarstellungen haben in der Literatur einige Aufmerksamkeit gefunden. Meili-Dworetzki (1957, später Kraft 1982) belegen mit Bildbeispielen die

Ansicht, das zentrale runde Gebilde des Kopffüßlers sei nicht nur Kopf, sondern Kopf und Leib zugleich.

Die Phase des kindlichen Realismus

In der Phase von fünf bis sieben Lebensjahren, die man als "kindlichen Realismus" bezeichnet, ist das Formenrepertoire gewachsen. Die Unabhängigkeit von der optischen Erscheinung der Dinge führt zu "Röntgenbildern" oder zu "Klappbildern" (s.o.), die jeweils für das Kind die vollständigste Wiedergabe der Sache sind. Die Zeichenfläche ist nicht überfüllt und bunt koloriert. Gardner und Wolf (1979) sprechen von einer "charming expressiveness". Die Kinder zeichnen das "Prototypische" in der Gestalt einfachster Schemata eines Objektes. Kinder vieler Kulturen zeichnen einen Apfelbaum (kreisrunde Frucht, runde Baumkrone), wenn sie aufgefordert werden, einen Fruchtbaum zu malen (Loeb-Adler 1967 mit 5 - 12jährigen Kindern). Goodnow glaubt, in den Kinderzeichnungen dieser Altersphase zwei generelle Prinzipien erkennen zu können: 1. Jeder Gegenstand hat seine eigene Grenze. 2. Jeder Gegenstand nimmt seinen eigenen Raum ein. So kann es passieren, daß die räumliche Orientierung der Gegenstände auf dem Zeichenblatt allein deswegen keinen gemeinsamen räumlichen Bezugspunkt hat, weil sich ihre Begrenzungslinien nicht überschneiden sollen. Die Form der Zeichnung kann auch von Konsequenzen der einmal begonnenen Raumaufteilung determiniert sein. Zeichnet man zuerst die Lokomotive eines Zuges auf die linke Blattseite, können die Wagen nur rechts angehängt werden, und der Zug bewegt sich nach links. Will das Kind den Umriß der menschlichen Figur in einer Linie zeichnen und gleichzeitig alle fünf Finger beidseitig ausgestalten, kann die Figur in der Folge dieser Absicht eher geflügelt erscheinen, weil die Feinmotorik eine korrekte Ausführung nicht erlaubt (s.o.: Ausführungsplan).

Die Phase des visuellen Realismus

Viele 5 - 7jährige Kinder unternehmen keinen Versuch, eine Tiefenrelation abzubilden (Cox 1978). Etwa mit dem Alter von 10 Jahren werden die Bilder realistischer und geben mehr Details wieder. Bis die dritte Dimension in der Zentralperspektive vollständig beherrscht wird, vergeht allerdings noch einige Zeit. In einer Studie von Willats (1977) konnten dies nur ca. 50 % der 17jährigen Jugendlichen. Durch einen eher "starren" Realismus verlieren die Kinderzeichnungen in dieser Phase viel von ihrem ursprünglichen Charme. Die Bevorzugungsreaktion der Kinder ist entsprechend ihren Zeichenversuchen fast ausschließlich an der gelungenen realistischen Wiedergabe orientiert.

Die Schemata der frühen Kindheit werden jetzt nicht aufgegeben, obwohl das Bild vielfältiger wirkt. Die Zahl der Schemata wird größer, und das Kind entwickelt Möglichkeiten, die Schemata den Notwendigkeiten der Darstellung anzupassen. Beobachtet man die Zeichnungen genauer, findet man immer noch die alten Gesichts- und Kleidungsschemata.

Kreatives Gestalten im Jugendalter

Im Jugendalter kann sich die Fähigkeit zur Darstellung bzw. zur kreativen Gestaltung sehr unterschiedlich entwickeln. Als Folge der kindlichen Standards, die Umwelt realistisch abzubilden, und der Grenzen, die die erworbenen Schemata dieser Absicht setzen, werden die Reaktionen gegenüber den eigenen Werken oft sehr negativ und hemmen die weitere kreative Tätigkeit. Wird später im Erwachsenenalter oder im höheren Lebensalter versucht, ein kreatives Hobby aufzunehmen, so schließt die zeichnerische Arbeit zunächst an die Phase des visuellen Realismus an. Im Jugendalter sind die zeichnerischen Fertigkeiten und Anlagen oft gerade wegen der negativen Bewertungen nicht weiterentwickelt worden. Anleitungen zum "Zeichnenlernen" (Edwards 1982) versuchen begründet, die gespeicherten schematischen Abbildungsmöglichkeiten zu umgehen, indem die Vorlage z.B. auf dem Kopf dargeboten wird oder aber indem der Zeichner nicht das Objekt, sondern die Zwischenräume zeichnen soll.

Einige Jugendliche allerdings entdecken kreative Begabungen und überwinden die konformistische Auffassung des visuellen Realismus. Besonders in der Comic-Zeichnung, im Versuch der Karikatur, kann sich der Jugendliche von den Forderungen eines allzu strengen Realismus befreien. Es darf aber nicht vergessen werden, daß die Anregung zu kreativen Tätigkeiten für die meisten Menschen in der Jugendphase aussetzt. Beruf und Ausbildung legen andere Schwerpunkte.

7.5.5 Ästhetische Eigenschaften und Kreativität

Ungewöhnliche Merkmale sind nicht immer Ergebnis von "Kreativität" sondern können eben auch aus dem Mangel von "Übergeneralisierungen" oder "Überdiskriminierungen" enstehen. Smolucha und Smolucha (1984) testen die Kreativität von Vpn im Alter von 2 Jahren bis zu 57 Jahren mit der Aufgabe aus geometrischen Plastikformen soviele Gegenstände wie möglich zu machen. Dabei finden sie eine J-förmige Kurve. Im Alter von 6 Jahren wurden zwar auch relativ viele Lösungen geliefert, die höchsten Werte wurden aber von den Erwachsenen im Alter von 20-40 Jahren erreicht. In einer "konventionellen" Phase nach dem Alter von 6 Jahren fiel der Punktwert für Kreativität etwas ab. Möglicherweise ist gerade das Kind im Alter von 6 Jahren stärker als ältere Kinder beim Lernen von Begriffsgrenzen mit aktuellen Problemlösungen befaßt, die Kreativität erfordern. Wenn also ein Merkmal, die ungewöhnliche Lösung, nicht unbedingt als Folge von "Kreativität" gesehen werden muß, so trägt es dennoch zum eigenartigen Reiz der Kinderzeichnung bei.

Was sind weitere Merkmale der kindlichen Gestaltung, die den ästhetischen Reiz ausmachen? Hartlaub (1930) spricht vom "Genius im Kinde" und entdeckt in der Kinderzeichnung den "Keim zur Kunst". Die moderne Kunst und die Kinderzeichnung haben Gemeinsamkeiten. In der modernen Kunst schätzt man die ungewöhnliche Darstellung. Auch in der Kinderzeichnung findet man originelle Lösungen. Ungewöhnliche, unrealistische Farben und unkonventionelle Lösungen der Tiefendarstellung (vgl. oben) erlauben z.B. einen Vergleich zwischen einem Bild von Picasso und einer Kinderzeichnung.

Darüber hinaus ist die Darstellung in der Kinderzeichnung mit ihren schematischen Elementen, die ohne Überschneidungen nebeneinanderstehen, und den gut erkennbaren Farbflächen leicht dekodierbar und erfüllt so die hier an verschiedener Stelle hervorgehobene Bedingung ästhetischen Vergnügens: die leichte Lesbarkeit im Dienste einer vergrößerten Informationsaufnahme. Kinder haben bald entdeckt, daß sich ihre Zeichnungen als Geschenk eignen und Anerkennung ernten.

Winner (1982) diskutiert die Frage, wie weit die "expressiven" Qualitäten der Zeichnung des Vorschulkindes absichtlich entstehen, also inwieweit die Bezeichnung Kunst der Kinder mit Berechtigung verwendet werden könnte.

Können Kinder, die später schematischer zeichnen und so den Geschmack der Erwachsenen weniger treffen, wieder so zeichnen wie die jüngeren Kinder? Tatsächlich erkannten Kinder im Schulalltag in den Bildern der jüngeren Kinder nur die "unrealistische" schlechte Darstellung. Erst 12jährige Kinder konnten die "ästhetischen" Merkmale von Zeichnungen erkennen und auf eine Aufforderung hin produzieren. Insofern kann erst in einem Alter, in dem die Zeichnungen der Kinder weniger Gefallen erwecken, davon gesprochen werden, daß eine ästhetische Absicht vorläge.

7.5.6 Kathartische Funktion der Kinderzeichnung

Bettelheim vermutet, daß das Märchen dem Kind die Möglichkeit gibt, aggressive, zerstörerische Impulse stellvertretend auszuleben. Auch die zeichnerische Gestaltung erlaubt, Impulse auszudrücken, die im kindlichen Leben nicht ausagiert werden dürfen. Wie Puppen und Spielbären gelegentlich "Schimpfe" bekommen, so können die gemalten Gestalten die gleiche projektive Realität erhalten. Eine kulturvergleichende Studie von Gardiner (1969) scheint diese These zu bestätigen: Die kulturellen Gruppen, die Aggression bei Kindern in geringstem Umfang zulassen (Thailand, Deutschland, Taiwan), weisen in den Kinderzeichnungen die größten Anteile aggressiver Inhalte auf. In Kulturen dagegen, die kindliche Aggression dulden (Japan, Syrien), finden sich nur wenige aggressive Inhalte in den Kinderzeichnungen. Die Autoren von Gestaltungs- und Spieltests (Welttest, Lowenfeld, Sceno-Test) weisen darauf hin, daß das oft aggressive Spiel mit den angebotenen Figuren neben der diagnostischen eine kathartische Funktion hat, also die aggressiven Motive des Kindes abbaut und eine therapeutische Interaktion erleichtert.

Wie im Bild Verhaltensphantasien verwirklicht werden können, so werden natürlich auch die materiellen Wünsche des Kindes illustriert. Autos, Flugzeuge usf. werden gemalt, und das Kind erreicht vermutlich die "milde Narkose", von der Freud bezüglich der Wirkung der bildenden Kunst spricht (vgl. Schraml 1972).

Kinder kompensieren in ihren Zeichnungen narzißtische Kränkungen ihres Körperschemas. Kleine Kinder malen sich sehr groß oder stellen sich als Erwachsene dar. Afrikaner, die in ablehnenden Umwelten leben, malen sich hellhäutig. Sicher müssen wir Adler zustimmen, daß die kindliche Machtlosigkeit zu einer tief empfundenen Minderwertigkeitswahrnehmung führen kann und so der "Konflikt", der die kreative Leistung auslöst, bei Kindern im allgemeinen gegeben ist (Schraml 1972).

7.6 Kreative Hobbys

Neben wenigen Berufskünstlern gibt es eine große Zahl von Hobby- und "Sonntagsmalern", die keinen finanziellen Gewinn oder öffentliche Anerkennung aus ihren Gestaltungen ziehen können, aber dennoch offensichtlich mit großer Begeisterung und Ausdauer bildnerisch tätig sind. Auch hier ist die Psychologie des kreativen Prozeßes anzuwenden. Auch hier spielt eine Rolle, etwas Schönes herzustellen, etwas, was bei anderen Anklang findet.

Im Bereich des kreativen Hobbys und der Kreativitätsförderung im Unterricht bieten sich nach Limberg (1978), die die entsprechende Literatur zusammenfaßt, Möglichkeiten, die Lernbehindertenpädagogik zu erweitern, weil kreative Fähigkeiten und kognitive Fähigkeiten nicht zwangsläufig gleich stark ausgeprägt sein müssen.

Vielleicht weil es in der Diagnostik gar kein Instrument zur Messung momentaner Stimmungen gibt, finden wir im Bereich der bildenden Kunst kaum empirische Studien über die psychische Verfassung während und nach dem Malen eines Bildes oder dem Gestalten einer Skulptur. Dennoch haben wir viele Hinweise, z.B. aus der Kinderzeichnung, aus den Berichten über Kunst im "Knast" oder aus den Berichten über kreative Tätigkeiten in Konzentrationslagern, daß die kreative Tätigkeit die Stimmung positiv beeinflussen kann. Als Folge entwickelte sich in psychiatrischen Krankenhäusern eine Beschäftigungs-Mal-Therapie und in neuerer Zeit eine Kunsttherapie (vgl. Schuster 1986). Auch viele Maler haben uns geschildert, wie das Malen von Bildern unerträglichen inneren Spannungen abhalf (van Gogh) oder den Maler zur selbstvergessenen Hingabe führte.

Für den Hobby-Maler oder -Bildhauer ist die Entwicklung der modernen Kunst insofern günstig, als es keine anerkannten Standards der Abbildung oder technischer Fertigkeiten mehr gibt. Gerade in der Möglichkeit abstrakter

Gestaltung liegt für den Hobby-Künstler die Chance, ästhetisch befriedigende Werke zu schaffen, ohne Malfertigkeiten langdauernd trainieren zu müssen (Schuster und Krämer 1980).

Eine ähnliche Befreiung von Normen und Forderungen an die Abbildung könnten Collagen leisten. Tatsächlich scheint aber auch die Fotografie, die eine "naturalistische" Abbildung ermöglicht, einen hervorragenden Platz unter den gestalterischen Hobbys eingenommen zu haben. Die Wiedergabe der Urlaubslandschaft erfolgt keineswegs realistisch, sondern verschönt in Richtung auf einen Geschmack, wie er auch für Landschaftsbilder zutreffen würde. Der kreative Akt bei der Fotografie liegt im wesentlichen in der Selektion der Szene, die fotografiert wird. Laulan (1978) staunt anläßlich eines Fotowettbewerbs zum Thema "Französische Küste" darüber, wie sehr die eingeschickten Bilder eine imaginäre Welt zeigen und die Küste keineswegs realistisch portraitierten.

Natürlich dient auch die Urlaubsfotografie dem Zweck, den Daheimgebliebenen eine schöne, erstrebenswerte Urlaubswelt vorzuführen, und setzt sich in der Regel nicht mit den problematischen Aspekten der Urlaubswelt auseinander. Jeder Leser weiß aus eigener Erfahrung, mit welchem Stolz Urlaubsbilder oder auch künstlerische Fotografien vom Urheber präsentiert werden. Überwiegend solche Bilder, auf denen die jeweilige Person zu sehen ist, werden aus den Fotos von Bekannten und Freunden nachbestellt. Solche Bilder haben eine "Beweisfunktion", die z.B. auch Bilder von der Freundin oder vom eigenen Auto einnehmen können.

Gelegentlich gibt es Ausstellungen, auf denen Fotoamateure ihre Werke zeigen können, oder Wettbewerbe, die sich großen Zuspruchs erfreuen. Der Stolz auf das Gelingen der eigenen Leistung der Beherrschung der relevanten Technik und der Motivwahl ist Antrieb für Künstler wie für kreative Amateure.

Im Rahmen einer Fotopsychologie (z.B. Spitzing 1985) wird die Bedeutung des Fotohobbys für den Einzelnen thematisiert: Dort wird die "Alltagsthese" repliziert, das viele Fotografieren im Urlaub verhindere das aktuelle Schauen. Das Gegenteil scheint mir der Fall zu sein. Das Foto vermindert die Flüchtigkeit des Augenblickes und erlaubt dem Betrachter, ganz unvoreingenommen und ohne den Vorsatz der langfristigen Speicherung den Zeugen der Vergangenheit und den großen Kunstwerken der Welt entgegenzutreten. Früher mit Skizzenblock und Zeichenstift war ein solches Vorhaben ungleich mühevoller, entsprach aber nichtsdestoweniger dem Wunsch der Reisenden.

Zuhause dient das Foto als "retrieval cue", als Abrufreiz für die vergangenen Urlaubsstimmungen, aber auch für die "gelernten" geographischen Informationen - man erinnere sich etwa an die Abrufversuche von Ortsnamen im Angesicht von Urlaubsdias.

Verwenden wir das Wort Kreativität eher im Umfeld seiner Bedeutung "gestalterisch tätig sein", so ist zum Thema Kreativität und Alter beizutragen, daß Malen (und sicher Musizieren) in der rollenfreien Phase nach der Pensionierung zur Aktivierung und zur Lebenszufriedenheit der Individuen beitragen können (Lehr 1979, Sprinkart 1979a).

So berichtet Schmitz-Scherzer (1975) von einer Freizeitgruppe alter Menschen, die mit Ton, Glas und Holz Gestaltungen herstellten und Befriedigung darüber empfanden, nicht nur der Empfänger sozialer Hilfeleistungen zu sein, sondern selbst etwas "Nützliches", "Schönes" herzustellen. Leider werden die kreativen Tätigkeiten alter Menschen in den zitierten Umfragen nur unter der Rubrik Basteln, Handarbeiten, Do-it-yourself-Aktivitäten subsumiert, so daß der Stellenwert von kreativem Gestalten im Leben nach der Pensionierung nicht eingeschätzt werden kann.

Ein Angebot von Malkursen wurde von Senioren bereitwillig aufgegriffen, und zwar von einem hohen Prozentsatz solcher Personen, die keine professionellen oder durch ein Hobby erworbenen Erfahrungen mit zeichnerischen Aufgaben besaßen (Sprinkart 1979b). Daher ist verständlich, daß die Senioren zuerst zeichnerische Fertigkeiten lernen wollten. In einer abschließenden Bewertung des Malangebotes wiesen sie jedoch darauf hin, daß sie gelernt hätten, sich durch das Malen zu entspannen (61 %), aus dem Alltagstrott herauszufinden (57,3 %), zu neuem Unternehmungsgeist gefunden zu haben (40,4 % der Teilnehmer).

Bei der Betrachtung der Bilder ist man an die letzte Phase zeichnerischen Gestaltens vor der Pubertät erinnert, also den Zustand, auf dem die zeichnerischen Fertigkeiten seit der letzten kreativen Gestaltung verblieben waren. Aber es sind auch wichtige Unterschiede vorhanden. Die Werke der Senioren sind - stärker als etwa die Werke eines Jugendlichen - mit der Absicht gemalt, etwas Schönes, im weiteren Sinne Kunst, anzufertigen. Die Bilder, die in einer Ausstellung gezeigt wurden, sind eher in Pastelltönen gehalten. Tatsächlich weist der Katalog der Ausstellung (Sprinkart 1980) eine große Zahl von beeindruckenden Darstellungen auf. Die kreative Tätigkeit kann möglicherweise das Selbstbild des alten Menschen positiv beeinflussen. Natürlich sind diese Gestaltungen in den vorliegenden Referaten nicht nach Neuheit und Originalität, also der zweiten Bedeutungskomponente des Begriffes Kreativität, beurteilt. Auch war es vermutlich nicht das Ziel der Kurse, besonders originelle Lösungen zu erarbeiten.

Es sollte nicht die Forderung nach Produktion von nützlichen Dingen sein, die hinter der Ermutigung zur Kreativität in der Altenarbeit steht. Die kreative Gestaltung kann zu einer Auseinandersetzung mit dem eigenen Leben, zu einem psychischen Wachstum, zu einem Teil "Selbstverwirklichung" werden. Nicht das Geburtstagsgeschenk für die Enkel, sondern vielmehr die Auseinandersetzung mit dem eigenen Leben und die Botschaft, die aus der eigenen Lebenserfahrung gewonnen werden kann, sind der Nutzen solcher kreativen Tätigkeit.

Insofern scheint es mir auch gerade in der kreativen Tätigkeit mit alten Menschen besonders wesentlich, zu Werken zu ermutigen, die die eigene Intention treffen und weniger einer generell anerkannten "Norm" der korrekten Naturwiedergabe folgen. Es liegt in der Hand der Organisatoren von Kursen, der Dozenten der Kunstpsychologie, wie weit aus der kreativen Arbeit mit Senioren Hobby, Beschäftigungstherapie, Kunsttherapie oder aber eben Erfüllung von Lebenssinn und Auseinandersetzung mit der Welt aus dem eigenen, individuellen Lebensweg heraus werden kann (vgl. Frankl 1972).

Aus der Beschäftigung mit dem kreativen Gestalten kann sich eine zweite Karriere entwickeln, wie im Fall der Kölner Künstlerin Sophia Marx, die lokale Szenen in naiver Manier malt und in vielen Galerien und Veröffentlichungen Würdigung findet (ebenso Grandma Moses, Ralph Fasanella). Positive Erfahrungen mit kreativen Gestaltungen in der Altenarbeit berichtet Harrison (1980), die bei den ersten Malversuchen auf Erinnerungen oder alte Fotografien zurückgreift.

7.7 Graffiti

Während kreatives Gestalten im allgemeinen gefördert und gefeiert wird, ist es im besonderen Fall geradezu einer Verfolgung ausgesetzt: z.B. an Toilettenwänden, Schulbänken, öffentlichen Wänden oder Wirtshaustischen. In Wort und Bild begegnen wir hier Kreationen, die in aller Regel so schnell wie möglich wieder entfernt werden.

Dennoch handelt es sich um Gestaltungen von hohem kulturgeschichtlichem und kunstpsychologischem Interesse. Unter dem Namen Graffiti (hier sind besonders auch die schriftlichen Einlassungen gemeint) haben diese Kritzeleien auch in der Literatur Beachtung erlangt. Abel und Buckley (1977) unterscheiden öffentliche und private Graffiti, die in unterschiedlichen Funktionskreisen stehen (zusammenfassend auch Pietroiusti 1989).

An Gefängnis- und Latrinenwänden läßt sich das Bedürfnis zu spontaner Äußerung bis nach Pompeji oder bis zum Marktplatz von Athen verfolgen. Diese Überlieferung handelt nicht von den wenig bewegenden Kriegen, sondern hebt psychologisch relevante Daten aus der Vergangenheit.

Es scheinen die "unterdrückten", die nicht zugelassenen Motive und Wünsche zu sein, die etwa in der Anonymität der Toilette oder auch noch der abgelegenen Hauswand zum Ausdruck kommen (Kinsey u.a. 1953 belegen dies für Graffiti sexuellen Inhalts). Ein befreiendes Entleeren auch der seelischen Schlacken kann stattfinden (Dundes 1966).

Wenn Gadpaille (1971) die Graffiti für einen selbst angewandten, projektiven Test von Individuum und Gesellschaft hält, dann leistet er auch einen Beitrag zu der Frage, ob im projektiven Test manifeste oder latente Bedürfnisse ausgedrückt werden.

Während in westlichen Toiletten zur Zeit des Verbotes der Homosexualität eine große Zahl homosexueller Inhalte zu finden war, fand man auf den Philippinen, wo Homosexualität ohne Ächtung praktiziert werden kann, keine solchen Motive. Auf der Toilette ist natürlich der Genitalbereich assoziativ naheliegend, auf Hauswänden findet man mehr die Parolen politisch verbotener Gruppen. Evtl. kommt in den Graffiti an Toilettenwänden ein aggressives Motiv zum Austrag, das sich eben der "Obszönität", des Schlimmen und Unaussprechlichen bedient. Frauen, die durch Sozialisation oder glückliche Anlage im allgemeinen geringere Aggressionstestwerte erhalten als Männer und auch weniger mit dem Strafgesetzbuch in Konflikt kommen, sind in der Produktion von Graffiti wesentlich zurückhaltender. Gegebenenfalls findet man Themen der Frauenbewegung (Pussy-power), also ein in gewissem Sinne "unterdrücktes" Anliegen, das aggressiv gegen die Gesellschaft ausgetragen wird.

N. Rees (1980, 1981) diskutiert hier anhand von durch Frauen produzierter Graffiti aus dem amerikanischen Sprachbereich einen säkulären Trend. Er beobachtet ebenfalls, daß ernsthafte Anliegen der Frauenbewegung zum Thema der anonymen Inschriften werden. Daneben treten im Vergleich zu Kinseys Beobachtungen aber immer stärker auch sexuelle Themen in den Vordergrund. Die Bedingungen, die zum Entstehen oder Fehlen von Graffiti führen, sind noch nicht geklärt; so bleibt z.B. die Frage offen, warum in Finnland so wenig Graffiti gefunden werden.

An einer anderen Stelle erfüllen die "Einkerbungen" einen anderen Zweck. Wunschvorstellungen schmücken die Schulbänke. Der Name des Freundes, der Freundin, ein Herz, das ersehnte Auto wurden in die Holzoberflächen geschnitzt. Im Kontext der Schule sind andere Bedürfnisse unterdrückt, als im Kontext Toilette. Langeweile und Vorfreude auf die Zeit nach dem Schulschluß werden ausgedrückt. Wirtshaustische und Orte touristischen Interesses weisen häufig Herzen und die Namen der Besucher auf. Ob hier ein Relikt der Verhaltensweise des Reviermarkierens ("I was here" Syndrom, Reisner 1971, vgl. auch die Ethologie) existiert oder ob sich diese "Unsitte" aus einem Wunsch nach Berühmtheit, Bekanntheit, Publizität ergibt, steht dahin. Auch die einzelnen "Inhalte" des Graffito können ihre speziellen Determinationen haben: Das Herz mit den Namen der Liebenden zeigt, ganz im Sinne einer Annonce, der Öffentlichkeit eine Verbindung zweier Menschen an, die nun "vor Zeugen" für immer gelten soll.

Anders als bei Schulbankzeichnungen oder Graffiti auf Toiletten tritt im öffentlichen Graffito die kommunikative Absicht bezüglich der Themen, die die Kommunität bewegen, in den Vordergrund. Die kommunikative Funktion rückt auch an den Häuserwänden der Städte ins Zentrum, wobei die angesprochenen Inhalte immer noch "unterdrückter" Art sind, seien es Bekenntnisse zum Terrorismus oder gegen die Atomkraft. Hier entstehen gelegentlich aber auch Kunstwerke, die gegen die langweilige Betonarchitektur protestieren (vgl. Abb. 7.3). Nägeli betonte - nachdem seine Anonymität aufgedeckt wurde - die "kriegerische" Natur seiner Kunst.

Mitlerweile hat die Kunstszene sich der Möglichkeiten der Graffiti-Malerei angenommen. Tausende sehen so Kunstwerke, die niemals in Museen ausgestellt werden und können mit Farbbeuteln oder der Sprühdose Stellungnahme und Kunstkritik selbst in die Hand nehmen (Cockroft und Brotzky 1983).

Kritzeleien beim Telefonieren oder in anderen Betätigungspausen sind vermutlich anders determiniert als die oben beschriebenen Graffiti. Als Erklärung könnte die aktivierte Schreibbereitschaft, die Freude an rhythmischer

Bewegung oder auch die Freude an den entstehenden geometrischen Mustern herangezogen werden. Systematische Sammlungen solcher Kritzeleien existieren nicht. Es wurde die These aufgestellt, die Urheber solcher privater Graffiti seinen kreativer als der Durchschnitt der Population (Schwartz und Dovido 1984). Pietroiusti (1983) rückt diese unter geringer bewußter Beachtung entstehenden Kritzeleien in die Nähe des Tagtraumes und hält sie für einen selbstangewandten projektiven Test (s.o).

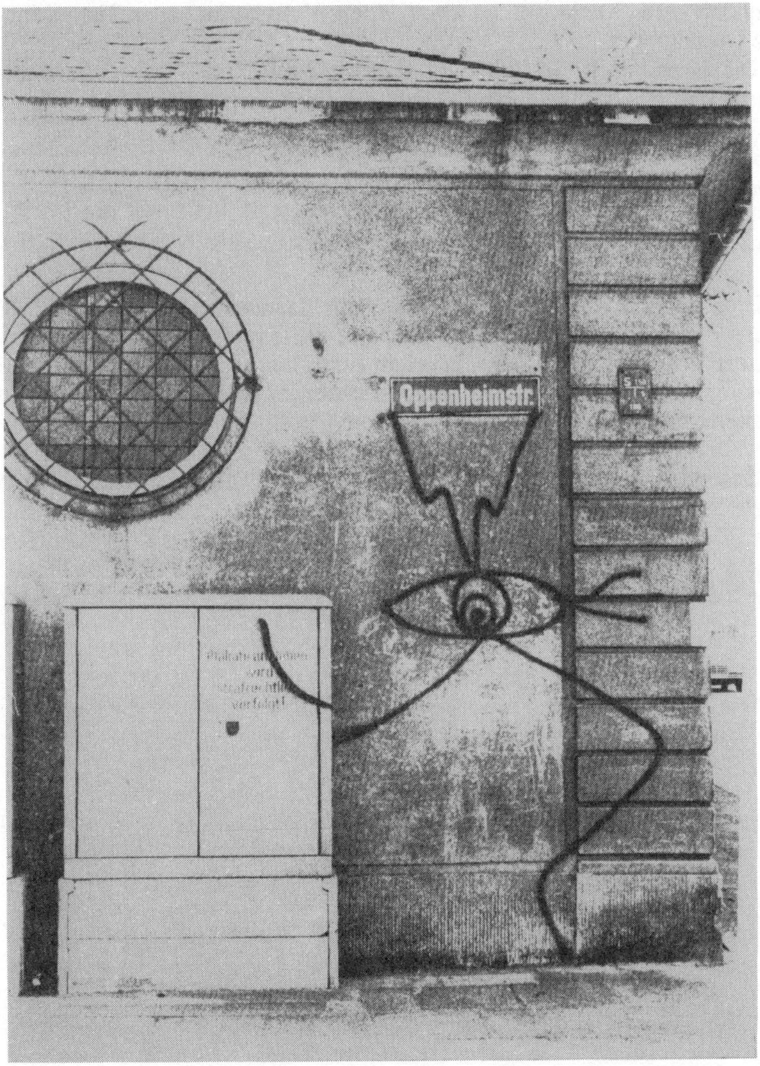

Abb. 7.3: Graffiti von Naegeli an Kölner Hauswand (Foto: M. Schuster)

Die ungeübten Zeichner bedienen sich bestimmter Darstellungskonventionen und leicht zu verwirklichender Zeichen. Wie einfacher ließe sich die Liebe als durch das Zeichen des Herzens ausdrücken, das international verstanden wird. Bei Darstellungen sexuellen Inhaltes werden darstellerische Schwierigkeiten auffälliger. Einfache Reizelemente der auslösenden Reizgruppen, wie z.B. die Busenrundung, sind leicht zu verwirklichen, der Versuch größerer Szenen wirkt unbeholfen. Das menschliche Gesicht, das ebenfalls auf angeborener Grundlage beurteilt wird und mit wenigen Strichen ausreichend verwirklicht werden kann, ist ebenfalls bevorzugtes Thema für solche Gestaltungen.

Die öffentlichen Graffiti - vor allem in New York - haben sich aber zu einer Graffiti-Kunst weiterentwickelt, die einen ausgeprägten Stil auffweist.

Schlußbemerkung

Obwohl die Kreativität eine hochbewertete Eigenschaft ist, wird nur wenig getan, sie zu fördern.

Eine neue, wichtige Leistung kann nur dann entstehen, wenn die Menschen die wichtigen offenen Fragen und die ungelösten Probleme kennen. Unsere Lehrbücher und der Unterricht zentrieren sich allzu oft um mögliche Lösungen, und abweichende Phänomene werden nicht erwähnt. Neben Lehrbüchern, die sich um Lösungen zentrieren, sollte es "Problem"- Bücher geben, die sich mit den offenen Fragen des Faches beschäftigen.

Besonders in der Kunst ist es die Problemfrage, die den Fortschritt anstößt. Viele Amateure könnten ihre Kreativität sinnvoller entfalten, wenn sie mit den Problemen und Zielen der zeitgenössischen bildenden Kunst konfrontiert wären. Wird z.B. im Kunstunterricht aber ausschließlich die Geschichte der Kunst des Mittelalters dargestellt, fehlt der angemessene Problemkontakt.

8 Kunstbesitz

8.1 Wandschmuck und Wohnzimmergestaltung

Die Kunst in Museen und Ausstellungen findet die Beachtung der Öffentlichkeit. Die Rolle der bildnerischen Gestaltungen in Wohnungen, im privaten "Gebrauch" wird dagegen selten problematisiert. Dennoch ist der Terminus "zeitgenössische Kunst" nicht einfach unter Auslassung des vorherrschenden Kunstkonsums mit Bedeutung zu füllen.

Natürlich wird z.B. das Wohnzimmer mit Kunstreproduktionen, echter Kunst, Fotografien, Urkunden oder auch mit selbst verfertigten Objekten geschmückt. In dieser Funktion werden bildnerische Gestaltungen "Wandschmuck" genannt. Die Geschichte dieses Wandschmuckes ist nahezu vergessen. Leider gibt es keine Museen für den Wandschmuck im Wandel der Jahrhunderte. Brückner (1973) unternahm den verdienstvollen Versuch, anhand der Produktion einer Bilderfabrik die vergangenen Bildmoden zu schildern.

Erst frühestens seit dem 16. Jahrhundert ahmen die Bürger die Sitte der Oberschichten nach, die Wände der Wohnung mit Tafelbildern zu schmükken (vgl. "Trickle-down"-Theorie der Mode). Dies läßt sich aus alten Besitzinventaren erkennen: Scharfe (1981) berichtet eine Sichtung von Erbteilungsverzeichnissen (1665 - 1851) aus württembergischen Dörfern, in denen Gegenstände bis zu einem Wert von 3 Reichspfennigen registriert sind. Über das erste Wandbild wird 1736 berichtet. Die ersten beschriebenen Wandbilder weisen - entsprechend der Entwicklung der Kunstgeschichte - religiöse Inhalte auf. Daneben werden auch Natur- und Landschaftsdarstellungen früh als Wandschmuck verwendet.

Für die Psychologie der Kunst ist die Untersuchung des Wandschmuckes von zentraler Bedeutung, weil hier der Umgang des Menschen mit Kunst deutlich wird. Auftragsarbeiten für Fürsten oder Kirchen sind generellen psychologischen Interpretationen nicht so zugänglich wie die Kaufentscheidung der breiten Massen.

Die Bildproduktion für Massen wird von eben diesen selegiert. Nichts kann dauerhaft angeboten werden, was nicht auch breiten Anklang fände. Also können wir hoffen, die generellen Faktoren der Wirkung von Bildwerken aus der Wahl des Wandschmuckes besonders deutlich erschließen zu können.

8.1.1 Methoden der Wandschmuckforschung

In der Wandschmuckforschung grenzen die psychologischen Fragestellungen eng an die Probleme der Kunstsoziologie (vgl. Silbermann 1973, Hauser 1974, Lützeler 1975, Wick und Wick 1979). Die zitierten älteren Untersuchungen zum Wandschmuck der unteren Sozialschichten wurden von Soziologen durchgeführt. Wenn das Wohnzimmerbild auch vom einzelnen Menschen her untersucht werden kann, so muß bei der Untersuchung der Staatskunst, des Denkmalbaus oder der Darstellung einzelner Berufsstände der jeweilige gesellschaftliche Hintergrund mitberücksichtigt werden. Mit den Mitteln der soziologischen Fragestellung wird z.B. eine Aufhellung des Bauernmotives möglich. Nur wenn man weiß, daß der Bauernstand lange Zeit verachtet wurde und seine Angehörigen als unzivilisierte Tölpel angesehen wurden, kann die bewußt angestrebte Häßlichkeit der Abbildungen von Bauern verständlich werden.

In einigen Studien wurde versucht, empirisch zu erfassen, welche Bilder in den Wohnungen der Deutschen exponiert sind (s.o.); andere Studien erheben nur das relevante Angebot z.B. in Kaufhäusern. Dabei wäre zu berücksichtigen, daß ein Teil der gekauften Bilder aus verschiedenen Gründen nicht an die Wohnungswand gelangt. Indirekte Methoden der Erfassung z.B. durch Schulaufsätze (Scharfe 1970) müssen auch nicht zu Aussagen über den tatsächlich exponierten Wandschmuck führen. Die Berichte werden von Gedächtnisfehlern und von Faktoren der sozialen Wünschenswertigkeit beeinflußt.

Bei einer Untersuchung des Wandschmuckes muß auf jeden Fall zwischen dem Schmuck in verschiedenen Wohneinheiten unterschieden werden. Das Schlafzimmer wird z.B. eher private "Schätze" bergen. Das Wohnzimmer ist der Ort, an dem der Kontakt von privater zu öffentlicher Welt stattfindet. Dort werden dem Besucher "guter Geschmack" und prestigeträchtiger Besitz demonstriert.

Im Kontext kunsthistorischer Arbeiten finden sich Versuche einer vergleichenden Betrachtung des Wandschmuckes: Haskell (1976) z.B. beschreibt die Raumgestaltung in verschiedenen Kulturen und historischen Epochen. Glaser (1979) führt die Wohnzimmergestaltung verschiedener Epochen - leider aufgrund einer unzureichenden Beschreibung - einer vergleichenden Würdigung zu.

Gleichzeitig finden sich auch erste Ansätze der experimentellen, variierenden Methode, Wandschmuckpräferenzen und Raumgestaltungspräferenzen zu erforschen: Studenten sollen anhand von Fotografien beurteilen, in welchem von verschiedenen Fakultätsbüros sie sich wohlfühlen würden. Pflanzen und Poster hatten einen positiven Einfluß auf das vermutete Wohlbefinden (Campbell 1979). Baird u.a. (1978) variierten die Raumhöhe und berichten, die Vpn bevorzugten höhere Räume als heute üblich sind.

8.1.2 Funktionen des Wandschmuckes

Der Wandschmuck als Statussignal

Kunstverstand und Reichtum des Besitzers sind am Wandschmuck zu erkennen. Die soziologisch orientierten Autoren nehmen im Titel "Wandschmuck der unteren Sozialschichten" von Beginn der Untersuchung das Zusammengehen von Wandschmuck und sozialem Status an. Zumeist sind solche Arbeiten wertend auf den "trivialen" Wandschmuck der Unterschicht bezogen (Brückner 1967, Sturzenegger 1970, Scharfe 1970, Schilling 1971, Scharfe 1981). Die Gewohnheiten der Oberschicht werden nachgeahmt, und es entwickelt sich eine entsprechende Veränderung der Schmuckgewohnheiten. Zum Beispiel hat der röhrende Hirsch als Schmuck des Jagdzimmers des Barons seinen Weg in die Mietswohnung gefunden.

Das Wohnzimmer als Raum, in dem Familie und Publikum zusammentreffen (Silbermann 1963), spielt natürlich in bezug auf die Statusdemonstration eine besondere Rolle. Die statusausweisende Funktion des Wandschmuckes wird von den Befragten sehr wohl wahrgenommen. Scharfe (1981) zitiert eine Äußerung an der Tür einer Arbeiterwohnung: "Zu mir brauchen sie gar nicht zu kommen, ich habe ja sowieso nur Kitsch." Eine Besorgtheit, die besonders berechtigt scheint, wenn in der Einleitung von Scharfe von einer (reflektierten) Borniertheit der Unterschichten bezüglich des Wandschmuckes gesprochen wird. Andererseits wird der Kitschbegriff von Unterschichtangehörigen aus ihrer Sicht als das Unakzeptable der Kunst definiert: (Scharfe 1981, S. 29/30) "Kitschig sind Abweichungen von der naturgetreuen Abbildung. Abstrakte Bilder, die aus lauter Farbklecksen bestehen."

Originale finden sich eher in Oberschichthaushalten (Schuster und Krämer 1980). Gelegentlich wird dort Kunst als Kapitalanlage betrachtet. Wie gefährlich dies ist, zeigt Obermeier (1972) in einer Analyse des Kunsthandels. Während ein Bild von Liebermann 1919 RM 17000 erzielte, wurde ein ähnliches Bild 1954 nur noch für 11000 DM versteigert. Es ist klar, daß die Mode bestimmt, welche Originalkunstwerke "man" besitzt.

Wandschmuck und Stimmungsbeeinflussung

Betrachtet man die Produktion einer Kunstfabrik zwischen 1845 und 1973, so ist Freuds Feststellung zuzustimmen, daß die Kunst über die Härten des Lebens hilft. In Zeiten äußerster wirtschaftlicher Not und während der Kriege werden Liebesszenen (Elfenreigen, Rosenkuß, Hochzeitstraum), Landschaftsbilder (Morgentau, Bergfrühling, Winter), religiöse Bilder (z.B. Eingreifen des Schutzengels, vgl. Abb. 8.1) sowie Kinderbilder (Mädchen und Jungen beim Gebet mit erotischen Anklängen) angeboten (Brückner 1973). Ein Rundgang durch die Kunstabteilungen der Kaufhäuser zeigt, daß sich das Angebot zwar etwas verschoben hat, aber im wesentlichen die gleiche positive Seite des Lebens bietet.

Abb. 8.1: Schutzengel, Chromlitho um 1900 (Privatbesitz)

Frauendarstellungen und Kinderszenen nehmen neben verschiedenen Landschaften den breitesten Raum ein, allerdings - möglicherweise die letzte Errungenschaft von den Wohnzimmern der Oberschicht - finden sich auch viele Reproduktionen neuer Meister, z.B. von van Gogh oder Manet neben Reproduktionen holländischer Landschaftsmaler. Die Malweise ist hier zumeist realitätsnah und farbenfreudig. Dem Käufer kommt es offensichtlich auf den Inhalt an, der positive Assoziationen anklingen läßt. Ganz analog verhält es sich mit der Sitte, Urlaubsdias vergrößern zu lassen und so eine Erinnerung an die emotional angenehmsten Wochen des Jahres zu konservieren. Überhaupt findet man im Wandschmuck eine große Zahl von Fotografien (Schuster und Krämer 1980).

Ob es die Abbildungen der geliebten Kinder, von Urlaubserlebnissen oder auch der Hochzeit sind, der Wandschmuck hat - das kann man vermutlich in dieser Generalität aussagen - die Funktion, Assoziationen und Gedanken in angenehme Bahnen zu lenken, um die Schwierigkeiten des realen Lebens vergessen zu machen. In diesem Sinne leistet der Wandschmuck ein Stück Psychotherapie.

Im Wandschmuck wird Kunst deutlich zum Realitätsersatz. Die Fototapete oder das Ölbild leisten hier Gleiches. Es geht oft weniger um Kunst als um genaue Wiedergabe. Die Landschaft und Seeaussichten, die der durchschnittliche Bürger von seiner Wohnung aus nicht hat, werden durch die Abbildung ersetzt. Es liegt nahe zu vermuten, daß der natürliche Bezug des Menschen auf seine belebte Umwelt, der (s.o.) in Angstphantasien und Illusionen so deutlich wird, auch hier zur Wirkung gelangt.

Die häufigsten Bildthemen in den Wohnzimmern unserer Zeit, und zwar über alle sozialen Schichten hinweg, sind Landschaften. Diese Bilder werden nach Auskunft der Besitzer als "schön" empfunden und erinnern an das ungebundene Leben in der freien Natur. Darüber hinaus mögen Landschafts- und Stadtansichten, Seestücke und z.T. auch Tierdarstellungen die Funktion haben, die Mauer etwa im Sinne eines Fensters aufzubrechen. Tatsächlich spielt die "Tiefe" eines Bildes eine wichtige Rolle für die Wertschätzung (vgl. Kap. 6 "Experimentelle Ästhetik").

Der Abbildungsinhalt bestimmt die Reaktion (der von Scharfe 1981 untersuchten Unterstichprobe) auf den Wandschmuck. Goyas Bild "Die Erschießung der Aufständischen" weckt Assoziationen an Erschießen, Tod, Krieg und Unterdrückung. So wundert es nicht, daß das Bild im Verlauf einer Wandschmuckstudie auf Ablehnung trifft: "... da krieg ich einen Grusel, wenn ich das seh, ... ekelhaft" (Zitat eines Befragten nach Scharfe 1981, S. 31). Die Ergebnisse zum bevorzugten Wandschmuck scheinen über unterschiedliche Stichproben recht stabil zu bleiben. So stellt Kraft (1981) an Krankenhauspatienten fest, daß zwei impressionistische Landschaftsbilder (darunter Monet: "Mohnblumen") die größte Zustimmung finden würden. Nicht-gegenständliche Bilder (Vasarely, Baumeister) fanden nur bei Befragten mit höherer Schulbildung Zustimmung. Von den weiblichen Befragten wurden zwei Kinderdarstellungen favorisiert (Reynolds und Picasso). Weniger harmonische Abbildungsgegenstände wurden dagegen als Wandschmuck für das Krankenzimmer zurückgewiesen. Der Wandschmuck soll über die Sorgen und Ängste der Patienten hinweghelfen.

Ein ebenfalls von den Patienten positiv bewertetes Bild in der Manier der Kaufhauskunst wird von Kraft, vermutlich eher aus kunstpädagogischen Erwägungen, für das Krankenzimmer nicht empfohlen.

Stück (1982) erfaßt den Wandschmuck unter den deprivierten Bedingungen der Haft. Hier wird die Funktion, die die Kunst im Leben der Menschen hat, besonders greifbar. Die Strafgefangenen berichten, in ihrer Zelle wesentlich mehr Bilder aufzuhängen als etwa in ihrer Wohnung. Einige von ihnen thematisieren, daß die Bilder ihnen helfen, mit der Situation fertig zu werden. Durch die Darstellungsinhalte werden die deprivierten Erlebnisbereiche kompensiert: Bilder der Familie oder Bilder der Freundin, Sexdarstellungen und Landschaftsmotive geben einer Welt Existenz, die der Strafgefangene gezwungenerweise vermissen muß (vgl. Abb. 8.2).

Wandschmuck als Ausdruck individueller Überzeugungen

In vielen - als Wandschmuck angebotenen - Bildern erkennt man Allegorien und Mahnungen mit moralischem Anspruch. Hier scheint es sich um ein generelles Phänomen zu handeln, wenn es auch im historischen Kontext jeweils anders eingebettet ist. Ob z.B. Hogarth ("Beer street und gin lane" 1750) die Folgen des Alkoholmißbrauchs anprangert oder heute der Raubbau an der Natur beklagt wird, es ist die moralische Botschaft, die dem Betrachter wichtig ist. Der Wandschmuck bestärkt den Betrachter in seinen moralischen Werten.

Wandschmuck als Zeichen der Inbesitznahme von Raum

Wanddekorationen können auch Zeichen der individuellen Besitznahme von Wohnraum sein. Besonders in Gesellschaften, in denen die Immobilie zumeist nicht dem Bewohner gehört, wird der Wunsch nach Reviermarkierung aufkommen. Diese Tendenz mag sich in gleichförmigen Stadtwohnungen verstärken, die durch den Wandschmuck eine individuelle Ausgestaltung erfahren können. Hansen und Altmann (1976) untersuchten, wie Studienanfänger ihre Räume in einem Studentenwohnheim schmückten. Nach zwei Wochen hatten bereits 90 % der Studenten Wanddekorationen angebracht. Studenten, die ihre Wand weniger dekorierten, hatten eine höhere Drop-out-Wahrscheinlichkeit.

Selbst verfertigter Wandschmuck als Möglichkeit kreativen Gestaltens

Soweit die abstrakte Kunst Eingang in das Wohnzimmer gefunden hat, erfüllt sie eine sehr spezielle Funktion. Die abstrakte Malerei scheint den Hobby-

Künstler von den Normen der realistischen Darstellung zu befreien. Die Möglichkeit, abstrakt und anerkannt "künstlerisch" tätig zu sein, wird von vielen Personen in ihrer Freizeit aufgegriffen. Eine erhebliche Proportion des Wandschmuckes ist selbst verfertigt (Scharfe 1981). Beim Betrachten des selbst verfertigten Wandschmuckes werden im Betrachter Stolz und Zufriedenheit mit der eigenen Leistung aufkommen. Es ist sicher verführerisch, sich als "Künstler" zu empfinden.

Abb. 8.2: Wandschmuck an einer Zellenmauer nach Stück (1982)

Leider fassen Berichte über die Freizeitgestaltung (Schmitz-Scherzer 1975) die kreativen Tätigkeiten unter der Kategorie "Basteln" oder "Handarbeiten" zusammen. Bei der Verwendung eines so groben Rasters kann kein weiterer Aufschluß über Funktion und Ergebnisse der kreativen Freizeitbeschäftigung erwartet werden.

8.1.3 Wohnzimmergestaltung

Auch die Gestaltung der Wohnzimmer folgt dem Wandel der Kunststile (Morand 1980). Alles, was über Mode und Stile gesagt wurde, ließe sich mit wenigen Abwandlungen auch auf die Gestaltung der Wohnzimmer anwenden. Im Wohnzimmer halten die Stile etwas verzögert Einzug. Die Funktionalität der Bauhausentwürfe findet erst ca. 50 Jahre verspätet in den Ikea-Möbeln einen breiteren Publikumsanklang (Koebl und Sack 1980).

Besonders die Fotografien deutscher Wohnzimmer (Koebl und Sack 1980) zeigen, in welchem Maße das Wohnzimmer die Utensilien von Status aufweist. Wenn die Ausstattung der Wohnungen sich auch ganz offensichtlich nach den zur Verfügung stehenden Geldmitteln richtet, so wird erkennbar, wie "Kränkungen des Individuums" in der Berufswelt oder im "äußeren" Dasein im privaten Leben komfortabel aufgepolstert, aufgefangen werden sollen.

Die Wohnung wird auch deswegen besonders "entspannend" wirken, weil sie, wegen ihres hohen Bekanntheitsgrades, die Informationsverarbeitungskapazitäten wenig herausfordert. Dies wird oft von "Bewohnern" spontan erwähnt. Die Vertrautheit läßt auch die unfunktionelle oder standardisierte Umgebung positiv wirken. Jeder Veränderung werden erhebliche Widerstände entgegengesetzt. In der vertrauten Umgebung ist der menschliche Sinn für Ordnung nicht so sehr auf strenge Symmetrie und Geradlinigkeit angewiesen. Die Möbel vieler Stilepochen wirken geradezu "verschnörkelt" belebt, die Anordnung der Gegenstände dient oft nicht der leichten Erkennbarkeit. Weiche Polsterungen und Teppiche scheinen zur Wohnlichkeit beizutragen.

Die Gestaltung der Wohnung läßt sich unter verhaltensbiologischem Gesichtspunkt würdigen. Der Schutzraum ist für den Menschen besonders wichtig und könnte insofern im biologischen Programm vorgesehen sein. Wenn das Sofa meist mit dem Rücken zur Wand steht bzw. auch Besucher von Lokalen zuerst die Plätze mit dem Rücken zur Wand einnehmen, wird dies mit einem natürlichen Sicherheitsbedürfnis zusammenhängen.

Durch die vielen Landschaftsbilder in naturnachahmenden Stilen und durch Pflanzenabbildungen auf Teppichen und Tapeten wird die Illusion einer natürlichen Umgebung hergestellt. In Epochen, die ein anderes Verhältnis zur Ornamentik hatten als die heutige, waren Ornamente mit Tier- und Blumenmotiven gang und gäbe. Selbst im modernen Wohnzimmer halten diese Ornamente unter dem Etikett der Nostalgie allenthalben wieder Einzug. Naturprodukte, auch wenn sie imitiert sind, wie Holz mit seiner Maserung,

Wolle, Stein, Leder und Bruchstein, prägen das Wohnzimmer. Pflanzen sind ein so allgegenwärtiges Ausstattungsstück von Wohnzimmern, daß Eibl-Eibesfeldt (1984) von "Phytophilie", einer Pflanzenliebe spricht.

Ansammlungen von Gläsern, Bildern und Porzellan finden sich in den Wohnzimmern aller Sozialschichten. Die Gruppierung von Gleichartigem hat ihren eigenen ästhetischen Reiz, demonstriert aber auch Wert und Besitz (vgl. oben). Die Funktion solcher Sammlungen könnte aber auch über ihren ästhetischen Reiz hinausgehen. Ich will ein Hypothese wagen, die allerdings noch einem empirischen Test standhalten müßte: Die vielen Sachen und Figürchen geben dem Blick eine Möglichkeit zu verweilen. Mit der Argumentationshilfe von König (1975) könnte man von Blickfängern sprechen, die im Wohnzimmer angeboten werden. Ein aggressives Starren in die Augen des Sozialpartners wird durch solche Blickangebote vermieden.

8.2 Kunstsammeln

Eine Geschichte des Sammelns verdanken wir Schlosser (1923/1978), der die Kunst- und Wunderkammern aus den Anfängen des Sammelwesens beschreibt, die später in museale Sammlungen überführt werden. Hier ergeben sich besondere Einblicke in die Motive des Sammelns, die sich bei Fürsten und Potentaten unabhängiger von den heute vorherrschenden pädagogischen Imperativen zeigten. In diesen Kunst- und Wunderkammern versammelte sich alles, was selten, kurios oder wertvoll war. Ob es sich um "Riesenknochen" von Fossilien, präparierte Haifischzähne (sogenannte "Natternzungen)" Paradiesvögel oder die im Kristall gefangene Seele handelt, es wird das Motiv erkennbar, staunend die Geheimnisse der Welt wahrzunehmen. Das gleiche Interesse wird in den zwei anderen, der alten Wunderkammer angegliederten Abteilungen sichtbar, der Sammlung wissenschaftlicher Instrumente, von Automaten und Uhren sowie der Sammlung von Mineralien und seltenen Steinen. Die Kunst ist vor dem Hintergrund solcher Sammelstücke eher ein Mittel, seltene Ereignisse oder die Rätsel der Welt oder eben auch die Heiligengeschichten zu visualisieren. Schlosser schildert, daß der Name der Künstler in diesen frühen Wunderkammern nur eine untergeordnete Rolle spielte. Erst in späteren Jahrhun-derten wird die Wahl der Sammlung durch künstlerische Gesichtspunkte bestimmt. Kuriositäten und Kunst waren ihren Sammlern damals wie heute hohe Geldsummen wert. Bereits im Mittelalter konnten Fälscher vom Sammelinteresse einzelner Fürsten leben.

Neben der Sensationslust scheint die Sammlung aber auch immer durch die unverbildete Freude am schönen Gegenstand getragen zu sein. Das wertvolle Kleinod findet sich wiederum auch in den Kunst- und Wunderkammern. Lorenz (1978) schildert, daß die Ethologie wichtige Impulse aus der menschlichen Sammelleidenschaft für "schöne" Vögel erhalten hat. In der Kindheit werden "schöne" Muscheln mit glänzenden Oberflächen, getrocknete Blumen oder symmetrische Mineralien gesammelt.

Diese Motive der Sammelleidenschaft liegen auf der Hand. Die genauere Analyse weist aber noch weitere Antriebe des Sammelns auf. Gleichzeitig stößt das Interesse an den Problemen des Sammelns aber auf erstaunliche Lücken in der psychologischen Analyse menschlichen Verhaltens. Eine Psychologie des Sammelns ist noch nicht geschrieben, obwohl gerade in der Individualentwicklung das Sammeln einen wichtigen Platz bei der Erforschung der Welt einnimmt.

8.2.1 Motive des Sammelns

Wenn gelegentlich Fälle "pathologischen Sammelns" bekannt werden (vgl. Herzogenrath 1981), so stellt sich die Frage, ob Sammeln durch die Erziehung induziert wird oder vielleicht zur instinktiven Ausstattung des Sammler-Jäger-Menschen gehört.

Bei Kindern kann die Sammelleidenschaft sich spontan entwickeln. Manche Menschen bemerken ihre Sammelleidenschaft nicht, weil ihr Verhalten normalerweise nicht als Sammeln bezeichnet wird (vgl. Salber 1981). Sie sammeln Geld, Veröffentlichungen, Kochrezepte, Freundinnen/Freunde oder Urlaubserlebnisse. Auch solche Sammlungen werden, z.B. in Fotoalben, dokumentiert und von den Besitzern gepflegt.

Nimmt man den Begriff des Sammelns für ein so breites Spektrum von Verhaltensweisen, so wird deutlich, daß Sammeln etwas mit Kumulieren, aber auch mit Klassifizieren zu tun hat. Von hier ist Sammeln nicht nur Folge eines instinktiven Urgrundes, sondern auch Folge der intellektuellen Fähigkeiten des Menschen.

Das ästhetische Motiv

Zu Beginn wollen wir ein Motiv vorstellen, das traditionellerweise als Fundament des Sammelns nicht erwähnt wird, vor dem Hintergrund der hier entwickelten Kunstpsychologie aber deutlich wird. Die Sammlungen beginnen typischerweise mit einem Stück, das zufällig vorhanden ist, zu dem ein zweites wieder mehr oder weniger zufällig ergänzt wird, dann aber gewinnt die Sammlung an Eigendynamik; dann fängt das bewußte Suchen nach Ergänzungsstücken an. Was ist es, das sich erst einstellt, wenn eine Gruppe von gleichartigen Gegenständen zusammen ist?

Die Gruppe gleichartiger Gegenstände bietet genau das, was man in der antiken Tradition "Einheit in der Mannigfaltigkeit" nennt, was man nach unseren Thesen im Kapitel "Wahrnehmungspsychologie" als "Erleichterung der Wahrnehmung" bezeichnen kann. Der Blick streift über die Sammlung und findet gleichartige Objekte vor. Die Objekthypothese kann beibehalten werden, zumeist auch die grundlegende Form oder der Aufbau der vielfältigen

Wahrnehmungserfahrung. Wiederholung ist die einfachste Form der Symmetrie, und eine Sammlung ist eben eine Wiederholung einer Klasse von Gegenständen. Die Wiederholung wird nicht starr, langweilig, weil es eben unterschiedliche Gegenstände der gleichen Objektklasse sind. Typischerweise sind Sammlungen in Sammlerschränken ausgestellt oder auf jeden Fall so angeordnet, daß die Elemente der Sammlung gemeinsam ins Blickfeld rücken, also ihren ästhetischen Reiz ausüben können.

Insofern ist der Sammler ein Mensch, der sich selbst einen ästhetischen Gegenstand schafft. Künstler haben sich dieses Prinzip zunutze gemacht und auf Objekten eine Gruppe gleichartiger Dinge versammelt (vgl. Oldenburgs Objekte "Pistolenmuseum", "Maus-Museum" und Werke von Spoerri). Der ästhetische Wert entsteht nicht aus der Art des Gegenstandes, dieser kann völlig wertlos sein, sondern eben aus der Beziehung zwischen den Gegenständen, der Gleichartigkeit bei spezifischen Unterschieden. Insofern hat die Sammlung andere Eigenschaften als ihr einzelnes Element und kann als Beispiel für die Bildung von Gestalteigenschaften herangezogen werden. Der hohe Wert, den Sammler ihrer Sammlung zumessen (oft unternehmen sie Maßnahmen, die Sammlung auch nach ihrem Tod zusammenzuhalten; hier wäre eine Reihe von Stiftungen aufzuführen), ist sicher zum Teil aus dem ästhetischen Wert zu erklären, den die Sammlung für den Einzelnen hat und natürlich aus dem Stolz des Sammlers, einen solchen ästhetischen Wert hergestellt zu haben.

Das Sammeln des Schönen als kompensatorisches Motiv

Niederland (1977) berichtet aus seiner psychoanalytischen Praxis den Fall einer Frau, die mit einer Entstellung des Gesichtes zur Welt kam. Sie konnte diese Entstellung später geschickt und wirkungsvoll durch Make-up verbergen. Die Entstellung war jedoch in ihrem Erleben sehr dominant. Sie hatte Angst, man würde das Körpermal entdecken. In ihrer Jugend mußte sie ins Badezimmer, wenn Besuch kam. So weit seien einige Daten ihrer Lebensgeschichte genannt.

Diese Frau entwickelte eine ausgesprochene Sammelleidenschaft für Edelsteine bestimmter Farbe, und sie setzte ihren Ehrgeiz daran, Häuser, die sie kaufte, instandzusetzen und zu verschönern. Später gefielen ihr die Gestaltungen jedoch nicht mehr, und sie verkaufte die Häuser wieder. So wirkte sie - nach ihren eigenen Aussagen - der Unreinheit ihres Körpers entgegen. Die Sammelleidenschaft, der Wunsch zur Verschönerung wurden in diesem Fall von der narzißtischen Kränkung des Ichs getragen. Die schweren Folgen der Entstellung des Äußeren, im besonderen des Gesichtes, im sozialen Kontakt wurden bereits im Abschnitt 2.3 dargestellt. Es ist selbstverständlich, daß eine solche Entstellung zum zentralen Gedankenmotiv werden kann (Nach der Therapie schrieb die Klientin Gedichte, die das Thema "reine Wiedergeburt" behandelten!).

Interessant ist in unserem Zusammenhang, wie der Wunsch, auf eine spezielle Art schöne Gegenstände um sich zu gruppieren, daraus entsteht, daß eben diese unversehrte Schönheit beim Eigentümer der Sammlung nicht vorhanden ist, aber intensiv gewünscht wird. Insofern kann die Sammlung auch als Kompensation eigener narzißtischer Kränkung angesehen werden. Beim Kunstsammeln, bei dem es sich oft seitens des Besitzers um ein Sammeln des Schönen handelt, könnte die schon im Bereich der Kreativität aufgeführte seelische Strebung, dem Selbst Schönheit zu gewinnen, dominant sein.

Kunstsammlungen sind nicht nur schön, sondern auch wertvoll, kurios, interessant. Cabanne (1961) schildert die Ansicht, daß der Wert der Sammlung "Minderwertigkeitskomplexen" entgegenwirken kann.

Der Sammelgegenstand hat sicher neben der kompensatorischen Funktion noch eine Dimension, die sich psychoanalytisch beleuchten läßt. Er kann eine symbolische Bedeutung haben. Wenn Vasen, Döschen oder Textilien gesammelt werden, so ist zu untersuchen, ob der Sammelgegenstand im Sinne des Fetischs libidobesetzt ist.

Sammeln als klassifikatorische Tätigkeit

Sammeln gestaltet sich oft als klassifikatorische Tätigkeit. Die Gegenstände der Sammlung werden einer Ordnung eingegliedert, z.B. dem Katalog aller von einem Land herausgegebenen Briefmarken. Die Sammlung weist eine Ordnung nach vielen möglichen Gesichtspunkten auf. Verschiedentlich ist geäußert worden, daß diese Klassifikation genuin Spaß macht (z.B. Humphrey 1973, der auch auf Pawlow 1928 verweist, der das Sammeln ebenfalls als Bestreben auffaßt, die Teile einer großen Gesamtheit zusammenzutragen. Interessanterweise bemerkt Pawlow, in welchem Ausmaß eine Sammlung menschliche Aktivität binden kann).

Humphrey glaubt, daß der Vorgang des Klassifizierens eine Tätigkeit des Menschen ist, die biologisch vorprogrammiert ist und dem Menschen ein Überleben ermöglicht. Die Klasse der eßbaren Dinge, der Dinge, vor denen man Angst haben muß usf. muß von jedem Menschen aktiv geformt werden. In der Sammlung laufen diese Aktivitäten sozusagen im Leerlauf ab. Wenn in der Individualentwicklung das Wissen von der Welt aufgebaut wird, sind klassifikatorische Fragen (Was ist der höchste Berg, der längste Fluß?) von besonderer Bedeutung.

Während die Welt in Begriffe und Klassen geordnet wird, wird die Ordnung in der Sammlung materialisiert. Das Ziel ist dabei, einen Inhaltsbereich vollständig zu erfassen. Walls u.a. (1975) finden heraus, daß eine Gruppe von 4 1/2- und von 10jährigen Kindern nicht danach strebt, aus einer Gruppe von Reizen (Bilder von Körperteilen) jeweils einzelne Körperteile zu "sammeln", sondern daß 79 von 80 Vpn die Tendenz zeigten, eine "ganze", vollständige Gestalt anzusammeln.

Die Alben für Briefmarken kommen diesem Bestreben entgegen, indem die möglichen Marken in der Anordnung bereits abgebildet sind und uns so unmittelbar deutlich wird, welche Marken der vollkommenen Abbildung eines Sammelbereiches noch fehlen. Das intellektuelle Bedürfnis der Klassifikation wird von den meisten pädagogischen Autoren erwähnt (vgl. Aberle 1972). Fast alle Kinder sammeln Briefmarken (Mandelartz 1981). Die 8- bis 12jährigen Kinder sind Sammler des Seltenen und Ungewohnten. Darin drückt sich die "Entdeckung der Welt" aus (Eid 1978), so daß Wilhelm Busch sicher mit der Formulierung recht hat: "In jedem Menschen ruht - eine Sammelwut."

Besitzmotiv und Sammeln

Umfragen auf Kunstauktionen ergaben, daß ca. 40 % der Käufe von dem Motiv getragen waren, Kapital anzulegen, also auch Gewinne zu erzielen (Aberle 1972). Das Besitzenwollen ganz allgemein und die "naive Freude" am Besitz ist ein Grundzug der menschlichen Existenz, der in der Psychologie wenig Beachtung findet. In der Ethologie kennt man die Bedeutung des Revierbesitzes (vgl. den Wunsch nach einem Einfamilienhaus).

Der Besitz von Kunst als solcher ist verhältnismäßig unabhängig von Moden ein Zeichen für den Status des Besitzers (vgl. auch Anderson 1979 über primitive Kunst). Die richtige Einschätzung von Kunst ist darüber hinaus ein Zeichen von Bildung (vgl. oben).

Objekte des eigenen Besitzes haben die Eigenschaft, in besonderem Maße zum Selbst, zum Selbstbild zu gehören und sind insofern geeignet, kompensatorische Funktionen zu übernehmen (s.o.) oder anderen eigene Überzeugungen zu kommunizieren. Wie weit dem Besitz gegenüber Pflegemotive (vgl. Fromm 1978) wirksam werden, ist zu fragen. Das Restaurieren und Erhalten von alten Dingen oder völlig zerstörten Spielzeugen kann eigene Quellen der Befriedigung bieten, die unter der Rubrik Besitzmotiv nicht völlig ausgelotet sind.

Das Bedürfnis nach Einzigartigkeit

Eine Eigenschaft, auf die viele Menschen Wert legen, ist die Einzigartigkeit, die Individualität. Die Flucht vor der Vermassung kann ein Motiv des Sammelns sein und wird häufig in diesem Zusammenhang erwähnt (Aberle 1972, Herzogenrath 1981). Beides, extreme Gleichheit und extreme Abweichungen, erzeugten in der Vergleichsgruppe negative Emotionen (Fromkin 1980).

Die Individualität kann über Hobbys, Fernreisen oder Einstellungen angestrebt werden. Ganz im Vordergrund solcher Verwirklichungen steht natürlich das "materiale Selbst", der Besitz, speziell der Besitz von Kunstobjekten. Ein Unikat kann nur einer einzigen Person gehören und eignet sich dazu, diese Person von allen anderen Personen abzuheben. Hinzu kommt, daß seltene Gegenstände als wertvoller betrachtet werden (Fromkin u.a. 1971). Wenn wir - ohne wissenschaftlichen Beweis - annehmen, daß der Wert des

Besitzes in irgendeiner Form auf das Selbstwertgefühl Einfluß nimmt, wird der hohe finanzielle Aufwand verständlich. In der Werbung für besonders teure Luxusgüter wird der Zusammenhang zwischen Selbstwert und Besitzwert deutlich hervorgehoben (Snyder und Fromkin 1980).

Alle nicht mehr produzierten Gegenstände werden selten und eignen sich so zur Demonstration von Individualität. Dies ist eine Erklärung für die oft bestaunte Nostalgiewelle.

Die Freude am Suchen und Finden

Frankl (1972) macht deutlich, daß die Ausrichtung des Lebens auf einen Sinn ein Merkmal der psychischen Gesundheit sein kann. In moderen industriellen Gesellschaften ist die Sinnfindung aus verschiedenen Gründen erschwert. Als "Nutzmensch" ordnet der Mensch seinen Lebenssinn u.a. den Zielen der Gewinnmaximierung oder der Parteieinsicht unter.

Eine Sammlung kann dagegen eine "selbstgewählte" Ausrichtung der Existenz herstellen. Das Suchen stellt Spannung, Vorlust (vgl. Kap. 10) her. Zum Beispiel sind die Konflikte, ob ein Kauf bei einem gegebenen Preis in Frage kommt, äußerst spannungsvoll. Diese Spannung scheint insgesamt auch ein wesentlicher Teil des Kunstgenusses zu sein. Sie ist beim Lesen von Romanen oder auch beim Lösen von Rätseln das motivierende Element: Der Sammler geht nicht gelangweilt über die Straßen, sondern ist immer "gespannt" auf der Suche nach einer Ergänzung für seine Sammlung.

Dieses Suchen und Finden muß logischerweise etwas sehr Grundlegendes im Dasein einfacherer Gesellschaften sein. Möglicherweise ist die Spannung eine Erlebnismöglichkeit, die sich aus solchen Gegebenheiten entwickelt hat. Spannung als Sammlung aller seelischen Kräfte im Angesicht eines möglichen Fundes oder der Notwendigkeit des Kampfes wäre nützlich und notwendig. Spannung könnte als eine "handlungsvorbereitende" Emotion verstanden werden.

Schließlich birgt das erfolgreiche Finden eine Reihe von Befriedigungen; der Stolz, etwas entdeckt zu haben, darf nicht unterschätzt werden. In den Zeitschriften für Sammler (z.B. Sammlerjournal, Rubrik "Mein liebstes Stück") beschreiben Sammler ein Erlebnis mit ihrer Sammlung. Zumeist handelt es sich um das Erlebnis, ein vom Händler verkanntes Objekt sehr preiswert erworben zu haben. Der Stolz über diese Entdeckung wird im Objekt miterlebt und ist durch das Objekt dokumentiert.

Soziale Bekräftigung

Wie ein Künstler kann auch ein Sammler bei anderen Zustimmung und Bewunderung finden. Eine Bekräftigung seitens der sozialen Umwelt, die ihrerseits wieder eine Eigendynamik entwickelt, kommt hinzu (vgl. Psychologie der "Verstärkung" von Skinner u.a.). Bekannte und Freunde wirken selbst durch Geschenke und Diskussionen am Ausbau und an der Gestaltung der Sammlung mit.

Das Zusammenwirken von Motiven

Die verschiedenen Motive wirken natürlich beim einzelnen Sammler zusammen. Eine Fragebogenstudie von Mandelartz wies faktorenanalytisch die folgenden Motive nach, die sich in unterschiedlicher Stärke gruppierten: 1. Finden/Suchen, 2. Ordnen, 3. Pflege, 4. Vollständigkeit, 5. Besitz, 6. Sparsamkeit, 7. Geldanlage, 8. Hang zur Vergangenheit, 9. Individualität, 10. ästhetischer Genuß (Mandelartz 1981).

8.2.2 Kunsthandel

Der Besitzübergang findet im Kunsthandel statt, so daß eine psychologische Betrachtung des Kunstbesitzes auch den Kunsthandel streifen muß, wenn auch hier wieder soziologische Fragestellungen benachbart sind. Der Handel setzt die Forderungen des Publikums gegen die Kunstschaffenden durch und wählt solche Künstler aus, die als verkaufbar angesehen werden.

In primitiven Gesellschaften (z.B. Silberschmiedekunst der Navajo oder Eskimoskulpturen, vgl. Anderson 1979) haben sich durch den Verkauf Veränderungen ergeben. Es hat sich eine "Touristen-Kunst" entwickelt, die an die Wünsche der europäischen Besucher angepaßt ist. So wirkt der Geschmack der Verbraucher als Selektionsdruck auf den Produzenten zurück.

Händler sind darauf angewiesen, daß die Ware in gewissem Umfang verfügbar ist, so werden vergessene Künstler für den Publikumsgeschmack wiederentdeckt. Le Brun z.B. machte sich zur Aufgabe, Künstler wie Holbein, Ribera, und auch Vermeer den Zeitgenossen wieder ins Gedächtnis zu rufen. Ein Grund für Bevorzugungswechsel mag also auch die Menge der Werke sein, die dem Handel zur Verfügung stehen.

Lange Zeit waren die Abnehmer der Kunst nicht die vielen Bürger, sondern die Potentaten und Reichen der Gesellschaft. Sie begründeten die Sammlungen, die dann z.B. den Grundstock für den Louvre oder das britische Museum lieferten. Ihr Geschmack beeinflußte natürlich die Salonmalerei, so daß ein Zeitgenosse die Feststellung machen konnte, in Wirklichkeit seien es die Rothschilds oder Pereire, die die Bilder in den Salons malten, weil die Bilder in den Salons für deren Geschmack gemalt seien (Haskell 1976, S.83).

Der Marktwert einzelner Künstler wird aufmerksam beobachtet und Ranglisten des Marktwertes oder des Bekanntheitsgrades werden publiziert, um dem Kapitalanleger hilfreich zu sein (vgl.. Herchenröder 1978). Von hier aus werden Grenzen einer Kunstpsychologie sichtbar. An dieser Stelle müßte eine wirtschaftliche Betrachtung einsetzen, um Kaufentscheidungen zu erklären.

Battin (1979) und Lang (1972) werfen die Frage auf, warum der Besitz einer nahezu identischen Replikation (bekannt wurden die Dietz-Repliken) so wenig geachtet ist. Es wurde argumentiert, die Replik stelle nicht die "Verbindung" zu der hochgeachteten Künstlerpersönlichkeit her.

Hier haben aber auch die Erkenntnisse der Marktforschung Relevanz, wie die wahrgenommene Seltenheit eines Produktes die Einschätzung der Qualität beeinflußt. Worchel u.a. (1976) zeigen, daß das seltene Nahrungsmittel für wertvoller als ein beliebig verfügbares gehalten wird.

Dieses Phänomen kann an Kunstwerken studiert werden, die erst nach dem Tod des Künstlers selten und wertvoll werden. Zudem wirkt der hohe Preis für ein Kunstwerk auf die Bewertung der Qualität zurück (Beispiele aus der Marktforschung: Peterson und Jolibert 1976).

Massenware widerspricht aber auch dem Wunsch nach "Selbstausdruck" oder Individualität. Ist die Auflage der Kopien dagegen begrenzt, so können auch diese ein bestimmtes Maß an Einzigartigkeit und Seltenheit erreichen. Für begrenzte Kopie-Auflagen werden auch erhebliche Preise erzielt. Die Fälschung wird nicht nur deshalb, weil sie kein historisches Dokument ist, geringgeschätzt, sondern auch weil sie im assoziativen Umfeld des Betruges auftritt.

8.2.3 Öffentlicher Kunstbesitz

In Museen und Sammlungen gibt es ein "Kunstangebot", das von den Menschen immer stärker wahrgenommen wird. Unter dem Blickwinkel des Kunstpsychologen wären vielerlei Fragen interessant und warten auf eine Klärung: Zum Beispiel ist zu fragen, wie der Kunstgenuß inmitten einer großen Menschenmenge sich verändert (diese Frage stellt Parkes 1984). Könnte es sein, daß die Vielzahl der anderen Besucher als Bestätigung der eigenen Entscheidung genommen wird, ins Museum zu gehen, oder vermindert das Gedränge und das gegenseitige "sich die Sicht verstellen" den Kunstgenuß? Interviews mit den Besuchern würden sicherlich einen Wunsch nach Genuß, aber auch einen Wunsch nach Bildung aufzeigen. Bildung und Weiterbildung sind in unserer Gesellschaft wünschenswerte Ziele. Die Besucher können also im Museum mit sich zufrieden sein. Aus psychoanalytischer Sicht wäre der Museumsbesuch eine überich-bezogene Aktivität. Die Bewunderung vor den Höchstleistungen der Kultur kann so weit gehen, daß die Leningrader Eremitage Schilder aufstellt, die den Besucher auffordern, im Angesicht der Kunstwerke nicht zu lachen. Wenigstens von der Museumsleitung werden Gefühle der Hochachtung und Ehrfurcht erwartet. Es wäre die Aufgabe des Kunstpsychologen, diesen Gefühlen im Kontext des Museumsbesuches und des Kunstgenusses nachzuforschen. Das assoziative Umfeld des Museums als "Musentempel" und Ort des Genusses wird den Kunstwerken das Seinige zufügen. Werke, die kaum Beachtung fänden, wie eine dreckige Badewanne, bieten natürlich im Museum eine kontrastreiche und gefühlsbezogene Bedeutungskommunikation.

Der Besitz ist in der Psychologie - gerade unserer Gesellschaft - überraschend wenig untersucht. Vermutlich sind die darauf bezogenen Verhaltensweisen den Menschen zu selbstverständlich, um Staunen zu erregen. Prüft man aber die Regeln des menschlichen Zusammenlebens, z.B. im Strafgesetzbuch, scheint das Besitzen die problematischste Sache der Welt zu sein. Auch der Kunstbesitz ist unzureichend erforscht. Man weiß nicht, wie der Besitz die Kunstreaktion verändert oder z.B. wie die Tatsache des Besitzens von Kunst auf das Selbstbild wirkt. Auch eine Psychologie des Museumsbesuches ist noch nicht geschrieben. Hier gibt es noch lohnende Forschungsaufgaben. Die historische Bedingtheit der menschlichen Reaktion in diesen Handlungsbereichen müßte allerdings von Beginn an mit erfaßt werden.

9 Zeitgenössische Kunst

9.1 Fotografie, Werbung und Computergraphik

Für den Kunsttheoretiker ist es nicht leicht, Aussagen über eine Zeitspanne des Kunstschaffens zu treffen, der die Geschichte noch keinen Platz zugewiesen hat. Von Micky-Maus-Figuren bis zu Filzkunstwerken kann noch alles als "die" Kunst unserer Zeit hervorgehoben werden.

Für den Psychologen ist die Aufgabe insofern einfacher, als er keine Bewertungen abgeben muß, sondern die Wirkungsprinzipien des Angebotes analysieren kann. Dabei sehen Kreitler und Kreitler (1972) keinen Anlaß, der zeitgenössischen Kunst einen besonderen Platz einzuräumen, weil die allgemeinen Prinzipien der Kunstpsychologie auch hier zur Geltung kämen. Hier soll allerdings die Meinung vertreten werden, die zeitgenössische Kunst habe - z.T. aus historischen Gründen - neue Formen der visuellen Darbietung entwickelt. Koch-Hillebrecht (1983) führt in einer Psychologie der "modernen" Kunst ausdrücklich aus, daß die Vorbilder der Künstler sich verändert haben, die Kunst der "Wilden", der Geisteskranken und der Kinder tritt in den Blickpunkt und rückt andere Kunstwirkungen, natürlich auch Kunstformen in den Vordergrund, als die vergangenen Jahrhunderte sie kannten.

Fotografie

In der Geschichte der Kunst hat die Fotografie eine wichtige Wende markiert. Es ist eine überflüssige Fleißanstrengung geworden, etwas Schönes oder Eindrucksvolles abzumalen, weil das Objekt mit viel geringerem Aufwand fotografiert werden kann. Zunächst wurde die Fotografie als "heimliche" Vorlage verwendet (z.B. Zille, Liebermann, Slevogt, Courbet, v. Stuck), dann mußte sich aber die gesamte bildende Kunst neue Ziele suchen (Peters 1979). Die genaue, detailgetreue Abbildung wird zum Hobby der Massen, die über das preiswerte Produktionsmittel "Fotoapparat" verfügen. Zeitgenössische Künstler formulieren den Einbruch in ihren traditionellen Tätigkeitsbereich, z.B. Gerhard Richter (zitiert nach Haase 1981): "Die Fotografie liefert doch in allen Bereichen Bilder, so perfekt und so glaubhaft, daß ihr in dieser Hinsicht die Malerei hoffnungslos unterlegen ist." Francis Bacon bespricht den Einfluß der Fotografie auf die Möglichkeiten des zeitgenössischen Künstlers (Rump 1981).

Als die moderne Kunst nun in Form und Farbe von den Konventionen der realistischen Abbildung abwich, machten sich die Experten (wenn man einen Kunstpsychologen dazu zählen darf) Gedanken, ob etwa die Maler von Bildern wie "Das blaue Pferd" (Franz Marc) farbenblind gewesen sein könnten (Pickford 1972). Das Publikum lehnte die neuen Möglichkeiten zunächst schlichtweg ab und steht auch heute der zeitgenössischen Kunst reserviert gegenüber.

Die Geschichte der illusionistischen Abbildung wird zwar fortgeschrieben, löst sich aber von der Geschichte der Kunst. Die Abbildung schaffte es, Bewegung, Ton und schließlich im Hologramm auch die dritte Dimension zu simulieren. Diese Fortschritte werden heute jedoch als Fortschritte der Technik und der Physik und nicht als Fortschritte der Kunst gefeiert, die sich der neu entwickelten Möglichkeiten mit einer gewissen Verzögerung bedient und - wie im Falle der "Video-Kunst" - prüft, wie das neue Medium zu neuen Kunstformen führen könnte.

Eine letzte Domäne der naturgetreuen Darstellung liegt in der dreidimensionalen Gestaltung von "environments". So ist es höchst eindrucksvoll und emotionsbewegend (offensichtlich ein Definitionsmerkmal des Fortschrittes in der zeitgenössischen Kunst), in einen Raum zu treten, in dem eine Vergewaltigungsszene aufgebaut ist (vgl. die Arbeiten des Künstlers Keenholz). Die Illusion ist in einem Maß gelungen, wie Fernsehen oder Kino sie nicht erreichen könnten. Ein Museumsbesucher, der sich als Stoffpuppe entpuppt, stellt die gleiche Illusion her (Objekt von Duane Hanson im Wallraff-Richartz Museum Köln). Im Bereich der dreidimensionalen Darstellung, in dem eine wenig aufwendige Produktionstechnik nicht so massiv in den Arbeitsbereich der Künstler eingedrungen ist, wird noch "realistisch" gearbeitet.

Werbung

Auch in der Werbung werden Dinge getan, mit denen der einzelne Künstler nur schwer konkurrieren kann. Die Agenturen arbeiten mit verschiedenen Spezialisten und mit enormen finanziellen Möglichkeiten an der Produktion von Wunschträumen. Die Erzeugnisse der Werbung sind für den Rezipienten billig und massenhaft vorhanden. Wir wollen uns der These Kutters (1976) anschließen, die Werbung gehöre zur ästhetischen Umwelt des modernen Menschen. Kutter erwähnt das Beispiel einer international vertriebenen Zeitung, die nicht genug Werbung akquirieren konnte, weil die Zielgruppe der Leser nicht ausreichend definiert war. Diese Zeitung konnte sich ohne das ästhetische Beiwerk der Werbung nicht halten. New York und London gewinnen ihren Reiz unter anderem auch durch die Werbung. Plätze wie der "Times Square" oder "Picadilly Circus" sind wegen der schönen Leuchtreklamen berühmt.

Die Werbung ist der Repräsentant der Wunschträume und des Positiven im menschlichen Leben. Die Werbung kommt dem Publikumsgeschmack mit realistischen Abbildungen entgegen. Es ist die Frage, ob unser alltagspsychologisches Argument trägt, daß der zeitgenössische Künstler sich nicht in Konkurrenz zu den tagtraumerzeugenden Fabriken der Werbung setzen kann, weil er zumindest zu Beginn seiner Karriere nicht über die finanziellen Mittel verfügt und natürlich auch weil er für sich eine eigene Rolle definieren muß.

Auf jeden Fall erlebt man die "schludrige", betont nicht-professionelle Ausführung und die Bearbeitung von Themen wie Tod und Vergewaltigung, die die Werbung natürlich nicht aufnehmen will. Das Abweichende und das Häßliche sind die Möglichkeiten, die der zeitgenössischen Kunst als Nische auf dem Markt der visuellen Kommunikation offenstehen. Es soll hier natürlich nicht behauptet werden, in der zeitgenössischen Kunst gebe es keine anderen Themen als eben negative. Es soll ausschließlich auf die Macht der Konkurrenten hingewiesen werden, die zu einer Rollendefinition der zeitgenössischen Kunst und zur Suche nach neuen Themen der Gestaltung beitragen können (vgl. Abb. 9.1).

Einigen deutschen Künstlern geht es explizit nicht um die Herstellung eines "kollektiven ästhetischen Glücksempfindens" (H.A. Schult), sondern eher darum, die Leute zu "erschrecken" (Reiner Ruthenbeck). Wolfgang Petrik fordert, "ungenießbare" Bilder zu machen, Bilder, die sozusagen "Widerstand leisten, denn "die meisten Bilder, die uns umgeben, können ja total konsumiert werden" (nach Haase 1981).

Die Werbung hat ihrerseits künstlerischen Wert und wird z.T. von bekannten Künstlern gestaltet. Es ist sehr wohl denkbar, daß in einer Retrospektive über die Kunst der 60er bis 80er Jahre die Werbung eine wesentliche Rolle spielt. Auf Flohmärkten wird die alte Werbung bereits zu hohen Preisen gehandelt, weil sie eben damals nicht anders als heute auf den Publikumsgeschmack abgestimmt wurde (vgl. Abb. 9.2). Nach einigen Jahrzehnten werden die Werbegrafiken und Objekte selten und erfüllen so eine weitere Bedingung des geschätzten Kunstwerkes.

Computergraphik

Nach meiner Meinung hat auch die Computergrafik in das Arbeitsfeld des Gegenwartskünstlers eingegriffen. Regelmäßige, konstruktivistische Gestaltungen können so kostengünstig in Großrechenanlagen erstellt werden, daß der einzelne Künstler ohne Zugang zu einer solchen Anlage keine Chance mehr hat, mit der Mathematik der Reihen und Mengen zu beeindruckenden Bildern zu gelangen, wie ehedem der Künstler M.C. Escher. Eine verschlungene Ornamentik, wie sie in der Alhambra zu den großen Leistungen der arabischen Kultur zählt, könnte mit geringem Aufwand von einem Mikroprozessor berechnet werden. In den großen Ausstellungen der zeitgenössischen Kunst findet man Arbeiten, die durch Regelmaß und Vielfältigkeit der Superzeichenbildung wirken, kaum noch.

Natürlich können sich die zeitgenössischen Künstler dieser Möglichkeiten bedienen und innovative Programme schaffen. Allerdings müßte der Gestalter Zugang zu den Rechenanlagen haben. Es bleibt abzuwarten, wie sich in dieser Hinsicht die Verbreitung kleiner und leistungsstarker Rechner in Privathaushalten auswirken wird.

Abb. 9.1: B. Wansel: Fotokunst 1983 (Privatbesitz)

Abb. 9.2: Werbung auf dem Flohmarkt (Foto: M. Schuster)

Der zeitgenössische Künstler sieht sich also einem massierten Angebot an naturalistischer Abbildung und heiler Welt gegenüber. Wir erleben, wie die Kreativen nach Möglichkeiten bildnerischer Gestaltung suchen, die von Werbung, Fotografie oder Technik nicht besetzt sind.

9.2 Neue Wege der zeitgenössischen Kunst

Zeitgenössische Kunst als Wirkungsforschung

Das Experimentieren mit dem Ziel, neue Wirkungsmöglichkeiten zu entdecken, muß viele Versuche hervorbringen und ist so für die Kunstpsychologie interessant, ja geht in manchen Versuchen geradezu in die experimentelle Kunstpsychologie über. Eine Ästhetik des Häßlichen (vgl. den Künstler Max Prent, Gorsen 1969), die auf Verstümmelungen des menschlichen Körpers zurückgreift, gerät zur Bestätigung von Thesen über angeborene Reaktionsschemata.

Bei diesen Experimenten werden neue Möglichkeiten entdeckt, die Mechanismen der Wahrnehmung leerlaufen zu lassen: Einwegspiegel täuschen unendliche Räume vor, Reliefstrukturen ermöglichen unterschiedliche Ansichten eines Bildes aus verschiedenen Blickwinkeln. In der Zeitschrift "Leonardo" werden Versuche berichtet, mit Hilfe der Lasertechnik neuartige Lichtkunstwerke von hervorragender Farbigkeit zu schaffen. Stroboskoplicht erweist sich als wirkungsvolle - evtl. gefährliche - Reizquelle für die menschliche Wahrnehmung (Garret 1976).

Wenn auch manches zeitgenössische Kunstwerk auf den Betrachter so wirkt, als sei es ohne Überlegung oder Anstrengung verfertigt (typischer Satz des Museumsbesuchers: "Das kann ich auch"), so steht doch hinter solchen Produkten die intensive Bemühung, eindrucksvolle Gestaltungen durch das Erfinden neuer Wege zu erreichen. Die Übernahme der Kunst der Primitiven ("fauves") war von der Hoffnung getragen, die urtümliche, magische Wirkung solcher Bildwerke in unseren Kulturkreis zu übertragen. Tachistische Bilder (z.B. von Pollock, Sonderburg, Götz) sind nur aus dem Versuch heraus verständlich, in der automatischen Malerei das Bewußtsein auszuschalten und zu den unbewußten Impulsen vorzudringen.

Interviews mit zeitgenössischen deutschen Künstlern lassen erkennen, daß der Künstler etwas Neues oder wie auch formuliert wird "etwas völlig Neues" zu schaffen habe (Baselitz, Klappheck, Rinke, Decker nach Haase 1981). Gedankenhorizonte und Entdeckungen der Zeit werden zum intellektuellen Hintergrund für neue Gestaltungsmöglichkeiten. Kandinsky sah eine Verbindung von Atomspaltung und Kubismus und Einsteins Relativitätstheorie. Gombrich (1984, S. 235) äußert sich befriedigt darüber, daß solche eher "assoziativen" Verknüpfungen von Wissenschaft und zeitgenössischer Kunst auch bald wieder in Vergessenheit geraten.

Insgesamt wird bei solchen Versuchen die Psychologie, besonders die Psychoanalyse, zur Hilfswissenschaft der Kreativen. Es ist viel die Rede von Symbolen und Psychogrammen (Michael Buthe), von Eros und Tod (J.Klauke) und auch von Narzißmus. Über-Ich und Unbewußtes werden zitiert. Einige Künstler suchen aktiv den Kontakt zu den Methoden der Bewußtseinsveränderung, wie Zen und Transzendentaler Meditation (z.B. Rainer Ruthenbeck). Insofern erscheint die zeitgenössische Kunst als Wirkungsforschung, die sich der Möglichkeiten der relevanten Hilfswissenschaften bedient.

Man wird also nicht ein Wirkungsprinzip der zeitgenössischen Kunst erwarten, sondern viele verschiedene Versuche, die zu unterschiedlichsten Resultaten geführt haben müssen. Im folgenden sollen einige Beispiele willkürlich herausgegriffen werden.

Hebungen aus dem eigenen Gedächtnis: Spurensicherung

Eine Gruppe von Künstlern versucht, "Archäologie-Hebungen" aus dem eigenen Gedächtnis vorzunehmen (Metken 1977). Die Künstler Boltanski, Welch, Bertholin erforschen Gedächtniseintragungen der Kindheit, die - wie man weiß - nur unvollständig zugänglich sind. Solche Erinnerungen besitzen jedoch einen hohen subjektiven - evtl. auch objektiven - Erklärungswert für die eigene seelische Entwicklung. Hier wirken psychologische und künstlerische Erforschung der menschlichen Seele in einer Art zusammen, die Anwendungen für die Kunsttherapie erbringen könnte (vgl. Schuster 1986, z.B. in der Arbeit mit Fotos aus der eigenen Kindheit). In dieser künstlerischen Tätigkeit ist weniger das Objekt der visuellen Bedeutungskommunikation wesentlich. Mit den Hebungen aus dem eigenen Gedächtnis wird das Verständnis für die historisch gewachsene Person verbessert; dem Menschen werden Möglichkeiten aufgezeigt, sein Selbst zu erforschen.

Große Formate und ungegliederte Farbflächen der Minimalisten und abstrakten Expressionisten sollen eine Art des Welterlebens reaktivieren, wie sie dem Kleinkind im vorsprachlichen Alter zu eigen ist (Sobol-Kutash 1982).

Überraschung

Häufig wird der Betrachter zeitgenössischer Kunst durch die "Überraschung" beeindruckt. Dies mag z.T. mit Max Benses Theorie zusammenhängen, der Künstler wirke durch ungewöhnliche Objekte dem Entropietod der Erde entgegen. Sicher haben die "Überraschungskunstwerke" aber auch eine spezifische Wirkung auf den Betrachter. Warhols Campbell-Büchse hat Ornstein (1972) zu der These angeregt, durch den ungewöhnlichen Zusammenhang sei ein neues Erleben des Alltagsgegenstandes ohne Habituation und ohne selektive Reizfilterung möglich. Sieht man die Campbell-Suppendose im Museum, so werden möglicherweise Aspekte bewußt, die normalerweise nicht in das Bewußtsein treten: die Schönheit der Lichtreflexe auf dem Suppendosendeckel, allgemeiner die ästhetischen Eigenschaften des Industriedesigns.

Ornsteins These ließe sich fortführen. Gegenstände sind im Alltag nicht nur der gewohnheitsmäßigen Reizfilterung unterworfen, sondern auch der Filterung von Gefühlstönen, wie Angst, Aversion, Zuneigung und von Annäherungsbedürfnissen. Die Schreibmaschine aus Stoff verbindet im Material und in der dargestellten Sache unterschiedliche Gefühlstöne. Die neuartige Kombination kann zu einer Befreiung einer gegenüber der Schreibmaschine empfundenen Beklemmung führen. Die ungewöhnliche Kombination könnte im psychoanalytischen Sinne eine Befreiung des Affektes ermöglichen. Man könnte von einer Erleichterung der Gegenbesetzung sprechen. Eine solche Erleichterung geht mit dem Affekt des Humors einher, die freigesetzte Energie entlädt sich im Lachen. Werke, die ein Objekt in einen überraschenden Zusammenhang stellen und somit Lachen auslösen, greifen in die seelischen Prozesse des Betrachters ein. Die Induzierung von Humor kann angstantagonistisch wirken (Frankl 1972).

Auch in der Werbung spielt die humorvolle Darbietung eine große Rolle. Die emotionale Wirkung solcher Stimuli ist angenehm. Solche Gäste, die andere durch Bonmots zum Lachen bringen können, sind beliebt. Die Stimmung des "Frotzelns" und des Scherzens fördert das aggressionsfreie Zusammensein von Menschen.

Kunstwerke, deren Wirkung in der Überraschung und in ihrer humoristischen Komponente liegt, haben die Eigenschaft, in dieser Hinsicht nur einmal zu wirken. So wie man abwinkt, wenn man einen Witz kennt, der gerade erzählt werden soll, kann auch eine witzige Überraschung im Kunstwerk nur einmal ansprechen. Auch das Anstoßen von ungewöhnlichen Assoziationen führt nur beim ersten Mal zum Erleben einer neuen Sichtweise. Mit der Zeit ist diese neue Sichtweise die gewohnte geworden. Insofern unterscheiden sich auch solche Kunstwerke von den klassischen ästhetischen Objekten durch ihre einmalige Brauchbarkeit.

Die Wirkung der überraschenden Kunstwerke ist hier sicher noch nicht erschöpfend beschrieben. In bezug auf einige Werke der Pop-art, speziell in bezug auf Campbells Suppendose von Warhol, bietet Koch (1972) die These an, die Pop-art sei ein moderner Narrenspiegel; sie halte dem Konsumenten den Fetisch-Charakter der Ware vor. Die ästhetische Nachahmung mache die Wirklichkeit bewußt. Die Wirksamkeit der Überraschung könnte aber auch auf vielfältige Weise anders determiniert sein; solche Möglichkeiten sollen wegen ihres hypothetischen Charakters hier als Fragen formuliert werden:

- Bietet die überraschende Situation die Möglichkeit, die Kreativität des Betrachters anzuregen, im Betrachter neue "Zustände", Gefühle auszulösen?
- Erinnert die überraschende Situation an die Kindheit und Jugend, in der wichtige, emotional bedeutungsvolle Ereignisse neu waren, erste Schritte in die Welt, wie z.B. erste sexuelle Kontakte? Kann das Kunstwerk, das die Überraschung präsentiert, für einen Moment das Gefühlsleben und die Erinnerungen an die Zeit der Entwicklung zurückrufen, in der Überraschungen die Regel waren?
- Ist ein überraschender Reiz gleichzeitig auch immer rätselhaft (vgl. oben)?

- Oder ist die Forderung nach dem Neuen bereits an die Stelle der Forderung nach dem Fortschritt getreten, ist das Neue ganz allgemein eine Metapher für den Fortschritt geworden?

Superrealismus

Die Möglichkeit illusionistischer Abbildung besteht weiterhin und entwickelt ihre eigene Ästhetik. In großen Formaten - wie sie als Foto nicht herstellbar wären - kann man absolut realistische Abbildungen - etwa eines VW-Käfers - betrachten. Allerdings weichen die nach der Vorlage von Fotografien gemalten superrealistischen Bilder dennoch in typischer Weise von einem natürlichen Reiz, ja von einer Fotografie ab. Durch das Malen der Schattierungen wird immer eine Vereinfachung der Reizstruktur erreicht. Es gibt keine störenden Reflexe und Schatten, keine kleinen Unebenheiten im Objekt, die zu einer Verzerrung der spiegelnden Flächen führen. Das superrealistische Bild ist einfacher wahrzunehmen als das reale Reizobjekt und führt so (vgl. oben) im Prozeß der Reizverarbeitung zu ästhetischen Empfindungen. Natürlich ist die Wirkung solcher Bilder vielschichtiger: Das "neuerliche" Staunen darüber, daß etwas so realistisch gemacht sein kann, und die Verfremdung der Konsumgüter spielen bei der Bildwirkung eine wichtige Rolle.

Phantastische Realitäten

Natürlich ist die realistische Abbildung dort nicht zu ersetzen, wo die Elemente der Realität phantastisch verschmolzen werden. Die Wirkung der Verschmelzungen ergibt sich nach einem Prozeß der Bedeutungsverarbeitung (vgl. oben). Wir haben an anderer Stelle geschildert, wie die Verschmelzungen und Neuschöpfungen verwendet werden, die - nicht fotografierbare - innere Bildwelt des Menschen im Traum als Niederschlag von Drogenerfahrungen in der Kunst eingesetzt wird. Schurian (1981) interpretiert den phantastischen Realismus von Ernst Fuchs als dauernde Wandlung, die stets Entwürfe von etwas Neuem, anderem vorstellt.

Die gemeinsame mythologische Grundlage der Kultur, wie sie in der Religion oder in einer politischen Ideologie existieren kann, fehlt in der westlichen zeitgenössischen Kunst, so daß verschiedene "Privatmythologien" entstehen, um die herum sich die Entstehung von Mischfiguren und Metaphern bildet: Gemeinsam findet sich oft die ökologische Perspektive, eine pessimistische Sicht der Entwicklung der Stadt- und Betonkultur, der Überkontrolle des Einzelnen durch Datentransparenz. Metaphern und Mischbildungen beeindrucken auch als Vermittler neuer Wertsysteme.

Gelegentlich ist allerdings der Hintergrund der Metaphernbildung verlorengegangen, und die Mischung steht für sich. Manchmal wird wild gemischt, was von der Kritik als psychoanalytisches Symbol besprochen werden könnte. Solche Bedeutungsmischung, die den Betrachter bei der "Decodierung" zu keinem Ziel führt, ist sicher ein enttäuschendes Begleitphänomen eines Teiles der angebotenen zeitgenössischen Bildwerke. Dem Künstler selbst rätselhafte Gebilde (Kraft 1976) oder der innere Monolog des Künstlers mögen zwar eine Weile mit der achtungsvollen Reaktion des Publikums rechnen, führen aber immer häufiger zu der resignierenden Feststellung, die zeitgenössische Kunst habe nichts auszusagen.

Abstrakte Gestaltungen

Auch bei abstrakten Werken gibt es unterschiedliche Wirkungsformen. Im einen Fall mag die Bewegungsempathie, im anderen die Farbharmonie eine Rolle spielen. Die Wirkung von Balance und Symmetrie kann an abstrakten Bildern in reiner Form studiert werden. Koch (1970) leitet die abstrakte Malerei aus neuen Erfahrungen des Zeitalters ab: Koch "Und weil Wissenschaft und Kunst, Psychologie und Malerei Antworten auf parallele Herausforderungen sind, ist in beiden eine parallele Thematik zu finden. ... In der Abstraktion als Form des malerischen Ausdrucksverhaltens kann beides liegen, Repräsentation eines Abbaus, einer Primitivierung - hierauf pochen die Kritiker der modernen Kunst - aber auch die Repräsentation in höchster Intellektualität" (S. 46).

Hier mag tatsächlich eine Wurzel der bildnerischen Abstraktion liegen, allerdings war in den Wissenschaften ein hohes Ausmaß an Abstraktion auch schon in vergangenen Jahrhunderten üblich und möglich. Wenigstens vom Zeitpunkt her wird also die Existenz der abstrakten Malerei durch Kochs Überlegungen nicht hinreichend erklärt.

Aus psychologischer bzw. psychoanalytischer Sicht kann "Abstraktheit" auch als Widerstand gedeutet werden, als Verhinderungsmotiv, das den Blick auf wahre Inhalte versteckt. Dies könnte nach dem Weltkrieg die unheilvolle Geschichte sein. Mehr individualpsychologisch interpretiert Rauchfleisch (1984) die Conzept-art als Abwehr gegen das Durchbrechen aggressiver Triebimpulse. Das nun schon "lange Leben" der Abstrakten in der Kunstgeschichte mag natürlich auch damit zusammenhängen, daß bei wechselnden Anforderungen an den Künstler, Fähigkeiten zur naturalistischen Gestaltung verloren gehen, bzw. nicht mehr erworben werden, mag aber auch die Abwehr der Erkenntnis sein, daß die "Magier" der Zeit eher die Naturwissenschaftler als die Künstler sind (vgl. hierzu auch Beuys).

Lichteffekte

Der Effekt des Leuchtenden wurde in der bildenden Kunst schon immer ausgenutzt. Dies konnte durch Kirchenfenster, Glasmalerei, im Schmuck oder mit Hilfe von Kerzenarrangements oder mit reflektierenden Metallen verwirklicht werden. Heute ist der Spielraum der Möglichkeiten sehr viel größer geworden: Neonröhren, Laserlicht und Blitzlichteffekte sind im zeitgenössischen Kunstwerk zu beobachten. Plexiglas und Glaskristalle brechen das eingestrahlte Licht diamantähnlich und fesseln die Aufmerksamkeit des Betrachters.

Ob man nun die leuchtende Farbe als besonders leicht wahrnehmbaren Reiz oder als Signal der Emotion interpretiert, ändert kaum die Feststellung, daß mit hell leuchtenden Objekten ein Bedürfnis nach solcher visuellen Reizung abgedeckt wird. Die Verkaufbarkeit der Objekte in Kunsthandwerk und Elektronik (z.B. Lichtorgeln) belegt die Allgemeingültigkeit entsprechender Bevorzugungen.

Der Künstler als Ankläger, Mahner und Seismograph des Zeitgeschehens

In Abhebung von vielen Kommunikationsversuchen in unserer Umwelt, die uns eine heile, geordnete Welt vorgaukeln wollen, empfinden einige Künstler ihre Aufgabe darin, Mißstände sichtbar zu machen. Sie sehen sich als Seismograph der gesellschaftlichen Fehlentwicklungen und Widersprüche. Der "Wert" der Kommunikation liegt weniger in einer visuellen Ästhetik als in der moralischen Überzeugung, die hinter den Performances und Objekten steht. H.A. Schult sieht sich als Ankläger der Konsumgesellschaft. Wolfgang Petrik reagiert auf Zustände, die ihm persönlich nicht gefallen. Klaus Rinke bezeichnet sich explizit als "Seismographen" für die Probleme der Zeit. Ulrike Rosenbach will mit ihrer feministischen Kunst konkrete Frauenprobleme bewältigen helfen. Christian Schad verweist auf seine pazifistische Grundeinstellung und Klaus Staek beschäftigt sich mit den gesellschaftlichen Problemen (nach Haase 1981). Diese Liste ließe sich beliebig verlängern. Die Künstler greifen die Unzufriedenheit des Menschen mit seiner Umwelt auf und versuchen, ihre Ursachen bewußt zu machen oder ergreifen für bestimmte Problemlösungen Partei. Die Reaktion des Publikums gleicht der Reaktion des antiken Potentaten auf eine schlechte Nachricht.

Obwohl viele Künstler dies empfinden, scheint die gesellschaftspolitische Funktion der Kunst den Kreativen selbst ein gewisses Maß an Rechtfertigung für das Was und Wie ihres Handelns zu vermitteln, das durch einen irgendwie gearteten Fortschrittsbegriff in der zeitgenössischen Kunst nicht geleistet wird. Ebenso kann die moralische Botschaft den Kulturinstitutionen, die die Experimente der Zeitgenossen orientierungslos beobachten, ein Alibi für eine Auslese geben, so daß die Rolle des Künstlers als Seismograph für Mißstände in der Kulturszene auf verhältnismäßig breite Zustimmung trifft.

Der Künstler als Magier und ritueller Heiler

In einer "rationalen" und auf "Funktionalität" ausgerichteten Zeit übernimmt der Künstler die Rolle des Zeremonienmeisters, der sich im Ritual an die bildhaften Schichten des Denkens wendet und neue Symbole für das Gemeinschaftsgefühl einer neuen Zeit schafft. Beuys versteht sich in seinen Texten als "Schamane", der Kunstwerke und Performances mit Fett durchführt, weil dieses Material auf Wärme reagiert und den Fluß und Austausch von menschlicher, sozialer Wärme zeigen kann. Die neuen "Vorbilder" der zeitgenössischen Kunst, z.B. die afrikanische Kunst oder die Volkskunst stellen entwickelte Ritualsysteme zur Verfügung, die genutzt werden können, um die magische Athmosphäre des Rituals zu erzeugen, wie etwa wenn in der Land-art eine Veränderung der Erdoberfläche die Qualität einer geheimen Kultstätte gewinnt oder wenn Kräuterarrangements die Tradition der "Krauterhexe" beleben (Lilli Fischer). Elemente der Waschung (Arnulf Rainer), wie sie auch in den Heilungsritualen von Lourdes oder der afrikanischen Heiler essentielles Element sind, werden in die zeitgenössische Kunst übernommen.

Die Wirksamkeit von Ritualen, etwa Trauerritualen bei Verlusten von Lebenspartnern zeigt sich auch in der Psychotherapie (Van der Hart 1982, Canacakis 1987). Bei Scheidungen und Trennungen, die oft nicht verarbeitet sind, werden Abschiedsrituale entworfen, die z.B. aus dem Verbrennen von Erinnerungstücken und aus einer "reinigenden" Dusche bestehen. Hier treffen sich Kunst und Therapie. Die kreative Entwicklung solcher heilender Rituale könnte eine Aufgabe der Kunsttherapie sein (Schuster 1986).

Die Ästhetik des Häßlichen

Im Zuge einer Kunstdefinition, die auf das Erwecken von Emotion abhebt, und aus der Konkurrenz zur Werbung heraus, haben sich einige zeitgenössische Künstler einer Ausarbeitung des Erschreckenden und des Häßlichen zugewandt (Gorsen 1969). Im einzelnen müßten die betreffenden Gestaltungen mit dem Instrumentarium der Kunstethologie untersucht werden (vgl. hier: Biologie und Kunst). So z.B. die erschreckenden Figuren von Mark Prent, der dem Publikum die sonst vorenthaltene "Schauderlust" (Kraft 1978) ermöglicht.

Psychologische Einzelanalysen

Über das Werk und das kreative Schaffen einiger Klassiker der Moderne liegen psychologische Einzelanalysen vor, die z.T. schon weiter oben erwähnt wurden. Im Abschnitt 5.1 mit "psychoanalytischen Beiträgen" sind Arbeiten über van Gogh (Nagera, 1972), Max Ernst (Wyss 1952) oder zu einer Kinderzeichnung von Paul Klee (Eckstaedt 1981) erwähnt. Zur Jungschen Richtung der Psychoanalyse wurde ein Aufsatz über Picasso zitiert (Jung 1932), und es wäre ein Aufsatz von Neumann (1958) über Chagall und (1961) über Moore nachzutragen. Diekmann (1981) beschreibt ebenfalls das Werk von Chagall und das Werk von Gauguin. Max Klinger wird als Vorläufer der surrealistischen Bewegung gesehen (Varnedre 1977). Es bestätigt die umfassende Würdigung von Traumbildern im Kapitel Kreativität, wenn Varnedre über Klinger berichtet, dieser habe seine Bilder beim Aufwachen in ungewöhnlicher Klarheit gesehen. Andere Aufsätze beziehen sich nur auf Einzelaspekte des Lebens oder des Werkes einzelner Künstler. Broude z.B. (1977) verteidigt Degas gegen den Vorwurf der Frauenfeindlichkeit.

Zeitgenössische Künstler werden dagegen leider kaum zum Gegenstand der psychologischen Forschung, obwohl gerade bei Zeitgenossen eben jede nur wünschbare Information über Lebensereignisse und Absichten zu erlangen wäre. Dies hängt sicher damit zusammen, daß der Ruhm des untersuchten Künstlers auch der Studie eine gewisse Aufmerksamkeit sichert. Kraft stellt einige zeitgenössische Künstler aus psychoanalytischer Sicht vor (die Künstler Buthe 1979, Prent 1978, Hodler 1981). Salber und Salber (1981) widmen dem Aachener Plastiker Stirnberg eine Monographie.

Der lebende Künstler kann dem Kunstpsychologen Auskunft geben, das Entstehen des Werkes kann verfolgt und analysiert werden, äußere Einflüsse und intellektuelle Vorbilder sind für den Forscher explorierbar. Diese Vorteile der Arbeit mit zeitgenössischen Künstlern werden aber in den meisten der genannten Arbeiten nicht umgesetzt. Das Werk der Zeitgenossen wird wie das Werk des lange verstorbenen Künstlers untersucht. Eine erwähnenswerte Ausnahme bildet hier die Arbeit von Witz (1985): Als Freund des realistischen Künstlers Billy Morrow Jackson verfolgt er das Entstehen eines Werkes mit minutiösen Tonbandprotokollen. So kann er die "Amplifikation" des Gefühls des Künstlers gegenüber der gemalten Situation, einer Busstation, im einzelnen nachverfolgen. Die Vorarbeit in der Imagination des Künstlers, das bildhafte Denken bei der Entstehung des Kunstwerkes wird hier beschrieben und liefert so eine solide Grundlage einer kunstpsychologischen Theorie.

9.3 Rezeption der zeitgenössischen Kunst

Bezieht man sich auf die in den Kaufhäusern angebotenen Waren, so hat der Geschmack des Publikums sich nicht zusammen mit der Veränderung der Kunst verändert, sondern es werden am Fließband gemalte, schöne Naturausschnitte sowie realistische Tier- und Kinderbilder angeboten. Die "Naiven" treffen diesen Publikumsgeschmack ebenfalls.

Das Sammelinteresse vieler Menschen richtet sich auf die Kunst vergangener Zeiten, z.B. im Sammeln von Postkarten oder von alten Stichen.

Die Künstler der bundesdeutschen Szene artikulieren ihren Eindruck, daß ihre Werke nur von einer erzogenen Elite oder einer Minderheit von Experten gewürdigt werden: Hanne Darboven bezeichnet die Kluft zwischen Künstler und "Volk" als "sehr groß". Anna Oppermann beklagt, daß vielen Menschen die Bereitschaft fehlt, "sich auf Ungewohntes einzulassen" (nach Haase

1981). Man kann feststellen, daß die zeitgenössische Kunst keine so breite Zustimmung findet, wie etwa die Kunst vor der Jahrhundertwende.

Ein Kunstzerstörer protestiert gegen den hohen Anschaffungswert für eine dreifarbige große Fläche (Barnett Newmann, Who's afraid of red, Yellow and Blue IV, 3 Millionen DM, Pickshaus 1988). Der Kunstzerstörer sieht sich selbst in einer manischen Phase dann als Happening-Künstler und tatsächlich ist es ja gerade dieses Werk, das seine Psychoaktivität im Moment der Kunstzerstörung beweist. Die monochromen Farben verweisen den Betrachter auf sein Selbst und das ist es, was nach Pickshaus der manisch-depressive Kunstzerstörer hinter der oberflächlichen Motivation des Protestes nicht vertragen kann.

Die vorherrschende Ablehnung zeitgenössischer Kunst findet sich auch in Stellungnahmen einiger Kunstpsychologen. Diekmann (1981) sieht in der Entwicklung der modernen Kunst ein Vordringen der Kräfte der Irrationalität. Die helle, lichte Seite der Technik gebiert auf ihrer Kehrseite Ungeheuer, die an das Irrationale im menschlichen Handeln gemahnen. Lehnt man die moderne Kunst ab, so macht man sich nach Diekmann die dunkle Seite der menschlichen Kultur nicht bewußt und kann entsprechend nicht angepaßt handeln. Selbst Experten machten sich Gedanken, ob etwa Maler von Bildern wie "Das blaue Pferd" farbenblind sein könnten (s.o.).

Im Impressionismus war der Höhepunkt der illusionistischen Abbildung erreicht (Rittelmeyer 1969). Andererseits verlangte die impressionistische Abbildung eine Umstellung der Sehgewohnheiten, eine Zeit der Anpassung. Nach einer kurzen Zeit intensiver Ablehnung stehen nun die im Gare d'Orsay in Paris ausgestellten impressionistischen Meister beim Publikum in hoher Gunst. Diese Entwicklung hat bei den Experten, von denen zu jener Zeit falsche Vorhersagen kamen, sowie beim Kunstpublikum eine gewisse Toleranz gegenüber einer Kunst wachsen lassen, die "schwer zu verstehen" ist, die man vielleicht, ja wahrscheinlich erst in einigen Jahrzehnten schätzen wird. Dies gilt in besonderem Maße für Deutschland, in dem mit großer Intoleranz gegen die "entartete Kunst" vorgegangen wurde. Eine Ablehnung der zeitgenössischen Kunst kann aus den genannten Gründen geradezu Schuldgefühle hervorrufen (Gombrich 1984, S. 238)

Die verbreitete und eher vage Vorstellung, die zeitgenössische Kunst sei heute verkannt und werde wie andere Kunstrichtungen ebenfalls eine Veränderung der Bewertung erfahren, erlaubt eine Verwendung der gegenwärtigen Kunstproduktion dort, wo Fortschrittlichkeit und "moderner" Geschmack signalisiert werden sollen, wie z.B. in einer Werbung für modernes Wohnen oder in der Vorhalle einer Bank. Dennoch ist aus der Sicht des Psychologen nicht vorhersehbar, ob die zeitgenössische Kunst nach einer Phase der Ablehnung vom Publikum gefeiert werden wird. Tatsächlich sind die Aufnahme negativer Themen und Experimente mit einer Ästhetik des Häßlichen nicht geeignet, den Publikumsgeschmack zu treffen. Andererseits könnten neue Symbolwelten und eine neue Kunstauffassung, wie Sie Beuys erarbeitet hat, langfristig das Selbstverständnis des Menschen beeinflussen (vgl. Rech 1977).

Würde man zeitgenössische Kunst als die gemeinsame Menge der Objekte der Werbung, der Comic-Strip- und Science-Fiction-Zeichnungen, der Filme, der Fotografie und der Plakatkunst verstehen, so könnte von einer Ablehnung der bildenden Künste unserer Zeit natürlich nicht die Rede sein.

10 Psychologische Ästhetik

10.1 Ästhetisches Empfinden und Emotionen

Positive Emotionen, wie sie angesichts ästhetischer Stimuli erwartet werden, waren insgesamt bisher nur selten Gegenstand der Forschung (Lazarus u.a. 1980). In einem Sammelband von Lutz (1983: "Genuß und Genießen") ist hauptsächlich die Überwindung der Genußlosigkeit die programmatische These. In den verschiedenen Werken über die Emotion finden sich kurze Stellungnahmen und verstreute Sätze über die Eigenart des ästhetischen Empfindens.

Kemper (1978) vergleicht das ästhetische Empfinden mit der Emotion "Liebe". Maslow (1977) beschreibt das ästhetische Erlebnis als "peak-experience", das als Moment großer Freude und von Einsicht gekennzeichnet ist (vgl. Dennis u.a. 1974). Izard (1977) verweist ebenfalls auf ein Gefühl der Freude, die sich beim Empfinden von Harmonie einstelle. Das Gefühl der Freude werde unter anderem auch dadurch erreicht, erfolgreich zu sein und das Beste zu leisten, was man vermag. Der Kunsttheoretiker Osborne (1979) beschreibt das ästhetische Erleben als "Erweiterung der vitalen Bewußtheit" und stellt in dieser Formulierung eine Beziehung zwischen emotionalen und kognitiven Aspekten her.

Mandler (1979) betont dagegen (unter der Überschrift: "Einige zarte Gefühle - Ästhetik und Kreativität") die aktivierende Wirkung von ästhetischen Objekten. Diese, aus den Lehrbüchern der Emotion gesammelten Beschreibungen des ästhetischen Empfindens ließen sich den seinerzeit von Wundt (1896) postulierten Dimensionen des Gefühls: Lust vs. Unlust, Spannung vs. Entspannung, Ruhe vs. Aufregung zuordnen. Insofern würden die ästhetischen Empfindungen sich in ihrer Qualität mit den Emotionen im allgemeinen decken. Die Psychologie "positiver" Emotionen kann daraufhin untersucht werden, wie weit sie auch das ästhetische Empfinden erklärt.

Theoretische Beiträge zur "positiven" Emotion

Durch die aufschlußreichen Experimente von Schachter und Singer (1962) wurde geklärt, daß die spezifischen Emotionen weniger durch unterschiedliche physiologische Erregungsmuster entstehen als vielmehr bei gegebener "Erregung" durch eine Interpretation der Umweltreize zustandekommen. So kann in Abhängigkeit vom Darstellungsinhalt oder in Abhängigkeit von der Bewunderung, die man für einen bestimmten Künstler empfindet, oder auch in Abhängigkeit von der Expositionssituation die gesamte Vielfalt menschlicher Emotionen bei der Betrachtung von Kunst ausgelöst werden und das ästhetische Empfinden tönen. Darstellungen der schrecklichen Konsequenzen eines Vernichtungskrieges können uns "aktivieren und erregen" und die Gefühlstöne "Sorge", "Beunruhigung", "Angst" hervorrufen, während uns eine unzerstörte Landschaft, etwa in einer Reklame, zu einer entspannten, freudigen Betrachtung veranlaßt. Oft werden positive Emotionen als Erregungsreduktion interpretiert, die sich nach einer erfolgreichen Interaktion mit der Umwelt einstellt (Berlyne 1960). Diese Sichtweise ist aber nicht mit der Tatsache vereinbar, daß gerade in Momenten äußerster Anstrengung, wenn alle Handlungskapazitäten optimal genutzt sind, wie etwa beim Ausüben eines Sportes oder während einer schauspielerischen Leistung, sehr wohl positive Emotionen erlebt werden. Es widerspricht der Gleichsetzung von positiver Emotion und Erregungsreduktion, daß Spiel und Exploration der Umwelt, die einen Anstieg der Erregung bewirken, von positiven Emotionen begleitet sind.

Das Verhalten der Menschen wird - abweichend von den Thesen traditioneller psychologischer Lehrbücher - eben nicht allein durch die äußere Belohnung oder den erwarteten Nutzen energetisiert. Es gibt auch "autotelische" Tätigkeiten, Tätigkeiten die aus Spaß am Tätigsein, ohne ein weiteres Ziel durchgeführt werden. Csikzentmihalyi (1985) prägte für die Erfahrung bei solchen Tätigkeiten den Begriff "Flow-Erlebnis". Er hat Schachspieler, Kletterer und Rock-Tänzer bezüglich dieses Erlebnisses näher untersucht. Er erwähnt aber auch Künstler und Naturforscher, die ebenfalls in ihrer Tätigkeit auch "Flow"- Zustände erleben. Im "Flow" wird weder Langeweile noch Angst erlebt. Man vergißt sich selbst eine Zeitlang und denkt nicht an die eigenen Probleme. Dabei kann der Handelnde seine eigenen Fähigkeiten voll ausschöpfen und erhält eine Rückmeldung über seine Ergebnisse. Insgesamt ist der Prozeß des Handelns ein einheitliches Fließen.

Das kreative Handeln, d.h. etwas Neues auszuprobieren, ist eine wichtige Komponente des "Flow"-Erlebnisses. Beim Malen oder überhaupt bei der bildnerischen Beschäftigung kommt es zu solchen "Flow"-Erlebnissen. Hier liegt also ein Konzept vor, daß nicht Spannungslösung oder Zielerreichung zur Grundlage positiver Empfindungen macht, sondern den kompetenten, ungehinderten Handlungsfluß. Möglicherweise stellen sich solche "Flow"-Erlebnisse stellvertretend auch bei der Rezeption von Kunstwerken, wie z.B. Romanen, ein.

Lazarus u.a. (1980) vermuten, daß auch die positive Emotion einer Anpassung des Individuums an die "Coping-Anforderungen" diene. Eine Coping-Anforderung wird nach ihrer Meinung in der Hoffnung aufrechterhalten, nach einer Phase der Anstrengung könnten Freude und andere positive Emotionen der Erholung des Organismus dienen. Insoweit also Kunstwerke positive Emotionen hervorrufen, z.B. durch ihre Schönheit oder den erhabenen Inhalt, kann Kunst nach dieser Theorie der Emotion auch als Unterstützung des Versuches gesehen werden, mit den Anforderungen des Lebens fertig zu werden.

Phänomenologie der ästhetischen Emotion

Die Vielfalt der möglichen Empfindungen, die eine ästhetische Erfahrung begleiten, wird man am ehesten durch Lindauers (1981) phänomenologische Analyse abschätzen können. Lindauer bittet Personen, die ein starkes Interesse an ästhetischen Fragen haben, aus Eigenschaftslisten die Merkmale des ästhetischen Erlebens herauszusuchen. Dabei werden folgende Merkmale des ästhetischen Erlebens am häufigsten genannt:

1. Eigenschaften, die unter die Rubrik " aktivierende Erlebnisse" fallen können: aufregend, Energie, überraschend, stimulierend, spannend
2. Eigenschaften, die unter die Rubrik "beruhigende Erlebnisse" fallen können: kontemplativ, Zufriedenheit, entspannend, zufriedenstellend, Einheit, Ruhe
3. Eigenschaften, die unter die Rubrik "kognitive Erlebnisse" fallen können: Einsicht, überzeugt sein, geheimnisvoll, Transzendenz
4. Eigenschaften, die unter die Rubrik "lustvolle Erlebnisse" fallen können: Wertschätzung, Freude, Faszination, Liebe, lachen, innere Bewegung, Vergnügen, befriedigend, stimmungsverbessernd.

Die aus 100 Eigenschaftsbeschreibungen ausgewählten Wörter geben einen guten Eindruck von den vielen Facetten des ästhetischen Erlebens und konstituieren den Erklärungsrahmen.

Osborne (1979), der die ästhetische Erfahrung als vitale Bewußtheit oder "Erweiterung" des Bewußtseins beschreibt, trifft mit der Phänomenologie der subjektiven Erfahrung genau den auf den folgenden Seiten vorgetragenen Standpunkt der Erweiterung der Informationsverarbeitungskapazitäten durch Reizvereinfachung. Er geht ebenfalls auf die Langeweile ein, die in einer "zivilisierten" Gesellschaft von vielen Menschen erlebt wird, und führt aus, wie die Kultur diese Langeweile auffangen kann. Dieser Aussage stimmen wir weitgehend zu, wenn wir im Abschnitt 5.4 den Aufbau von Spannung als Ziel von Kunst und Kultur darstellen.

10.2 Objektive und subjektive Determinanten des ästhetischen Urteils

Zur Determination des ästhetischen Urteils durch Reizmerkmale

Der Leser von Werken der Ästhetik findet immer wieder Beteuerungen vor, die Suche nach objektiven Reizmerkmalen der Schönheit sei von vornherein zum Scheitern verurteilt (z.B. Morris 1982). Andererseits glauben andere Autoren, Stimulusmerkmale von "schönen" Objekten isoliert zu haben.

Zu den exponiertesten Vertretern einer "objektiven Ästhetik" ist Eysenck (z.B. 1981) zu rechnen. Für ihn ist das ästhetische Urteil von Stimulusmerkmalen abhängig, weil Vpn verschiedener Kulturkreise die Stimuli seines Tests bezüglich der "Schönheit" in die gleiche Rangreihenfolge bringen. Die Validität des Tests (der ästhetischen Sensitivität) wird durch das zu 100 % übereinstimmende Expertenurteil belegt. Menschen lassen sich nach Eysenck bezüglich ihres guten Geschmackes ("taste") skalieren, und grundsätzlich werden ästhetische Stimuli von allen Menschen gleichartig beurteilt.

Am Beispiel der Weinbeurteilung illustriert Gale (1975) die Möglichkeit wahrer ästhetischer Urteile. Die Weinbeurteilung wird von ihm als vereinfachtes Modell für ästhetische Urteile anderer Sinnesgebiete aufgefaßt. Gale plädiert engagiert für die Behauptung, daß das Urteil "Dies ist ein guter Wein" ein empirisch wahres Urteil sei. Die deskriptiven Merkmale eines Weines (z.B. Farbe, Zucker, Säure, Flavor, Bouquet und Körper) sind feststellbar wie andere Wahrnehmungsurteile auch. Sie entsprechen bestimmten objektiven Verhältnissen im beurteilten Wein, und sie entsprechen gleichzeitig bestimmten objektiven Bedingungen der Geschmackswahrnehmung: Eine zu hohe Säurekonzentration würde schmerzhafte Empfindungen auslösen und andere Geschmacksempfindungen zudecken, was auch für einen zu hohen Zuckergehalt gilt. Natürlich gibt es neben den "objektiven" Beurteilungskriterien für Wein auch subjektive Kriterien, wie z.B. die bevorzugte Süße oder Rebsorte.

Im folgenden soll versucht werden, aus den Ergebnissen der bisherigen Ausführungen eine neue Theorie der Ästhetik zu entwerfen, die objektive und subjektive Determinanten des ästhetischen Urteils berücksichtigt. Allerdings sind hier einige einschränkende Vorbemerkungen erforderlich.

Eine "interaktive" Theorie der Ästhetik

Zu Beginn sei noch einmal darauf hingewiesen, daß das Kunstwerk psychologisch "unterdeterminiert" ist. Vielfältige Reizangebote können - soweit allgemeine Gesetze psychologischen Funktionierens eine Rolle spielen - ästhetisch befriedigend sein. Die spezifische historische Situation bestimmt, wie ein Reizangebot, ein Stil oder eine Mode tatsächlich ausgeformt sein wird. Insofern läßt die folgende Theorie Raum für einen Wechsel ästhetischer Präferenzen. Nach der Präsentation der Theorie wird diskutiert, wie Wechsel von Bevorzugungen und auch individuelle Differenzen in der Bevorzugung erklärt werden könnten.

Zwei sich ergänzende Grundthesen konstituieren die Theorie: Solche Reize, die 1. eine Wahrnehmungserweiterung ermöglichen oder 2. für das Leben der Menschen angemessen und nützlich sind, werden als schön empfunden. Aussagen unterschiedlicher theoretischer Positionen, z.B. aus der Psychonanalyse und der Ethologie, können integriert werden, indem der Prozeß der Wahrnehmung in Stufen untergliedert wird, auf denen unterschiedliche Prozesse ablaufen.

Die Empfindung "schön" wird besonders mit den ersten Stufen der Wahrnehmung zusammenhängen, denn sie kann ausgelöst werden, wenn keine Abbildungsbedeutung gegeben ist, wie z.B. von abstrakter Kunst oder ganz allgemein von Farbigkeit. Lindauer (1981) erinnert an die große Zahl von Psychologen und Philosophen, die einen engen Zusammenhang zwischen dem ästhetischen Erleben und der Wahrnehmung sahen.

Im Abschnitt 5.2 "Beiträge der Wahrnehmungspsychologie" wurde eine These aufgestellt, die hier weiter ausgeführt werden soll: Solche Reize, die die Informationsaufnahme erleichtern, um gleichzeitig eine umfassendere Informationsverarbeitung zu ermöglichen, also die Wahrnehmungsmöglichkeiten des Menschen vergrößern, werden als schön empfunden. Mit dieser These wird nicht postuliert, der einfachste Reiz sei auch der "schönste". Der einfachste Reiz ist nur langweilig und gibt den freigesetzten Wahrnehmungskapazitäten keine Einsatzmöglichkeiten. Insoweit ist die folgende Theorie also eine "objektive" Theorie des ästhetischen Urteils.

Gleichzeitig kann jeder Mensch sich in eine Stimmung versetzen, in der er die ästhetischen Qualitäten eines Objektes bewundert, oder er kann sie unbeachtet lassen. Die zeitgenössische Kunst demonstriert mit "ready-mades" (Duchamp) den möglichen Wechsel in der Betrachtungsweise. Der Flaschentrockner ist eine schöne Gestaltung, aber erst wenn man selber darauf achtet, kann man diese Schönheit genießen. Die Schönheit führt also nicht automatisch zu der ästhetischen Reaktion, sondern der Betrachter muß sich selbst in einen bestimmten Zustand versetzen. Er muß auf die - objektiven - Reizmerkmale, die ein ästhetisches Empfinden hervorrufen können, überhaupt erst achten, d.h. seine Aufmerksamkeit, aber auch seine Assoziationen in einer bestimmten Art und Weise steuern.

Insofern ist die Theorie eine "subjektive" Theorie ästhetischen Empfindens. Die subjektive Bereitschaft muß, damit es zu ästhetischen Empfindungen kommen kann, aber auf die objektiven Reizmerkmale treffen. Also ist diese Theorie eine "interaktive" Theorie des ästhetischen Urteils.

Die vorgestellte Theorie will nicht nur das Kunstschöne, sondern auch das Empfinden der Naturschönheit erfassen und soll in ihrem Gültigkeitsbereich breit sein. Manche Phänomene von Kunst- oder Natur-Präferenz gliedern sich nicht ohne weiteres in die vorgestellte Theorie und bedürfen zu ihrer Erklärung zusätzlicher Annahmen oder zumindest einer ausführlicheren Würdigung. Zum Beispiel gliedert sich die Wirkung des Barock (mit seinen vielen Abweichungen von der Symmetrie) oder des Impressionismus nicht sogleich in die Theorie ein. Allerdings finden wir auch hier Harmonie und Wahrnehmungserweiterung (man denke etwa an den Dresdner Zwinger), aber darüber hinaus muß für die Kunstwirkung auch die im folgenden besprochene Spannungsinduktion berücksichtigt werden.

Im Verlauf der Informationsverarbeitung werden verschiedene Analysestufen angenommen (interne kognitive Prozesse). Auf jeder dieser Stufen gibt es unterschiedliche Merkmale eines Reizes, die die Analyse erschweren oder erleichtern und die mit dem ästhetischen Urteil zu tun haben.

Cupchik und Heinrichs (1981) unterscheiden im Zusammenhang mit der ästhetischen Empfindung drei Phasen der Wahrnehmung. In der ersten Phase werden strukturelle Qualitäten des Reizes (Größe, Farbe usf.) untersucht. In der zweiten Stufe wird der Stimulus einer bestimmten Objektkategorie zugeordnet, während in der dritten Stufe Details analysiert werden. Die Autoren ordnen diesen Stufen spezielle ästhetische Empfindungen zu: der ersten Stufe ein globales Bewußtsein der sinnlichen Qualitäten, in der zweiten Stufe würden die Eigenschaften der Objektdarstellung gewürdigt, während in der dritten Stufe die Qualität der Details eine Rolle spiele. Die Autoren belegen anhand von Fragebogenstudien, wie die drei Quellen ästhetischer Befriedigung, z.B. beim Betrachten eines Rembrandt-Bildes und im Laufe der Bildbetrachtung, in unterschiedlichen Kompositionen zusammen auftreten können.

Die hier angenommenen Stufen der Reizanalyse sind mehr oder weniger hypothetisch. Zum Teil können Untersuchungen angeführt werden, die eine entsprechende Analysestufe plausibel scheinen lassen. Die hier gewählte Stufeneinteilung ist so angelegt, daß die in dieser Monographie zusammengetragene Evidenz zum ästhetischen Urteil angemessen berücksichtigt werden kann. Auf solche Ergebnisse wird jeweils verwiesen, ohne daß die bereits referierten Untersuchungen noch einmal vorgestellt werden.

10.3 Stufen der Informationsverarbeitung und ästhetisches Urteil

10.3.1 Stufen der Informations- und Bedeutungsverarbeitung

Nun soll auf den verschiedenen postulierten Stufen des Wahrnehmungsprozesses untersucht werden, welche Reize einfach verarbeitet werden können, so daß zusätzliche Wahrnehmungskapazitäten entstehen. Die hier angenommenen Stufen der Informations- und Bedeutungsverarbeitung sind in Abb. 10.1 als Schema dargestellt.

a) Unterscheidbarkeit von Flächen und Linien

Auf einer ersten Stufe scheint das visuelle Feld nach Konturen, Helligkeits- oder Farbunstetigkeiten abgesucht zu werden, die dann eine Figur- Grundgliederung erlauben (zu den neurophysiologischen Grundlagen vgl. Penrose 1973). Hubel und Wiesl (1962) demonstrierten am Kortex der Katze vorgeordnete Analyseschritte der Wahrnehmung. Einige "hyperkomplexe Zellen" sprachen bei den Versuchstieren auf bestimmte Linienelemente im visuellen Feld an. Pomerantz (1978) vermutet, daß Winkel und Schnittpunkte die vorgeordneten Elemente der menschlichen Mustererkennung sind. Die verschiedenen Schriftzeichen der Menschen passen gut zu solchen Analysemechanismen.

Phänomenale Evidenz: Die Mustererkennung wird erleichtert, wenn eine Kontur vorgegeben ist, wie in den Bildern von Bernard Buffet oder in Comic-Zeichnungen. Von vielen Fernsehzuschauern und Fotoamateuren wird das bunte Bild bevorzugt, das eine leichtere Unterscheidung von zusammengehörigen Flächen erlaubt. Auf Kunstbildern fehlen oft die verwirrenden Schatten, so daß generell eine leichte Informationsaufnahme gegeben ist.

Empirische Evidenz: Besonders Kinder, die sich in unserer Welt noch nicht so mühelos orientieren können, bevorzugen entsprechend grelle Farben und extreme Farbkontraste (Busniakova 1977, vgl. Kap. 3). Auch erwachsene Vpn schätzen bei stärkerer Beleuchtung, also leichterer Erkennbarkeit, die Schönheit eines Bildes höher ein (Endo 1979, vgl. Kap. 6). Farbige Werbebotschaften sprechen das Publikum stärker an und zeigen eine größere Wirkung als schwarzweiße Anzeigen (z.B. Anastasi 1973).

Wahrnehmungsstufe	Determinanten des ästhetischen Urteils	Beispiele aus der Kunst
a) Unstetigkeitsreduktion	klare Kontur	Buffet
b) Gruppierung zu "Gestalten"	geometrische Elemente	Cézanne
c) Organisation von Unterelementen	Wiederholungen, Symmetrie	Computerkunst
d) Organisation des Gesamtfeldes	Proportion, Goldener Schnitt	Kirchen, Le Corbusier
e) Balanceprüfung	Gleichgewicht	griechische Tempel
f) Schlüsselreizdetektion	Überlebenswert	Stilleben; Vargas, Jones
g) Bedeutungsanalyse	Prototypikalität	Naive, Kinderzeichnung
h) Gesamtbedeutung	Kompatibilität von Bedeutungen	Kitsch, Maßwerk
i) Affektive Bewertung	Freisetzen von Gegenbesetzungen	Karikatur
j) Kognitive Bewertung	Verringerung von Speicher- und Analyseaufwand	Zeitgenossen, Rauschenberg, Schult

Abb. 10.1: Stufen der Informations- und Bedeutungsverarbeitung

Aus der Erforschung der Lesbarkeit von Landkarten kommt ein Resultat, das besonders überzeugt, weil es nicht aus einer ästhetischen Theorie entstanden ist: Konz u.a. (1972) prüfen, welche Buchstabenfarbe auf welcher Hintergrundfarbe am lesbarsten ist. Die Lesbarkeit korrelierte substantiell (r = .4) mit der eingeschätzten Attraktivität des vorgegebenen Farbkontrastes. Isaacs (1980) berichtet entsprechend einen Zusammenhang zwischen der Farbe eines Balles, der Fangsicherheit und der Farbbevorzugung (hier liegen allerdings noch keine eindeutigen Resultate vor: siehe Belka 1985).

b) Einfache Grundformen

Nach der ersten Analyse von Konturen und Schnittpunkten, also von "Unstetigkeiten", werden die Informationen, die das Auge liefert, zu "Gestalten" zusammengefaßt. Dies geschieht, wie die Gestaltpsychologie mit den Gesetzen von Ähnlichkeit und Nähe demonstrieren kann, vor der Zuschreibung einer Bedeutung (hierfür gibt es auch neurophysiologische Hinweise: Frisby 1979). Bei der Darstellung der bildhaften Erfahrung unter Drogeneinfluß sowie der endogenen Bildmuster war von geometrischen Mustern die Rede, die im Prozeß menschlicher Informationsverarbeitung spontan entstehen können. Dies könnte das "Anspringen" von Analysemustern der Wahrnehmung sein (berichtet wird das spontane Erleben von Spiralen, Rhomben, Rechtecken usf.).

Gross (1973) beobachtete, daß im Cortex von Affen einzelne Zellen auf spezifische Formen reagierten, z.B. auf eine Affenhand, aber auch auf ein Quadrat oder einen gezackten Halbkreis (vgl. Abb. 10.2). Vermutlich ist nur eine begrenzte Menge solcher visueller Grundelemente neuronal gespeichert.

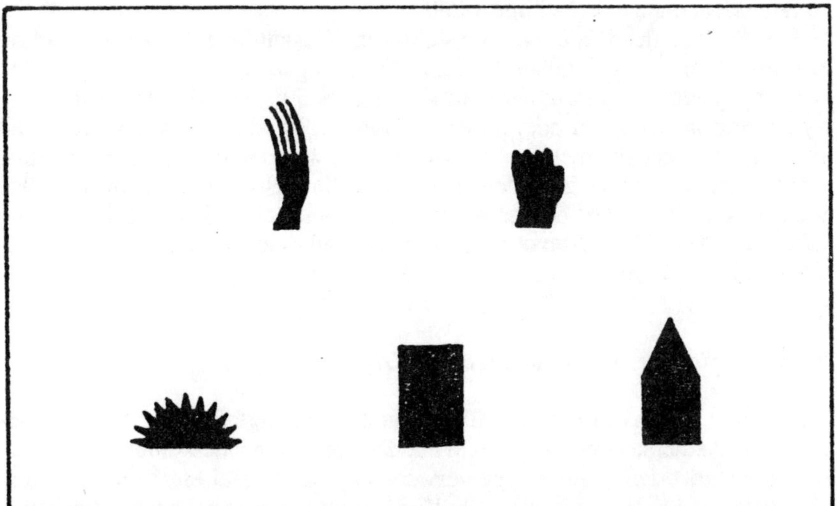

Abb. 10.2: Reizvorlagen zur Aktivierung des Affenkortex (nach Gross 1973)

Die "einfache Wahrnehmung" ist auf dieser Stufe dann gegeben, wenn Stimuluselemente genau zu den "Schablonen" der hyperkomplexen Zellen passen. Dies ist vermutlich für Kuben, Kreise usf. der Fall.

Phänomenale Evidenz: Die Verwendung "einfacher" geometrischer Grundmuster findet man an vielen Stellen in der darstellenden Kunst. Hierzu zählen z.B. die Ornamentik, die kubistische Kunst, der Konstruktivismus und die Computerkunst (das wird als "Formensprache" der verschiedenen Epochen, u.a. Stile untersucht). Die Erinnerung an visuelle Szenen wird durch eine Synthese aus geometrischen Elementen erleichtert (vgl. entsprechende Empfehlungen von Hogarth). Eine Rückführung auf solche Elemente verringert also die aufzunehmende Information.

Frisby (1979) berichtet episodisch, die "Kubisierung" einer Fotografie, d.h. die Auflösung in Rechtecke, mache das Bild schöner. Solche Formelemente allein verknüpfen sich zu schönen (abstrakten) Gestaltungen.

Empirische Evidenz: Besonders einfache Rechtecke (Quadrat, Längenverhältnisse der Kanten 1 : 2 und 2 : 3, d.i. der Goldene Schnitt) werden bevorzugt (bereits Külpe 1921, Woodworth 1938, zusammenfassend Höge 1984).

Kinder gehen in ihren Zeichnungen von solchen einfachen Grundformen wie Kreis, Rechteck und Strich aus und bauen daraus kompliziertere Darstellungsschemata auf (Kellogg 1969).

Die Analyse des Wahrnehmungsfeldes in "Gestalten" führt zur Extraktion einiger Formen, die zunächst ohne Bedeutungszuschreibung festgehalten werden. Wenn die gleiche Grundform wiederkehrt, also der Tatbestand der Symmetrie in der einen oder anderen Form erfüllt ist, wird Analyseaufwand gespart. Bei ausgedehnten Lateralsymmetrien, wie z.B. bei vielen Gebäuden, werden die Begrenzungen, denen das visuelle Feld durch einen visuellen Kurzzeitspeicher unterliegt, erweitert (vgl. Gombrich 1979). Hierin mag der Grund für das hohe Ausmaß an Symmetrie und Wiederholung in der gestalteten Umwelt liegen.

c) Symmetrie bzw. Wiederholungen des Gleichen

Wir stoßen auf das Prinzip der Einheit in der Mannigfaltigkeit, das der griechischen Ästhetik zugeschrieben wird. Das immer wiederkehrende Blatt an einem Baum erlaubt die Wiederverwendung des einmal erarbeiteten Figur-Schemas. Außerdem gestattet die Verwendung des gleichen Schemas den Überblick über eine größere Fülle von Gegenständen und die Erfassung der vielfältigen kleinen Abweichungen.

Jede Regelmäßigkeit, sei sie nun als Symmetrie oder Geometrie im visuellen Feld gegeben, führt zu einer Erleichterung des Wahrnehmungsaufwandes zugunsten einer "erweiterten" Wahrnehmung.

Phänomenale Evidenz: Die bis zu dieser Stelle genannten Faktoren einer Erleichterung der Wahrnehmung lassen sich für nahezu alle Kulturen als "bevorzugt" nachweisen. Das afrikanische Dorf weist Regelmäßigkeiten des Aufbaus auf, die Skulpturen wenig differenzierter Kulturen sind in hohem

Maße symmetrisch. Regelmaß und Symmetrie waren Kernpunkt für viele philosophische Ästhetiken, die aus der immer gleichen Selbstbeobachtung der Reaktion auf Symmetrie in Natur und Kultur erwachsen sind. Das Phänomen der Symmetriebevorzugung ist an tausendfachen Gestaltungen so evident, daß hier auf einzelne Beispiele verzichtet wird (vgl. aber auch die These, kleine Abweichungen von der Symmetrie und nicht die "reine" Symmetrie seien besonders wohlgefällig im Abschnitt 5.4). Auch die Sammlung, die Zusammengruppierung von Ähnlichem könnte aus der Ästhetik der "Wiederholung" gespeist sein.

Empirische Evidenz: Symmetrische Muster werden von Vpn stabil gegenüber nicht-symmetrischen Mustern bevorzugt (Matsuda 1978, Whissel 1979, vgl. Abschnitt 5.2). Die Bevorzugung symmetrischer Muster ist sogar für Affen, Meerkatzen und Vögel nachgewiesen (Rensch 1969). Die Informationsästhetik bestätigt unter verschiedenen Konzeptualisierungen immer wieder die Symmetriepräferenz (vgl. Abschnitt 5.3).

d) Einfache Verhältnisse

Die Wiederholung erleichtert die Reizaufnahme. Das Gleiche leisten einfache (Größen, Mengen, Winkel usf.) Verhältnisse zwischen Formen und Farben.

Phänomenale Evidenz: Viele Gebäude sind z.T. nach dem Goldenen Schnitt konstruiert und in Längen- und Höhenmaßen in einfachen Verhältnissen aufeinander bezogen.

Empirische Evidenz: Farbharmonielehren stellen das Prinzip des Enthaltenseins von Farben in Mischungen für das Wohlgefallen an Farbzusammenklängen in den Vordergrund (Agoston 1979). Auch Tonharmonien stellen sich bei einem einfachen Frequenz-Verhältnis (1:2, 1:3, 1:4, 2:3) ein.

Die Bevorzugung des Quadrates (Verhältnis der Längen 1:1 und des Rechteckes des goldenen Schnittes (Verhältnis der Längen 2:3) wurde bereits unter Punkt b erwähnt.

e) Die Balance

Die Balance von Farbflächen auf Gemälden wurde in der Ästhetik ebenfalls früh als Merkmal der schönen Gestaltung diskutiert. Man könnte die Balance, wie die einfachen Verhältnisse, mit einem Prinzip der "gleichen" Massen auf den Hälften eines Bildes erklären.

Andererseits ist z.B. die Balance des Untergrundes für die menschliche Fortbewegung notwendig, es wäre gefährlich, an nicht ausbalancierten Steinmassen vorbeizugehen. Die Wertung für die Präferenz von Balance kann also auch im unmittelbaren Überlebenswert liegen. Hier kommt das zweite Prinzip der ästhetischen Theorie zum Tragen: Das Nützliche, biologisch Angemessene wird als schön erlebt.

Phänomenale Evidenz: Man kann oft nicht anders, als das schief hängende Bild selbst in einer fremden Wohnung geradezurücken. Von Arnheim wurde die Harmonie von Massen und Flächen ausführlich untersucht.

Der überkragende Betoneingang am Hochhaus, dessen Statik dem Betrachter nicht unmittelbar einsichtig ist, wirkt häßlich und bedrohlich. Die Balkendecke, selbst wenn sie imitiert ist, verbreitet Gemütlichkeit bzw. Sicherheit.

Empirische Evidenz: Valentine (1962) berichtet bereits eigene Versuche, in denen sich die Balance von Farbflächen als Determinante der Bevorzugung erwies. Die Bevorzugung der Balance konnte z.B. an Rastermustern (Informationsästhetik) nachgewiesen werden (Raab 1976, vgl. Abschnitt 5.3). In Eysencks Test beurteilten Experten die balancierteren Muster als wohlgefälliger (Eysenck 1980, vgl. Kap. 6).

f) Die Identifikation biologisch relevanter Bedeutungen

Wenn die Bedeutung eines Reizes im Verlauf der Wahrnehmung analysiert wird, werden Reize, die biologisch relevant sind, besonders leicht erkannt und stehen besonders leicht zur Verfügung. Z.B. sieht man nicht nur im Mond Gesichter, sondern auch in Wolken oder im Stein der Tropfsteinhöhle. Auf dieser Stufe der Bedeutungsverarbeitung - dies wurde im Kapitel "vergleichende Verhaltensforschung" ausgeführt - ist die wahrgenommene Schönheit eher mit der biologischen Angemessenheit des Reizes verknüpft, z.B. mit der auf angeborener Grundlage isolierten (fiktiven) Stimmung des Sozialpartners, als mit Prozeßmerkmalen (z.B. Einfachheit) der Informationsverarbeitung.

Phänomenale Evidenz: Die Schönheit von Körpern und Gesichtern hat ganz zweifellos etwas mit Gesundheit und Jugend zu tun. Weiße Zähne und rote Wangen werden künstlich verwirklicht, um Schönheit zu gewährleisten. Hautausschläge und Ekzeme müssen überschminkt werden.

Gemälde nehmen sich der notwendigen und nützlichen Nahrung in Stilleben an, die zu Zeiten, als die Nahrungsmittelkonservierung nicht möglich war, im Winter an die Früchte und Lebensmittel des Sommers erinnerten.

Gerade Landschaften, die für das Überleben der Menschen besonders geeignet sind, imponieren durch ihre Schönheit.

Empirische Evidenz: Im Kapitel 3 wurden Ergebnisse zur Gesichtsschönheit zusammengestellt. Dabei erwies sich die signalisierte Sozialstimmung als eine Determinante der Gesichtsschönheit. Auf eine Untersuchung sei hier nochmals hingewiesen. Ein frohes Gesicht wurde bei der gleichen Person als "schöner" eingeschätzt als ein deprimierter Gesichtsausdruck (Mueser u.a. 1984, vgl. Kap. 3).

Hier sind aber auch alle Ergebnisse zur Speisebevorzugung zu erwähnen. Speisen, die gut schmecken, werden auf instinktiver Grundlage als eßbar beurteilt (z.B. auch Gale 1975, s.u.).

Der funktionierende Männerkörper (muskulös, schlankgliedrig) und der funktionierende Frauenkörper (Brust und Taille-Beckenproportion) werden von den jeweiligen Geschlechtspartnern bevorzugt (vgl. Abschnitt 5.4).

Ist das Schöne das Gute? Auf den letzten beiden Stufen der Wahrnehmung bzw. Bedeutungserkennung scheint das Prinzip der Einfachheit zum Zwecke erweiterter Informationsverarbeitung ungültig zu sein. Es gibt keinen Hinweis darauf, daß z.B. ein Gesicht mit positiver Sozialstimmung einfacher wahrzunehmen ist als ein Gesicht mit negativer Sozialstimmung, wenn auch allgemein gilt, daß Reize, die den Schablonen der angeborenen auslösenden Mechanismen entsprechen, besonders schnell bzw. leicht wahrgenommen werden. Vielmehr kommt ein anderes Bewertungskriterium ins Spiel. Die schöne "Naturform", die angenehm schmeckende Speise, dient dem Überleben. Das archaische Denken in der Bewußtseinsschicht der Instinkte scheint das ästhetische Empfinden für eine Bewertung der Situation zu verwenden. Das einfache Beispiel ist die Geschmacksempfindung für Zucker: Der angenehm süße Geschmack des Zuckers signalisiert, daß dieser Stoff leicht in Energie umzusetzen ist. Natürlich ist ein solches Bewertungsschema nur für die wenigen instinktrelevanten Umweltreize gegeben.

In den philosophischen Beiträgen zur Ästhetik spielt die Verbindung des Schönen und des Guten bzw. Nützlichen eine die Zeiten überdauernde Rolle. Cicero (De Officiis; I,95 Übersetzung nach Grassi 1980, S. 207) schreibt: "Venustas et pulchritudo corporis secerni non potest a valitudine" ("Anmut und Schönheit des Körpers kann man nicht von seiner Nützlichkeit trennen.") Rader und Jessup (1976) geben einen Überblick über die allgegenwärtige Verbindung von Kunst und Wert in der philosophischen und kunstwissenschaftlichen Literatur. Gardner (1978) vertritt vehement die These, daß die Kunstkritik die Rolle des Wegweisers zu übernehmen habe, um die Kunst auf das Gleis des Guten zu bringen.

Was für Schönheit und biologische Angemessenheit gilt, läßt sich umgekehrt äquivalent auch für das Häßliche und die biologische Unangemessenheit feststellen. Carmichael (1972) führt aus, daß in einem "vor"ästhetischen Sinne das Ungesunde, Verkümmerte, Schädliche als häßlich empfunden wird.

Als Beispiel aus einem anderen Sinnesgebiet kann wieder die Geschmackswahrnehmung dienen. Viele Pilzsorten erkennt man am bitteren, unangenehmen Geschmack als giftig. Die bittere, blausäurehaltige Mandel beim Verzehr wegen ihres Geschmackes wieder ausgespuckt.

Beobachtungen des Käuferverhaltens oder die Betrachtung von Produktverpackungen legen die Vermutung nahe, daß der Schluß vom Aussehen einer Sache auf deren Qualität auch in Bereichen gezogen wird, die selbst keinesfalls in Zusammenhang mit angeborenen auslösenden Mechanismen gebracht werden können. Automobile werden nicht allein aufgrund ihrer technischen Werte, sondern auch wegen ihres Aussehens ge- und verkauft. Verpackungen von Kosmetik sprechen eine beredte Sprache über den Zusammenhang von Verkaufserfolg und schöner Verpackungsgestaltung.

Neben der Bereitschaft, das Schöne als "gut" zu bewerten, scheint es umgekehrt eine Tendenz zu geben, das anerkannt Gute auch schön zu finden. Jeder Ingenieur und Techniker kann von der Schönheit einer gut konstruierten und funktionierenden Maschine, technisch hervorragender Autos oder des vollkommenen Flugzeuges berichten. Personen, die aufgrund ihrer Lebenserfahrungen wenig mit Technik in Kontakt kommen, können dieses ästhetische Urteil oft nicht nachvollziehen und schätzen statt dessen Objekte, die nur die Verachtung des Technikers hervorrufen würden.

Aus dieser Sicht ist es wenig verwunderlich, wenn Bilder, die von einem berühmten (also: "guten") Künstler hergestellt wurden, höher geschätzt werden und vermutlich auch in stärkerem Maße ästhetische Gefühle hervorrufen, als Bilder eines unbekannten Künstlers. Aus diesem Grunde "klaffen" sicher oft Expertenurteile und Urteile der weniger mit Kunstgegenständen befaßten Bevölkerung weit auseinander.

g) Einfache Bedeutungsentnahme

Wenn die Bedeutungszuordnung nicht aufgrund von "Schlüsselreizen" erfolgen kann, wird die Menge der in der Kultur gelernten visuellen Muster an den Reiz herangetragen. Jetzt besteht die Einfachheit in der Bedeutungsverarbeitung darin, daß ein dem Reiz entsprechendes Muster gespeichert ist.

Steht der dargebotene Reiz in guter Übereinstimmung zu einem gespeicherten Prototyp, wie z.B. bei der sogenannten "naiven" Malerei oder auch der Bildnerei von Kindern, so kann er bei der Bedeutungserkennung leicht verarbeitet werden, und Informationskapazität für weitere Aufgaben wird freigesetzt (vgl. eine entsprechende These bei Posner 1976, S. 102 ff). Natürlich kommen jetzt individuelle Faktoren der ästhetischen Bevorzugung ins Spiel: Die gespeicherten visuellen Schemata sind person- und kulturspezifisch, wenn auch in einem Kulturkreis eine gewisse Übereinstimmung der visuellen Gedächtnismuster herrschen mag. In den Ausführungen zur Kinderzeichnung stellte sich die Entwicklung der Kinderzeichnung deutlich als Entwicklung von Malschemata dar, die in der Gemeinschaft der Kinder nach den Traditionen der Kultur erworben werden. Somit wird das visuelle Begriffssystem innerhalb einer Kultur zwar nicht so genau übereinstimmen wie das sprachliche Begriffssystem; dennoch weist es einen gewissen Grundkonsens auf, so daß bei einfach zu erkennenden, typischen Abbildungen von Objekten Übereinstimmung in der ästhetischen Beurteilung festgestellt werden kann.

Sprinkart (1982) glaubt, daß auch die leichte Möglichkeit zur verbalen Benennung zum ästhetischen Empfinden beiträgt. Die Zuordnung des Bildinhaltes zu einer verbalen Kategorie wäre dann einfach. Es spricht allerdings einiges dafür, daß das semantische Gedächtnis für Formen und Wörter unabhängig voneinander ist.

Phänomenale Evidenz: Neue Formen, wie z.B. seinerzeit die elektrische Lampe, werden durch bekannte alte Formen "erklärt". Die elektrische Lampe hat noch heute häufig den Petroleumbehälter. Die ersten Eisenbahnwaggons wurden in der Form der bekannten Kutschen gestaltet.

Wie schon erwähnt, leben Kunstrichtungen, wie z.B. die Naive Malerei, von der typischen Form, z.B. von Häusern und Bäumen, aber auch von der typischen und unverstellten Ansicht (vgl. Stufen a und b). Die gleichen typischen Formen finden sich allgegenwärtig in Werbungen und auf Verpakkungsgestaltungen, die dem Konsumenten gefallen sollen.

Empirische Evidenz: Reize, die mehrfach dargeboten wurden, werden als schöner eingeschätzt (Zajonc 1968, Oscamp und Scalpone 1975). Möbel, die für einen Stil "typisch" sind, werden von den Vpn gegenüber untypischen Möbeln bevorzugt (Whitfield und Slatter 1979) und erzielen auf Möbelauktionen höhere Preise. Generell hängen "Prototypikalität" und ästhetische Bewertung eines Reizes zusammen (z.B. Martindale und Moore 1982).

h) Der Zusammenklang der Bedeutungen

Im visuellen Feld wird im allgemeinen nicht nur eine Bedeutung isolierbar sein, sondern eine Vielzahl nahezu simultan erkannt. Für die Bedeutungserkennung gilt nun wieder, was für die Reizverarbeitung galt: Wenn eine Bedeutung als Unterelement einer übergeordneten Bedeutung auftritt, wenn die isolierten Bedeutungen sich in ihrem assoziativen Umfeld nicht widersprechen, kommt es zu einer einfacheren Bedeutungsverarbeitung der Gesamtbedeutung. Dies ist mit der Auffassung von Symmetrie vergleichbar. Wenn einige Unterbedeutungen in der Gesamtbedeutung mehrmals enthalten sind, kommt es zu einer Erleichterung und Widerspruchsfreiheit bei der Bedeutungsverarbeitung. Schon Fechner (1987) postulierte das Prinzip der "Widerspruchsfreiheit" für die Elemente des ästhetischen Reizes.

Phänomenale Evidenz: Als Beispiele für das Unterelement soll das Maßwerk eines gotischen Domes dienen (wobei dieser Träger der Gesamtbedeutung ist), das die Bedeutung des Aufstrebens des Turmes enthält: Blumen und Rankenornamente lassen den schweren Stein nach oben streben. Hier können viele Beispiele angeführt werden, wie Bedeutungen im Mikroskopischen und Makroskopischen, im Symbolwert und in der Darstellung wieder aufgegriffen werden (z.B. Bilder von Caspar David Friedrich). Das Schöne und das moralisch "Gute" sind positive Werte, die kompatibel sind und insofern gern zusammen gestaltet werden (vgl. auch oben).

Im Kitsch treten nicht-kompatible Bedeutungselemente, wie z.B. der Papst und das Taschentuch, zusammen (Dorfles 1977). Dieser Widerspruch reizt eher zum Lachen (die Hemmungen der Aggression gegen die Autorität "Papst" werden kurzzeitig abgebaut), aber nicht zu ästhetischen Empfindungen, selbst wenn die einzelnen Bedeutungselemente für sich "schön" wären.

Empirische Evidenz liegt nicht vor.

i) Die Erleichterung des affektiven Aufwandes

Auf einer weiteren Ebene der Bedeutungsverarbeitung - so vermutet die psychoanalytische Kunstinterpretation - kann es eine Erleichterung des affektiven Aufwandes, der Gegenbesetzungen geben. Der Kunstbetrachter überläßt sich angesichts des Kunstwerkes einer gerade noch möglichen Regression und erlebt eine Katharsis von verbotenen oder verdrängten Affekten (z.B. bei der Betrachtung der Karikatur). Wie in der Therapie, so wird auch durch den Kunstgenuß seelische Energie zur Lebensmeisterung freigesetzt. Die psychoanalytische Interpretation der Kunstrezeption läßt sich also ganz im Sinne der hier vorgestellten These als eine Erleichterung der affektiven Situation interpretieren, die ein verbessertes Funktionieren ermöglicht.

Phänomenale Evidenz: Solche affektiven Erleichterungen können natürlich auch auf anderem Wege entstehen. Angenehme Assoziationen über eigene sportliche Leistungen, z.B. beim Betrachten eines gewonnenen Pokals, können affektive Erleichterungen mit sich bringen. Eventuell kann auch die Darstellung, die einen überraschenden Zusammenhang herstellt und dadurch Habituierungen aufhebt, zu einer affektiven Erleichterung führen (vgl. das Kap. Zeitgenössische Kunst). Filme wie "Rocky" oder "Rambo" oder auch viele Westernfilme gestatten dem Betrachter Allmachtsphantasien und erlauben, für zwei Stunden alle aggressiven Hemmungen abzulegen. Die Besucherzahlen belegen das menschliche Bedürfnis nach derartiger affektiver Erleichterung.

Empirische Evidenz: Im Kapitel "Psychoanalytische Beiträge" wurden die Grundzüge und Ergebnisse der psychoanalytischen Kunstinterpretation vorgestellt. Leider legen die analytischen Autoren wenig Wert auf eine empirische Untermauerung ihrer Thesen.

j) Vereinfachung durch neue Erkenntnis

Im Anschluß an die vorgestellte These von der Einfachheit in den verschiedenen Stufen des Wahrnehmungsvorganges kann der oft beobachtete Antagonismus von Kunstgenuß und Kunstinterpretation verstanden werden (Staguhn 1972). Die Kunstwerke, die Schülern in der Schule nahegebracht werden sollen, werden tatsächlich durch den analytischen Unterricht verleidet. Die Einfachheit der Wahrnehmung geht dann verloren, wenn ihre Ursachen analysiert werden sollen. Hier führt die geforderte Denkleistung zu einer "Erschwerung" der Bedeutungsentnahme aus dem Kunstwerk.

Auf der anderen Seite kann sich eine Vereinfachung der kognitiven Prozesse ergeben, wenn das Kunstwerk neue Einsichten vermittelt und Zusammenhänge aufgedeckt werden, die vorher nur unklar bewußt waren. Fiedler (1913) brachte dies in seiner Ästhetik zum Ausdruck. Er behauptete, Kunst ermögliche neue Erkenntnisse, und bei der Kunstbetrachtung stelle sich die Freude am Gewahrwerden einer Wahrheit ein. Der Tatbestand der kognitiven Erleichterung findet bei zeitgenössischen Kunsttheoretikern unterschiedliche

Formulierungen: Humphrey (1973, S. 432): "Schöne Strukturen in der Kunst oder in der Natur, die die Aufgabe der Klassifikation erleichtern ...".

Phänomenale Evidenz: So könnte beim Anblick einer "restaurierten" Cola-Flasche die Essenz der Gegenwartskultur bewußter werden. Dann ergäbe sich eine Vereinfachung der Kognitionen von der Welt. Das ästhetische Gefühl wäre in diesem Sinne ein "intellektuelles Gefühl", eine Lustempfindung, die aus dem Verlauf der Denkprozesse heraus entsteht.

Empirische Evidenz: Auch Schachzüge und mathematische Formeln bzw. die Reduktion von mathematischen Formeln können starke ästhetische Empfindungen auslösen. Dabei sind solche Züge besonders "schön", die mit minimalen Aufwand aus einer verzwickten Situation eine Siegsituation machen, die also eine erhebliche Informationsreduktion durch Erkenntnis herstellen (Margulies 1977).

10.3.2 Häßliche Umwelten

Bis hier wurde das Stufenmodell des "objektiven" Anteils an der ästhetischen Reaktion dargestellt. Das, was für "Schönheit" gilt, müßte umgekehrt auch für die Empfindung von Häßlichkeit gelten. Ohne die einzelnen Phänomene den postulierten Stufen der Reizanalyse zuzuordnen, soll die - komplementäre - These nun geprüft werden, der häßliche Reiz erschwere die Wahrnehmung auf Kosten ihrer Gesamtkapazität.

Zuvorderst ist der Schmutz zu erwähnen, der in der sorgfältig aufgebauten Welt, die sich durch gleichmäßige Objektfarben und -helligkeiten auszeichnet, den Blick auf Irrelevantes, Zufälliges lenkt. Der Dreck stört bei der Analyse der Objekte. So kann die gut durchgegliederte Fassade einigen Dreck verkraften, die glatte, moderne Fassade dagegen wird völlig "entstellt".

"Häßlich grau" ist eine Metapher, die wir für einen verregneten Tag bereit haben oder für eine Stadt bei bewölktem Himmel. Die Farben, die eine Objektunterscheidung verbessert hätten, fehlen bei diesem Wetter.

Störende Verzerrungen, Unschärfen, Telegrafendrähte im Foto, "krumme und schiefe" Objekte werden als wenig angenehme Wahrnehmungserfahrungen empfunden. Gerade bei Fotografien erlebt man, wie Schatten oder Drähte den Eindruck des Bildes erheblich beeinträchtigen.

Unordnung ist etwas, was seit Generationen zu Konflikten im Kinderzimmer führt. Eine die Orientierung erschwerende Unordnung beleidigt offensichtlich die optischen Sinne. Für den Gast wird die Wohnung aufgeräumt (umgekehrt können sich nur wenige des "ästhetischen" Reizes der Büroordnungssysteme entziehen, die ja auch in manches Wohnzimmer Einzug gehalten haben). Natürlich (vgl. Voss 1980) führt ein zu schneller Informa-tionszufluß, der eine geeignete Objekterkennung erschwert, eine zu hohe Komplexität der Umwelt ohne ausreichende Zeit, sie in Einzelaspekten abzutasten, zu Unlustgefühlen.

All diese Beobachtungen, zusammen mit den in den vorhergehenden Abschnitten bereits erwähnten Fällen von "Häßlichkeit" lassen den Schluß zu, daß eine Wahrnehmungserschwerung zum Empfinden von Häßlichkeit führt. Daneben muß berücksichtigt werden, daß es auch Reize gibt, die so wenig Information anbieten, daß eine "Erweiterung" nicht zustandekommen kann. Solche Reize bezeichnet man als "langweilig". Die Fassaden von Hochhäusern sind ein Beispiel für solche langweiligen Reize.

10.3.3 Spezifische Theorien der ästhetischen Empfindung

In den verschiedenen Beiträgen zur Psychologie der ästhetischen Empfindung werden einmal wahrnehmungsnähere, einmal kognitionsnähere Stufen der Reiz- und Bedeutungsverarbeitung für die wesentliche Ursache des ästhetischen Vergnügens gehalten. Einige psychologische Theorien erwecken den Eindruck, als habe ihnen eine seit langem bekannte Aussage Pate gestanden, die nun ins "Fachchinesisch" umformuliert wird.

Die neue experimentelle Ästhetik Berlynes könnte von der Redensart "variatio delectat" ausgegangen sein. In Anwendung auf die Ästhetik wird die Variation als Komplexität definiert, die den Organismus aktiviere. Zwischen Alltagsweisheit und psychologischer Theorie sind verschiedene Operationalisierungs- und Formulierungsschritte getreten, die das Stück Wahrheit, das die Alltagsweisheit in sich trug, verlorengehen ließen.

Das Vergnügen an der Variation läßt sich auch durch die Neigung zur Habituierung an gleichförmige Reize erklären. Die Aufnahmefähigkeit für gleichförmige Reize ist selbst bei hoher Motivation (z.B. beim Lesen eines Lehrbuches) nur schwer aufrechtzuerhalten. Projiziert man einen Reiz so auf die Netzhaut, daß immer die gleichen Rezeptorzellen aktiviert werden, so fällt die Wahrnehmung sogar völlig aus. Auf jeden Fall ist die Informationsverarbeitung für einen "neuen" Reiz einfacher und wirkungsvoller (dies könnte ein wichtiges Prinzip der Wirkung zeitgenössischer Kunst sein). Insofern gliedert sich die Variationshypothese des lateinischen Sprichwortes in eine Theorie ein, die die Effizienz der Wahrnehmung für das ästhetische Erleben betont. Die Theorie von Berlyne wird allerdings auch im folgenden Abschnitt "Spannung und Kunstwirkung" relevant.

Nach einem Überblick über Berlynes Kunsttheorie und Neissers Wahrnehmungstheorie glaubt Sprinkart (1982, S. 180), daß ästhetische Zustände "als kognitive Bewertung des Verlaufes sensorischer Informationsverarbeitungsprozesse angesehen werden können". Durch die metaphorische Kennzeichnung dieser Verarbeitungsform als "spielerisch" sucht Sprinkart den Anschluß an die Schlüsselbegriffe der traditionellen Ästhetik (vgl. oben Groos), geht aber nicht über die dort bekannten Prinzipien hinaus. Er bleibt lediglich bei der sensorischen Komponente der Informationsverarbeitung stehen, wenn er für die ästhetischen Prozesse auf präattentive Selektionsmechanismen verweist, die die einlaufende Information bewerten müssen, um die Weiterleitung zur "bewußten Wahrnehmnung" zu entscheiden. "Die Bewertung der jeweiligen Ordnungen wäre dabei als zentraler Bestandteil dieses Trennungsprozesses anzusehen; ästhetische Bewertungen in einem sehr weiten Sinn hätten ihre Basis dann in derartigen Trennungsprozessen" (Sprinkart 1982, S. 199).

Boselie (1988) trägt eine neue ästhetische Theorie vor, nachdem er feststellt, daß die Forschung nach dem optimalen Äquilibrium zwischen Komplexität und Ordnung in den letzten 50 Jahren zu nichts geführt hat. Er behält ein Prinzip der "Ökonomie" der Wahrnehmung bei, allerdings im Zusammenhang mit der Überraschung: Die unerwartete Ordnung muß maximiert werden und die Komplexität minimiert werden. Die Ordnung kann durch neue "Blickwinkel" entdeckt werden. Der "schöne" Gegenstand muß also verschiedene "Ordnungsrelationen" anbieten, die nicht sogleich entdeckt werden. Solche Ordnung vereinfacht die Wahrnehmung. Die Überraschung garantiert - aus dem Blickwinkel der hier vorgetragenen Theorie - einen Kontrast von einer schwereren zu einer leichteren Wahrnehmung. Boselies Prinzip ordnet sich also den hier angegebenen frühen Stufen der Reizanalyse an, indem eine "Erleichterung" der Wahrnehmung als Prinzip der Schönheit gesehen wird.

Leeuwenberg (1988) sieht in einer "überraschenden Beziehung" von "top-down" und "bottom-up" Analyseprozessen in der Wahrnehmung die Ursache für die Empfindung von Schönheit: Vom einzelnen Teil des Kunstwerkes kann man das Ganze nicht vorhesagen, während das Ganze sich doch einer Idee unterordnet. Hier werden die Begriffe "Kunst" und "Schönheit" unzulässig vermischt. Ansonsten scheint mir die Beziehung zwischen reizgesteuerten und begriffsgesteuerten Prozessen der Wahrnehmung eine "Stufe" der Bedeutungsverarbeitung zu sein in der es einfache oder schwierige Relationen geben kann.

Martindale schildert in verschiedenen Veröffentlichungen (z.B. auch 1988) eine "Kognitive Theorie der Ästhetik". Er sieht die Typikalität eines Reizes als Auslöser von Wohlgefallens an. Der "Knoten", an dem ein Reiz kodiert wird, wird dann am stärksten aktiviert. (Martindale zieht allerdings auch die laterale Hemmung durch andere, benachbarte Knoten in betracht). Typikalität der Farbe erklärt in einer Untersuchung von Moore und Martindale 1983 79% der Varianz der Präferenzurteile bei Polygonen. Auch diese Theorie läßt sich einer Stufe der hier vorgeschlagenen ästhetischen Theorie zuordnen.

Winner (1982) vermutet die Herausforderung, den Sinn eines Kunstwerkes zu verstehen, sei an sich lustvoll. Die Wahrnehmung subtiler Differenzen und die immer feinere Analyse würden das ästhetische Vergnügen ausmachen. Diese These paßt sicher auch speziell zur Sichtweise des Wissenschaftlers, der das Kunstwerk analysiert. Wir stimmen Winner zu, daß Freud deswegen von der Statue des Moses von Michelangelo so fasziniert war, weil diese Statue seine Möglichkeiten des Analysierens herausforderte. Aber auch diese - kognitionsnähere - Quelle des ästhetischen Vergnügens scheint nur eine von vielen möglichen zu sein.

Die hier vorgetragene These ist kompatibel mit Frankes Mehrebenentheorie. Es ist nicht die Erleichterung der Reizaufnahme allein, die zu einer positiven Bewertung des Reizes führt, sondern die Möglichkeit, bei leichter

Reizaufnahme Korrespondenzen zwischen den verschiedenen Ebenen des dargebotenen Reizes zu entdecken. Frankes Theorie fokussiert die Aufmerksamkeit dabei auf die Stimmigkeit von Bedeutungselementen (der Form und des Inhaltes), die hier als Stufe h behandelt wurde.

10.3.4 Ästhetische Formeln und Konsequenzen

Aus unserer These folgt, daß die Komplexität gemeinsam mit der Ordnung steigen muß, also daß weder die Formel O / C = M (Birkhoff, vgl. Kap. 5.3) noch die Formel O x C = M (Eysenck) angemessen ist. Die Formel O / C = M läßt das ästhetische Maß auch dann wachsen, wenn sich allein die Ordnung erhöht oder die Komplexität vermindert. Also müßte der gleichförmige, langweilige Reiz der schönste sein. In der von Eysenck vorgesehenen Formulierung bewirkt sowohl ein unabhängiges Wachstum von O als auch von C einen Anstieg des ästhetischen Maßes. Also müßten auch sehr langweilige oder extrem komplexe Reize als schön empfunden werden.

Die gegenseitige Abhängigkeit von O und C würde am besten durch ein konstantes Verhältnis von O und C ausgedrückt, die Formel müßte also lauten O / C = K, wobei Abweichungen von einem Wert K zu einer Verminderung der ästhetischen Qualitäten eines Reizes führen. Der jeweilige Wert von K müßte für Persongruppen und Inhaltsbereiche jeweils speziell bestimmt werden.

Studien, die auf der einen Seite mit wachsender Komplexität ein ansteigendes Wohlgefallen, auf der anderen Seite einen mehrgipfligen oder gar absinkenden Zusammenhang aufweisen, lassen sich dadurch erklären, daß das Reizmaterial im einen Fall genügend Ordnung für eine Komplexitätssteigerung aufweist, im anderen Falle aber nicht.

Nun sind Ordnung und Komplexität in dem hier vorgestellten Modell der ästhetischen Empfindung auf verschiedenen Stufen der Reizanalyse möglich. Entsprechend dem hier entwickelten "Mehrstufenmodell" der Ästhetik erlaubt Ordnung auf der einen, Komplexität auf einer anderen Stufe die Verarbeitung des visuellen Reizes. Also müßte die Formel sich aus mehreren Komponenten zusammensetzen, z.B. O1 / C1 + O2 / C2 = K. Die Additivität der Einzelkomponenten ist allerdings nur ein Denkmodell, das eine mögliche Form annimmt, in welchem "trade-off" die Komplexitäten und Ordnungen der verschiedenen Stufen stehen könnten.

10.3.5 Die Interaktion des Verarbeitungsaufwandes auf verschiedenen Stufen der Reizanalyse

Bisher ist nicht nachgewiesen, wie sich die Komplexitäten und Ordnungen der verschiedenen Verarbeitungsstufen beeinflussen. Die subjektive Erfahrung bei der Bildbetrachtung spricht aber für eine solche Beeinflussung.

Wenn die ästhetische Empfindung aus verschiedenen Quellen gespeist wird, scheint die Bewertung eines Reizes sich zu steigern. Nehmen wir noch einmal die Geschmacksempfindung als Modell für die visuelle Empfindung: Zweifellos ist "süß" eine angenehme Geschmacksempfindung. Allein ist sie jedoch nur begrenzt steigerbar. Ein reines Zuckerkonzentrat gilt gerade nicht als meistgeschätzte Süßigkeit. Die angenehme Geschmacksempfindung "süß" kann dagegen im Zusammenklang verschiedener Geschmacksrichtungen sehr gesteigert werden: in der Schokolade mit Kakao oder im Marzipan mit Mandeln.

Eine Steigerung der Geschmacksempfindung scheint also dann möglich, wenn die Bewertung unterschiedlicher "Sensoren" zusammenkommt. Die Einzelbewertung "süß" kann zur Gesamtbewertung eines Geschmackes nur einen bestimmten Anteil beitragen. Ebenso könnte es sich mit Bewertungsteilen aus den verschiedenen Stufen der Wahrnehmung und Bedeutungsverarbeitung verhalten. Eine einfache Kontur alleine führt nur zu einem geringen Erleichterungswert. Ein Verarbeitungsvorteil auf mehreren Stufen der Reizanalyse (bei gleichzeitigem Angebot eines vielfältigen Reizes) führt zu einem stärkeren ästhetischen Erleben.

Es gibt einen Bereich visueller Darstellung, der eine besondere Beziehung zur Geschmacksempfindung "süß" aufweist: die Darstellung von Kindern nach den Regeln des Kindchenschemas. Auch hier darf die "Süße" nicht übersteigert werden oder allein für sich stehen. In Verbindung mit qualitativ anderen Bereichen, zusammen mit der Darstellung der Jungfrau Maria gehört die Kind-Darstellung zu den zentralen Bereichen der Kunst. Bei dem in Abb. 10.3 erkennbaren Kindchenschema handelt es sich um einen Faun. Bedeutungselemente von Humor (affektive Erleichterung) und lustiger Wildheit kommen zum Kindchenschema hinzu und mildern seine Süße.

Auch wenn optische Reize auf der Grundlage ihrer biologischen Angemessenheit bewertet werden, kann der Einzelreiz in der ästhetischen Wirkung einer Vielzahl von relevanten Reizelementen übertroffen werden (bezüglich der instinktauslösenden Wirkung ist die "Reizsummenregel" bekannt).

Das einfachste Modell zur Erklärung dieser Beobachtungen sieht eine Zusammenführung der Einzelbewertungen auf einer höheren Stufe vor, wobei eine einzelne Ursache ästhetischer Empfindung nur einen bestimmten, begrenzten Teil an der insgesamt möglichen Wertschätzung erreichen kann (Fechner spricht in diesem Zusammenhang in der Vorschule der Ästhetik (s.o.) von einer Steigerung der Emotion). Wenn diese These nun eher aus der Selbstbeobachtung und der Kombination von Alltagswissen entspringt, so soll doch auch auf Olds (1954) berühmte Versuche hingewiesen werden, der zeigen konnte, daß die Lustzentren des Gehirns gleichermaßen von verschiedenen Triebbefriedigungen aktiviert werden und die physiologische Möglichkeit der "Kumulation" von Lusterlebnissen besteht.

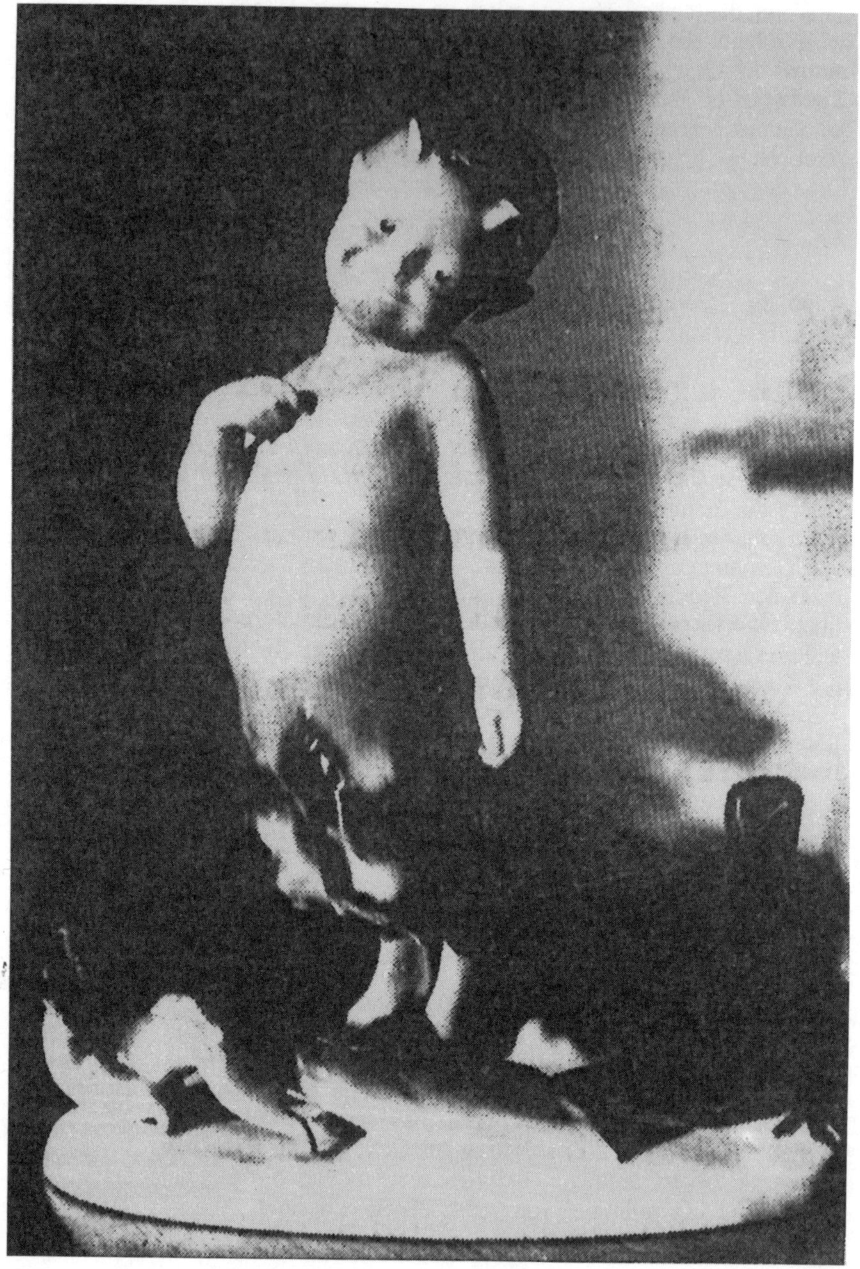

Abb. 10.3: Kindchenschema im Faun (Privatbesitz)

10.4 Individuelle Faktoren und Wechsel der ästhetischen Bevorzugung

Die dargestellten Prinzipien einer Ästhetik mögen den Eindruck erwecken, als seien nun doch universelle Gesetze postuliert worden, die keinen Raum für individuelle Bevorzugungen oder für die Begründung des Wechsels der Bevorzugung lassen.

Die hier vorgestellten Stufen der Reizanalyse können aber im individuellen Fall unterschiedliche Reaktionen auslösen. Das visuelle Begriffssystem kann bereits vor der "Bedeutungsverarbeitung" von Lernerfahrungen abhängen (vgl. Abschnitt 5.3 "Beiträge der Wahrnehmungspsychologie"). Die prototypische Form eines Gegenstandes ist in den verschiedenen Kulturkreisen und in verschiedenen historischen Epochen unterschiedlich.

Das Individuum lernt die Grundformen, die Schemata, die Sichtweisen seiner Kultur. Gombrich (1977) gibt einige Beispiele, wie die gespeicherte Kenntnis von der Welt die Wahrnehmung und als Konsequenz davon natürlich dann auch die Präferenz beeinflußt. Ein Beispiel ist Merians Darstellung der Pariser Kirche "Notre Dame", deren Mittelschiff er fälschlicherweise zentral einzeichnet, wie es seinem "Renaissance"-Schema einer Kirche entspricht. In Wirklichkeit ist das Schiff in einen längeren Eingangsbereich und einen kürzeren Apsisabschluß hinter der Vierung gegliedert.

Die "Geschichte" der Wahrnehmung wird durch Entdeckungen von Künstlern vorangetrieben. Die Schönheit der Natur mußte erst von L. Claude entdeckt werden. Seither sprechen wir von einer "malerischen" Landschaft. Der Londoner Nebel wird von Whistler "entdeckt" (vgl. Gombrich 1977).

Monet und Pissaro stellen eine neue Art zur Verfügung, wie der Betrachter einen Nebel sehen kann (Novitz 1977). So können Unterschiede in der Rezeption von Darstellungen, z.B. der Natur, in verschiedenen Kulturen dadurch erklärt werden, daß die jeweilige Kunst unterschiedliche Wahrnehmungsschemata zur Verfügung stellt. Die hier entwickelte Sichtweise entspricht weitgehend Fiedlers Kunsttheorie, der Kunst als Entwicklung von Vorstellungen betrachtet, so wie das Denken die Entwicklung von Begriffen sei (Stüben 1978).

Natürlich bezieht sich ein großer Teil der Werke der bildenden Künste auf Überlieferungen und auf Abbildungskonventionen sowie auf "Kunstkonzepte", die nur bestimmten Kulturkreisen und Personengruppen bekannt sind. Ohne die Kenntnis solcher Konventionen ist die Wirkung einer Abbildung nicht unbedingt gegeben. Panofsky wählt als Beispiel das Abendmahl von L. da Vinci, das ein Betrachter ohne Kenntnis der christlichen Religion für eine aufgeregte Tischgesellschaft halten könnte. Der verdrängte Affekt ist - wie wir aus der Therapieforschung wissen - eine sehr individuelle Angelegenheit.

Entsprechend der Erfahrung, die ein Mensch mit visuellen Reizen macht, wird er spezifisch reagieren. Formen, Farben und Darstellungsinhalte können zum Auslöser für Reflexe werden. Die Kachelfarbe des Schulgebäudes kann z.B. negative Emotionen auslösen. Für die Veränderungen von Bevorzugungen durch Belohnungen existieren experimentelle Belege. Vermutlich wird Bevorzugung auch von Vorbildern gelernt.

Im Bereich der angeborenen Schemata erwarten wir noch am ehesten Konstanz über geschichtliche Entwicklung, spezifische Kulturen und spezifische Personen eines Kulturkreises hinweg. Die Annahme wird ermutigt, weil auch uns noch viele Gestaltungen der griechischen, indischen oder ägyptischen Kultur ansprechen, die Körperschönheit darstellen sollen. Auch die Wirkung von Darstellungen, die als Abwehrzauber wirken sollen, bleibt bei uns nicht aus. Der Reiz des Glanzes bestimmt den zeitüberdauernden Wert von Diamanten oder Glasperlen; aus historischen Überlieferungen wird deren hoher Tauschwert in einer fremden Kultur belegt.

Wie die vorgetragene psychologische Ästhetik auf den ersten Blick den Anschein erwecken mag, es handele sich um Regeln, die bei allen Menschen letztlich zur gleichen Bevorzugung führen, so mag ebenfalls der Eindruck entstehen, daß nach einer solchen Formulierung von Regeln des ästhetischen Empfindens kein Raum mehr für Veränderung bleibt, weil eben die Regeln ja eine konstante Gültigkeit beanspruchen.

Auf den Wechsel als generelles Phänomen der ästhetischen Bevorzugung wurde in den verschiedenen Abschnitten über die Mode oder über Kunststile bereits eingegangen. Einige der dort aufgeführten und mit Beispielen belegten Punkte sollen hier noch einmal zusammengetragen, und einige "Regeln" des Wechsels sollen erörtert werden.

Zunächst steht fest, daß sich Menschen an gleichartige Umweltreize, seien sie als Einzelreiz noch so auffallend, so stark gewöhnen können, daß sie sie nicht mehr wahrnehmen. In der Psychologie wird dieses Phänomen als "Habituierung" bezeichnet. Gombrich (1979) postuliert in den Prozessen der Wahrnehmung einen "brake-spotter", einen Detektor für die Unregelmäßigkeit, die Unstetigkeit, die für den Menschen informationshaltig ist. Bekannt ist die Episode vom Leuchtturmwächter, der aufwacht, als das laute Warnsignal einmal *nicht* gegeben wird. Insgesamt ist zur Aufrechterhaltung der Aufmerksamkeit eine gewisse Neuheit erforderlich. Das kann ganz besonders stark in Feldern beobachtet werden, in denen das Erregen von Aufmerksamkeit zentrales Anliegen ist, so z.B. in Mode und Werbung. Hier findet man einen schnellen Wechsel der angebotenen Formen.

Der Wunsch, etwas Neues zu gestalten, ist aber sicher nicht nur mit der Notwendigkeit, die Aufmerksamkeit zu gewinnen, zu erklären. Wie Berlynes Motivationstheorie vorsieht, sind Neuigkeit und Sensation auch im positiven Sinne aufregend, spannend. Der Mensch ist im wesentlichen darauf angewiesen, die Information seiner Umwelt zu nutzen und muß so begierig sein, Reize mit viel Informationen, hoher Überraschung und hoher Neuigkeit zu finden.

In der Kunst kommt natürlich etwas hinzu, was den Wechsel, das Drehen am Rad der Kunstgeschichte beschleunigt. Es gehört zum Konzept der Kunst, zu der Auffassung, die sowohl von Experten als auch Laien vertreten wird, Kunst müsse originell sein. So wird von Produzenten und Rezipienten ein

Druck in Richtung auf Innovation ausgeübt. Dieses Kunstkonzept besteht bereits über ein bis zwei Jahrhunderte.

Bei einer begrenzten Informationskapazität und einer gewissen Ablehnung des stark Abweichenden, des völlig Neuen kann sich der Innovationsdruck nur so auswirken, daß immer einige Attribute der visuellen Umwelt im Blickpunkt einer Kultur stehen. In der Mode können das die Rocklänge und die Farben sein. Wir wissen aber, daß es zu anderen Zeiten die Länge der Schuhspitze oder die Breite des Rockes waren. In aller Regel vollzieht sich der Innovationsprozeß so, daß viele Merkmale von Gestaltungen gleichbleiben, während Veränderungen nur in einigen Attributen des Gegenstandsbereiches entstehen.

Dies ist möglich, weil viele Formen die "objektiven" Bedingungen des "Wohlgefallens" erfüllen. Im Prozeß der Veränderung können unterschiedliche Qualitäten des ästhetischen Empfindens, das wir hier als Prozeßmerkmal der Wahrnehmung und Bedeutungsverarbeitung beschrieben haben, im Vordergrund stehen.

Wie wir wissen, ändern sich auch die Bewertungen vergangener und fremder Kulturen. Dies kann an der herrschenden Auffassung von den Zielen der Kunst liegen. Wenn es z.B. darum geht, besondere Expressivität zu erzielen, rückt die Kunst der "Primitiven" in den Vordergrund. Dies kann auch in der Verminderung von Gewöhnungsprozessen liegen. Nachdem der Jugendstil von vielen Zeitgenossen als kitschig abgelehnt wurde und die Gewöhnung an Rankenornamente, die sich allgegenwärtig in der Lebensumwelt befanden, eintrat, erlebt derselbe Stil heute eine erwachende Wertschätzung. Zum einen gibt es bei dem heutigen Publikum den Gewöhnungsprozeß an die umrankte Umwelt nicht mehr, zum anderen breitet sich ein gewisser Unmut über die gleichmäßige, geometrische Umwelt der Post- Bauhaus-Ära aus, der eine Aufnahme des Jugendstils begünstigt.

Die Kräfte, die auf eine Veränderung von Gestaltungen wirken, sind vielfältig. Heute mögen (a) kleine Kopierfehler im Fortgang handwerklicher Tradition keine große Rolle mehr spielen, aber auch in unserer Zivilisation sucht die Jugend nach (b) Neubestimmung ihres Lebens und neuer Formulierung ihrer Bedürfnisse durch Gestaltungen. Junge Generationen schaffen originelle, von den Wegen der Väter abweichende Lösungen. In der direkten Aufeinanderfolge könnte die Abweichung von den Sehgewohnheiten, von den Konventionen der etablierten Gestaltung so groß sein, daß die Jugendkultur als häßlich erlebt wird (gelegentlich mag sich auch der Protest gegen die Konsumwelt darin ausdrücken, daß absichtlich Häßlichkeit hergestellt wird). Erfindungen, neue Materialien, neue Erkenntnisse, neue Lebenssinn-Aussagen (c) schaffen immer auch neue Gestaltungsmöglichkeiten und -inhalte. Dieser nicht vorhersehbaren Innovation folgt die Kunstgeschichte in Stilen und Perioden. Wenn man sich vor Augen hält, daß es Gestaltungsbereiche gibt, die über Jahrhunderte konstant geblieben sind (so z.B. Trachten oder Kunsthandwerk in weniger differenzierten Kulturen), so muß festgestellt werden, daß das Bewußtsein der Menschen, das Konzept der Menschen von ihrer gestalteten Umwelt, wenigstens den gleichen Rang als Determinator der Entwicklung einnimmt wie die Gesetze der Psyche.

10.5 Spannung als Komponente der Kunstwirkung

Bisher wurden die "lustvollen" Gefühle abgehandelt, die beim Betrachten schöner Objekte entstehen. Neben diesen Gefühlen gibt es aber auch eine aktivierende Wirkung der "Kunstwerke". Diese aktivierende Komponente soll nun unter dem Begriff "Spannung" behandelt werden.

Von einem Buch oder Film wird verlangt, daß es bzw. er spannend ist, von einem Bild oder Kunstwerk, daß es uns fesselt. Jeder hat beim Fußballspiel oder vor Examen erlebt, was Spannung ist. Allerdings geben uns die Lehrbücher der Emotion dann unzureichend Auskunft über das Phänomen Spannung, wenn es gemeinsam mit dem Phänomen Interesse abgehandelt wird (Izard 1977).

Was ist Spannung? Sie entsteht, wenn die Situation im Krimi brenzlig wird, wenn es scheint, als werde es für den Held keinen Ausweg mehr geben. Kinder erwarten voll Spannung ihre Weihnachtsgeschenke. Auf der Jagd wird es spannend, wenn ein Tier zu sehen ist.

Spannung entsteht, wenn ein wichtiges Ereignis bevorsteht. Alle Sinne und Denkoperationen sind mit dem kommenden Ereignis beschäftigt. Der Körper stellt sich mit seinen Maßnahmen zur Durchblutung und Schweißbildung auf ein "Eingreifen", eine Aktion ein (topothrophes Reaktionsmuster). Die Muskeln sind "gespannt" (wiederum ist die Metapher sehr lehrreich). Spannung kann als allgemeine Handlungsbereitschaft, als Alarmstufe von Körper und Geist verstanden werden, die eben nicht nur durch Situationen des wirklichen Lebens, sondern auch durch stellvertretendes Erleben hervorgerufen werden kann.

Kreitler und Kreitler (1980, S. 33) sehen im Wechselspiel von Spannung und Spannungslösung die Essenz der Kunstwirkung: "Es ist unsere Ansicht, daß eine der Hauptmotivationen der Kunst Spannungen sind, die in dem Betrachter bereits vor seiner Beschäftigung mit dem Kunstwerk bestehen. Das Kunstwerk vermittelt die Erleichterung und Entspannung dieser bereits existierenden Spannungen durch die Schaffung neuer spezifischer Spannungen." Diese Aussage bleibt etwas unklar. Zudem muß ihr widersprochen werden, wenn die Spannungslösung als wesentliches Element der Kunstwirkung betont werden soll. In einigen Situationen, z.B. nach der Aufnahme des Titels eines vorher nicht verständlichen Bildwerkes, kann es zum Verstehen und zur Reduktion von Spannung kommen (Erleichterung durch Kognition). In vielen Fällen ist es aber die Spannung selbst, die von den Menschen gesucht wird. Der Kriminalroman erhält die Spannung über lange Seiten.

Die Vorfreude (Vorlust) ist manchmal genau so wichtig wie das Ereignis selbst. Bei der Spannung verhält es sich anders als beim Hunger, dessen

"Triebspannung" unangenehm und die folgende Nahrungsaufnahme daraufhin als lustvolle Spannungslösung erlebt wird. Die Spannung, die wir meinen, ist selbst lustvoll.

Wie wichtig Spannung für ein "gutes" Leben ist, wird an den Vorstellungen der verschiedenen Kultur- und Religionsgruppen über das "Leben im Himmel" recht deutlich (Mace 1961). Für die amerikanischen Indianer besteht das himmlische Leben im wesentlichen aus einem "glücklichen" Jagen; in der nordischen Mythologie ist es ein Festefeiern und Kämpfen.

In Phantasien und Wunschträumen versetzt sich der Mensch in eine Situation, die spannungsreich wäre. So stellt er sich z.B. vor, daß er Geheimagent wäre. Zum glücklichen Leben gehört - zumindest also nach den erwähnten Phantasievorstellungen - Spannung.

Warum ist Spannung so lustvoll? Im Moment der Spannung ist man vollständig auf ein Ereignis konzentriert. Der Einzelne ist von sich selbst und seiner Situation abgelenkt. Insofern kann die Spannung als eine Befreiung vom Ich, als ein Überwinden der "Reminiszenzen", als Befreiung aus der jeweiligen Realität gesehen werden.

Spannung als "Handlungsvorbereitungsemotion" könnte aber auch im Verhaltensrepertoire des Menschen vorgesehen sein. Wenn es so wäre, können wir verstehen, warum der Mensch in der Kunst Spannung sucht. Im zivilisierten Leben sind spannende Situationen so selten geworden, daß das aktionsspezifische Potential (Lorenz 1973) nicht abgebaut werden kann. Der Mensch braucht aber periodisch die Anspannung aller Sinne und die Konzentration, die z.B. durch Aggression feindseliger Wesen ausgelöst werden könnte. In einer natürlichen Umgebung kann damit gerechnet werden, daß in gewissen Abständen spannende Ereignisse eintreten. So tauchen z.B. feindselige Tiere und Angehörige anderer Stämme auf, und eine Handlung muß erfolgen. Es wäre denkbar, daß es für diese Art Spannung - und nicht für Aggression - eine handlungsspezifische Energie gibt, daß die Bereitschaft, gespannt zu werden, wachsen kann und abgebaut werden muß.

Der Mensch in einer zivilisierten Welt braucht also "Spannungsattrappen", Kunstwerke. Besonders Gewalttaten und sexuelle Handlungen vermögen im Leben, wie im stellvertretenden Erleben, die Handlungsbereitschaft hervorzurufen. Auch deshalb sind unsere Fernsehprogramme mit solchen Themen überfrachtet. Nach dieser Argumentation ist die Gewalt im Fernsehen nicht unbedingt Spiegel der Gewalttätigkeit des Menschen, sondern vielmehr des Bedürfnisses nach spannendem Miterleben. Dies wird durch das angebotene Programm meist auf recht schlichte Weise erledigt: Wie weit dabei tatsächlich Handlungsbereitschaften in gewalttätiger Richtung aktiviert werden, wird an anderer Stelle diskutiert.

Nicht erst im 19. Jahrhundert lösten die Menschen Rätsel. Von den Griechen ist eine Vielzahl raffinierter Rätsel überliefert. Zum Teil (vgl. die Paradoxien) sind diese Rätsel nicht lösbar, dennoch macht das Tüfteln erheblichen Spaß. Während die Spannung im Kriminalroman eine Spannung ist, die stellvertretend für die agierenden Helden erlebt wird, erwächst die Spannung des Rätsels aus der eigenen Problemsuche, aus dem eigenen Handeln.

An verschiedenen Stellen der vorangegangenen Kapitel (besonders Wahrnehmungspsychologie, Metaphorik, Bedeutungsvermittlung, Psychoanalyse) erwies sich das Rätselhafte als Element der Kunstwirkung. Im folgenden wird an einigen Beispielen aufgezeigt, wie Rätselhaftes immer wieder in der Kunst der vergangenen Jahrhunderte und auch in der modernen Kunst zu finden ist:

- Wenn wir in Museen einen Torso betrachten, so sehen wir eine Statue, deren ursprüngliche Gestalt uns niemals bekannt sein wird. Rodin kann als Künstler gelten, der die Wirkung des unvollendeten Torsos meisterhaft einsetzt (z.B. in der Plastik "L'homme qui marche" im Musée Rodin in Paris).
- Bei vielen antiken Stücken ist nur ungenau klar, welche Bedeutung und Funktion sie hatten und wie sie überhaupt hergestellt werden konnten. So ist es z.B. überaus rätselhaft, wie in einem Wüstenland Obelisken und Steinmaterial für die Pyramiden herbeigeschafft werden konnten. Bleiben wir bei den antiken ägyptischen Bauwerken, so kommt hinzu, daß sie für den archäologischen Laien mit "rätselhaften" Zeichen übersät sind.
- In den Künstlerbiographien wird klar, daß der Künstler in der Antike bis weit in die europäische Vergangenheit hinein von seinen Biographen als eine Art Zauberkünstler empfunden wurde, der dem Auge eine fiktive Realität vortäuschen kann und der daher über geheimnisvolle Fähigkeiten verfügt. Tatsächlich wurden die Darstellungsschemata und Proportionsregeln als Geheimnis gehütet und von einer Malergeneration an die nächste weitergegeben.
- In Anamorphosen (Leemann u.a. 1975) mit kleinen Kästchen, die im Inneren eine dreidimensionale Szenerie erscheinen lassen, demonstrierten die Künstler ihre "übernatürliche" Fähigkeit, mit Farben Realitäten zu schaffen. In der immer wieder illustrierten Pygmalionsage wird dieses Thema aufgegriffen: Der Künstler verliebt sich in die von ihm geschaffene Statue, die dann zum Leben erwacht.
- Die Metapher als allgegenwärtige Form der Bedeutungskommunikation in der Kunst behält immer einen Rest ungeklärter, vom kulturellen Hintergrund her nicht eindeutiger Bedeutung.
- In der Op-art (aber natürlich auch früher in Vexierbildern von Holbein) werden die Gesetze der Wahrnehmung ausgenutzt, um Bewegung vorzutäuschen, wo es keine Bewegung gibt, Spiralen, wo es Kreise gibt usf. Die Wahrnehmungspsychologie kann diese Effekte erklären, der durchschnittliche Betrachter hingegen kann nur das Rätselhafte des Effektes erleben.
- In der Computerkunst werden Ordnungen vorgestellt, deren Geometrie man erkennt, aber nicht mehr auflösen kann. Dem Betrachter ist zwar klar, daß es sich um ein geordnetes Gebilde handelt, wo aber die Symmetrieachsen liegen, kann der Betrachter der Computerkunst und auch der Betrachter der minutiös konstruierten Muster der Alhambra nicht

mitvollziehen. Das Rätsel der Wirkung einer höheren Intelligenz stellt sich ein.

- Das Rätselhafte des menschlichen Lebens wird in Vanitas-Motiven, in Darstellungen von Tod und Wiedergeburt zum Thema für die künstlerische Gestaltung. Natürlich können hier keine Lösungen angeboten werden, sondern der Betrachter wird ausschließlich mit diesen Rätseln konfrontiert.
- Auch das immer wieder aufkeimende Sammelinteresse weist auf die Faszination durch das Rätselhafte hin. Kunst-und Wunderkammern bewahrten präparierte Mißbildungen und auch Fehlgeburten, seltene Steine, Straußeneier oder Nautilusmuscheln auf, wie sie als Zeuge rätselhafter Naturereignisse gefunden werden.
- Natürlich ist die zeitgenössische Kunst ebenso angetreten, den Betrachter mit - absichtlich oder nicht - Rätselhaftem zu konfrontieren. Die Werke von Roy Lichtenstein greifen zum Beispiel aus dem Gesamtgeschehen einer Comic-Geschichte ein einziges Bild heraus, das dann isoliert ausgesprochen "rätselhaft" anmutet. Der Betrachter kann nur vermuten, was zu dieser Situation führte und wie es weitergehen wird. Natürlich kann Spannung auch von formalen Elementen ausgelöst werden: Beispiele sind Malewitsch, Komposition in Gelb und Schwarz 1916/1917 oder auch Mondrian, Komposition mit zwei Linien 1931. Der Künstler M.C. Escher konstruierte optische Anordnungen, die den Betrachter narren. Dabei benutzte er oft komplizierte mathematische Berechnungen.
- Es sei erlaubt, auf eine Alltagsbeobachtung hinzuweisen. Immer wieder erstaunt es den Verfasser, welche Faszination der unverständliche wissenschaftliche Vortrag (die lateinische Liturgie ist vergleichbar) ausüben kann. Auch hier scheint die Faszination des Rätselhaften zur ästhetischen Figur zu werden. Hier, wie in den ungelösten Fragen von Religion und Wissenschaft, geht es dem Zuhörer nicht um Aufklärung und Lösung, sondern um den Rausch des Rätsels.
- Die Landschaft, die neue Ausblicke verspricht, die eine weitere Exploration zuläßt, wird bevorzugt (vgl. Variablenname "mystery").

Das Rätselhafte bewirkt Spannung, Faszination, Ablenkung und Aufmerksamkeit. Nun geht Spannung aber nicht einfach in den Begriffen "Neugier" oder "Explorationsbedürfnis" (vgl. Berlyne s.u.) im Sinne eines optimalen Stimulationsniveaus auf. Das Gespanntsein ist eine selbständige Komponente des Kunstgenusses, die natürlich mit den verschiedenen inhaltlichen Angeboten unterschiedlich verschmilzt. Das Gespanntsein bei der aggressiven Handlung des Krimis oder der eher prosozialen Stimmung der Komödie bzw. des Liebesdramas führt zu ängstlicher oder aber erwartungsfroher Spannung.

Bezüglich des Bedürfnisses nach Spannungsinduktion, nach Erregung über ein "optimales Maß" hinaus, mag es erhebliche individuelle Unterschiede geben (Zuckermann 1979).

10.6 Kunst und Kitsch

Cordwell und Schwarz (1979) erklären den Menschen in Beiträgen zur Anthropologie der Kleidung und der Körperbemalung als ein kulturelles Wesen, das sich über die Begrenzungen der Natur erhebt und stolz die Möglichkeit der künstlichen/künstlerischen Gestaltung erlebt. Unter psychoanalytischem Blickwinkel wäre dies ein "narzißtischer" Grund für die hohe Bewertung der Kunst. Die hohe Bewertung der Kunst, wie auch die hohe Bewertung wissenschaftlicher Leistungen ist nur von dem Problem aus zu verstehen, zu dessen Lösung der Kreative beiträgt (Gombrich 1978). Es kann in der Kunst das Problem sein, Geister abzuschrecken, eine naturalistische Darstellung zu erreichen oder Schönheit herzustellen. Die Bewunderung und Wertschätzung des Werkes und des Künstlers können letzlich nur aus der Wichtigkeit der gelösten Probleme verstanden werden.

Die Aufgaben der Kunst sind dabei alles andere als unwichtiger Luxus, wenn es z.B. darum geht, die Geschichten der Bibel zu illustrieren oder das Arbeiterparadies sichtbar vor Augen zu führen oder auch dem Menschen Kontakt zu seiner spirituellen Dimension zu verschaffen (Grof 1985).

Der Künstler ist dabei Entdecker, Erfinder und Pionier. Pionierleistungen werden hoch geschätzt, nicht aber ihre Nachahmungen. Dies illustrieren z.B. die hohen Preise für die "Impressionisten", während Maler, die heute in der gleichen Manier malen, wenig geschätzt werden. Es geht also oft gar nicht so sehr um das ästhetische Objekt, sondern um die Entdeckung neuer Möglichkeiten, die Bewunderung fordern.

In der deutschen Sprache kann man die Kunst gegen den Kitsch abheben. Kitsch heißt ursprünglich, aus Möbeln unterschiedlicher Stile ein einziges Möbelstück zusammenzuzimmern. "Kitschig" nennt man also einen Gegenstand, der nicht stilrein ist. Die Bedeutung des Wortes hat sich allerdings erweitert, und heute betrachtet man viele kunstgewerbliche Objekte, z.B. Souvenirs, Jahrmarktartikel, als "Kitsch".

Zu den kitschigen Gegenständen gehören zweifellos solche, bei denen die Bedeutungsverarbeitung zu (unbeabsichtigten) Widersprüchen führt. So verträgt sich die Funktion des Taschentuches wenig mit dem darauf gedruckten Papstportrait, oder die dem Plastikmaterial anhaftende Billigkeit verträgt sich wenig mit der Verehrung, die man der Kunst des klassischen Altertums entgegenbringt. Die Gewaltigkeit des Kölner Domes wird von der kleinen Nippesnachbildung nicht aufgenommen oder übermittelt. In einem Werk von Dorfles (1977) werden einige Beispiele für Kitsch gegeben, die eindeutig inkompatible Bedeutungszusammenfügungen herstellen. So wird in einer Werbung für ein Automobil die Schnelligkeit mit der Schnelligkeit von Beethovens Symphonien verglichen. Im Toilettenbecken ist ein Blumenstrauß abgebildet, der die Bedeutung der Frische an ein Produkt knüpfen soll, das am genannten Ort verwendet wird.

Für den Erwerber ist der Kitsch natürlich nicht anrüchig. Erst die ästhetische Erziehung vermittelt die Kenntnisse und die Assoziationen, die zu den genannten Widersprüchen der Bedeutungsverarbeitung führen.

Abb. 10.4: Extremisierung des Kindchenschemas

Weiterhin wird die aus der Kindheit herübergerettete Märchenwelt mit Schutzengeln, Gartenzwergen und verzauberten Schlössern sowie die unkritische Lust am Verzieren als "süßlich" und ablehnenswert empfunden. Insofern muß der Weihnachtsbaum mit seinen Kugeln und dem Lametta als der Inbegriff des Kitsches empfunden werden. Hier bezieht sich die Bezeichnung

Kitsch auf den schnell fertigen Effekt (vgl. oben auch Rump). Das intensive Ausreizen einer Stimulationsquelle, z.B. etwa des Kindchenschemas wird als süßlich und kitschig erlebt (vgl. ebenfalls oben und Abb. 10.4). Der Kitsch ist zu leicht als "Imitation" durchschaubar. Auch hier fehlt also dem kitschigen Objekt die Wahrhaftigkeit, die Stimmigkeit mit der Erfahrung von der Welt. Darüber hinaus kann die Illusion von der heilen Welt den Protest des Betrachters wachrufen. Der Schutzengel (vgl. Abb. 8.1) lenkt die Phantasie in Bahnen magischer Wundergläubigkeit, die für den aktiven Menschen eine allzu bequeme Alternative darstellt. Insofern wird die Bezeichnung "Kitsch" auch dann gewählt, wenn eine Darstellung die Vielfalt der realen Welt in unzulässiger Weise reduziert, "verlogen", peinlich verschönt.

Aus unserer Sicht stellt sich der Kitsch als eine zu einfache Darbietung oder als Unstimmigkeit in der Bedeutungsverarbeitung dar. Natürlich hat der Begriff unscharfe Grenzen und kann neue Bedeutungen gewinnen. Aus der Sicht der verschiedenen sozioökonomischen und Bildungsschichten ist Kitsch jeweils etwas anderes, aber immer etwas Unstimmiges. Während die Walhalla natürlich in der Zeit der Bayernkönige zur "höchsten" Kunst zählt, ist sie in ihrem Widerspruch zum herrschenden Bewußtsein heute als Beispiel für den Kitsch zitierbar. Auf keinen Fall kann man (wie Moles 1972) versuchen, Objekteigenschaften des Kitsches (z.B. die in einer stetigen Form gebogene Linie) anzugeben. So würde man den Jugendstil zum Kitsch und die Epoche des Art deco zur geschätzten Kunst erklären.

10.7 Fortschritte der psychologischen Ästhetik

Nachdem die kunstpsychologischen Erkenntnisse zu einer "ästhetischen Theorie" zusammengefaßt wurden, soll nun der Fortschritt abgewogen werden, den die Kunstpsychologie und die Aufklärung des ästhetischen Empfindens seit der Zeit von Fecher, Wundt, Freud, Lipps u.a. erzielen konnte.

Die hier vorgetragenen Ideen sind im Keime zumeist schon in den Werken der Väter der Kunstpsychologie vorhanden. Manches, was z.B. Wundt etwas vage formulierte, können wir nach einem Überblick über die umfangreichen Forschungsarbeiten als These dieser Monographie präziser formulieren. Wundt postulierte, die Form werde als ästhetisch angenehm empfunden, die den Bedürfnissen des Wahrnehmungsapparates am nächsten komme. Diese Aussage wird durch die hier präsentierte These von der Wahrnehmungserleichterung im Dienste einer erweiterten Wahrnehmung konkretisiert.

Die Gedanken Freuds sind in eine Richtung erweitert worden, die von ihm selbst strikt abgelehnt wurde. Kollektive bildhafte Inhalte des Unbewußten sind - nicht zuletzt durch die Forschungen von Grof (s.u.) - wahrscheinlicher geworden. Möglicherweise wird in der Zukunft Ranks Idee vom Geburtstrauma rehabilitiert.

Neu sind die Ausführungen Niederlands zur Erklärung kreativer Leistung als Versuch der Kompensation narzißtischer Kränkungen.

Lipps Empathie-Theorie wirkt heute nahezu genau so revolutionär wie zur Zeit ihrer ersten Veröffentlichung und spielt auch für die hier vorgetragene Ästhetik eine wichtige Rolle zum Verständnis individueller Unterschiede in der Bedeutungsverarbeitung. Die Denkpsychologie könnte sich der Analogiebildung zum menschlichen Körper und zu Körperprozessen in nächster Zeit annehmen, nachdem die Analogiebildung selbst wieder zu einem wichtigen Prinzip menschlichen Denkens erklärt wurde (Dörner 1984).

Kunstpsychologie hat sich früher und heute hauptsächlich mit berühmten Kunstwerken oder Künstlern befaßt, nicht mit dem alltäglichen Umgang des Menschen mit der Kunst. Eine - wenn auch nur stückhafte - "Ausfüllung" der Kunstpsychologie wurde hier durch die Einbeziehung von Wandschmuckforschung, der Erforschung von Sammelinteressen und von kreativen Hobbys versucht.

Das Staunen vor der Illusion, das philosophische Erleben und das überraschende Konstatieren der Unzulänglichkeiten des eigenen Wahrnehmungsapparates sind immer wieder in den Blickpunkt geraten und stehen in Übereinstimmung mit Langes ästhetischer Theorie. Diese Komponente der Kunstwirkung wurde hier dem Thema "Spannung" (bzw. Aktivierung) zugeordnet.

Als wichtiger Fortschritt des Feldes muß erkannt werden, daß nicht nur die Darstellung - wie in Gombrichs bedeutendem Werk aufgezeigt wird - von gelernten Schemata abhängig ist, sondern daß auch die menschliche Wahrnehmung historischen Einflüssen unterliegt. Der wahrnehmende Mensch operiert mit einem visuellen "Begriffssystem" von Prototypen, das im Umgang mit der jeweiligen Umwelt erlernt wird. So kann die Wahrnehmungserfahrung unterschiedlicher Generationen angesichts des gleichen Reizes stark differieren.

Die Entwicklung der modernen Kunst hat uns gelehrt, den Begriff "Kunst" nicht zu eng an die Kunstdefinition einer bestimmten Epoche zu knüpfen. Kunst muß nicht nur das Ziel haben, "Schönheit" herzustellen: Vor einem entsprechenden Irrtum bewahren uns auch besonders die letzten Jahrzehnte der Entwicklung der zeitgenössischen Kunst. Eine Kunstpsychologie und eine Psychologie des ästhetischen Motivs dürfen nicht - wie in manchen Frühwerken der Kunstpsychologie - gleichgesetzt werden.

Kunst und ästhetische Verhaltensweisen werden gegenüber den Bedürfnissen des harten Lebenskampfes immer ein wenig als Luxus empfunden. Wie unsere vielen Hinweise zeigen, liegen im Bereich des ästhetischen Verhaltens aber grundlegende menschliche Bedürfnisse. Kunstproduktionen und ästhetische Reize können menschliches Verhalten determinieren (vgl. Kap. 1).

Um eine fruchtbare kunstpsychologische Forschung zu erreichen, scheint eine Reflexion der in Kunstwissenschaft und Kunstpsychologie üblichen Methoden nötig. Im Laufe der Abhandlung sind immer wieder Anmerkungen zu methodischen Fragen gegeben worden, die nun zu einer Schlußfolgerung zusammengetragen werden sollen.

Die moderne Kunst bedient sich - wenn auch unsystematisch - der Methoden der experimentellen Wissenschaft. Sie sucht nach Möglichkeiten der eindrucksvollen Wirkung visueller Gestaltung. Ihre Erfolge zu beobachten (und natürlich auch zu registrieren, wo es zu weniger gelungenen Versuchen kam), wird für die Kunstpsychologie wahrscheinlich nützlicher sein als eine Fortsetzung der herkömmlichen "neuen", experimentellen Ästhetik.

Die experimentelle Methode trifft im Bereich der Kunstpsychologie bei erheblichen individuellen Unterschieden und sogar mangelnder Konstanz der Reaktionen einer Vp im Verlaufe eines Experimentes auf fast unüberwindliche Schwierigkeiten. Mittlere Stichprobenwerte können kaum Aussagekraft erhalten. Fortschritte wären von einer fachspezifischen Ausarbeitung von Versuchen mit nur einer Versuchsperson zu erwarten (zur statistischen Methodik: Petermann 1975).

Im Bereich der Ästhetik ist es sinnvoller, eine individuelle Reaktion einer Versuchsperson zu erklären. Ein möglicher Weg wäre es, in die Arbeit Ehegatten, Freunde oder Bekannte von Vpn einzubeziehen, um deren spezifisches Wissen über die Lebensgeschichte der Vp nutzbar zu machen. Man kann so im Einzelfall zu falsifizierbaren Theorien der "Kunstreaktion" gelangen, und der besondere Fall (Kuhn 1978) geht nicht im Rauschen der Fehlervarianz unter. Möglicherweise lassen sich individuelle Reaktionen, die aus ihrem lebensgeschichtlichen Bezug erklärt werden konnten, so typisieren, daß Reaktionsformen allgemeinerer Art erkennbar werden.

Die Ergebnisse der experimentellen Ästhetik sind spärlich. Fortschritte kommen eher von Wissenschaftszweigen, die mit der vergleichenden Methode arbeiten, wie z.B. in der Kunstgeschichte Riegel und seine Nachfolger. Auch in der Psychologie gibt es Ansätze zu vergleichender Forschung, wobei aber die grundsätzlichen Regeln der vergleichenden Methode oft mißachtet werden. Tatsächlich dient der Vergleich in der "kulturvergleichenden" Forschung eher der Hypothesenprüfung. Der Vergleich ähnlicher Fälle müßte dem Vergleich sehr unterschiedlicher Fälle vorausgehen, um "Entwicklungslinien" zu isolieren. Vor dem Vergleich muß für den zu untersuchenden Phänomenbereich umfangreiches beschreibendes Material vorliegen. Nun kann die Psychologie nicht auf solche Beschreibungen zurückgreifen. Neben den vielen Lehrbüchern der experimentellen Psychologie gibt es kein Lehrbuch der vergleichenden Psychologie, obwohl doch gerade menschliches Verhalten wesentlich historisch determiniert ist und also auch einer vergleichenden Methode zugänglich wäre. Vielleicht kann die Kunstpsychologie an der Schnittstelle vergleichender und experimenteller Methodik der Entstehung einer beschreibenden und vergleichenden Psychologie einen neuen Anstoß geben, nachdem bereits Wundt in seiner Völkerpsychologie ein entsprechendes Vorbild gab.

Die Phase des Sammelns "alltäglicher" Phänomene und "besonderer Fälle", die für den Erkenntnisfortschritt notwendig ist, hat in der Psychologie aufgrund einer euphorischen Stimmung für das Messen und das Experiment noch nicht begonnen. Der besondere Fall kann nicht erkannt werden, weil man noch nichts über die statistische Verteilung der vergleichbaren Fälle weiß.

Die Psychologie der Kunst könnte - beflügelt durch ihren Kontakt mit der kreativen Leistung und der neuen, ungewöhnlichen Lösung - für die wissenschaftliche Psychologie auch Anregungen geben.

11 Schlußbetrachtungen

Auf wenigen Seiten soll versucht werden, einige wichtige Gedanken der Abhandlung hervorzuheben. Diese Seiten stellen eine selektive Zusammenfassung dar.

Auf der Basis beobachtbarer Evidenz und empirischer Studien wurde eine komplexe ästhetische Theorie entwickelt, die das ästhetische Urteil auf eine Vielzahl von Faktoren zurückführt, die im speziellen Fall in eine Wechselwirkung treten.

Als Ursache ästhetischen Empfindens wurde 1. eine Erleichterung der Wahrnehmung und Reizverarbeitung zugunsten einer erweiterten Wahrnehmungs- und Verarbeitungsfähigkeit, 2. die biologische Angemessenheit des Reizes und 3. die Induktion von Spannung betrachtet.

Die Ursachengruppen 1, 2 und 3 lassen sich sowohl am Reiz, als auch an Zuständen der Person festmachen. Insofern ist die hier vorgestellte Ästhetik weder objektiv noch subjektiv, sondern interaktiv. Neben Reizmerkmalen, die durch unterschiedliche Aufnahmebedingungen der Person unterschiedlich gebrochen werden, gibt es Variablen, die auf das ästhetische Urteil Einfluß nehmen, die überwiegend in der Person anzusiedeln sind, wie etwa stimmungsabhängige Assoziationen oder bestimmte Kontrasterlebnisse und ästhetische Habituierungen.

Die Ursachengruppe 1 wird - wie gesagt - nicht an wenigen, bestimmten Reizmerkmalen festgemacht, sondern auf verschiedenen Stufen der Wahrnehmung untersucht, auf denen sehr unterschiedliche Reizmerkmale, wie z.B. klare Linien, Prototypikalität oder Farbkontraste Einfachheit herstellen. Die Theorie verfolgt solche Stufen der Informationsverarbeitung im Sinne der kognitiven Psychologie und ist also eine kognitive, psychologische Ästhetik.

Weil die Wahrnehmung, wie im Text nachgewiesen wird, von Lernerfahrungen abhängig ist, weil auch an die visuelle Welt gespeicherte Konzepte (visuelle Begriffe) herangetragen werden, erlaubt diese ästhetische Theorie es, den Wechsel von Bevorzugungen und die individuelle Unterschiedlichkeit von Bevorzugungen zu verstehen. Wechsel ist im Rahmen der komplexen Determinationen des ästhetischen Urteils daneben auch als Veränderung einer bevorzugten "Reizdimension" aus einer Reihe von möglichen Determinanten ästhetischen Empfindens erklärbar. Die Mode, die immer einige Merkmale der Bekleidung in den Fokus der Aufmerksamkeit rückt, könnte hier als Modell gelten (Kap. 3). Die Renaissance wirkt durch ruhige Symmetrie, während die kleinen Abweichungen der Barock-Architektur Spannung herstellen. Symmetrie (Ursachengruppe 1) und Spannung (Ursachengruppe 3) tragen zum ästhetischen Erleben bei, und der Schwerpunkt der ästhetischen Befriedigung wechselt und muß wechseln, weil Menschen sich an konstante Umwelten "habituieren" und der ästhetische Kontrast verschwindet.

Einzelne Gegenstandsbereiche haben spezielle Determinanten der empfundenen Schönheit, so daß auch diese komplizierende Tatsache zu berücksichtigen ist. Solche speziellen Determinanten eines Gegenstandsbereiches werden für die Gesichtsschönheit (Kap. 3 und Abschnitt 5.4) diskutiert.

Wie läßt sich eine solche "komplexe, interaktive, kognitive, gegenstandsspezifische Theorie ästhetischen Empfindens" empirisch stützen? Man könnte für jede der einzelnen Variablengruppen Reizmaterial konstruieren, jeden der diskutierten Personzustände induzieren und die Vorhersagen der Theorie prüfen. Dies wird allerdings zu dem bekannten Muster widersprüchlicher Ergebnisse führen, auf dem ja auch diese Theorie aufbaut. Die Ergebnisse wurden referiert (Abschnitt 6.5.2). Um diese Theorie empirisch zu stützen, wurde auch auf "evidente" Beobachtungen zurückgegriffen, die jedermann vorliegen, z.B. auf die Bevorzugung solcher Kunststile, wie die Naive Malerei oder auf die Tatsache, daß Telegraphendrähte die "Schönheit" einer Fotographie oft beeinträchtigen oder auch daß Schmutzflecken, die die Wahrnehmung eines Objektes erschweren, als häßlich empfunden werden. Solche Phänomene werden allerdings immer nur "ex-post" erklärt, und alle Schwächen dieser Ex-Post-Erklärung müssen zugestanden werden. Dennoch sollte auch solche, allgemein zugängliche Evidenz in einer empirischen Argumentation herangezogen werden können.

Denn auch der empirisch-experimentelle Zugang der Psychologie zeigte in unserem Untersuchungsfeld erhebliche Schwächen. Gravierend ist, daß das Wort "schön" oder "attraktiv" auch immer synonym zu den Worten "gut" oder "angemessen" gebraucht wird, und man nicht weiß, ob man bei der Einschätzung von Vierecken auf ihre "Attraktivität" das "angemessenste", das stabilste Rechteck herausfindet oder ein Rechteck, das ästhetisch tatsächlich befriedigend ist. Möglicherweise wird diese Schwierigkeit überwunden, wenn Reize mit stärkerer ästhetischer Wirkung verwendet werden. Andere Probleme der empirisch-experimentellen Ästhetik sind in Kap. 6 referiert.

Vielleicht wäre es richtig, die ästhetischen Präferenzen einzelner Personen zu sammeln und zu versuchen, sie (in ihrer individuellen Verschiedenheit) den verschiedenen Stufen der Theorie zuzuordnen, um dann bei ausgesuchten Reizen zu Vorhersagen der Präferenz von Individuen zu gelangen. Mittelwertsbildungen versprechen bei der großen zu beobachtenden individuellen Verschiedenheit keine Erkenntnis, weil die Verschiedenheit ja kein "Meßfehler" ist (ein entsprechendes Vorgehen wird im Kap. 6. beschrieben).

Wie gesagt, sind Prozesse der künstlerischen Rezeption sehr individuell. Zentrale Bereiche einer Kunstpsychologie, wie z.B. eine Psychologie des Sammelns, des Wandschmuckes oder der Hobbyfotographie (Kap. 8) sind hier angesprochen, sind aber noch kaum erforscht und bieten dem Kulturpsychologen interessante Forschungsfelder.

Noch individueller sind Prozesse künstlerischer, kreativer Produktion, und dem Psychologen stehen kaum Daten zur Verfügung, um solche Prozesse zu verstehen. Die üblichen theoriegeleiteten Messungen bringen relevante Daten kaum ans Licht. Eine Psychobiographik, die Träume, Erlebnisse, Gedanken, Ängste und Verhaltensweisen eines Künstlers sammelt, existiert allein schon deshalb nicht, weil es den Beobachter, der all dies zu sehen bekommt, nicht gibt. Er müßte Lebenspartner und Psychologe sein. Das soll allerdings nicht heißen, eine solche Psychobiographik sei nicht erstrebenswert. Wie hilfreich eine gut dokumentierte Phänomenbasis ist, die nicht allein aus experimentellen Artefakten besteht, zeigt sich z.B. in der Psychologie der Kinderzeichnung (Kap.7).

Gerade bei kulturell, also historisch bedingten (oder zumindest mitbedingten) Phänomenen, wie dem ästhetischen Urteil würde eine solche Psychobiographik helfen, eine vergleichende Methode zu entwickeln. Die Aufgabe der Beschreibung der Seele scheint mir an der Grenze von künstlerischer und psychologisch-wissenschaftlicher Arbeit zu liegen. Die gute Phänomenbeschreibung, die auch späteren Generationen noch eine Grundlage zum Vergleich bieten soll, muß nämlich auch Bereiche erfassen, die im gegebenen Moment nicht im Fokus der Begriffsbildung stehen. Noch einmal ist auf einen Begriff zu verweisen, dessen Mehrdeutigkeit zu vielen Mißverständnissen in Diskussionen führt, den Begriff der Kunst. Manche glauben, man könne ihn gar nicht definieren, weil bei jedem Versuch wieder ein Gegenbeispiel zur Hand ist. Dies wird hier so verstanden, daß "Kunst" nicht eine Bedeutung hat. Die Ikonenkunst ist etwas anderes als die abstrakte Kunst. Beide Kunstrichtungen stellen sich anderen Problemfragen (Kap. 1). Die Aufassung von Kunst kann sich verändern. Heute forden wir nicht notwendig, daß der Kunstgegenstand schön sein muß, und eine Kunstpsychologie, die sich nur mit der Empfindung von Schönheit befaßt, ist eher eine Psychologie der Kunst der Vergangenheit. Die Auffassung der Kunst kann sich so verändern, daß alle heutige Kunstpsychologie nicht mehr relevant ist. Die Richtung und Entwicklung der Kunst ist für den Psychologen nicht vorherzusehen (manches Fehlurteil illustriert diese Behauptung), insofern kann der Kunstpsychologe immer nur auf den von Gesellschaft und Kunstwissenschaft anerkannten Teil künstlerischer Produktion blicken.

Literaturverzeichnis

Abel, E. & Buckley, B. E.: The handwriting on the wall. Greenwood Press, London, 1977
Aberle, M.: Vorüberlegungen zum Thema "Sammeln". Zeitschrift für Kunstpädagogik 1972, 6, 318-325
Abels, J. G.: Die Erkenntnis der Bilder. Dissertation der Freien Universität Berlin, Berlin, 1982
Abraham, K.: Giovanni Segantini. Ein psychoanalytischer Versuch. Sammlungen zur angewandten Seelenkunde 1911, 11, 1-65
Abrams, M.: A glossary of literary terms, Holt, NY, 1971
Agoston, G. A.: Color theory and its application in art and design. Springer, Berlin, NY, 1979
Aitken, P. P.: Judgements of pleasingness and interestingness as functions of visual complexity. Journal of Experimental Psychology 1974, 103, 240-244
Aitken, P. P. & Hutt, C.: Do children find complex patterns interesting or pleasing? Child Development 1974, 45, 425-431
Alajouanine, T.: Aphasia and artistic realization. Brain 1948, 71, 229- 241
Albers, J.: Interaction of color. DuMont, Köln, 1970
Aldrich, V. C.: Visual metaphor. Journal of Aesthetic Education 1968, 2, 73-85
Alexander, B. & Marks, L. E.: Aesthetic preference and resemblance of viewer's personality. Bulletin of the Psychonomic Society 1983, 21, 384-386
Algayer, H. & Vehrs, W.: Ein Simulationsverfahren zur Herstellung von farbigen Flächenmustern. Zeitschrift für Psychologie 1981, 189, 196-205
Allen, B. P.: Race and physical attractiveness as criteria for white subjects dating choices. Social Behavior and Personality 1976, 4, 289- 296
Allesch, C. G .v.: Geschichte der psychologischen Ästhetik. Hogrefe, Göttigen, 1987
Alsleben, K.: Ästhetische Redundanz. Schnelle, Quickborn, 1962
Alsleben, K.: Informationstheorie und Ästhetik. In: Gadamer, H-G. & Vogler, P. (Hrsg.): Neue Anthropologie, Dtv, München, 1973, 321-358
Amelang, M. & Bartussek, H.: Differentielle Psychologie, Kohlhammer, Stuttgart, 1981
Amthauer, R.: Intelligenz-Struktur-Test (I-S-T). Hogrefe, Göttingen, 1955
Anastasi, A.: Angewandte Psychologie. Beltz, Weinheim, 1973
Anderson, R. L.: Art in primitive societies. Prentice Hall, Engelwood Cliffs, 1979
Anwar, M. F. & Child, J. L.: Personality and esthetic sensitivity in an islamic culture. Journal of Social Psychology 1972, 17, 21-28

Apter, M. J.: The experience of motivation, the theory of psychological reversals. Acad. Press, London, 1982
Arnheim, R.: Toward a psychology of art: collected essays. The regents of the university of california, 1966
Arnheim, R.: Anschauliches Denken, DuMont, Köln, 1974, 2. Auflage
Arnheim, R.: The art of psychotics. Art Psychotherapy 1977, 4, 113-120
Arnheim, R.: Kunst und Sehen. Walter de Gruyter, Berlin 1978
Arnheim, R.: Some comments on J. J. Gibson's approach to picture perception. Leonardo 1979, 12, 121-122
Arnheim, R.: Entropie und Kunst. DuMont, Köln, 1979
Arnheim, R.: Die Dynamik der architektonischen Form. DuMont, Köln, 1980
Asch, S. E.: Änderung und Verzerrung von Urteilen durch Gruppendruck. In: Irle, M. (Hrsg.): Texte aus der experimentellen Sozialpsychologie, Luchterhand, Neuwied, 1969
Asch, S. E. & Nerlove, H.: The development of double function terms in children. In Kaplan, B. & Wapner, S. (eds.): Perspectives in psychological theory. International Universities Press, 1960
Attneave, F.: Symmetry information and memory for patterns. American Journal of Psychology 1955, 68, 209-222

Bachtold, L. M.: Speculation on a theory of creativity: A physiological basis. Perceptual and Motor Skills 1980, 50, 699-702
Baddeley, A. D.: Die Psychologie des Gedächtnisses. Klett, Stuttgart, 1979
Bader, A. & Navratil, L.: Zwischen Wahn und Wirklichkeit. Bucher, Luzern, 1976
Badt, K.: Die Farbenlehre van Goghs. DuMont, Köln, 1981
Baird, J. C., Cassidy, B. & Kurr, J.: Room preference as a function of architectural features and user activities. Journal of Applied Psychology 1980, 63, 719-727
Bamossy, G., Johnston, M. & Parsons, M.: The assessment of aesthetic judgement ability. Empirical Studies of the Arts 1985, 3, 63-79
Barret, C.: Op-art. Studio Vista, London, 1970
Barron, F.: Twin resemblances in creative thinking and aesthetic judgement. In: Barron, F. (ed): Artists in the making, Seminar Press, NY, 1972, 174-181
Barron, F. & Welsh, G.: Artistic perception as a possible factor in personality style: Its measurement by a figure preference test. Journal of Psychology 1952, 33, 199-203
Bartley, S. H. & Adair, H. J.: Comparisons of phenomenal distance in photographs of various sizes. Journal of Psychology 1959, 47, 289-295
Bartol, C. & Martin, R. B.: Preference of complexity as a function of neuroticism, extraversion and amplitude of orienting response. Perceptual and Motor Skills 1974, 38, 1155-1160
Bateson, G.: Mind and nature. Fontana , Glasgow, 1980
Battegay, R.: Narzißmus und Objektbeziehungen. Huber, Bern, 1977

Battin, M. P.: Exact replication in the visual arts. Journal of Aesthetics and Art Criticism 1979, 37, 153-157
Baumann, H. H.: Betrachtungen über die Symbolik der Pyramiden. In: Die kulturelle Bedeutung der komplexen Psychologie. Psychologischer Club Zürich, Springer, Berlin 1935, 327-348
Baumgartner, P.: Möglichkeiten und Grenzen der kosmetischen Gesichtskorrektur. In: Schreuss, H. (Hrsg.): Ärztliche Kosmetik, Bd.7, 1959
Beardsley, M. C, & Arnheim, R.: An exchange of views on gestalt psychology and aesthetic explanation. Leonardo, 1981, 14, 220-223
Behrens, R. R.: Beyond caricature: On types of humor in art. Journal of Creative Behavior 1979, 11, 3
Belka, D. E.: Ball color and childrens catching. Perceptual and Motor Skills 1985, 61, 1011-1018
Benjafield, J.: The "golden rectangle": some new data. American Journal of Psychology 1976, 89, 737-743
Benjafield, J.: A review of recent research on the golden section. Empirical studies of the Arts 1985,3, 117-134
Benjamin, N.: The omnipresence of the grotesque. Psychoanalytic Review 1970, 57, 3
Bense, M.: Aesthetica 1, 2, 3, 4. Agis, 1954, 1956, 1958, 1960
Benson, P. L. & Karabenick, St. A. & Lerner, R. M.: Pretty pleases the effects of physical attractiveness, race, and sex on receiving help. Journal of Experimental and Social Psychology 1976, 12, 409-415
Bergius, R.: Behavioristische Konzeptionen zur Persönlichkeitstheorie. In: Lersch, Ph. & Thomae, H. (Hrsg.): Persönlichkeitsforschung und Persönlichkeitstheorie. Handbuch der Psychologie Bd. 4, Hogrefe, Göttingen, 1960, 475-541
Bergmann, M. S.: Limitations of method in psychoanalytic biography: a historical inquiry. Journal of the American Psychoanalytic Assoziation, 1973, 21, 833-850
Bergson, H.: La pense et le mouvant. Paris, 1934
Berkowitz, W. R. & Avril, G. J.: Short term sensory enrichment and artistic creativity. Perceptual and Motor Skills 1969, 28, 275-279
Berlyne, D. E.: Conflict, arousal and curiosity. McGraw Hill, NY, 1960 deutsch: Klett,Stuttgart, 1974
Berlyne, D. E.: Aesthetics and psychobiology. Appleton century crofts, NY, 1971
Berlyne, D. E. (ed.): Studies in the new experimental aesthetics: Steps towards an objective psychology of aesthetic appreciation. Hemisphere, Washington 1974
Berlyne, D. E. & Ogilvie, J. C.: Dimensions of perception of paintings. In: Berlyne, D. E. (ed.): Studies in the new experimental aesthetics, Hemisphere, NY, 1974
Bernard, Y.: Construction d'un test de conaissance en peinture. International Review of Applied Psychology 1970, 19, 125-131

Bernard, Y.: Sex influence in aesthetic behavior. Perceptual and Motor Skills 1972, 34, 663-666
Bernberg, R. E.: Prestige suggestion in art as communication. Journal of Social Psychology 1953, 38, 27-32
Biaggio, M. K. & Supplee, K. A.: Dimensions of aesthetic perception. The Journal of Psychology 1983, 114, 29-35
Bickman, L.: Social roles and uniformes: Clothes make the person. Psychology Today, 1974, 7, 49-51
Biedermann, I.: Recgnition by components: A theory of human image understanding. Psychological Review 1987, 94, 115-147
Billow, R. M.: Metaphor: A review of psychological literature. Psychological Bulletin 1977, 83, 81-92
Birkhoff, G. D.: Aesthetic measure. Harvard University Press, Cambridge, Mass., 1933
Birren, F.: Color perception in art. Van Nostrand, NY, 1976
Bliersbach, G.: Hitchcocks Thriller: Gelungene Träume? Psychologie Heute 1980, 10, 64-73
Bloch, E.: Das Prinzip Hoffnung. Frankfurt, 1967
Bloch, P.: Gefälschte Kunst. Zeitschrift für Ästhetik und allgemeine Kunstwissenschaft 1978, 13, 52-75
Block, R. I. & Wittenborn, J. R.: Marijuana effects on visual imagery in a paired-associate task. Perceptual and Motor Skills 1984, 58, 759-766
Blount, P., Holmes, J., Rodger, J., Coltheat, M. & McManus, C.: On the ability to discriminate original from mirror-image reproductions of works of art. Perception 1975, 4, 385-389
Boas, F.: Primitive art. Oslo, 1927
Boehn, M. v.: Die Mode Bd. 1 u. 2. Bruckmann, München, 1976
Booth, A.: Drawing status and picture preferences of primary school children. Educational Studies 1975, 1, 63-76
Booth, D.: Pattern painting by the young child: A cognitive developmental approach. Med. Thesis, University of Sydney, 1974
Borissavlievitch, M.: The golden number. Tiranti, London, 1952
Bortz, J.: Psychologische Ästhetikforschung. Bestandsaufnahme und Kritik. Psychologische Beiträge 1978, 20, 481-508
Boselie, F.: The aesthetic attractivity of the golden section. Pychological Research 1984, 45, 367-375
Boselie, F.: What makes a visual form attractive? Paper presented at the 10th International Colloquium on Empirical Aeathetics, 1988, Barcellona, Sizilien
Bosse, M. A.: Do creative children behave differently? Journal of Creative Behavior 1979, 13, 119-126
Bottenberg, E. H.: Zum Problem der psychologischen Erfassung bildnerisch-künstlerischer Leistungsfähigkeit unter besonderer Berücksichtigung des ästhetischen Urteilsvermögens. Psychologie und Praxis 1972, 16, 1-24

Bottenberg, R. A. & Christal, R. E.: An iterative technique for clustering criteria which retains optimum predictive efficiency. Journal of Experimental Education 1968, 36, 28-34
Brain, R.: The decorated body, Harper u. Ror, NY, 1979
Brem-Gräser, L.: Familie in Tieren. Reinhardt, München, 1970, 2. Auflage
Breton, A.: Der Surrealismus und die Malerei. Propyläen, Berlin , 1967
Breuer, L. F. & Lindauer, M. S.: Judgements of historical architectural styles. Perceptual and Motor Skills 1976, 42, 1181-1182
Brög, H.: Semiotische und numerische Analyse zweier Holzschnitte von Albrecht Dürer. Dissertation, Universität Stuttgart, 1968
Brög, H.: Psychologische Aspekte der Kunst des Tachismus. In Hahn, M & Schuster, M. (Hrsg.): Fortschritte der Kunstpsychologie, Lang, Frankfurt 1980, 174-183
Brög, H. & Schuster, M.: Ein Grundlagenfragment zur Kunst-Designpädagogik. Zeitschrift für Kunstpädadgogik 1977, 11, 7-12
Broude, N.: Degas mysogyny. The Art Bulletin 1977, 105ff
Brown, R.: Words and things. Free Press, NY, 1968
Brown, R. & Kulick, J.: Flashbulb memories, Cognition 1977, 5, 73-99
Brückner, W. (Hrsg.): Die Bilderfabrik, Frankfurt, 1973
Brückner, W. & Dieske, Chr.: Trivialer Wandschmuck der zweiten Hälfte des 19. Jahrhunderts. Anzeiger des Germanischen Nationalmuseums 1967, 117-132
Brunswik, E.: Perception and the representative design of psychological experiments, Berkeley, 1956
Buddemeier, H.: Fotografie. In: Kagelmann, H. & Wenninger, G. (Hrsg.): Medienpsychologie, Urban und Schwarzenberg, München, 1982, 158-165
Bühler, K.: Tatsachen und Probleme zu einer Psychologie der Denkvorgänge: 1. Über Gedanken. Archiv für die gesamte Psychologie 1907, 12, 1-23
Bugelski, B. R.: Words and things and images. American Psychologist 1970, 25, 1002-1012
Bull, R., Jenkins, M. & Stevens, J.: Evaluations of politicians' faces. Political Psychology 1983, 4, 713-716
Burns, W. & Taylor, J.: Appreciation of risk cartoon humor in male and female repressors and sensitisers. Journal of Clinical Psychology 1976, 32, 2
Burt, C.: How the mind works. Allen and Unwin, London, 1933
Buswell, G. T.: How people look at pictures. Chicago, 1935

Cabanne, P.: Die Geschichte der großen Sammler. Bern, Stuttgart, 1961
Cabe, P. A.: Picture perception in nonhuman subjects. In Hagen, M. A. (ed.): Picture perception. Vol. 2, Acad. Press, NY, 305-344
Campbell, D. E.: Interior office design and visitor response. Journal of Applied Psychology 1979, 64, 648-653
Campbell, D. T. & Stanley, J. C.: Experimentelle und quasi-experimentelle Anordnungen in der Unterrichtsforschung. In: Ingenkamp, K. & Parey, E.

(Hrsg.): Handbuch der Unterrichtsforschung Bd. 1, Beltz, Weinheim 1972, 444-631
Carmichael, P. A.: The sense of ugliness. Journal of Aesthetics and Art Criticism 1972, 30, 495-498
Canacakis, G.: Ich sehe Deine Tränen. Kreuz Verlag, Stuttgart, 1987
Carroll, J. P.: Individual differences and multidimensional scaling. In Shepard, R. N., Romney, A. K. & Nerlove, S. B. (eds.): Multidimensional scaling, NY, 1972
Cattell, R., Eber, H. & Tatsuoka, M.: Handbook for the sixteen personality factor questionnaire (16 PF). Institute for personality and ability testing, Champaign, Ill., 1970
Chadwick, H. W.: Myth in surrealist painting 1929-1939: Dali, Ernst, Masson. Dissertation, Pennsylvania State University, 1975a
Chadwick, H. W.: Eros or thanatos: The surrealist cult of love reexamined. Artforum 1975b, 14, 46-56
Chan, J., Eysenck, H. J. & Götz, K. O.: A new visual aesthetic sensitivity test: III Cross-cultural comparison between Hong-Kong-children and adults and English and Japanese samples. Perceptual and Motor Skills 1980, 50, 1325-1326
Chemtob, C.: Paradoxical complementarity in the esthetic preferences of the cerebral hemispheres: An exploratory study. Perceptual and Motor Skills 1979, 48, 799-806
Chevrier, J. & Delorme, A.: Aesthetic preferences: Influence of perceptual ability, age and complexity of stimulus. Perceptual and Motor Skills 1980, 50, 839-849
Child, I. L.: Personal preferences as an expression of aesthetic sensitivity. Journal of Personality 1962, 30, 496-512
Child, I. L.: Personality correlates of esthetic judgements in college students. Journal of Personality 1965, 33, 476-511
Child, I. L.: Esthetics. Annual Review of Psychology 1972, 23, 669-694
Child, I. L.:Esthetics. In Lindzey & Aronson (Hrsg.): The handbook of social psychology. Vol 3, Massachusetts 1969
Child, I. L. & Iwao, S.: Personality and aesthetic sensitivity: extension of findings to younger age and two different cultures. Journal of Personality and Social Psychology 1968, 8, 308-312
Child, I. L. & Schwartz, R. S.: Exposure to poorer and better art. Journal of Aesthetic Education 1968, 2, 111-124
Child, I. L. & Siroto, L.: Bakwele and american esthetic evaluations compared. Ethology 1965, 4, 349-360
Clark, K.: Feminine beauty. Weidenfeld und Nicolson, London 1980
Clarke, J. C., Shortess, G. K. & Richter, M. L.: Stimulus size, viewing distance and experimental aesthetics. Visual Arts Research 1984, 10, 1-8
Clausberg, K.: Kosmische Visionen. DuMont, Köln, 1980
Clauss, G. & Ebner, H.: Grundlagen der Statistik. Volk und Wissen, Berlin, 1968

Coffmann, H. L.: Pictorial perception: Hemispheric specialisation and developmental regression in the neurologically impaired. In Hagen, M. A. (ed.): The perception of pictures. Vol. II, Acad. Press, NY, 1980, 227- 262
Cometa, M. S. & Eson, M. E.: Logical operations and metaphor interpretation: a Piagetian model. Child Development 1978, 49, 649-659
Cook, M. & McHenry, R.: Sexual attraction. Pergamon Press, 1978
Cooper, L. A. & Shepard, R. N.: Chronometric studies of the rotation of mental images. In Chase, W. G. (ed.): Visual Information processing. Acad. Press, NY, 1973, 75-176
Cordwell, J. M.: The very human arts of transformation. In: Cordwell, J. M. & Swartz, R. A. (eds.): The fabrics of culture. Mouton, NY, 1979, 47- 76
Coss, R. G.: The ethological command in art. Leonardo 1968, 1, 273-287
Journal of Experimental Child Psychology 1978, 26, 551-554
Cox, M.: The childs point of view. Harverster, Brighton, 1986
Crassweiler, P., Gordon, M. A. & Tedford, W. H.: An experimental investigation of hitchhiking. Journal of Psychology 1972, 82, 43-47
Cox, M. V.: Spatial depth relationships in young childrens drawings. Journal of Experimental Child Psychology 1978, 26, 551-554
Cressen, R.: Artistic quality of drawings and judges evaluations of the DAP. Journal of Personality Assessment 1975, 39, 132-137
Cronbach, L. J. & Snow, R. E.: Aptitudes and instructional methods. Irvington Publications, NY, 1977
Crozier, W. R. & Chapman, A.: Aesthetic preferences: Prestige and social class. In O'Hare, D. (ed.): Psychology and the art. Harvester Press, Sussex, 1981, 242-279
Csikszentmihalyi, M. & Getzels, J. W.: Discovery oriented behavior and the originality of creative products: A study with artists. Journal of Personality and Social Psychology 1971, 19, 47-52
Cupchik, C. G. & Heinrichs, R. W.: Toward an integrated theory of aesthetic perception in the visual arts. In: Day (ed.): Intrinsic motivation and aesthetics. Plenum Press, NY, 1981

Daniel, T. C., Wheeler, L., Boster, R. S. & Best, P. R.: Quantitative evaluation of landscapes: An application of signal detection analysis to forest management alternatives. Man Environment Systems, 1973, 3, 330-344
Danset-Leger, J.: Reactions of children to complexity in illustrations from childrens books. Bulletin de Psychologie 1975, 29, 319-336
Danset-Leger, J.: Reactions of children to the style of pictures in childrens literature: The question of realism. Enfance 1976, 3, 287-307
Das, J. P., Rath, R. & Das, R. S.: Understanding versus suggestion in judgement of literary passages. Journal of Abnormal and Social Psychology 1955, 51, 624-628
Dawkins, P.: Das egoistische Gen. Springer, Heidelberg, 1978
Dax, E. C.: Experimental studies in psychiatric art. Faber and Faber, London, 1953

Day, H. I.: The importance of symmetry and complexity in the evaluation of complexity interest and pleasingness. Psychonomic Science 1968, 10, 339-340

Day, H. I.: Evaluations of subjective complexity pleasingness and interestingness for a series of random polygons varying in complexity. Perception and Psychophysics 1967, 2, 281-286

DeJong, M. A., Vandenbergh, A. W. & DeJong, A. J.: Hypnosis stimulus preference and autonomic response. Psychotherapy and Psychosomatics 1975, 26, 78-85

Delhavi, N. S.: Relationships between creativity and personality characteristics in an Iranian sample. Perceptual and Motor Skills 1980, 50, 823-828

Dennis, L. J., Powers, J. & Francis, J.: Dewey Maslow and consumatory experience. Aesthetic Education 1974, 8, 51-63

Dennis, W.: Early graphic evidence of dexterity in man. Perceptual and Motor Skills 1958, 8, 147-149

Deregowski, J.: Difficulties in pictorial depth perception in Africa. British Journal of Psychology 1968, 59, 195-204

Deregowski, J. B.: Preference for chain type drawings in Zambian domestic servants and primary school children. Psychologia Africana 1969, 12, 172-180

Deregowski, J. B.: Illusion and culture. In Gregory, R. L. & Gombrich, E, H. (eds.): Illusion in nature and art. Duckworth, London, 1973, 161-192

Deregowski, J. B.: Principle of economy and perception of pictorial depth: A cross-cultural comparison. International Journal of Psychology 1976, 11, 15-22

Deregowski, J. B.: On seeing a picture for the first time. Leonardo 1976, 9, 19-23

Deregowski, J. B.: On reexamining Fortes data: Some implications of drawings made by children who have never drawn before. Perception 1978, 7, 479-484

Deregowski, J. B.: Illusions patterns and pictures, Academic Press, NY, 1980

Deregowski, J. B., Ellis, H. & Sheperd, J.: A cross cultural study of recognition of pictures, of faces and cups. International Journal of Psychology 1973, 8, 269-273

Deregowski, J. B., Muldrow, E. S. & Muldrow, W. F.: Pictorial recognition in a remote Ethiopian population. Perception 1973, 1, 417-425

Deregowski, J. B. & Jahoda, G.: Efficiacy of objects pictures and words in a simple learning task. International Journal of Psychology 1975, 10, 19-25

Dermer, M. & Thiel, D. L.: When beauty may fail. Journal of Personality and Social Psychology 1975, 31, 168-176

Descargues, P.: Perspective. Harry Abrams, NY, 1977

Dettmering, P.: Vorstoß in den Raum. Zur Wiederaufführung von Kubricks "2001 - Odyssee im Weltraum". Psyche 1978, 32, 1157-1163

Dieckmann, H.: Märchen und Träume als Helfer des Menschen. Bonz, Stuttgart, 1966

Dieckmann, H.: Märchen und Symbole. Bonz, Stuttgart, 1977
Dieckmann, H.: Archetypische Gesichtspunkte in der modernen Kunst. In: Condrau, G. (Hrsg.): Die Psychologie des 20. Jahrhunderts 1979, Bd. 15, 1035-1044
Dieckmann, H.: Archetypische Symbolik in der modernen Kunst. Gerstenberg Verlag, Hildesheim, 1981
Diffenger, J. B. & Douglas, F. J.: Aesthetic equivalence of three representations of the face. Bulletin of the Psychonomic Society 1983, 21, 111-114
Dilworth, J. B.: A representational approach to metaphor. Journal of Aesthetics and Art Criticism 1979, 37, 467-473
Dion, K. K.: Young childrens stereotyping of facial attractiveness. Developmental Psychology 1973, 9, 183-188
Dinzelbacher, P.: Reflexionen irdischer Sozialstrukturen in mittelalterlichen Jenseitsschilderungen. Archiv für Kulturgeschichte 1979, 61, 16-43
Dipboy, R. L., Arvey, R. D. & Terpstrade, D. E.: Relative importance of applicant sex, attractiveness and scholastic standing in evaluation of job applicants resumes. Journal of Applied Psychology 1975, 60, 39-43
Dittrich, A.: Untersuchungen über veränderte Wachbewusstseinszustände Gesunder. Zehnjahresbericht der Forschungsabteilung 1969-1979, Psychiatrische Universitätsklinik Zürich, Zürich, 1979
Dörner, D.: Eine informationstheoretische Methode zur Bestimmung der ästhetischen Wirkung von Flächenmustern. Psychologische Forschung 1970, 33, 345-355
Dörner, D.: Problemlösen als Informationsverarbeitung. Kohlhammer, Stuttgart 1976
Dörner, D. & Vehrs, W.: Ästhetische Befriedigung und Unbestimmtheitsreduktion. Psychological Research 1975, 37, 321-334
Donadoni, S.: Ägyptisches Museum Kairo. Dransfeld, Vaduz, 1978
Dorfles, G.: Der Kitsch. Prisma, Gütersloh, 1977
Dorfmann, D. D.: Esthetic preference as a function of pattern information. Psychonomic Science 1965, 3, 85-86
Dornic, S. & Kuric, J.: Aesthetic preference and short term memory: Serial position effect. Studia Psychologica 1970, 12, 156-158
Dreher, R. E.: Esthetic responses to paintings: As originals kodachrome prints and black and white photographs. Proceedings of the 76th Annual Convention of the American Psychological Association 1968, 3, 451-452
Dreifuss, G.: Artists in the creative process of Jungian Analysis. Confinia Psychiatrica 1978, 21, 45-50
Drüe, H.: Wilhelm Wundt als Ästhetiker. In: Hahn, M. & Schuster, M. Fortschritte der Kunstpsychologie, Lang, Frankfurt, 145-173
Drüe, H.: Philosophie und Psychologie als Konkurrenten in der Ästhetik. In: Wolandt (Hrsg.), Kunst und Kunstwissenschaft, Beiträge zur Ästhetik, Bouvier, Bonn, 1983, 3-36

Drüe, H.: Die psychologische Ästhetik im Deutschen Kaiserreich. In: Mai u.a. (Hrsg.): Ideengeschichte und Kunstwissenschaft. Mann Verlag, Berlin, 1983, 71-98
Dundes, A.W.: Here i sit - A study of american latrinalia. Krober Anthroplogical Society Papers 1955, 34, 91ff
Dwight, D. G., Lucas, W. L. & Cooper, G. L.: Perception of color preferences: A clue to marital prediction. Journal of Psychology 1976, 93, 243-244

Ebel, H.: Geburt - die universelle Metapher. Psychologie Heute 1981,8, 50-57
Eckstaedt, A.: "Mimi überreicht Madame Grenouillet einen Blumenstrauß." Eine psychoanalytische Studie über den Weg der Phantasie des vierjährigen Paul Klee anhand einer Kinderzeichnung. Psyche 1980, 92, 1123-1144
Edmonston, P.: Participant observation and visual documentation as modes of inquiry in the visual arts. Visual Arts Research 1983, 9, 78-88
Edwards, B.: Garantiert Zeichnen lernen. Rowohlt, Hamburg 1982
Efran, M. G.: The effect of physical appearance on the judgement of guilt interpersonal attraction and severity of recommended punishment in a simulated jury task. Journal of Research in Personality 1974, 8, 45-54
Ehrenzweig, A.: Ordnung im Chaos. Kindler, München, 1974
Eibl-Eibesfeldt, I.: Liebe und Haß. Molden, München, 1970
Eibl-Eibesfeldt, I: Grundriß der vergleichenden Verhaltensforschung. Piper, München, 1972, 3. Auflage
Eibl-Eibesfeldt, I.: Die Ko! Buschmanngesellschaft. Molden, München, 1972
Eibl-Eibesfeldt, I.: Der vorprogrammierte Mensch. Molden, Wien, 1973
Eibl-Eibesfeldt, I.: Die Biologie des menschlichen Verhaltens.Piper, München, 1984
Eichmeier, J. & Höfer, O.: Endogene Bildmuster. Urban und Schwarzenberg, München, 1974
Eid, K.: Plädoyer gegen die Verschulung einer Leidenschaft. Kunst und Unterricht 1978, 12, 24-34
Eisenmann, R.: Complexity-simplicity: Preference for symmetry and rejection of complexity. Psychonomic Science 1967, 8, 169-170
Eissler, K. R.: Leonardo da Vinci: Psychoanalytic notes on the enigma. International University Press, NY, 1961
Elkind, D.: Piagetian and psychometric conceptions of intelligence. Harvard Educational Review 1969, 39, 319-337
Ellinwood, E. H.: Perception of faces. Psychiatric Quarterly 1969, 43, 622-646
Endo, K.: The effects of intensity and color temperature of illumination on artistic appreciation. Japanese Journal of Psychology 1979, 50, 157-160
Epple, M.: Farbpsychologische Studie; Die Erscheinungsweise der Farben in der Anzeigenwerbung. Frankfurter Illustrierte, Frankfurt, 1957
Epstein, W.: Varieties of perceptual learning. McGraw Hill, NY, 1967
Erdelyi, M. H. & Finkelstein, S.: Coding modality vs. input modality in hypermnesia: Is a rose a rose a rose? Cognition 1976, 4, 311-319

Ertel, S.: Exploratory choice and verbal judgement. In: Berlyne, D. E. & Madsen, K. B. (eds.): Pleasure reward preference. Acad. Press, NY, 1973, 115-132
Eson, M. & Cometa, M.: Logical operations and metaphor interpretation: a Piagetian model. Child Development 1978, 49, 649-659
Evans, J.: On the coinage of the ancient britons and natural selection. Proceedings of the Royal Institution 1875, 7, 476-487
Ewing, J. H., Gillis, C. A., Scott, D. G. & Patzig, W. J.: Fantasy processes and mild physical activity. Perceptual and Motor Skills 1982, 54, 363-368
Eye, v, A. & Wiedl, K. H.: Zur Identifikation und Prädiktion von Personentypen ästhetischer Präferenz. Trierer Psychologische Berichte 1977,4
Eye, v, A. & Wiedl, K. H.: Personentypen ästhetischer Präferenzen und ihre Klassifikationseigenschaften. Zeitschrift für experimentelle und angewandte Psychologie 1978, 25, 349-366
Eysenck, H. J.: Personality factors and preference judgements. Nature 1941a, 148, 346
Eysenck, H. J.: Type factors in aesthetic judgement. British Journal of Psychology 1941b, 31, 262-270
Eysenck, H. J.: A critical and experimental study of color preferences. American Journal of Psychology 1941c, 54, 385-394
Eysenck, H. J.: The empirical determination of an aesthetic formula. Psychological Review 1941d, 42, 83-92
Eysenck, H. J.: The experimental study of the "good gestalt". A new approach. Psychological Review 1942, 49, 344-364
Eysenck, H. J.: Dimensions of personality. Routledge, London , 1947
Eysenck, H. J.: Maudsley personality inventory (MPI). Hogrefe, Göttingen, 1959
Eysenck, H. J.: Factors determining aesthetic preference for geometrical designs and devices. British Journal of Aesthetics 1971, 11, 154-166
Eysenck, H. J.: Preference judgements for polygons designs and drawings. Perceptual and Motor Skills 1972, 34, 396-398
Eysenck, H. J.: Aesthetic preferences and individual differences. In: O'Hare, D. (ed.): Psychology and the arts. Harvester Press, Sussex, 1981, 76-101
Eysenck, H. J. & Eysenck, S. B. G.: Psychoticism as a dimension of personality. Hudder and Stoughton, London, 1976
Eysenck, H. J. & Götz, K. O.: Visual aesthetic sensitivity test. Concept, Düsseldorf, 1981
Eysenck, H. J. & Iwawaki, S.: Cultural relativity in aesthetic judgements: An empirical study. Perceptual and Motor Skills 1971, 32, 817-818

Fallone, D. J. & Loder, K.: A modified lateral eye-movement measure the right hemisphere and creativity. Perceptual and Motor Skills 1984, 58, 823-830
Farley, F. H., Cohen, A. & Sanfelitz, A.: Aesthetic dimensions and picture memory: A structural re-analysis. Perceptual and Motor Skills 1979, 48, 729 - 735

Farley, F. H. & Weinstock, C. A.: Experimental aesthetics: Childrens complexity preference in original art and photo reproductions. Bulletin of the Psychonomic Society 1980, 15, 194-196
Farnsworth, P. R. & Beaumont, H.: Suggestion in pictures. Journal of General Psychology 1929, 2, 362-366
Farnsworth, P. R. & Misumi, I.: Further data on suggestion in pictures. American Journal of Psychology 1931, 43, 632- 645
Fechner, G. Th.: Vorschule der Aesthetik. Breitkopf und Härtel, Leipzig, 1897
Feierstein, A.: Personality correlates of tolerance for unrealistic experiences. Journal of Consulting Psychology 1967, 31, 387-395
Fensom, H.: Statements on the relationship between the natural sciences and the visual fine arts and in particular on the meaning of order. Leonardo 1981, 14, 230-237
Ferguson, P. C.: The meta analysis of the transcendental meditation. Doc. Diss. University of Colorado, 1977
Fiedler, K.: Schriften über Kunst. Bd. 1 und 2, München, 1913, 1914
Finch, M.: Style in art history: An introduction to theories of style and sequence. Scarecrow Press, New Jersey, 1974
Fine, R.: Comment on the paper "Principles of beauty" by Stuart Marguiles. Psychological Reports 1978, 43, 62
Finger, St.: Child holding patterns in Western art. Child Development 1975, 46, 267-271
Fischer, M.: Sensorische Bekräftigung von Lernvorgängen durch Farbmuster unterschiedlicher ästhetischer Valenz. In Hahn, M. & Schuster, M.(Hrsg.): Fortschritte der Kunstpsychologie, Lang, Frankfurt, 1980, 50- 71
Fischer, R.: The perception-hallucination mediation-continuum. A cartho-graphy of conscious states. In: Siegel & West (eds.): Hallucination, Wiley, NY, 1974
Fischler, R.: On the application of the golden ratio in the visual arts. Leonardo 1981, 14, 31-32
Fisher, C. & Paul, I. H.: The effects of subliminal visual stimulation. Journal of the American Psychoanalytical Association 1959, 7, 345-351
Flammer, A.: Individuelle Unterschiede im Lernen. Beltz, Weinheim, 1975
Flügel, J. C.: The psychology of clothes. Hogarth Press, London, 1930/ 1969
Fortes, M.: Childrens drawings among the Tallensi. Africa 1940, 13, 239-245
Fraenger, W.: Hieronymus Bosch. Prisma Verlag, Gütersloh, 1978
Frances, R.: Interet et preference esthetique pour des stimuli de complexite variable. Etude Comparative. Psychologie Normale et Pathologique 1970, 67, 207-223
Frances, R.: Comparative effects of six collative variables on interest and preference in adults of different educational levels. Journal of Personality and Social Psychology 1976, 33, 62-79
Frances, R.: Interet perceptif et preference esthetique. CRNS, Paris, 1977

Frances, R.: The experimental approach. In: Dufrenne, M. (ed.), Main trends in the sciences of art. Holmes und Meier, NY, 1979, 104-113
Frank, H.: Grundlagenprobleme der Informationsästhetik und erste Anwendungen auf die mime pure. Hess, Waiblingen, 1959
Frank, H.: Kybernetische Grundlagen subjektiver Sachverhalte. Schnelle, Quickborn, 1964
Franke, H. W.: Phänomen Kunst. DuMont, Köln, 1974
Franke, H. W.: Kunst kontra Technik. Fischer, Frankfurt, 1978
Franke, H. W.: Das Mehrebenenmodell der Ästhetik und seine experimentelle Überprüfung. In: Hahn, M. & Schuster, M. (Hrsg.): Fortschritte der Kunstpsychologie, Lang, Frankfurt, 1980
Franken, R. E. & Davis, J.: Predicting memory for pictures from ratings of interestingness, pleasingness, complexity, figure ground and clarity. Perceptual and Motor Skills 1975, 41, 243-247 Frankl, V. E.: Der Wille zum Sinn. Huber, Bern , 1972
Franz, M. v.: C. G. Jung his myth in our time. Putnam, NY, 1975
Frazer, J.: A new visual illusion of direction. British Journal of Psychology 1908
Freimuth, M. & Wapner, S.: The influence of lateral organization on the evaluation of paintings. British Journal of Psychology 1979, 70, 211- 218
Freud, S.: Die Traumdeutung. Fischer Studienausgabe Bd.II, Frankfurt, 1972 (1900)
Freud, S.: Eine Kindheitserinnerung des Leonardo da Vinci. Fischer Studienausgabe Bd.10, Frankfurt, 1969, 87-159, (1910)
Freud, S.: Der Moses des Michelangelo, Fischer Studienausgabe Band 10, Frankfurt, 1969, 195-222, (1914)
Friday, N.: Die sexuellen Phantasien der Frauen. Scherz, Bern, 1978
Frisby, J. P.: Seeing. Oxford University Press, Oxford, 1979
Frith, C. D.: The subjective properties of complex visual patterns. In: Leuwenberg, E. L. J. & Buffart, H. F. J. M., (eds.): Formal theories of perception. Wiley, NY, 1978, 231-246
Frith, C. D. & Nias, D. K.: What determines aesthetic preferences. Journal of General Psychology 1974, 91, 163-173
Fromkin, H. L.: The effects of experimentally aroused feelings of indistinctiveness upon evaluation of scare and novel experiences. Journal of Personality and Social Psychology 1970, 16, 521-529
Fromkin, H. L., Olson, H. C., Dipboye, R. L. & Barnaby, D. A.: Commodity theory analysis of consumer preferences for scarce products. Paper presented at the American Psychology Association Convention, Washington, 1971
Fromm, E.: Haben oder Sein. DVA, Stuttgart, 1978
Frumkin, R. M.: Sex familiarity and dogmatism as factors in painting preferences. Perceptual and Motor Skills 1963, 17, 12
Fucks, W.: Nach allen Regeln der Kunst. DVA, Stuttgart, 1968

Gadpaille, W. J.: Graffiti: Its psychodynamic significance. Sexual Behavior 1971, 2, 45-51
Gärling, T.: Studies in visual perception of architectural spaces and rooms: V. Aesthetic preferences. Scandinavian Journal of Psychology 1972, 13,222-227
Gärling, T.: A multidimensional scaling and semantic differential technique study of the perception of environmental settings. Scandinavian Journal of Psychology, 1976, 17, 323-332
Gaffron, M.: Right and left in pictures. Art Quarterly 1950, 13, 312- 331
Gaffron, M.: Perceptual experience: An Analysis of its relation to the external world through internal proceedings. In: Koch (ed.): Psychology: A study of a science. Vol 4, McGraw Hill, London, 1962 Gale, G.: Are some aesthetic judgments empirically true? American Philosophical Quarterly 1975, 12, 341-348
Gardiner, H. W.: A cross-cultural comparison of hostility in childrens drawings. Journal of Social Psychology 1969, 79, 261-263
Gardner, H.: Problem solving in the arts. Journal of Aesthetic Education 1971, 5, 92-113
Gardner, H.: On figure and texture in aesthetic perception. British Journal of Aesthetics 1971, 12, 40-59
Gardner, H.: The arts and human development. Wiley, NY, 1973
Gardner, H.: Metaphors and modalities: How children project polar adjectives into diverse domains. Child Development 1974, 45, 84- 91
Gardner, H.: Artful scribbles: The significance of childrens drawings. Basic Boocs, NY, 1980
Gardner, H. & Winner, G.: Artistry and aphasia. In: Sarno, M. T. (ed.): Acquired aphasia, Academic Press, NY, 1980
Gardner, H. & Winner, E.: Childrens conceptions of the arts. In: Gardner, H. (ed.): Art mind and brain, Basic Books, NY 1982, 103-109
Gardner, H. & Wolf, D.: First drawings: Notes on the relationships between perception and production in art. In: Nodine, C. F. & Fisher, D. F. (ed): Perception and pictorial representation. Präger, NY, 361-387
Gardner, H., Browell, H. H., Wapner, W. & Michelow, D.: Missing the point: The role of the right hemisphere in processing of complex linguistic material. In: Perecman, E. (ed.): Cognitive processing in the right Hemisphere. Acad Press, N.Y., 1983, 169- 183
Garfunkel, G.: The development of compositional balance in childrens drawings. Paper presented at the annual meeting of the American Educational Research Association. Boston, 1980
Garner, Ph.: Emile Galle. Prestel, München, 1979
Garnich, R.: Ästhetik, Konstruktion und Design. Maier, Ravensburg, 1976
Garret, A.: On the effects of flashing white and coloured light on humans. Leonardo 1976, 9, 213-214
Gedo, J. E.: Psychoanalyse und bildende Kunst (eine Sammelrezension). Psyche 1973, 8, 669-695
Gedo, M.M.: Picasso: Art as autobiography. Chicago Press, Chicago, 1980

Gentner, D.: Der experimentelle Nachweis der psychologischen Realität semantischer Komponenten des Besitzes. In: Norman, D. A. & Rumelhart, D. E. (Hrsg.): Strukturen des Wissens. Klett, Stuttgart, 1978, 213-247
Gibson, J. J.: The ecological approach to visual perception. Boston, 1979
Giffhorn, H.: Modeverhalten. DuMont, Köln, 1974
Giffhorn, H.: Kritik der Kunstpädagogik. DuMont, Köln, 1979
Gillespie, D. F. & Perry, R. W.: Research strategies for studying the acceptance of artistic creativity. Sociology and Social Research 1973, 58, 48-55
Glaser, H.: Wohnbilder-Seelenbilder. In: Andritzky, M. & Selle, G. (Hrsg.): Lernbereich Wohnen. Rowohlt, Hamburg, 1979
Godkewitsch, M.: The golden section: An artifact of stimulus range and measure of preference. American Journal of Psychology 1974, 87, 269-277
Götz, K. O.: The golden section: The shape of paintings in the renaissance and in contemporary art. Sciences del Art 1971, 8, 37-39
Götz, K. O., Borisky, A. R., Lynn, R. & Eysenck, H. J.: A new visual aesthetic test: I. Construction and psychometric properties. Perceptual and Motor Skills 1979, 49, 795-802
Götz, K. O. & Götz, K.: Probleme der Bildästhetik. Eine Einführung in die Grundlagen des anschaulichen Denkens. Concept, Düsseldorf, 1972
Götz, K. O. & Götz, K.: Introversion-extraversion and neuroticism in gifted and ungifted art students. Perceptual and Motor Skills 1973, 36, 675-678
Götz, K. O. & Götz, K.: Color attitudes of art students and university students: I. imagined colors. Perceptual and Motor Skills 1974, 38, 63- 70
Götz, K. O. & Götz, K.: Color preferences of art students: Surface colors. Perceptual and Motor Skills 1974, 35, 1103-1109
Götz, K. O. & Götz, K.: Color preferences extraversion and neuroticism of art students. Perceptual and Motor Skills 1975a, 41, 919-930
Götz, K. O. & Götz, K.: Color preferences of art students: Surface colors: II. Perceptual and Motor Skills, 1975, 41, 271-278
Götz, K. O. & Götz, K.: Personality characteristics of professional artists. Perceptual and Motor Skills 1979b, 49, 327-334
Götz, K. O. & Götz, K.: Personality characteristics of successful artists. Perceptual and Motor Skills 1979a, 49, 919-924
Goffmann, E.: Gender advertisements. Macmillan Press, London, 1979
Goldmann, W. & Lewis, P.: Beautiful is good: Evidence that the physically attractive are more socially skillful. Journal of Experimental and Social Psychology 1977, 13, 125-130
Golomb, C.: On imagery or real decalages in childrens representations: Compositional trends in drawing completion and selection tasks. Visual Arts Research 1983, 9, 71-81
Gombrich, E. H.: Art and illusion. Pantheon, London, 1960, deutsch 1977/5
Gombrich, E. H.: Meditations on a hobby horse and other essays on the theory of art. Phaidon, London, 1963
Gombrich, E. H.: Visual discovery through art. Arts Magazine 1965

Gombrich, E. H.: Art, perception and reality. John Hopkins University Press, London, 1972
Gombrich, E. H.: Kunst und Fortschritt. DuMont, Köln, 1978
Gombrich, E. H.: The sense of order. A study in the psychology of decorative art. Phaidon, London, 1979
Gombrich, E.: Bild und Auge. Klett, Stuttgart, 1984
Gombrich, E.: Verhaltensritual und Ausdrucksgebärde in der Kunst. In: Gombrich, E. H. (Hrsg.): Bild und Auge, Klett, Stuttgart 1984
Gondola, J. C. & Tuckmann, B. W.: Effects of a systematic program of exercise on selected measures of creativity. Perceptual and Motor Skills 1985, 60, 53-54
Goodenough, F. L.: Measurement of intelligence by drawings. NY, 1926
Goodnow, J.: Childrens drawings. Harvard University Press, Cambridge, 1977
Gordon, I. E.: Left and right in art. In O'Hare (ed.): Psychology and the arts. Harvester Press, Sussex, 1981, 211-241
Gordon, I. E. & Gardner, C.: Responses to altered pictures. British Journal of Psychology 1974, 65, 243-251
Gordon, I. E., Zukas, M. & Chan, J.: Responses to schematic faces. A cross-cultural study. Perceptual and Motor Skills 1982, 54, 201-202
Gordon, K.: A study of aesthetic judgements. Journal of Experimental Psychology 1923, 6, 36
Gordon, W. J. J.: Synectics: The development of creative capacity. Harper, NY, 1961
Gorsen, P.: Kunst und Krankheit. Europäische Verlagsanstalt, Frankfurt, 1980
Gorsen, P.: Das Bild Pygmalions. Rowohlt, Hamburg, 1969
Goude, G.: A multidimensional scaling approach to the perception of art: I. Scandinavian Journal of Psychology 1972, 13, 258-271
Gowan, J. C.: Incubation imagery and creativity. Journal of Creative Behavior 1978, 2, 23-32
Gowan, J. C.: The production of creativity through right hemisphere imagery. Journal of Creative Behavior 1979, 13, 39-51
Granger, G. W. (a): An experimental study of colour preferences. The Jornal of General Psychology, 1955, 52, 3-20
Granger, G. W. (b) : An experimental study of colour harmony. Journal of General Psychology 1955, 52, 21-35
Granger, G. W.: (c): Aesthetic measure applied to colour harmony. The Journal of General Psychology 1955, 52, 205-212
Granger, G. W. (d): The prediction of preferences for color combinations. The Journal of General Psychology 1955, 52 213-222
Granger, G. W.: Objectivity of colour preferences. 1952, 170, 778-780
Grassi, E.: Die Theorie des Schönen in der Antike. DuMont, Köln, 1980
Graves, M.: Design judgement test. NY, 1948
Greenacre, Ph.: Swift and Caroll: A psychoanalytic study of two lives. International University Press, NY, 1955

Greenacre, Ph.: The childhood of the artist. The Psychoanalytic Study of the Child 1957, 12, 47-72
Greenberg, D. J. & Weizmann, F.: The measurement of visual attention in infants: A comparison of two methodologies. Journal of Experimental Child Psychology 1971, 11, 234-243
Greer, G.: Das unterdrückte Talent. Ullstein, Frankfurt, 1980
Gregory, R. L.: The intelligent eye. Weidenfeld und Nicolson, London , 1975
Gregson, R. A.: An hedonic contrast paradox. Australian Journal of Psychology 1968, 20, 225-232
Groddeck, G.: Psychoanalytische Schriften zur Literatur und Kunst. Wiesbaden, 1964
Grözinger, W.: Kinder kritzeln, zeichnen, malen. München, 1970/4
Grof, St.: Topographie des Unbewußten. Klett, Stuttgart, 1978
Grof, St. & Halifax, J.: Die Begegnung mit dem Tod. Klett, Stuttgart,1980
Grof, St.: Geburt, Tod und Transzendenz. Kösel, München, 1985
Groos, K.: Das Spiel als Katharsis. Zeitschrift für Pädagogische Psychologie, 1912, 12
Gross, C. G.: Visual functions of inferotemporal cortex. In: Jung, R. (ed), Central processing of visual information. Springer, Heidelberg, 1973
Grünholz, G.: Von LSD zur Selbsthypnose in katathymer Erfahrung, Kunst und Therapie. Zeitschrift für Psychotherapie und medizinische Psychologie 1971a, 21, 74
Grüsser, O.-J.: Face recognition within the reach of neurobiology and beyond it. Human Neurobiology 1984,3, 183-190
Grüsser, O.-J.: Mother child holding patterns in Western art: A developmental study. Ethology and Sociobiology 1983, 4, 89-94
Guilford, J. P.: Creativity: Its measurement and development. In: Parnes & Harding (eds.): A source book of creative thinking. Scribners, NY, 1962
Guilford, J. P.: Some incubated thoughts on incubation. Journal of Creative Behavior 1979, 13, 1-8
Guilford, J. P. & Zimmermann, W. S.: The Guilford-Zimmermann temperament survey: Manual of instructions and interpretations. Sheridan Supply, Beverly Hills, 1949
Gunzenhäuser, R.: Ästhetisches Maß und ästhetische Information. Schnelle, Quickborn, 1962
Gunzenhäuser, R.: Das ästhetische Maß Birkhoffs in informationsästhetischer Sicht. In: Ronge, H. (Hrsg.): Kunst und Kybernetik. DuMont, Köln, 1968, 193-206

Haase, A.: Gespräche mit Künstlern. Wienand, Köln, 1981
Hadmard, J.: The psychology of invention in the mathematical field. Dover Publications, NY, 1954
Hagenmaier, O.: Der Goldene Schnitt. Moos, München, 1977
Hahn, M.: Die Verwendungsmöglichkeit von Kunstbildern in der Psychodiagnostik am Beispiel des Persönlichkeitsmerkmals "vitale Aktivität". Lang, Frankfurt, 1980

Haines, T. H. & Davies, S. E.: Psychology of aesthetic reaction to rectangular forms. Psychological Review 1904, 11, 249-281
Hammer, E. F.: Personality patterns in young creative artists. Adolescence 1966, 1, 327-350
Hammer, E. F.: Artistic creativity: Giftedness or sickness? Art Psychotherapy 1975, 2, 173-175
Hansen, W. & Altmann, I.: Decorating personal places: A descriptive analysis. Environment and Behavior 1976, 8, 491-504
Hardiman, G. W. & Zernich, T.: Preferences for the visual arts: A review of recent studies. Perceptual and Motor Skills 1977, 44, 455-463
Harris, D. B., DeLissovoy, V. & Enami, J.: The aesthetic sensitivity of Japanese and American children. Journal of Aesthetic Education 1975, 9, 81-95
Harrison, C. J.: Therapeutic art programms around the world - 8: Creative arts for older people in the community. American Journal of Art Therapy 1980, 19, 99-100
Hart, O.v.: Abschied nehmen. Piper, 1982
Hartlaub, G. F.: Der Genius im Kinde. Breslau, 1930
Hartley, J. L., Somerville, S. C., Von Cziesch Jensen, D. & Eliltja, C. A.: Abstraction of indvidual styles from the drawings of five year old children. Child Development 1982, 53, 1193-1214
Hartmann, R. P.: Malerei aus dem Bereich des Unbewußten. Künstler experimentieren unter LSD. DuMont, Köln, 1974
Hartnett, J. & Elder, D.: The princess and the nice frog: Study in person perception. Perceptual and Motor Skills 1973, 37, 863-866
Haskell, F.: Rediscoveries in art. Phaidon, NY, 1976
Hassenstein, B.: Verhaltensbiologie des Kindes. Piper, München, 1973
Hauser, A.: Soziologie der Kunst. Beck, München, 1974
Heckhausen, H.: Complexity in perception: Phenomenal criteria and information theoretic calculus - a note on D. E. Berlynes "complexity effects". Canadian Journal of Psychology 1964, 18, 168-173
Heinrichs, R.W.: Verbal response to human figure paintings: A Test of the uncertainty hypothesis. Canadian Journal of Psychology 1984, 38, 512-518
Heinrichs, R. W.: Verbal responses of male college students to human figure paintings varying in collative properties percieved sexuality and perceived aggression. Perceptual and Motor Skills 1985, 61, 379-382
Hellpach, W.: Das pathologische in der modernen Kunst. Winter, Heidelberg, 1911
Helm, C. E. & Tucker, L. R.: Individual differences in the structure of color perception. American Journal of Psychology 1962, 75, 437-444
Helson, H.: Adaptation level theory. NY, 1964
Henderson, J. L.: The picture method in Jungian psychotherapy. Art Psychotherapy 1973, 1, 135-140
Herchenröder, Ch.: Die Kunstmärkte. Econ, Düsseldorf, 1978
Herzogenrath, W.: 38 Sammlungen in Köln. Kölnischer Kunstverein, Köln, 1981

Hess, H. E.: Attitude and pupil size. Scientific American 1965, 212, 46-54
Hess, H. E.: Das sprechende Auge. Kindler, München, 1977
Hess, Th. B. & Baker, E. C.: Art and sexual politics. Macmillan, NY, 1973
Heubrock, D.: Der Tagtraum als konkrete Utopie. Psychologie Heute 1981, 8, 66-72
Heuss, A.: Zum Problem einer geschichtlichen Anthropologie. In: Gadamer, H. G. & Vogler, P. (Hrsg.): Neue Anthropologie, Bd 4, Thieme , Stuttgart, 1973
Hicks, R. A., Reaney, T. & Hill, L.: Effects of pupil size and facial angle on preferences for photographs of a young woman. Perceptual and Motor Skills 1967, 24, 388-390
Hinton, H. E.: Natural deception. In: Gregory, R. L. & Gombrich, E. H. (eds.), Illusion in nature and art. Duckworth, London 973
Hintz, J.M. & Nelson, T.M.: Golden section: Reassessment of the perimetric hypothesis. American Journal of Psychology 1970, 83, 126-129
Hintz, J. M. & Nelson, T.M.: Haptic aethetic value of the golden section. British Journal of Psychology 1971, 62, 217-223
Hlavsa, J. & Kobylka, J.: Mental states in the creative process. Ceskoslovenska Psychology 1974, 18, 173-178
Hochberg, J. E. & Brooks, V.: Pictorial recognition as an unlearned ability. American Journal of Psychology 1962, 75, 624-628
Hochberg, J. E. & Peterson, M.: Bildanalyse in der menschlichen Informationsverarbeitung. In: Schuster, M. & Woschek, B.P.(Hrsg.): Nonverbale Kommunikation durch Bilder. Hogrefe, Göttingen 1989, im Druck
Hoffman, L.: Picasso and the painter model theme: Multiple identifications and creative transformations of aggressive conflicts. International Review of Psychoanalysis 1984, 11, 291-301
Hörmann, H.: Meinen und Verstehen. Grundzüge einer psychologischen Semantik. Suhrkamp, Frankfurt, 1976
Hoffman, M. L.: Empathy, its development and prosocial implications. In: Howe, J. & Keasy, C. (eds.): Nebraska Symposium on Motivation 1978, 25.
Hoffman, W.: Henry Moore. Fischer, Frankfurt, 1959
Hogarth, W.: The Analysis of beauty written with a view of fixing the fluctuating ideas of taste. London, 1753
Holmes, G. P. & Zedeck, S.: Judgement analysis for assessing paintings. The Journal of Experimental Education 1973, 41, 26-30
Holst, E.v.: Zur Verhaltensphysiologie bei Tieren und Menschen. Piper, München, 1969
Holtzmann, W. H., Swartz, J. D. & Thorpe, J. S.: Artists, architects and engineers - Three contrasting modes of visual experience and their psychological correlates. Journal of Personality 1971, 39, 432-449
Holzkamp, K.: Sinnliche Erkenntnis; Historischer Ursprung und gesellschaftliche Funktion der Wahrnehmung. Suhrkamp, Frankfurt, 1973

Homberg, A.: Preferenze estetiche nel compotamento comune: critica della letteratura e nuovi studi su gemeli. Rivista di psychologia dell arte, 1980, 2, 35-55
Horova, E.: Motivation effect of picture material. Psychologica 1969, 20, 125-140
Hubel, D. H. & Wiesel, T. N.: Receptive fields binocular interaction and functional architecture in the cats visual cortex. Journal of Physiology 1962, 160, 106-154
Hudson, W.: Pictorial depth perception in sub-cultural groups in Africa. Journal of Social Psychology 1960, 52, 183-208
Hughes, R.: 10 years that buried the avant-garde. The Sunday Times Magazine. Dec. 30, 1979
Hull, C. L.: Essentials of behavior. Yale University Press, New Haven, 1951
Hull, R. & Buhyoff, G. J.: Distance and scenic beauty: A nonmonotonic relationsship. Environment and Behavior 1983, 15, 77-91
Humphrey, N. K.: The illusion of beauty. Perception 1973, 2, 429-439
Huxley, A.: Die Pforten der Wahrnehmung. Piper, München, 1954

Iliffe, A. H.: A study of preferences in feminine beauty. British Journal of Psychology 1960, 51, 267-273
Isaacs, D.: Effects of ball size and preferred color on catching by young children. Perceptual and Motor Skills 1980, 51, 583-586
Israeli, N.: Affective reactions to painting reproductions. Journal of Applied Psychology 1928, 12, 125ff
Iwao, S. & Child, I. L.: Comparison of esthetic judgements by american experts and by Japanese potters. Journal of Social Psychology 1966, 68, 27-33
Iwawaki, S., Eysenck, H. J. & Götz, K. O.: A new visual aesthetic sensitivity test (VAST): II. Cross-cultural comparison between England and Japan. Perceptual and Motor Skills 1979, 49, 859-862
Izard, C. E.: Human emotions. Plenum, NY, 1977

Jackson, H.: Selected writings. Hodder and Stoughton, London, 1932
Jacobi, J.: Komplex, Archetypus, Symbol in der Psychologie von C. G. Jung. Olten, Zürich, 1957 Jacobi, J.: Der Weg zur Individuation. Walter, Olten, 1971
Jacobs, K. W. & Hustmeyer, F. E.: Effects of four psychological primary colors on GSR, heart rate and respiration. Perceptual and Motor Skills 1974, 38, 763-766
Jacobson, E.: Basic Colors: An interpretation of the Ostwald color system. Theobald, Chicago, 1948
Jäger, A. O.: Dimensionen der Intelligenz. Hogrefe, Göttingen, 1967
Jahoda, G.: Sex differences in preferences for shapes: A cross- cultural replication. British Journal of Psychology 1956, 47, 126-132
Jakab, I.: Graphischer Ausdruck und Prognose. Wissenschaft oder Intuition. Confinia Psychiatrika 1970, 13, 81-98

Jamison, K.: A note on the relationship between extraversion and aesthetic preferences. Journal of General Psychology 1972, 87, 301-302
Janisse, M. P. & Bradley, M. T.: Deception information and the pupillary response. Perceptual and Motor Skills 1980, 50, 748-750
Jedlicka, D.: A test of the psychoanalytic theory of mate selection. Journal of Social Psychology 1980, 112, 295-299
Jensen, B. T.: Left-right orientation in profile drawing. American Journal of Psychology 1952, 65, 80-83
Jones, B. & Oulette, W.: Erotische Postkarten. DuMont, Köln, 1977
Jones, E.: Die Theorie der Symbolik, II und IV. Psyche 1972, 26, 581-622
Jones, R. K. & Hagen, M. A.: A perspective on cross-cultural picture perception. In: Hagen,M. A. (ed.): Perception of pictures. Vol 2, Acad. Press, NY, 1980, 193-226
Jones, W. H., Hansson, R. O. & Phillips, A. L.: Physical attractiveness and judgements of psychopathology. Journal of Social Psychology 1978, 105, 79-84
Juhasz, J. B. & Paxson, L.: Personality and preference for painting style. Perceptual and Motor Skills 1978, 46, 347-349
Jung, C. G.: Picasso. Gesammelte Werke Bd. 15, Walter, Olten, 1979 (1932), 151-157
Jung, C. G.: Die Archetypen und das kollektive Unbewußte. Gesammelte Werke Bd. 9/1, Walter, Olten, 1978 (1936)
Jung, C. G.: Mandalas. Gesammelte Werke 9/1, Walter, Olten, 1978, 373-409
Jung, C. G.: Bewußtsein, Unbewußtes und Individuation. Gesammelte Werke Bd 9/1, Walter, Olten, 1978 (1939), 291-307
Jung, C. G.: Zur Phänomenologie des Geistes im Märchen. Gesammelte Werke 9/1, Walter, Olten, 1978 (1946), 221-269
Jung, C. G.: Aion. Gesammelte Werke 9/2, Walter, Olten, 1978 (1951)
Jung, R.: Neuropsychologie und Neurophysiologie des Kontur- und Formsehens in Zeichnung und Malerei. In: Wick, R. (Hrsg.), Psychopathologie musischer Gestaltungen. Schattauer, Stuttgart, 1974, 27-88
Jüttemann, G.: Die Geschichtlichkeit des Seelischen. Beltz, Weinheim, 1986

Kandinsky, W.: Über das Geistige in der Kunst. Benteli, Bern, 1952
Kaplan, R.: An informal model for the prediction of preference. In: Zube, E. & Fabos, J. (eds.): Landscape assessment: Values perceptions and resources. Hutchinson, Stroudsberg, 1975, 92-101
Karson, M.: Is aesthetic judgement impaired by neuroticism? Journal of Personality Assessment 1980, 499-506
Katz, A. N.: Creativity and the right cerebral hemisphere: Towards a physiologically based theory of creativity. Journal of Creative Behavior 1978, 12, 253-264
Katzenberger, H.: Der Tagtraum. Eine phänomenologische Studie. Reinhardt, München, 1969

Kaufmann, G.: Visual imagery and its relation to problem solving. Universitetsforlaget, Oslo, 1979
Kauffmann-Diog, F.: Sexual behavior in ancient Peru. PeruKompaktos, Peru, 1979
Keasy, Ch. B. & Tomlinson-Keasy, C.: Petition signing in a naturalistic setting. Journal of Social Psychology 1973, 89, 313-314
Keller, J. A.: Grundlagen der Motivation. Urban und Schwarzenberg, München, 1981
Kellogg, R.: Analysing childrens art. National Press Books, Palo Alto, 1969
Kelly, G. A.: The psychology of personal constructs. Norton , NY, 1955
Kemper, Th. D.: A social interactional theory of emotions. Wiley, NY, 1978
Kennedy, J. M.: Subjective contours, contrast and assimilation. In: Nodine, K. & Fisher, M. (eds.): Perception and pictorial representation. Praeger, NY, 1979, 167-195
Kennedy, J.M.: Drawing by the blind: sighted children and adults judge their sequence of development. Visual Arts Research 1984, 10, 1-6
Kennedy, J. M.: Arnheim-Gestalt theory and pictures. Visual Arts Research 1985, 11, 23-44
Kennedy, J. M. & Ross, A. S.: Outline picture perception by the songe of papua. Perception 1975, 4, 391-406
Kernan, J. B.: Her mother's daughter? The case of clothing and cosmetic fashions. Adolescence 1973, 8, 343-350
Kilbride, P. L., Robbins, M. C. & Freeman, R. B.: Pictorial depth perception and education among Baganda school children. Perceptual and Motor Skills 1968, 26, 1116-1118
Kinsey, A. C., Pomeroy, W. B., Martin, C. E. & Gebhard, P. H.: Das sexuelle Verhalten der Frau. Fischer, Frankfurt, 1970
Kirkland, J.: Interest and aesthetic pleasure: Support for the inverse effect. Perceptual and Motor Skills 1974, 39, 882
Kirton, M. J.: Wilson and Patterson's conservatism scale: A shortened alternative form. British Journal of Social and Clinical Psychology 1978, 17, 319-332
Klar, H.: The colour preference of a young girl in prepuberty, puberty and adolescence: Observations over an 8 year period with the Luscher colour test. British Journal of Projective Psychology and Personality Study 1976, 21, 21-30
Kleck, R. E., Richardson, St. A. & Ronald, L.: Physical appearance cues and interpersonal attraction in children. Child Development 1974, 45, 305-310
Klein, St. P.: Using points of view and multidimensional scaling analyses to describe esthetic judgements. Proceedings of the 76th Annual Convention of the American Psychological Association, Washington, 1968, 447-448
Klein, St. P. & Skager, R. W.: Spontaneity vs. deliberateness as a dimension of esthetic judgement. Perceptual and Motor Skills 1967, 35, 161-168
Kleinke, Ch. L.: Effects of dress on compliance to requests in a field setting. Journal of Social Psychology 1977, 101, 223-224

Klopfer, B. & Davidson, H. H.: Das Rohrschach-Verfahren. Huber, Bern, 1967
Kloss, M. & Dreger, R.: Abstract art preference and temperament traits: A study in the psychology of aesthetics. Journal of Personality Assessment 1971, 35, 375-378
Kluwe, R.: Wissen und Denken. Kohlhammer, Stuttgart, 1979
Knapp, R. H.: An experimental study of triadic hypothesis concerning the sources of aesthetic imagery. Journal of Projective Techniques and Personality Assessment 1964, 28, 49-54
Knapp, R. H. & Green, S.: Preferences for styles of abstract art and their personality correlates. Journal of Projective Techniques and Personality Assessment 1960, 24, 396-402
Knapp, R. H. & Wulf, A.: Preferences for abstract and representational art. The Journal of Social Psychology 1963, 60, 255-262
Knussmann, R.: Das Partnerbild in vergleichend biologischer Sicht. Vita humana 1965, 7, 43
Kobbert, M.J.: Kunstpsychologie. Wissenschaftliche Buchgesellschaft, Darmstadt, 1986
Koch, M.: Denkpsychologie und abstrakte Malerei. Zeitschrift für Ästhetik und allgemeine Kunstwissenschaft 1970, 15,
Koch, M.: Zur Psychologie der Pop-art. Zeitschrift für Ästhetik und Allgemeine Kunstwissenschaft 1972, 17
Koch-Hillebrecht, M.: Die moderne Kunst. DuMont, Köln, 1983
Koch-Hillebrecht, M.: Diffuse Signale. In: M. Schuster & B. P. Woschek: Nonverbale Kommunikation durch Bilder. Hogrefe, Göttingen, 1989
Koebl, H. & Sack, M.: Das deutsche Wohnzimmer. Bucher, Frankfurt, 1980
Koenig, O.: Urmotiv Auge. Piper, München, 1975
Konecni, V. J., Crozier, J. B. & Dobb, A. N.: Anger and expression: Effects on aesthetic preference. Scientific Aesthetics 1976, 1, 47-55
König, R.: Macht und Reiz der Mode. Econ, Düsseldorf, 1971
Konz, S., Chawla, S., Sathaye, S. & Shah, P.: Attractiveness and legibility of various colors when printed on cardboard. Ergnomics 1972, 15, 189-194
Kohlberg, L.: Zur kognitiven Entwicklung des Kindes. Suhrkamp, Frankfurt, 1974
Kohut, H.: Die Heilung des Selbst. Frankfurt, 1979
Kosslyn, S. M.: Information representation in visual images. Cognitive Psychology 1975, 7, 341-370
Kosslyn, S. M., Heldmeyer, K. H. & Locklear, E. P.: Childrens drawings as data about internal representations. Journal of Experimental Child Psychology 1977, 23, 191-211
Kost, D.: Künstlerische Kreativität. Kleindienst, Berlin, 1974
Kraft, H.: Menschen und Monster. Deutsches Ärzteblatt 1978, 11, 666-669
Kraft, H.: Huldigung an das Selbst. Anmerkungen zu Michael Buthes "individueller Mythologie". Deutsches Ärzteblatt 1979, 76, 1129-1130
Kraft, H.: Schizophrenie, Kreativität und Kunst. Fortschritte der Neurologie und Psychiatrie 198O, 48, 110-119

Kraft, H.: Objektverlust und Kreativität. Zeitschrift für psychosomatische Medizin 1981, 27, 390-400
Kraft, H.: Das geeignete Krankenzimmerbild. Deutsches Ärzteblatt 1981, 45, 1-5
Kraft, H.: Die Kopffüßler. Hippokrates, Stuttgart, 1982
Kraft, H.: Grenzgänger zwischen Kunst und Psychiatrie. DuMont, Köln, 1986
Krampen, M.: Childrens drawings as compositions of graphemes. A cross cultural comparison. Visual Arts Research 1984, 10, 7-12
Krause, R.: Produktives Denken bei Kindern. Beltz, Weinheim, 1977
Krebs, D. & Adinolfi, A. A.: Physical attractiveness, social relations and personality style. Journal of Personality and Social Psychology 1975, 31, 245-253
Kreinheder, A.: Art in Jungian analysis. Psychological Perspectives 1973, 4, 69-79
Kreitler, H. & Elbinger, S.: Tension and relief of colors and color combinations. Unpublished manuscript. Tel Aviv University, 1961
Kreitler, H. & Kreitler, S.: Psychology of the arts. University Press, Durham, 1972
Kretschmer, E.: Geniale Menschen. Springer, Berlin, 1931
Kris, E.: Psychoanalytic explorations in art. NY, London, 1952
Kris, E.: Die ästhetische Illusion. Phänomene der Kunst in der Sicht der Psychoanalyse. Suhrkamp, Frankfurt, 1977
Kris, E. & Kurz, O.: Die Legende vom Künstler. Suhrkamp, Frankfurt, 1979 (1934)
Krull, R., Watt, J. & Lichty, L. W.: Entropy and structure: Two measures of complexity in television programs. Communication Research 1977, 4, 61-86
Kühn, W.: Einführung in die multidimensionale Skalierung. UTB, München, 1976
Külpe, O.: Grundlagen der Ästhetik. Hirzel, Leipzig, 1921
Künnapas, T.: Measurement of subjective length in the vertical-horizontal illusion. Acta Psychologica 1958, 14, 371-374
Künnapas, T. & Norman, M.: Interindividual differences in similarity estimates of paintings. University of Stockholm Reports 1970, No. 295
Kuhn, H.: Die Entstehung des Neuen. Suhrkamp, Frankfurt, 1978
Kutter, M.: Abschied von der Werbung. Niggli, Basel, 1976

Laban, F.: Der Gemütsausdruck des Antonius. Berlin, 1891
Landau, E.: Psychologie der Kreativität. Reinhardt, München, 1974
Lamm, H. & Trommsdorf, G.: Group versus individual performance on tasks requiring ideational proficiency. European Journal of Social Psychology 1973, 3, 361-388
Landy, D. & Sigall, H.: Beauty is talent: Task evaluation as a function of the performer's physical attractiveness. Journal of Personality and Social Psychology 1974, 29, 299- 304

Lang, B.: A note on the location of paintings. Journal of Aesthetics and Art Criticism 1972, 31, 115-116
Lange, K.: Das Wesen der Kunst. Grote, Berlin, 1901. 2 Bände
Lange-Eichbaum, W. & Kurth, W.: Genie, Irrsinn und Ruhm. Reinhardt, München, 1979
Langlois, J. H. & Downs, A. C.: Peer relations as a function of physical attractiveness: The eye of the beholder or behavioral reality? Child Development 1979, 50, 409-418
Langlois, J. H., Roggmann, L. A., Casey, R. J., Ritter, J. M., Rieser-Danner, L.A. & Jenkins, V.Y.: Infant preferences for attractive faces: Rudiments of a stereotype. Developmental Psychology 1987, 23, 363-369
Langner, E.: Form und Farbbeachtung und psychophysische Konstitution bei zeitgenössischen Dichtern. Zeitschrift für menschliche Vererbungs- und Konstitutionslehre 1937, 20, 93-147
Lanners, E.: Illusionen. Bucher, 1973
Larrance, D. T. & Zuckerman, M.: Facial attractiveness and vocal likeability as determinants of nonverbal sending skills. Journal of Personality 1982, 49, 349-362
Larsen, J. P. & White, B. A.: Comparison of selected perceptual and personality variables among college men, deviant and non-deviant in hair length. Perceptual and Motor Skills 1974, 38, 1315-1318
Laulan, A.-M.: The social function of photography. Communications 1978, 4, 110-121
Laws, R.: Womans work in heathen lands. Paisley, London, 1886 Lauter, J. & Mix, R.: Zum Informationsgehalt von Musik. Nachrichtentechnische Zeitung 1967, 20, 86
Lazarus, R. S.: Psychological stress and the coping process. New York, 1966
Leahy, R. L.: Arousal and preference for complexity in infants. Perceptual and Motor Skills 1975, 40, 179-182
Leckart, B. T., Gehres, L. & Thornton, G.: Looking time: Experimenter and instructions effects. Perception and Psychophysics 1970, 8, 54-56
Leemann, F., Elffers, J. & Schuyt, M.: Anamorphosen. DuMont, Köln, 1975
Leeuwenberg, E.: Economy of the artist. Paper presented at the 10th internatioal Colloqium on Empirical Aesthetics, 1988, Barcellona, Sizilien
Lefrancois, G. R.: Psychologie des Lernens. Springer, Heidelberg, 1976
Lehmann, H. C.: The production of masterworks prior to age 30. Gerontologist 1965, 5, 24-29
Lehmann, H. C.: The most creative years of engineers and other technologists. Journal of Genetic Psychology 1966, 108, 263-277
Lehmann, H. C.: The creative years: Oil paintings, etchings and architectural works. Psychological Review 1942, 49, 19-42
Lehr, U.: Psychologie des Alterns. Quelle und Meyer, Heidelberg, 1972
Lehr, U.: Altwerden in unserer Zeit - eine Aufgabe für den Einzelnen und die Gesellschaft. In: Sprinkart, K.-P. (Hrsg.): Kreativität im Alter. Mäander, Mittenwald, 1979, S. 21-51

Lemlein, R. E.: Influence of tuberculosis on the work of visual artists. Leonardo 1981, 14, 114-117

Lemond, L. C.: The influence of degrees of stimulus complexity, incongruity and preexposure on the familiarity effect in visual stimulation. Dissertation, Vanderbilt University, 1973

Lersch, Ph.: Gesicht und Seele. Reinhardt, München, 1961

Lersch, Ph.: Aufbau der Person. Barth, 9. Aufl., München, 1964

Lerner, R. M. & Lerner, J. V.: Effects of age, sex and physical attractiveness on child-peer relations, academic performance and elementary school adjustment. Developmental Psychology 1977, 13, 585-590

Leuner, B.: Psychoanalyse und Kunst. DuMont, Köln, 1976

Leuner, H.: Halluzinogene. Huber, Bern, 1981

Levy, J.: Lateral dominance and aesthetic preference. Neuropsychologia 1976, 14, 431-445

Levy, J., Trevarthen, C. & Sperry, R. W.: Perception of bilateral chimeric figures following hemispheric deconnection. Brain 1972, 95, 61- 78

Lewerner, A. S.: Tests of abilities of visual art: Manual of directions. Los Angeles, 1927

Leyhausen, P.: Katzen, eine Verhaltenskunde. Parey, Berlin 1. Aufl. 1956, 5. Aufl. 1979

Liddicoat, R. &, Koza, C.: Language development in African infants. Psycologia Africana 1963, 10, 108-116

Limbeck, L. & Schneeberger, R.: Computergraphik. Reinhardt, München, 1979

Limberg, R.: Kreativität bei Lernbehinderten. Reinhardt, München, 1978

Lindauer, M. S.: The orientation of form in abstract art. Proceedings of the 77th Annual Convention of the American Psychological Association. 1969, 4, 475-476

Lindauer, M. S.: Psychological aspects of form perception in abstract art. Sciences de l'Art, Paris, 1970, 7, 19-24

Lindauer, M. S.: Toward a liberalization of experimental aesthetics. Journal of Aesthetics and Art Criticism 1973, 31, 459-465

Lindauer, M. S. & Dintruff, D. D.: Contrast effects in the response to art. Perceptual and Motor Skills 1975, 40, 155-164

Lindauer, M. S.: Aesthetic experience: A neglected topic in the psychology of the arts. In O'Hare, D. (ed.): Psychology and the arts. Harvester, Sussex, 1981, S. 29-75

Lindsay, P. H. & Norman, D. A.: Einführung in die Psychologie. Springer, Heidelberg, 1981

Lingner, M.: Die Musikalisierung der Malerei bei Ph. O. Runge. Zeitschrift für Ästhetik und allgemeine Kunstwissenschaft 1979, 14, 75

Lipps, Th.: Raumästhetik und geometrisch-optische Täuschungen. Bonset, Amsterdam, 1966

Lipps, Th.: Ästhetische Einfühlung. Zeitschrift für Psychologie 1900, 22, 415-450

Livingstone, M.: Allen Jones: Sheer magic. Thames and Hudson, London, 1979
Loeb, L.: Psychopathology and Toulouse-Lautrec. American Imago 1959, 16, 213-224
Loeb-Adler, L.: A note on cross cultural preferences: Fruit-tree preferences in children's drawings. Journal of Psychology 1967, 65, 15- 23
Lombroso, C.: Genie und Irrsinn. Leipzig, 1887
Looft, W. R.: The unimodal preference for complexity function: Artifact? Journal of General Psychology 1971, 85, 239-243
Lorenz, K.: Über tierisches und menschliches Verhalten. Piper, München, Bd. I 1966, Bd. II 1967
Lorenz, K.: Die Rückseite des Spiegels. Versuch einer Naturgeschichte der menschlichen Erkenntnis. Piper, München, 1973
Lorenz, K.: Vergleichende Verhaltensforschung. Springer, Heidelberg, 1978
Lorenz, K. & Leyhausen, P.: Antriebe tierischen und menschlichen Verhaltens. Piper, München, 1968
Lorenzer, A.: Probleme und Konsequenzen einer Revision des Symbolbegriffs 1970. In Ulmann, G.: Kreativitätsforschung. Kiepenheuer & Witsch, Köln, 1973
Loveless, E.: Dimensions of preference for modern art. Proceedings of the 76th Annual Convention. American Psychological Association, Washington, 1968, 3, 445-446
Lowe, B.: The beauty of sport: A cross-disciplinary inquiry. Prentice- Hall, Englewood Cliffs, New Jersey, 1977
Lowenfeld, V.: Creativity: Educations stepchild. In: Parnes, Harding (eds.): A source book of creative thinking. Scribners, 1962, S. 10-17
Lowenfeld, V.: Creative and mental growth. Macmillan, NY, 1947
Lowenfeld, V. & Brittain, W. L.: Creative and mental growth. 5th edition. Macmillan, N Y, 1970
Lucas, A. R.: The imagery of Hieronymus Bosch. American Journal of Psychiatry 1968, 124, 1515-1525
Lützeler, H.: Kunsterfahrung und Kunstwissenschaft. Alber, Freiburg, 1975, Bd. 1-3
Luquet, G. H.: Les dessins d'un enfant. Alcan, Paris, 1917
Lutz, R. (Hrsg.): Genuß und Genießen. Beltz, Weinheim, 1983
Lymann, B., Bernardin, S. & Thomas, S.: Frequency of imagery in emotional experience. Perceptual and Motor Skills 1980, 50, 1159-1162

Mace, C. A.: Psychology and aesthetics. British Journal of Aesthetics 1961, 2, 3-17
Machotka, P.: Aesthetic criteria in childhood: Justifications of preference. Child Development 1966, 37, 877-885
Machotka, P.: The nude: Perception and personality. Irvington, NY, 1979
Maertens, H.: Der optische Maßstab; oder die Theorie und Praxis des ästhetischen Sehens in den bildenden Künsten. Berlin 1884/2

Maier, N. R. F.: Reasoning in humans: I. On direction. Journal of Comparative Psychology 1930, 10, 115-143
Maisonneuve, J.: Modeles du corps et gouts esthetiques. Psychologie Francaise 1985, 30, 79-87
Maitra, A. K. & Mukerji, K. & Raychaudhuri, M.: Artistic creativity among the delinquents and the criminals: Associated perceptual style. Bulletin of the Council of Social and Psychological Research. Calcutta, 1967, 9, 7-10
Malpass, R. S.: Theory and method in cross-cultural psychology. American Psychologist 1977, 32, 1069-1079
Malraux, A.: Psychologie der Kunst. Hamburg, 1957/58
Mandelartz, B.: Zur Psychologie des Sammelns. Unveröffentlichte Staatsarbeit an der Universität Köln, 1981
Mandler, G.: Denken und Fühlen. Junfermann, Paderborn, 1979
Marc, O.: Psychology of the house. Thames and Hudson, London, 1977
Marcus, S., Oprea, P. & Sandulescu, M.: Psychological factors in the reaction to certain modern paintings. Revue Roumaine des Sciences Sociales: Serie de Psychologie 1972, 16, 41-51
Margulies, St.: Principles of beauty. Psychological Reports 1977, 41, 3-11
Marr, D.: Vision. Freeman, San Francisco, 1982
Martindale, C.: The decline and fall of Berlyne's theory of aesthetics. Paper presented at the 92nd annual convention of the American Association of Psychology, Toronto, Ontario, Canada 1984
Martindale, C. & Moore, K.: Priming, prototypicality and color preference. APA Vortrag, 1982
Martindale, C., Moore, K. & West, A.: Relationsship of preference judgements to typicality, novelty, and mere exposure. Empirical Studies of the Arts 1988, 6, 79-95
Maslow, A. H.: Motivation und Persönlichkeit. Walter, Olten, 1977
Maslow, A. H.: Die umfassende Reichweite der menschlichen Natur. Integrative Therapie 1984, 3, 200-208
Massironi, M.: Considerationi psicologiche su alcuni fenomeni della visione descritti nei trattati di prospectiva dei scoli XV - XVII. Storia e Critica della Psicologia 1983, 4, 171-214
Masters, R. E. L. & Houston, I.: Psychedelische Kunst. Knaur, München, 1969
Masters, R. E. L. & Houston, I.: Phantasiereisen, Kösel, München, 1984
Ma'tefi, L.: Mescalin- und Lysergsäurediäthylamid-Rausch. Selbstversuche mit besonderer Berücksichtigung eines Zeichentests. Confinia Neurologica 1952, 12, 146
Mathes, E. W.: The effects of physical attractiveness and anxiety on heterosexual attraction over a series of five encounters. Journal of Marriage & the Family 1975, 37, 769-773
Mathews, A. M. & Bancroff, J. H.: The principal components of sexual preference. British Journal of Social and Clinical Psychology 1972, 11, 35-43

Matsuda, T.: Judgements of pattern goodness and intra-configurational transformation structures: An examination of Imai's theory. Japanese Journal of Psychology 1978, 49, 207-214
McCulloch, T. L. & Haslerud, G. M.: Affective responses of an infant chimpanzee reared in isolation from its kind. Journal of Comparative Psychology 1939, 28, 437
McCully, R.: Archetypical psychology as a key for understanding prehistoric art forms. Journal of Psychohistory 1976, 3, 523-542
McDougall, W.: The energies of men. Methuen, London, 1932
McElroy, W. A.: A sex difference in preferences for shapes. British Journal of Psychology 1954, 45, 209-216
McGregor, F. C.: Transformation and identity. Quadrangle, NY, 1974
McKinley R. W.: Life histories and psychobiography. Oxford University Press, Oxford, 1982
McKinnon, D. W.: Creativity in Architects. In: Proceedings of the conference on "the creative person". University of California Extension, 1961
McNiff, S. A.: Motivation in art. Art Psychiatry 1977, 4, 125-136
McNiff, S. A. & Oelman, R.: Images of fear. Art Psychotherapy 1975, 2, 267-277
McWhinnie, H. J.: Is psychology relevant to aesthetics? Proceedings of the Annual Convention of the American Psychology Association 1971, 6, 419-42O
McWhinnie, H. J.: A review of research on aesthetic measure. Acta Psychologica 1968, 28, 363-375
Meier, N. C.: The Meier Art Test. Art Judgement: Examiners manual. Iowa City, 1942
Meili-Dworetzki, G.: Das Bild des Menschen in der Vorstellung und Darstellung des Kleinkindes. Bern, Huber, 1957
Meili-Dworetzki, G.: Spielarten des Menschenbildes. Huber, Berm 1982
Meiners, M. L. & Sheposh, J. P.: Beauty or brains: Which image for your mate? Personality & Social Psychology Bulletin 1977, 3, 262-265
Melamed, L. & Moss, M. K.: The effect of context on ratings of attractiveness of photographs. Journal of Psychology 1975, 90, 129-136
Melot, M.: L'Oeil qui rit. Fribourg, 1975
Melton, A. W.: Some characteristics of museum visitors. Psychological Bulletin 1933, 30, 720-731
Metken, G.: Spurensicherung. DuMont, Köln, 1977
Metzger, W.: Gesetze des Sehens. Kramer, Frankfurt, 1953
Metzig, W. & Schuster, M.: Lernen zu lernen. Springer, Heidelberg, 1982
Mies, P.: Malerei und Musik bei Lyonel Feininger. Zeitschrift für Ästhetik und für allgemeine Kunstwissenschaft 1976, 21, 123-129
Miller, G. A., Galanter, E. & Pribram, K. H.: Plans and the structure of behavior. Holt, Rinehart und Winston 1960, Deutsch: Reinhardt Verlag, 1963
Milner, M.: On not being able to paint. Heinemann, London, 1950/1977

Milner, M.: Psycho-Analysis and art. Psychoanalysis and Contemporary Thought, London, 1958
Milord, J. T.: Aesthetic aspects of faces: A (somewhat) phenomenological analysis using multidimensional scaling methods. Journal of Personality and Social Psychology 1978, 36, 205-216
Mims, P. R., Hartnett, J. J. & Nay, W. R.: Interpersonal attraction and help volunteering as a function of physical attractiveness. Journal of Psychology 1975, 89, 125-131
Minturn, L.: A cross-cultural linguistic analysis of Freudian symbols. Ethnology 1965, 4, 336-342
Mitchell, K. R. & Orr, E. E.: Heterosexual social competence, anxiety, avoidance and self-judged physical attractiveness. Perceptual & Motor Skills 1976, 43, 553-554
Mix, R.: Die Entropieabnahme bei Abhängigkeit zwischen mehreren simultanen Informationsquellen und bei Übergang zu Markoff-Ketten höherer Ordnung, untersucht an musikalischen Beispielen. Forschungsberichte des Landes Nordrhein-Westfalen Nr. 1768, Köln, 1967
Moffett, L. A.: Sculpture preferences, craftsmanship and aesthetic sensitivity. Journal of Social Psychology 1975, 95, 285-286
Moffett, L. A. & Dreger, R. M.: Sculpture preference and personality traits. Journal of Personality Assessment 1975, 39, 70-76
Moles, A.: Theorie de l'information et perception esthetique. Flammerian, Paris, 1958
Moles, A.: Information und Redundanz. In: Ronge, H. (Hrsg.): Kunst und Kybernetik. DuMont, Köln, 1968, 14-29
Moles, A.: Psychologie des Kitsches. Hanser, München, 1972
Moore, K. & Martindale, C.: Preference for shapes varying color, color typicality size and complexity. International Conference on Psychology and the Arts. Cardiff, 1983
Morand, A.: Stilkunde der Wohnkultur. Löwit, Wiesbaden, 1980
Morris, C. W.: Zeichen, Sprache und Verhalten. Schwann, Düsseldorf, 1973
Morris, D.: Der malende Affe. Deutscher Taschenbuch Verlag, München, 1968
Morris, D.: Der nackte Affe. Droemer, Zürich, 1970
Morris, D.: Intimate behavior. Cape, London, 1971
Morris, D.: Der Mensch mit dem wir leben. Droemer, Zürich, 1978
Morris, D.: Manwatching. Triad, Granada, 1982
Morris, R. & Morris, D.: Men and snakes. Hutchinson, London, 1965
Morris, D., Collett, P., Marsh, P. & Oshaugnessy, M.: Gestures. Stein und Day, NY, 1979
Morrison, Ph.: On broken symmetries. In: Wechsler, O. (ed.): On aesthetics in science. MIT Press, Cambridge, 1978, S. 55-72
Mosak, H. R.: Language and the interpretation of sexual symbolism. Journal Consulting Psychology 1955, 19, 108

Mueser, K. T., Grau, B. W., Sussman, St. & Rosen, J. A.: You are only as pretty as you feel. Journal of Personality and Social Psychology, 1984, 46, 469-478
Mühle, G.: Die Entwicklungspsychologie des zeichnerischen Gestaltens. Barth, München, 1955
Müller-Braunschweig, H.: Psychopathologie und Kreativität. Psyche 1974, 28, 600-634
Müller-Freienfels, R.: Psychologie der Kunst. Teubner, Berlin, 1923/1938
Munroe, R. H., Munroe, R. L. & Lansky, M.: A sex difference in shape perception. Journal of Social Psychology 1976, 98, 139-140
Munsell, A. H.: Book of color. Baltimore, 1976
Munsinger, H. & Kessen, W.: Uncertainty, structure, and preference. Psychological Monographs 1964, 78, (9. Whole No. 586)
Munsinger, H., Kessen, W. & Kessen, M. C.: Age and uncertainty: Developmental variations in preference for variability. Journal of Experimental Child Psychology 1969, 1, 1-15
Murke-Altrogge, Ch.: Werbung Mythos Kunst am Beispiel Coca-Cola. Wasmuth, 1977

Nagera, U.: Vincent van Gogh. Reinhardt, München, 1973
Nake, F.: Ästhetik als Informationsverarbeitung. Springer Verlag, Wien, 1974
Navratil, L.: Krankheitsverlauf und Zeichnung (im Hinblick auf die Kreativität). Confinia Psychiatrica 1969, 12, 28-39
Navratil, L.: Über Schizophrenie und die Federzeichnungen des Patienten O.T. Deutscher Taschenbuch Verlag, München, 1974
Needham, K.: Left and right. University of Chicago Press, Chicago, 1973
Neisser, U.: Kognitive Psychologie. Klett, Stuttgart, 1974
Neisser, U.: Kognition und Wirklichkeit. Klett, Stuttgart, 1979
Nelson, Th. M.: Enjoyment of perspective transformations induced by movement. Canadian Journal of Behavioral Science, 1976, 8, 287-297
Nelson, J. G., Pelechi, M. T. & Foster, St. F.: Color preference and stimulation seeking. Perceptual and Motor Skills 1984, 59, 913-914
Nelson, Th. M. & MacDonald, G. A.: Lateral organization, perceived depth and title preference in pictures. Perceptual and Motor Skills 1971, 33, 983-986
Neuenhausen, S. (Hrsg.): Zwischen Kunst und Psychiatrie. Katalog des Kunstvereins Hannover, Hannover, 1983
Neufert, E.: Bauordnungslehre Berlin 1960. Bertelsmann, Düsseldorf, 1973
Neumann, E.: Kunst und schöpferisches Unbewußtes. Olten, Zürich, 1954
Neumann, E.: Chagall und die Bibel. Merkur 1958, 12
Neumann, E.: Der schöpferische Mensch und die Wandlung. Eranos Jahrbuch XXIII, 1954. Rhein Verlag, Zürich, 1955
Neumann, E.: Die archetypische Welt Henry Moores. Rascher, Zürich, 1961
Neumann, Eckhardt: Herrschafts- und Sexualsymbolik. Kohlhammer, Stuttgart, 1980

Newland, G. A.: Differences between left- and right-handers on a measure of creativity. Perceptual and Motor Skills, 1981, 53, 787-792
Nicki, R. M.: Arousal increment and degree of complexity as incentive. British Journal of Psychology 1972, 63, 165-171
Nicki, R. M. & Moss, V.: Preferences for non-representational art as a function of various measures of complexity. Canadian Journal of Psychology 1975, 29, 237-249
Niederland, W. G.: Psychoanalytic concepts of creativity and aging: Psychoanalytic approaches to creativity. Journal of Geriatric Psychiatry 1973, 6, 160-168
Niederland, W. G.: Psychoanalytic approaches to artistic creativity. Psychoanalytic Quarterly 1976, 45, 185-212
Niederland, W. G.: Die Narbe - ein Fall von angeborener Gesichtsentstellung. Psyche 1977, 31, 263-271
Niederland, W. G.: Psychoanalytische Überlegungen zur Struktur menschlicher Beziehungen. Psyche 1978, 32, 329
Nochlin, L.: Why have there been no great women artists? In: Hess, Backer,M. (ed.): Art and sexual politics. Macmillan, New York, 1973, S. 1-43
Noll, A. M.: The digital computer as a creative medium. In: Reichardt (Hrsg.): Cybernetics, art and ideas. Studio Vista, London, 1971, 143-164
Norman, D. A.: Memory and attention. Wiley, New York, 1969
Norman, D. A. & Rumelhart, D. E.: Strukturen des Wissens. Klett, Stuttgart, 1978
Novitz, D.: Pictures and their use in communication. Nijhoff, St. Gravenhage, 1977
Nunhally, J. C.: Meaning - processing and rated pleasantness. Scientific Aesthetics 1977, 1, 161-181
Nuttin, J. R.: Pleasure and reward in human motivation and learning. In: Berlyne, D. E. & Madsen, K. B. (ed.). Pleasure, reward, preference. Academic Press 1973, 243-274

Obermeier, S.: Die Kunst - Wissen im Überblick. Freiburg, 1972
Oelmann, R. S.: The psychology of monster figures. Confinia Psychiatrica 1974, 17, 203-211
Olds, I. & Milner, P.: Positive reinforcement produced by electric stimulation of reptal area and other regions of the rat brain. Journal of Comparative Physiological Psychology 1954, 4, 419-427
O'Hare, D.: Individual differences in perceived similarity and preference for visual art: A multidimensional scaling analysis. Perception and Psychophysics 1976, 20, 445-452
O'Hare, D. P. (ed.): Psychology and the arts. Harvester press, Sussex, 1981
O'Hare, D. P.: Structure and process in style discrimination. In: O'Hare D. P.(ed.): Psychology and the arts. Harvester Press, Sussex, 1981, 192- 210

O'Hare, D. P.: Multidimensional scaling representations and individual differences in concept learning of artistic style. British Journal of Psychology 1979, 70, 219-230
O'Hare, D. P. & Gordon, I. E.: Dimensions of the perception of art: Verbal scales and similarity judgements. Scandinavian Journal of Psychology 1977, 18, 66-70
O'Hare, D. P. & Gordon, I. E.: An application of repertory grid technique to aesthetic measurement. Perceptual and Motor Skills 1976, 42, 1183-1192
Olivier, F.: Le dessin enfantin est-il une écriture? Enfance 1974, 3-5, 183-216
Oostendorp, A. & Berlyne, D. E.: Dimensions in the perception of architecture: III. Multidimensional preference scaling. Scandinavian Journal of Psychology 1978, 1, 145-150 II u. I 72-89 (a,b,c)
Oostendorp, A., McMaster, S., Rosen, M. & Waind, P.: Towards a taxonomy of responses to the built environment. International Review of Applied Psychology 1978, 27, 9-18
Ortega y Gasset: La Metapher es un instrumento mental imprescindible, es un forma del pensiamento cientifico. Obras compl. Bd. 2. Madrid 1954
Ortony, A.: Metaphor and thought. Cambridge University Press, Cambridge, 1979
Ornstein, A.: Psychologie der Meditation. Fischer, Stuttgart, 1974
Osborn, A. F.: Applied imagination. Scribner, New York, 1957
Osborne, H.: Theory of beauty. Routledge und Kegan, London, 1952
Osborne, H.: Aesthetic perception. British Journal of Aesthetics 1979, 307-316
Osborne, J. W. & Farley, F. H.: The relationship between aesthetic preference and visual complexity in abstract art. Psychonomic Science 1970, 19, 69-70
Osgood, C. E., Suci, G. J. & Tannenbaum, P. H.: The measurement of meaning. University of Illinois Press, Urbana, 1967
Oskamp, St. & Scalpone, R.: The exposure effect versus the novelty effect: An experimental comparison. Representative Research in Social Psychology 1975, 6, 119-125
Ostermeier, A. I.: Adolescent behavior as manifested in clothing. Child Study Center Bulletin, State University Coll., Buffalo, 1967, 3, 1-9
d'Otrange Mastai, M. L.: Illusion in Art. Abaris Books, New York, 1975

Paivio, A.: Mental imagery in associative learning and memory. Psychological Review 1969, 76, 241-263
Palffy, Z.: Age-specific characteristics in sensivity to harmony of colors. Magyar Pszichologia Szemle 1976, 33, 562-570
Papousek, H. & Papousek, M.: Die ersten sozialen Beziehungen. Entwicklungschance oder pathogene Situation? In: Praxis der Psychotherapie 1976, 22, 97-108
Parkes, G.: Current movements in viewing paintings. Journal of Aesthetic Education 1984, 18, 111-115

Parsons, M. J.: A suggestion concerning the development of aesthetic experience in children. Journal of Aesthetics and Art Criticism 1976, 34, 305-314
Pascual-Leone, J.: Metasubjective problems of constructive cognition: Forms of knowing and their psychological mechanism. Canadian Psychological Review 1976, 17, 110-125
Patsfall, M. R., Feimer, N. R., Buhyoff, G. J. & Wellmann, J. D.: The prediction of scenic beauty from landscape content and composition. Journal of Environmental Psychology 1984, 4, 7-26
Pawlik, J.: Goethe, Farbenlehre. Verlag DuMont Schauberg, Köln, 1974
Pawlik, K.: Dimensionen des Verhaltens. Huber, Stuttgart, 1968
Pawlow, I. P.: The reflex of purpose. In: Lectures on Conditioned Reflex. Lawrence and Wishout, London, 1928
Pearce, P.: Structure in nature is a strategy for design. MIT Press, London, 1978
Peavy, R. V.: Therapy and creativity. A dialogue. Journal of Creative Behavior 1979, 13, 60-72
Pederson, D. M.: Relationship between environmental familiarity and environmental preference. Perceptual and Motor Skills 1978, 47, 739-743
Peel, E. A.: On identifying aesthetic types. British Journal of Psychology 1945, 35, 61-69
Penrose, R.: In praise of illusion. In: Gregory, R. L.& Gombrich, G. H. (eds.): Illusion in nature and art. Duckworth, London 1973, 245-284
Perkins, D. & Hagen, M.: Convention context caricature. In: Hagen, M. (ed.): The perception of pictures, Vol. I. Acad. Press, NY, 1980
Petermann, F.: Einzelfallanalyse. Beltz, Weinheim, 1975
Peters, U.: Stilgeschichte der Fotografie in Deutschland 1839-1900. DuMont, Köln, 1979
Peterson, J. M. & Lansky, I. M.: Left-handedness among architects: Partial replication and some new data. Perceptual and Motor Skills 1977, 454, 1216-1218
Peterson, R. A. & Jolibert, A. J.: A cross national investigation of price and brand as determinants of perceived product quality. Journal of marketing Research 1976, 61, 533-536
Petrascheck-Heim, I.: Die Sprache der Kleidung. Verlag Notring der wissenschaftlichen Verbände Österreichs, Wien, 1966
Pfeiffer, G.: Kunst und Kommunikation. DuMont Köln, 1972
Pheterson, M. & Horai, J.: The effects of sensation seeking, physical attractiveness of stimuli and exposure frequency on liking. Social Behavior and Personality 1976, 4, 241-247
Phillips, W. A., Hobbs, S. B. & Pratt, F. R.: Intellectual realism. In childrens drawings of cubes. Cognition 1978, 6, 15-33
Piaget, I.: Das moralische Urteil beim Kinde. Rascher, Zürich, 1954
Piaget, I. & Inhelder, B.: The childs conception of space. Routledge, London, 1956

Picinelli, F.: Mundus Symbolicus. Mit einer Einleitung von D. Donat. Olms, Hildesheim, 1979
Pickford, R. W.: Études expérimentales de peintures élossaises et de tableaux de van Gogh. Sciences de L'Art 1955, 6, 53-63
Pickford, R. W.: Une experience avec les peintures de van Gogh. L'Année Propédeutique 1969, 9, 505-510
Pickford, R. W. The frequency of colour vision defective students in a school of art and the influence of their defects. Journal of Biosocial Sciences 1969, 1, 3-13
Pickford, R. W.: Dream work, art work and sublimation in relation to the psychology of art. British Journal of Aesthetics 1970, 10, 275-283
Pickford, R. W.: Four paintings by a transsexualist. Projective Psychology 1978, 22, 15-25
Pickford, R. W.: Psychology and visual aesthetics. Hutchinson, London, 1972
Pickford, R. W.: Semantic differential judgements of geometric figures of aesthetic interest. In: Nodine, M. & Fisher, R. (ed.): Perception and pictorial representation. Praeger, New York ,1979, 316-327
Pickshaus, P.M.: Kunstzerstörer. Rowohlt, Hamburg, 1988
Piehl, J.: The "golden section": An artifact of stimulus range and demand characteristics. Perceptual and Motor Skills 1976, 43, 47-50
Piehl, J.: The golden section: The true ratio? Perceptual and Motor Skills 1978, 46, 831-834
Pietroiusti, C. M.: Funzionalite ed esthetica dello scarabachio. Revista di Psicologi dell'Arte 1983, 8/9, 63-80
Pietroiusti, C. M.: Graffiti, Kritzelzeichnungen und ihre Umweltinteraktion. In: Schuster, M. & Woschek, B.P.: Nonverbale Kommunikation durch Bilder. Hogrefe, Göttingen, 1989
Pietropinto, A.: Monsters of the mind: Nonsense poetry and art psychotherapy. Art Psychotherapy 1975, 2, 45-54
Plug, C.: The golden section Hypothesis. American Journal of Psychology 1980, 93, 467-487
Poffenberger, A. T. & Barrows, B. G.: The feeling value of lines. Journal of Applied Psychology 1924, 8, 192
Pomerantz, J. R.: Are complex visual features derived from simple one? In: Leuwenberg, E. L. J. & Buffart, H. F. J. M. (eds.): Formal theories of perception. Wiley, New York, S. 217-230
Pongratz, L. A.: Kritische Anmerkungen zur Informationsästhetik. Zeitschrift für Ästhetik und allgemeine Kunstwissenschaft 1979, 14, 203-209
Popper, K. R.: Logik der Forschung. Mohr, Tübingen, 1976
Poriau, M. A.: Michael Noll's experiments with art students. Bulletin de Psychologie 1976-77, 30, 767-769
Posner, M. I.: Kognitive Psychologie. Urban und Schwarzenberg, München, 1976
Pratt, C. C.: Aesthetics. Annual Review Psychology 1981, 122, 71-92

Pratt, F.: A perspective on traditional artistic practices. In Freeman, N.H. & Cox, M.V.: Visual order. Cambridge University Press, Cambridge, London, 1985, 32-58
Prechtl, H. F. R.: Das Verhalten von Kleinkindern gegenüber Schlangen. Zeitschrift für Philosophie, Psychologie, Pädagogik, 1949, 2, 68
Presler, G.: L'art brut. Kunst zwischen Genialität und Wahnsinn. DuMont, Köln, 1981
Prinzhorn, H.: Bildnerei der Geisteskranken. Springer Verlag, Berlin, 1922
Pronko, N. H., Ebert, R., Greenberg, G. & Havlicek, L. L.: A psychological examination of one-best-wayism in art: I. An exploratory study. Psychological Record 1965, 15, 89-96

Raab, E.: Faktoren der Bildkomplexität und ästhetischer Eindruck. In: Tack, W. H. (Hrsg.): Bericht vom 29. Kongreß der Deutschen Gesellschaft für Psychologie. Hogrefe, Göttingen, 1975, Bd. 1, 112-114
Raab, E.: Der ästhetische Eindruck als Funktion der "objektiven" und "phänomenalen" Komplexität von Bildern. Psychologische Forschung 1972, 35, 317-333
Raab, E.: Ästhetik und Neugier. In: Voss, H. G. & Keller, H. (Hrsg): Neugierforschung. Beltz, Weinheim, 1982, S. 263-308
Raab, E.: Bildkomplexität, Farbe und ästhetischer Eindruck. Akademische Druck- und Verlagsanstalt, Graz, 1976
Rader, M. & Jessup, B.: Art and human values. Prentice Hall, Englewood Cliffs, 1976
Rank, O.: Der Künstler. Ansätze zu einer Sexualpsychologie. Leipzig, 1918
Rank, O. & Sachs, H.: Die Bedeutung der Psychoanalyse für die Geisteswissenschaften. Bergmann, Wiesbaden, 1913
Rauchfleisch, U.: Versuch eines psychoanalytischen Zugangs zur "Concept art". In Kraft, H. (Hrsg.) Psychoanalyse Kunst und Kreativität heute. DuMont, Köln, 1984, 324-321
Reddy, C. N.: Aesthetic judgement ability of amateur artists and nonartists. Journal of the Indian Academy of Applied Psychology 1973, 10, 22-24
Rech, P.: Engagement und Professionalisierung des Künstlers. Kölner Zeitschrift für Soziologie und Sozialpsychologie 1972, 3, 509-522
Reed, C. F., Lehberger, P. H. & Haase, R. F.: Application of psychophysical scaling to measurement of complexity of houses. Perception and Motor Skills 1980, 50, 655-660
Rees, N.: Graffiti 2. Unwin Paperbacks, London, 1980
Rees, N.: Graffiti 3. Unwin Paperbacks, London, 1981
Reese, H. W.: Imagery and associative memory. In: Kail, R. V. & Hagen, J. W. (eds): Perspectives on the development of memory and cognition. Erlbaum, Hillsdale, 1977
Reisner, R.: Graffiti selected scrawls from bathroom walls. Parallax, N.Y., 1967
Reisner, R.: Graffiti: two thousand years of wall writing. N.Y., Cowles, 1971

Reiter, A.: Ernst L. Kirchner - Psychoanalytische Perspektiven seines Schaffens. Confinia Psychiatrica 1980, 23, 118-128 Reith, E.: The development of use of contur lines in children's drawings of figurative and nonfigurative three-dimensional models. Archives de Psyhologie 1988, 56, 83-103

Rennert, H. & Mode, H.: Mischwesen und Monstren in der Vorstellungs- und Ausdruckswelt der archaischen und psychotischen Menschen. Der Nervenarzt 1969, 40, 8-17

Rensch, B.: Ästhetische Faktoren bei Farb- und Formbevorzugungen von Affen. Zeitschrift für Tierpsychologie 1957, 14, 71-99

Rensch, B.: Die Wirksamkeit ästhetischer Faktoren bei Wirbeltieren. Zeitschrift für Tierpsychologie 1958, 15, 447-461

Rensch, B.: Malversuche mit Affen. Zeitschrift für Tierpsychologie 1961, 18, 347-364

Rensch, B.: Ästhetische Grundprinzipien bei Mensch und Tier. In: Altner, G. (Hrsg.): Kreatur Mensch. Moos, München, 1969, 134-144

Rensch, B.: Play and art in apes and monkeys. Synopsis of the International Congress of Primatology. Karger, Basel, 1973, 1, 102-123

Rensch, B.: Wirksame Faktoren in Werken bildender Kunst. In: Hahn, M. & Schuster, M. (Hrsg.): Fortschritte der Kunstpsychologie. Verlag Peter D. Lang, Frankfurt, 1980, S. 92-110

Rensch, B.: Psychologische Grundlagen der Wertung bildender Kunst. Die Blaue Eule, Essen, 1984

Restak, H. W.: Geist, Gehirn und Psyche. Umschau Verlag, Frankfurt, 1979

Reynolds, C. & Torrance, E. P.: Percieved changes in style of learning and thinking (hemisphericity) through direct and indirect training. Journal of Creative Behavior 1978, 12, 247-252

Richards, J. & Finger, St.: Mother-child holding patterns: A cross- cultural photographic survey. Child Development 1976, 46, 1001-1004

Richter, H.G.: Die Kinderzeichnung. Schwann, Düsseldorf, 1985

Riedl, R.: Biologie der Erkenntnis. Pharey, Berlin, 1980

Riegl, A.: Stilfragen. Wien, 1893

Riegl, A.: Der moderne Denkmalkultus, sein Wesen, seine Entstehung. In: Swoboda, L. (Hrsg.): A. Riegl. Gesammelte Aufsätze. Wien, 1929, 144-193

Rim, Y. & Pollatschek, M. A.: Colour preferences of stable and emotional extraverts and introverts. Bolletino di Psicologia Applicata 1977, 143, 133-139

Rittelmeyer, Ch.: Dogmatismus, Intoleranz und die Beurteilung moderner Kunstwerke. Kölner Zeitschrift für Soziologie und Sozialpsychologie 1969,21, 93-105

Robbins, M. D.: On the psychology of artistic creativity. Psychoanalytic Study of the Child 1969, 24, 227-251

Robinson, C.: Colour preference as a function of introversion and extra-version. Perceptual and Motor Skills 1975, 40, 702

Roe, A.: Alcohol and creative work. Quarterly Journal of Studies on Alcohol 1946, 6, 415-467 Roh, F.: Streit um die moderne Kunst. Bruckmann, München, 1962
Roh, F.: Der verkannte Künstler. Bruckmann, München, 1948
Rohracher, H.: Einführung in die Psychologie. Urban und Schwarzenberg, Wien, 1965, 9. Auflage
Rom, P.: Hair style and life style. Individual Psychologist 1973, 10, 22-25
Rosch, E .: The nature of mental codes for color categories. Journal of Experimental Psychology: Human Perception and Performance 1975, 1, 302- 322
Rosch, E. & Lloyd, B.: Cognition and categorization. Erlbaum, New Jersey, 1978
Rosen, M.: The effect of the psychotherapeutic process upon the creative process. Art Psychotherapy 1975, 2, 137-147
Rosenboom, D. (ed.): Biofeedback and the arts: Results of early experiments. ACR Publications, Vancouver, 1976
Rosenbluh, E. & Owens, G. & Pohler, M.: Art preference and personality. British Journal of Psychology 1972, 63, 441-443
Rossi, E.: The cerebral hemispheres. Journal of Analytical Psychology 1977, 22, 22-51
Rossi, W. A.: The sex life of the foot and shoe. Routledge and Kegan, London, 1977
Rothacker, E.: Die Schichten der Persönlichkeit. Frankfurt, 1947
Roubertoux, P.: Personality variables and interest in art. Journal of Personality and Social Psychology 1970, 16, 665-668
Roubertoux, P., Charlier, M. & Chaguiboff, J.: Preference for non- objective art: Personal and psychosocial determiners. British Journal of Psychology 1971, 62, 105-110
Rump, G. Ch.: Bildstruktur - Erkenntnisstruktur. Gegenseitige Bedingungen von Kunst und Verhalten. Olms, Kastellaun, 1978
Rump, G. Ch.: Verhaltensforschung und Kunstgeschichte. In: Hahn, M. & Schuster, M. (Hrsg.): Fortschritte der Kunstpsychologie. Verlag Peter D. Lang, Frankfürt/M., 198O, 111-123
Rump, G. Ch.: Kunstpsychologie, Kunst und Psychoanalyse, Kunstwissenschaft. Olms, Hildesheim, 1981
Rush, J. C.: On the appeal of M. C. Escher's pictures. Leonardo 1979, 12, 48-5O
Ryan, B. A. & Winston, A. S.: Dimensions of creativity in childrens drawings: A social validation study. Journal of Educational Psychology 1978, 70, 651-656

Sackett, G. P.: Monkeys reared in isolation with pictures as visual input: Evidence for an innate releasing mechanism. Science 1966, 154, 1468-1473
Saklofske, D. H.: Visual aesthetic complexity, attractiveness and diverse exploration. Perceptual and Motor Skills 1975 a,41, 813-814

Saklofske, D.H.: Aesthetic complexity and exploratory behavior. Perceptual and Motor Skills 1975 b, 41, 363-368
Salber, W.: Das Sammeln ist des Wanderers Lust. In: Herzogenrath, W. (Hrsg.): 38 Sammlungen in Köln. Kölnischer Kunstverein, Köln, 1981
Salber, W. & Salber, L.: Psychologie der Plastik. Bouvier, Bonn, 1980
Salvia, J., Algozzine, R. & Sheare, J. B.: Attractiveness and school achievement. Journal of School Psychology 1977, 15, 60-67
Salk, L.: Thoughts on the concept of imprinting and its place in early human development. Canadian Psychiatric Association Journal II 1966, 295-305
Salk, L.: The role of the heartbeat in relations between mother and infant. Scientific American 1973, 228, 24-29
Sander, F.: Experimentelle Ergebnisse der Gestaltpsychologie. Bericht X. Kongreß der Experimentellen Psychologie, Bonn, 1928, Jena, 1929
Sander, F.: Gestaltpsychologie und Kunsttheorie. Ein Beitrag zur Psychologie der Architektur. Neue Psychologische Studien 1931, 8, 311-334
Sander, F.: Gestaltpsychologie und Kunstpsychologie. Neue Psychologische Studien 1932, 4
Sandström, S.: A common taste in art, an experimental attempt. Ekstrands, Lund, 1977
Sarason, S. B. & Hill, K. T. & Zimbardo, P. G.: Eine Längsschnittuntersuchung über den Zusammenhang zwischen Prüfungsangst und dem Verhalten bei Intelligenz- und Schulleistungstests. In: Weinert, F. (Hrsg.): Pädagogische Psychologie. Kiepenheuer & Witsch, Köln, 197O
Sargent-Pollock, D. N. & Konecni, V. J.: Evaluative and skin-conductance responses to renaissance and 2Oth century paintings. Behavior Research Methods and Instrumentation 1977, 3, 291-296
Schachter, S. & Singer, J. E.: Cognitive, social and physiological determinants of emotional states. Psychological Review 1962, 69, 379- 399
Scharfe, M.: Probleme einer Soziologie des Wandschmuckes. Zeitschrift für Volkskunde 197O/I/II
Scharfe, M.: Wandbilder in Arbeiterwohnungen. Zeitschrift für Volkskunde 1981, 17, 17-36
Schellekens, H. M.: Appearance of streets and experience with them: Report on investigation in the field of environmental psychology. Nederlands Tijdschrift voor de Psychologie en haar Grensgebieden 1978, 33, 403-421
Schiffmann, H. R. & Bobko, D.J.: Preference in linear partitioning: The golden section reexamined. Perception & Psychophysics 1978, 24, 102-103
Schilling, H.: Wandschmuck unterer Sozialschichten. Lang, Bern, 1971
Schlösser, J.: Kunst und Wunderkammern. Klinkhardt und Biermann, Braunschweig, 1978/1923
Schmidt, A.: Sitara und der Weg dorthin. Fischer, Frankfurt, 1985 (1963)
Schmidt, R.: Träume und Tagträume. Eine individualpsychologische Analyse. Kohlhammer, Stuttgart, 1980
Schmitz-Scherzer, R.: Alter und Freizeit. Kohlhammer, Stuttgart, 1975

Schraml, W. J.: Einführung in die moderne Entwicklungspsychologie. Klett, Stuttgart, 1972
Schulte-Naumburg, P.: Kunst und Rasse. Lehmanns, München, 1928
Schultz, J. H.: Das autogene Training (1932). Thieme, Stuttgart, 1973, 14. Auflage
Schurian, W.: Wunschbilder, Leitbilder. Psychologie Heute 1981, 8, 62-73
Schurian, W.: Psychologie ästhetischer Wahrnehmungen. Westdeutscher Verlag, Opladen, 1986
Schuster, M.: Problemlösung bei Mischfiguren als Komponente ästhetischen Erlebens. Zeitschrift für Kunstpädagogik 1981, 5, 54-59
Schuster, M.: Examining individual determinants of preferences: A new method. Vortrag auf dem Kongreß über "Psychology and the Arts" in Cardiff, 1983
Schuster, M.: Bildhafte und verbale Bedeutungsverarbeitung. Kunst und Therapie 1982, 1, 53-63
Schuster, M. & Kraemer, E.: Wandschmuckforschung. In: Hahn, M. & Schuster, M. (Hrsg.): Fortschritte der Kunstpsychologie. Lang, Bern, 1980, 198-208
Schuster, M.: Kunsttherapie, DuMont, Köln 1986
Schuster, M.: Kinderzeichnung, Schematheorie und ästhetisches Wissen. In: Hohenzollen, J. G. Prinz v. & Liedtke, M. (Hrsg.): Vom Kritzeln zur Kunst. Klinkhardt, Bad Heilbrunn, 1987, 199-208
Schuster, M. & Beisl, H.: Kunstpsychologie. Wodurch Kunstwerke wirken, DuMont, Köln, 1978
Schuster, M. & Woschek, B. P.: Kreativität und Generativität in Kunst und Wissenschaft. Liberal 1986
Schuster, M. & Woschek, B. P.: Bildhafte und verbale Kommunikation. In: Schuster, M. & Woschek, B.P.: Nonverbale Kommunikation durch Bilder. Hogrefe, Göttingen, 1989
Schuyt, M. & Elffers, J. & Ferger, P.: Rudolf Steiner und seine Architektur. DuMont, Köln, 1980
Schwartz, M. J. & Dovido, J. F.: Reading between the lines: Personality correlates of graffiti writing. Perceptual and Motor Skills 1984, 59, 395-398
Schweiger, A.: Harmony of the spheres and hemispheres: The arts and hemispheric specialization: In: Benson, F. D & Zaidel, E. (eds.): The dual brain. The Guilford Press, NY, 1985, 359-371
Seaman, A. C.: Responses of lower- and middle-class 5-year-old children to achromatic and chromatic color and form stimuli. Perceptual and Motor Skills 1974, 38, 1257-1258
Sedlmayr, M.: Zu einer strengen Kunstwissenschaft. Kunst und Wahrheit, Hamburg, 1958, 35-70
Selfe, L.: Nadia: A case of extraordinary drawing ability in an autistic child. Academic Press, London, 1977
Selle, G.: Die Geschichte des Design in Deutschland von 1870 bis heute. DuMont, Köln, 1978

Shannon, C. E. & Weaver, W.: The mathematical theory of communication. Univ. of Illinois Press, Urbana, III., 1949
Shepard, R. N. & Metzler, J.: Mental rotation of three-dimensional objects. Science 1971, 171, 701-703
Sherif, M.: The psychology of social norms. Harper, New York, 1936
Shubnikov, A. V. & Koptsik, V. A.: Symmetry in science and art. Plenum Press, New York, 1974
Sigall, H. & Landy, D.: Radiating beauty: Effects of having a physically attractive partner on person perception. Journal of Personality and Social Psychology 1973, 28, 218-224
Sigusch, V., Schmidt, G., Reinfeld, A. & Weidemann-Sutor, I.: Psychosexual stimulation: Sex differences. Journal of Sex Research 1970, 6, 10-24
Silberer, H.: Symbolik des Erwachens und Schwellensymbolik überhaupt. Jahrbuch psychoanalytischer und psychopathologischer Forschung 1912, Bd. 3, S. 621
Silbermann, A.: Vom Wohnen der Deutschen. Eine soziologische Studie über das Wohnerlebnis. Westdeutsche Verlagsanstalt, Köln/Opladen, 1963
Silbermann, A.: Empirische Kunstsoziologie. Enke, Stuttgart, 1973
Silver, C. A., Candis, D. & Messik, S.: Multidimensional analysis of visual form: An analysis of individual differences. American Journal of Psychology 1966, 79, 62-72
Silvermann, J., Winner, E., Rosenstiel, A. & Gardner, H.: On training sensitivity to painting styles. Perception 1975, 4, 373-384
Simon, C. P. & Wohlwill, J. F.: An experimental study of the role of expectation and variation in music. Journal of Research in Music Education 1968, 16, 227-238
Simonton, D. K.: The eminent genius in history. Gifted Child Quarterly 1978, 22, 187-195
Simonton, D. K.: Genius creativity & leadership. Harvard University Press, Cambridge, Massachusetts, 1984
Sinha, L. N., Krishna, K. P. & Sinha, J. K.: Sex differences in colour preference of adolescents. Manas 1970, 17, 17-20
Skager, R. W., Schultz, C. B. & Klein, S. P.: The multidimensional scaling of a set of artistic drawings: Perceived structure and scale correlates. Multivariate Behavioral Research 1966, 1, 425-436
Slatter, B. C. & Slatter, Ph. F.: Perceptual categorization and preferences for historic buildings. Perceptual and Motor Skills 1978, 47, 1298
Sloane, P.: The ink blot test, psychodiagnostics and Hermann Rorschach's aesthetic views. Journal of Aesthetics and Art Criticism 1970, 29, 105-119
Sluckin, W., Hargreaves, D. J. & Colman, A. M.: Some experimental studies of familiarity and liking. Bulletin of the British Psychological Society 1982, 35, 189-194
Smets, G. & Knops, L.: Measuring visual esthetic sensitivity: An alternative procedure. Perceptual and Motor Skills 1976, 42, 867-874
Smith, D. A.: Systematic study of chimpanzee drawing. Journal of Comparative and Physiological Psychology 1973, 82, 406-414

Smith, G. F.: & Dorfmann, D. D.: The effect of stimulus uncertainty on the relationship between frequency of exposure and liking. Journal of Personality and Social Psychology 1975, 31, 150-155
Smolucha, L. W. & Smolucha, F. C.: A fifth Piagetian Stage: The collaboration between analogical and logical thinking in artistic creativity. Visual Arts Research 1985, 11, 90-99
Snyder, C. R. & Fromkin, H. L.: Uniqueness. The human pursuit of difference. Plenum Press, New York/London, 1980
Sobol, M. & Day, H. I.: The effect of color on exploratory behavior and arousal. Paper read at the 28th Annual meeting of the Canadian Psychological Assoziation. Ottawa, June, 1967
Sobol-Kutash, E. F.: Understanding form in painting. International Review of Psychoanalysis 1982, 9, 167-177
Sommers, P.v.: Drawing and Cognition. Cambridge University Press, Cambridge, 1984
Soueif, M. I. & Eysenck, H.: Cultural differences in aesthetic preferences. International Journal of Psychology 1971, 6, 293-298
Spector, J. J.: Freud und die Ästhetik. Kindler, München, 1973
Spitz, R. & Wolf, K.: The smiling response. A contribution to the ontogenesis of social relations. General Psychology Monographs, 1946, 24, 57-125
Spitzing, G.: Fotopsychologie. Beltz, Weinheim, 1985
Sprinkart, K. P. (Hrsg.): Kreativität im Alter. Mäander, Mittenwald, 1979a
Sprinkart, K. P. (Hrsg.): Modelle und Materialien schöpferischer Ausdrucksformen des Alters. Katalog zur Ausstellung 'Kreativität im Alter'. Lipp, München, 198O
Sprinkart, K. P.: Kognitive Ästhetik. Mäander, Mittenwald, 1982
Sprinkart, K. P.: Kreatives Gestalten in Einrichtungen der offenen Altenhilfe. In: Sprinkart, K. P. (Hrsg.): Kreativität im Alter. Mäander, Mittenwald, 1979, 84-115
Staguhn, K.: Didaktik der Kunsterziehung. Diesterweg, Frankfurt, 1972
Stalling, R. B. & Tiller, J.: Modifying a response class of artistic taste with signal light reinforcers. Psychological Record, 1975, 25, 65- 69
Staples, R. & Walton, W. E.: A study of pleasurable experience as a factor in color preference. Journal of General Psychology 1933, 1, 284- 335
Steadman, Ph.: The evolution of design. Cambridge University Press, Cambridge, 1979
Stein, M. I.: Stimulating Creativity. Vol 2 Group procedures. Acad. Press, NY, 1975
Steiner, G.: Visuelle Vorstellungen beim Lösen von elementaren Problemen. Klett, Stuttgart, 1980
Sterba, R. F. & Sterba, E.: The personality of Michelangelo Buonarroti: Some reflections. American Imago 1978, 33, 158-177
Sterba, R. F. & Sterba, E.: Ludwig van Beethoven und sein Neffe: Tragödie eines Genies: eine psychoanalytische Studie. Szczensy, München, 1964
Sterner, G.: Antoni Gaudi. DuMont, Köln, 1979

Stokes, A.: Form in Art: A Psychoanalytic Interpretation. Journal of Aesthetic and Art Criticism 1959, 2
Strassmeier, W.: Erscheinungsbild und Stereotyp. Geistige Behinderung 1983, 22, 108-118
Stüben, I.: Konrad Fiedlers Kunsttheorie. Zeitschrift für Ästhetik und allgemeine Kunstwissenschaft 1978, 23, 183-208
Stück, H. A.: Die individuelle Gestaltung des privaten Lebensraumes im Strafvollzug. Diplomarbeit am Psychologischen Institut der Universität Bonn, 1982
Sturzenegger, H.: Volkstümlicher Wandschmuck in Züricher Familien. Wesen und Funktion. Bern, 1970
Sussman, St., Mueser, K. T., Grau, B. W. & Yarnold, P. R.: Stability of females facial attractiveness during childhood. Journal of Personality and Social Psychology 1983, 44, 1231-1238
Svenson, L. T.: Note on the golden section. Scandinavian Journal of Psychology 1977, 18, 79-80
Swartz, P.: Effect of face masking on aesthetic judgement. Perceptual and Motor Skills 1980, 51, 3-11
Swartz, P. & Hewitt, D.: Lateral organization in pictures and aesthetic preference. Perceptual and Motor Skills 1970, 30, 991-1007
Szilagyi, P. G. & Baird, J. C.: A quantitative approach to the study of visual symmetry. Perception and Psychophysics 1977, 22, 287-292

Taylor, I. A.: Sensory stimulation and mental health. Unpublished Paper read at the California Psychological Association, San Diego, 1966
Taylor, I. A.: Creative production in gifted young adults through simultaneous sensory stimulation. Gifted Child Quaterly 1970, 14, 46-55
Terry, R. L. & Davis, J. S.: Components of facial attractiveness. Perceptual and Motor Skills 1976, 41, 918
Teuber, M. L.: Sources of ambiguity in the prints of Mauritius C. Escher. In: Atkinson, R. C. (ed.): Psychology in progress. New York, 1975 Teunissen,
J. J. & Hinz, E. J.: The attack on the "Pieta": An archetypal analysis. Journal of Aesthetics and Art Criticism 1974, 33, 43-50
Thomae, H.: Das Individuum und seine Welt. Eine Persönlichkeitstheorie. Hogrefe, Göttingen, 1968
Thomas, H.: Preferences for random shapes: Ages six through nineteen years. Child Development 1966, 37, 843-859
Thompson, R. F.: "Yoruba artistic criticsm" in the traditional artist in african societies. In: Warren d'Azevedo (ed.): Indiana University Press, Bloomington, 1973
Tinbergen, N.: An objectivistic study of the innate behavior of animals. Leiden, 1942
Tobacyk, J., Myers, H. & Bailey, L.: Preference for photographs and personality traits. Perceptual and Motor Skills 1981, 52, 763-766

Tobacyk, J. & Meyers, H. & Bailey, L.: Field dependance, sensation seeking and preference for paintings. Journal of Personality Assessment 1981, 45, 270-277
Torgerson, W. S.: Theory and methods of scaling. Wiley, New York, 1958
Torrance, E. P.: Administration and scoring manual for abbreviated form VII Minnesota Tests of Creative Thinking. Bureau of Educational Research, University of Minnesota, 1962
Torrance, E. P.: Education and creativity. In: Taylor, C. (ed.), Creativity. McGraw Hill, New York, 1964
Torrance, E. P.: Torrance tests of creative thinking. Lexington, MA: Personnel Press/Ginn, Xerox Education Co., 1974
Torrance, E. P., Reynolds, C., Ball, O. E. & Riegel, T.: Your style of learning and thinking, forms A and B. The Gifted Child Quaterly 1977, 21, 563-573
Tourangerau, R. & Sternberg, R.J.: Aptness in metaphor. Cognitive Psychology 1981, 13, 27-55
Tourangerau, R. & Sternberg, R.J.: Understanding and appreciating metaphors. Cognition 1982, 11, 203-244
Travis, F.: The transcendental meditation technique and creativity: A longitudinal study of Cornell University undergraduates. Journal of Creative Behavior 1979, 13, 169-180
Traxel, W.: Grundlagen und Methoden der Psychologie. Huber, Bern, 1972, 2. Auflage
Trevor-Roper, P.: The world through blunted sight. Thames & Hudson, London, 1970
Trowbridge, A. V.: A psychobiological basis for aesthetic perception. Man Environment Systems 1977, 7, 85-94
Tschassovnikarov, D. & Markov, G.: Personologische Untersuchungen über einige Urbilder im Schaffen von Hieronymus Bosch. Psychiatrie, Neurologie und Medizinische Psychologie 1980, 32, 623-630
Tulving, E. & Osler, S.: Effectiveness of retrieval cues in memory for words. Journal of Experimental Psychology 1968, 77, 593-601
Twiford, J. R., Haude, R. H. & Sterns, H. L.: Effects of induced arousal on preference for visual complexity. Journal of Perceptual and Motor Skills 1978, 46, 1155-1178

Udry, J. R.: Structural correlates of feminine beauty preferences in Britain and the United States: A comparison. Sociology and Social Research 1965, 49, 330-342
Uhrbrock, R. S.: Laterality in art. Journal of Aesthetics and Art Criticism 1973, 31, 27-35
Ullmann, J. F.: Psychologie der Lateralität. Huber, Bern, 1974
Ulmer, G. F.: Analyse von Musterpräferenzen bei japanischen Wachteln hinsichtlich angeborener und erworbener Komponenten. Zeitschrift für Tierpsychologie 1976, 42, 381
Ulrich, R. S.: Visual landscape preference: A model and application. Man Environment Systems 1977, 7, 279-293

Unger, R. & Raymond, B.: External criteria as predictors of values: The importance of race and attire. Journal of Social Psychology 1974, 93, 295-296
Upadhya, O.: On making drawings while practising Rajneesh's dhyana yoga. Leonardo 1976, 9, 308-310

Valentine, C. W.: The experimental psychology. Hutchinson, London, 1962
Vargas, A. & Austin, R.: Vargas. Abi Melzer Verlag, Dreieich, 1978
Varnedoe, K. & Streicher, E.: Max Klinger: A realm of privileged suspension. Artnews 1977, 76, 46-50
Vasari, G.: The lives of the artists. A selection translated by George Bull 1568. Penguin Books, 1965, 1. Auflage
Vehrs, W.: Zur Frage des Herstellens und Beurteilens sog. ästhetischer Objekte. Zeitschrift für experimentelle und angewandte Psychologie 1980, 27, 326-334
Verbrugge, R.: Tranformations in knowing: A realist view of metaphor. In: Honed, R. P. & Hoffmann R. R. (eds.): Cognitive and figurative language. Hillsdale, NY. Erlbaum, 1984
Vernon, M.: Wahrnehmung und Erfahrung. Kiepenheuer & Witsch, Köln, 1974
Vitruv, P. M.: Des Vitruvius zehn Bücher über Architektur. Übersetzung durch Fensterbusch, 1964
Vitz, P. C.: Affect as a function of stimulus variation. Journal of Experimental Psychology 1966, 71, 74-79
Vitz, P. C.: Preference for different amounts of visual complexity. Behavioral Science 1966, 11, 105-114
Volkelt, J.: Objektive Ästhetik. Zeitschrift für Ästhetik 1917, 12, 385- 424
Vollard, A.: Recollections of a picture dealer. Little, Brown and Company, Boston, 1936
Voss, H. G.: Ästhetisches Erleben und exploratives Verhalten. Betrachtungen zur Psychologie der Kunst. In: Hahn, M. & Schuster, M (Hrsg.): Fortschritte der Kunstpsychologie. Lang, Frankfurt, 1980, 72-81
Voss, H. G. & Bugge, U.: Prédiction par critères multiples de largement et de l'intérêt de formes visuelles. Bulletin de Psychologie 1977, 30, 665-669
Voss, H. G. & Keller, H. (Hrsg.): Neugierforschung. Grundlagen - Theorien - Anwendungen. Beltz, Weinheim, 1981

Wadeson, H. S. & Bunney, W. E.: Manic-depressive art. Journal of Nervous and Mental Disease 1970, 150, 215-217
Wadeson, H.: Characteristics of art expression in depression. Journal of Nervous and Mental Disease 1971, 153, 197-199
Wadlington, W. L. & McWhinnie, H. J.: The development of a rating scale for the study of formal aesthetic qualities in the paintings of mental patients. Art Psychotherapy 1973, 1, 201-220
Waelder, R.: Psychoanalytic avenues to art. In: Hogg, J. (ed.): Psychology and the visual arts. Hogarth Press, London 1965, 16-60

Wagoner, H. H. & Sullenberger, C. B.: Pupillary size as an indicator of preference in humor. Perceptual and Motor Skills 1978, 47, 779-782
Wallas, G.: The art of thought. Watts, London, 1926
Walls, R. T., Moxley, R. A. & Gulkus, St. P.: Collection preferences of children. Child Development 1975, 46, 783-785
Walster, E.: Importance of physical attractiveness and dating behavior. Journal of Personality and Social Psychology 1966, 4, 508-516
Waltz, D.: Understanding line drawings of scenes with shadows. In: Winston, P. H. (ed.), The psychology of computer vision. McGraw Hill, New York, 1975
Weaver, J.B., Madland, J.I. & Zillmann, B.: Effect of erotic's on joung men's aesthetic perception of their female sexual partners. Perceptual and Motor Skills 1984, 58, 929-930
Webb, E., Campbell, D. T., Schwartz, D. & Sechrest, L.: Unobstrusive measures: Nonreactive research in the social sciences. McNally, Chicago, 1966
Weiner, B.: Theories of motivation: From mechanism to cognition. Chicago, 1972. Deutsch: Theorien der Motivation. Klett, Stuttgart, 1976
Weissman, Ph.: Special problems of creative personalities in family relations. Israel Annals of Psychiatry & Related Disciplines 1969, 7, 1- 8
Werner, H.: Comparative psychology of mental development. Int. University Press, New York, 1957
Wertheimer, M.: Gestaltpsychologie. In Saupe, W. (Hrsg.): Einführung in die neuere Psychologie, Leipzig, 1927
Wertheimer, M.: Productive thinking. Harper & Brothers Publishers, New York/London, 1945
West, St. G. & Brown, T. J.: Physical attractiveness, the severity of the emergency and helping: A field experiment and interpersonal simulation. Journal of Experimental Social Psychology 1975, 11, 531-538
Whissell, C. M.: Eye-color and judgements of aesthetic value of shapes. Journal of Perceptual and Motor Skills 1979, 48, 517-518
Whitfield, T. W. & Slatter, P. E.: The effects of categorization and prototypicality on aesthetic choice in a furniture selection task. British Journal of Psychology 1979, 70, 65-75
Whiting, H. T. A. & Masterson, P. W. (eds.): Readings in the Aesthetics of sport. Lepus books, London, 1974
Wick, R. & Wick, A. (Hrsg.): Kunstsoziologie. DuMont, Köln, 1979
Wickert, J.: Isaac Newton. Ansichten eines universalen Geistes. Piper, München, 1983
Wickler, W.: Stammesgeschichte und Ritualisierung. Piper, München, 1970
Wickler, W.: Verhalten und Umwelt. Hoffmann und Campe, Hamburg, 1972
Widlöcher, D.: Was eine Kinderzeichnung verrät. Methode und Beispiele psychoanalytischer Deutung. München, 1974
Wiedl, K. H.: Struktur und Persönlichkeitskorrelate von ästhetischer Präferenz für visuelle Komplexität. Zeitschrift für Psychologie 1977, 185, 237-256

Wiggins, J. S., Wiggins, A. & Cohen-Conger, J.: Correlates of heterosexual somatic preference. Journal of Personality and Social Psychology 1968, 10, 82-90
Wilhelmi, Ch. v.: Handbuch der Symbole. Safari bei Ullstein, Berlin, 1980
Williats, J.: How children learn to draw realistic pictures. Quarterly Journal of Experimental Psychology 1977, 29, 667-682
Wilson, B. & Wilson, M.: Childrens drawings in Egypt: Cultural style aquisition as graphic development. Visual Arts Research 1984, 10, 13-26
Wilson, D. W.: Helping behavior and physical attractiveness. Journal of Social Psychology 1978, 104, 313-314
Wilson, D. W. & Donnerstein, E.: Guilty or not guilty? A look at the 'simulated' jury paradigm. Journal of Applied Social Psychology 1977, 7, 175-190
Wilson, G.: Arousal properties of red versus green. Perceptual and Motor Skills 1966, 23, 947-949
Wilson, G. & Ausman, J. & Mathews, I.: Conservatives and art preference. Journal of Personality and Social Psychology 1973, 25, 286-288
Wimmer, H. & Perner, J.: Kognitionspychologie. Kohlhammer, Stuttgart, 1979
Winner, E.: Invented worlds. Harvard University Press, Cambridge, 1982
Winner, E. & Rosenstiel, A. & Gardner, H.: The development of metaphor understanding. Developmental Psychology 1976, 12, 289-297
Winner, E. & Gardner, H.: The comparison of metaphor in brain damaged patients. Brain 1977, 100, 719-727
Winter, W.: The perception of safety posters by Bantu industrial workers. Psychologia Africana 1963, 10, 127-135
Wippich, W. & Bredenkamp, H.: Lernen und Gedächtnis. Bd. II, Kohlhammer, Stuttgart, 1982
Wittkower, R.: Die Interpretation visueller Symbole in der bildenden Kunst. In: Kaemerling, E. (Hrsg.): Ikonographie und Ikonologie. DuMont, Köln, 1979, 226 ff.
Wölfflin, H.: Kunstgeschichtliche Grundbegriffe. Basel/Stuttgart, 1963, 13. Auflage
Wölfflin, H.: Renaissance und Barock. München 1888
Witz, K.: A breakthrough in the development of Billy M. Jacksons painting station. Visual Arts Research 1985, 11, 1-19
Wohlwill, J. F.: Amount of stimulus exploration and preference as differential functions of stimulus complexity. Perception and Psychophysics 1968, 4, 307-312
Wohlwill, J. F.: Children's voluntary exploration and preferences for tactually presented nonsense shapes differing in complexity. Journal of Experimental Child Psychology 1975 a, 20, 341-351
Wollheim, R.: Neurosis and the artist. Leonardo 1975, 8, 155-157
Wood, D. A.: Psychological impressions from an Indian dream. Art Psychotherapy 1975, 2, 241-254
Woodworth, R. S.: Experimental Psychology. Holt, New York, 1938

Worchel, St., Lee, J. & Adewole, A.: Effects of supply and demand on ratings of subject value. Journal of Personality and Social Psychology 1975, 31, 96-914
Wundt, W.: Grundzüge der physiologischen Psychologie. Erster und zweiter Band. W. Engelmann, Leipzig, 1880
Wundt, W.: Grundriß der Psychologie. Leipzig, 1896
Wundt, W.: Völkerpsychologie. Bd. 3: Die Kunst. Kröner, Leipzig, 1919, 3. Auflage
Wygotsky, L. S.: Psychologie der Kunst. Verlag der Kunst, Dresden, 1968
Wyss, D.: Der Surrealismus. Eine Einführung und Deutung surrealistischer Literatur und Malerei. Schneider, Heidelberg, 1950

Xenophon: Memorabilia. Hrsg. von C. Hude. Leipzig, 1934

Yin, R.: Looking upside-down faces. Journal of Experimental Psychology 1969, 81, 141-145
Yamasaki, K.: On development of drawing a square from cross-cultural point of view. Perceptual and motor Skills 1985, 61, 755-760

Zajonc, R. B.: Attitudinal effects of mere exposure. Journal of Personality and Social Psychology 1968, 9, 1-27
Zajonc, R. B. & Swap, W. L. & Harrison, A. A. & Roberts, P.: Limiting conditions of the exposure effect: Satiation and relativity. Journal of Personality and Social Psychology 1971, 18, 384-391
Zimmer, D. E.: Das große Kind aus dem Weltraum. Zeitmagazin 1985, 10, 51-59
Zusne, L.: Visual perception of form. Academic Press, New York, 1970
Zuckermann, H.: Scientific Elite. Free Press, NY, 1977
Zuckermann, M.: Sensation seeking. Erlbaum, Hillsdale, 1979

Personenverzeichnis

Stichwortverzeichnis